U0512392

周振华学术文集

产业卷
中国经济卷
上海发展卷
全球城市卷

经济运行
与发展新格局

周振华 著

格致出版社　　上海人民出版社

潘宜辰摄于2023年5月24日

作 者 小 传

　　周振华，1954年4月1日出生于上海。祖籍是浙江上虞。1961年，就读于上海市南市区中心小学（试行五年制），受到当时最好的教育。但初中三年"复课闹革命"，没上过什么课，留下一片空白。1970年，作为69届初中生，毕业后即赶上知青下乡"一片红"（全部离沪"上山下乡"），便去了黑龙江香兰农场接受"再教育"。农田干活，战天斗地，经受日炙风筛的砥砺，接受凌雪冰冻的洗礼。好在八年的知青生活，没有闲游如戏人生、放荡如梦江湖，而是把青春默默存放，毫无目标地翻阅了一大堆哲学、历史及马列经典著作。特别是调到场部宣传科后，接触了更多文史哲的理论知识。

1977 年恢复高考，仓促迎考，也不抱有太大希望。也许是，付出终究会有回报，竟被牡丹江师范学院政治系录取，圆了多年的上学梦。作为 77 级大学生，对知识的追求，如饥似渴，分秒必争，近乎痴迷和狂热。不经意间，还孕育出未来继续深造的奋斗目标——报考硕士研究生。最初，选择了当时较热门，自身也有些基础的哲学专业方向。后来，接触了政治经济学，有一种直觉：这门学科更为实用，尤其是在改革开放和转向以经济建设为中心的背景下。于是，调整了报考研究生的专业方向——政治经济学，并主攻《资本论》研究，尽管是从"一张白纸"起步。大学期间，除优质完成所有课程学习外，大部分时间花费在备考研究生上，特别是"无师自通"了《资本论》三卷本。

1981 年底，如愿考上了福建师范大学硕士研究生，师从我国《资本论》研究权威人物陈征教授。硕士研究生三年里，在陈征老师的卓越指导和严格要求下，通读和精读《资本论》数遍，受到政治经济学及《资本论》逻辑体系的系统训练，为此后的学术研究打下了扎实的理论功底。并尝试运用《资本论》原理，结合我国改革开放的实际，研究社会主义流通问题。硕士论文成果在《福建师范大学学报》和《南京大学学报》上发表。

1985 年初，硕士毕业去南京大学经济系工作。除了开设《资本论》课程外，又系统学习了宏观经济学和微观经济学、投资学、企业管理学等，进一步完善了经济学的知识结构。在教书育人的同时，深入研究我国改革开放中的重大理论问题，如市场经济问题，现代工业、乡镇工业和农业三部门的结构问题等，并发表了一系列论文。1986 年，被评为讲师。1987 年，领衔完成《社会主义市场的系统分析》一书的撰写，该书由南京大学出版社出版，成为我国较早一部阐述社会主义市场经济的著作。

1987 年，因科研成果突出，被中国人民大学免试录取为博士研究生，师从我国杰出经济学家、教育家、新中国国民经济学学科开拓者胡迺武教授。在此期间，学习和研究的重点转向市场经济条件下的宏观经济管理，在《经济研究》等刊物陆续发表学术论文。参与了吴树青、胡迺武承接的"中国改革大思路"国家重大课题，撰写了其中有关流通体制改革的章节。该成果获首届孙冶方经济科学奖论文奖。博士论文选题是当时比较前沿的产业结构与产业政策研究。博士论文提前一年完成，并以《产业政策的经济理论系统分析》为书名于1991年由中国人民大学出版社出版。

1990年初，去上海社会科学院经济研究所工作。因博士论文撰写中的大量资料积累及观点酝酿，在1991—1992年两年内，出版了《产业结构优化论》和《现代经济增长中的结构效应》两部专著。1991年底，从讲师（助研）破格晋升为研究员。1993年，获享受国务院特殊津贴专家荣誉。1994年，获国家人事部突出贡献中青年专家荣誉。1995年，入选中共中央宣传部、组织部、国家人事部等国家社科领军人才。1996年，任上海社会科学院经济研究所副所长，《上海经济研究》总编。在此期间，陆续出版了《增长方式转变》、《步履艰难的转换：中国迈向现代企业制度的思索》、《积极推进经济结构调整和优化》（合著）、《体制变革与经济增长》、《信息化与产业融合》等专著，主编了《中国经济分析》年度系列研究报告（持续近25年）、"上海经济发展丛书"（12卷本）等。

2006年，调任上海市人民政府发展研究中心主任、党组书记；兼任上海市决策咨询委员会副主任、上海市社会科学界联合会副主席、上海市经济学会会长等职。在此期间，创建了上海发展战略研究所，兼任所长；创办了《科学发展》杂志，兼任主编。主持和组织了上海市若干重大课题研究，如"上海'十二五'期间发展主线研究""上海世博后开发利用研究""面向未来三十年上海发展战略研究"等。出版个人专著《崛起中的全球城市：理论框架及中国模式研究》《服务经济：中国经济大变局之趋势》《城市发展：愿景与实践》等，主编《上海：城市嬗变及展望》（三卷本）等。

2014年，退居二线，任政协上海市十三届委员会常务委员、经济委员会常务副主任，继续兼任上海发展战略研究所所长。在此期间，出版个人专著《全球城市：演化原理与上海2050》，主编《上海改革开放40年大事研究》（12卷本），并执笔其中的第一卷（总论）《排头兵与先行者》。组织上海发展战略研究所科研人员集体攻关，完成《战略研究：理论、方法与实践》《上海战略研究：历史传承时代方位》《上海战略研究：资源、环境、驱动力》《上海建设全球科创中心：战略前瞻与行动策略》等研究成果并公开出版。

2018年，受邀组建上海市决策咨询委员会下属的全球城市研究院，并出任院长。创办《全球城市研究》杂志，为总负责人。每年组织面向全市和全国的招标课题研究，主编和出版《全球城市发展报告》《全球城市发展指数》和《全球城市案例研究》三大年度标志性成果。个人撰写并出版《卓越的全球城市：国家使命与上海雄心》《全球城市：国家战略与上海行动》等简明读本。加强国际学术交流，组织"全球城市经典译丛"系列的翻译，个人专著《崛起中的全球城市：理论框架及中国模式研究》《服务经济：中国经济大变局之趋势》《全球城市：演化原理与上海2050》的英文版也由世界著名学术出版商施普林格（Springer）、世哲（Sage）等出版发行。

曾被中国人民大学、上海交通大学、同济大学、华东师范大学、上海财经大学、上海海事大学、上海师范大学等诸多高校聘为兼职教授。为首届长三角一体化发展咨询委员会专家、上海市决策咨询委员会委员、上海市政府特聘专家，被浙江、成都等多地政府聘为顾问和咨询专家。著作类研究成果曾获得国家"三个一百"原创图书奖、华东地区优秀理论读物一等奖、上海哲学社会科学优秀成果奖一等奖（多次）、北京哲学社会科学优秀成果奖、上海市"银鸽奖"最佳出版奖等多种奖项，入选"十四五"国家重点出版物出版规划等。

自　序

　　出版社准备编辑这套学术文集，要我作一自序。正好，乘此机会，对一路走来的经历及感受作一个系统梳理。但是，又有点犯愁。往事久远，记忆淡去，再加上我有一个习惯，就是只顾匆匆前行，无暇回眸过往。学术生涯四十载，研究成果积三尺，却从未整理过一二。这下可好，有点手忙脚乱，不得不静下心来，凝思回想：这一学术之路如何走过，沿途又有怎样的风景？一帧帧画面，在脑海中匆匆闪过，丰实多彩，却又片断杂乱。这些画面的不规则组合、交叉渲染，竟然变幻为一种朦胧写意，让我突然联想到当年独登泰山的生动场景。两者之间，如此相似！难道是冥冥之中的暗喻？

　　那还是1971年，我参加知青下乡的第二年，回沪探亲途中的事情。事先约定登泰山的同伴们，或许因旅途疲惫，快到泰安站，临时变卦，剩我一人独行。为观日出，我不顾舟车劳顿，半夜三更上山。天色阴黑，万物寂静，漫漫山道上，一道孤影飘然而行，尤显孤单、落寞。沿途两侧，景物模糊，难窥秀丽之色，我不免有些无奈，心生遗憾。更叹浑然不知泰山典故，无以领略沧海桑田之变，乏味、茫然之感陡增。

　　到半山腰，正准备歇脚，突然望见，远处有黑影晃动。哇！原来不乏夜行者。那是两位50多岁的老人，正慢悠悠走着，不时停下来，指指点点，说说笑笑。原来，他们对泰山情有独钟，每隔几年就登临山间，对此地的一景一物了如指掌。见我一人，他们便热情招呼我随其同行。这下可好,下半程的山路,有了另一番风景。他们给我介绍景点,讲传闻趣事。生动之余,阐幽明微,赏心悦目。周边朦胧景物,仿佛逐渐明朗,露出真容仪态,并似乎鲜活起来,呈现古往今来的流动。这才让我慢慢感受到五岳之尊的魅力,初识得泰山的真面目。过了中天门向上,两边山崖壁如削,山路陡峭乱云渡,风啸阵阵催更急。置身其中,犹如逆天渡劫。我咬紧牙关,拉着铁索,奋勇攀爬,直至一步一喘,五步一歇。终于,天色微亮之际,站立于岱顶之上,脚踩云雾缭绕中的峰峦,领略了"一览众山小"的境界。

一

说来好笑。搞了一辈子学术研究,还真不知,学术生涯开端,以什么为标志。有人说,是处女作。如果那样的话,我的学术生涯开端可追溯到1980年。当时,我还是大学三年级的学生,试着对外投稿。想不到,稿件被黑龙江省委党校《理论探讨》录用,他们让我快速去编辑部修改定稿。为此,我专门向学校请了假,连夜从牡丹江乘火车赶去哈尔滨。此番经历给我留下深刻印象。

但我总觉得,这似乎并不能标志学术生涯的开端。当时发表一篇论文,只是业余爱好而已。更主要的是,当时压根没想过要走学术研究之路。这主要源自69届知青的"出身卑微"。所谓的知青,其实没什么文化知识,尤其是69届知青,实际上只有小学文化程度。初中三年,赶上"复课闹革命",没上过文化课;毕业后上山下乡"接受再教育",整整八个年头,实践知识大增,文化知识却没增添多少。幸好,1977年恢复高考,借洪荒之力,我考上了大学,实现了不可想象的"飞跃"。但如此浅薄的底子,怎能去搞这般高深的学术研究?! 至今,回想起来,对走上这条学术之路,我仍感不可思议。只能说,也许是鬼使神差,机缘巧合,勉为其难,艰辛付出的结果吧。

应该讲,真正意义上从事学术研究,是在攻读硕士学位之后,是我国《资本论》研究的权威人物陈征老师将我带入了学术研究之门。其实,当时报考陈征老师的研究生,也是逼迫无奈,挣扎奋起的结果。1978年底,大批知青返城，这使曾经当过知青的我，有一种失落感，回上海的愿望很强烈。无奈所读学校是省属高校，毕业后当地分配。唯一出路，就是报考研究生。但这种机会，只有一次。直接报考上海高校的研究生，风险太大，故选择"曲线返城"，先报考福建师大陈征老师的研究生，等以后有机会再回上海。为此，大学在读期间，我足足准备了近三年。考试下来，自我感觉也不错。但结果如何，心里仍没底。在焦急等待之际，意外收到陈征老师来信，告知报考人数多达80余人，竞争十分激烈，但"你考试成绩优秀，欢迎前来深造"。这样，我开启了新的人生，走上了学术研究之路。

陈征老师担任中国《资本论》研究会副会长，并率先组建了"全国高等师范院校资本论研究会"，担任会长。他的5册本《〈资本论〉解说》是我国第一部对《资本论》全三卷系统解说的著作，也是国内对《资本论》解说得最为清晰明达、通俗易懂的专著。在他的教诲和指导下，我开始对《资本论》三卷进行系统学习和研究。一开始，我感觉这"大部头"很难啃，读了老半天，像无头苍蝇似的，不得要领，入不了门。陈征老师送我陆九渊《读书》中的一段话："读书切戒在慌忙，涵泳工夫兴味长。未晓不妨权放过，切身须要急思量。"于是，我调整了策略，采取"先粗后精、步步为营"的方法。初读时，看不懂的地方，先跳过去，继续往下看；然后，回过头再看，将原先不懂的地方消化了。前后章节，来回研读，并特别注重《资本论》方法论及辩证逻辑关系。在每一阶段学习结束后，加以巩固，把其逻辑演绎梳理出来。通过"三遍通读"加上"两遍精读"，我最终将其逻辑演绎完整梳理出来，绘制出了一张《资本论》结构体系示意图。同时，我学习和研究了马克思的《剩余价值史》《政治经济学批判导论》等专著，以及黑格尔的《小逻辑》等。这不仅让我掌握了《资本论》的核心范畴和各种概念，而且理清了基本脉络，甚至有点触摸到《资本论》的精髓。正所谓"半亩方塘一鉴开，天光云影共徘徊。问渠那得清如许，为有源头活水来"，唯有进入这一境界，才能真正享受到《资本论》逻辑思维的艺术性和美感。

而且，陈征老师身先垂范，将《资本论》基本原理与中国具体实际相结合，创建了社会主义城市地租理论和现代科学劳动理论，并要求我们把

《资本论》的原理及方法运用于现实之中,特别是中国的改革开放。这不仅为我从事学术研究打下了坚实基础,而且也为我指明了学术研究方向。当年,我的硕士论文就是运用《资本论》原理来分析社会主义流通问题,论文中的研究成果在《福建师范大学学报》和《南京大学学报》上发表。

　　硕士毕业后,我到南京大学经济系任教。课堂上,给学生上《资本论》课程。业余时间,潜心学习和钻研西方经济学,感觉其中许多原理及方法,可用于现实经济运行分析。在此过程中,我试图将《资本论》的逻辑演绎与西方经济学分析工具结合起来,用于研究中国改革开放及经济发展问题,并撰写和发表了一些学术论文。同时,高度关注改革开放实际情况及相关文献,并通过征文录用,我参加了一系列全国中青年经济学人论坛及研讨会,与许多当时活跃在改革开放理论研究和决策咨询领域的中青年学者进行交流。这种交流,特别是私下闲聊,不仅信息量大,而且现实生动,绝非书本上所能获取。由此,我明显感觉思想认识上一个新台阶。另外,也学习和汲取了他们合作攻关重大课题的经验。当时,这些中青年学者合作发表的一系列高质量、高水平研究报告,产生了重大的社会影响,其建议往往被政府部门所采纳。

　　在南京大学,我们六个硕士毕业、同时进入经济系的青年教师(金碚、胡永明、张二震、刘志彪、施建军和我)也开展了合作攻关。尽管专业和学术背景不同,但都具有较扎实的理论基础,思想活跃,精力充沛,积极向上,平时交往也较密切。我们围绕一个重大问题,分头调研,取得一手资料,开展头脑风暴,分工协作撰写论文。这些合作论文围绕热点问题,有新思想和新观点,质量也较高,从而录用率较高。成果出得也较快,一篇接一篇地密集"出笼"。后来,感觉不过瘾,遂开始更高层次的合作——撰写专著。当时,全国正进行有关市场经济的大讨论,焦点在于商品经济还是市场经济。我们的选题更超前一步,试图回答"市场经济是什么样的,有怎样一种市场体系结构"。我承担了主要部分的撰写,并对全书进行了统稿和润色。1987年底,《社会主义市场体系分析》一书由南京大学出版社出版。这是国内较早一部全面系统研究社会主义市场经济的专著。我的博士生导师胡迺武先生为此写了书评,发表在《经济研究》上。在南京大学,虽然这种学术合作只持续了两年多(其中三人,离开南大去读博了),但十分让人留恋。它不仅促进互相学习,实现知识互补,拓展学术视野,而且形成学术争锋的强大激励,激发多出成果、出好成果的斗志。对于刚踏入学术研究领域的青年学者来说,这无疑是难得的宝贵财富。

在南大两年多,我的工作与生活已基本安稳下来,也分配到了两室一厅的新房。然而,"天上掉下馅饼",人生又迎来一次重大转折。中国人民大学的胡迺武教授首次招收博士生,向校方争取到一个免试名额。经一些学者推荐,并看了我的科研成果,胡迺武教授对我颇有兴趣,允许我免试去他处攻读博士学位。事出突然,让我有点措手不及。但惊喜之余,我还是毅然决然放下家里一切,投入胡迺武老师门下。

当时,胡迺武老师是中国人民大学最年轻的博导,经济研究所所长,学术精湛,成果丰硕。而且,胡迺武老师思想解放,与时俱进,不受传统理论束缚。他结合中国改革开放和建立社会主义市场的实践,率先将我们的专业方向(国民经济计划与管理)转向宏观经济管理研究。这给我们专业研究打开了通途,其中涉及许多值得研究的新议题和理论创新。更重要的是,这正为我国改革开放及经济发展所迫切需要。胡老师在专业研究指导上,强调系统学习,独立思考,掌握分析工具,涉猎前沿新理论;积极倡导学以致用,理论联系实际,务实求真;鼓励我们运用原理及方法深刻揭示现象背后的深层原因,大胆提出独到见解,发表研究成果。胡老师还经常组织大型课题研究,为学生提供参与现实问题研究的机会及平台。例如,他与吴树青老师一起承接了"中国改革大思路"国家重大课题,组织在校博士生开展研究,带领我们收集资料、开展调查研究、梳理思路、讨论交流;指导我们设计课题、确定提纲、把握写作重点、进行修改完善等。在此过程中,我们全面了解了我国 80 年代改革开放的进程及特点;充分认识到价格"双轨制"等问题的复杂性和严重性;深切感受到进一步推进改革面临的艰难抉择;深入思考了如何推进改革,减少改革风险的思路和操作路径等。这种"实战"磨炼的机会,非常难得,我们的研究明显提升了一个境界。后来,"中国改革大思路"的人大版本,因研究扎实,并提出独到的改革思路,获首届孙冶方经济科学奖论文奖,我们得以分享荣誉。胡老师这一治学品格,对我影响极其深刻,甚至决定了我此后学术生涯的风格。

特别难能可贵,让我更为感动的,是胡老师对后辈的鼎力扶持,为后辈的开路铺道。初次接触,只觉得胡老师平易近人,对学生关心备至,爱护有加。到后来,我越来越深切感受到,胡老师对学生,倾其心血,尽其所能,创造条件,积极提携,帮助搭建与著名学者的学术联系。他听说我正在翻译国外《金融大百科》的相关词条,便主动联系著名经济学家、资深翻译家高鸿业教授,并陪我去高教授家里,让他帮着把关与指导。高教授视力很差,几乎贴着稿纸进行校对,一整就大半天。这让我十分感动,敬佩之极。还有一次,胡老师给我一本中国社科院经济所董辅礽所长的新著《经济发展战略研究》。原以为,是让我读一下这本书,有助于博士论文写作。殊不知,胡老师说:"你写一个书评吧。"闻之,我吓了一跳。一个无名小卒岂能给大名鼎鼎的大师的著作写书评?!我赶紧解释,水平太低,难以把握书中要点和精髓,容易"评歪"或评错。看到我有所顾虑,胡老师鼓励说:"没关系,试试吧,争取写出一篇好的书评。我跟董辅礽所长打个招呼。"接下这一任务后,我不敢有丝毫懈怠,反复阅读,认真学习,吃透精神。同时,参阅了不少文献资料,通过比较分析,找出书中的新思想、新观点及理论创新点,阐明该书独特贡献的学术价值以及现实指导意义。一天晚上,胡老师和我,骑着自行车,去董辅礽所长家送书评初稿。董辅礽所长热情、好客、随和,不经意间给人一种轻松、惬意的感觉。而他一拿起稿子阅读,便聚精会神,神情也变得严肃起来。他看得非常认真,逐字逐句斟酌,让我不由产生时间放慢的错觉。寥寥数页,怎么看了这么长时间?瞬间,我有点坐立不安。一旁的胡老师似乎有所察觉,便乐呵呵介绍起写作过程,还不时夸我几句。总算,董辅礽所长看完了稿子,对我微微一笑,说道:"写得不错。"随后,董辅礽所长与我们交谈了一些重大理论问题及其争议等,并询问了我的学习和科研情况。后来,这篇书评在《经济研究》发表。胡老师用各种方式为学生搭建与著名学者的学术联系，并向大师们积极推荐学生，体现了崇高师德，他是教书育人的楷模。这对我也有深远影响。

在博士课程尚未结束之际，我就提前进入博士论文撰写。经过反复比较和斟酌，我最后确定论文选题为产业结构与产业政策研究，从而也奠定了我学术生涯的主要研究方向。这一选题在当时是比较前沿的，可参考的文献资料较少，还要收集大量历史资料及数据。而传统统计口径缺少这方面的现成数据，要重新整理并作相应的技术处理，甚为繁杂与烦琐。当时，没有电脑，全靠笔记，抄录在小卡片上，厚厚一沓，用不同颜色进行分类。虽然费时、费力，但有一个好处——走心了，不容易忘记。主线逐渐清晰后，开始梳理基本逻辑关系，编排相关内容。由于受过《资本论》逻辑的系统训练，这是我的强项，没有花费太多精力。主要功夫下在充分论证，提出新思想，提炼新观点上。整天，满脑子的问题，不停歇地思考；稀奇古怪的想法，不断否定之否定，似乎进入着魔状态。半夜醒来，有时会突发灵感，好似洞彻事理，便赶紧起床，将它及时记录下来。这段时间，讲呕心沥血，一点也不为过。用了一年多时间，我完成了博士论文写作，提前半年进行论文答辩。并且，经胡老师推荐及专家们严格评审，论文被列入首批"博士文库"出版。至此，我的第一部个人专著《产业政策的经济理论系统分析》诞生了。

1990年初，我来到上海社科院经济所工作。这里集聚了一大批学术大佬和知名专家，学术氛围十分浓厚，学术影响很大，是一个名副其实的学术殿堂。院、所领导高度重视人才培养，言传身教，进行学术指导，并向社会大力宣传和推荐青年学者及其优秀成果。张仲礼院长为我的两部专著亲自作序。袁恩桢所长向宣传部推荐我参加市委双月理论座谈会。所里经常举办报告会，组织学术讨论，鼓励思想交锋，展开争论，却能心平气和，以理服人，学术氛围浓厚、活跃、融洽。这样的环境，不仅让我深受学术熏陶，更加夯实学术研究的根基，而且让我备感温暖，激发起学术钻研的劲头。利用博士期间的知识积累，我在《经济研究》等刊物上连续发表了数篇论文,并先后出版了《现代经济增长中的结构效应》和《产业结构优化论》两部专著。1991年底,我破格晋升为研究员,开启了学术生涯的新篇章。

社科院学术研究的一个显著特点是:针对现实问题,深入调查研究,理论联系实际。上世纪90年代初,我国改革开放进入以浦东开发开放为标志的新阶段,社会主义市场经济体制机制开始建立,许多新事物,如证券市场、公司上市、土地批租等涌现出来。当时,我们宏观室在张继光老师的带领下,系统研究了证券市场的架构、功能及其运行方式,讨论中国证券市场自身运行特征和市场管理及调控方式等,集体撰写了《经济运行中的证券市场》。这是一本国内较早出版的证券市场专著,引起社会较大反响。为此,我们受邀去杭州举办讲座,给浙江省银行系统人员普及股票市场知识。我还在社科院新办的《证券市场研究》周刊担任副主编。周五闭市后,与一批股评家讨论与分析基本面、走势图和个股,然后分头赶写稿件,连夜编辑印制,保证周六一早出刊。另外,在袁恩桢所长的带领下,经常深入基层,进行调查研究,先后参与了二纺机、英雄金笔厂、中西药厂、白猫集团等企业改制与上市的课题研究。在此过程中,我接触了大量鲜活案例,了解到许多实际问题,提出了不少研究新题目,也有了更多理论研究的实际感觉。在此期间,除了坚守产业经济学研究外,也研究了经济增长与制度变革、经济结构调整以及企业改制等问题,在《经济研究》《工业经济研究》等杂志发表了多篇学术论文,并出版数部专著。

到20世纪90年代后半期,理论研究更加深植上海实际,与决策咨询研究相结合,我先后承接和完成了一批国家及市里的重大研究课题。例如,参与了"迈向21世纪的上海"的课题研究,主要分析世界经济重心东移和新国际分工下的产业转移,为上海确立"四个中心"建设战略目标提供背景支撑。在洋山深水港建设前期论证研究中,我主要分析了亚洲各国争夺亚太营运中心的核心内容及基本态势,论证了加快洋山深水港建设的必要性和紧迫性,并评估了优势与劣势条件。尽管这些课题研究是问题导向和需求导向的,但仍需要相应的理论分析框架,并运用现代经济学分析方法和工具,才能找准问题、讲透成因、切中要害、对症下药。而且,通过这些课题研究,还能引发新的学术研究方向及思路,并可以从现象感知、具体事实、个别案例中抽象出理论要素、思想观点,并加以系统化和学理化。因此,在完成许多课题研究的同时,我也在核心期刊上发表了诸如"城市综合竞争力的本质特征:增强综合服务功能""流量经济及其理论体系""论城市综合创新能力""论城市能级水平与现代服务业"等议题的学术论文。

学术研究,确实要甘受坐"冷板凳"的寂寞,乐于"躲进小楼成一统"的潜心钻研,但也需要广泛的社会交往和学术交流。同仁间的思想交锋、观点碰撞,将会带来意外的收获和启发,产生更多的灵感,得到更深的感悟。从 1993 年起,在没有正式立项和经费资助的情况下,通过一批志同道合者的聚合,我们自发组织开展中国经济问题研究,撰写《中国经济分析》系列报告,主题包括"走向市场""地区发展""企业改制""增长转型""结构调整""金融改造""收入分配""挑战过剩""政府选择"等。我负责设计每一主题的分析框架和基本要点,撰写"导论"和有关章节,并负责全书的统稿。这套年度系列报告的编撰,一直持续了 25 年之久,产生了重大社会影响。在此过程中,不仅结识了一大批各专业领域的专家学者,形成了松散型学术团队,而且在大量学术交流中,我深受其益,提高了学术水平。1996 年,我担任经济所副所长后,组织所里科研人员集体攻关,研究改革开放以来上海经济运行新变化及主要问题,并分成若干专题,逐个进行深入研讨,确定分析框架及重点内容,然后分头撰写,创作了一套《上海经济发展丛书》(12 本),其中包括自己撰写的《增长方式转变》。这一成果获得了市级优秀著作奖。此后,我又组织所内科研人员专题研究收入分配理论及我国收入分配问题,突破传统收入分配理论框架,基于权利与权力的视域探讨收入分配,提出了许多新观点,形成集体成果即《权利、权力与收入分配》一书。通过这种集体攻关,不仅锻炼了青年科研人员,带出了一批科研骨干,而且自己也从中吸收许多新知识、新思想,拓展了视野,开阔了思路。

　　不得不说，教学相长，也促进了学术研究。自 1993 年起，我担任博士生导师，讲授产业经济学课程。鉴于博士生有一定理论基础和思考能力，我重点讲述一些基本原理在现实中的运用及表现，以及实践发展对原有理论命题提出的证伪（质疑与挑战）。这种启发式的、令人思考的教学，要求每年的课程内容及重点都有变化。我每年讲授这门课，都有不同"新版本"。实际上，这是一种促进学术研究的"倒逼"机制。授课前，要根据现实变化和实践发展，重新审视产业经济学理论，如现代信息技术带来的产业融合以及产业集群的新变化等，逼自己事先调整和补充课程内容及重点，并厘清逻辑关系及思路。讲课时，不用讲稿，娓娓道来，主线清晰，逻辑相扣，化繁为简，深入浅出。一些同学惊讶地发现，比较完整的课堂笔记，稍作修改，就可成为一篇论文。更重要的是，在课堂上，我喜欢营造宽松、活跃、惬意的氛围，让学生随时提问及插话，我及时回应，予以解答。这些博士生都很优秀，思想敏锐、想法新奇，又有社会阅历和实践经验，会提出许多"稀奇古怪"的问题，发表与众不同的看法，进行热烈的讨论和争辩。这种探究和碰撞，往往是新知识的开端，理论创新的导火索。特别是那些反对意见，更给人很大启发，有较大研究价值。在近 30 年的博士生指导工作中，我确实从他们身上汲取了不少学术研究的养料，而这些学生也成为我人生中的宝贵财富。至今，我们仍保持着密切联系，不时小聚一番，继续切磋"武艺"。

　　2006 年，我调任上海市政府发展研究中心主任。在这样一个专职为市委、市政府提供决策咨询的机构里，理论研究更贴近现实，特别是上海经济社会发展的现实，同时也有利于我发挥自身理论研究的特长，使其更有用武之地。当时，上海经济经过连续 16 年高增长后趋于减缓，且出现二产、三产交替增长格局，由此引发坚持发展制造业还是坚持发展服务业的争论。对此，我提出了新型产业发展方式以及产业融合发展方针的政策建议。针对 2008 年全球金融危机对上海形成较大外部冲击，致使诸多经济指标严重下滑，且低于全国平均水平的状况，通过深入分析各种主要变量对上海经济的影响程度，我提出，其主要原因在于大规模投资驱动的上海经济高增长已到一个拐点,外部冲击只是加重了下滑程度。我进一步分析了全球金融危机是世界经济"三极"(技术、资本输出国,生产加工国,资源提供国)循环的"恐怖平衡"被打破,其实质是全球产能过剩。基于此,我提出了不宜采用大规模投资刺激来应对这一外部冲击,而要实行"创新驱动,转型发展"的政策建议。这一建议被采纳作为上海"十二五"发展主线。此后,围绕这一主线,我又深入开展了培育新增长极的研究,如大虹桥商务区开发、张江高新技术区的扩区、迪士尼国际旅游度假区的功能调整及扩区等,提出了中心城区商务"十字轴"及环形(中环)产业带的构想,郊区新城作为区域节点城市的建设,以及融入长三角一体化的空间拓展等政策建议。

在上海举办中国 2010 年世博会时,围绕"城市,让生活更美好"主题,通过城市最佳实践区的案例分析,我进一步挖掘城市发展新理念、新实践和未来发展新模式,出版了《城市发展:愿景与实践——基于上海世博会城市最佳实践区案例的分析》;参与了《上海宣言》的起草,提出设立"世界城市日"的建议;参与撰写作为上海世博会永久性成果的首卷《上海报告》;牵头全市的"上海世博会后续开发利用研究",提出了世博园区"公共活动区"的功能定位。针对当时上海服务经济乏力,服务业发展"短腿"的实际情况,根据市委、市政府的工作部署,从市场准入、税收制度、法律制度、营商环境、统计制度等方面研究影响服务经济发展的制度性障碍,组织了"服务业'营改增'试点"课题研究,提供总体思路及可操作方案。

我在上海市政府发展研究中心工作期间,为做大做强组织全市决策咨询研究的平台及网络,在市领导大力支持和中心同仁共同努力下,除了创办上海发展战略研究所和《科学发展》杂志外,还加强与高校及研究院所、政府部门研究机构、中央部委研究机构、国际智库等联系和合作。例如,与上海市哲学社会科学规划办公室一起创建了 15 家"领军人物"工作室;在大多数高校设立了研究基地及联合举办的发展论坛;组建了由 10 多家高校参与的社会调查中心,由麦肯锡、野村、德勤等 10 多家国际咨询机构参与的国际智库中心,以及决策咨询研究部市合作办公室等。通过组织和参与上述机构的各项活动,加强了与专家学者的合作,拓宽了学术交流的渠道,得以及时了解学术前沿发展新动向,掌握理论研究的主流趋势,获得许多新思想与新见解。同时,在主要领导身边,参加各种工作会议、专题会和内部讨论会,与各委办、各区县有密切联系,深入基层和企业开展广泛调研,接触到大量生动的实际情况,了解到许多关键性的现实问题。这两方面的结合,不仅没有中断自己的学术研究,反而更有助于我学术研究的深化。在此期间,我组织上海30余位专家学者对上海建埠以来的历史、现状、展望作了系统研究,合著《上海:城市嬗变及展望》(三卷本),时任上海市市长韩正为此书作序。后来,在上海发展战略研究所,与上海市地方志办公室合作,我组织上海50多位专家学者撰写《上海改革开放40年大事研究》系列,其中我撰写了丛书总论性质的《排头兵与先行者》一书。

2013年,鉴于上海2020年基本建成"四个中心"后,如何进行目标定位,更上一层楼,我提议开展"面向未来30年上海发展战略研究"大讨论。经上海市委、市政府批准后,研究和制定了大讨论的实施方案,设立了三大平行研究的总课题,即委托世界银行的"国际版"、国务院发展研究中心的"国内版",以及上海市发展研究中心、上海社会科学院、复旦大学、上海市委党校等分别做的"上海版",另有80多项专题研究,广泛动员学界、政界、商界及社会团体和社会组织参与。随后,举办了各种形式的国际研讨会和论坛,分析战略背景、战略资源、战略目标、战略路径及行动,开展学术讨论和交流,参照国际标杆和借鉴国际经验,进行典型案例和实务操作分析等。2014年,我退居二线,去上海市政协工作,同时兼上海发展战略研究所所长,组织所里科研人员集体攻关,出版了《战略研究:理论、方法与实践》《上海战略研究:历史传承 时代方位》《上海战略研究:资源、环境、驱动力》《上海建设全球科技创新中心:战略前瞻与行动策略》等。这次大讨论的研究成果,有许多在《上海市城市总体规划(2017—2035年)》的修编以及上海市委、市政府文件中被采纳。

2018年退休后,我原想"解甲归田",但上海市决策咨询委员会拟成立全球城市研究院，我于是受邀出任院长。时任上海市委书记李强同志为研究院的成立作了重要批示。上海市委宣传部予以大力支持，把全球城市研究院列为首家市重点智库，并帮助创办了公开发行的中英文版《全球城市研究》杂志以及新建光启书局（出版社）。该研究院落户于上海师范大学，也得到校方大力支持，提供了办公用房和人员编制。研究院引进了一批海内外精通外语、熟悉国际大都市的青年才俊，形成基本科研骨干队伍，并构建起一个广泛的社会研究网络。每年围绕一个主题，如"全球资源配置""全球化战略空间""全球化城市资产""城市数字化转型""全球网络的合作与竞争"等，出版《全球城市发展报告》和《全球城市案例研究》，并发布《全球城市发展指数》。另外，还出版《上海都市圈发展报告》系列、《全球城市经典译丛》等。在此过程中，我也延续和深化自己的学术研究，出版了一系列个人专著，并承接了国家哲社重大课题"以全球城市为核心的巨型城市群引领双循环路径研究"等。

二

在上述我的学术生涯中，学术研究林林总总，看似带有发散性，未能"从一而终"，但实际上仍有一条贯穿全过程的明显脉络，即产业经济研究。学术，确实要"术有专攻"，不能开"无轨电车"，但也不是固守一隅之地、无过雷池一步。特别在侧重与现实结合及问题导向的理论研究中，我发现，许多问题在产业经济学范围内并不能得到很好解释，必须向外拓展开去来寻求新的解释。因此，一些所谓的旁支研究，实际上都是从产业经济研究发散出去的延伸性研究。我认为，这种做法也符合学术研究的规律性。如果把学术研究譬喻为一棵大树，那么术有专攻是根深于土的树干，延伸研究则是分叉开来的树枝。枝繁叶茂（当然要经过修剪），不仅反衬出树干的粗壮，而且更多的光合作用，也有利于树木生长。

最初，我的博士论文选题，着重产业结构与产业政策研究，在当时是新颖和前沿的，但也是一个具有较大国际争议的问题。西方主流经济学以发达国家经济运行为蓝本的理论抽象，注重宏观与微观及其综合，不研究产业结构等问题。一方面,这些国家是先行发展国家,其经济发展是一个自然过程,许多结构问题作为经济增长的因变量,在经济自然增长中被不断消化,实行迭代升级,因而结构性问题很少长期累积,结构性摩擦不很充分。另一方面,这些国家市场经济发展较成熟,市场机制在结构转换中发挥着重要作用,使得资源、资本、人力等生产要素较好地从衰退产业部门转移到新兴产业部门。尽管其中存在沉没成本、技能刚性、工资黏性等障碍,但通过经济危机的释放,强制市场出清,达到新的均衡。因此在西方主流经济学看来,只要市场处于动态均衡之中,就不存在产业结构问题,也不需要什么产业政策。然而,后起发展的国家,在经济系统开放情况下,通常可以通过外部引进,发挥后发优势,但由此也形成现代部门与落后部门并存的二元结构,结构性问题比较突出。而且,在追赶和赶超过程中,势必面临领先国家的产业打压(客观的与主观的),致使一些主导产业难以自然发展,形成对外的强大依赖。在这种情况下,旨在调整结构及培育新兴主导产业的产业政策应运而生。特别在日本、韩国等后起发展国家和地区,基于出口导向发展模式的经济起飞后,转向进口替代战略,产业政策发挥着重要作用。总之,西方发达国家一直对产业政策持否定态度,甚至将其视为国家保护主义的产物;后起发展国家,特别是亚洲"四小龙"则比较推崇产业政策,认为这十分必要。因此,在选择这一研究方向时,我心里是有点忐忑的。毕竟这一研究面临重大挑战,且风险也较大。

对于中国来说,这一问题研究有着重大现实意义。在传统计划经济体制下,中国工业化超前发展,跨越轻工业、基础产业发展阶段,直接进入重化工业阶段,导致产业结构严重扭曲,结构性问题不断累积。改革开放后,产业结构迫切需要调整,甚至需要"逆转","补课"轻工业发展,"加固"基础产业发展,实现产业结构合理化。与此同时,随着经济特区开放进一步转向沿海主要城市开放及沿江开放,通过引进外资、加工贸易等参与新的国际分工,外部(全球)产业链日益嵌入本土,打破了原有国内产业关联。在这种情况下,如何进行产业结构调整,采用什么样的政策进行调整,成为一个迫切需要解决的问题。显然,传统的国民经济计划与管理方法已不再适用,而比较可用和可行的新的理论及方法就是产业经济理论与产业政策。当时,产业经济理论主要来源于两部分:一是发展经济学中的结构理论,以刘易斯、克拉克、赫希曼、库兹涅茨、钱纳里等为代表;二是日本的产业结构理论,以筱原三代平、赤松要、马场正雄、宫泽健一、小宫隆太郎等为代表。国内在这方面的研究,基本处于空白。相对来说,这方面的研究文献少得可怜,无疑增大了研究难度。在博士论文撰写中,我针对产业政策国际性的争议,找了一个较小切口,对产业政策进行经济理论系统分析,试图回答产业政策有没有必要,在什么情况下显得尤为重要,属于什么性质的政策,涉及哪些主要方面,有哪些不同政策类型,如何制定与实施,如何与其他经济政策配合,如何把握政策的"度"及避免负效应,如何监测和评估政策绩效等问题。这一研究也算是对这一国际性争议的一种回应。

当然,这一争议至今尚未结束,时有泛起。有的学者对产业政策直接予以否定,认为是扰乱了市场,引起不公平竞争。我仍然坚持自己的观点,即不能把市场设想为是一种平滑机制,可以消除结构变动的摩擦,而是需要通过政策干预(不仅仅是宏观调控政策,也包括产业政策)来解决市场失灵问题。更何况,在外部冲击的情况下,市场本身更容易产生失衡,存在着内外不公平竞争问题,要有产业政策的调节。事实上,我们可以看到,目前西方发达国家也在一定程度上自觉或不自觉地推行和实施产业政策,如美国的"制造回归"、德国的"工业 4.0"等。新兴经济体及发展中国家就更不用说,都在加大产业政策的实施。当然,产业政策也有一定的负面效应,犹如宏观调控政策反周期的负面效应一样。特别是在政策不当的情况下,负面效应更为明显。但这不能成为否定产业政策的根本理由。关键在于,采取什么样的产业政策,产业政策是否适度。首先,要立足于产业技术政策,注重解决技术创新瓶颈,促进产业技术能力提升,而不是产业部门扶植政策,对一些产业部门实行保护,实行差别对待。产业部门扶植政策的运用,要压缩到最小范围,甚至予以取消。其次,要通过不同类型产业政策的比较,权衡产业政策的正面效应与负面效应之大小,决定采取什么样的产业政策。最后,要通过科学的政策制定,将产业政策的负面效应降至最低程度。

我在研究中发现,产业政策制定基于三种不同类型的产业结构分析,即趋势分析、机理分析和现象分析。我的博士论文主要基于产业趋势分析来论述产业政策,还远远不够。所以在完成博士论文后,便进一步转向产业结构的机理分析与现象分析。机理分析主要研究产业结构变动对经济增长的作用及其实现机制,即结构效应,重点考察不同类型结构变动对经济增长的差别化影响。这就要对传统增长模型排斥结构因素的缺陷进行批判,并用非均衡动态结构演进分析法替代传统的均衡动态结构演进分析法,具体分析结构关联效应、结构弹性效应、结构成长效应和结构开放效应;以结构效应为价值准则,判断不同类型产业结构状态及其变动的优劣,选择最佳(或次佳)结构效应模式,并说明这一结构效应模式得以实现的必要条件和机制,从而为产业政策制定提供基本思路和方向性指导。这一研究的最终成果即《现代经济增长中的结构效应》,是国内最早系统研究产业结构作用机理,揭示全要素生产率索洛"残值"中结构因素的专著。现象分析主要是立足本国实际,在考察中国产业结构变化的历史过程及其特点的过程中,对照产业结构变动规律,评估和分析中国产业结构变动轨迹的严重偏差;系统梳理当时比较突出的结构问题,深刻剖析各种结构性问题的成因;从产业结构合理化与高度化的不同角度,探讨产业结构调整方向、优化重点及实现途径、方法手段等。这一研究的最终成果是《产业结构优化论》,成为较早全面分析中国产业结构变动及其调整优化的一本专著。

在上述研究中,我已隐约感觉到,尽管结构效应分析与库兹涅茨"总量—结构"分析不同,但都把制度视为"自然状态"的一部分及外生变量。然而,在如何发挥这种结构效应问题上,是绕不过制度这一关键环节的。事实上,许多结构性问题的背后及生成原因就在于制度缺陷或缺失。从这一意义上讲,产业政策对产业结构调整的作用是有限的。或者说,只有在体制机制相对稳定且成熟的情况下,产业政策对产业结构调整才比较有效。如果没有相应的制度变革,仅仅靠产业政策,难以从根本上解决结构性矛盾。特别是中国的结构性问题,许多都是传统计划体制下形成和累积起来的,在体制改革尚未真正到位的情况下呈现出来的。而且,在体制机制不健全的情况下,产业政策实施可能不是缓解而是加剧结构性矛盾。从更宏观的层面考虑,中国经济高速增长的"奇迹"来自全要素生产率提高,其中有较大部分是结构效应所致,而结构效应的释放恰恰是改革开放和制度变革的结果。因此,产业结构重大调整总是与制度变革联系在一起的。这样,产业经济研究开始向制度变革的方向延伸。经过几年的努力,我出版了专著《体制变革与经济增长:中国经验与范式分析》。

在考察制度变革对产业结构及经济增长影响的过程中,我还特别关注了企业制度变革。因为企业组织是产业经济的微观主体,是产业变动及其结构调整的微观基础。产业部门变动及其结构调整是这些企业组织的决策及其行为方式集体性变动的结果,而这在很大程度上取决于起支配作用的企业制度。在企业制度不合理的情况下,企业组织的决策及其行为方式会发生扭曲。对于我国产业结构调整来说,企业改制及迈向现代企业制度显得尤为重要。为此,我对产业经济的研究向微观基础重构的方向延伸,深入研究了影响和决定企业决策及其行为方式的企业制度,最终出版了个人专著《步履艰难的转换:中国迈向现代企业制度的思索》。实际上,这一时期我的其他一些研究,如有关经济结构调整与优化、经济增长方式转变、中国新一轮经济发展趋势及政策的研究,也都围绕产业经济这一核心展开,是产业经济研究的拓展与延伸。

当然,在延伸研究的同时,我也时刻关注产业发展新动向,开展产业经济的深化研究。一是产业融合问题。这主要是关于信息化条件下的产业发展新动向。2000年左右,我较早接触和研究了现代信息技术及信息化的问题,并先后承接了上海市信息委重点课题"上海信息化建设研究"和"上海信息化建设的投融资体制机制研究"。在此研究中我发现,信息化不仅仅是信息产业化(形成新兴信息产业)和产业信息化(信息化改造传统产业）。现代信息技术的特殊属性，能够产生技术融合与运作平台融合，进而促进产品融合、市场融合及产业融合。这在很大程度上打破了传统的产业分立及产业关联，代之以产业融合发展的新方式。为此，我对传统产业结构理论进行了反思和批判，从理论上探讨信息化条件下的新型产业发展方式，分析了产业融合的基础、方式及机理，以及由此构成的产业新关联、新市场结构等。2003年我出版了个人专著《信息化与产业融合》，在国内较早提出了产业融合理论。

二是服务经济问题。这是后工业化条件下的产业发展新动向。2004年左右，我先后承接了"城市能级提升与现代服务业发展""加快上海第三产业发展的若干建议""'十一五'期间上海深化'三、二、一'产业发展方针，加快发展现代服务业的对策研究""'十一五'期间上海发展服务贸易的基本思路及政策建议"等重大课题。在这些课题的研究中我发现，原先产业经济理论主要基于工业经济的实践，虽然也揭示了服务经济发展趋势，但对服务业发展的内在机理阐述不够深入。事实上，服务业发展有其自身规律及方式，与制造业有较大不同。尽管服务业发展与制造业一样也基于分工细化，但其相当部分是制造企业内部服务的外部化与市场化的结果，其分工细化更依赖于产业生态环境（规制、政策、信用等）。而且，服务业发展带有鲍莫尔"成本病"及"悖论"。因此，促进服务业发展的思路与制造业是截然不同的，更多是营造适合其发展的"土壤"与"气候"，重点在于技术应用，创造新模式与新业态，扩展基于网络的服务半径等。为此，我撰写出版了个人专著《服务经济发展：中国经济大变局之趋势》。

另外，在我研究产业经济的过程中，一个重要转折是开始关注产业经济的空间问题。尽管产业集群理论是从空间上来研究产业经济的，但我感觉其主要涉及制造产业的集群，而工业园区及高新技术园区等空间载体，似乎并不适合于服务经济的集聚。服务经济的集聚方式有其独特性，特别是生产者服务业高度集中于城市及市中心区。为此，我开始重点考虑服务经济的空间载体问题。与此同时，一系列课题研究也促使我把服务经济的空间问题引向了全球城市研究。这一时期，我曾先后承接了国

家哲学社会科学基金项目"我国新一轮经济发展趋势及其政策研究",上
海市哲学社会科学基金"十五"重点项目"城市综合竞争力研究",上海市
哲学社会科学基金 2004 年系列课题"科教兴市战略系列研究"(首席专
家),上海市重大决策咨询课题"科教兴市战略研究""全社会创新体系研
究""上海'学各地之长'比较研究",上海市科技发展基金软科学研究重点
课题"实施科教兴市战略与科技宏观管理体制、机制研究",以及上海市发
展改革委课题"上海市新阶段经济发展与 2005 年加快发展措施"等。完
成这些研究后我发现,尽管这些课题研究涉及不同领域,内容不尽相同,
但实际上都在回答同一个问题,即如何建设现代化国际大都市。由此我
想到,如果能在一个更高层次的理论分析框架下来研究这些具体问题,可
能会形成统一的标准要求,以及更为明晰的相互间关系,有利于这些具体
问题的深入研究,特别是有利于准确地定位判断。于是,我开始关注和研
究全球城市理论。

　　全球城市理论虽然涉及全球化、全球城市网络、全球战略性功能、城
市发展战略及规划、城市运行及治理,以及城市各领域的重大问题,但核
心是其独特的产业综合体及全球功能性机构集聚。它决定了全球城市不
同于一般城市的属性特征,赋予了全球城市独特的全球资源配置等功能。
这种独特的产业综合体及全球功能性机构集聚,集中表现为总部经济、平
台经济、流量经济等。全球城市正是这种高端(先进)服务经济的空间载
体。因此,在全球城市研究中,有很大一部分内容是产业综合体及其空间
分布规律。出于研究需要,我举办了国际研讨会,邀请"全球城市理论之
母"沙森教授等一批国内外专家前来交流与研讨。之后,我主编了《世界
城市:国际经验与上海发展》,翻译了沙森教授新版的《全球城市:纽约、伦
敦、东京》,在《经济学动态》等刊物上发表了"世界城市理论与我国现代化
国际大都市建设""全球化、全球城市网络与全球城市的逻辑关系""21 世
纪的城市发展与上海建设国际大都市的模式选择""现代化国际大都市:
基于全球网络的战略性协调功能""全球城市区域:我国国际大都市的生
长空间""我国全球城市崛起之发展模式选择""全球城市区域:全球城市

发展的地域空间基础""城市竞争与合作的双重格局及实现机制"等议题的论文。同时,陆续出版了个人专著《崛起中的全球城市:理论框架及中国模式》《全球城市:演化原理与上海2050》《上海迈向全球城市:战略与行动》《卓越的全球城市:国家使命与上海雄心》等,主编了《全球城市理论前沿研究:发展趋势与中国路径》,个人专著《全球城市新议题》也即将完成。

三

学术生涯,一路走来,风景无限,辛苦并快乐。

尽管一开始并没有如此的人生设计,但不管怎样,一旦走上学术研究之路,也没有什么后悔与懊恼,就义无反顾、踏踏实实地走下去,坚持到最后。幸运的是,赶上了国家改革开放、蓬勃发展的大好时光。这不仅创造了思想解放、实事求是、理论创新的学术环境,而且源源不断地提供大量来自实践的生动素材,让我们的学术研究始终面临机遇与挑战,有机缘去攻克许多重大和高难度的研究课题,并催促我们的学术思想与时俱进、创新发展,形成高质量的众多研究成果。

当然,这条路也不好走,有太多坎坷,面临多重挑战。特别是,要补许多先天不足,把耽误的青春年华追回来,更是时间紧、困难多,须付出加倍努力。在此过程中,把"别人喝咖啡的时间"用于学习钻研,牺牲掉许多陶醉于爱情、陪伴于亲情、享受于友情的人生乐趣,是在所难免的。而且,还要有孜孜不倦的追求和持之以恒的坚韧,要坚持"苦行僧"的修行,这些都毋庸置疑。

好在,久而久之,这逐渐成为人生一大乐趣,我甚为欣慰。每当面对疑难问题或有争议的问题时,必会生发探究其中的巨大好奇心。每当带着问题和疑惑,学习新知识和接触新理论时,常有茅塞顿开的兴奋。每当有一些新发现或新想法时,便得一丝欣喜,不禁自鸣得意。每当理清思绪、突发奇想时,总有强烈的创作冲动。每当思维纵横、纸上落笔时,定会亢奋不已,乐此不疲。每当成果发表,被引用或被采纳时,获得感和成就感则油然而生。

　　其实，这也没有什么特别之处，我们这一代学人都差不多。但一路走过，总有一些个人的不同感受与体会。此在，不妨与大家分享。

　　学术研究，重点自然在于研究，但更是一个学习过程。这并非指大学本科、硕博期间的学习，而是指在此后专职研究过程中的学习。按照我的经验，在做研究的过程中，至少有一大半时间要用在学习上。任何一项研究，都带有很强的专业性，很深的钻研性。只有补充大量专业知识与新知识，汲取新养分，才能拓宽视野，深入研究。而且，也只有通过不断学习，才能敏锐地发现新问题，得到新启发，提出新课题，从而使研究工作生生不息，具有可持续性。另外，对"学习"我也有一个新解：学之，即积累；习之，即哲思。学而不习，惘然之；习而不学，涸竭之。因此，不管理论研究还是决策咨询，都要"积学为本，哲思为先"。

　　学术研究，不仅是一种知识传承，更是一种理论创新的价值追求。在我看来，"研"似磨，刮垢磨光；"究"为索，探赜索隐。研究本身就内涵创新。我所倡导的学术研究境界是：沉一气丹田，搏一世春秋，凝一力元神，破一席残局。学术研究中，不管是在观点、方法上，还是在逻辑、结构、体系等方面的创新，都有积极意义。但据我经验，更要注重研究范式及本体论问题。因为任何学术研究都是自觉或不自觉地在某种研究范式及本体论假设下展开的，如果这方面存在问题或缺陷，再怎么样完美和精致的学术研究，都不可避免带有很大的局限性。在这方面的创新，是最具颠覆性的理论创新。

　　学术研究，必先利其器，但更要注重欲善之事。熟练掌握现代分析方法和工具，有助于深刻、严谨的分析，新发现的挖掘，以及思想观点的深化。并且分析方法和工具多多益善，可针对不同的研究对象及内容进行灵活应用。但分析方法及工具要服务于欲善之事，特别是当今时代许多重大、热点、难点问题研究。要拿着锋利的斧子去砍大树，而不是砍杂草。避免被分析方法及工具约束，阻碍观点创新。更不能通过分析方法及工具的运用，把简单问题复杂化。事实上，任何一种分析方法和工具，都有自身局限性。特别是，不要过于迷信和崇拜所谓的数理模型及其验证。

越是复杂、精致的数理模型工具,假定条件越多,也越容易得出偏离现实的观察和结论。

学术研究,生命力在于理论联系实际,回归丰富多彩的大众实践。因此,不能把学术研究理解为狭义的纯理论研究,而是还应该包括决策咨询研究。两者虽然在研究导向、过程、方法及语境等方面不同,但也是相通的,都要"积学为本,哲思为先",知行合一,有创见、有新意。而且,两者可以相互促进。理论研究的深厚功底及分析框架,有助于在决策咨询研究中梳理问题、揭示深层原因、厘清对策思路,从而提高决策咨询研究的质量;决策咨询研究的问题导向以及基于大量生动实践的分析与对策,有助于在理论研究中确定特征事实、找准主要变量、校正检验结果,从而使理论研究得以升华。当然,跨越这两方面研究,要有一个目标、角色与技能的转换。理论研究,明理为重,存久为乐(经得起时间检验);决策咨询研究,智谋为重,策行为乐。

也许让人更感兴趣的是,怎样才能让学术研究成为一种乐趣?据我体会,除了执着于学术研究,将其作为一种使命外,治学态度及方式方法也很重要。

学术研究,要率性而为。因为率性,不受拘束,就能"自由自在"。坚持一个专业方向,研究范围可有较大弹性。刻意划定研究范围或确定选题,只会强化思维定势,束缚手脚。率性,不是任性,要懂得取舍。不为"热门"的诱惑力所左右,趋之若鹜,而是只研究自己感兴趣,且力所能及和擅长的问题。不顾自身特长,甚至"扬短避长",去啃"硬骨头",往往"吃力不讨好",很难走得下去。对于所选择的问题,要甄别是否具备研究条件。那种超出自己知识存量及能力水平,以及研究对象不成熟或不确定、资料数据不可获得等客观条件不具备的研究,只会走入僵局或半途而废。

学术研究,要淡定处之。既要志存高远,脚踏实地,也要云心月性,从容不迫。只有保持平和心态,静心修炼,方能修成正果。任何心猿意马,心浮气躁,只会徒增烦恼,让人焦虑不安。保持适度目标或望值期,做到"全力以赴,力尽所能"即可,至于做到什么程度和达到什么水平,那是"顺其自然"的事情。追求过高目标或期望值，往往"高标准"地自我否定，会带来更多纠结乃至痛苦。面对坎坷与挫折，只有云淡风轻，冷眼相看，蓄势待发，才能迈过一道道坎，从挫折中奋起。任何浮云遮目，畏缩不前，灰心丧气，一蹶不振，只会令人陷入困境，无法自拔。对待学术研究，介于功利与非功利之间，"宠辱不惊，闲看庭前花开花落；去留无意，漫随天外云卷云舒"。任何急功近利，试图一蹴而就，为博"眼球"，哗众取宠，一味追求结果的"名利"效应，只会落得焦头烂额，苦不堪言。

学术研究，要抱残待之。这既是对学术抱有敬畏之心，也是一种自知之明。学术研究是无止境的。任何一个阶段的学术研究成果，总会留有瑕疵。对于个体的学术研究来说，其缺陷和不足更会几何级数地放大。因此，学术研究，不求完美，只求不断完善。年轻时，无知无畏，感觉什么都行，并认为来日方长，以后可以得到弥补和提高，总想着要达到完美，不留遗憾。后来，逐渐对自身存在的缺陷和不足，看得越来越清楚，尽管内心有着坚持与努力，却感叹人生苦短，许多东西是难以弥补和提高的。特别是迈入老年后，更明白了应该努力的方向以及如何进一步提高，但已力不从心，望洋兴叹。也许，这就是个体学术研究的一种宿命吧。然而，这种残缺的美感也正是学术发展的魅力所在，让后来者"接棒"跑下去，并超越前人。当然，有生之年，如果还有可能，我很想把近年来对产业经济理论的反思作一系统整理，写一残本《新产业经济学纲要》。

周振华

2023 年 6 月 18 日

前　言

　　在我学术研究中,中国经济运行分析是其中一项重要内容,并且我始终在做这方面的动态跟踪与专题研究。攻读完中国人民大学经济学博士学位,1990年我回到上海后,尽管更多关注了上海经济发展,但考虑到一个地区和城市的经济发展离不开国家层面经济运行大背景及相关条件制约,所以我一直把中国经济运行分析放在一个重要地位。同时,立足于地方层面来分析中国经济运行,也许能提供一种新的观察视角,使中国经济运行分析更接"地气"。更何况,上海经济发展在国内领先,在改革开放上有许多率先,且高度连接着国内与国际两个扇面,对外部影响与冲击有高度灵敏性,有助于我们在中国经济运行分析上更具前瞻性视野和超前意识。

　　更重要的是,我们这一辈经济学人所研究的中国经济运行,正处于一个改革开放的特定年代。改革开放的推进与深化,不断地改变着经济运行的体制与机制,并左右和支配着中国经济运行态势。与一个较成熟且稳定的经济体系下的经济运行不同,改革开放下的中国经济运行呈现出更深刻的内涵、更复杂的机理、更丰富的内容、更迅速的变化等特征。因此,中国经济运行分析不是西方经济学的一般周期性分析,也不能仅停留在经济形势分析与预测层面上,而是要做基于制度变革的经济运行及其态势的深度分析。这要求我们既进行中国经济运行动态跟踪分析,又进行中国经济运行中热点、难点和重点的专题研究。虽然这给我们进行经济运行分析带来更大难度与挑战,但也触发了我们对此研究的更大兴趣。这是一项令人兴奋、燃放激情的研究工作。

　　从1993年起,我开始主编《中国经济分析》年度系列报告。这一研究报告既涉及年度性的中国经济形势分析与预测,又涉及对当时中国经济运行中突出问题的深入研究。因此,每一年度性研究报告都有一个明确主题,围绕这一主题从不同领域和各个侧面展开中国经济运行分析,并提供基本结论和对策思路。这一《中国经济分析》年度系列报告的编撰，一直持续了 25 年之久，有时是一年一本，有时是两年或数年一本。这套《中国经济分析》是集体创作的结果，有许多专家学者参与其中。我的主要工作是，根据当时中国经济运行中的热点、难点及重大问题，确定每一年度性研究报告的主题，并设计全书主要内容及体系架构；然后根据这一主题的要求，选择与组织不同专业领域的学者、专家共同参与撰写（因而作者群是不固定的）；最后对全书进行统稿与修编。同时，也撰写了每本研究报告的导论及有关章节（包括与他人合作）。

目前，这套《中国经济分析》年度系列报告不再编撰，已成为历史。有一次，负责该丛书出版的上海人民出版社与格致出版社的忻雁翔女士提出一个建议，让我把历年《中国经济分析》中所撰写的导论及有关章节作一个汇编。我觉得这是一件很有意思的事情，可以形成一个长达 25 年的关于中国经济运行的跟踪分析与专题研究的学术性总结，让人从中窥见中国经济运行变化轨迹和每一时期的重点问题，以及对中国经济运行研究的逐步深化过程。在成果汇编中，除了个别章节因汇编到其他著作中，或与其他著作内容有重复没有编入，大部分研究成果都纳入其中；同时，补充了《中国经济分析》之外的相关内容，特别是我近几年的关于中国经济运行的研究成果；并增加了构建新发展格局专题研究内容（《新时代：经济思想新飞跃》一书中的有关章节）。为了突出中国经济运行过程性及相关研究脉络，基本上按年度顺序进行编排。为了客观反映对中国经济运行研究的逐步深化过程，在一些主要观点、基本判断等方面原则上不作重大修改，保持研究成果的"原汁原味"，只是对个别有关内容进行了整合或调整。另外，为了统一全书体例，新设或重设了一些子标题，并对个别标题进行了修改。

这本由历年研究成果汇编而成的著作，也许给人一种"结构体系零乱、前后观点不一致"的印象。然而，这恰恰是本书作为研究过程记录的主要特点。读者只要理解和把握了这一特点，沿着中国经济运行过程及其研究脉络进行阅读，也许还能发现一些学术价值，并有所启发。

目　　录

下编　基于新发展格局的中国经济运行

上 编

制度变革中的中国经济运行

20世纪90年代，以邓小平南方谈话及浦东开发开放为标志，改革开放进入构建社会主义市场经济体制的新阶段；直至进入新世纪，中国加入WTO，全面融入经济全球化进程，中国经济运行始终处于重大制度变革之中。在这一时期，一系列重大制度变革成为推动与主导中国经济运行的主要变量，从而使中国经济运行带有明显的制度变革型特征。一方面，制度变革释放出巨大动能，推动经济持续高速增长；另一方面，也使传统体制下累积下来的各种扭曲和痼疾显现，再加上新旧体制转换中的摩擦等，导致经济运行中严重的结构性矛盾及冲突。因此，对这一时期中国经济运行的分析更多是从改革开放的制度变革角度切入，揭示其运行状态、轨迹及模式的基本特征，阐述经济运行的主要动能及内部构成，分析与预测经济运行面临的主要问题及基本走向。

1 地区发展及其政策导向 *

中国进入 20 世纪 90 年代后,地区发展问题日益成为经济、社会和政治生活中的热点与焦点。这是中国实行改革开放政策的内在逻辑所必然演绎的历史过程,也是一个大国经济在经济起飞特定阶段所表现出来的非均衡发展的客观形态。但这并不是说,对此问题我们可以置之不理或忽视其严重性。国际经验表明,一国的地区发展是十分重大、必须予以妥善解决的问题,否则将直接影响其进入世界性现代经济增长的进程,导致经济起飞的夭折。对于从集中计划经济体制向市场经济体制转轨的国家来说,地区发展问题的尖锐化将引起地方与中央的离心力,甚至导致一个国家的解体,进而影响其体制转轨的进程。因此,我们有必要对中国目前日益突出的地区发展问题进行认真的、科学的研究与探讨,提出多种可供选择的思路,寻求一条适合中国实际情况、成本较小的解决此问题之路径。

1.1　改革开放大进程背景下的地区发展

中国的地区发展问题,以 1978 年为界线形成两个完全不同类型的发展模式。在此时间界线之前,中国地区发展的基本特征表现为:(1)在中央与地方关系上,实行以"条条"为主的集中统一管理体制,较少考虑地区优势和地方自主权的发挥;(2)在区域发展方针上,实行自上而下的外部控制为主的模式;(3)在地区发展目标上,强调地区之间的平衡发展,较少考虑总体经济效益的提高;(4)在

　*　本章根据周振华主编《地区发展——中国经济分析 1995》(上海人民出版社 1996 年版)导论"跨世纪的中国地区发展"以及第 10 章"地区发展前景与地区发展政策"(与马立行合撰)汇编而成。

地区布局与投资分配方面,突出内地,有计划地推动生产布局的大规模西移。

改革开放以后,中国的地区发展呈现出截然不同的形态。这种地区发展类型及形态的转变,是由改革开放的历史与逻辑内在规定的。因为就改革开放本身的内涵而论,其本质上就是对传统地区发展模式的否定,最核心的内容是:(1)市场主体的多元化与经济自主权下放,使地方政府的地位和作用逐步加强,日益成为地区经济发展的主要推动者;(2)市场导向下的资源配置势必造成要素向收益率较高的地区流动,形成非行政性资源配置的地区布局;(3)由单纯追求经济增长速度向以提高经济效益为目标的发展战略的转变,直接导致国家的地区发展重点向经济技术基础较好的地区倾斜;(4)对外开放的吸引力势必集中在那些较发达的地区,使其在体制与政策上率先开放。因此,我们必须将地区发展问题置于中国改革开放大进程中予以考察。

1.1.1　改革分权化与地方政府行为方式

比较改革开放前后两种不同的地区发展模式,可以明显看到其中一个基本内涵上的差异,就是地方政府在地区发展过程中充当的角色不同。

在中央集权的管理体制下,地方政府的经济管理权限是很小的,其管理范围也十分有限,只享有极小的预算自主权。即使地方政府可在"地方预算收入"科目下保留一部分收入,也几乎没有资源配置控制权。因为财政部不仅搞中央统一预算,而且批准省级政府的年度收支计划,确定收入转移数额。省级预算支出包括哪些范围和科目都是由中央计划规定的,而其预算收入(预算外资金)数额极小,只是由一些小额税收和附加费构成,在富裕省份它仅占征收总额的1%—2%,大多数省份不超过5%。由于收支计划是根据不同原则编制的,所以在省级预算中,预算收入与预算支出之间的联系是微弱的。如果说地方还有一些资源配置权的话,那也仅限于数额极小的预算外资金。

在中国改革开放过程中,应市场化改革的要求,中央与地方的分权化是对传统集中计划管理体制的强有力的冲击。就其分权化的制度安排本身来说,最显著的结果便是地方政府经济管理职能的强化。从某种意义上讲,强化地方政府经济管理职能无非就是减少在地方支出上中央计划规定的范围,更直接地把地方收支联系起来。

然而,作为中国市场化改革有机组成部分的分权化过程,已不再是一种简单的行政管理权的重新分割与调整,而是与此同时用一种特殊的方式把市场的管理权下放给了地方,并且这种市场的管理权又是与地方经济的发展紧密相联系的。因此,对改革中分权化的结果,不能只看中央与地方的权力关系调整本身的结局,更要看到它对市场化进程的深刻影响。

我们知道,在发展市场经济的改革背景下,经济发展越来越市场化,因此在分权化过程中地方政府获得市场的管理权,实际上也就是获得了经济发展的主动权。这样,地方政府政治领导人的政绩开始与地方经济繁荣联系起来,从而促使地方政府政治领导人更关心地方经济的繁荣。然而,要发展和繁荣地方经济,已不能像以前那样向中央寻租或者追逐利益再分配,而要依靠市场的发展和繁荣。地方政府在与中央政府确定了某种财政承包合同后,寻找新的财源的途径都或多或少与市场有关。脱离市场,地方政府就难以获得新的财源,因此地方政府总是会把市场放在第一位来考虑的,尤其是那些经济较发达地区。当然,这并不排斥有一部分地方政府试图追逐与市场相冲突的政治目标,但重要的是,其他地区不会跟着走。总的来讲,在分权化过程中,地方政府的行为方式发生了一个重要的变化,即关心地方经济的繁荣和把市场放在第一位来考虑。

1.1.2　分权化中的地方经济:新的含义

在分权化过程中所形成的地方经济,与传统体制下的地方经济已有了很大的区别。虽然相对于国民经济而言,地方经济是全国统一经济的组成部分,但在传统体制下它只是作为集中计划经济的附属物存在的。随着改革中分权化过程的推进,则赋予了"地方经济"新的含义,它开始成为一个经济大系统中具有相对独立性的子系统,其主要标志有以下几方面:

一是地方利益独立化与明晰化。在传统体制下,地方虽然也有其自身的利益,但其特殊的利益并不能够独立化,而是被统合到集中计划经济的整体利益范围中去了。所以这种地方利益本身就是模糊的,没有明确的利益边界。之所以会如此,关键是地方政府缺乏实现其利益目标的必要手段和工具。改革之后分权化带来的一个重大变化,就是地方政府获得了资源配置控制权这一重要手段。这就使它为实现其利益要求提供了可能,进而也就促使其利益独立化与明晰化。实践证明,地方利益独立化与明晰化是其成为一个相对独立的经济子系统的必要条件。

二是地方政府成为在中观层面拥有一定决策权的调控主体。在传统体制下,中央政府是集中计划经济唯一的调控主体,地方经济是中央调控的对象,地方政府只是中央调控的执行者之一(另外还有部门"条条"的执行者)。地方政府既无权,也无力量对中观层面经济进行调控。分权化之后,地方政府获得了资源配置控制权,并具有了一定数量可自主安排的财力、物力和人力资源,从而形成了一定的调控能力,可以在一定条件下对本地区经济进行生产力布局调整及经济运行调控。这种经济运行中的自组织能力,保证了地方经济能够相对独立地发展。

三是地方经济的综合特征强化。在传统体制下,由于大部分资源流动是纵向控制的,地方经济具有较明显的单一分工倾向,而其分工得以实现的机制则是计划调拨。分权化过程在一定程度上使资金流、商品流、技术流、信息流、人才流以横向方式交织在一起,从而使地方经济的综合特征得以强化,使其成为一个相对完整的经济系统。事实上,地方政府所在地都已成经济、技术、信息的集散中心。

这里,值得指出的是,分权化过程形成的地方经济虽然已具有不同于传统体制下的新的含义,但还不是市场经济中区域经济的概念。因为它仍然是以行政区划为基础的、以政府行为为主导的"块块经济"。与市场经济中的区域经济相比,它具有较浓厚的地方保护与地区分割的经济特征。如果说市场经济中的区域经济是一个开放的经济子系统,那么它则是一个相对封闭的经济子系统。

作为一个相对独立经济系统,地方经济形成后有了自主发展的可能与机会。地方政府在财政压力和追求政绩的驱动下,发挥出空前的组织和管理地方经济的积极性和主动性,极大地推动了地方经济的自主发展。

这种地方经济的自主发展,一个很明显的标志就是各地充分利用和挖掘本地区的发展潜力与优势,形成各具特色的发展道路。在地方经济自主发展过程中,各地政府都十分注意"扬长避短",尽可能发挥自身优势,寻求适合本地区特点的发展道路,形成了各具特色的自主发展格局。例如广东充分利用与香港毗邻和海外华侨关系,发展外向型主导经济;福建根据自身依山傍海的地理环境等特点,大念"山海经";浙江温州发挥众多能工巧匠的优势,大量向内地进行劳务输出;上海利用雄厚的工业基础、丰富的人力资源和优越的地理位置,大力发展大金融、大流通、大贸易等。

由于地方经济的自主发展处于一种体制转换的背景下,所以它的发展不仅取决于常规性的要素投入与资本积累,而且也取决于制度重新安排带来的增长潜能的释放。因此地方经济在其自主发展过程中,往往借助于全国性的改革开放进程所带来的推动力,并试图通过加快本地区的改革开放步伐来寻求新的发展机遇。也就是说,这种地方经济的自主发展在很大程度上是靠改革开放来推进的。实践证明,哪个地区的改革开放走在前面,哪个地区的经济发展就比较迅速。

当然,在体制转换过程中,地方经济的自主发展还不可能完全依赖于市场,而在相当程度上还是与中央的优惠政策联系在一起的。不可否认,倾斜性的地区优惠政策是一种十分稀缺的资源,可转换成巨大的财富,对地方经济发展起着重大作用。因此各地都积极向中央争取优惠政策,并对其加以充分利用,为本地区经济发展创造更为广阔的空间。当然,这里还取决于对政策的利用程度问题。有些地区享有政策,却不知如何用来发展本地经济,俗称"政策放空"或政策利用不足;而有些地区则能充分利用特殊政策来发展本地经济,甚至创造条件来演绎现有政策,即所谓"政策创新"。

总之,地方经济的自主发展是分权化过程中所引申出来的结果,它借助于体制变革的动力,运用优惠政策,充分挖掘地区优势,形成了具有地方特点的发展模式。

1.2 地区发展现状及基本态势

1.2.1 现状及原因分析

在地方经济自主发展过程中,自然而然产生了地方之间的竞争。相对于过去的非竞争状态,这是一个重大进步。但这种地区间的竞争发生在体制转换的过渡时期,其竞争的内外部条件都不甚完善。

从竞争主体来讲,企业尚未成为真正的市场主体,没有能够在地区竞争中扮演重要角色。相反,地方政府成为地区间竞争的主角,企业只是充当了地方政府用以竞争的附属物。在这种情况下,政府的行政属性及行为方式使地区间竞争往往偏离市场竞争的轨道,蜕化为反市场行为的行政性"竞争"。另外,渐进式改革开放带来的地区竞争机会与条件的不均等,客观上也会造成地区间竞争的扭曲。此外,制度方面的不完善及缺乏有效的竞争规则等,更会导致地区间竞争的混乱和无序。因此,在这种地区竞争中出现地方保护主义倾向,诸如设置关卡、地方割据等,也就不足为奇了。

地区发展中所出现的竞争与保护,其主流方面还是竞争,尽管这种竞争尚处于初级水平,相当不完善。而且在这种地方保护主义倾向后面,实际上仍含有地方竞争的深刻内容,只不过采取了一种不妥当的方式。随着市场化的深入发展,这种保护主义倾向也只是暂时现象,明智的地方政府会转向培育和发展市场机制,而不提供其政治保护。因此,分权化过程最终带来的还是地方之间的竞争,而这种竞争促进了市场化发展和地区经济发展。

首先,地方之间的竞争促使地方政府努力提供一个良好的环境以吸纳生产要素。在与中央实行财政包干后,发展地方经济就需要更多地依靠横向的生产要素流入。为了吸引资本和劳动力的流入,地方政府就要为要素所有者提供所有权保障,提供基础设施,帮助市场进入等。人才、技术、资金往往都是从那些这方面做得不好的地区(也可能是原有基础较差)流向了别的地区。因此,地区间的竞争为地方政府提供了很强的刺激,促使它们去努力提供最好的地方公共产品和保护要素所有者的利益。

其次,地区间的竞争促使地方政府在财政行为上精打细算,将有限的地方财力用于对地区经济发展有用的项目上。因为分权化后形成的经济分级管理格局,使地方政府受到硬预算约束,至少在发展地区经济上,地方政府是有多少财力,才能办多少事情。这就促使地方政府在财政管理上,一方面想方设法开源增收,扩大地方财力;另一方面尽量将钱花在"刀口"上,即对地区经济发展有用的服务性支出上,例如基础设施、住宅等,以便为生产要素向本地区流入创造一个好环境。

再则,地区间的竞争还有助于削弱政府的行政干预,降低地方政府操纵本地区企业的目标和行为的可能性。因为当某些地方政府企图寻求地区内垄断或其他行政干预目标时,本地的企业在市场上与没有这种限制的其他地区的企业进行竞争时就会处于劣势,而其他地区的企业会有一个更低成本和更高的竞争力。这对于高度依赖于本地区企业发展的地方财政来说,会处于一种很不利的境地。所以地方政府的理性选择是尽可能减少这类出于政治或社会目标的企业管制,设法提高本地区企业的竞争能力。从另一个角度讲,就是在地区竞争的格局下,没有任何一级政府拥有对其经济的全部垄断权。因为它们事实上不能把它们的意志完全强加给现实经济生活。如果它要这样做,很可能使其企业在市场上失败,最终使自己陷入困境。

与此同时,在改革开放的大进程中,随着地区发展模式的转换,地区发展中的矛盾与冲突就开始明显化。在 20 世纪 80 年代,这种矛盾与冲突集中表现在地区间的市场封锁。进入 90 年代以后,地区发展问题进一步尖锐化,其中发达地区与欠发达地区经济差距拉大,甚至成为全国人代会上议论最多的热门话题之一。

地区发展问题为何会日益尖锐化? 人们通常认为是因为地区经济差距过

大。胡鞍钢先生对 30 多位省地级干部现场问卷调查的结果表明:93.9% 的人认为目前发达地区与欠发达地区人均收入差距已经过大,83.9% 的人认为地区差距过大将导致社会不稳定,63.6% 的人认为解决发达地区与欠发达地区经济差距是当务之急。[①]

确实,改革开放以来,各地区的经济增长速度逐渐拉开了距离,总体来说,东部地区的经济增长快于中西部地区。统计分析表明,1981—1985 年间各地区经济增长率的标志变异系数为 0.1508,1986—1990 年间这一系数为 0.2716,1991—1994 年间则为 0.3538,呈逐年扩大之趋势。地区间增长率差距的拉大,使东部地区经济总量在全国经济中的份额出现逐年上升的趋势。

同时,尽管东、中、西部经济总量的变化趋势仍向东部地区倾斜,但随着人口向东部地区移动,按人均 GDP 计算的经济实力指标却出现了差距逐年缩小的趋势,1980 年各省区市人均 GDP 的标志变异系数为 0.91,差距非常之大;到 1985 年这一系数下降至 0.74;1990 年进一步降至 0.61;1994 年则回升至 0.63。也就是说,经过十多年的经济发展,中国地区间的人均 GDP 收入差距已经缩小了三分之一。

如此看来,把地区发展问题尖锐化仅归结为地区经济差距拉大,似乎还不能予以充分的解释。这里我们想提出两个既有联系又有不同内涵的概念,即地区发展机会与地区经济差距。

我们这里所讲的"发展机会",主要是指市场化带来的发展机会,而不是单纯的政府行政性赐予的发展机会,诸如"输血"等。对于地区发展来讲,发展机会的大小是更为本质和重要的东西。在发展机会不均等的条件下,地区经济差距势必扩大,即使在原有基础条件相同的情况下也是如此。当然,这并不可以反过来推论,只要发展机会均等,就不会产生地区经济差距。因为各地区基础条件是不同的,即使发展机会均等,也会有经济差距,而且由于存在着"马太效应"(即富的越富,穷的越穷),其经济差距也可能扩大。

我们现在谈论地区发展问题尖锐化时,往往对这两个不同概念不加区别,混为一谈。事实上,这样很容易把问题简单化了,甚至会讲不清楚。地区发展问题尖锐化与其说是因为地区经济差距过大,还不如说是因为地区发展"机会"的差距过大。在中国目前情况下,地区经济差距扩大主要是地区发展机会非均等的反映。单纯讲地区经济差距扩大,不足以说明地区发展问题日益尖锐化的原因,

---

[①] 参见《经济学消息报》1994 年 9 月 7 日。

更会引申出简单地强调加大对欠发达地区的"投入"和各方面"帮助"的政策结论。

如果从发展机会的角度来看,那么地区发展问题尖锐化在很大程度上与中国改革开放所走的渐进式道路有关。可以讲,地区发展机会的"差距"拉大是渐进式改革开放的历史与逻辑所内在规定的。

中国在改革开放过程中,选择了渐进式的道路,不管这一道路今后的命运如何,在当时的初始约束条件下则是一种明智的选择。这种渐进式的改革开放道路,其特定的形态表现为:

(1)个别突破,分头推进,以局部带动全局的改革开放形态。渐进式改革开放通过对某些具体制度或某些地区的个别突破,打破原制度结构和经济结构的均衡态,并非均衡地分头推进,以局部改革开放的叠加来实现整个体制的变革和发展模式的转换。因此渐进式改革开放是一种持续的、交替变更的局部性改革开放过程。在相当长的时间内,只要体制变革和经济结构尚未达到质变的临界点,其改革开放总是在保持某些制度和经济结构基本不动或微小变动的情况下对另一些制度和经济结构进行改造和创新。

(2)由表及里,层层剥离旧体制,从中孕育出新体制要素和加深改革开放力度的过程。从改革开放的程序上讲,渐进式道路通常是"先易后难",比较容易的先做,"硬骨头"放到后面去啃,在改革开放不断深化过程中,逐步形成新的体制和经济结构。

(3)率先试验,形成改革开放极,并通过其扩散效应形成梯度推进的策略。从改革开放的空间分布来讲,渐进式道路往往要求先在个别地区和单位进行试点,一旦试点成功便形成改革开放极,通过其自身示范效应对外扩散,并将其经验全面推广,带动面上的改革开放。

(4)过渡性的政策措施不断更替,最终趋于制度结构和经济结构新均衡的演化形态。在渐进式改革开放中,不可避免地会出现许多过渡性的政策措施。这些政策措施往往是新旧体制的混杂体,具有非同质性,不可能有机融合,因此带有明显的不规范性和暂时性的特征。这些过渡性的政策措施不时地被更新替代,从而使制度结构和经济结构处于一种不稳定和多变的状态。

(5)改革开放的推进速度相对较慢,有较长延续的时间过程。从改革开放的运作时间安排上来讲,渐进式改革开放因其推进速度相对较慢,将拉长其时间跨度。但这只是从改革开放运作的角度来定义的,并非指改革开放最终取得成功(结果)所花费的时间长度。从改革结果的角度来讲,情况就不一定了。如果激进式改革开放的条件不具备,欲速则不达,可能最终花费的时间更长。

这种渐进式改革开放道路对地区发展的影响是巨大的,其最明显的效应,就是"让一些地区先富裕起来"。改革与开放是一个统一体,具有改革优势的地区,同时也具有开放优势。在渐进式改革开放的大进程中,具有改革开放优势的沿海地区实行了率先改革开放的特殊政策。其中包括放宽沿海地区利用外资建设项目的审批权限;增加沿海地区的外汇使用额度和外汇贷款;增加沿海地区的财政留成比重;以及在税收、物资供应、国家直接投资方面的优惠政策。显然,这对于沿海地区的迅速发展起了重要的推动作用。

与此同时,对老、少、边、穷地区实行了扶植政策。在资金方面,国家对五个自治区和三个在财政上按照自治区对待的省(云南、贵州、青海),执行财政包干补贴和民族贸易三项照顾,以及机动金与预备费照顾的政策;对贫困地区发放"支援不发达地区发展资金"和低息贷款;对经济困难的地区普及小学教育的基建投资进行补助等。在税收方面,对温饱问题尚未完全解决的地区,区别情况给予减免税照顾;对民间贸易及商办工业纳税有困难的,酌情减免工商所得税等。虽然在这些扶植政策中注入的财力和物力也是不小的,但在一个改革开放的社会大变革过程中,这些扶植政策的效应则是有限的。更为重要的是,这种扶植政策并不能很好地为欠发达地区提供市场化的发展机会。

因此,在改革开放的大进程中,地区发展模式的转变及对地区发展所产生的不同效应,在很大程度上是不可避免的。以市场导向为主的地区发展模式的形成,客观上将导致地区间的非均衡发展,而渐进式改革开放的轨迹则进一步加剧了地区间非均衡发展。从这一意义上讲,"让一些地区先富裕起来"的地区非均衡发展,不是外生的,而是由渐进式改革开放的大进程所内生的。

但这是否意味着,在渐进式改革开放中地区发展的机会永远是非均等的呢?从理论上讲,并不如此。我们知道,在一个渐进式的改革开放过程中,势必存在着"先发优势"与"后发优势"的差异。所谓的"先发优势"就是在此过程中率先市场化所享有的发展机会;所谓"后发优势"则是在此过程中借助于已经成熟了的市场化条件所享有的发展机会。从阶段性来看,"先发优势"与"后发优势"的过程分布是不同的。在改革开放的前期,具有先发优势的地区有较多的发展机会;而到了改革开放的后期,具有后发优势的地区将面临更多的发展机会。以往的实践也证明,改革开放以来沿海地区具有明显的"先发优势",其发展"机会"远多于中西部地区。沿海地区正是借助于这种"天时、地利、人和",在较短的时间里完成了"资本原始积累",从而为经济起飞奠定了基础。从理论上讲,随着这种渐进式改革开放的深化,沿海地区的先发优势将逐步削弱,而中西部地区的"后发优势"将逐步强化,其发展的"机会"会逐渐增多。在这种情况下,地区经济差距虽然还难以消除,但至少为缩小地区经济差距提供了必要条件。

但问题在于,目前中国改革开放进程尚未达到后期成熟阶段,而是处于建立市场经济新体制框架的中期阶段。在这一特定阶段,沿海地区的先发优势已得到充分发挥,而内陆地区的后发优势尚不具备得以发挥的充分条件,从而使其面临的发展机会截然不同,"机会"概率的差距明显拉大。也就是,内陆地区"后发优势"的实现或发展"机会"的增多是要有条件的,即市场经济趋向成熟化。只有在这种情况下,随着沿海地区加工工业的迅速发展及劳动力成本的不断提高,内陆地区的自然资源优势和劳动力相对成本优势才能得到发挥,从而带来更多的发展机会。因为此时的比较优势已发生变化,内陆地区提供的能源、原材料价格上升及劳动力成本相对较低,使其具有较高的投资收益率,这就会吸引要素向内陆地区回流及产业转移。然而,当市场化进程尚处在无序状态时,价格体系扭曲、市场不完善、竞争过度等因素,致使中西部地区的自然资源优势、劳动力成本优势等难以得到发挥,从而也就不会形成诸多的发展机会。

显而易见,在以往的改革开放过程中,沿海地区抓住了诸多的发展机会"先富"起来了,而内陆地区却不具备"后富"起来的诸多发展机会,这势必造成地区发展问题尖锐化。因此,进入 90 年代后,地区发展问题日益尖锐化在很大程度上与改革开放进程所处的特定阶段有关。

1.2.2　地区发展基本态势及前景预测

地区发展政策从其属性讲,是一种着眼于长期调整的政策,与需求管理中的短期调整的经济政策有所区别。作为一种长期性调整的政策,就要对地区发展基本态势有一个基本判断,以奠定其政策制定的基本认识。

对地区发展基本态势的判断,不能只看其表面,而不顾其实质。在传统计划体制下,虽然形式上可以缩小,甚至消除地区发展的不平衡,但实际上是以牺牲整个社会的发展为代价的,并且以扭曲的方式使地区发展更不平衡的根源沉积下来。中国实行体制改革以来,虽然在改革与开放上实行了倾斜政策,但分权化下的地区经济发展总体上是促进地区发展,并使其相对差距缩小(即以人均 GNP 衡量的全国各地区间的收入差距没有扩大,反而呈现缩小的趋势)。因此,对中国今后地区发展态势的判断,也要观其形而看其势,抓住其发展主流。

在今后一个阶段里,中国地区发展的一个重要背景是"两个根本转变"。实现从传统的计划经济体制向社会主义市场经济体制的转变和粗放型增长方式向集约型增长方式的转变,将对中国地区发展产生深刻的影响,使地区经济发展出现新的变化。

地区发展问题今后是否会越来越突出,很大程度上取决于中国改革开放进程的推进情况。如果今后一段时间中国改革开放的进程比较顺利,较快地建立起新的经济体制和运行机制,那么地区比较优势将发生较大的变化,内陆地区的各种潜在优势将得到充分发挥,进而将面临越来越多的发展机会。其中,价格体系的完善与劳动力流动在此过程中起重要的作用。在对资源品和投资品需求进一步扩张的情况下,资源丰富的内陆地区在全国资源配置中的地位将越来越重要,而能源、原材料与加工制成品比价的市场化调整,则加快其资源优势向经济优势的转化,大大改善内陆资源地区的收益水平。同时,内陆地区劳动力向沿海地区的流动,不仅能改变各地区"人均收入"的"分母",缩小地区间的经济差距,而且大量非迁移性地区流动的劳动力(非长久性的外出"打工"),其"打工"收入的大部分回流内陆地区,并在当地形成强大的市场需求,从而有利于促进当地实际市场规模的扩大和市场经济的发展。此外,加上劳动力成本相对较低及原材料当地加工与产品当地销售的运输成本较低等因素,将会大大吸引沿海地区的要素向内陆地区流动,加快沿海地区产业向内陆地区转移。在这种情况下,虽然还不能说解决了地区经济差距问题,但至少可以使地区发展"机会"趋于均等。

反之,如果新旧体制"对峙"和"交织"时间太长,改革开放的推进速度缓慢,那么内陆地区的"后发优势"就难以形成与发挥起来,地区发展机会的非均等化倾向将更趋严重。地区发展机会非均等化现象较长时期地延续,不仅会继续拉大地区经济差距,而且将引致地区之间关系的进一步恶化。这样,地区发展问题就会越来越严重,成为社会、政治不稳定的根源之一。

因此,问题并不像人们通常认为的那样,市场经济越发展,地区发展问题越严重,地区经济差距越加扩大。恰恰相反,我们的观点是,市场经济越发展,地区发展问题越趋于缓解,地区经济差距越有可能缩小。对于欠发达地区来说,其发展机会的出现和增多,主要不是靠政府对其政策性倾斜和援助,而是靠市场经济发展所提供的环境和条件。

当然,这要有一个时间过程。其实,对于发达地区来说,也是如此。上海就是很好的一个例子。在80年代以商品市场发育和发展为主轴的浅层次改革开放中,上海诸多的优势并不能发挥出来,其发展的机会有限,从而上海的经济增长速度低于全国平均水平。但到了90年代,改革开放向全要素市场化方向深化,随着房地产市场、证券市场、人才市场、信息市场的发育与发展,上海土地要素的级差优势、人力资源优势、信息集聚与扩散的优势、资本形成方面的优势等就充分显示出来了,其发展的机会急剧增多,从而为上海 90 年代经济高速发展提供了充分条件。同样,在 90 年代改革开放深化过程中,随着沿江、沿线、沿边的全方位开放,以及能源、原材料价格调整等,中西部地区的发展机会相对于 80 年代而言也增多了。当然,与沿海地区相比,中西部地区的发展机会还是小的。但可以相信,随着市场经济发展日益成熟与完善,中西部地区的发展机会将越来越多,地区间发展机会的差距会明显缩小。

随着经济体制的根本转变,地区经济发展过程中的体制制约因素将逐步减弱,进而使体制制约因素所造成的地区发展机会不均等问题大大缓解。无疑,这对欠发达地区来说,是一种有利的环境条件。同时,在体制制约因素逐步减弱的情况下,资源供给约束作用却逐步增强,特别是基础设施条件对地区经济发展的影响力日益增大。那些资源供给约束较小,基础设施条件较好的地区,凭借市场经济新体制的建立和完善,将会更加迅速地发展;而那些资源供给约束较大,基础设施条件较差的地区,将会明显地表现为缺乏发展后劲。

在这种情况下,对于东部地区来说,其较好的基础设施条件将发挥更大的作用,成为其发展的优势条件,但所受到的资源供给约束相对较大,有可能成为其发展的障碍。而对于中西部地区来说,其所受到的资源供给约束较小将成为发展的一大优势,但较差的基础设施条件有可能成为其发展的障碍。

从资源供给的角度讲,中西部地区是具有潜在优势的。西部原材料和能源工业在其工业中的比重高达 60% 以上,而沿海仅在 30% 以下。工业最发达的长江三角洲,原材料和能源的自给系数仅在 10% 左右。沿海其他地区也与之相仿,其原材料和能源产品主要依赖于西部供给。经济体制的根本转变、资源配置的市场化意味着,主要来自西部的原材料和能源产品会因供不应求而价格上涨,从而给其带来更多的市场收益。

与此同时,这将给沿海地区发展带来沉重的压力。一方面,原材料和能源产品价格上涨直接造成生产成本增大。例如,1993 年东部 35 个大中城市的资本货物及原材料价格上涨幅度达 40% 以上。另一方面,通过原材料和能源产品价格上涨的传导,间接引起劳动力成本上升。在沿海地区企业成本高涨、竞争力下降的情况下,其实行经济增长方式将被迫转变,即将劳动密集型、高物耗、高能耗产业向低成本地区转移,本地产业开始升级换代。

因此,在中国地区发展不平衡的情况下,增长方式的根本转变,首先主要集中在发达地区。经济发达地区从劳动—资源密集型产业为主体的产业结构向资本—技术密集型产业为主体的产业结构的转换,将对欠发达地区形成大规模的"产业转移"。这将使中西部地区获得更多的资金和发展机会。

在"两个根本转变"的大背景下,沿海地区的资金、技术与内地廉价劳动力和原材料、能源相结合,而各得其所,将是东部与中西部利益上的结合点。在这一结合点上,将形成中国地区发展的新格局。沿海地区由于产业升级换代,仍处于发展的领先地位;内陆地区则因资金、技术的注入得以发挥其资源和劳动力的优势,加速发展。然而必须看到,推进改革开放向纵深发展,尽快建立起市场经济新体制和运行机制,虽然有助于缓解地区发展问题尖锐化,但由于地区发展的基础条件不同,其发展的机遇不同,仍会造成地区经济差距及其进一步扩大化的可能。也就是,市场经济发展虽然会给欠发达地区提供越来越多的发展机会,但市场力量本身并不足以消除地区经济差距。这是因为,市场经济虽然强调机会均等,但其运作的实际结果则是地区不平衡发展。即使在一个成熟的市场经济中也是如此。这里我们着重指出几方面的矛盾:

首先,统一市场与地区发展不平衡的矛盾。在原有地区发展不平衡的基础上,全国统一市场的形成势必造成各种要素从欠发达的低收益地区向较发达的高收益地区的流动和转移。要素大规模的地区间转移,可能形成贫穷地区越穷、富裕地区越富的"马太效应"。不让这些要素按市场原则流动和转移,则会造成市场封锁和地方分割,阻碍全国统一市场的形成。

其次,统一货币主权与地区发展不平衡的矛盾。单一货币在中国历来被看作是主权国家统一的标志之一。但在中国这样一个大一统而地区发展不平衡的国家,地区经济的差距必然会产生货币币值评价在不同地区的差异。统一的单一货币在不同地区具有不同的购买力,因此购买力平价事实上无法形成,这必然在逻辑上引起货币交易的投机。当然,中国金融当局可以通过封锁区域之间的资金融通以及取缔自由市场交易的货币市场来防止货币投机。但一个缺乏资金融通和货币交易市场的市场经济是不可想象的。在统一货币主权之下如何处理因区域不平衡而产生的货币政策在区域间的矛盾、区域金融差距等问题是一亟待解决的问题。

再则,对外贸易中统一汇率政策与地区发展不平衡的矛盾。在对外关系上,地区发展不平衡还表现在部分地区大量的工业制成品出口与部分以农业为主的地区依赖于大量农业生产资料(主要是化肥)进口,在对付国外提高关税等措施所采用的统一汇率政策上,不同地区会产生截然相反的效应。如利用汇率机制以抵消国外关税提高的影响,维持原有的出口水平,出口地区可保持现有的就业和工资水平,从汇率政策的调整中得到利益,但汇率上升必将使进口化肥地区的农产品成本提高,给其带来不利。若要保证进口化肥地区利益不受损,则以出口地区降低就业和工资水平或减少出口量为代价。

综上所述,我们认为,在未来中国地区发展格局中有可能出现一系列新的特征:(1)地区间的互补和协作关系会大大加强,按市场经济原则进行重组而形成的区域经济将逐步发展起来。(2)与此同时,地区间的摩擦仍将存在,但以保护市场和争夺原材料、能源为目的的相互封锁和经济摩擦将逐步削弱,而以资金、人才要素争夺为主要特征的新的摩擦将会加剧。(3)地区间不平衡发展将呈多方位展开。原先形成的沿海与内陆地区经济发展水平的差距依然存在。同时,在内陆地区的各省区之间,甚至沿海地区的各省市之间,也将出现经济发展不平衡状态。

1.3　地区发展政策导向

1.3.1　基于地区发展现状及基本态势的政策含义

从中国地区发展现状分析及基本态势判断中,我们可以引申出若干政策含义:

第一,地区经济发展问题要高度重视,及早抓起来。长期忽视落后地区的发展,将后患无穷。意大利在这方面曾有过深刻教训,值得我们借鉴。意大利的南北地区差距扩大开始并没有引起重视,等到问题日益严重,南北经济差距逐渐变成了南北对立,政府才着手解决这一问题。尽管当时意大利政府对南方经济发展倾注了巨大的财力,但问题根深蒂固,南北差距难以消除。相反,像法国、西班牙等国较早采取措施,促进区域经济协调发展,取得较好的成效。这里可以给我们的启示是,从一开始就应该注意各地区的同步发展,否则差距越来越大后,要消除就不容易了,所要付出的代价就会更大。中国进入 20 世纪 90 年代后经济迅猛发展,地区发展问题日益突出,已不能等到下个世纪再来考虑解决这一问题了,否则东部沿海地区与中西部地区的经济发展差距会逐渐走向对立。一旦出现这样的情况,即沿海一些人把中、西部看成全国经济发展的包袱而对中西部人进行歧视,中西部的某些人认为东部沿海把其当成了"掠夺地",而对东部人产生厌恶的社会情绪,问题就很糟糕了,将对两地居民的社会心理和中西部经济起飞都带来不利影响。

第二,缓解地区发展问题的尖锐化,不是通过反市场化的行为,以牺牲发达地区的发展为代价来推动欠发达地区的发展,而是要进一步推进市场化的改革开放,为欠发达地区创造更多的发展机会。事实证明,在地区发展机会非均等情况下,政府一味对欠发达地区进行"输血",虽然能暂时缓解一下地区发展的矛盾,强制性地缩小地区经济差距,但欠发达地区并不会形成"造血"功能。只有给欠发达地区在体制上和运行机制上提供更多的发展机会,才能使其逐步形成"造血"功能。因此,不能套用老思路,沿袭旧办法,而要在市场经济条件下探索和运用新办法。这里包括对地区发展问题处理原则的重新确定,中西部开发模式的探索,地区发展政策框架的重构,以及政策手段的调整等。

第三,鼓励地区间的合作,推动区域经济一体化发展。地区间从封锁分割走向合作互补,是缓解地区经济发展差距的重要步骤。中国目前一方面区域发展的不平衡在扩大,另一方面某些地区的区域经济一体化的态势在不断加强。适宜的选择是加速区域经济一体化,并以此来带动欠发达地区的发展。在此过程中,一体化的区域金融整合是必不可少的,要逐步形成区域经济一体化与金融资源配置的整合关系。那些承担这一金融整合任务的区域金融城市会悄然出现。并且,随着某些区域经济在全国发挥特殊的作用,这些区域将扮演影响国家货币政策和金融市场的重要角色。

第四,为推动欠发达地区发展,进而为了缩小地区差距,适当运用转移支付手段,把有限的转移资金用在刀刃上,解决欠发达地区寻求长期发展的根本性问题。市场在缓解地区经济发展差距中所发挥的自动调整作用力量是有限的,一旦出现要素在区域间转移的非正常状态,以致破坏了区域经济的正常发展,就需要有财政和金融政策的"转移支付"来调节。但转移支付的限度,是不能破坏市场竞争的基本法则。在中国目前的财政状况下,转移支付的能力十分有限,更要将这种转移资金用在关键上。转移支付的低效率,不仅无助于欠发达地区的发展,还会影响发达地区的发展,形成以抑制发达地区发展来缩小地区经济发展差距的格局。中央政府对欠发达地区的援助,要将重点放在改善其交通运输等基础设施建设上。

第五,促进城市化发展,增强吸纳农业过剩劳动力的能力。中国地区经济发展差距最突出的还是表现在不同地区农民收入差距方面。欠发达地区,特别是中部地区大量农业过剩劳动力不能实现顺利转移,是其中一大主要问题。推动城市化发展,尤其是发展中小城镇,将有助于增强吸纳农业过剩劳动力的能力,改善欠发达地区的经济结构。

第六,政府的地区发展政策导向仍然是极为重要,必不可少的。问题在于,地区发展政策如何有效地弥补市场"不足",而不是用以削弱市场的功能。这对于我们来说,仍然是一个全新的课题。这里将涉及地区发展政策基本原则的调整、政策手段和措施的创新等问题。其次,这里还涉及地区发展政策本身范围的扩展问题。在传统体制下,地区发展政策着眼于生产力地区布局、重点投资项目、转移支付等方面,已完全足够了。但在市场经济新体制和运行机制下,地区发展政策不能仅局限于"重点转移""政策倾斜"方面,而要有更广泛的内容,诸如促进要素地区流动,发展区域经济合作,推进城市化等。其中,目前最为重要的是农村剩余劳动力的地区转移。如果政策引导得当,这将对中国地区发展产生极其深远的影响。

1.3.2 地区发展政策框架重构及基本原则

一谈起地区发展政策,人们通常想到的是发展重点、倾斜方式及具体如何援助等。事实上,在论及地区发展政策的具体内容之前,首先有一个政策框架问题,即地区发展政策与全国经济发展的关系,如何制定地区发展政策并保持其连续性,如何确立地区发展政策的"灵魂",如何实施地区发展政策等。因此,采取适应地区发展基本态势要求的新政策,首先就要重新构造地区发展政策框架。这里我们借鉴国外经验来谈其政策框架的一些要点,其内容有:

(1) 把区域经济发展规划与全国经济发展计划密切结合起来,使得区域规划更容易进行宏观协调。国际经验表明,政府在处理区域经济发展问题时,一定要有系统考虑,制定详尽的切实可行的区域规划。在这种规划里,要确定不同类型的受援区,按不同的等级实行不同的政策倾斜和转移支付。法国自20世纪50年代初就开始进行区域规划,首先把一些困难最大的地区划归为"危急区",实行特别援助。英国当时也是实施按照不同情况分别对待的分级发展区规划,对划出的"特别发展区""发展区"和"中间区"分别实行不同的政策,如发展区有资格得到自动的地区发展补贴和选择性地区援助,中间区只能得到选择性地区援助等。中国也应该在深入调查研究基础上,运用科学的指标体系,对中西部地区进行具体划分,分级发展。

(2) 充分运用立法手段促进区域经济协调发展。为保持区域政策的一贯性和连续性,需要运用立法手段来保证。原联邦德国非常强调区域政策的立法化,政府先后颁布了一系列关于区域经济政策的法律和法规,如"联邦区域规划法"

"区域经济政策的基本原则""改善区域经济结构的共同任务法""联邦区域规划纲要"等。一系列的区域政策,包括区域资助的重点等,都是根据这些法律和法规建立和提出来的。英国区域政策的开端就是来自"特别地区法",以后区域政策的发展基本上就是通过一系列有关立法来实现的。中国发展中西部地区也要有立法,而且要有比较详尽的一系列法律和法规。

（3）制度变革是开发落后地区的重要条件之一。在对落后地区的援助中有一种偏向,即只注重于财力援助,而忽视对落后地区的制度改善,其结果不尽如人意。战后意大利各届政府为开发南方花费了巨大的力量,投入了庞大的物力和资金,但南北差距仍然很大。之所以如此,从根本上说,就是制度变革不彻底,多方面阻碍了经济和社会的进步。而一些在开发落后地区中取得较好成效的国家,都很重视对该地区的制度改善,如西班牙在欠发达地区开发中都辅以一定的社会改革,以使结构、资金、组织更合乎现代化的要求。英国政府在援助欠发达地区时也注重于解除一些不利于受援地区经济发展的主要限制,逐步在那里形成新的有活力的经济,增强对资金和熟练工人的吸引力。中国在加大发展中西部地区力度时,除了物力与财力支持外,更要促进当地市场经济的发展,使其在制度变革上跟上沿海地区的步伐。同时,对中西部的政策倾斜和转移支付都不能违背市场经济运作的基本法则,否则将蜕变为保护落后的手段。

（4）国家干预必须与诱发本地区的生产潜力相结合。意大利在开发南部地区时,曾从法律上规定中央政府必须把它投资总额的40％投向南方,并从南方购买不少于其采购总额的30％的产品和劳务。同时以指令性计划规定国家参与制企业必须把它们工业投资总额的40％和新建工业企业投资的60％投向南方;之后又提高了这类企业向南方的投资比率,规定其工业投资总额的60％和新建工业企业投资总额的80％必须投向南方。这样在南方就建立起了许多大型工厂,国家为这些工厂从设备原料到产品销售都创造了优惠条件,然而却忽视了对当地原有中小企业的支持。结果本地企业的发展由于缺乏劳力、资金和原料受挫,外来企业缺乏大批中小企业的成龙配套也就变成了"沙漠中的教堂"。经验证明,单靠外援,忽视本地区的生产潜力,这样出现的繁荣是脆弱的、虚假的。中国目前同样存在一个如何诱发中西部地区生产潜力的问题。事实上,中国的中西部的生产潜力是巨大的,关键是要通过政府干预将其诱发出来。

（5）有限的援助资金的集约使用。在对欠发达地区经济发展实行支持政策时,不少国家都面临一个共同的问题,就是援助资金数量有限,涉及受援地区太多。法国曾以低息贷款、补贴和税收优惠等形式为欠发达地区经济发展投入了大量资金,国家财政负担因而不断加重,政府预算赤字大幅度增加,财政入不敷出。同时,援助资金分散后,所产生的影响和作用也降低了。原联邦德国则比较注意援助资金的集聚优势,在 1980—1983 年的区域发展规划中原规定重点资助地区为 329 个乡镇,考虑到国家财政的承受能力,从 1982 年起将重点资助地区缩水为 269 个乡镇,而且规定,为保证必要的集聚优势,重点资助的乡镇人口规模不得低于 2 万人。中国面临的需要援助的地区广大,而国家财政的援助资金十分有限,更要好好策划集约使用问题。

(6)国家目标与地区行动的协调一致。在一些国家曾发生过中央政府的援助资金往往与受援地区的发展目标不相协调的现象。由于缺乏具体监督与指导,在很多情况下,这种援助只被作为受援地区的一种外部资金来源。法国在解决这一问题时采取了"计划合同"的办法,政府通过签署国家—地区经济发展合同的方式取得中央对地区的干预,从而确保国家目标与地区行动上的协调一致。根据规定,国家将承担合同中"优先项目"的常年义务,并取得资金分配的优先权。所用资金将列入政府通过的年度财政预算法案,由中央向地区派出的国家专员负责实施,领土整治部际委员会负责监督和检查。计划合同投资总额中约有 60% 由国家承担,其余由地区承担。

(7)建立具有权威性的区域经济发展政策实施机构,加强区域政策实施的监督和检查。法国政府为了实施区域政策专门成立了全国区域发展委员会,并在每个区成立了当地的区域发展机构,全国机构负责对全国的区域发展计划、协调和指导,地方机构则具体负责本地区的规划及规划落实。这些机构拥有广泛的行政权力和独立的财政手段,在实施区域政策中卓有成效。英国在 1972 年颁布的新的工业法案的基础上,创立了全国性的"工业发展执行委员会"和六个地区性的"工业发展局",负责对受援地区的主要项目进行评议、协商和监督。实践证明,这些专门机构要有实权和权威性,否则难以有效实施区域政策。如原联邦德国虽然也设有专门制定和实施区域政策的联邦规划委员会,但由于缺乏必要的权威性,在制定与实施区域政策时,联邦与各州往往意见不一,矛盾重重,难以有较好的效果。

确立处理地区发展问题的基本原则,是制定地区发展政策的首要前提。基本原则的错误,将直接造成地区发展政策的失效。从地区发展基本态势来看,处理地区发展问题的基本原则应该是:

(1)市场经济效益原则。国际经验表明,要消除社会发展不平衡和区域之间经济水平的差距,市场体制要比中央计划体制来得更为有效。即使市场经济体制对缓和区域差距的作用一开始十分缓慢,但要比中央计划体制具有更积极的意义。我们不能用破坏市场运作基本法则,阻碍市场经济发展的方法来强制性缩小地区差距。在市场经济效益原则的引导下,发达地区与较落后地区劳力供求衔接,资源在开放条件下互补,都能得到好处。缓解地区经济发展差距的根本出路,在于大力推进市场经济发展,尽快形成全国性统一市场,建立起缓解地区经济发展差距的自动调整机制。

(2)促进总体发展原则。地区经济发展的协调要有利于促进东部与中西部经济联动发展,有利于总体资源配置效率提高。为了使不同地区的经济水平差距缩小,不惜让发达地区陷入低速发展、徘徊甚至停滞,而欠发达地区也未有长足的增长,或者虽有增长,却远不足以弥补发达地区损失的份额,是十分愚蠢的做法。事实上,只有在发达地区经济能持续不断再投资、再创新和大发展的前提下,中央政府才有能力和精力更好地解决地区差距问题,才能引导发达地区经济向欠发达地区的拓展。

(3)间接调控原则。中央政府对协调地区经济发展的作用是很大的,但中央政府对东部与中西部地区的发展政策要从形式上的差别性逐步过渡到形式上的平等性,不要有明显的区域歧视和差别政策。中央政府的政策支持主要通过利益诱导和环境诱导来促进中西部发展,鼓励东部向中西部投资,进行联动开发。中央政府的协调政策还要具有稳定性,力求规范、透明,使之在相当长时间内保持连续性。

(4)循序渐进原则。协调地区经济发展,逐步缩水地区差距,是一个过程。中国目前正处于由低收入或中低收入国家向中等收入国家迈进的发展阶段,急于一下子缩小东部与中西部地区差距,是不现实的,也是不可能的。应该分阶段、有选择地制定防止差距快速拉大,促进落后地区加快发展的对策和政策,特别是把重点放在消灭贫困,提高欠发达地区居民的发展技能,创造更多就业机会上,而不是简单缩小不同地区相对收入差别。

1.3.3 地区发展政策倾斜:分级分类

在解决中国地区发展问题中,中西部地区开发是重要内容之一。根据上述的基本原则,中西部地区的开发应着重于以下方面:

(1)加大对农业的投入力度,提高中西部地区农业发展的基础设施水平。由于中西部地区工业发展水平和城镇化水平均大大低于东部沿海地区,农业产值份额占国内生产总值比重过高,因而农业收入的变动对中西部地区人均收入水平和消费水平变化影响很大。政府必须全力促进农业发展，增加对农业基础设施的投入，减少农业发展的风险，扶持农业经济全面振兴。这既有利于国民经济持续、稳定发展，也有利于提高中西部广大贫困农村地区的农民收入，抑制东部与中西部地区居民收入差距过快拉大。加大对农业的投入，除了对中西部地区的大江大湖和公共灌溉工程进行综合整治外，还要帮助中西部地区提高农产品加工比重，发展高附加值农业，建立农业综合服务体系。

（2）扩大中西部地区基础设施建设，特别是跨省区的铁路、公路、航运、航空设施的投资。基础设施落后是限制中西部经济发展，制约东西经济联动，妨碍大规模开发西部的重大障碍。中央政府需要增加对中西部跨省区道路交通的投资，并运用宏观政策引导外商和东部地区大企业、大集团投资开发西部基础设施，逐步改善中西部投资环境，促进中西部加速经济发展，提高居民收入。

（3）适度促进中西部经济的区域集中，形成中西部若干增长极，发展带动城镇网络体系，支撑中西部经济的发展。中西部地区面积广大，人口分布和产业分布相对过于分散，必须力促资源的空间置换，适度集中，重点推进，加快大中城市的经济增长极和小城镇网络建设，使人口、产业相对集中。中央政府要赋予这些中西部经济增长极和城市带区域享有政策优惠，吸引海内外的资源、资金、人才向这些地方聚集，带动中西部地区经济快速发展。

（4）促进产业转移，逐步建立东部与中西部地区经济发展的联动机制。要通过合理调整原材料、能源等价格，放开产品价格和服务价格，挤迫东部沿海地区的企业向中西部进行产业转移，带动中西部经济发展。对于发达地区对欠发达地区的产业转移，政府要给予政策鼓励，按产业转移的规模实行政策优惠。

（5）规范和明确中央政府的财税转移支付制度，确保转移支付能促进不发达地区的经济发展。转移支付主要应用于地区差别的调控，应根据不同地区人均收入水平的划分标准，同时也要体现效率原则，不能演化为纯粹救济性支出，以增强不发达地区的投资意识，形成"造血"机制。

（6）统筹研究和制定全国的国土整治与产业分布的空间布局结构规划，并通过立法形式落实规划。逐步形成东部与中西部产业重点各有侧重、分工明确、相互配套的空间布局体系，提高总体资源配置效率，使经济增长的福利较均匀地扩散到不同地区的居民之中。

（7）中西部地区加大改革开放力度，大胆探索新的经济发展道路。国民经济开发重点适度向中西部转移，以及东部地区资源成本特别是劳动、土地成本的迅速上升，均为中西部地区经济发展提供了良好的机遇。问题是中西部地区能否抓住、抓好这一机遇,加速自身发展。这就要求中西部地区加大改革开放力度,转变思想观念,创造一个宽松的、规范的政策环境,提高政府机构和经济管理部门的服务水平和办事效率,使中西部地区的低成本优势得到充分发挥,吸引东部和海外资金的流入,包括外出就业人员带着资金积累和人力资本回流。一旦中西部民工大量回流,东部地区的加工工业和低技术、劳动密集型产业的成本将迅速提高,从而挤迫其向中西部迁就。

在中国区域经济协调发展过程中,为促进欠发达地区的发展,实行政策倾斜与转移支付是必要的。但不能笼统地向中西部地区进行政策倾斜与转移支付。中央政府手里没有那么多财力与物力,把有限的援助资金分散化难以发挥政策倾斜的作用和影响。区域经济协调发展中的政策倾斜要实行分级制度与分类制度。

政策倾斜的分级制度就是在确定援助范围的基础上,根据一定的标准划分不同地区的等级,作为受援程度的依据。如像英国当时那样将受援地区划分为"特别发展区""发展区"与"中间区",政府对资本设备投资的赠款比例就按照不同地区的等级来确定,在特别发展区为 44%,在发展区为 40%,在中间区为 20%。

在这一分级制度的实际操作中,特别要注意抓好几个环节:一是要根据国家财政能力的大小,对受援地区的范围进行界定,确定总的援助盘子。受援地区的范围有一定的弹性,在不同时期可以扩大,也可以缩小,根据国家财力情况而定,要量力而行,援助范围相对集中。二是不同地区的等级划分要采用一定的科学指标体系作为标准,不能凭长官意志。这种划分标准要科学,还要用立法形式将其确定。三是在等级划分的实际操作中,要严格按照标准,不能带随意性,要严格审核,不允许下面弄虚作假、谎报材料。这些基础性工作必须踏实做好,否则就会出现新的争夺优惠政策的混乱局面。

政策倾斜的分类制度就是根据欠发达地区的经济类型制定不同的倾斜政策,如农业区开发政策、山区开发政策、老工业区开发政策等。这种分类制度强调不同经济类型地区发展的特殊性,政策内容与手段都有所区别。

首先,农业开发政策的主要内容是加强农村基础设施,发展交通和通信网络,加速实现农业现代化,发展适合本地区特点的地方工业和其他新型经济活动,发展农村文化教育事业和改善农村生活环境等。与此相配套,实行一些特殊的政策。如像法国那样专门设立改善农村基础设施装备的"农村改革基金",为推行农场现代化"开发计划"提供"现代化特别贷款",实施专门用来扶助新经营活动和改善生活环境的"农村特别补贴"制度等。

其次,山区开发政策的主要内容是发展山区基础设施,实现农牧业生产现代化,植树造林,加强水土保护,保护森林资源,限制非生产性建筑占地,改善山村生活环境等,与此相适应,实行"山区特别补贴制度"等特殊政策。

再则,老工业区开发政策的主要内容是实行"改造"和"重振"的方针,采取一系列"结构调整"措施,以实现其"再工业化"。与此相配套的特殊政策有:"工业现代化基金","工业适应性特别基金",以及为使下岗职工有机会接受适应新职的新技术培训的为期两年的"转业假期"制度等。

在实行分级分类制度的基础上,确定政策倾斜的重点内容。从目前情况来看,对欠发达地区的政策倾斜,有两大重点内容是必须注意的:一是要将实现工业化作为改变落后地区的重点。在不少国家,欠发达地区往往都是农业地区。最初有人认为,对于农业地区来讲,农业发展了,就会带动其他部门的发展。意大利政府在开发南方地区初期就是在这种思想指导下,对发展农业倾注了大量的人力物力,但事实并非像当初所想象的那样。实践证明,一个地区如果不注重发展工业,就不可能出现经济社会的全面繁荣。欠发达地区只有推进工业化,才能出现农业劳动生产率的大幅度提高和农业人口向非农业部门的大规模转移。政策倾斜要有助于促进落后地区的工业化水平。英国在 60 年代加强区域政策时就非常注重欠发达地区的工业化发展,使开发地区的工业企业入迁数量每年增加 70%—80%,大大增强了边缘地区经济的制造业优势。那种把制造业总是集中在繁荣地区的传统观念被打破了,在全国范围内分布制造业投资和就业的边缘中心模式已经确立。

政策倾斜的另一个重点内容,则是加强欠发达地区的基础设施建设。为消灭地区发展不平衡,一个关键性的问题就是要建设发达的交通运输事业,建立四通八达的铁路、公路网。特别要加强对欠发达地区中小企业的支持。

在政策倾斜的方式上,特别要注意对某个重点地区的资助,不能指定向该地区的某个企业投资,而是通过各种形式的资助,刺激各方面的投资积极性,增加生产性公用设施的建设,为发展经济创造良好的总体环境和有利条件。

1.3.4　可供选择的政策措施:国际通行手段

针对欠发达地区经济发展的政策倾斜措施是多方面的,从国外的经验来看,可供中国选择的具体做法有:

(1)对欠发达地区的投资提供补贴。如英国的"工业发展法"规定,在被归划为援助区的地区投资,可得到相当于工厂设备投资 40% 的赠款。荷兰、丹麦等规定在发展区投资的公司可得到相当于资本开支 25% 的赠款援助。原联邦德国规定投资使原有劳动岗位增加 15% 以上,或提供 50 个以上新的劳动岗位的就可以得到投资补贴。一类重点资助地区按投资总额的 10% 补贴,其他两类地区都按 8.75% 补贴。补贴通过减免所得税或法人税予以兑现。

(2) 对发展区提供就业补贴。如英国政府规定在划定的发展区内,对每一个就业人员提供一定数量的补贴,这项开支通常占到政府区域经济发展支持开支的 2/5(1976 年开始削减)。意大利政府则对发展区实行社会保险补贴,规定在 1976 年 7 月 1 日到 1980 年 12 月 31 日之间新雇佣的工人,全部社会保险义务金(相当于全部工资费用额的 27%)都由政府来支付;凡在 1968 年 10 月 1 日到 1970 年 12 月 31 日之间新雇佣的工人和 1968 年 10 月 1 日以前就业而目前仍在职的工人,国家付给 18.5% 的社会保险义务金补贴;在 1971 年 1 月 1 日到 1976 年 7 月 1 日之间新雇佣的工人,国家付给 28.5% 的补贴。

(3) 地区开发奖励。奖励对象为在发展区内建立工业企业或进行第三产业经济活动的企业。奖励额按投资性质和地区等级不同而异,并根据新创造的就业人数计算。在法国,最大受援区得到的这类赠款可相当于投资的 25%,每创造一个工作机会还可得 25000 法郎;受援程度最低的地区其赠款可相当于投资的 12%,每创造一个工作机会可得 12000 法郎。

(4) 利用国有企业投资带动其他投资。这方面做得最为突出的是意大利,政府规定国有企业必须把 40% 的工业总投资(后改成 60%)和 60% 的新工业投资(后改成 80%)投在欠发达地区。其他像法国、英国、西班牙等也都利用国有企业促进发展区的投资。中国东部沿海地区一些较好的国有企业也应被鼓励去中西部投资。

(5) 税收优惠。几乎所有的国家都把这方面的政策作为刺激公司向发展区投资的措施,主要办法是对投资实行免税,在一定时期内对投资收入免征或减征税收等。如法国税收优惠政策最长可达 5 年,减让程度最高可达 100%。在扩大规模的情况下,只对净新增投资提供减让。甚至在洛林、诺尔—加莱两个重点地区实行"无税特区",即在这两个地区投资设厂或创办企业,并能创造新的就业机会的投资者,在 3 年内除免征地方税、公司税和所得税外,还免征劳工税以及其他各种社会杂税和分摊。

(6) 特别折旧许可。特别折旧的优惠通常是与项目相联系的,适用于创建和扩大工程。比利时在发展区实行加速折旧许可制度,享受加速折旧的企业可以在连续 3 年内把直线式折旧率加快一倍。法国在发展区实行的特别折旧许可规定,新建筑第一年的折旧率为 25%。原联邦德国在发展地区实行的特别折旧许可规定,最初的折旧金,工厂和机器开支可达到 50%,建筑物可达到 30%。英国实行"任意折旧",即整个工业投资一经交税便可全部折旧销去。

(7) 政府直接拨款在欠发达地区兴建基础设施、改善交通运输条件、提高教育水平、进行技术培训等。

(8) 政府出售预建工厂或将它以优惠利率租给公司。对使用政府提供的预建工厂者免征租金若干年(如 5 年等)。

(9) 对援助地区企业中能将其产品销售到外地的,给予特别补助。

(10) 提供信贷担保。当援助地区中对国民经济关系重大的企业,出现危机,遇到风险,需要向银行贷款时,政府出面担保;如这类企业无力归还贷款,政府可以代为支付。但政府代支付的总金额一年不得超过规定的数量。

(11) 对公司的软贷款。公司软贷款是有选择性的,与项目相联系。提供贷款的时间较长,如像丹麦用于建筑的可达 20 年,用于工厂设备的可达 10 年;贷款利息率比市场利息率低;贷款的归还可有 5 年以下的宽限期。在丹麦对于适于享受这类优惠的项目,贷款额可以达到项目开支的 90%。意大利对不同地区所提供的软贷款比率(相当于投资额的百分比)不同,南部地区 40%,中部地区和北部地区 60%,其他地区 50%;贷款期限,南部地区为 15 年,其他地区为 10 年。英国的软贷款是有选择的,与项目相联系,贷款期限为 5—7 年;归还贷款的宽限期在特别发展区是 3 年,在发展区和中间区是 2 年;同时还实行利息减免赠款(实际上是软贷款的一种替代形式),一般在不享受利息减免的情况下,向贷款提供为期 4 年、比率为 3% 的赠款。

2 经济增长方式转变[*]

实现经济增长方式转变,是一个具有全局性意义的重大战略决策,关系到中国经济长期发展的基本态势及其命运。同时,经济增长方式从粗放型向集约型的转变,作为一种长期方针,是一个总的努力方向。但在具体操作中,则要根据不同的发展阶段及具体情况有区别、分步骤地实施。因此,要结合中国现阶段的实际情况明确经济增长方式转变的目标定位及总体思路。

2.1　增长转型分析框架及基本命题

现实经济运行中的矛盾及问题,已使我们深切感觉到转变经济增长方式的重要性和迫切性。但人们尚未来得及对这一重大问题作深层次的理性思考,对转变经济增长方式的科学内涵及转变机理缺乏深刻的理解和认识。这将使我们在具体实施经济增长方式转变的操作过程中带有较大的盲目性,很容易造成事与愿违的结局。

2.1.1　经济增长、增长方式及类型

在我们现实生活中,经济增长通常是用国民生产总值(GNP)这一指标来衡量和显示的。GNP 实际值变化的时间序列构成经济增长的运行轨迹。但 GNP实际值是一个实际经济中的总产出水平,不仅受制于潜在总供给水平,还受到总需求变化的影响。与此不同,GNP 潜值是一个长期供给值,由潜在供给水平所

---

　　*　本章根据周振华主编《增长转型——中国经济分析 1996》(上海人民出版社 1997 年版)导论"理论、现实逻辑及目标定位"、第 1 章"经济发展阶段:增长方式转变的背景分析"(与马立行合撰),以及第 11 章"总结:转变经济增长方式的战略选择"汇编而成,其中作了个别修改。

决定。在现实经济中,总需求的变化可能使实际 GNP 高于或低于 GNP 潜值。

因此,当总需求不足而使 GNP 实际值低于 GNP 潜值时,便出现经济萧条。在经济萧条之后,随着总需求增加将实际经济中的总产出拉回到其潜值附近——GNP 的总需求回升到等于长期供给值,此后的经济增长不可能快于 GNP 潜值可能增长的速度。如果一个国家力求超过其速度极限,由此产生的压力就会拉高通货膨胀率。可见,总需求的变动可以解释 GNP 的短期波动,但从长期角度来看,GNP 的增长是由供给增长的速度来决定的。也就是,GNP 实际值是围绕 GNP 潜值波动的。所以当我们从理论上对经济增长下定义时,实际上是指供给增长,即 GNP 潜值增长。

由此我们首先将经济增长定义为"人均实际收入的长期增长"。这一定义有两层含义:一是指长期的持久的增长,而不是经济周期中某一阶段的暂时性增长;二是经济增长率的最低标准应该高于人口增长率。

这一定义暗含的前提条件是,存在着某种增长路径,增长路径的变换意味着增长率的变速。然而增长路径的(客观)选择或依赖,是与增长方式密切相关的。从一定意义上讲,增长路径是增长方式的动态结果,是依赖于一定增长方式的。更确切地讲,增长路径本身就是经济增长方式的一个重要组成部分。一定的经济增长方式总是要通过相应的增长路径表现出来的,这种增长路径实际上是一定经济增长方式的外在表现。

那么,决定增长路径的内在东西又是什么呢?我们认为,经济增长是诸多增长要素综合作用的结果,而在诸多增长要素中又有居主导地位的增长要素及结构形态,因此决定增长路径的内在因素首先是增长源泉构成。如果细分的话,增长源泉有多种,但最基本、最简便的归类则是两大类:一是要素投入增长率,二是总和要素生产率,两者之间不同的关系便形成不同的增长源泉构成。增长源泉的构成,是形成一定增长方式的基础。同时,增长源泉构成的决定及变化,又在相当程度上与一定的运作机制有关。决定要素之间配置关系的运作机制,亦决定了要素的产出弹性及技术进步的含量。因此增长机制不仅本身就是增长方式的内在组成部分,而且更是增长方式的本质体现。

综上所述,我们把经济增长方式定义为"一国国民经济实现长期增长所依赖的基本源泉构成、运作机制及路径依赖"。

在现实经济生活中,实际增长方式的差异构成了不同总体特征反映的类型。但从理论上讲,增长方式可以从不同的角度进行划分,没有统一的格式。例如从需求的角度,可以划分为以内需为主导的增长方式与外向型增长方式;从供给的角度,可以划分为外延型增长方式与内涵型增长方式;从投入产出的角度,则可以划分为粗放型增长方式与集约型增长方式。而选择哪种角度来划分增长方式的类型,完全取决于其研究的内容及其需要。

从我们的研究内容及其需要来讲,主要是从投入产出角度来进行增长方式的类型划分。从投入—产出关系来讲,一定的产出水平增长取决于两方面:一是投入物(包括劳动要素和资本要素)的增长率,二是总和要素生产率。如果我们以 G_Y 表示经济增长率,G_K 表示资本投入增长率,G_L 表示劳动投入增长率,G_A 表示总和要素生产率,那么描述经济增长的数学模型为 $G_Y = G_A + \alpha \cdot G_K + \beta \cdot G_L$。其中,$\alpha$ 和 β 分别为资本产出弹性和劳动产出弹性。若将 G_I 定义为要素投入增长率,那么上述模型可以进一步简化为 $G_Y = G_A + G_I$。

利用这个数学模型,根据要素投入与总和要素生产率在经济增长中的贡献率大小,可以把经济增长方式粗略地划分为两大类型,即粗放型增长与集约型增长。如果产出水平的提高主要依靠大量要素投入的积聚,或者一个社会主要依靠增加要素投入来维持产出水平,就是典型的粗放型经济增长方式。如果产出水平的提高主要依靠要素内在质量提高及利用程度提高,或总和要素生产率提高,便是典型的集约型增长方式。总和要素生产率的变量反映了资源配置、技术和动态的比较优势的变化。总和要素生产率增长缓慢要么说明技术优势的衰退,要么说明投入物使用效率提高不快,或兼而说明这两个问题。因此,我们这里所讲的增长方式的类型,主要是指沿着一定增长路径表现出来的相对稳定的投入—产出关系及其内部构成总体特征的形式。

当然在现实的经济增长中,投入物的增长率和总和要素生产率是不可分割、互为前提、互相转化的。尽管我们可以从理论上把增长方式大致抽象为粗放型增长与集约型增长两种不同的类型,但在现实经济生活中,两者之间有着密切的联系:一是两者之间并不是完全排斥的,在一定条件下,投入物的增长可能会带来总和要素生产率的提高;反之则反是。二是两者之间存在着某些过渡形态,如准集约型增长方式。

2.1.2 决定增长方式的诸因素分析

在上述分析的基础上,我们将进一步提出:是什么因素决定增长方式,从而使其具有不同的类型? 这一问题的重要性在于揭示不同增长方式存在的客观性,说明转变经济增长方式不是一种主观随意性的选择,而要遵循其转变的客观规律性。我们认为,在决定和影响经济增长方式不同类型的众多因素中,经济发展阶段、体制条件、技术进步程度及对外经济开放度是主要的变量。

1. **经济发展阶段的要素竞争优势**

我们暂时撇开其他因素,如假定制度是有效率的等条件,仅从不同经济发展阶段对增长方式的影响来看,其发展水平的阶段性对增长方式是有决定性作用的。经济发展阶段对增长方式的决定,主要体现在不同经济发展阶段的要素竞争比较优势不同,从而决定了增长源泉构成的不同形态,使其产出增长具有不同的支撑点。不同经济发展阶段的竞争比较优势,来自两方面:

一是在不同的经济发展阶段,要素的相对稀缺程度不同,进而就会出现要素使用替代的竞争比较优势。例如在一国经济发展尚停留在满足人们温饱水平的情况下,由于这时候的劳动力、土地、其他初级资源等生产要素是比较廉价的,所以其竞争(比较)优势在于依靠廉价的生产资源投入。而随着经济发展水平提高,这些初级要素投入的竞争比较优势将逐步丧失,被技术、资金、管理等其他要素所取代。

二是在不同的经济发展阶段,分工与专业化程度不同,进而经济系统的聚合要求不同。在经济发展水平较低的情况下,由于经济系统的经济总量尚小,且内部的结构关联程度不高,系统整体性功能的聚合要求相对较弱,技术进步(受制于分工和专业化程度)、规模经济、结构调整等方面的总和要素生产率增长的上升空间狭窄,所以其竞争优势在于扩大经济总量,增加参与交易活动的部门(即增加投入产出矩阵中的元素)。随着经济发展水平的提高,系统整体性功能的聚合要求越来越强烈,而要素投入增长的余地相对缩小,此时的竞争比较优势将体现在总和要素生产率增长上。

如果用竞争比较优势来解释经济发展阶段对增长方式的内生性,我们就不能简单采用现有文献对经济发展阶段流行的划分方法,例如按人均收入水平划分的低收入、中收入、高收入的经济发展阶段,按产业发展形态划分的农业化、工业化、后工业化的经济发展阶段等;而要采纳波特(M.Porter)对经济发展阶段的划分,即第一阶段是"要素(劳动力、土地及其他初级资源)推动的发展阶段",第二阶段是"投资推动的发展阶段",第三阶段是"创新推动的发展阶段",第四阶段是"财富推动的发展阶段"。在这一描述中,经济发展阶段与增长方式之间的关系有了更为直观的反映,使我们清楚地看到,随着经济发展阶段的变化,增长源泉的结构形态也发生重大变化,进而使粗放型增长逐渐转变为集约型增长。

在一国经济发展尚停留在满足人们温饱水平的情况下,由于这时候的劳动力、土地、其他初级资源等生产要素是比较廉价的,所以其竞争(比较)优势在于廉价的生产要素,依靠大量投入廉价的生产要素来推动经济发展也就成为其合理的选择。显然,在这一"要素推动的发展阶段"中,具有较明显的粗放型增长倾向。

随着一国进入工业化发展阶段,分工和专业化的发展提供了规模收益(单位产品的成本随生产单位总产出率的提高和随生产时间的累积而降低)的可能。而规模收益使得产品价格大幅度下降,成其为强有力的竞争力。但规模收益的获得要靠资本(人力的和物质的)积累,以大规模的"机器"形式,或以长时间的"培训"形式出现。大规模的投资形成的规模收益降低了单位成本,从而使一定的家庭收入的购买力上升,实际上是扩大了"内涵的市场规模"(以区别于按人口规模或国土规模度量的"外延的"市场规模)。市场规模的扩张产生了更大的需求,进一步引致更大规模的投资及分工与专业化的深化。在此"市场规模—分工深化—市场规模扩大"的循环过程中,大规模的投资使技术被不断物化于物质资本中。因此,大规模投资就成为第二个发展阶段的基本特征,其增长方式具有准集约型倾向。

随着闲暇和收入的增加,消费者的口味越来越细腻,教育水平开始大幅度提高,信息积累速度加快,人口转移已经完成,人口结构趋于老化。服务业开始增长并居主导地位。产品多样化、高质量和小批量发展。于是开始了第三个阶段:"创新推动的发展阶段"。在此阶段,技术创新越来越重要,日益成为产品附加值的主要部分,社会必须调整以提供创新的环境,诸如知识产权的保护、人力资本的高度积累、国民素质的普遍提高和教育回报率的上升等因素都必须具备。在创新推动发展阶段,技术进步使人均产量水平提高成为主导方式,从而是一种典型的集约型增长方式。

一国财富积累到特定的程度,会使人们(口味的变化)从专注于生产性投资转向非生产性的活动。这将造成人的全面发展,使人对本体的探索从"向外的"转向"对内的",从而使人文活动大为增加。这一发展阶段的丰富意义及与此相对应的增长方式,还有待于进一步探索,在此不作定论。

2. 经济体制与增长方式

增长理论的深入研究还向人们揭示了,生产率的提高有两种:一是生产率增长速度的提高;二是生产率水平的提高。如果说生产率增长速度的提高,主要是由诸如固定资产中的技术含量增加、资本—劳动比率提高、劳动力受教育水平和技能水平的提高及先进技术等因素引起的,那么生产率水平的提高,则主要是因为经济体系运行效率的改善,如提高了市场的灵活性、劳动力的流动性、管理质量等。斯卡利(G. Scully)比较了 115 个国家在 1960—1980 年间的增长率以检验经济增长与制度因素间可能存在的相关性。他发现"制度框架对经济效率和增长率有重大影响",不同制度框架下的经济相比,有效率制度框架的经济增长率要比低效率制度框架高两倍,效率上高一倍半。贝克尔(G. Becker)的增长模型则更加深刻地揭示了,决定"协调成本"的制度因素与技术进步、人力资本积累的水平一样,是影响长期经济增长率的因素之一。

经济体制对增长方式的决定,主要体现在不同制度框架的分工协调机能不同,从而使其增长机制内生出某种资源配置的偏好,进而影响其经济效率和增长率。众所周知,社会生产是一种分工协作的生产,需要进行协调。这一协调成本与参与分工的人数成正比,而与协调分工的效率成反比。这种协调分工的效率(由协调成本的弹性来表示),主要取决于制度框架设定的分工协调机能。因此,即使在劳动生产率增长速度不变的情况下,随着制度变革及改善,劳动生产率水平也会得到提高,即劳动生产率会按新的较高的路径变化,其增长率仍与过去相同,如图 2.1 中曲线 B 所示。

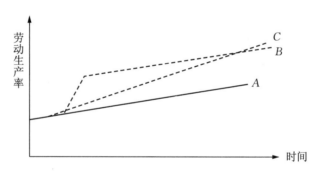

图 2.1 劳动生产率的两种变化

由于制度变革会引起生产率路径的变化,进而影响生产率的变动,所以体制因素与增长方式之间也有着内在的联系。在不同的经济体制下,增长机制构造不同,进而其经济体系的运行效率不同,这直接决定了生产率路径的高低,进而规定了其增长方式的类型。

当一国尚未形成一个竞争性的国内经济时,实际上就是存在不少妨碍竞争的制度因素:(1)进入壁垒,诸如开办许可证和生产能力许可证、专有安排和其他经常用来支持国有企业或保护权势利益的市场保留政策;(2)退出壁垒,诸如缺乏强制力或缺乏合适的法律;(3)价格控制,表面上是保护消费者;(4)引导或限制政策,根据中央的指导方针和优先次序,只给个别企业买卖某些产品的权利;

(5)对关键资源实行行政管制性的配置,如信贷甚至物质投入等。这些制度因素造成的市场扭曲,引起额外的交易成本。对大型企业来说,限制性管制和国内贸易政策的约束,与其说是明显地封锁了资源,还不如说是浪费了与调节限额和许可证制度有关的努力。进而言之,在限制性贸易措施下,大型企业是从制度调节本身,而不是从创新、采用新技术和有效生产中得到利益的,从而常常因损失产量和收入而付出高昂的代价。

世界银行曾使用了 1200 例过去 20 年里执行的投资项目的经济收益率[衡量项目对经济的贡献(或项目生产率)的指标]数据,来与各种市场扭曲的指标数据(如贸易限制、外汇溢价、实际利率是正数还是负数、财政赤字)进行比较发现,从任何标准都可看出,在非扭曲市场上经济收益率最高,而在扭曲市场上经济收益率最低。与扭曲的政策环境相比,在非扭曲的政策环境中执行的项目,平均来说,经济收益率至少会高出 5 个百分点。这一结果还表明,除个别例子外,非扭曲政策至少能使一个投资项目实现一倍半的生产能力。这对增长来说关系重大:如果整个经济都出现经济收益率 5 个百分点的差异,那么就可能带来人均GNP 年增长率每年 1 个百分点以上的差异。

显然,在制度变革过程中,随着制度效率的改善,生产率水平的提高将会特别明显,使其进入一条新的较高的路径。尽管制度变革也是有成本的,但相对于其收益则是微弱的(假定这一制度变革是有效的),它可以在不增加或少增加要素投入的情况下实现更多的人均产出。这种由于经济体系运行效率提高而带来的经济增长,其性质无疑是集约型的经济增长。

3. 技术进步与经济均衡增长

与生产率水平的提高相联系的是决定"协调成本"的制度因素,而与生产率增长速度加快相联系的主要因素则是技术进步。长期增长率与协调成本的弹性成反比,与技术进步的水平成正比。因此,技术进步与增长方式之间也有着内在的关系。

由多夫曼、萨缪尔森和索洛提出的"大道定理"被证明是长期经济增长最快捷、最经济的方法。这一定理形象地说明,从 A 地到 B 地的距离甚远时,其最快的路线往往不是那种需要穿街走巷的最短路线,而是先绕到 A 地附近的"高速公路"上,沿着高速公路一直行驶到 B 地附近,再离开高速公路转向通往目的地的路线。显然,在此过程中,其增长率的高低是一个至关重要的问题,它直接关系到经济均衡增长的速度。

各种研究表明,这种均衡增长的增长率是由技术矩阵水平决定的。技术矩阵水平则取决于：（1）每一产业部门的技术水平；（2）具有较高技术水平的部门所占的比重。因此，技术矩阵水平的提高，实际上就是各部门的技术进步及先进技术在更大范围的扩展。当各部门的平均技术水平得以提高以及具有较高技术水平的部门增加时，技术矩阵水平便相应提高了。可见，我们这里所讲的技术进步是整个社会的技术进步。

当技术矩阵水平发生变化时，经济均衡增长的途径也将发生转移。这种大道转移意味着经济均衡增长的变速，即出现更高的增长率。在技术矩阵水平变化过程中，均衡增长途径随之转移，被称为弯曲大道问题。这一弯曲大道实际上反映了旧生产技术向新生产技术的转换，进而也反映出增长方式的转换。

因为衡量技术矩阵水平的指标通常采用中间产品投入使用效率，而考察中间产品投入使用效率的主要方法是分析中间投入的总的耗用情况。在最终需求向量相同的前提条件下，所需投入的中间产品耗用的多寡，表明技术矩阵水平的高低。显然，在技术矩阵水平低下的情况下，其中间产品的耗用是较高的。此时的经济增长是要依靠高投入、高物耗来支撑的，表现为粗放型增长方式。相反，在技术矩阵水平较高的情况下，其中间产品的耗用相对下降。此时的经济增长则是主要依靠开发利用效率的提高来支撑的，表现为集约型增长方式。

4. 经济开放度与增长方式

经济开放度对增长方式的影响，是通过其对经济发展水平和体制因素的作用而实现的。在一个开放的经济系统中，作为与外界进行交流重要方式之一的国际贸易，对一国的经济增长方式有决定性的影响。因为国际贸易可以促进竞争、扩大市场和增加获得技术的机会，由此而产生的收益甚至可能超过从改进资源配置方法中获得的收益。

从贸易中得到技术转让有两条途径：一条途径是进口资本货物。由于技术是包含在许多种类的进口资本货物中的，所以进口资本货物实际上也就引入了新技术。这不仅能够影响生产工艺，也能影响投入物的性质。通过进口取得质量较优的投入物就可能提高生产率和加速产量增长，使出口商和进口商都能了解由于国际上技术进步而产生的新产品和新工艺。另一条途径是通过出口。参与国际贸易使出口商能够有机会了解新产品情况，外商是提供技术信息的一个重要来源。一些公司从与外国买主的接触中获得蓝图和技术规格，得到有关相互竞争产品的生产技术和技术规格的情报，以及对出口产品的设计、质量和技术水平情况的反馈。

在国际贸易中，不仅要参与国际市场的竞争，而且也会带动国内竞争。出口与外部的竞争是显而易见的,同时也带来国内出口商之间的竞争。进口同样能够引起竞争,促使制造商提高产品质量和降低价格。通过贸易还能扩大市场(这在一些小国有特别明显的效应),从而为大批量生产提供了可能,同时贸易带来产品的统一,并使生产能够专业化。市场的扩大使研究活动获得较大的收益,并且使竞争加剧,这就推动生产者去发展或适应新技术。

因此,一国参与国际贸易的程度对其增长方式会有较大的影响。如果一国采取闭关自守政策,其开放度很低,那么就不能得到大量的技术转让,而且还会影响其对进口技术的选择。保护主义措施使相对价格遭到扭曲,往往导致一些本来劳动力很充裕的国家采用资本密集型技术,其结果是要付出高昂代价的。贸易限制还将使投资的配置遭到扭曲。总之,保护水平的扩散会导致显著的扭曲状况,即使平均保护水平很低。同时,一些限制进入市场的关税和非关税壁垒会成为阻挠内部竞争的障碍,往往使企业不愿进行技术革新。此外,估值过高的汇率也会使选择技术的过程遭到扭曲。因为这种汇率降低了进口机器的成本,使发展格局向资本密集型方面发展。如果资本的成本过高(如对进口的资本货物征收高关税)或是过低,技术转让的速度和在当地条件下从进口技术中获得的利益都会下降。显然,在这种情况下,一国的增长方式将向粗放型倾斜。

与此不同,在对外开放度较高、贸易数量较大的情况下,由于大量的技术引进,且尽最大的努力传播和发展这些技术,以及进口竞争一般可以有力地制止相互勾结或垄断,企业不得不专注于技术方面的发展。而且经济越开放,个人和企业借鉴外国技术、学习外国思想和购买外国商品越自由,教育和有形投资的收益就越大。与此同时,出口竞争则促使企业通过市场扩大的机会增加创新活动的收益以采用新的技术。

2.1.3　增长方式转变的内涵、特征及标志

从上面论述中,我们可以看到,增长方式是由诸种因素综合决定的,其转变实际上是诸种相关因素综合变化的结果,受制于诸种决定因素变化的速率。从这个意义上讲,增长方式转变有其自身的历史规定性,其变化有相当部分是不以人的意志为转移的演变过程。例如经济发展阶段的变化,是以人均收入水平的提高为基础的。而人均收入水平的提高,是一个渐进的过程,要有不断资本积累(物质资本和人力资本)和经济总量沉淀为基础,尽管其增长速度可以加快,但要想在短期内使人均收入水平一下子提高是不可能的。与此相联系的技术进步,也是如此,其变化要有相应的基础。即使是后起发展国家,其可以通过引进国外

先进技术来加快其技术进步步伐,如果国内缺乏传播和扩散这些先进技术的能力及相应的知识积累,其技术进步速度也是会受到限制的。因此,增长方式转变是有其客观规律性的,在此过程中,若操之过急,则欲速而不达。只有遵循其规律性才能自觉地转变增长方式。

虽然增长方式是由综合因素决定的,但这里我们仍要从抽象的高度对不同变量的决定状况作出区别。也就是,由经济发展阶段的竞争比较优势所决定的粗放型增长形态(A),与体制因素(分工协调机能)内生的粗放型增长形态(B)是完全不同的。撇开体制因素,仅从经济发展阶段角度来看,粗放型增长与集约型增长不存在抽象意义上的所谓"好"与"坏"的价值判断。在一定发展阶段上,与之相适应的粗放型增长,是建立在当时条件下的竞争比较优势基础上的,从而是合理的选择。只有当经济发展阶段发生变化,粗放型增长丧失其原有的竞争比较优势时,才存在被集约型增长所替代的问题。与此不同,由体制因素内生的粗放型增长,会扭曲不同经济发展阶段中的竞争比较优势,从而使适应经济发展阶段变化要求的增长方式难以转变,即使进入了更高的经济发展阶段也保留着粗放型增长形态。因此这两种不同性质的粗放型增长形态有几种可能的组合:(1)A 与 B 同时存在;(2)A 存在,B 不存在;(3)A 不存在,B 存在。这种抽象的分析与区分,将有助于我们深入揭示增长方式转变的内在机理。

当然,在现实经济生活中,呈现在人们面前的是一种综合形态的增长方式。如果从投入产出的角度,以总和要素生产率的标准来划分,那么这种综合形态的增长方式在具体运作过程中,会表现出各自不同的基本特征,比较起来大致有以下几方面:

(1) 增长目标。粗放型增长内生的目标函数是追求高速度,效益是依附于速度的,通常是"有速度才有效益,没有速度就没有效益";集约型增长内生的目标函数则是经济高效益,速度蕴含于效益之中。

(2) 增长基点。粗放型增长是以高投入、高消耗来支撑其高速度增长的(这实质上隐含着低产出的基本特征);集约型增长主要是依靠技术进步和投入物使用效率提高来支撑其快速增长的(这里面实质上隐含着低投入、低消耗与高产出的基本特征)。

(3) 增长形态。粗放型增长往往表现为水平扩张为主的形态,各产业部门均扩大其规模(这实际上隐含着严重的结构扭曲问题);集约型增长表现为重点扩张为主的形态,一些高增长部门的扩张是以另一些低增长部门的收缩为前提的(这实际上隐含着结构合理调整的特征)。

（4）增长轨迹。在粗放型增长方式下，GNP潜值增长主要是以大量资源投入形成的总供给能力为基础的，从而很容易受到资源稀缺性的强制，使总需求形成急剧扩张与被迫收缩的交替，造成GNP实际值围绕其潜值的波动呈大起大落的运行轨迹；在集约型增长方式下，GNP潜值增长主要是以资源高效利用形成的总供给能力为基础的，从而受资源稀缺性的强制力相对较小，这就可能使GNP实际值围绕其潜值的波动相对平稳。

根据增长方式的历史规定性，在某种条件下出现粗放型增长方式是必然的，在经济发展低级阶段尤其不可避免。国际经验表明，在经济发展低级阶段各国都出现过以粗放型为主导的增长方式。但粗放型增长方式有着其内在局限性，并随着经济发展水平的提高日益明显地表现出来。因为在资源稀缺的既定条件下，这种靠高投入、高耗用支撑的经济高增长是有限度的，一旦超出极限，经济马上出现滑坡。因此，在一个较长的时间内，粗放型增长方式会从总量和结构两方面形成对经济增长的制约。

（1）总量制约。在粗放型增长方式下，由于资源开发利用效率低下，随着经济规模的扩大，资源消耗总量也同步增加，而可使用的资源是有限的，构成一定的生产可能性曲线。因此，若不改变生产可能性曲线的位置（即向右上方移动），经济增长将受到可用资源的总量制约。特别是进入工业化阶段后，随着制造业份额的增加，中间需求份额会大幅度增加。各国工业化常规进程中的结构转换趋势表明，制造业部门的生产过程机械化程度的提高和再加工层次的深化，使总产出中的更大份额成为中间投入品，而非最终消费品。因此，粗放型增长方式下的物质消耗系数过大，中间需求的扩大就会引起大量的资源投入，总量制约将更加明显。

（2）结构制约。在粗放型增长方式下，即使基础产业部门的产值和投资所占比重并不低，过高的物质消耗仍将使能源、原材料的供应十分紧张，成为国民经济发展的瓶颈制约。如果为解决这一结构失衡而进一步增大对基础产业的投资并扩大其产值比重，则将直接削弱产业结构高度化的转换能力，因为在产业结构高度化进程中，基础产业部门的产值比重趋于下降，而不是进一步提高。因此，粗放型增长方式有可能导致或加剧产业结构失衡，阻碍产业结构高度化。

根据前面我们对两种类型增长方式的定义，其关键变量是总和要素生产率。粗放型增长方式的实质含义就是总和要素生产率增长水平低。国际比较表明，总和要素生产率增长水平的不同是各国在经济增长率方面有所差异的主要原因。我们可以看到，当一国GNP潜值增长较快时，其长期增长速度也是较快的；

反之则反是。在 GNP 潜值增长既定情况下,当一国的 GNP 实际值围绕其潜值波动的幅度较小(其波动较平稳)时,其长期增长速度也相对快些;反之则反是。也就是,当一国 GNP 潜值增长较快,且 GNP 实际值围绕其潜值的波动较平稳时,其长期增长速度就十分迅速;而当一国的 GNP 潜值增长较慢,且 GNP 实际值围绕其潜值的波动较大时,其长期增长速度就较缓慢。因此,经济增长方式与其长期增长速度有密切关系。对于一个国家的生死存亡来讲,说到底,一个实质性问题就是长期增长率。为了保持较快的长期增长率,就必须适时转变经济增长方式。

根据上述的不同类型增长方式的基本特征,参照国际经验,从粗放型增长方式转向集约型增长方式的基本标志大致有以下几方面:

从增长源泉构成来讲,是以高投入为主的增长转向以使用效率提高为主的增长,总和要素生产率增长速度要快于投入物增长速度,且前者对经济增长的贡献率逐步提高,并居主导地位。

从增长形态来讲,是从速度效益型转向效益速度型,经济波动的幅度趋小,经济增长处于相对稳定状态。

从增长依赖路径来讲,是由非均衡增长转向均衡增长("均衡"是指消费、人力资本和人均收入均以同一速率增长)。这意味着结构性扭曲与瓶颈的逐步消除,所有部门的要素收益都趋向等于要素的边际生产率。

从增长潜力的角度来讲,是由趋于衰竭的经济增长转向可持续性的经济增长。这意味着使人口增长与社会生产力的发展相适应,使经济建设与资源、环境相协调,实行经济良性循环,保持福利效用递增及有发展后劲。

2.1.4 增长转型:最根本的基础条件

从上面关于增长方式决定因素的分析中我们可以看到,影响长期经济增长的因素主要是技术进步、物质与人力资本积累,以及决定"协调成本"的制度因素。增长方式转变,其实质就是这些因素综合变化的结果。当然,这些因素的变化涉及各个方面(对此我们将在下面进行论述),但在这些因素变化的背后有一个共同的基础,那就是一个知识积累问题。从一个更高的层次来讲,制度、物质资本与人力资本、技术都不过是知识载体而已。因此,实现集约型增长的最根本的基础条件,就是知识积累。

广义的知识可分成四类:(1)物化于资本品中的知识,随着资本品的折旧而消失,随新的资本品而更新。(2)蕴涵于劳动者的知识,随着劳动者的死亡而消失,通过教育与模仿部分地转移到下一代身上。其特征是可以随个人的流动而流动。(3)蕴涵于制度的知识,随制度的延续而积累,随制度的更迭而改变。其特征是存在于一个特定地组织起来的人群中。(4)可以见诸文字的知识,这包括所有前三类知识的"溢出"①。前三类知识属于专门知识,因其知识本身的"技术特征"(例如大部分劳动经验和技巧,管理上的"直觉"等)和"经济特征",其中大量是无法交流的,而第四类知识通常表现为一般性知识,是可以广泛交流的。在前三类知识中,第一类知识与第二类知识是互补的;第二类知识与第三类知识也是互补的(即蕴涵于制度的知识往往要求有蕴涵于人的知识去支持)。

在现实经济生活中,这几类知识总是互相依存,互相促进,并在历史的发展中逐步积累的。例如我们可以看到,一旦制度和所提供的激励朝着有利于专家型人才获取较大收益的方向确立起来,人力资本投资就会有利可图,从而促使人力资本投资的增加。人力资本的积累反过来加速知识的获取和积累。人力资本和一般性知识又推动技术进步。在这一过程中如果人的"影子价格"相对于物的影子价格是不断增长的,那么技术进步的方向大致是人力节约型的。而人力节约型生产带来更充裕的时间使学习成本降低,则提供了进一步积累人力资本的激励。

对于长期经济增长来说,这四类知识都十分重要,缺一不可。但在经济发展的不同阶段,其重要性相对有所侧重。对那些成熟的经济而言,第二类与第四类知识相对更为重要。因为这些经济已经成功地积累了大量的物质的、人力的和公共的资本,以及一般知识,社会所关心的主要问题逐渐从"物"转向"人",转向人的全面发展,由于对真正意义上的"人文"价值的重视,蕴涵于人的知识和一般性知识的积累成为人们的兴趣所在。而对于那些发展中的经济,也许第一类与第三类知识的积累更加重要。因为这些经济需要积累大量物质资本以奠定其发展的基础,同时社会的合作秩序尚停留在相对狭小的范围内(大量的小农经济或非市场经济),制度变革所带来的扩展秩序有着很大的递增收益的潜力,因而对物化于资本品的知识和蕴涵于制度的知识的需求就十分强烈。

当然,仅仅增加知识是不够的,知识还应传播,还得应用于实践。接受知识的程度部分取决于人们对新思想的接受能力,部分取决于各机构在获取和运用新思想方面的获益程度。在人们习惯于多样化的观点或习惯于变革的社会中,新思想能以最快的速度为人们所接受。相反,一个孤立隔绝的、同源的、妄自尊

----

① 参见汪丁丁:《经济发展与制度创新》,上海人民出版社 1995 年版。

大和独裁的国家在新思想涌现出来的时候,则不可能迅速吸收它们。

通过上面的分析,我们可以看到,知识积累及其传播与应用于实践是长期经济增长的最终支撑点,也是集约型增长方式得以实现的基础。从现实经济运行中看,不管商业周期如何,在此之外还有另外一个基本过程,即知识累积及各类创新的进程。正是这一进程使生活水平得到长期提高。经济增长从长远来看像一条向上的趋势线,商业周期则像微小的波纹围绕着经济增长线起伏波动。经济增长最终将达到多高,是由经济增长线的斜率来决定的,而不是由小小的波动来决定的。经济增长线的斜率,则决定于知识积累及创新的速率。因此,政策制定者应转变将精力集中在商业周期、忙于微调的传统做法,政府应当制定出促进科学知识发展的政策。这是转变经济增长方式最根本的方略。

2.2　基于经济发展阶段的增长方式:动态考察

2.2.1　经济发展阶段与增长方式:要素替代机制

国际经验表明,经济增长方式转变的客观必然性在很大程度上与一国经济发展阶段相关。不同的经济发展阶段,总是伴随着相应的增长方式。也就是,增长方式转变的深层背景,在于经济发展阶段的更替。因此,在对中国经济增长方式转变展开分析之前,首先要研究经济发展阶段及其与增长方式的关系。经济发展阶段作为增长方式转变的深层背景,两者之间势必有一种内在关联。那么,这种内在关联是什么呢? 这是我们首先要研究的问题。为了使这一问题的研究更简明而又具有权威性,我们试图从理论的角度及不同学派对经济发展阶段划分的论述上来揭示两者的内在关联。

1. 经济发展与经济增长

经济发展,是指连续的、动态的,伴随生产结构、分配结构和消费结构变化的经济增长过程。而经济增长,根据库兹涅茨的定义,是指"人均或每个劳动者平均产量的持续增长"。应该明确的是,经济发展的基础是经济增长。各种类型的结构变动,是增长的衍生物或逻辑结果。虽然,结构变动的优劣,会影响经济增长的数量或质量,但是它不会影响增长是财富积累主体来源的基本趋势。

因此,经济发展通常被视为经济增长的函数,而经济增长也构成了经济发展所要实现的最为重要的目标。这样,在那些存在特定的机制使各类结构对经济增长保持高度敏感性的国家中,研究经济发展问题实际上等同于研究经济增长问题。而以发展中国家为研究对象的发展经济学,之所以强调经济发展与经济增长的非同一性,其原因在于,在大多数落后的发展中国家里,尚不存在因经济增长而引致结构变迁的传递机制,分配结构与消费结构未得以相应改善,从而对大多数人来说,产生了有增长而无发展的现象。但是,在增长与发展的逻辑关系上,发展经济学与主流经济学并不存在什么大的差异。福利经济学所反对的经济发展中的增长中心论,实际上只是揭示了在发达国家中,依靠传统的市场机制,在经济增长引致结构理性变迁中出现障碍,其本质是发展中的市场失败,而不是增长失败。

由此可见,当经济增长成为经济发展的决定性因素时,采用什么方式实现增长,就成为辨别经济发展所处阶段的重要评估参数之一。当然,应该强调的是,它并不是区别经济发展阶段的唯一评估参数。因为,增长实现方式通常只是从生产或供给的角度来揭示或刻画经济发展的阶段特征的。

我们知道,在经济史的分析中,史学家也经常从消费或需求的角度来揭示经济发展的阶段特征。而在新古典经济学的均衡分析中,供给与需求基本处于同等的地位,其哲学公理前提,就是欲望无限性与资源稀缺性的矛盾。但相对而言,从生产或供给的角度来揭示经济发展的阶段特征更具有历史唯物论的逻辑性。在马克思主义政治经济学中,虽然也强调生产与消费的直接同一性,但与其他经济学家所不同的是,马克思在强调生产与消费的同一性时,还依据历史唯物论的哲学理念阐述了经济发展中生产决定论的逻辑。他在《政治经济学批判》导言中写道:"如果我们把生产和消费看做一个主体的或者许多单个个人的活动,它们无论如何表现为一个过程的两个要素,在这个过程中,生产是实际的起点,因而也是居于支配地位的要素。消费,作为必需,作为需要,本身就是生产活动的一个内在要素。但是,生产活动是实现的起点,因而也是实现的居于支配地位的要素,是整个过程借以重新进行的行为。"[①]因此,若以历史唯物论作为分析经济发展所处的阶段特征,更具历史合理性。

2. 经济发展阶段与经济增长方式

经济发展阶段论或经济发展阶段学说,是经济发展理论的一个重要领域。经济史学家概括和划分经济发展阶段,是为了揭示经济发展的规律,总结不同历史时期经济发展的决定因素,分析造成不同历史时期经济发展呈现不同特征的原因,以及评价不同阶段的经济绩效和阶段跨越的历史动因。发展经济学家研

---

① 《马克思恩格斯选集》第2卷,人民出版社1972年版,第96—97页。

究经济发展阶段,则更多地建立在总结发达国家或其他国家经济发展过程和经验基础上,结合后起国的实际情况,来为工业化与现代化战略设计和政府政策制定服务。

在经济发展阶段的划分上,亚当·斯密首先将以往历史划分为"狩猎社会""畜牧社会"和"农业社会"。德国历史学派的代表李斯特,则在亚当·斯密的基础上又增加了"农工业社会"和"农工商社会"两个阶段。这种划分基本采用的是从生产或供给角度的评估方法,以一定历史时期占支配地位的生产方式和由此形成的支配整个经济的产业为依据。其中,我们可以清晰地发现所存在的支配性产业的替代轨迹。

罗斯托则以现代经济理论为分析背景,从生产、组织、制度和消费等综合角度,来揭示经济发展的阶段特征。他把经济发展划分为六个阶段:(1)传统社会;(2)为起飞创造先决条件的阶段;(3)起飞阶段;(4)成熟阶段;(5)高消费阶段;(6)收入的边际效用递减阶段。这样的划分,由于缺乏历史和逻辑相统一的有关发展的支配性力量的分析,因而其学术价值小于实证战略应用价值。

工业经济学家则通过工业结构变动为依据,来划分工业化与现代化的发展阶段。他们认为,工业的发展大体经历四个发展阶段:(1)以一般消费品为主的轻纺工业发展阶段;(2)以原材料工业为中心的重化工业发展阶段;(3)以高附加值工业为中心的深度加工工业发展阶段;(4)技术和知识密集型工业发展阶段。

上述经济发展阶段的分类,虽然隐含着经济增长方式决定的含义,但大多从增长的结果所诱发的结构变动角度来揭示发展阶段的具体特征,而对促成人均产量提高的经济增长方式,其自身内部要素的增减与结构组合,以及与经济发展阶段的关系,则分析甚少。也就是说,是怎样的要素及其结构组合形成了"狩猎社会"或"后工业化社会"? 是什么原因导致一个发展阶段中,占主体地位的能带来人均产量提高的增长要素及其组合方式被另一个发展阶段的增长主体要素及其组合所替代? 对这两个问题的回答,实际上引申出经济增长方式理论。

在马克思主义政治经济学的分析中,导致财富增长的因素是生产方式,即在一定生产关系条件下的生产力诸要素的合理组合。其中,其生产所导致的增长行为,是由劳动力驾驭劳动工具作用于劳动对象的过程所决定的。在这里,马克思揭示了劳动力与生产资料之间所存在的由技术水平差异所决定的比例关系,并将劳动力所能推动的生产资料而导致增长的比例关系定义为技术构成。同时,通过对18、19世纪的生产增长过程的考察,马克思得出了每个劳动力所推动的生产资料的数量与生产技术水平的高低成正比的结论。这样,当技术水平在历史考察中被作为最活跃的革命性因素而成为生产增长的前提时,劳动力与生产资料之间的技术构成自身就存在着后者不断替代前者的必然趋势,其具体表现就是资本有机构成的不断提高。实际上,资本有机构成提高,正是反映了生产增长中生产力要素之间所存在的替代关系。而在这一替代过程中,两者之间比例关系的不同,就决定了生产增长方式所采取的形式。从这个意义上讲,生产力诸要素之间的替代,是增长方式形成不同类型的决定性因素。

在不考虑制度分析的前提下,马克思对生产增长的分析方法,同其后建立在新古典经济理论基础上的增长分析有极大的相似之处。例如,两者都把生产增长视为生产要素的函数,虽然双方使用的概念不同,对增长要素内含的解释也有差异。同时,双方都对劳动力与生产资料的数量组合关系进行了分析与界定,前者定义其为技术构成,后者称之为技术函数。另外,双方都认为生产要素是可以互相替代的。但是,双方对此问题论述的最大区别来自两个方面:

第一,马克思的生产力要素技术构成理论在力求揭示生产增长规律的同时,其更主要的功能是为建立资本有机构成理论的制度分析服务的,并以此来说明在资本主义经济中,随着资本有机构成的提高,工人阶级的地位和状况将恶化。而以新古典经济理论为基础的增长分析,其所使用的技术函数是为了精确分析生产增长与各类要素投入的数量关系,以及同一单位产出可能存在多少种要素投入组合。

第二,马克思关于生产力要素替代原因的分析,是建立在人类劳动导致技术进步的理论基础之上的。他实际上是把技术构成的变化视为劳动所诱发的技术进步的函数。同时,资本为了获取剩余价值而借用了替代规律。而新古典经济增长分析虽然也承认技术函数与一定时期的技术水平相关,但认为对生产要素替代或选择的决定性因素是生产要素的稀缺性,以及由稀缺性所诱发的要素价格变化。

以上的比较分析,是为了更好地理解增长方式变化的基本因素以及与此相关的经济发展阶段与增长方式之间的内在关系。概括起来,也就是从一般意义上讲,由于生产要素的稀缺程度不同,且生产要素之间存在着一定的替代性,所以在生产要素的组合中就会出现不同的比例关系,从而也就决定了增长方式所采取的形式。例如,在劳动力无限供给的发展中国家,劳动力的相对价格比资本的相对价格低,这就是发展中国家在经济发展起步阶段通常以建立和发展劳动密集型产业为中心的重要原因。当然,在人口稀少的古代社会,人口资源比土地资源更为稀缺,所以当时农业增长更多地是以扩大耕种面积的粗放方式,而不是以密集劳动力投入的精耕细作方式来实现的。

　　由此可见,在经济发展的不同阶段,由于推动经济增长的要素的稀缺程度不同,各种增长要素之间在使用上的相对优势也不同,由此产生不同的要素替代率,提供给经济行为主体为实现经济生产的目标而进行选择。当然,要素的稀缺程度并不是一成不变的,随着经济发展水平的提高,即使是发展中国家,劳动力的相对价格也会随着就业率的提高而上升;人口增长也会使原先富裕的土地和初级矿产资源变为稀缺;而技术进步与生产效率的提高,则会使技术装备的稀缺性下降。这些都会导致生产要素的内部结构发生替代性变化。

　　3. 增长要素特征与经济发展阶段特征:波特阶段论

　　如果说亚当·斯密和李斯特是用增长方式所形成的产业结果来区别经济发展阶段特征的话,那么波特对发展阶段的划分则是力图从增长要素特征来反映经济发展阶段的特征。波特将发展阶段划分为:第一阶段是"要素(劳动力、土地及其他初级资源)推动的阶段";第二阶段是"投资推动的发展阶段";第三阶段是"创新推动的发展阶段";第四阶段是"财富推动的发展阶段"。

　　经济发展的历史过程表明,波特的发展阶段概括至少在当今发达国家的实践中被证明其前三个阶段及其逻辑递进关系是合理的。波特在前三个发展阶段中,将经济增长的要素归结为初级要素、资本要素和创新要素。这样的归纳,实际上是与新古典经济学关于增长要素的归类大体相似的。我们知道,任何生产方式都是具有劳动知识和技能的人操作生产资料的结果。以此为分析的起点,波特的前三个发展阶段中,都含有三大要素共同推动经济发展的因素。只不过在他的分类中,明确区分了在特定发展阶段中哪类要素的增减将对经济边际增长产生决定性影响。

　　以发达国家的经济发展过程为例。第一阶段可界定为工业革命之前的时期。那时劳动力和土地对经济边际增长起着决定性作用,以劳动工具为主要表现形式的资本投入,对边际增长的贡献相对较小,知识和创新对边际增长的影响在相当长时期内并不显著。第二阶段可界定为工业革命至20世纪80年代。在这个阶段中投资及其由此产生的资本积累,对经济边际增长起着决定性作用。此时,劳动与土地的增减在新的生产方式中的作用相对下降;知识和创新则通过一定的时间周期逐步影响劳动力和投资,但对经济边际增长的影响依然不大。第三阶段可界定为80年代以后。在此过程中,知识和创新不断创造能直接影响经济增长的产品和服务,同时对原有的生产方式进行融入新知识的创新改进,使经济的边际增长的决定因素转变为创新行为。与此同时,劳动增减与资本数量增减的影响,相对变小。

如果我们将"波特阶段"的更替放入以新古典理论为基础的总生产函数中考察，也许就能发现"波特阶段"呈逻辑递进式更替的原因。第一阶段主要采用农业生产的增长方式。当劳力和土地在总生产中作为变动因素时，处于总规模收益递增阶段的劳力和土地的边际生产率上升；当土地在总量上都被开发而成为固定因素，而以生产工具为代表的资本要素未发生重大变化时，边际劳动生产率便经历由增长到下降的过程，最后导致总量生产进入总规模收益递减乃至规模收益为负值的阶段。如果要重新引致边际增长，就需要在资本形式上发生革命，这就产生了"波特第二阶段"（投资推动的发展阶段）。投资推动创造了突破土地等自然条件限制的工业生产方式，形成了新的劳动力与资本的组合。当工业产品的需求极大时，总供给小于总需求使总生产中的劳动力与资本处于总规模收益递增阶段；当总资本规模持续增加使其边际生产力经历了由增长到下降的过程，最后就将导致总量生产进入总规模收益递减乃至规模收益为负值的阶段。这时如果要重新引致边际增长，则需要对传统的生产方式从需求与供给两方面进行创新，从而进入"波特第三阶段"（创新推动的发展阶段）。

2.2.2 经济发展不同阶段对增长方式的规定性

在上述关于发展阶段与增长方式的理论框架的基础上，我们转向对中国经济的实证分析，以进一步揭示经济发展的不同阶段对增长方式的要求，深化对两者关系的研究。

1. 改革开放前经济发展阶段与增长方式特征

1949 年中华人民共和国成立之初，中国具有比较典型的发展中国家的基本特征，其主要表现在：(1)整个经济的发展，主要依靠以自给自足为主的农业来带动。在 1949 年的社会总产值构成中，农业产值占 60% 左右。而当时对农业的生产方式，主要采取的是家庭式劳力、畜力与土地的结合，农业资本装备率基本为零。(2)农业人口占全社会人口的 90% 以上，城市化率不足 10%，城市工业产值仅占社会总产值的 25%。在城市工业中，轻重工业的比重为 2.8∶1，基本处于霍夫曼所分析的消费资料工业占主导的工业化第二阶段。(3)地区发展的结构失衡，近现代工商业和服务业主要集中在沿海少数大城市，广大内陆地区尚未引入工业化时代的生产方式。(4)人口增长与土地资源有限的矛盾已初步显露，部分农业地区出现农业劳动边际生产率为零的现象，导致大量过剩农业劳动力涌入沿海城市。(5)当时的中国，既缺乏发展所需要的资金，也缺乏发展近现代工业所需的技术。

　　显然,在这种条件下,根据发达国家的经济发展经验和历程,中国应采取与本身具有的初级劳动力丰富的优势相适应的经济增长方式。例如,在农业中,应推行更多使用劳力的集约型耕作方式;在工业中,应着重考虑发展能更多吸收初级劳动力就业的轻纺工业。然而,集约型农业耕作方式需要电力工业、机械工业和化学工业的支持;轻纺工业需要装备和技术。当时由于政治上的原因,中国除了与苏联及其集团保持良好关系外,与几乎所有的发达国家中断了经济联系。这就使中国获取发展所需的技术和资金来源受到了极大的限制,致使中国不得不走上一条为加速工业化立足提高装备自给率的工业化道路。

　　为快速推进工业化进程和建立独立完整的工业体系,中国的计划管理部门通过为各种资源和要素制定计划价格的方式,重新确定了资源、要素和产品的相对价格体系,形成了工业产品特别是重工业产品价高利大而农产品相对价格低廉的利益机制。这样,就从计划和利益两个方面改变了全社会资源的配置机制,形成了与一般发展中国家在工业化初期阶段所不同的经济增长方式。

　　1953 年开始的第一个五年发展计划,引入了以重化工业为中心的增长方式。在"一五"期间的基本建设投资总额中,农业只占 7.1%,轻工业只占 6.4%,而重工业却高达 36.1%,其投资额分别是农业的 5.1 倍和轻工业的 5.6 倍。重化工业的生产方式,主要依赖资本装备要素和技术要素的投入。这实际上意味着,中国在尚未完成劳动密集型轻纺工业发展过程之时,跨越式地进入重化工业发展阶段。

　　到"一五"计划完成的 1957 年,农业总产值占工农业总产值的比重,从 1949年的 70%下降为 43.3%;轻工业产值比重从 22.1%上升为 31.2%;重化工业产值比重从 7.9%上升为 25.5%。当然,重化工业的快速发展,与苏联提供技术、装备和人才密切相关,苏联援建的 156 个大型项目初步奠定了中国重化工业的发展基础。然而,由于未能充分发展轻纺工业,其难以承担提供重化工业发展所需资金积累的功能。在有限地接受国外资金(向苏联借债)的同时,我们不得不制定了压低农产品价格、提高工业品价格的"剪刀差"政策,以便从农业积累中获取工业化初期所需要的"启动资金"。这一增长方式后来一直持续到 80 年代,在此过程中重化工业一直是基建投资的主要对象(参见表 2.1)。到 1979 年,农业占工农业总产值的比重下降到 29.7%,轻工业产值比重为 30.7%,重工业产值比重则上升到 39.1%。[①]

―――――――――

　　① 数据来自《中国统计年鉴 1984》,中国统计出版社 1984 年版,第 308 页。

表 2.1　农业、轻工业和重工业的基本建设投资比重　　　　　　（%）

	农　业	轻工业	重工业
"一五"时期	7.1	6.4	36.1
"二五"时期	11.3	6.4	54.0
"三五"时期	10.7	4.4	51.1
"四五"时期	9.8	5.8	49.6
"五五"时期	10.5	6.7	45.9

　　这种经济增长方式虽然起到了快速形成中国独立完整的工业结构体系的效果,但也对中国农业发展造成了较为严重的负面效应。其主要表现是:第一,工农产品的价格剪刀差使生产要素合理流动的信号机制遭到破坏,致使农业因缺乏投入而难以形成集约化生产经营方式。第二,农村收入水平提高缓慢,农业人口的相对购买力下降,使工业陷入自我服务、自我循环的境地,也使工业化的社会效应难以扩散到农村。第三,农业生产方式相对停滞,使农村隐蔽性失业人口大量产生,农村不仅成为自身剩余人口的蓄水池,还成为容纳城市过剩人口的缓冲地。这带来的严重后果就是 1952—1978 年的 26 年中,中国农业劳动生产率仅提高 2.6%。[①]第四,强化了中央集权的农业经济管理制度与城市户籍制度,以阻止剩余劳力涌向城市。这样,就农业的增长方式而言,除生产组织形式从家庭转向集体的变化外,其增长要素的内部构成并未发生明显的资本与技术替代劳力的状况,土地和劳力依然构成农业增长的两大要素。

　　80 年代前,优先发展重化工业的经济增长方式虽然在重化工业领域中引入了新的增长要素组合,也形成了中国经济新的更多使用资本和技术的增长源泉,但它基本上是以减缓农村种植业增长要素替代进程为代价的。其后果是,在中国经济发展中,在 1949 年前就已形成的二元结构非但未能消除,同时还有所强化。更由于计划经济体制以综合行政管理的手段阻滞了农村生产要素向城市工业的流动,利益引导所诱发的要素之间的竞争难以真实体现在城市工业增长的要素替代机制之中。这样,相对先进的工业增长方式与落后的农业增长方式互相独立,且长期并存。当城市工业内部迅速发生资本和技术对劳动力的替代,导致工业结构发生巨变时,全社会以就业结构衡量的工业化率却依然处于较低的水平。

　　2. 改革开放后经济发展阶段与增长方式特征

　　改革开放后,引入市场机制与对外开放,使中国的经济增长方式发生重大变

---

　　①　参见林子力编:《联产承包制讲话》,经济科学出版社 1983 年版。

化。首先,随着计划价格体制与计划配置资源体制的逐步解体,由稀缺性所反映的生产要素的价格进入逐步真实化的过程,生产要素随利益导向自由流动的机制也开始逐步形成,从而使各类生产要素依比较利益的原则进行组合和创造要素竞争机制成为可能。

其次,对外开放所导入的国外市场信息和发展空间,逐步改变了国内在封闭时期所形成的对各类生产要素稀缺程度的评价,使生产要素的稀缺性判断被逐步置入国际经济体系的环境中。这样,要素价格形成与决定增长要素结构组合的要素竞争机制的形成,开始深受国际市场的要素相对价格与竞争机制的影响。因此,80年代后的中国经济增长及其增长实现中所出现的要素替代,开始重新进入市场牵引的过程。

但是,在市场信号及其机制刚刚引入的80年代初,中国经济则具有以下几个基本特征:第一,与人民生活直接相关的农产品与轻纺工业产品长期供应不足,为防止物价上涨而不得不采用配额票证的方式来限制消费。第二,优先发展的重化工业由于受其规模和技术的限制,还难以承担推动和支持农业与轻工业资本替代劳动、先进技术替代落后技术的职能,而仅能承担支持外延式基本建设投资的职能。第三,与城市化相关的社会资本投资长期不足,使城市基础设施难以承受城市人口自身的自然增长,从而使城市经济的外部负效应充分显现。第四,从封闭走向开放所导入的外部信息和产品,使中国居民的消费结构和生活方式发生重大变化,传统的城市工业结构和技术结构开始暴露出与变动的消费结构不相适应的矛盾。

在上述经济转型的矛盾运动中,中国经济的增长方式逐渐发生了如下两个方面的重大变化。

首先,乡镇工业高速发展,并由此形成具有中国特色的乡村工业化模式,在世界上创造了工业化率提高并未与城市化率提高相伴随的特殊范例。同时,在广大的乡村区域引入了新的生产要素投入组合、产出组合和生产分工与组织形式。当然,乡村中存在少量的、不在农村经济中居支配地位的非农性手工业和初级加工业,在世界其他发展中国家也并不鲜见。然而,像中国这样大的规模并对中国经济增长和农村经济的综合发展产生显著影响的乡镇工业,在国际上应该讲是绝无仅有的。

在传统的经济发展理论体系下,乡村与城市存在严格的产业分工,乡村生产要素竞争的比较优势通常被界定在农、林、牧、副、渔等第一次加工产业,而其现代化主要表现在采用由城市工业所提供的技术装备、化学手段和动力装置,使农业生产方式实现集约化,使农产品生产的要素投入组合中资本要素的比重及其贡献率提高,进而提高劳动生产率。同时,节约下来的劳动要素将被城市工业和服务业的发展所吸纳。

中国的特殊性在于:乡镇工业是在中国广大农村的土地上,在并未直接享受城市聚集效应的前提下,利用农村有限的货币资金与农民(劳动力)的结合,所生成的具有竞争力和成长性的工业性增长方式。统计资料表明,乡镇工业的总产值从 1978 年的 385 亿元上升到 1994 年的 32336 亿元,其占全国工业总产值的比重从 1978 年的 9% 上升到 1994 年的 42%。

应该说,当工业增长方式大规模进入中国农村地带时,作为第一次产业的农业的集约化生产和技术现代化过程因缺乏资本积累而尚未全面启动。此时,农业生产主体却选择了发展工业而不是推进农业技术现代化,有其特殊的历史条件,归纳起来主要有几个特殊因素在发挥决定性作用:(1)以"家庭联产承包责任制"推行为代表的农村生产关系调整,使生产主体获得有限的选择自由,同时也使原先由集体生产所掩盖的劳动力大量剩余的矛盾充分暴露。(2)城市的户籍制度与市场经济发育不足,限制了农村劳力流向城市。(3)轻纺工业产品长期供给不足产生了强烈的市场需求信号,而城市社会资本投资不足所产生的外部负效应,使有限的城市空间配置能满足市场需求的企业成为必须承受高昂经济社会代价的行为主体。(4)城市经济体制改革使企业具有依据市场规则来销售资本装备、原材料和建立零部件配套协作生产体系的权力。

这样,在工业品的相对收益高于农产品的价格机制依然存在的条件下,农业生产主体认为,其所掌握的生产要素进入工业并形成工业增长方式比投入农业从事集约化经营,更具有竞争优势。当然,这一选择实际上也符合收入弹性大的选择基准。工业产品市场的消费规模随国民收入提高而增大,客观上确保了乡镇工业持续发展的可能性。而其未能获得城市聚集效应所导致的效率损失,则与城市工业在改革过程中所承受的高额制度变革费用相抵消。

其次,在发展乡镇工业进行工业化"补课"的同时,由于对外开放的扩大,国外先进的装备、技术和管理开始进入中国经济体系,并成为改造增长素质、调整要素结构组合的重要来源。技术进步推动工业增长方式的转变和工业结构的变化,主要体现在三大技术环节及其由此体现的三种类型上。这三大技术环节是产品技术—工业装备技术—管理技术。产品技术是与产品形成相关的研究、设计、开发、试验、测试、仿制技术的集合;工艺装备技术是生产工艺设计、工艺装备设计和制造、设备设计与制造等项与产品制造过程相关的技术集合;管理技术是批量生产组织、社会协作组织和外部营销技术等管理方法的集合。依技术来源的不同,我们可将工业生产中的技术分成三种类型:(1)自主开发产品—自主开发工艺装备;(2)自主开发产品—引进关键工艺装备;(3)引进产品—引进装备。

在50年代到70年代这30年中,除50年代重化工业中全盘引进苏联156个大项目外,其他工业的技术进步基本采取了第一种和第二种技术进步的方式。50年代着重推进产品的研制开发,60年代着重推进工艺装备技术的完善并形成批量生产。然后,围绕50年代改造的老产品和开发的新产品,以其产业关联性所带来的原材料、设备和零部件配套要求,牵引到中、上游的机械、冶金和化工工业的发展。80年代后,工业技术进步的方式发生了从第一、第二种类型转向第三种类型的根本性变化。对国内没有的大类消费型产品和原料型产品及其产品制造的工艺装备,采取了全盘引进的模式。产品阶段的技术进步和工艺装备阶段的技术进步,简单成为引进的结果。同时,对某些产品的技术改造,也在不同程度上推行了全盘引进的方针。由此,快速地建立了与消费需求相适应的消费类电子产品生产体系和家用电器产品生产体系,并使传统产品的技术迅速提高。

应该讲,改革开放以来的技术引进,对80年代中国工业增长方式和经济增长方式的转换具有决定性的推动作用。但是,技术引进相对于50年代到70年代所形成的工业技术体系来讲,是属于外来嵌入式的产品和技术,与原有的技术基础无法直接融合。而且,由于引进的节奏过快和分布过广等因素,消化吸收、产品系列化发展以及原材料和零部件的国内配套滞后于引进的速度。这样,在80年代,这种外来嵌入的技术和产品未能对原有的技术基础和工业结构形成广泛的波及效应,也未能在国内为之建立完整的配套生产体系。其结果是,下游技术和产品的引进,逆向推动中游和上游技术和产品的引进。工业增长方式和工业结构的转变,就成为单纯引进技术的结果。

3. 当前经济发展阶段新特征与增长方式转变

上面对中国经济发展阶段与增长方式所作的实证分析,在某种意义上,是对我们进一步研究与判断中国当今经济发展阶段的铺垫,是为了使我们更加深刻地理解当前提出转变经济增长方式的现实意义。更为重要的是,如何看待当前中国经济发展处于何种阶段,与80年代相比又具有哪些新特征。这将直接关系到我们确定转变经济增长方式的基本思路。

以波特的经济发展阶段论为分析判断的依据,我们认为,当今中国经济发展总体上还停留在投资推动的阶段,而且这一投资推动还有相当大的上升空间。当今中国的人均国内生产总值,以市场汇率计价只接近700美元(1996年)。若采用购买力平价计价,也只有 2000 美元左右(按 1 美元等于 3 元人民币计算),只相当于美国的 1/15。同时,以人口计算的工业化率,依然处于低收入的发展中国家水平。具体来讲,有以下几方面:(1)中国的农业远未完成通过增加资本投入来实现资本替代劳动的集约化过程。(2)工业化率水平的低下,隐含着工业资本投资依然停留在边际生产率大于 1 的总规模收益递增阶段。(3)工业化发展所诱发的快速提高城市化水平的任务远未完成。城市建设中的社会资本投资及城市间联系网络的社会资本投资,在中国才刚起动不久。(4)替代计划体制的生产与流通服务功能的城市第三产业,对投资存在极大的需求。

因此,在经济发展新阶段中,我们所要寻求的增长方式转变,不是说我们已经超越"投资推动的发展阶段",可以直接进入"创新推动的发展阶段",而是应该立足于"投资推动的发展阶段",如何更多地采用该阶段后期的通过降低资源消耗来推动经济增长的技术,使技术进步更多地依附在资本投资之中来推动经济增长。如果我们将中国 90 年代前界定为大规模工业化的粗放型投资推动增长阶段,那么经济发展新阶段所要求的增长方式转变,其实质是转变为集约型投资推动经济增长。后者与前者的区别是,不仅依赖资本总量扩张来提高增长率,还要通过改进资本的质量、劳动的质量和管理水平提高的方式来提高总要素生产率的增长率。同时,在经济技术水平较高的行业,也可提前进入"创新"推动行业发展的阶段,特别是那些代表高技术发展趋势的行业。

尽管中国经济发展阶段总体上尚停留在投资推动的发展阶段,但从 90 年代初、中期开始,中国经济运行开始呈现出一系列新的特征,与 80 年代相比已有较大的差别。

(1)食品、日用消费品和耐用消费品的生产与消费,在城市中大体实现供求均衡。内地农村虽然耐用消费品的普及率因受其收入水平的限制依然较低,但在食品和日用消费品领域也基本能实现供求均衡。除非大规模提高内地乡村农民的收入水平,否则,继续依靠日用消费品和耐用消费品扩大生产规模来带动经济增长已相当困难。

(2)城市经济已开始进入通过扩充社会资本投资、改善基础设施水平,来提高人们生活质量的新一轮城市化时期。沿海富裕的乡村地区在脱贫和乡村工业化的基础上,开始进入以城镇社会资本投资为中心的乡村城市化时期。

(3)随着沿海地区产业的升级和能量的释放,沿海发达地区向劳力资源密集和自然资源密集的中西部地区转移产业的浪潮开始兴起,使中西部地区为引入工业而进行基础设施开发建设,以及同沿海地区进行经济联系的基础设施建设,将进入一个新的发展时期。

(4) 沿海城市工业在前十多年技术引进的基础上,已在日用消费品和耐用消费品生产领域初步完成了学习过程,而开始进入重建产品技术研究开发体系的阶段。同时,技术引进的重点已开始转向信息技术及其载体和现代服务技术。

(5) 市场经济的体制已初步确立,各类生产要素由其稀缺性决定价格的机制已初步形成,生产要素内部结构的形成和要素替代已基本成为由比较利益所决定的要素竞争的产物,计划配置资源所造成的扭曲已通过十多年的渐进式改革与发展而得到基本纠正。

(6) 现代城市中的第三产业已在 80 年代的主要为日常消费服务的功能之基础上,增加了为生产和流通全面提供各类市场服务的功能。也就是说,第三产业开始直接介入了生产过程。这就使城市特别是大城市的第三产业将随着市场经济的发展,进入高速增长时期。

(7) 相对于经济总规模的人口数依然过多,因而实现充分就业,缓解农村剩余劳动力的压力,仍然将成为保持高速增长的初始动力。同时,发展就业率高的产业,也仍然是新发展阶段的主要任务。

以上特征显示,90 年代中国经济的变化将比 80 年代更为复杂。80 年代的经济增长主要是围绕工业化规模的扩大并缩小与国际工业化水平差距来展开的。今后的发展,则不仅要继续提高工业化率,还要围绕改善生活质量和在特定领域实现现代化来展开。在这样一种情况下,要从总体上明确界定中国应采取怎样的增长方式,或从总体上明确指出今后中国经济发展将依赖什么类型的生产要素来推动,都是相当困难的。更何况,中国的发展又是非常不均衡的,80 年代高速发展的长江三角洲和珠江三角洲地区可以说已率先实现了工业化。其中,一些大城市甚至已开始着手发展代表世界现代化水平的知识技术密集型的产业基础。这种区域发展的不平衡及产业发展的不平衡,必然要求今后中国的经济发展必须采用多元的经济增长方式。也就是,在不同的地区、不同的行业或不同的产品生产中,采用不同的增长要素的结构组合。

2.3　转变增长方式:目标定位及要求

中国经济发展的历史选择已明确显示了转变增长方式的重要性和迫切性,并已成为一项重大的战略决策,但实现经济增长方式的转变却是十分艰难的任务,是一个严峻的历史性挑战。

2.3.1 转变增长方式:势在必行

目前转变增长方式的基本背景是以二元结构强化与体制转换摩擦为特征的。在这一背景下,中国经济运行产生的一系列大碰撞,实际上反映了转变经济增长方式的内在规定性和客观必然性,显示了转变经济增长方式的迫切性。下面我们对在此背景下呈现的若干经济运行中的碰撞作一分析。

1. 高投资势头与提高投资效益

自新中国成立以来,中国经济始终处于高速增长状态之中。1952—1992 年国民收入的年均增长率为 7%。在如此长的时期中保持这一年均增长率,在世界各国发展史中均属罕见。其中 1952—1978 年为 6%;1979—1992 年为 8.8%,增长速度呈不断加速趋势。但在此过程中,经济起伏波动很大,先后共经历了 8 次大的起伏波动,其中落差最大的达到 66 个百分点,各次波动的平均落差为 20.5 个百分点。这在各国经济增长中,也属绝无仅有。改革开放以来,这种经济波动相对于过去,明显趋于平缓,但仍然有较大的起伏。1978—1981 年间,增长波峰(1978 年的 11.7%)与波谷(1981 年的 4.4%)之间的落差为 7.3 个百分点;1982—1986 年间,增长波峰(1984 年的 14.7%)与波谷(1986 年的 8.1%)之间的落差为 6.6 个百分点;1986—1990 年间,增长波峰(1988 年的 11.3%)与波谷(1990 年的 4.1%)之间的落差为 7.2% 个百分点。

经验表明,经济高速增长中出现大起大落的波动,在很大程度上与经济增长方式有关。粗放型的经济增长方式虽然在某种情况下能带来经济的高速增长,但由于其主要是依靠增加投入、铺新摊子、追求数量来实现的,所以很快就会受到各种因素的制约而迫使经济扩张发生收缩,增长速度放慢。通过各要素贡献率的结构分析可以清楚看到(见表 2.2),中国的资本要素投入在各要素贡献率中所占的比重明显偏大,而总和要素生产率在各要素贡献率中所占的比重则明显偏低。改革以来,虽然情况有所变化,总和要素生产率的贡献明显提高,但资本要素贡献率仍占很大比重,主要依靠物质投入的增长特性未根本改变。

同时,这还可以从投资与经济增长及波动的相关性的实证分析中得到反映。1981 年与 1989 年的经济增长率都是 4.4%,是改革以来 18 年中增长最慢的年份,而这两年固定资产投资均为负增长,分别为 -10.5% 和 -8.9%。1992 年与 1993 年是经济增长最快的两年,其增长率分别为 13.4% 和 14%,同时固定资产投资增长速度也是最快的,增长率分别达到 42.6% 和 58.6%。由此可知,进入

表 2.2　各要素对经济增长贡献率的国际比较　　　　　　　　（％）

	劳动要素投入增加的贡献率	资本要素投入增加的贡献率	总和要素生产率提高的贡献率
中国(1953—1993)	20.60	65.30	14.10
改革之前	23.70	69.60	6.70
改革之后	16.60	58.40	25.00
韩国(1963—1971)	37.39	23.81	38.39
日本(1953—1971)	21.00	23.84	55.16
美国(1948—1969)	32.50	19.75	47.75
加拿大(1950—1967)	37.37	23.03	39.60
联邦德国(1950—1962)	21.85	22.49	55.66

90 年代以后,这种投资主导经济增长与波动的趋势更加明显。

中国国民经济的重化工业化,预示着社会单位产品中资金含量的上升,需要有高强度的资本投入。在这种情况下,增长方式转变并不意味着强行压低投资率,这是与经济发展趋势相违背的。在投资推动发展阶段,存在着高投资的必然性,尤其在初始阶段投资增长率会高于经济增长率。但问题在于,伴随着较高的投资增长率,经济增长率是否能逐步趋近于乃至高于投资增长率。国际经验表明,伴随着较高的投资增长率,经济增长率普遍高于或逐步接近于投资增长率是基本趋势。这一基本趋势反映了科技进步因素、效率因素在经济发展中的作用日益增强,经济发展的集约化程度不断提高。根据世界银行提供的资料,1965—1980 年间,新加坡的 GDP 年均增长率为 10％,同期国内投资总额(即用于固定资产增加部分的支出＋库存水平变动的净值)的年均增长率为 13.3％;到了1980—1990 年间,新加坡的 GDP 年均增长率为 6.4％,而国内投资总额的增长率则降为 3.6％。在相同的两段历史时期内,韩国前一时期 GDP 年均增长率为 9.9％,国内投资总额的年均增长率为 15.9％,但在后一时期内,前者变为9.7％,后者则降为 12.5％,两者逐步趋近。在香港地区,前一时期的两个指标均为 8.6％,后一时期则出现了很大变化,GDP 的年均增长率为 7.1％,而地区投资总额的年均增长率降到 3.6％的水平。泰国前一时期 GDP 的年均增长率为7.3％,国内投资总额的年均增长率为 8％;后一时期 GDP 是 7.6％,国内投资总额增长率也只有 8.7％,两者的差距只有 1.1 个百分点。

与此相对照,中国 1981—1991 年间的 GDP 年均增长率为 8.8％,但社会固定资产投资的年均增长率却高达 19.1%,后者大于前者 10 个百分点以上。1992
年 GDP 比上年增长 12.8%,全社会固定资产投资的增长更高达 37.6%。这种投
资增长率持续高于经济增长率,且两者差距不断拉大的状况,如果延续下去,将
是十分危险的。而造成这种状况的主要原因,就是由体制因素造成的投资效益
低下。因此,这种高投资、低效益的粗放型增长特征,在投资推动发展阶段是完
全与此要求格格不入的。更何况,在今后中国经济发展中,其本身就留有较大的
投资缺口。到 2000 年中国国民收入如果保持平均 8% 的增长速度,积累率为
34%,累计积累额将达到 76509.9 亿元,而按前面测算的累计投资额则将达到
93772.4 亿元,其投资超过积累 17262.5 亿元。如果考虑到积累的部分要用作储
备,缺口还要大。因此,为了保证中国国民经济高速增长,必须努力提高投资效
益,争取以较低的投资率带动较高的增长率。

2. 物耗比率上升与城市产业升级及技术进步

各国工业化的历史经验表明,社会生产中物质消耗比率具有不断上升趋势。
其主要原因,是由于物耗水平最高的工业部门比重不断上升。但从三次产业物
耗上升的速度看,上升最快的部门是农业,工业部门在人均 GNP 越过 1000 美元
阶段后还有所下降,而下降的原因是由于产业技术进步,提高了工业产品的加工
深度和附加值。当人均 GNP 越过 2000 美元后,服务业的比重显著上升,而服务
业的物耗水平显著低于第一、第二产业,所以进入到以服务业为主导的发展阶
段,国民经济的物耗总水平就出现了下降趋势。

目前中国经济发展阶段及二元结构背景下的双重工业化,正处于高物耗的
强大压力下。现代农业科学一般认为,现代以化肥、农药等为代表的农业生产技
术,其边际生产潜力为每亩耕地产出粮食 300 公斤左右,当接近和越过这一边际
时,农业投入的边际报酬递减现象就会显著起来。1984 年中国粮食单产越过
240 公斤,1990 年又越过了 260 公斤,正向单产 300 公斤大关逼近。因此这一时
期是农业物耗急剧上升的时期。例如 1992 年消耗的化肥量是 1978 年的 3.3
倍,1992 年农村用电量是 1978 年的 4.4 倍,而按可比价计算的附加值仅提高了
1 倍。国际经验表明,在此阶段,农业物耗上升速度超过其他产业物耗上升速
度。到工业化后期,农业物耗甚至可以超过 50%,比中国目前 35% 的水平要高
得多。但问题是,中国的农业还比较落后,而发达国家建立高投入农业的基础,
是高度发展的农业劳动生产率。从每个农业劳动者创造的产值来看,发达国家
是中国目前水平的 100—200 倍。

中国从现在起到 21 世纪初,经济发展还不可能进入到服务业为主导的发展

阶段,而农业物耗率的上升已很强劲,再加上中国农村工业化过程中,受农村劳动力的素质和工业化发展阶段的制约,其基本特征只能是粗放型发展特征。以农村工业化发展为主线实现中国经济在 90 年代的高增长,必然会显著地提高全社会的物质消耗水平。因此,压抑社会总物耗上升的主要力量,只有依靠城市工业的技术进步与结构升级。况且从工业资源使用方面看,由于 80 年代以来中国能源和主要矿产品生产,相继出现开采过度,采储比例失调,开采成本急剧上升,以及产出重心西移等问题,继续维持粗放型增长方式已不行了。这样,在增长方式转变中,就突出了城市经济产业升级的重大意义。

除了城市经济产业升级外,还有就是通过提高全要素生产率来抑制总物耗水平的上升。提高全要素生产率从根本上讲是要把经济发展建立在科学技术进步的基础上,无论是城市工业化还是农村工业化都应反映这一要求。不过目前农村工业化的核心内容是以发展劳动密集型产业为主,具有明显的粗放性质,全要素生产率提高对农村经济增长的贡献就不会很大。对城市工业化来说,全要素生产率提高就十分重要了,因为城市工业化的核心内容同加快科技进步直接连在一起,没有科学技术进步,城市工业化就是一句空话。

3. 产业结构高度化与产业协调发展

在中国经济发展的新阶段,重化工业化、资本技术密集型产业发展及第三产业的发展,势必推动产业结构高度化。产业结构高度化的实质含义,是更多的资源从低增长、低效率部门向高增长、高效率部门转移。这是符合经济增长向集约化方向发展要求的,是增长方式转变的重要内容之一。

但由于长期以来人为因素的推动,某些部门和行业会迅速扩张,以致挤压其他部门和行业的正常发展,形成产业结构失衡,并导致经济的不协调增长。这种与粗放型增长方式相伴随的结构性瓶颈制约,一直是阻碍中国经济正常发展的比较突出的问题,也是今后中国产业结构高度化的严重障碍。产业发展不协调,产业结构不够合理,主要表现在:

(1)农业增长不稳与农业结构升级缓慢,农业劳动生产率低下,面临增加产量和调整内部结构的双重任务。

(2)基础工业与加工工业增长不协调,交通通信、能源、原材料和城市建设等基础设施、基础部门的"瓶颈"约束长期未得到缓解。一些国家的统计表明,在实现国家工业化的过程中,用电设备与发电设备的合理比例一般为 2∶1 左右,超过 2,就必然导致供电紧张。中国目前不仅用电设备存量大于 2,而且每年的增量也大于 2。1991 年末,中国铁路平均每公里的负荷量为 2579.4 万吨,换算成吨公里,是日本的 1.98 倍,美国的 3.43 倍,印度的 3.28 倍。有关资料表明,若按国民生产总值年均递增 8%—9% 测算,到 2000 年中国国内石油缺口将增加到 4500 万吨。

(3) 第三产业数量不足,目前其增加值在 GDP 中仅占 28%,远低于中下等收入国家的平均水平,而且结构不合理,特别是交通运输落后是近期经济增长中最大的制约因素。

(4) 高新技术产业成长不快,在国民经济中的比重过小。

4. 高速度增长与提高增长质量

从经济发展阶段性和体制变革角度来讲,中国今后一段时期仍将维持高速度增长势头。因为进入 90 年代后,在城市消费需求结构升级引发下,重化工业再现持续增长势头。日本和亚洲"四小龙"的经验说明,在重化工业化阶段,经济发展将进入一个较长期的高速增长过程,GNP 增长率可以在十年左右的时间内维持 10% 左右的高速度。再加上在此期间体制变革继续深化所释放出的能量,也将大大促进经济增长。根据不同模型测算都可得到以下相似的结果:1991—2010 年 GNP 年均增长率将为 8.25%。

在这一特定阶段,增长方式转变并不是要人为地抑制高速增长的必然趋势,而是在推进经济高速增长的过程中提高增长质量。这与我们过去那种片面追求高速度,忽视增长质量的粗放型经济增长方式有本质的区别。但问题是,目前这种粗放型增长方式下的高速度仍然存在,所表现出来的突出问题有:

(1) 在需求结构变动较快和社会需求层次不断提高的情况下,忽视产品质量、品牌、款式的数量增长,往往导致大量的产品滞销积压,造成严重的损失浪费,并带来资金占用,企业互相拖欠等问题。

(2) 产业素质低,技术水平不高。优质产品和劳务少,一般水平的多,短缺与积压并存,开工不足与大量进口并存,许多企业和产品成本高,盈利率低,资金积累能力低。企业进步缓慢,主要靠引进技术和设备来实现,消化、吸收、创新不足,致使企业新产品开发能力薄弱,国际竞争能力弱。技术进步在经济增长中的贡献份额仅占 30% 左右。

(3) 严重的环境污染。测算的结果表明,每年由于水体污染造成的损失 400 亿元左右,大气污染造成的经济损失 300 亿元左右,固体废物和农药等的污染经济损失 250 亿元左右,三项合计 950 亿元左右,约占国民生产总值的 6.75%。这些损失主要表现在:人体健康的损失约占 32%,农林牧渔的损失约占 32%,工业材料和建筑物的损失约占 30%,其他约占 6%。据联合国环境规划署资料报道,美国、日本等发达国家,环境污染引起的经济损失占国民生产总值的 3%—5%。"八五"期间每年环境污染的经济损失 1350 亿元。[①]

（4）经济运行呈现出大起大落的波动。1978—1981 年间,增长波峰(1978年的 11.7%)与波谷(1981 年的 4.4%)之间的落差为 7.3 个百分点;1982—1986年间,增长波峰(1984 年的 14.7%)与波谷(1986 年的 8.1%)之间的落差为 6.6个百分点;1986—1990 年间,增长波峰(1988 年的 11.3%)与波谷(1990 年的4.1%)之间的落差为 7.2 个百分点。

（5）上述由粗放型经济增长方式带来的一系列问题,即成本上升、结构失衡和滞销积压,在交互作用过程中还会产生通货膨胀的潜在压力。在粗放型经济增长中,投资规模的急剧膨胀通过不断地增加信贷规模与货币投放的压力,加大了经济增长过程中的通货膨胀压力。与此同时,这也使社会经济中的生产迂回程度增大,超过了同时期社会经济可承受的能力,引起投资效率的下降,导致了经济增长过程中货币扩张的产出水平效应下降,从而使通货膨胀压力进一步加大。这种粗放型经济增长导致通货膨胀发生的机理,使投资规模、货币扩张和通货膨胀之间存在着内在关联。例如,1984 年、1986 年、1992 年和1994 年的 M2 增长率分别为 34.8%、29.27%、31.28% 和 34.4%,与之相应,1986 年、1988 年、1993 年和 1994 年的通胀率分别高达 8.8%、18.5%、13.2% 和24.1%。

5. 持续增长与改善资源利用

90 年代以后,中国经济运行内在的矛盾与冲突孕育着新一轮结构转换。可以预期,与这一轮结构转换相伴随的,将不仅是基础产业、基础设施、城市化的大发展,同时也将是农村剩余劳动力的大转移,广大农民收入水平的大提高。这又必将为消费品工业创造出 80 年代所无法比拟的更大需求和更大的购买力,从而把中国的消费品工业推入新的高速增长轨道。上述结构转换无疑包含了比 80年代结构转换更深刻的内容,特别是,由于这一转变是发生在一个有 960 万平方公里国土和 12 亿人口的大国中的,由区域发展不平衡形成的递推式增长浪潮,必然会在一个相当长的时期内形成持续快速增长的局面。

然而,在这新一轮结构转换中,我们面临的资源约束的压力也日益增大。资源本身是具有稀缺性的,要求经济使用。更何况,中国的自然资源条件事实上并不优越,很多重要资源如耕地、水和石油、煤炭、铜等矿产的人均占有量均大大低

---

① 曲格平:《中国的环境与发展》,中国环境科学出版社 1992 年版,第 47 页。

于世界平均水平。根据统计资料,中国现有耕地总面积 14.31 亿亩,人均 1.22 亩,耕地后备资源仅 2 亿亩左右,远低于 4.57 亩的世界平均水平。同时,耕地资源质量较差,改造难度大,在耕地面积中,有近 7 亿亩农田不同程度受旱灾危害。中国现有森林面积人均仅 2 亩,而世界人均为 12 亩;中国森林覆盖率为 13.4%,也低于 22% 的世界森林覆盖率平均水平。中国人均水量只有 2710 立方米,约为世界人均水量的 1/4。按耕地面积计算,亩均水量只有 1770 立方米,约为世界亩均水量的 3/4。同时,中国水资源的地区分布很不均匀,与人口、耕地、矿产资源的分布不相适应。中国的矿产资源探明量(按折算值)居世界第三位,但人均拥有量则仅居世界第 80 位,不到世界人均水平的一半,特别是石油、天然气、黄金、铜和铁矿石等,如果没有新的突破,很难满足未来经济高速增长的需要。在 1995—2010 年的未来年代里,自然资源的紧缺情况将进一步加剧,并将制约国民经济的持续增长。

但在粗放型经济增长中,中国的物耗率却很高。据统计,1992 年,全民所有制工业企业平均物质消耗系数已由"六五"期末的 65% 左右上升为 72% 左右。长此下去,经济高效增长肯定难以支撑。而且这种高物耗造成能源、原材料的供求关系紧张,使这些产品的价格呈强劲上升趋势,从而给经济高效增长带来了成本过快上升的巨大压力。与此相对照,发达国家在重视产业结构高度化、产品结构最优化的同时,十分强调资源耗费最小化、生产效率最大化。80 年代初至 90 年代初,发达国家的钢铁消费量减少了 5000 万吨,每天的石油消费量减少 70 万桶。因此,为保证新一轮结构转换的顺利进行,必须首先改变那种掠夺式使用资源、高度依赖资源、大量浪费资源的增长方式,通过制度保证和依靠科技进步,对资源进行深度开发和珍惜利用,力求以更少的资源投入获得更多的产出,使经济发展建立在更少依赖地球上的有限资源的基础上。

可见,这种粗放型经济增长方式是我们当前经济生活中许多矛盾和问题的症结所在。若不改变这种增长方式,这些矛盾和问题就难以解决。并且,随着经济总量和规模的迅速扩大,这种粗放型经济增长方式的局限性就更大,所带来的问题会日益增多,更加严重。如果从更大的视角来看,今后国内外市场的竞争将主要是科技、质量、效率和效益的较量,不改变粗放型经济增长方式,一个企业乃至整个国家难以在越来越激烈的国际市场竞争中立足。因此,实现经济增长方式从粗放型向集约型转变,实质上是探索与开创一条新的经济发展的道路,使国民经济进入良性循环的轨道。

2.3.2　增长方式转变的目标定位

尽管转变粗放型增长方式迫在眉睫,但我们必须清醒地看到,现阶段中国正处于全面工业化进程之中,表现为明显的投资推动的阶段性特征,因此经济增长方式转变的目标定位不能过高,要切合实际情况。

在新中国 30 年发展的基础上,通过改革开放的推动,中国经济发展已经跨过了以"温饱"为主要内容的发展阶段,进入到一个以满足小康生活水平为主要内容,以大工业为手段,大规模改变人们的生产方式和生活方式的新阶段,即全面工业化的历史时期。[①]这种全面工业化进程带动了中国经济的快速增长,使国民经济正逐步进入持续高增长的"起飞"新阶段。1979—1993 年,中国国民生产总值平均年增长率为 9.3%,其中有一半以上直接来自工业增长的贡献。从工业化的内部构成来看,80 年代的全面工业化是以轻型化倾向为主导,轻工业发展一直快于重工业发展。1978—1992 年,轻工业增长了 6.9 倍,重工业增长了 4.3 倍,年平均增长速度轻工业为 14%,重工业为 10.6%。进入 90 年代以后,中国工业化进程发生了一个重大转折,即转向了重化工业为主导的发展,重工业增长速度开始领先于轻工业,并且差幅逐渐拉大,出现了重化工业化势头(见表 2.3)。

表 2.3　轻重工业产值增长速度比较　　(比上年增长百分比,%)

	1986	1987	1988	1989	1990	1991	1992	1993
轻工业	16.50	24.87	34.90	19.84	9.77	16.82	26.74	32.54
重工业	14.06	22.04	29.17	21.75	7.59	19.28	35.48	50.95

注:按当年价格计算。

值得指出的是,尽管新中国成立以后我们强制性地推行了工业化,但当时的工业化是残缺的、畸形的。只有改革开放之后,中国才开始了全面工业化进程,出现了收入与生产之间相互促进的良性循环。与改革前 30 年初步工业化不同的一个特点是,在部门间产值结构变动的同时,就业结构也出现了同样的变化。1978—1992 年间就业结构变动速度几乎 4 倍于前 25 年。这表明,改革开放之后开始的全面工业化进程不仅迅速改变了人们的生活方式,而且迅速地改变了人们的生产方式。

---

① 李京文:《科技富国论》,社会科学文献出版社 1995 年版。

因此,从总体上讲,中国已进入"投资推动的发展阶段"。在80年代,中国GNP的平均增长率为9%,而总投资率为35%。据此推算,到2000年如果GNP保持年均9%的增长速度,即使总投资率降为32%,累计投资额也将达到93772.4亿元。也就是,今后中国平均每年都要求实现数以万亿元计的巨额投资。根据哈罗德—多马模型所揭示的规律,均衡增长路线只有在增长率满足"投资=储蓄"的条件下才得以实现,否则就会出现失业、生产能力闲置乃至大面积的经济萧条。因此,在这一发展阶段如果不能保持较高的投资规模及增长速度,则这部分产品价值就无法实现,社会再生产就无法正常循环。

中国目前正处于全面工业化进程之中,表现为明显的投资推动的阶段性特征。但由于二元结构矛盾的背景,中国的工业化实际上具有双重内容,即城市经济工业化与农村经济工业化。改革开放以后,中国二元结构变动的态势是:至1984年,二元结构强度缩小到3.58,但到1988年其强度上升到3.89,1991年进一步上升到4.14。导致二元结构下降、增强、再增强变化过程的根本原因是,1978年以来中国经济发展必须面对既定工业化格局的现实,由于工业的物质技术基础远比农业雄厚,依靠若干倾斜政策而创造的农业超常规增长难以长期保持,工业中轻工业的大发展虽然有补课的性质,但也使中国的轻纺工业在资金、技术、产量、质量、管理等方面上了一个新台阶,形成了对农村的强大优势。而农村的出路在于工业化,这样以乡镇企业迅速崛起代表的中国农村工业化高潮迟早要同强大的城市工业,首先是轻纺工业"撞车"。乡镇企业虽然机制灵活,但从总体上看毕竟在资金、技术、人才、管理等方面处于劣势,为在激烈的市场竞争中站稳脚跟,不得不过早地以资金替代劳动,使乡镇企业资金投入猛增,以同城市工业抗衡。这样,一方面牺牲了农民的消费,占消费一半以上的农村市场的需求下降使庞大的轻纺工业生产能力相对过剩,另一方面又抑制了农村剩余劳动力的转移,提高农业劳动生产率更为困难,二元结构的强度被不断加大。

在这种强烈的二元结构背景下,中国工业发展具有阶段的重叠性。中国目前所出现的重化工业增长势头,是由只占全体人口22%的城镇居民消费升级所引发的,而占全体人口78%的农村居民,消费结构远未到足以引起工业增长向重化工业方式转换的转变时期。中国城市人均GNP水平约是农村人均水平的3倍。这与日本和亚洲"四小龙"在高速增长起步阶段,城市人口占50%—60%,城乡居民收入差距在1倍左右的情况极不相同。因此,90年代后中国虽然进入了以加工制造与组装型工业为重点的重化工业发展阶段,但轻工业和原材料工业在今后发展中仍占有重要地位。

　　由此看来,中国今后一个时期的工业化进程,实际上是由城市与农村两个完全不同的发展层次和两种完全不同的工业化内容构成的。城市经济居民人均收入起点高,需求结构的变动已经引导城市工业朝重化工业方向发展,改革前30年建立的城市大工业基础,也到了必须全面改造和升级的阶段。农村经济则由于人均收入水平起点低和农业内部剩余劳动力规模庞大,在提高收入水平、寻求比较利益的驱动下,要到非农部门就业,发展吸收劳动多、投入资金少的传统工业。

　　可见,中国经济发展水平按波特的划分只是进入了"投资推动的发展阶段",与那种以教育水平大幅度提高,信息积累速度加快,农业过剩人口转移已经完成,服务业占主导地位,产品多样化、高质量利小批量发展等为特征的"创新推动的发展阶段"尚有较大差距。在中国今后一个时期中,大规模投资将成为经济增长的一个重要特征。当然,这并不排斥在一些经济发展较低水平的地区,仍处于波特所讲的第一个发展阶段之中,其竞争比较优势依然是廉价的劳动力、土地及其初级资源的投入。也就是,在中国经济总体上进入"投资推动的发展阶段"的情况下,各地区的竞争比较优势因其发展水平不同而相异。

　　对于中国总体上进入投资推动的发展阶段这一判断也许是没有什么疑义的,问题在于我们如何从理论上来看待投资推动的发展阶段的增长方式。目前一种较为流行的观点认为,投资推动的经济增长就是粗放型增长,其理由无非是经济增长要靠资本要素大量投入来支撑。笔者对此持有不同的看法。虽然从要素投入角度讲,"投资推动"与"劳动力、土地及其他初级资源推动"有类似之处,但性质上有很大的不同。

　　在生产函数关系中,资本要素的投入与劳动力、土地及其他初级资源要素的投入有重大区别。首先大规模投资使资本深化(资本—劳动比率提高),即使在技术不变的条件下,人均占有资本额越大,人均产量越高。更何况,在现实经济中,增加资本密集性与不断开发新技术之间存在着一种重要的联系。若没有新的技术加入,企业将耗尽采用通过资本更密集的技术来提高利润的可能性。即使利率水平非常低,资本—劳动比率的进一步提高也将不再是可盈利的。另外,按照新的增长理论,资本投资,无论是对机器还是对人,都形成"正的外部性"。就是说,投资不仅提高被投资的企业和工人的生产能力,也提高相关的其他企业和工人的生产能力。按此观点,以往的研究,都低估了资本对产出增长的贡献。据罗切斯特大学的罗默(Paul Romer)估计,资本增加1个百分点对产出增长全部的实际贡献接近于1而不是0.25(对此尚有争议)。当投资外部性足够大时,就不存在资本报酬递减问题。其结果是,储蓄率的上升导致增长的"永久性"提高。经验性观察表明,在工业化国家,每一工人的较高资本积累率会促进生产力更快增长,基本上是每一工人的平均资本每增长 1 个百分点,劳动生产率的增长也会提高 1 个百分点。因此从这些方面来讲,投资推动的经济增长具有集约型特征。

但由于资本—劳动比率的提高是以大量资本投入为前提的,而且资本边际生产力的斜率为负,故人均产量较小幅度的提高要以人均占有资本额较大幅度提高为条件。另外,尽管部分新技术包含在新的投资之中,但假如技术进步的速度不加快或技术存量不多,那么通过追加投资而以资本为体现的新技术在随后几年将很难增长。虽然投资的回报暂时仍会上升,但紧随其后的则是一段低回报期。从这一角度来看,它又有别于"创新推动"的集约型增长,具有一定的粗放型色彩。

因此,"投资推动"的增长方式既不同于"初级资源推动"的粗放型增长,也不同于"创新推动"的集约型增长,具有过渡形态的特征。我们将该发展阶段的增长方式称为准集约型增长方式。另外,二元结构背景下的全面工业化进程中,从地区结构与产业结构上来讲,城市工业化将要求转向集约型增长方式,而农村工业化则在较大程度上仍保留着粗放型增长方式。这种不同增长方式并存的结构性分布,则是另一种特殊含义上的准集约型增长方式。所以笔者认为,中国现阶段经济增长方式转变的目标,是从"初级资源推动"的粗放型增长转向"投资推动"的准集约型增长,而不是直接进入"创新推动"的集约型增长。

目前在谈及经济增长方式转变时,通常将技术进步作为核心内容。泛泛而论,这也不能算错。但置于一个特定阶段性的空间环境来说,准集约型增长这一目标定位意味着,我们将把"投资推动"放在一个头等重要地位,技术进步则是融合于大规模投资之中的,即通过较多的投资产生更快的技术进步。在中国现阶段经济增长方式转变中,如果脱离"投资推动"来谈技术进步,超阶段地将"创新推动"置于首位,有点似是而非的味道。当然,通过投资形成以资本为体现的新技术,是有一定条件的,即要有较庞大的待开发的技术存量。这对于那些处于技术领先地位的国家来说,是一个重要的约束条件。但对于我们这样一个后起发展国家来说,只要有较大的对外经济开放度,就不成其为问题了。中国与发达国家的技术鸿沟越大,大量可盈利的投资机会就越多(只需对代表先进技术的新设备大量投资即可)。当存在大量投资机会时,从国外借入大量资本投资以及引进技术仍可望获利。这样,年投资率越高,新技术和生产率的跃进也就越大。中国改革开放的实践也证明,现阶段的技术进步主要是通过投资形成的资本来体现的,特别是通过引进国外先进技术及设备的投资得以实现。如果没有这种引进性的大规模投资,技术进步的发展空间就很小。事实上,这正是后起发展国家发挥其后发优势的有效途径。

当然,在转向"投资推动"的准集约型增长方式过程中,不能笼统地谈大规模、高强度投资的必要性和重要性,而要对"投资推动"有一个全面、准确的理解。

首先是实物资本投资与人力资本投资的关系。我们过去一讲"投资",通常仅限于实物资本投资。把"投资推动"的准集约型增长理解为实物资本投资推动,是非常错误的。上面已经指出,增加资本密集性与不断的技术开发之间有着重要的联系。只要是融入新技术的实物资本投资,必定伴随着相应的人力资本投资,如果蕴含于劳动者身上的技能不能与新投资形成的实物资本中蕴含的新技术相匹配,那么实物资本投资的回报率将大大降低。另外,投资产生的"正的外部性",在很大程度上也体现在人力资本积累上。因此"投资推动"的准集约型增长,是通过实物资本投资与人力资本投资有机配合来推动经济增长的。

其次是增量资本与存量资本的关系。"投资推动"是一个过程,是过程性积累的资本推动。我们不能将"投资推动"仅看作新增投资的推动,拼命增加新投资。如果存量资本不能有效地重组和充分利用,新增投资对经济增长的推动力将大大削弱。同时,也难以形成和发挥这一发展阶段特有的竞争比较优势(即规模效益)。因此,"投资推动"的准集约型增长,也是通过增量资本带动存量资本且共同作用来推动经济增长的。

另外,从实物形态上讲,资本的形成可分为三种:对工厂、设备及其库存的经营投资,居民住房建筑投资,以及对道路、机场和其他基础设施的公共投资。在资本形成的结构中,总体上是经营投资占较大的比重,而且随着经济的高度发展,其增量的比重会更高。这是从投资结构上体现的"投资推动"形态。但在中国二元结构矛盾较大及城市化长期滞后的情况下,现阶段的资本形成结构将有所侧重和倾斜,从而使其在结构上体现的"投资推动"具有特殊性。中国城市人均 GNP 水平约是农村人均水平的 3 倍。这与日本和亚洲"四小龙"在高速增长起步阶段,城市人口占 50%—60%,城乡居民收入差距在 1 倍左右的情况极不相同。因此,中国经济发展将面临全面工业化与城市化双重任务,而全面工业化中又具有城市工业化与农村工业化的双重内容。无疑,这将形成强大的投资需求。为实现全面工业化,经营投资的需求是巨大的,特别是中国国民经济的重化工业化,预示着社会单位产品中资金含量的上升,需要有高强度的资本投入,但同时又得兼顾轻工业和原材料工业的发展。然而中国的城市化发展又将成为调节工业发展阶段的重叠性,实现大规模过剩农业劳动力转移的重要环节,进而成为中国今后一个时期内新的增长轴心,这更需要有大规模的居民住房建筑和基础设施方面的投资。在这种情况下,笔者认为,现阶段的投资应向城市化发展方面倾斜,适当加大居民住宅投资与基础设施的公共投资的比重。因为今后一个阶段中国新的增长契机在于基础设施、城市化的大发展,伴随着农村剩余劳动力的大转移,广大农民收入水平的大提高,创造出 80 年代所无法比拟的更大的需求和更大的购买力,从而形成区域递推式增长浪潮。因此,在投资结构上体现的"投资推动"形态,应以促进城市化发展来推动全面工业化。

2.3.3 增长方式转变的宏观环境条件

正如前面所述,增长方式转变的决定性因素是经济发展阶段、体制条件、技术进步及经济开放度,但其转变的过程则受到一国宏观环境条件的影响。在不同的宏观环境条件下,增长方式转变过程中所采取的方式、形态、手段、程序等均有差异。这里涉及增长方式的"转变过程"问题。处理好"转变过程"问题,直接关系到增长方式转变的成败。因此我们必须对中国增长方式转变的宏观环境条件作一基本分析。从目前的实际情况来看,对影响增长方式"如何转变"的宏观环境因素主要有以下几方面。

1. 二元经济结构

作为一个发展中国家,中国的二元经济结构虽然有所改善,但由于历史和现实的因素所致,仍然存在较为严重的扭曲。国家计委经济研究所一份研究报告(1993)指出,用相对国民收入度量的二元结构强度,1978 年中国达到 6.08,改革充放以后曾一度缩小至 1984 年的 3.58,但到 1988 年又上升到 3.89,1991 年则进一步上升到 4.14。而日本在工业化初期,其差距只有 2.94(1955 年),中国台湾地区只有 2.30(1965 年)。

由于传统农业部门没有得到根本性改造,依然是"靠天吃饭",农业基础薄弱,大量的过剩农业劳动力尚未被现代非农产业部门所吸收,农村人均收入低下,有效需求不足。一个明显的经验教训是,农业的高生产率对于工业化和增长尤为重要。在工业化进程中,制造业企业严重依赖农村对它们的产品的需求,也严重依赖作为加工投入品的农产品,并且严重依赖农产品的出口创汇。因此,在这种二元经济结构的基础上,实现经济增长方式的转变是有很大难度的。增长方式的转变将受制于农业的不稳定性,以及传统农业部门与现代非农部门的割裂。

2. 人口压力

在现代经济增长中,中国人口众多的经济优势日益衰弱,而其负面效应不断强化。过去曾有人争辩说迅速的人口增长促进了发展,因为众多的人口可以获得生产的规模经济效益。但是排除了向国际贸易开放的种种障碍后,就意味着一国的人口规模不再是获得规模经济效益的障碍。亚洲工业化小国的经历表明,规模经济的收益来自贸易。新加坡的人口仅为270万人,而每年出口制成品的价值却高达约350亿美元。这大约相当于拥有1.47亿人口的巴西的两倍。

相反,人口的压力会增加对农业的需求,从而导致对边际土地和其他各种自然资源的滥用。急剧的人口增长是与农业停滞不前以及环境恶化紧密关联的,而且相互加剧它们的恶果。人口压力不仅导致了土壤退化,而且也导致了毁林开荒、沙漠化和农业产出的下降等恶果。

人口增长还使市场失误这个问题变得更加严重,城市地区的拥挤就是其之一。另外,为容纳大量就业不得不形成许多小规模、低效率的生产组织,以及为吸纳较多劳动力而采取的低水平技术。面对强劲的人口和就业压力,政府最终不得不扮演了雇主的角色,其部分原因是考虑到失业的社会和政治影响。这又使国有企业出现大量冗员,其行为方式扭曲。

这些问题都将给经济增长方式转变带来极大的障碍,使其不得不考虑人口压力对增长方式的影响。

3. 观念与习惯

由于经济增长是通过人来实现的,人是推动经济增长的主体,而人是由文化塑造的,经济增长总是在一定文化背景和基础上进行的,所以一定的增长方式总是采取某种文化的方式。文化的核心是价值观,这在一定意义上规定着增长的目标和方式,规定着人的行为方式。因此,增长方式转变,其深层实质是文化转型和价值转型。

长期以来,传统体制下发展起来的"权力经济",给我们塑造的核心理念是"权力本位",即社会主体的一切活动、一切关系和一切追求都是围绕权力旋转的。各地经济增长速度是衡量各级政府官员政绩的一个重要指标。企业经营者和管理者则是"准官员",追求产值成为其政绩的一个重要表现,而企业规模的扩大与其行政级别有关。人的价值主要通过组织、单位和领导来实现。因此,单纯追求产值、速度及数量扩张,就成为一种经济增长的价值观。改革以后,市场经济的发展对这种传统观念与习惯形成强大冲击,但"权力本位"的核心理念却根深蒂固,仍左右着人们的行为方式,使人们自觉或不自觉地围绕着权力旋转,进而形成粗放型经济增长的思维定势和价值准则。

因此,经济增长方式从粗放型向集约型的转变,作为一个长期的方针,是一个总的努力方向。但在具体操作中,则要根据具体情况和不同的发展阶段有区别、分步骤地实施。中国是一个人口众多、区域发展不平衡的发展中大国,情况十分复杂。这就要求我们既要坚持集约增长的方向,积极发展资金、技术密集型产业,又要从劳动力多、就业压力大、资金和资源相对不足的实际出发,继续发展劳动密集型产业。同时,还要根据各地的经济发展水平及资源禀赋,选择不同的技术发展政策,实行资金、技术、劳动力在不同地区的合理组合。此外,还要根据集约型经济增长方式在经济发展的不同阶段所具有的不同含义和要求,来实施其转变。总之,要多层次地推进经济增长方式的转变,促进国民经济健康发展。

2.3.4　准集约型增长方式的体制变革要求

当然,在全面工业化进程中,经济增长方式转变也涉及增长机制问题。与西方市场经济国家不同,中国经济增长方式不仅受制于经济发展阶段的竞争比较优势,而且还受制于体制变量的特殊因素。在非市场经济的体制中,由于生产要素无法真实体现竞争比较优势,因此其增长方式并不完全按照经济发展阶段的要求来定位。这样,我们必须结合体制变量来考察增长方式问题。

传统计划体制对分工协作生产实行行政性的垂直协调,其协调效率低下,既无有效的激励,又无硬预算约束,从而带来追求速度、投资饥渴、数量扩张、效益低下等问题。这种微观基础上的宏观经济运行,表现为经济增长单纯受资源供给约束的格局,从而内在规定了其增长方式是粗放型的。与传统体制相联系的闭关自守政策及保护主义措施,同样令相对价格遭到扭曲,往往使一些本来劳动力很充裕的国家采用资本密集型技术,并将使投资的配置遭到扭曲。同时,一些限制进入市场的关税和非关税壁垒成为阻挠内部竞争的障碍,使企业不愿进行技术革新。此外,估值过高的汇率也会使选择技术的过程遭到扭曲。因为这种估值过高的汇率降低了进口机器的成本,使发展格局向资本密集型方面发展。如果资本的成本过高(如对进口的资本货物征收高关税)或过低,技术转让的速度和在当地条件下从进口技术中获得的利益都会下降。显然,在这种制度变量作用下,一国的增长方式将向粗放型方面倾斜。这种由制度变量内生的粗放型增长方式,与作为经济发展阶段函数的粗放型增长方式有本质上的区别。前者是制度低效率的产物,而后者是竞争比较优势下的要素替代的结果。因此,只要这种低效率的体制存在,不管其经济发展阶段到了何种水平,这种粗放型增长就会继续下去。

自改革开放以来,随着市场化取向的制度变革不断深化,市场机制开始对分工协作生产实行横向协调,其协调效率相对提高,既提供了有效的激励,又带来了硬预算约束,促使人们在利益机制驱动下通过市场开拓、提高质量、技术创新、加强管理来追求效益最大化目标。这对增长方式产生深刻的影响,具体表现在以下几方面。

首先,体制变革使被抑制多年的消费需求得到了释放,以那一发不可收的蓬勃旺盛态势而成为国内经济增长的巨大牵引力。中国经济增长单纯受资源供给约束的时代已经结束,取而代之的受双重约束的时代已经开始,既有来自资源供给的制约,又有来自消费需求的制约。在经济快速增长时期,增长的约束将主要来自资源供给;而在经济缓慢增长时期,增长的约束将主要来自消费需求。

其次,体制变革提高了社会分工生产的协调效率,进而提高了生产率水平。现代增长理论表明,生产率提高有两种类型:一是生产率速度的加快,主要是由如固定资产中的技术含量增加、资本—劳动比率提高、劳动者受教育水平和技能水平提高及先进技术运用等因素引起;二是生产率水平的提高,主要是因为经济体系运行效率的改善,如提高了市场的灵活性、劳动力的流动性、管理质量等。在体制转换过程中,随着制度效率的改善,在生产增长率不变的情况下,生产率水平得以提高,按新的较高的路径变化。

最后,体制变革带来的要素市场化,使要素的竞争比较优势开始显现,为要素之间的有效替代提供了条件。这为作为经济发展阶段函数的增长方式的转变,奠定了机制性基础。

但目前我们面临的情况是,体制变革正处于转变过程之中,它对增长方式的影响是双重的:一方面促进增长方式按照经济发展阶段的要求向集约型转变;另一方面又继续保留着与经济发展阶段要求不相一致的粗放型增长方式特征。这可以从近些年来中国积累和投资效益均日趋下降,高积累、高投资与低效益长期并存的现象中得到验证。

从中国纵向的或历史的比较来看,每百元积累增长的国民收入,历史上最好水平是 1963—1965 年的 57.1 元,此后的几个五年计划时期则波动很大,总的是趋于下降。改革开放以后出现了较大的转机,但同时也出现了先升后降的势头,起伏依然较大(见表 2.4)。与日本相比较,在 1956—1985 年的 30 年时间里,日本平均每百元积累带来的新增国民收入是 39.8 元,而同期中国每百元积累增加

表 2.4　中国每百元积累增加的国民收入

时　　期	积累总额 （亿元）	新增国民收入 （亿元）	每百元积累增加 的国民收入（元）
"一五"时期	988	319	32.0
"二五"时期	1732	16	0.9
"调整"时期	811	463	57.1
"三五"时期	2047	459	22.4
"四五"时期	3644	577	15.8
"五五"时期	4993	1185	23.7
"六五"时期	8187	3353	41.0
"七五"时期	19784	7369	37.3
1956—1985 年			28.2

的国民收入只有 28.2 元。

与社会固定资产投资超高增长形成鲜明对照的是,在现有的约 2.2 万亿元的国有资产存量中,闲置和利用率不高的就占 1/3 左右,即相当于 7000 多亿之巨。有关资料显示,在中国工业系统中,由于资产使用效率提高所增加的净产值占全部新增产值的"效益贡献率"只有 20％左右,而德国等 12 个经济发达国家达到 50％左右,阿根廷等 20 个发展中国家也在 30％左右。这种固定资产增量投入不断扩张,不断加速,而技术更新、技术改造步履迟缓,资产存量的利用率十分低下,损失浪费严重同时并存的状况,正是中国传统体制内生的粗放型增长方式长期延续的结果。

因此我们目前面临的问题是,经济发展阶段要求增长方式转向"投资推动"的准集约型增长,而体制因素内生的粗放型增长依然存在,与之不相适应。因此在转变经济增长方式过程中,一个十分重要的问题是改变体制因素内生的粗放型增长偏好,否则,就难以形成"投资推动"的准集约型增长。

在"投资推动"的准集约型增长中,一个重要的条件是高积累基础上的高投资。应该讲,中国国民储蓄率是很高的,"八五"期间社会总储蓄率一直保持在40％左右。然而,由于国民收入分配格局的变化,资本积累主体已由政府转变为居民。伴随着资金总量的快速增长,在全社会资金中居民部分所占的比重由1991 年的 68.9％逐步提高到 1995 年的 70.37％。但由于资本信用发育滞后,直接融资规模偏小,储蓄转化为投资的循环不畅,而间接融资过程中金融部门高成本的信贷投入无法产生相应的高产出,其结果是形成了社会资金环流越来越呈现出质量低下的信贷资产增长、居民硬债权增长和企业软债务增长三极分化的运动趋势。与此同时,由于生产性投资回报率低下,且风险大,筹资成本高,客观上促使了全社会非生产性经济活动的扩大,其中一个突出表现是货币流动性不断减弱。伴随着 M2 在总量上的迅速增长并在 1992 年超过 GDP 总量,货币流动性比率(M1/M2)持续下降,1995 年末为 39.5%,比上年末下降了 4.3 个百分点;1996 年第一季度为 37.1%,已降到历史最低点。货币流动性减弱表明资金不愿意进入生产领域,而偏好于转化为生息资金。这对于中国人均收入水平长期稳定提高有较大的影响。因此,"投资推动"的准集约型增长首先要求深化金融体制改革,尽快形成储蓄转化为投资的有效机制。

在高储蓄转化为高投资的前提下,还有一个如何从制度上保证资金合理投向的问题。目前我们在产业发展导向、投资决策体制,乃至融资体制等方面都存在着严重的制度性缺陷,往往造成投资结构不合理,低水平重复建设,进而形成不合理的产业结构、技术结构和产品结构,最终导致大量的产品滞销压库,造成严重的损失浪费,并带来资金占用、企业互相拖欠等问题。从短期来看,高投资能带来高速度增长,但从长期来看,则会因结构恶化、经济大波动而带来萎缩增长。因此,"投资推动"的准集约型增长必须有资金合理投向的制度性保证,特别是在我们前面提到的通过促进基础设施、城市化的发展来推进全面工业化的情况下,更需要有资金合理投向的制度性保证。

此外,在"投资推动"的准集约型增长中,为保证较高的投资增长率能带来较高的经济增长率,还要通过改变体制因素内生的粗放型增长偏好来提高投资效益。国际经验表明,伴随着较高的投资增长率,经济增长率普遍高于或逐步接近于投资增长率是基本趋势。根据世界银行提供的资料,1965—1980 年间,新加坡的 GDP 年均增长率为 10%,同期国内投资总额(即用于固定资产增加部分的支出+库存水平变动的净值)的年均增长率为 13.3%;到了 1980—1990 年,GDP 的年均增长率为 6.4%,而国内投资总额的增长率则降为 3.6%。泰国在相同的两段历史时期内,前一时期 GDP 的年均增长率为 7.3%,国内投资总额的年均增长率为 8%;后一时期 GDP 增长率是 7.6%,国内投资总额增长率也只有 8.7%,两者的差距只有 1.1 个百分点。与此相对照,中国 1981—1991 年间的 GDP 年均增长率为 8.8%,但社会固定资产投资的年均增长率却高达 19.1%,后者大于前者 10 个百分点以上。1992 年 GDP 比上年增长 12.8%,全社会固定资产投资的增长更高达 37.6%。这种投资增长率持续高于经济增长率,且两者差距不断拉大的状况,其主要原因就是由体制因素造成的投资效益低下。

国际经验表明,提供正确的价格信号,并创造出一个使企业能对价格作出反应的环境,就能使投资收益率提高 1/2,在价格扭曲特别严重的地方,这种制度改善甚至能使投资收益率提高一倍。当然,仅此还不够。如果企业要对恰当的信号作出反应,它们需要得到信息和进入市场的渠道,以及按可接受的成本进行交易的能力。这就要求有一个竞争性的全国统一市场,以及相应的法律和契约框架。因此,"投资推动"的准集约型增长要求形成一个不断促进投资效益提高的制度安排,争取以较低的投资率带动较高的增长率。

总之,"投资推动"的准集约型增长,相对于"创新推动"的集约型增长,将有较高的物耗水平,较多的资源占用。特别是中国二元结构背景下的双重工业化,正处于高物耗的强大压力下,对资源的大量占用将是不可避免的,我们面临的资源约束的压力日益增大。但也正因为如此,更需要我们改变体制因素内生的粗放型增长偏好,使"投资推动"在优化产品结构、促进产业结构高度化的同时,尽可能做到资源耗费最小化、生产效率最大化。否则,在体制因素内生的粗放型增长偏好作用下,"投资推动"将丧失其竞争比较优势,无法体现其准集约型增长特征,最终导致国民经济趋于崩溃。因此,伴随着经济发展阶段变化而进入的"投资推动"的准集约型增长过程,必须有新体制内生的集约型增长、偏好相配合。

2.4 战略思路与实现途径

2.4.1 转变经济增长方式的战略思路

增长方式转变是一个系统工程,需要从各方面配合。但由于增长方式转变是一个长期过程,在此过程中,不同阶段的内外部条件不同,因此,我们要从实际出发,根据不同阶段的情况有重点地实施经济增长方式的转变。在近期一个阶段里,转变经济增长方式的战略思路应是:以体制变革为推动力,以发挥结构效益为重点,以发展教育为根本。

1. 以体制变革为推动力

增长方式的转变,固然需要进行战略思想的调整,也需要采取相应的政策措施,但只停留于此,是无法实现其转变的。事实上,早在改革开放之初,我们就已提出经济发展战略调整问题,并也采取了有关提高经济效益的政策措施。这虽然取得了一些成效,但总体效果并不明显。其原因就在于,经济增长方式是经济体制与运行机制的函数。由一定的体制和运行机制所决定的经济行为(如投资行为等),直接影响经济增长的方式。传统的经济体制与运行机制与粗放型增长方式有着内在的本质联系。因此在传统体制与运行机制彻底改变之前,粗放型增长方式就难以有根本性的转变。

我们知道,集约型增长的本质就是要求富有成效地使用各种要素,从而恰当的市场动力是必要的。国际经验表明,提供正确的价格信号,并创造出一个使企业能对价格作出反应的环境,就能使投资收益率提高 1/2,在价格扭曲特别严重的地方,甚至能提高一倍。投资生产率的那种差别可以使人均 GNP 的年增长率出现 1 至 2 个百分点的差异,并且有助于将停滞的经济转变为迅猛扩张的经济。

当然,仅此还不够。如果企业要对恰当的信号作出反应,它们需要得到信息和进入市场的渠道,以及按可接受的成本进行交易的能力。因此从农村到城镇,从都市到国际市场,商品、投入物、劳动力以及资本的市场都有待于得到更好的统一。即使在定价恰当的地方,信息也经常传递不畅。企业家需要获得适当的基础设施、研究和推广服务;这些会促进市场的统一并有助于推广新的技术。企业在经营时也需要有一个法律和契约框架,以保护财产权,促进交易,让竞争性的市场力量来确定价格和工资,并允许企业自由出入市场。

因此,一个竞争性的国内经济是极端重要的。这与对外开放也有很大关系,因为国内和国外的限制常常相互依存,并对技术进步和工业生产率共同形成不利的影响。如果体制改革进程缓慢,使国内放松管制的程度赶不上对外贸易的开放程度,那么其结果是,反竞争的管制政策也可以存在于面向外贸的经济中。正如某些非洲国家虽然实行对外自由化方案,但仍保留复杂的许可证、国内贸易限制和管制体系,这妨碍了竞争并削弱了对自由化的反应。

与此同时,还应该看到,在不同的经济发展阶段,增长方式转变的重点是不同的。在中国目前的经济发展阶段,社会的合作秩序尚停留在相对狭小的范围内(大量的小农经济或非市场经济),制度变革所带来的扩展秩序有着很大的递增收益的潜力。通过体制变革所扩展的合作秩序,将在不增加或少增加投入的情况下得到巨大的递增收益,提高劳动生产率水平,实现经济集约化增长。

事实上,在体制低效率运转的情况下,其他任何实现增长方式转变的努力都将事倍功半,甚至是徒劳的。例如对教育进行投资是实现增长方式转变的一项重要措施,但这并不一定能确保较快的增长。当经济管理搞得很糟糕时,人力投资就可能导致资源的浪费。50 年代菲律宾的发展前景是十分光明的,其人均收入和识字率几乎与韩国相等,但今天却落后于其他东南亚国家和地区。这是高度保护主义的工业政策和多年独裁统治造成的恶果。

因此,实现经济增长方式的转变,最关键的就是要通过深化改革,加快建立有利于提高经济效益的社会主义市场经济体制及运行机制。从这一意义上讲,体制与增长方式的"两个转变"实质上是一个统一体。我们不仅要在宏观体制改革的基础上建立起宏观效益机制,如产业结构优化、产业合理布局、区域发展协调、环境资源有效保护、内外经济均衡等机制,而且还要通过完善市场体系和深化企业改革形成微观效益机制,如市场导向、择优汰劣、预算硬约束、存量调整、投资风险、有效融资等机制。同时,要从法制建设、政策实施、规划制定等多方面采取综合配套措施,促进经济增长方式的转变。无疑,重新构造法规体系,需要进行机构建设和法律改革,这常常在技术上更为困难,政治上更为微妙,然而却是必不可少的。对于工人、企业家和资本来说,应该能够自由进入和退出经济活动。建立安全的财产权和法律保障的机构应该得到加强,只有这样,企业家才能做到管理风险,获得信贷并且降低交易成本。

然而,这种制度变革的前提条件之一是蕴涵于有关制度的知识的大量积累,而我们在这方面的知识准备则是很不充分的。因此,加快蕴涵于有关制度的知识的积累过程,包括蕴涵于人的知识及对其的支持,是当前实现经济增长方式转变的重大任务。

2. 以发挥结构效益为重点

对于一个市场发育尚不成熟的发展中国家来讲,由于其经济系统内的大量非均衡状态,存在着通过减少瓶颈和再分配资源于高生产率部门以加速其增长的潜力,因此转变增长的近阶段的重点是发挥结构效益。

在发达国家,劳动和资本在不同部门间的使用,其收益是趋于相同的,例如,在农、轻、重各生产部门能保持大致相同的边际劳动生产率,或者使单位劳动费用的产出率在各部门大致相等。1984 年,美国的单位劳动费用产出率,农业部门为 2.581,制造业为 2.412;加拿大分别为 2.48 和 1.746;日本分别为 1.212 和 1.753;英国分别为 1.478 和 1.646;联邦德国分别为 1.048 和 2.102。这些数字表明,尽管不同生产部门的工资水平因劳动质量的差别而不尽相同,但每单位劳动费用的产出在各部门却大致相同。因此在任何既定时点,部门间劳动和资本的转移不可能增加总产出,资源的重新配置仅仅发生在经济扩张时期。对于发达国家来讲,增长的因素主要是资本积累、劳动的质和量的提高、中间投入的增加及部门全要素生产率的增长。

可是,在中国现阶段,劳动和资本在不同部门的使用,其收益可能会出现系统差别。因为边际要素生产率在不同的生产部门,存在着悬殊的差别。例如,

1984年,在制造业,人均年产值为11200元,而在农业部门仅为1151.03元,相差近10倍。因此资源从低生产率部门使用向较高生产率部门使用的转移,成为一个重要的增长因素。在中国现阶段,这种非均衡造成的增长潜力是十分巨大的。实现集约型增长,虽然也要像发达国家那样提高部门全要素生产率和劳动质量、增加中间投入等,但首先要发挥这一结构效益。这一结构效益是广义的,包括资源再配置(即资源流向生产率较高的部门)、规模经济(组织结构效益问题)和内外部瓶颈减少。

从中国目前情况来看,发挥结构效益除了以体制改革为依托外,还要着重抓好以下三项工作:

(1)奠定牢固的农业基础。目前中国薄弱的农业基础已成为经济发展的一大瓶颈制约,缓解这一瓶颈不仅本身能发挥结构效益,而且也为资源再配置创造了条件。若缺乏牢固的农业基础,强制性地将资源流向较高的生产率部门,那是很危险的。以农业为代价而对工业化的表面上的推动,通常只会损坏农业生产的积极性。这种情况的发生往往是因为人们错误地认为,农业生产率的增长和技术进步与工业相比只有较小的潜力。再加上对农产品出口所持的悲观态度,这些都表明人们忽视了建立发展农业的合适的动力和机构。

在对待农业问题上,虽然改革以来农村家庭联产承包责任制对农业发展有较大的促进,但不恰当的汇率、贸易和定价政策的影响,对农业来说仍然犹如一场灾难。市场信号完全被扭曲,以致农民只得到他们所生产的商品价值的一小部分,而他们消耗的投入物和商品却越来越少,而且越来越昂贵。农业以外的政策(如影响贸易和工业的那些政策)常常成为对农民的一种“征税”,并且至少在具体的价格和税收政策范围内阻挠了农业的增长。限制进口和关税壁垒使农业投入物更难获得,并且抬高了投入物的价格。这还会使农村地区所消费的城市产品和进口产品的价格升高。而且高估的汇率常常与限制性贸易政策并存,这也会降低农产品出口的生产价格。超额的政府开支(通常包括对工业的补贴)进一步加剧了本币高估的状况,它对农村收入来说是一种通货膨胀税,而且将资源从农业中排斥出去。更糟的是,直接的农业政策,诸如压低的生产价格(向城市消费者提供有补贴的食品),通常构成非农业部门的负动力。

事实上,农民对政府的政策会作出很明显的反应:当农业利润的前景良好时,他们就进行技术创新和改进,改善现有的耕作方法,并且增加生产。即使在短期内,某项作物的供应对价格激励机制的改进也会作出非常大的反应。当政策条件一直恶劣时,只要生产要素大规模闲置,农产品的总供应在短期内也会对调价作出明显的反应。当然,在超产能力不那么大的情况下,总供应对改革的反应尽管有,但常常限于非常短的时间内,这与某种具体作物的反应形成了对照。只有当效率提高,更多的资源被用于农业,或者技术变革时,总产量才可能增长。但是,改进现有的生产方式,采用新的技术以及克服劳动力、资本和土地的约束都需要花费时间,随着时间的推移,劳动力出现迁移,而农民则能够调整作物的构成,利用新的生产要素,并且改进技术。

强化和保持农民对激励因素变化的反应,关键是增加机构和投资。农民需要有关改进耕作方法的知识,以减少浪费并更好地自主地利用资源。他们还需要掌握新技术,并且得到市场、储存设施、信贷和投入物。进而言之,由于气候、病虫害以及投入物供应和价格波动,农业本身就是一项风险事业。政府可以通过提供研究和推广服务、确保土地使用权、改善教育,以及增加诸如道路和灌溉等物质基础设施经费支出来给予帮助。

(2)改善基础设施条件。国际经验表明,薄弱的基础设施可能改变一个国家发展的性质。发挥结构效益的基础条件之一,就是要有较完善的基础设施。通常,由于基础设施至少部分是公益性的,它很难分割,因此也难以排斥未交费者。同时它还往往需要有一定的经济规模,结果就导致自然的垄断。可见,私营部门不太愿意从事这方面的生产,经济的发展要求公共部门生产和提供许多基础设施服务。公共部门可以通过进行投资和机构方面的支持,在降低农户和企业的交易成本方面发挥关键的作用。如果这样的话,项目的经济收益率将会提高。

世界银行项目的经济收益率证实,公共投资发挥了作用。公共投资在 GDP 所占份额上升到某一点后,农业和工业项目中的生产率就会明显提高。一般来说,全部公共投资在 GDP 中的份额如从 5% 上升到 10% 时,经济收益率会提高 6% 以上。但随着公共投资份额的继续上升,经济收益率的提高势头将逐渐减弱并且下降。交通行业的投资具有较高的生产性。在良好的经济环境中,公共交通项目的经济收益率平均在 25% 以上,这个水平比其他公共或私人项目的平均收益率要高得多。

当然,在提供基础设施方面,也要讲究效率,这就要求促进公共投资和公共机构形成竞争。为此目的,就要鼓励企业部门更多地提供通常由政府提供的商品和服务,并鼓励多元竞争主体的存在,即使在那些自然垄断的领域,也要从制度上设置潜在的竞争对手,对其垄断地位形成有效的威胁。

(3)突出金融部门的重要地位。在发挥结构效益中,内外部瓶颈制约的减少要有相应的投资来支撑。虽然我们可以吸引和利用外资,但大部分的投资增长将必须靠国内筹资,尤其在国内高储蓄的情况下。金融部门可以发挥重要的作用,因为它可以提高储蓄转为投资的转换效率。事实证明,金融部门的扭曲会导致负利率,从而使经济增长减速。负利率会减少总储蓄,减少可用于投资的储蓄,并且扭曲对不同方面的投资分配。正确实施的金融改革通常可以导致适度的正实际利率。

此外,在资源再配置过程中,由于人力和物质资源都是随资金流动而转移的,所以金融部门的运作效率至关重要。当然,在资源再配置中还有一个产权流动问题。这一问题在目前还是一个严重的障碍。但无论如何,资源的有效再配置要有金融的密切配合,没有金融部门的介入与参与,要使资源流向较高生产率部门是很困难的。

3. 以发展教育为根本

由于集约型经济增长方式的基本内涵是科技进步和劳动者的素质,所以要实现经济增长方式的转变,从长期来看,则还要以发展教育为本。中国目前的科技水平,从总体上讲,还是比较落后的,科技创新能力不强,高新技术的开发与运用有限,基础性研究薄弱,很难适应经济高速发展的需要。与此相联系,劳动者总体素质不高,高级人才所占比例偏低,劳动技能单一,尚有相当数量的文盲和半文盲。因此,发展科技教育的任务是十分艰巨的,特别是劳动者素质的提高是一个全社会的长期教育问题。正如前面所论述的,集约型增长方式的基础条件是知识积累及传播,而这不是一朝一夕的事情,是要从现在就开始做起,逐步积累,才能显示其效应。

世界各国在现代经济增长方面的差距,主要取决于涉及新技术的知识实体的传播。据估计,在 1960—1987 年间,抽样调查的发展中国家的产出与资本的弹性指数约为 0.4,即资本每增加 1％,产出就提高大约 0.4％。假设在产品和要素市场中进行的竞争是正常的,那么这种弹性指数就反映了资本在经济中的份额。在工业国,这一份额估计在 0.25％—0.4％之间。因此,仅就资本产出弹性来看,两者的差别不很大。但发展中国家的产出与劳动力的弹性指数估计约为0.45。这个弹性指数多少低于工业国的指数。据估计,在美国这个指数为 0.6—0.75。造成这种差距的主要原因,就是发展中国家的教育水平极低。

通过教育增进人们获取和运用信息的能力,深化我们对自身与世界的了解,通过增加人们的经验,丰富我们的内心,并且优化我们作为消费者、生产者和公民所作出的各种选择。教育可以提高人们的生产力,从而使人们更好地实现自身及家庭的各种欲望,并且增强其提高生活质量的可能。教育还可以增强人们的信心和革新创造能力,从而增加取得个人与社会成就的机会。

教育影响生产率和增长的方式有若干种。一个受过良好教育的人可以更快地汲取新的信息,更为有效地采用各种新材料和新工艺。一旦引进了一种新产品或新工艺,就需要学习大量有关运作以及如何将其应用于特定条件与环境中的知识。在技术发展的动态的和不确定的环境中,受教育程度较高的工人具有很大的优势。

教育在企业经营方面的影响也显得强有力。企业经营是一个技巧问题。在市场经济中,企业家是革新与生产之间的纽带。他们能抓住新的经济机会,甘冒风险,并且改变其生产与分配的方法。企业经营能力的特点是在一定程度上适度承担风险、个人承担责任、制定长期规划以及有效组织的综合能力。教育可以促进这四方面能力的发展。国际经验表明,企业规模与企业家受教育的年限成正比。

一国人口中适龄人口受的教育越多,掌握新技术新知识就越容易。世界银行研究报告表明,劳动力受教育的平均时间增加 1 年,GDP 就会增加 9%。这是指头三年的教育,即受三年教育与不受教育相比,能使 GDP 提高 27%。尔后增加的学年收益衰减为每年使 GDP 增加 4%。或者说,其后三年的教育总共可使GDP 提高 12%。

从历史经验来看,日本明治维新后迅速实现的工业化是由其不断增长的技术积累所推动的,而后者又是以其原已很高的识字率水平及大力推进教育事业,尤其是对工程技术人员的培养为基础的。60 年代初,韩国在其相对坚实的人力资本的基础上加速了其实现工业化的进程。这一人力资本的积累始于 1910—1945 年,当时韩国进行了大量的在职培训,并且还得到了国外的技术援助。40年代后期和 50 年代韩国推行了重大的教育计划,其重点是普及初等教育和成人扫盲。墨西哥于 80 年代实施了一项劳动力再培训计划,成功地提高了成千上万的工人的技能,提高了他们的生产率并且在他们中间消除了贫困。

通过开发人力资源,特别是对教育的投资,还可以发现国家公开的政治体制基础得到了加强。一些研究表明,不仅收入提高有助于政治的稳定,教育水平的提高也有助于政治的稳定。

近年来,还发生了一些新的情况:一是工作中的一项重大技术转变是电子计算机的应用,即使是在那些通常被视为非技术性的岗位上,也是如此。这就对教育需求产生了深刻的影响。它要求主要通过符号而不是通过肉眼观察进行学习,也要求在动态形势下解决各种问题。二是随着开放度的扩大,工人已开始为国际市场组装电子产品等。这样,对于工艺—技术的需要将随着贸易与就业模式的转变和技术的进步而迅速变化,进而对新机会与新技术开拓的管理与高技术的熟悉将是至关重要的。这就需要对研究与开发方面进行投资,但同时有赖于普通教育水平的提高。

2.4.2 实现增长方式转变的途径

国际经验表明,实现增长方式转变的途径是多元的。这些途径对于各国来讲都是适用的,而且是必须这样做的。当然,因各国的具体情况不同,其主要途径的选择有所偏重。这里主要针对中国目前转变经济增长方式的情况,来谈其转变的途径。

1. 提高投资的技术含量

转变经济增长方式自然要依靠技术进步,但对于我们来说,在目前阶段仍要处理好投资与技术之间的关系。实际上,任何增长方式或增长要素的结构组合,在动态的增长过程中都具有切入技术因素或诱发技术进步的可能性。技术进步并不仅仅表现为用新的思维、新的原理和新的制造方法所创造的更多凝结人类知识和技术的产品集合,以及用新知识和技术来改进原有产品的工艺制造,也表现在提高投资及其效益上。技术进步是要有大量投入的,这不仅仅是研究与开发的投入,也包括投资品生产的投资。尽管任何特定的技术突破都可能是随机出现的,但技术的整体增长同我们投入的资源(人力、物力)成正比,其内含有技术发展与投资增长之间的必然联系。固然,技术可以提高投资的收益,但同时投资也可使技术更有价值,两者形成良性的循环。技术进步部分地融合为新的资本货物,所以较多的投资则可产生更快的技术进步。经验表明,每一单位固定资产所含的技术水平与当时社会所积累的固定资产总量成正比;生产单位最终产品所需的劳动量(不是劳动力个数)随社会积累的固定资产总量而减少。因此,固定资产总量的社会积累还是需要的。

另外,当企业投资于技术上创新的资本货物时,实际上就是进入了一个将带动它们实现更大技术进步的学习过程。为了适应这一技术上创新的资本货物,它们将对产品及工艺等进行研究与开发,从而推动技术进步。因此,从某种意义上讲,资本货物市场的扩张将引致研究与开发的增加,并因此而加速技术进步。

对于中国来说,还有一个重要因素,那就是由于中国的技术水平与发达国家之间的差距甚大,因而对代表先进技术的新设备的大量投资,所带来的技术进步的获利很大。这样,年投资率越大,新技术和生产率的跃进也就越大。

因此,向集约型增长方式的转变,不是单纯减少投资的问题,更现实的做法,也许是在投资扩张中实现技术进步,通过加快投资品的折旧及技术创新来提高投资品的技术含量,使投资与技术进步之间形成良性循环。

2. 优化市场结构

实现集约型经济增长的微观基础是有效竞争,因而优化市场结构便是实现其转变的重要途径之一。因为市场结构在相当程度上决定市场竞争行为,进而决定市场竞争效果。只有在合理的市场结构下,才能充分发挥市场竞争在优化配置与有效利用社会资源方面的基本功能,而市场竞争功能的实现,又必然要求社会经济运行处于有效竞争状态。可见,市场结构与有效竞争密切相关,两者的依存关系可概括为:市场结构是有效竞争的载体,有效竞争要通过合理的市场结构才能实现;有效竞争是市场结构的目标取向,也是衡量市场结构合理性的主要准则,在适应有效竞争的市场结构下,才能取得较高的经济效率。

优化市场结构,就是要实现规模经济与市场竞争活力的统一。但规模经济与竞争活力在一定程度上是具有相互排斥性的,特别是在那些规模经济显著的产业部门,两者的排斥性就更加明显。因此,有效竞争作为兼顾规模经济和竞争活力,两者相互协调的理想状态,其协调点是合理界定规模经济和竞争活力的度,其协调目标是两者所发挥的综合作用能使社会经济效率极大化。

根据规模经济理论,当企业处于适度规模范围时,其平均成本较小,规模收益较大。因此,规模经济的最低限,是要保证特定产业部门内企业的规模不低于最小经济规模水平,否则,牺牲规模经济就谈不上有效竞争。而市场竞争度的最低限,则是要保证竞争收益大于竞争成本。虽然,在有效竞争区域内所分别获得的规模收益和竞争效益不一定最大,但两者的综合效益最大,能实现经济效率极大化的目标。

由于产业部门的市场集中、进入壁垒、规模经济的特点不同,因此对优化市场结构要进行分类,形成多元市场结构。对于生产技术比较简单,资产通用性强、劳动密集度高的部门,可实行中小企业密集竞争市场结构。在这种市场结构中,一方面是参与竞争的企业众多,另一方面是市场竞争度很高。对于生产技术复杂、资产专用性较强、资金和技术密集度高、产业关联性紧密的产业部门,可实行大企业主导竞争的市场结构。在这种市场结构中,竞争主体是少数大企业,大企业间在市场份额、产品质量、价格等方面开展竞争,而处于大企业统御下的众多中小企业,则围绕大企业为巩固和壮大自己在分工协作体系中的地位而展开竞争。这就使大企业和中小企业处于分层竞争,跨层分工协作状态。对于少数具有自然垄断性质、提供公共产品、进入壁垒很高的产业部门,可实行公共企业垄断竞争的市场结构。在这种市场结构中,这些公共企业虽然在特定产业中具有垄断地位,但也面临潜在的或现实的竞争压力,只有通过提高自身经济效率才能保持垄断地位。

3. 加大技术创新扩散与群集效应

转变经济增长方式中的技术进步,除了加强研究、发明、创造的投入外,更主要的是加大技术创新扩散与群集效应。

技术创新的扩散与人们的利益关系密切相关。从需求方面来说,当技术创新能更赚钱或少花钱时,采用起来就快;从供给方面来说,当技术创新的利润率越高时,技术创新引入市场及创新后的改进会更快。因此,促进技术创新扩散的政策含义之一,就是强化技术创新采用者和供给者的利益机制,并协调两者的利益关系。

在利益机制既定的情况下,厂商规模对创新扩散有重大影响,它决定了是否采用创新的临界水平,从而规模经济成为促进技术创新扩散的一个物质条件。因此,从政策上促进厂商的规模经济,对于创新扩散具有重大意义。

不同类型的技术创新会形成不同形状的扩散曲线,这对于政策调整来讲,就要考虑在一定程度上援助那些技术上复杂、昂贵的技术创新,尤其在这种创新的初始阶段,通过相应的政策援助加快其学习效果,使其尽早进入快速扩散阶段。

创新扩散期间的创新后改进有着极为明显的效果,它意味着创新与采用者环境的相互作用使技术不断趋于成熟的变化。因此,我们不仅要重视新出现的一项创新,而且也要重视创新后的改进。这种创新后改进所创造的收入、派生需求和对其他经济活动的刺激,能使整个经济系统的总量经济增长产生净增加。

在加大技术创新扩散效应的基础上,还要发挥创新群集效应。所谓创新群集是指一定时期内相当规模的产业部门同时出现的创新的集合。创新群集有三种类型:(1)部门关联型,即以一种产品的产业关联为主线而形成的若干创新的集合;(2)技术联系型,即以某些具有强大影响力的技术创新为核心,通过其在很多部门的许多产品和工艺上的广泛运用,从而生成一系统相关创新的集合;(3)松散型,即在产业关联和技术上没有直接联系,仅仅是因为需求全面增加或宏观经济中的其他有利条件等共同刺激而使诸多创新同时出现的集合。

不管是哪种类型的创新群集,其对增长方式转变都是极为重要的。创新群集越迅速,增长方式转变越快;创新群集的次数越多(越频繁),经济增长的集约化程度越高。然而,创新群集并不是自动发生的,它需要有一系列条件来保证。众多部门的创新群集从逻辑上讲是以部门内创新扩散为基础的。因此保证创新扩散的各项条件也就是保证创新群集的基本条件。除此之外,创新群集还需配备其他条件。对于部门关联型创新群集来说,必须具备创新在相关部门传导的机制,以及相关部门创新能力的配套条件。对于技术关联型创新群集来说,必须具备技术转让机制,以及使用同一技术的产品之间互相学习的条件。对于松散型创新群集来说,必须具备在多个领域同时实现技术新突破的能力。

4. 提高劳动力素质

为了满足这些需求,政府可以发挥两种作用,即扩充高质量的中小学教育,以及制定鼓励措施来增加对更专业的技术培训的供给与需求。但同时,还要发挥社会的力量来推进教育事业的发展。对于在未来建立技术能力来说,有一些经验与教训可供借鉴。日本与德国都发展了成功的培训体系。这种培训是由企业自愿提供的,因为它们认识到,在技术进步步伐加快的情况下,在职培训是极为重要的。在一些发展中国家中,私营企业也发挥了积极的作用,但是,提供在职培训的动因却是由有关政策的实施而形成的。在巴西,那些建立了自己的在职培训计划的企业得到了减工资税的优惠。

此外,还可以像一些国家那样,鼓励在初等教育水平上的社会参与和父母支持。50 年代韩国改进初等教育的经验表明,这不一定会导致不平等现象。学生及其父母负担了修建与管理学校、购置学习材料以及交通运输费用的 71%,而中央与地方政府则为支付教师工资与其他种种费用提供资金。后来,中央政府提供的资金所占的比重有所提高;地方资金则负担了地方教育费用的大约 1/4。津巴布韦在 80 年代扩展教育事业的成就,是在公共与私营部门之间密切的伙伴关系的基础上取得的。政府学校是在地方群体与家长的合作支持下建立的。政府支付维护与修理费用、工作人员工资、建筑材料以及经营管理等费用。而其他学校则由非政府的或地方政府组织建立与维持。中央政府向每个入学学生发放一笔补助费,并负担全部修建成本的 1/4 的费用。

当然,也要清醒地看到,技术的急剧变化使得学习方面的失误代价更为高昂。另外,还有一个投资教育中的效率问题。否则尽管小学入学率有了令人瞩目的增长,但如果教师水平低下,或学习材料的短缺、大多数教科书过时,其教育质量就会大打折扣。所以,改进和更新其教育体系显得同样重要。

另外,在此过程中,还要珍惜教育的成果,这将与其他许多方面有关。例如,提高大多数受过高等教育与培训的技术专家和科学家的收益水平,这可以使国内劳动力市场的流动性更高,从而可以提高技术与技术能力转移的效益并减少"人才外流"。又如,通过劳动力资源的合理配置,充分发挥其劳动技能。这方面的经验教训也是很值得我们借鉴的。东欧国家的教育水平普遍高于那些与其收入水平相似的国家。然而,这一地区僵化的劳动力市场以及受控制的工资差异,使劳动力资源配置的效益低下,也造成在技术方面的投资浪费。

5. 加强现代管理

机构发展的主要任务是提高分配效率和降低交易成本。在组织这一层次上,日本制造业的优秀成效除了其他因素外,主要是靠行为规范产生的。这种行为规范促进了工人和监督者之间的信息沟通,降低了企业内部的交易成本,并有助于它们适应市场对质量要求高和使用周期短的产品的需求。

2.4.3　增长方式转变的宏观环境与政府行为

经济增长方式的转变,虽然是一个涉及各个层面的经济行为方式的转变,但相对来说,这更是一个宏观问题,即使这里存在一个增长方式的微观基础,但其关键仍然是一个宏观性的体制问题。因此,在转变增长方式过程中,特别要有宏观环境的配合,以及政府行为的导向。

1. 宏观经济稳定与增长方式转变

从长远来说,增长方式转变将有助于宏观经济的稳定,但在增长方式转变过程中,保持宏观经济的相对稳定则是其重要的外部条件之一。因为宏观经济的稳定对经济的持续增长是必需的,有效的财政和金融政策可为企业投资创造一个适宜的环境,并因此而促进生产率的提高。宏观经济稳定本身虽并不能导致经济发展,然而如果离开了它,其他所有的努力也是徒劳的。

我们知道,一个国家经常会遭到国内或国外的宏观经济冲击。若想要保持经济的持续增长,那么能够迅速灵活地调整由冲击带来的财政金融问题是非常重要的。稳定化政策主要是针对需求方面,以使通货膨胀和对外赤字减少(尽管它们还有供给方面的影响)。增长方式转变主要涉及供应方面的问题:它们强调资源的利用效率,强调具体部门的改革,尤其是贸易、金融、工业方面的改革。在稳定化期间,延迟增长方式转变是可能的,但反过来则不行;除非稳定化先于或伴随着增长方式转变,否则增长方式转变不可能取得成功。相应地,没有增长方式转变,宏观经济的稳定不会长久。

国际经验表明,虽然经历过不同程度通货膨胀的国家也有过取得经济长期发展的能力,但高而且不稳定的通货膨胀会造成不稳定的经济环境,导致相对价格的扭曲,并且消耗财力物力,从而降低经济增长率。通货膨胀要求价格频繁调整,这会使体现在相对价格中的信息含糊不清。创业的努力会由此从生产和投资决策转向短期的金融活动。主要价格的扭曲,比如利率和汇率的扭曲也会阻碍经济的增长。高的通货膨胀率还会导致金融体系的非生产性扩大。对金融中介服务的需求会随着公众保护其财产实际价值的期望而提高。这使得银行激增,以试图获取非计息类存款中的部分通货膨胀税。巴西1975—1987年间金融部门在GDP中的份额翻了一番,就是一种仅仅由于高通货膨胀而出现的对服务的需求所造成的浪费。

在转变经济增长方式过程中,必须实行稳定化政策。持久的增长需要稳定的政策,这些政策将不会使加速的通货膨胀或无法通过融资解决的经常账户赤字加剧。这些宏观经济调整方法看似简单,但如果付诸实践就未必如此。实施宏观经济稳定政策的正确进度与顺序本身,就是很困难的问题。

在实施稳定化政策中,中国目前对通货膨胀较多关注,强调货币政策的重要性。事实上,审慎的财政政策才是宏观经济稳定的基础。税收和公共开支影响资源配置。财政赤字既影响国际收支,又依其融资方式而影响通货膨胀率。因此,发展中国家的金融政策大多是跟随财政政策跑,中国目前也不例外。如果中央银行被迫为严重的赤字筹措资金,那么它可能无法实施以控制通货膨胀为目标的限制性金融政策。如果采取过多的国内借款来为预算赤字提供资金,那么就会导致利率升高而对企业部门产生不利影响。而且内债的迅速集聚是有限度的,到达一定限度,公众将不愿购买更多的债券,或只有在利率更高的情况下才愿意这样做,而这将进一步增加还债的费用。这类情况在阿根廷和巴西都发生过,中国目前也正在经历这一状况。赤字最终必须靠削减费用或是通过更多的税收才能减少。否则,赤字的通货膨胀性融资是不可避免的。

2. 政府行为及其引导

在实现增长方式转变过程中,良好的政府政策、机构以及投资是至关重要的。如果想充分挖掘经济潜力,那么许多种类的干预就是必要的。必不可少的干预至少应该包括:维护法律和秩序,提供公益服务,投资于人力资本,建设和维护基础设施,以及保护环境。在所有这些方面,靠市场是解决不了问题的,必须靠政府的干预。但是,迅速发展的关键还是企业家,政府应该为不论其大小的企业服务,而不是将其取代。

另外,无数不成功的干预例子表明,进行干预时要谨慎从事。事实说明,由于各种政治目标、制约因素和薄弱的管理能力交织在一起,政府容易失误,即在干预时采取了对经济不利的做法。同样,经济干预的后果也是难以预测的。

从中国目前的实际情况来看,为了政治和社会的稳定,政府对就业和收入分配问题比较重视,这一目标是对的。但在具体干预时,如果以经济效益为代价来获取公众的支持这种做法,那么最终也无法实现其目标。国际经验表明,许多国家的政府为了保护个人的福利,对工资和就业保障进行管制,尽管用心良苦,但这些政策却经常产生降低收入和减少就业的作用。最低工资法和工资指数化增加了劳动力成本。这使企业采取一种投入组合,即雇佣较少的人力,使用更多的资本。这将导致劳动力失业或就业不足。同时,动辄向资本密集型转移将使经济的生产能力减退。在巴西,工资指数化被用来保持正规部门的实际工资,结果它干扰了结构调整和资源配置,并造成收入差距扩大。就业法规,诸如就业保障法,可能损害收益与业绩之间的联系,并同样会使雇主减少永久性职工。最初旨在帮助工人的就业法规最终导致了生产性就业机会的减少。相反,在韩国和其他东南亚国家及地区,最少使用劳工法规,但却没有影响就业和实际工资的迅速增长。韩国制造业的平均工作小时,包括通常是强迫性的加班加点,是全世界最长的,但自 60 年代中期以来,制造业工资和就业的年增长率均超过 8%,比其他任何国家都高。同样,通过市场扭曲的干预进行赤裸裸转移支付的结局,几乎总是使收入分配变得更糟而不是使其改善。因此,政府在这些方面进行干预时,要将提高公平的种种努力恰当地置入各项旨在促进增长的改革计划中。如帮助妇女加入劳动力市场就是改善收入分配的一个重要方面。改善基础设施和提供社会服务,在教育、卫生保健和营养方面进行投资,也能改善分配。

政府干预的另一个困难是,其干预会造成既得利益,而这种既得利益会使政府难以改变政策。例如保护措施产生了额外的好处:一些劳动力、资本或土地的所有者获得的收益要比没有干预情况下获得的收益更高。在这些额外的好处消失以前,这种做法使受到保护的工业能获得新的边际财力。显然,这是不利于增长方式转变的。

实践证明,过度的干预孕育着腐败。在国内和国际竞争受到压制,规章制度过多且带有随意性,公务员报酬太低或其所在机构职责不清或有冲突等情况下,腐败现象就会蔓延。虽然一些国家定期进行反腐败运动,这些运动有时也能取得成效,但是腐败的根源时常存在——能力薄弱的政府机构用社会上认为过多的、随意的或缺乏逻辑的管理办法来与市场力量进行抗争。

因此,在转变增长方式过程中,政府一方面要改进公共部门的管理,而实现这一目标往往要同时缩小政府部门的规模和加强其能力;另一方面确立和遵守进行干预的指导原则:(1)鼓励竞争,开拓国外市场和开展国内竞争。(2)对扭曲的根源进行干预(如在缺乏人力资本的时候对教育进行补贴而不是采取保护措施)。(3)只是通过那些并不鼓励谋求非法收入、非任意性和有时间限制的政策进行干预。(4)靠一种灵活的、高度实务的做法来调节干预,在干预失败时能够及时终止。适度的干预,并不会导致大幅度的价格扭曲。

社会的发展要求有一整套政策,以便在政府与私营部门的作用之间保持一种稳妥的平衡。在社会支出方面,存在着使公共部门与私营部门形成一种更成功伙伴关系的机会。这种机会是大量存在的,而且在很大程度上尚未被发现。但是在这一领域中,政府通常所起的主导作用比在除宏观经济政策以外的任何领域中都更大。政府需要对这一任务作出明确的承诺,并使之成为其最根本的政策之一。有证据显示,大量地投资于民不仅对人类本身有意义,而且在经济上也是合算的。

3 调整和优化经济结构*

　　调整和优化经济结构是党的十五大提出的跨世纪重大战略部署,是今后中国经济发展战略的重要组成部分,也是实现"九五"计划和 2010 年远景目标的重大举措。世纪之交的国际与国内经济重大变化,正日益显示出经济结构战略性调整的必要性和紧迫性。经济结构调整是一个系统工程,有其十分复杂的内在关联。在调整和优化经济结构的过程中,必须按照其内在变化规律性,针对所存在的问题,有步骤地加以推进和解决。这就要求我们构建一个有利于分析问题的理论框架,抓住主要存在的结构性障碍,根据实际情况确定结构调整的基本思路。

3.1　结构调整:理论分析框架

　　经济结构是一个具有丰富内涵的概念。从最一般的意义上讲,经济结构就是社会生产过程中各种经济关系的总和。虽然人们可以从不同的角度来理解经济结构,但比较全面地把握这一概念,则要从同一社会生产过程中的两重关系入手。社会生产既是物质资料的生产过程,又是生产关系的生产过程。人们在社会生产中发生的关系,既有人与自然之间的关系,又有人与人之间的关系。同一社会生产过程中的两重关系,是互相依存、不可分割的。因此,经济结构作为社会生产过程中各种经济关系的总和,既包括人与人的关系,也包括人与自然的关系,不能把它仅仅归结为"生产力结构"或"生产关系结构"。

---

　　* 本章根据周振华主编《结构调整——中国经济分析 1997—1998》(上海人民出版社 1999 年版)导论"经济结构战略性调整的必然选择"、第 1 章"经济结构调整:理论框架、主要内容及基本思路"汇编而成,其中作了个别调整与修改。

当然,出于不同的研究目的,我们可以从不同的侧面、不同的角度考察经济结构。例如,马克思为揭示资本主义社会的阶级矛盾,以资本主义生产关系为研究对象,从经济结构中物质生产过程与价值增殖过程的矛盾运动来把握现代社会的经济规律,揭示了资本主义社会的内在矛盾。而今天我们主要是着眼于经济稳定和经济发展的角度来研究经济结构问题,以便通过调整和优化经济结构来促进国民经济持续快速健康发展。但不论从哪一个侧面或角度考察,都不能把社会生产中对应的两重关系分割开来。

从经济运行的层面来讲,经济结构的内容更为具体,可以从不同的角度进行细分。它不仅是指国民经济的产业结构、地区结构、行业结构、产品结构、技术结构、企业组织结构等,还可以从社会再生产各个环节分为生产结构、交换结构、分配结构以及积累与消费结构。由于经济结构是一个多层次的组织系统,所以在上述结构中还可以进一步分解为不同层面的结构,如产业结构内部,还有农业结构、工业结构等。因此,从经济运行层面上讲,经济结构就是上述这些结构的集合。我们现在所讲的经济结构调整,主要也就是指上述这些结构问题。

3.1.1　经济结构的基本属性及演化

经济结构作为社会经济活动赖以进行的基本组织构架,有其基本属性,主要表现为:整体性、转换性和自身调整性。

首先,经济结构作为经济系统内部基本组织架构,表现为各种经济关系的逻辑联系,从而具有整体性质。我们知道,社会生产过程中的各种经济关系,不是孤立的、分割的、杂乱无章的,而是相互依存的、相互作用的、有内在逻辑联系的。例如在社会再生产过程中,生产—交换—分配—消费之间就存在着一定的逻辑联系。正是这种逻辑联系的存在,才使各种经济关系能形成某种经济结构;否则,整个经济就是一盘散沙。但经济结构的整体性,并非是其各个要素成分的简单总和。因为个体性质的相加不等于整体性质,整体具有不同于局部的性质。

其次,经济结构具有相对稳定性,但不是一个固定不变的僵化结构,而是具有动态性和变化性的。一般来讲,与日常经济活动相比,经济关系的逻辑联系是比较持久的,因此,经济结构具有相对稳定性,不是经常变化的。然而,在不断变化的日常经济活动影响下,经济结构也是处于绝对运动之中的。但在更多的场合下,这种绝对运动主要表现为渐进性的量变状态,而不至于引起整个结构框架的变动。只有在相当规模的量变累积到一定程度,才发生结构重大变化。这种结构动态性表现为结构内部各种经济关系、逻辑联系的转换及比例关系的变化。

经济结构正因为具有转换性质,才能保持自身的守恒和再造。结构转换表现为从低级到高级、从简单到复杂、从一种形态到另一种形态的演变与进化。例如,产业结构从以第一产业为主导,转向以第二产业为主导,再进一步转向以第三产业为主导的高度化转换。而这种演变与进化是沿着经济结构内部逻辑关系所规定的转换途径,在经济结构的不同层次上展开的。

再则,经济结构具有自我调整性以及根据内在规律进行完善化的协同作用,主要表现在它将无数分散的个别经济活动整合为统一的社会经济运动。由于经济结构内的各种经济关系存在着逻辑联系,相互作用、相互制约,因此,经济过程中的所有机制都在以各种作用力的形式规范着经济主体的行为,起着自我调整的作用。正是这种自我调整性的存在,才使经济结构趋于相对稳定和完善化。然而,这种经济结构的自我调整性,其作用力度是有限的;当结构失衡达到一定程度而无法自动收敛时,便要进行革命性的结构重组。

最后,经济结构的整体性、动态性及能动性均取决于结构内部的矛盾性。社会一切经济要素和经济过程都有它们的对应物,它们之间的有机联系是经济结构整体性的基础,其差异性则成为转换性和自我调整性的动因。

从理论上讲,经济结构的基本稳定是其存在和演化的前提。而在不同的历史时期,经济结构稳态的含义是不同的。例如在市场经济初期发展阶段,经济结构稳态的含义主要是地区市场和行业部门的局部均衡;到了市场经济成熟阶段,经济结构稳态的含义转为全国统一市场和完善市场体系的一般均衡;而到世界经济一体化阶段,一国经济结构稳态则又增添了内部经济与外部经济均衡的含义。

与稳态相对应,经济结构的失衡也是经常存在的。因为经济结构的内部矛盾运动不仅表现为对称性,也表现为对称性的破坏。一般而言,经济结构的对称性(平衡性)是社会经济和谐的基础,而其非对称性则是社会经济中各种冲突的根源。经济结构变化就是这种对称性与非对称性之间矛盾的结果。

由于经济结构是多层次的组织系统,每一层次都有自己相对独立的循环,即子系统,而子系统之间则通过各种功能耦合的形式联接起来。因此,对经济结构的稳定与失衡问题要作进一步的考察。有时候,各层次的子系统可能是稳定的,但结构不一定处于均衡态,因为子系统之间的耦合可能导致不稳定。在某一层次功能耦合受到一定程度干扰,而另一层次内仍是稳态时,结构整体可以是稳定的,也可以是不稳定的,这取决于结构的层次弹性。根据结构一体化准则,结构层次弹性是有一定限度的,当层次失衡超过一定值时,也会引起多米诺骨牌效应。例如金融信用危机发展到一定规模和程度时会波及生产领域,最终导致全面的经济危机。因此,多层次的经济结构,不仅要求每个层次组织(子系统)是均衡的,而且要求结构整体也是稳定的。

当经济结构内在矛盾激化引起经济运行中的均衡条件受到破坏,以致使一系列十分复杂、相互作用、密不可分的均衡过程受到干扰时,便会引起经济波动。经济波动实际上是经济结构矛盾运动的外在表现。正是经济结构内在矛盾运动的规定性,使经济波动事实上有上、下限和比较固定的周期。当然,经济结构内部矛盾的展开并不意味着它们总是在同一水平上重复循环,矛盾的发展还会改变经济循环的形式,形成不同类型和轨迹的经济周期。

3.1.2 经济结构发展变化的主要决定因素

从本质上讲,经济结构发展变化是其内部矛盾运行的结果。具体来看,经济结构内部矛盾运行,主要受到经济发展阶段、体制条件及开放程度等因素的影响。

第一,经济结构的发展变化是同经济发展阶段相对应的。经济结构的发展变化过程,就一个大的发展背景而言,是指一国经济从传统到现代、从不发达到发达状态的发展过程。在经济发展过程中,经济结构发生巨大变化。随着经济发展水平的提高,国民收入的增长决定着消费基金的增长,人均国民收入的增长决定着居民消费水平的增长,而消费水平又决定着消费结构的变化。消费水平和消费结构的变化,必然带来新的需求梯度,促使价值层次不同的各种潜在的社会经济资源,因需求拉动而转化成现实资源,得到重新配置,促使生产结构发生变化,诸如各门类的产业序列结构、产品结构、产业组织、劳动力结构等变化。例如居民消费水平的提高,首先明显地表现为食物结构的改善。为了使居民吃得更富于营养、卫生、安全、合理,要提供足够的方便食品、强化食品、科学包装食品、工程化和医疗化食品等,则必须使食品工业成为国民经济中重点发展的产业,并拉动食品机械工业、包装工业、农业种植业、畜牧饲养业、人工水产养殖业的相应发展。为了适应人们消费结构中住房、交通、劳务支出的快速增长的需要,势必推动建筑业、建材业、装饰业、汽车制造业、公路、铁路等基础设施的发展,并使第三产业提高科技含量,优化生产规模和布局。随着生产结构的变化必然会发生经济结构其他方面的变化,包括城市化过程、金融深化、国家职能的调整、法律法规修订等。因此,在经济发展的不同阶段,经济结构都会显示出阶段性或层次性的变化。

第二,体制架构变动对经济结构有重大影响。按照我们从社会生产两重关系的角度对经济结构的理解,可以把经济结构视为人与人之间经济关系组成的巨大经济功能耦合网络。在这个经济功能耦合系统中,有一系列经济规范制约着经济活动主体的行为,并且依靠法律法规、政策、信仰以及传统习俗等制度架构来维持经济关系的稳定性。因此,不同的体制架构对经济活动主体行为的规范制约方式不同,便会决定经济结构具有不同的性质和类型;而这种体制架构的重大变革,也势必会引起经济结构的变化。例如,在传统的封闭的计划经济体制下,是供给主导需求,即有多大供给就决定多大相应的需求。需求的增长不会导致供给的增加,只会导致膨胀与短缺并存。这种供给硬约束必然带来消费结构、产业结构、交换结构、分配结构的扭曲。而随着经济体制改革的不断深化,市场机制的作用增大,消费需求对供给的拉动作用日益增强,从而导致一系列新的结构关系的形成与发展。

第三,对外开放因素对经济结构变化有重大影响。在开放经济条件下,反映各国间产品生产相对优势变动的各国进出口结构及资源与要素流入流出的不断变动,也会促使一国国内经济结构的改变。一方面,对外经济交往在一定程度上使一国融入世界经济体系,参与国际产业分工,从而使其产业结构发生相应变化。另一方面,在对外经济交往过程中,除了资源与要素及产品流动外,还存在着制度因素的交流。所谓的按国际惯例办事,事实上就是某种外部制度因素的引入。这也会影响到一国经济结构的变动。

3.1.3 经济结构发展变化的规律性

从现实生活中,我们看到经济结构的发展变化具有多样性,各国的经济结构变化都具有自己的特色,但在这种多样性中也呈现出某种带有规律性的变动趋势,即经济结构的发展变化是在一定轨迹上按层次展开的。下面我们主要从经济发展阶段的角度,根据世界各国共同的发展轨迹来描述经济结构发展变化的一般规律性。

在进入现代经济增长的准备阶段时,通常人均国民生产总值低于或略高于300美元。在此阶段,人们的消费需求主要集中在温饱问题上,恩格尔系数(食物支出额占总支出额的比重)较大,人们对农业和轻纺工业产品的需求占主导地位。与此相联系,第一产业在国民生产总值中占有相当大比重(30%—40%),农业劳动力在全社会劳动力中比重很大(70%—80%);第二产业处于成长期,大多数制造业部门处在建立与成长中,增长较快,但在一般情况下,轻纺工业占的比重较大。这一阶段通常是粗放式的外延扩大再生产,需要大量的投入,而由于国内尚未能稳定地形成较高的积累率,往往出现物力与财力的短缺,成为制约经济外延扩张的主要矛盾,并形成比较明显的传统农业与现代非农业、落后农村与先进城市、传统技术与现代技术之间的三元结构特征。

在进入经济高速增长阶段(经济起飞阶段),通常人均国民生产总值在300—2000美元区间。在此阶段,人们的温饱问题基本解决,需求结构的重点从必需品转向非必需品,特别是耐用消费品。这种变化拉动了资本物品的生产迅速增加,要求以农业和轻工业为中心的生产转向使用工业原料的以设备、耐用消费品制造为中心的基础工业和重加工业的生产。与此同时,农业、轻工业的充分发展和劳动生产率的大幅度提高,提供了超过它们自身需要的过剩资金和劳动力,使资源向非必需品的转移成为可能。因此,这一时期第二产业高速增长,形成了具有一定出口竞争力的主导产业,加工度与附加值比较高的产业、技术知识密集型产业和新兴产业所占的比重增大,而第一产业比重迅速下降,农业劳动力所占比重大幅度下降。整个国民经济进入一个"高增长—高国民收入—高积累—高投资—高增长"的循环过程。

在进入稳定增长阶段时,人均国民生产总值达到2000—3000美元以上。由于物质产品已相当丰富,人们的消费选择余地大为扩展。人们对精神生活、生活质量和生活环境的要求大大提高,并出现需求多样化和多变性。在这种情况下,过去那种少品种、大批量的大规模生产方式已达到极限,生产的迅速扩张开始受到市场空间的阻碍,正日益让位于多品种、小批量的生产方式,并加强了产前产后的服务。同时,随着高加工度的提高,国民经济和社会组织日益复杂化,并对劳动力素质提出了越来越高的要求,促使了以信息化等高科技产业为中心的现代服务业的大发展,使产业结构迅速转向服务化(即后工业化)。

3.1.4 经济结构调整与经济增长

经济增长在一定意义上并按其定义来说自然是一个总量概念,它表明人均产出有规则地上升。然而,要解释现代经济增长为什么会发生以及是怎么发生的,在很大程度上取决于对结构问题的阐述。从某种意义上讲,现代经济增长本质上是一个结构问题。

第一,现代经济的一个明显变化是社会分工日益细化,产业部门急剧增多,部门间的交易变得相当复杂,相互之间的依赖强度增大,充分显示了现代经济增长更具有专业化和一体化的倾向。在这种情况下,经济结构调整的效益就上升到最重要的地位,成为现代经济增长的基本支撑点。这种来自结构的经济效益,其意义远远超过个别劳动生产率提高的经济效益。

第二,现代经济增长的另一个明显变化是持续高增长。一般来讲,持续高增长取决于资源(人力、资金、技术等)的动员及其有效配置,而结构状态在很大程度上决定了资源配置的效果。国际经验表明,结构扭曲会严重降低资源配置的效果,短期的高增长也许会出现,但最终会因结构制约而不能长此以往。正因为如此,结构扭曲通常成为大多数发展中国家不能实现持续高增长的主要原因。

第三,现代经济增长的又一个明显变化是科技的大量应用,技术创新日新月异。可以说,现代经济中生产率的高增长率以及由此产生的人均国民生产总值的高增长率,最终可归因为科学技术的发展。然而新的科学技术不可能在所有现存的生产部门之间平均分布,它只被特定的生产部门所吸收,因而技术创新总是首先在某个特定部门出现,而后再向别的部门扩展。可见,技术创新对总量增长的作用是通过结构关联效应实现的。显然,在结构扭曲的情况下,结构关联将出现断裂,从而使技术创新扩散受阻,难以充分发挥其促进经济增长的作用。

因此,经济结构与经济增长之间存在着密切关系,从而经济结构调整就成为经济发展中的永恒主题。经济结构调整是人们针对其结构失衡所进行的一系列结构改造与完善工作。这种结构改造和完善由于理顺了经济关系及比例关系,减少了结构性摩擦,缓解了瓶颈制约,使资源得到优化配置,从而将促进经济增长。近几十年来世界各国经济发展的基本经验表明,通过结构的不断调整、升级推动经济发展,是不可违背的客观规律。

关于结构调整的必要性,我们可以从 20 世纪 60 年代美国、日本经济的变化和 1997 年发生的东南亚金融危机中得到一些启示。60—70 年代,美国出现了严重的结构性矛盾,对日本的贸易逆差大幅度上升,制造业国际竞争力下降,但那时仍用传统的凯恩斯理论来指导经济政策的制定,采取赤字财政、放松银根等扩张性的需求政策,不但结构性矛盾没有解决,相反,却造成总量性矛盾和结构性矛盾同时激化,出现了滞胀并存的局面。而日本却在那一轮世界性的经济结构调整中走到了前头,成了国际经济竞争中的佼佼者。后来美国汲取了经验教训,改进了宏观调控,在总量调控上坚持把抑制通货膨胀放在首位,下大力气压缩财政赤字;同时,以高新技术为主导大力调整经济结构,从里根时代的"星球大战"到多尔副总统主持信息高速公路计划,电子信息、生物工程、航天航空、新材料等高新技术产业成为经济持续增长的火车头,对汽车制造业等传统产业用高新技术进行改造,重新增强了美国制造业的竞争力。在新一轮的经济结构调整中,美国走到了日本的前头。日本在这一轮结构调整中,特别是高新技术产业发展落后于美国,所以,它目前经济增长乏力,泡沫经济的后遗症对其影响很大,至今仍未走出低迷状态。最近发生的东南亚金融危机,表面上是金融问题,其深层次的根源实质上还是一个经济结构问题,如投资过剩、经济过热导致的泡沫经济动摇了国民经济根基;粗放型、低水平的产业结构不再适应国际市场潮流导致经济运行的国际循环出现"断路";利用外资(外债)结构不合理,对外资(外债)进入缺乏引导与监管导致内部经济与外部经济的不协调;汇率机制僵化及金融调控不适应对外开放导致产业结构调整缺乏由压力转化而来的动力,并使众多企业长期面对汇率、资产与负债错配的风险等。

因此,经济结构调整已日益成为一个世界性的话题,受到越来越多国家和地区的重视。从经济结构调整的方式来讲,可分为两种类型。一是适应性结构调整,即面对经济结构扭曲造成的经济增长严重制约,被迫实行结构性调整。如对国民经济中已出现的薄弱环节及瓶颈制约进行调整,以适应整体经济发展的要求。二是战略性结构调整,即根据经济发展趋势,前瞻性地主动进行结构性调整。如依据产业结构变动的规律性,主动培育新的增长点,扶持先导产业等。从中国目前情况来看,除了针对国民经济中出现的矛盾及问题进行适应性结构调整外,更需要遵循经济发展的客观规律,及时推进经济结构的战略性调整,以适应国内外市场需求的变化和竞争加剧的要求,保持国民经济持续、快速、健康发展。

3.2 结构调整:现实必然选择

3.2.1 1998年经济运行开局所面临困惑

在1996年下半年中国经济运行顺利实现经济"软着陆"的基础上,人们对"软着陆"后的经济运行有着"高增长、低通胀"的良好预期。但1998年第一季度开局以来,情势的变化出乎人们意料,增长较大幅度地下滑使人们不得不重新审视全年增长率8%的预定目标。虽然第一季度的经济运行状况还不足以定局全年经济发展态势,但其中表现出来的新变化却具有较长的时间性,可能会对今后经济运行走势产生重大影响。这也就是人们对当前经济运行感到担忧与困惑之处。

1997的下半年我们还置身事外冷观着东南亚金融风暴的走势,并为没有被卷入此风暴而感到欣慰。但 1998 年中国经济开局以来,我们便特别明显地感受到东南亚金融风暴对中国经济的波及影响。当前,这种波及影响主要表现在两方面:

一是出口下挫,特别对东南亚地区的出口严重受阻。1997 年中国出口增长率高达 20%左右,而 1998 年 1—2 月份出口只是一位数的增长,均在 10%以下。目前,东南亚地区的出口订单极少,华交会上对东南亚地区基本上没有什么成交。

二是引进外资困难增大。在以往中国外来投资来源的地区分布结构中,东南亚地区来的资金占主要部分,达 85%左右。现在该地区来华投资金额大幅度下降,与 1997 年同期相比,要下降约 30%之多。而且,由东南亚金融风暴引发关于人民币汇率是否贬值的问题。尽管中国政府已在多种正式场合明确表示人民币汇率不会贬值,但各种猜疑与推断在一定程度上导致许多有意愿来华投资的外商采取观望态度,也影响到中国引进外商直接投资的进展。如果这种波及影响仅限于此,问题还不大。随着东南亚经济的复苏,目前这种局面将会有所改观。也就是,这种波及影响只是暂时性的。但据笔者观察,1998 年以来的中国出口下挫和引进外资趋缓,还只是东南亚金融风暴对中国经济的第一波影响。这一波影响是东南亚地区受金融风暴冲击后产生的第一反应(经济萎缩)对我们的影响。这一影响虽然比较直接,但还不是最为严重的。

据笔者预测,东南亚金融风暴对中国经济更为深远和深刻的影响,还将源源不断地接踵而来。那就是东南亚地区受金融风暴冲击后产生的第二反应(经济复苏)对我们的影响。因为,中国产业技术水平与东南亚地区大多数国家处于同一竞争层面上,并有较大的结构相似性;所以,一旦东南亚经济复苏,其货币贬值带来的出口竞争力增强,必定对中国同类技术层次的产品出口形成极大冲击。这不像第一波影响仅发生在中国对东南亚出口受阻上,而是在更大范围的世界市场上的出口整体受阻。在世界经济一体化进程中,这种产业同一水平过度竞争带来的影响将是更为严重的,具有更长的持续性。从这一角度讲,1998 年一段时间中国的外需将趋于不足,进而影响经济运行的正常发展。

在外需明显收缩的情况下,扩张内需就成为 1998 年中国经济工作的中心任务。尽管中央及各级地方政府都提出了一些扩张内需带动经济增长的措施,但内需扩张成效不是很明显。其中主要因素,就是各种结构性障碍的制约。这些结构性障碍包括城乡消费品市场断裂、地区发展不平衡及产业同构、收入结构不合理、供给结构扩张与收缩不对称、储蓄转化为投资机制不畅等。这些结构性障碍使农村消费品市场处于低迷状态,城市消费品市场中的新一轮消费热点难以形成,公共投资因缺乏资金支持而难以形成规模。

在这种情况下,目前中国消费需求增长仍趋于平稳呆滞,没有什么新的起色。而投资增长势头,却显得后劲疲乏。尽管政府试图扩大公共投资,并把原计划投资项目提前实施,但在外资进入趋缓,财政投资能力有限,金融投资因银行商业化更加谨慎的情况下,大规模投资并没有真正启动。再加上如前面所述的出口和引进外资受阻等因素,经济增长率明显趋缓。不少原来高增长地区的增长速度减缓,原先低增长地区的增长速度下滑,东北地区某些城市甚至出现负增长。虽然从第二季度的情况来看,经济景气度有所回升,增长速度会有所提高,继续下滑的势头已有所制止,但却难以出现强有力的反弹。

综合来看,这些结构性障碍,有些是长期以来累积起来的,如城乡结构性障碍、地区结构性障碍等,但也有一些是在上一轮经济过热中形成并延续下来的。尽管以治理通货膨胀为目标的经济"软着陆"取得了成功,但在上一轮经济过热中潜伏下来的隐患并没有得到根除。这些沉淀下来的问题,目前正不断地释放出对经济运行的不良影响。例如在大量空置房中沉淀的资金、在大量闲置固定资产中沉淀的资金、在大量库存中沉淀的资金,对当前经济运行都产生极大的影响。而且可以看到一个十分有趣的现象,即当时在经济过热中发展较快的地区,现在经济运行受到的制约相对较大;而当时在经济过热中发展较慢的地区,现在经济运行受到的制约相对较小。因此,这些结构性障碍不消除,经济过热中潜伏下来的隐患不根除,经济增长速度是难以上去的。即使强制地推上去,也会很快下来,并造成经济较大的波动。

另外,随着各项改革力度的加大,原来以政府扩张需求为主的机制被市场需求自我调节机制所替代。目前各投资主体在投资方面的责任意识明显增强。企业在当期生产的组织上,也更加重视市场需求的变化。银行更加重视贷款的回收和效益,在贷款的发放上更加谨慎。因此,政府的总量调控政策虽然仍有重要作用,但对需求变化的影响程度开始降低。尽管1997年以来M1的增速比较平稳,一直在17%—18%左右波动,但由于最终需求不足,投资的增速继续处于下滑之中。另外,1997年银行贷款的规模没有使用完,这就表明贷款规模对贷款总量的调节作用下降。近年来连续几次下调利率,对资金总量也没发生明显影响。这些都表明总量调控政策的作用在下降。

在这种制度变量发生重大变化的条件下,当前市场出现的"过剩"现象在一定程度上反映了整体经济动力转弱的趋势。尽管近年来居民收入增长趋缓,但从居民储蓄总额增长势头来看,潜在的支付能力还是巨大的。因此,这主要不是支付能力问题,而是购买意向不足。另外,一个明显的迹象,就是近年来企业存款增长较快,其增长率比同期现价工业总产值的增长率要高将近 20 个百分点。这在一定程度上反映了企业投资没有方向,从而缺乏投资动机。目前这种"消费没热点,投资没方向"的迷茫,最终将导致经济增长趋于减缓。

上述这些问题所反映的真实信息是什么呢? 笔者理解,这是国内外经济发展新变化的一种反映。当今国际经济结构正加速重组,许多国家都在依靠科技进步,积极进行结构调整,国际分工格局发生深刻变化。而中国国内经济发展进入一个关键时期,经济总量矛盾开始趋缓,结构性矛盾却日益突出,经济和社会生活中的一些深层次矛盾正在影响着经济的健康发展。在这种剧烈的变革中,加快经济结构的战略性调整将成为我们面向世界、面向未来,在激烈的国际竞争中保持有利地位的唯一选择,也将成为提高经济增长质量和效益,增强国际竞争力的根本途径。

早在改革开放之前,我们就进行过一些结构调整,而在改革开放后的 80 年代,针对当时国民经济中基础工业和基础设施的薄弱环节,我们也进行了结构调整。那么,当前的经济结构调整与以往调整又有什么不同呢? 其中最主要的区别,就是当前的经济结构调整是战略性调整。这种经济结构的战略性调整,在很大程度上是由当前国内外经济环境条件所决定的。因此,深刻理解这种战略性调整必须将其置于特定的背景之中。

3.2.2　适应国际经济发展及变化新趋势

世纪之交的国际经济正发生着深刻的变化,日益清晰地向人们展现出未来 21 世纪的发展趋势。对于不断加大对外开放程度,融入世界经济一体化的中国来讲,外部环境的影响日益增大,内外经济关系的协调更显得重要,因此,必须从国际大背景来考虑中国经济结构战略性调整的必然选择。

1. 知识经济时代来临:机遇与挑战

人类社会在经历了采集经济、农业经济和工业经济之后,世界经济已面临一种崭新的社会经济形态——知识经济(knowledge economy)。知识经济是建立在工业经济高度发展基础之上,以世界经济一体化为背景,通过信息化、网络化的机制,以知识驱动为基本特征的经济形态(见表 3.1)。根据经济合作与发展组织(OECD)的解释,知识经济具有以下几个主要特征:其一,科学和技术的研究开发日益成为知识经济的重要基础;其二,信息和通信技术在知识经济的发展过

表 3.1 三种经济形态比较

形 态	基础条件	阶段性	特 点
农业经济	以广大的耕地和众多的人口劳力为基础	要素推动的发展阶段	可利用资源有限,且收益递减
工业经济	以大量自然资源和矿藏原料的冶炼、加工和制造为基础	投资推动的发展阶段	大量消耗原材料与能源,自然资源的非再生性强
知识经济	以不断创新的知识和信息为基础	创新推动的发展阶段	知识要素的无限丰富性、快捷性和溢散效应,且能大幅度降低物耗与能耗,收益递增

程中处于中心地位;其三,服务业在知识经济中扮演主要角色;其四,人力的素质和技能成为知识经济实现的先决条件。

1996 年经济合作与发展组织在国际组织文件中首次正式使用"知识经济",在题为《以知识为基础的经济》报告中,将知识经济定义为"建立在知识和信息的生产、分配和使用之上的经济"。1997 年美国总统克林顿在公开演讲中多次提到知识经济。他指出,美国的新经济是知识经济。我们迈向 21 世纪的知识经济,需要一种新经济战略。欧盟委员会于 1997 年 7 月发表的《2000 年议程》中也提出,"将知识化放在最优先的地位",强调全面推进科研、革新、教育与培训,建设知识化社会。同年底,该委员会又发表了《走向知识化的欧洲》的报告,制定了欧盟在迈向知识经济时代的基本思路。

知识经济时代的来临,是世界第三次新技术革命深入发展与普及的产物。自 70 年代起,世界经济迎来了以信息技术、新材料技术、新能源技术、空间技术、海洋开发和生物工程技术等为标志的第三次技术革命。这次技术革命不同于以往的显著特点是:(1)技术进步与传播的速度明显加快。据估计,全世界的科学知识大概十年增加一倍。多数技术在 5—7 年时间里就过时了,特别在电子技术方面,两三年就可能过时了。(2)技术融合程度比以往任何一次技术革命都高。其中,多媒体传播技术最能说明新技术相互融合的趋势。这种技术把电话、电视和电脑技术结合在一起,进一步推动了信息技术在全球的普及。90 年代之后,第三次新技术革命开始进入大规模应用阶段,特别是新型计算机及软件的开发,电脑、通信卫星等科技成果的广泛应用,以及电子信息技术与其他技术的相互渗透和融合,产生了诸如机械电子、航空电子、生物电子等新型的产业结构。在此过程中,经济活动的非物质化趋势日益明显地表现出来。

总之,当今世界科学技术的迅速发展,尤其是信息技术的发展及日益广泛地用于物质生产,特别是工业生产,已推动了世界经济逐步从工业化经济向信息化经济转化。信息作为一种资源,使物质投入的概念增添了新的内容。劳动对象、劳动资料和劳动者要在生产中发挥最佳的作用,就必须有效地与信息结合。而且,原来作为物质生产辅助系统的非物质生产也被纳入物质生产过程,使生产过程不但需要信息投入,而且需要生产前的咨询业务、生产后的维修服务,乃至培训产品使用者,与整个生产过程实现一体化。因此,用信息技术和信息产业的发展充实物质生产部门的基础,正成为推动世界经济发展的一大趋势,并日益形成继工业化经济时代后的新的知识经济形态。

在知识经济的新经济形态中,整个经济结构发生了深刻的变化:其一,在经济增长因素的结构中,物质投入对增长的贡献减小,而全要素生产率(即劳动生产率和资本生产率)的贡献增大,在美、日、德三国已分别占 50%、59%和 87%。其二,产业结构呈现轻型化趋势,以现代服务业为主的第三产业比重增大。与产业结构变化同步,产出结构中的劳务比重越来越高。其三,在制成品结构中,资本货物的比重上升;而在资本货物结构中,由电脑组成的生产设备、办公设备和通信设备的比重上升。其四,在资源结构中,以人工合成材料和信息作为投入的趋势不断增强;而在初级能源结构中,正从非再生能源为主向再生能源为主转化。其五,在生产工具结构中,自动化正向电脑一体化转化。其六,在投资结构中,技术开发和设备改造的投资比重在增加,厂房等基本建设的投资比重在下降。其七,在金融交易手段结构中,电子货币的地位逐步上升。

因此,当前以信息革命为核心的新一波技术革命浪潮,正在使世界各国特别是发达国家和一些新兴工业化国家在新的高度展开综合国力的较量。这种较量直接关系着各国在 21 世纪世界经济与政治格局中的地位,最先掌握最新信息技术成果并使之在经济、政治和其他领域中首先利用的国家,必将在很多方面成为主动者。

在这方面,美国与日本不同的战略性调整,已体现出明显的不同结果。70—80 年代,美国工业经济受到来自后起发展国家日本强有力的挑战,其竞争力下降,经济处于低迷状态。当时美国立足于抢占当今世界科学技术发展制高点的战略性调整,采取了"依靠高等学校与工业界相结合","发挥自己特长"的战略方针,拒绝了诸如利用外汇汇率、增加关税来加强竞争力的各种短视的对策建议。80 年代以来,美国加强了高新技术产业发展,特别是信息技术的发展,企业每年对信息及相关产业的投资都达到或超过 1000 亿美元。1990 年美国投入信息科技产业的资本首次超过其他产业,标志着美国率先进入信息社会。到 1996 年,美国信息技术投资总额已占到企业固定资产投资的 36％，比一般工业设备投资规模高出 63％。企业大规模、持续地投资于信息技术及设备，不仅把网络本身变成了一个大市场和产业，而且使电子和通信设备产业成为整个美国经济加速增长的引擎，占工业产值五分之一的电子和机械部门带动了整个制造业生产能力的增长。信息工业所创造的产值现在占国内生产总值的 40％—50％。资讯科技产业现已取代汽车等传统支柱产业，成为带动美国经济发展的火车头。1996 年美国最大出口商品排序中，以电脑芯片为代表的最新高技术设备跃居榜首，飞机、数据处理机、汽车分列第二、第三、第四位。

更为重要的是，信息技术的普及，信息的流动数据化，使经济不再像过去分等级、层次来进行，而是实现了网络化，从而改变了经济运行方式。过去发生经济衰退的一个重要原因是企业存货管理不善，现在借助于信息技术的发展，管理更加简化和科学化，存货得以大大降低。在 80 年代，美国存货对销售比为 17％，而 1991—1994 年降到 9％，现在存货在国内生产总值中只占 0.2％。正是在信息技术的推动下，美国的生产率得以大幅度提高。从近十年的长期趋势来看，美国制造业劳动生产率的年增长速度为 4％—5％。从 1995 年起，美国服务业的劳动生产率也进入较大幅度提高阶段。高技术部门的劳动生产率增长更是达到 10％以上。据统计，90 年代美国劳动生产率以每年平均 2.5％的速度递增，比 80 年代高出 1 倍以上，也高于日、法、德、英等国企业劳动生产率。

在生产率提高的基础上，1995 年以来美国经济出现加速增长，1995 年为 3％，1996 年为 4％，1997 年上半年又在连续六年增长的基础上达到 5.6％的新纪录。这是 60 年代末以来所没有的持续增长。与此同时，美国的失业率不断下降，达到 1973 年以来的最低点。生产率的提高，抑制了价格上涨，消费品价格指数持续下跌，并在使公司的职工工资增加的情况下，仍能保持利润上升。1995—1996 年，制造业生产工人实际工资增长率达到 1.2％。1996 年，非农业工人实际工资增长率达 2.8％，达到 1983 年以来实际工资增幅的最高点。而公司的盈利又推动了股市的繁荣，就业人口向服务业转移，减少了经济的周期性波动。

大量证据表明，美国经济增长势头是一种朝着新的经济结构发展的长期趋势，其存在的基础是以信息技术为核心的高新技术在各经济部门的广泛采用和美国经济活动的市场全球化。简言之，决定美国经济上述长期趋势的主要因素就是技术、信息和人力资本的重新组合，其直接后果就是劳动生产率的持续提高。20 世纪末与 21 世纪初，美国将完成从工业社会向信息社会的转变，目前的经济趋势就是这种转变的突出标志。

与此相比,日本则更侧重于工业经济的发展。在过去 40 年里,日本发展了 53 家钢铁联合企业(是美国的 4 倍),50 家摩托车工厂(是美国的 5 倍),12 家汽车公司(是美国的 4 倍),42 家计算器公司(是美国的 3 倍),13 家传真机公司(是美国的 3 倍),20 家复印机公司(是美国的 3 倍),280 家机器人公司(是美国的 6 倍)。因此,目前在高新技术及产业化发展上,日本已远落后于美国。美国国家竞争委员会称,美国在 27 个关键技术领域中取得 24 个领先地位。现在,美国每 3 户家庭就有 1 台计算机,而日本每 10 户以上的家庭才拥有 1 台;私人网络的使用率,日本只及美国的十分之一。世界经济论坛发表的国际竞争力报告显示,美国国际竞争力明显领先于日本。日本目前经济增长减慢,国际竞争力下降,在多数科技领域落后于欧美发达国家。

在知识经济时代日益临近之际,对于发展中国家来讲,既是机遇,又是挑战。世界银行《1998 年世界发展报告》的主题是"为了发展的知识(Knowledge for Development)"。报告认为,经济发展是一个资本积累的过程,但更是一个知识积累的过程。知识积累的迅速增长、获取可能性的提高以及广泛的传播,对发展中国家来说,既是机遇,又是威胁。如果发展中国家尽可能有效地利用知识积累的增长,就可以增加财富,改善福利,甚至实现超越;如果不能利用这一资源,就会更加落后,而且其自然资源和劳动力成本低的优势,在知识经济中也将变得更加不重要。这对于中国,也是如此。因此,面对这一挑战,我们必须依靠科技进步,调整和优化经济结构,赶上世界科学技术发展的步伐。

2. 国际经济结构加速重组和升级提出新课题

在 80 年代,美国公司盈利欠佳,总体增长疲软,东欧、苏联动荡,拉丁美洲仍有内战,中东还有零星战事,故国际资本一下子大量涌向相对稳定且增长潜力较大的东亚地区(包括东南亚各国),使东亚包括东南亚经济在当时几乎是一枝独秀。80 年代末至 90 年代初,虽然美国开始摆脱颓势,经济活力增强,但日本泡沫经济形成并破裂,拉丁美洲经受了墨西哥金融危机的大震荡,东欧及苏联尚处突变及突变后的恢复前期,故东亚地区仍保持着相当大的国际经济竞争优势。

但是,近两年的世界经济格局则开始发生实质性变化,出现了全球经济复苏的大调整趋势。1997 年 4 月中旬国际货币基金组织发布报告指出,目前"美国经济继续领导全球的经济增长,全球经济前景一片光明";并预测 1997 年全球经济增长率可达 4.5%,其中发展中国家可稳定在上年的 6.5%的增长水平上。该报告还提出转轨中的东欧复苏加快,俄罗斯也有起色,印度经济增长也有不俗表现,并特别指出"非洲、拉美及中东等地较强的经济活动足以弥补亚洲部分地区的经济温和放慢"。

伴随着全球各地经济活力增强,近年来全世界生产力增长超越市场需求增长的趋向正日益显现出来。据专家估计,两者之间的落差大体上达到1.5—1.8个百分点,从而形成全球性供应过剩的新矛盾。正是在这一大背景下,东南亚经济发展不仅难度明显加大,而且自身在发展中积累的问题也越来越突出,尤其是阶段性和结构性的投资过剩矛盾日趋激化,进而酿成了东南亚金融风暴。从更深层的意义上讲,东南亚各国在金融风暴中的货币贬值,正是国际经济结构大调整的一种反映。

尽管1997年东南亚金融风暴及其蔓延对世界经济增长有较大影响,但从发展趋势来看,未来十年中不同类型的经济都将有适度的增长,世界经济将进入一个增长速度相对较快的时期。从90年代下半期到21世纪最初五年,世界科技发展在某些方面将有新的突破,这些高新技术的产业化将引发巨大的投资热潮,使发达国家经济从第四个长周期的下降段过渡到第五个长周期的上升段,发达国家经济将普遍会有较稳定而温和的增长。在此过程中,世界经济发展将形成一些新的格局,其中以下几方面格外引人注目。

第一,全世界区域性的经贸合作有越演越烈之势。国际竞争,特别是国际经贸竞争的加剧,使一个国家的对外抗衡能力相对降低,从而促使一些国家和地区纷纷寻求与加强区域性的经贸合作关系,以此在国际竞争中进行更大规模的力量抗衡。据世界贸易组织报告,全球现已建立区域性组织多达109个,其中三分之一是在1990年以来的最近五年中成立的。目前全球主要的区域性经贸组织有:1993年由原来的欧洲共同市场(EC)更进一步加强合作关系而形成的欧洲联盟(EU),以及北美自由贸易协定(NAFTA)、欧洲自由贸易区(EFTA)、亚太经济合作组织(APEC)等等。

虽然参与区域经贸组织,可能必须直接面临开放市场等带来的压力和冲击,但为了避免因被排除在外所可能造成的更大损害,大部分国家与地区都积极参与各种区域性经贸合作事宜。在此发展过程中,欧盟已向实现单一货币跨出了实质性的步伐。1997年6月,欧盟阿姆斯特丹首脑会议把保证未来欧洲地位的"稳定公约"纳入新的联盟文件,即《阿姆斯特丹条约》。在此之后,欧盟已基本制定出为实现单一货币所需的全部规划,并规定各国政府在1998年彻底开放电信、航空市场,而且在财政预算、税收一体化等方面采取了具体措施。欧盟金融界也在为实施单一货币作积极准备,开始在用合作经营、同业兼并、相互持股等方法积极调整经营结构。

　　第二,全球"强强联合"的企业兼并浪潮。进入 90 年代中期,随着西方发达国家经济复苏(全球竞争的加剧)和世界经济区域集团化的进一步加强,出现了新一轮企业兼并浪潮。1996 年,全球并购的总额达 2750 亿美元,比上年增长 16%,主要并购产业集中在石油、公用事业、制药、媒体和金融等行业。在国际经济结构调整的大背景下,政府在此轮兼并浪潮中起了重要的作用。如美国国会通过修改有关法律,放松反托拉斯法管制,取消银行业不允许向海外投资和经营的法令等,为企业的兼并和联合大开绿灯。这就使此轮兼并浪潮表现出与以往不同的显著特点:

　　(1)兼并的规模空前。在此次兼并中,超过 100 亿美元的兼并也时有发生,如迪士尼公司以 190 亿美元之巨资兼并美国广播公司;英国葛兰莱公司兼并美国韦尔格姆公司,金额达到 92 亿英镑,是欧洲历史上最大的一次跨区域兼并。(2)兼并涉及众多行业。此次兼并除了发生在一般工业领域外,还包括金融、电信、运输、传媒、医药保健等行业。(3)兼并频率较高。此轮兼并浪潮此起彼伏,兼并发生频率较高。如美国银行业 1995 年共发生了 110 多起大小兼并事件。(4)混合兼并数目减少,而横向兼并与纵向兼并数目增多,其比重达到 81%。在金融、电信、传媒、医药等行业,几乎都是横向兼并类型,具有明显的规模经济与扩大市场份额的动机。(5)兼并从救济型向积极型发展。世界各国强强联合层出不穷,以充分发挥企业之间全方位的互补性。如 1994 年法国最大的汽车公司(雷诺公司)与瑞典最大的汽车公司(沃尔沃公司)的兼并。雷诺公司的优势在于小型汽车,并在中欧、南欧、非洲有相当的市场;而沃尔沃公司的优势在于大汽缸豪华型汽车上,却在北欧、美国占有一定的市场,因此,它们兼并后便大大提高了市场竞争力。

　　第三,国际资本流动格局正发生新的变化。在国际经济结构加速重组和调整过程中,资本流动在国际经济中发挥着越来越重要的作用。联合国贸易和发展会议发表的《1997 年度世界投资报告》指出,1996 年全球对外直接投资创下了新纪录,总额达到 3490 亿美元,比上年增长 10%,并预计这种增长势头将持续到下个世纪。在此过程中,国际组织和各国政府之间的合作已经成为国际资本有序流动的重要推动力。政府间达成的保护投资的双边协议,世界银行和国际货币基金组织制定的一系列推动资本自由流动的措施,以及放松管制的经济政策,直接推动了外国直接投资的增长。据统计,1997 年政府间的这种双边协议在全世界范围内已经达到 1330 项,涉及 160 多个国家。

　　在国际经济结构重组与调整中,与此相适应的国际资本流动格局也正发生着新的变化：一是外国直接投资流向发展中国家的数额较明显地增大。虽然发达国家与发展中国家的差距依然存在，但是发展中国家的地位显著上升，促使发达国家与发展中国家的联系更为紧密。1996 年发达国家共吸引外国直接投资 2080 亿美元，发展中国家共吸引了 1290 亿美元，尽管流向发达国家的外国直接投资仍远远高于发展中国家吸引的数额，但差距正在缩小。二是资本流向的非均衡性特征日趋明显。美国和中国分别位居吸引外国直接投资额的第一、第二位；流向拉美和加勒比地区的外国直接投资增幅较大；而流向非洲的外国直接投资仍然较少。三是与国际资本流动伴随的金融风险不断显现，如 1994 年底的墨西哥金融危机和 1997 年的东南亚货币危机。

第四，全球银行业的结构调整步伐明显加快。随着国际金融市场竞争的日趋激烈，作为国际经济结构调整一个重要组成部分的全球银行业的结构调整，也有显著的变化。首先，银行业的购并浪潮继续保持前几年的迅猛态势，并在规模上趋于大型化，一些国家则把银行兼并视为化解银行倒闭的重要举措。其次，银行业在经营战略、经营方式和经营重点方面进行了大规模的调整。欧美银行在购并的同时大量裁员，并大规模引入新的应用技术，保持和加强竞争力。其中，美国银行业更是大步向国际化综合型银行迈进。再则，中央银行体制和金融监管体制也随之而调整。美联储在 1997 年的金融改革方案中就包括允许银行与证券公司和保险公司合并，扩大银行的业务范围，同时进行监管条例的逐步修改等内容。日本政府为适应新的金融自由化环境，加快了金融改革的步伐，采取了很大力度的改革措施，其中包括改变传统的银企关系，一些日本银行被迫放弃企业股权，用以重组资产结构，提高资产使用效率，改善自身财务状况。

在国际经济结构加速重组与调整的情况下，中国经济发展如何适应这一变动，具有重大的战略意义。顺应国际经济结构调整的潮流，加快中国经济结构的调整与优化，将是我们的唯一选择。

3. 经济全球化竞争加剧趋势

在新技术革命的推动下，随着经济非物质化进程的推进，经济全球化进一步加快。经济全球化已成为当代世界经济发展最根本的特征，不同社会制度、不同发展水平的国家都被纳入到统一的全球经济体系之中。目前，经济全球化主要表现在以下几方面：

（1）生产全球化。这首先体现在生产能力的跨国转移，一些国家的海外生产增长速度超过国内生产，海外生产占国内生产的比重不断提高。此外，这还表现为国际分工向产业内部分工发展，一种制成品的零部件和整体装配可以在不同的国家和地区进行。在这当中起重要作用的跨国公司,已形成公司本国总部与设在世界各地的地区总部的网络式经营。不少跨国公司还实行了战略联盟式经营合作。跨国公司的海外经营活动不断膨胀,在国际经济活动中的作用不断提高。巨型跨国公司更是控制了世界生产,特别在信息等高技术产业方面尤其如此。

(2)科研全球化。企业跨国科研活动迅速增长,海外研究和开发合作协议的增长速度超过国内合作协议。据1990年的统计,在信息技术产业,美国、西欧和日本的研究与开发合作协议共为2364件,而各自的国内合作只为1311件。目前,科研全球化的主要方向,是信息技术研究与开发的全球化。

(3)消费全球化。世界贸易增长速度已持续超过世界产出增长速度,它占世界产出的比重从1965年的1/8上升到1992年的1/4(见表3.2)。目前,世界产出的大约1/3直接参与国际交换。在数量上,进口商品与劳务占国内消费的比重不断上升,海外消费的增长速度超过国内消费的增长速度。在质量上,全球消费出现趋同化趋势,发展中国家的消费型式趋同于发达国家。

(4)投资全球化。国际直接投资的增长速度不但超过世界产出增长速度,也超过了国际贸易增长速度。1985—1989年,国际直接投资年均增长率高达29%,是国际贸易增长速度的3倍。目前,国际投资正有取代国际贸易成为世界经济发展新引擎之势,而且,技术进步降低了运输、通信、金融交易的成本,贸易壁垒的消除使投资者更容易在全球范围内寻找低成本的或靠近当地市场的生产基地。国际直接投资的行业范围从纺织、原材料及能源工业逐步转向电子工业和服务业;在投资内容的变化上,以技术转让为主的非股本生产合作日益增加。

表3.2　世界贸易增长、产出增长、贸易弹性和一体化速度　　　　(%)

	1961—1970	1971—1985	1986—1990	1991—1993	1994—1996*
世界贸易增长率**	7.7	3.7	6.1	4.1	8.7
世界产出增长率	5.2	3.2	3.3	1.1	2.9
世界贸易弹性	1.4	1.2	1.8	3.7	3.0
一体化速度	2.5	0.5	2.8	3.0	5.8

注:* 预测数;** 除1961—1970年外仅含商品贸易。
世界贸易弹性=世界贸易增长率/世界产出增长率
一体化速度=世界贸易增长率-世界产出增长率
资料来源:世界银行国际经济部。

而且,国际直接投资增长速度超过国内投资,国际直接投资占国内投资的比重不断提高,发达国家海外企业资产占国内企业总资产额的比重上升,一些国家的海外生产增长速度已超过国内生产。

(5) 金融全球化。90 年代以来,国际资本市场迅速膨胀,国际资本流动急剧扩张。1993 年是国际资本流动扩张最快的一年,全世界通过国际金融市场进行的融资安排为 8186 亿美元,比上年增长 34%。尽管出现了 1995 年的金融动荡,国际金融市场的融资安排始终保持着强劲的增长势头。目前国际资本流动的增长速度,大大超过世界产出、国际贸易和国际直接投资的增长速度。据国际货币基金组织的粗略统计,目前全球金融市场上流动的短期银行存款和短期证券至少有 7.2 万亿美元。国际金融一体化的发展使各国政府对国际金融市场的控制能力大为削弱。目前,工业国家中央银行的外汇储备只相当于外汇市场日交易量的一半,各国中央银行即使联手干预也无法与市场力量抗衡。1995 年 7 月 26 日,历时八年多的全球多边金融服务贸易谈判(乌拉圭回合)终于达成协议,大大消除了金融业国际拓展的国民障碍,使国际金融市场全球化、一体化的前景更为广阔。

经济全球化所带来的最大好处是实现了世界资源的最优配置。一国经济运行的效率无论多高,总要受到本国资源和市场的限制。只有全球资源和市场的一体化才能使一国经济发展在目前条件下最大程度地摆脱资源和市场的束缚。经济全球化是一场革命,它使企业家能够利用世界任何地方的资金、技术、信息、管理和劳动力在他希望的任何地方进行生产,然后把产品销往任何有需求的地方。因此,对于像中国这样的发展中国家,经济全球化是实现其经济发展和赶超发达国家的必由之路,只有积极参与才能分享经济全球化带来的好处。

但在经济全球化进程中,经济的非物质化改变了国际经济竞争的内容,使国际竞争空前激烈。首先,对资源的拥有已不再是决定国际竞争力的关键因素。全球经济竞争正从资源竞争转向资源利用能力的竞争,而决定资源利用能力的因素不仅是生产能力,更在于整个经营活动的综合能力。其次,以低成本参与竞争的国家的优势正在逐渐丧失,非价格竞争的关键因素是质量。质量管理重点不再仅仅是生产加工,而是扩展到研究开发与售后服务的生产阶段的两头。再次,国际竞争还取决于对市场需求的快速反应和企业声誉等非物质因素。最后,竞争的综合性不断增强。国际竞争力不再局限于产品和劳务的出口并实现贸易顺差的能力,也与整体经济实力紧紧联系在一起,体现为一个国家的综合国力。显然,在激烈程度达到极致的国际竞争中,必然伴随着不同国家之间的优胜劣汰,任何一国缺乏竞争力的产业或企业总避免不了最终被淘汰的命运。

因此,在经济全球化进程中,发展中国家可能面临与发达国家人均收入水平差距趋于扩大的严峻局面。根据世界银行的统计,1983 年低收入发展中国家的人均国内生产总值为高收入发达工业国家人均国内生产总值的 2.4%,即后者等于前者的 43 倍;1994 年这一比例进一步降低为 1.6%,即后者等于前者的 62倍。其次,对发展中国家来说,"全球化"与货币稳定之间的关系正上升为一个极端重要的问题。在近年来的对外开放和经济增长中,不少发展中国家的汇率扭曲不是减轻了,而是加重了;汇率波动的风险明显加大,并直接波及股市乃至整个金融体系。为此,面对经济全球化趋势,我们要采取积极态度,改进经济政策的设计和运作,在一些重要的社会经济制度结构方面进行必要的、艰巨的调整,优化经济结构,充分发挥竞争优势。

3.2.3　国内经济协调发展的客观要求

从国内情况来看,目前中国经济发展正处于重要关头,面临着一系列新情况和新问题,迫切需要真正走出一条速度较快、效益较好、整体素质不断提高的经济协调发展的新路子。这就从客观上要求我们加大经济结构调整力度,理顺各种经济关系。

1. 重构经济增长的支撑点

中国经济经过 1992—1996 年的快速增长(这一期间年均 GDP 增长速度高达 12.1%),国民经济总量跃居世界第六位,人均 GDP 由 1991 的 350 美元增加到 1996 年的 750 美元,第二产业占 GDP 的比重由 42.1%提高到 49%。从经济发展阶段性和体制变革角度来讲,中国今后一段时期仍将是高速度增长势头。因为进入 90 年代后,在城市消费需求结构升级引发下,重化工业再现持续增长势头。日本和亚洲"四小龙"的经验说明,在重化工业化阶段,经济发展将进入一个较长期的高速增长过程,GNP 增长率可以在十年左右的时间内维持 10%左右的高速度。再加上在此期间体制变革继续深化所释放出的能量,也将大大促进经济增长。根据不同模型测算都可得到以下相似的结果:1991—2010 年 GNP年均增长率将为 8.25%。

但问题在于,这种高增长是靠什么来支撑? 从以往的情况来看,这种高增长在较大程度上还是由高投入,特别是高投资支撑的。中国 1981—1991 年间的GDP 年均增长率为 8.8%,而社会固定资产投资的年均增长率却高达 19.1%,后者大于前者 10 个百分点以上。1992 年 GDP 比上年增长 12.8%,全社会固定资产投资的增长更高达 37.6%。

国际经验表明,在一国经济起飞时期,出现较高的投资增长率是正常现象,但伴随着较高的投资增长率,经济增长率普遍高于或逐步接近于投资增长率也是基本趋势。这一基本趋势反映了科技进步因素、效率因素在经济发展中的作用日益增强,经济发展的集约化程度不断提高。根据世界银行提供的资料,1965—1980 年间,新加坡的 GDP 年均增长率为 10%,同期国内投资总额(即用于固定资产增加部分的支出+库存水平变动的净值)的年均增长率为 13.3%;到了 1980—1990 年间,GDP 的年均增长率为 6.4%,而国内投资总额的增长率则降为 3.6%。在相同的两段历史时期内,韩国前一时期 GDP 年均增长率为 9.9%,国内投资总额的年均增长率为 15.9%,但在后一时期内,前者变为 9.7%,后者则降为 12.5%,两者逐步趋近。在香港地区,前一时期的两个指标均为 8.6%,后一时期则出现了很大变化,GDP 的年均增长率为 7.1%,而国内投资总额的年均增长率降到 3.6% 的水平。

有关资料显示,在中国工业系统中,由于资产使用效率提高所增加的净产值占全部新增产值的"效益贡献率",只有 20% 左右,而德国等 12 个经济发达国家达到 50% 左右,阿根廷等 20 个发展中国家也在 30% 左右。因此,在中国经济运行中,这种投资增长率持续高于经济增长率,且两者差距不断拉大的状况,具有典型的高投资、低效益的粗放型增长特征。从宏观动态过程来看,这种粗放型增长表现为经济运行经常发生大起大落的波动。统计分析表明,1978—1981 年间,中国经济增长波峰(1978 年的 11.7%)与波谷(1981 年的 4.4%)之间的落差为 7.3 个百分点;1982—1986 年间,增长波峰(1984 年的 14.7%)与波谷(1986 年的 8.1%)之间的落差为 6.6 个百分点;1986—1990 年间,增长波峰(1988 年的 11.3%)与波谷(1990 年的 4.1%)之间的落差为 7.2 个百分点。1994 年在经济高速增长的同时,却也出现了高达 21% 的通货膨胀。

针对 1994 年经济生活中的高通胀问题,中央及时采取了深化宏观管理体制改革和实施有效的宏观调控政策,于 1996 年下半年成功地实现了经济软着陆,并在 1997 年保持经济运行"稳中有进"的态势,致使当前呈现出高增长、低通胀的良好局面。从目前情况来看,中国国民经济运行的抗波动能力已大为改善,经济稳定性不断提高,但深层的不稳定因素依然存在,其中一大隐患就是经济结构不合理,包括上一轮经济过热中累积下来的各种问题,如大量商品房闲置、库存积压严重、重复投资形成的生产能力过剩等。若这一隐患不消除,中国目前高增长、低通胀的局面就难以保持下去,国民经济不可能纳入稳定快速健康发展的轨道。

从长远发展来看,我们还将面临日益增大的资源约束的压力。中国的自然资源条件并不优越,很多重要资源如耕地、水和石油、煤炭及铜等矿产的人均占有量均大大低于世界平均水平。根据统计资料,中国现有耕地总面积 14.31 亿亩,人均 1.22 亩,耕地后备资源 2 亿亩左右,远低于世界平均人均 4.57 亩水平。同时,耕地资源质量较差,改造难度大,在耕地面积中,有近 7 亿亩农田不同程度受旱灾危害。中国现有森林面积共 12863 万公顷,人均仅 2 亩,而世界人均为12 亩;中国森林覆盖率为 13.4%,也低于世界森林覆盖率 22% 的平均水平。中国人均水量只有 2710 立方米,约为世界人均水量的 1/4。按耕地面积计算,亩均水量只有 1770 立方米,约为世界亩均水量的 3/4。同时,中国水资源的地区分布很不均匀,与人口、耕地、矿产资源的分布不相适应。中国的矿产资源探明量(按折算值)居世界第三位,但人均拥有量则仅居世界第 80 位,不到世界人均水平的一半,特别是石油、天然气、黄金、铜和铁矿石等,如果没有新的突破,很难满足未来经济高速增长的需要。在 1995—2010 年的未来年代里,自然资源的紧缺情况将进一步加剧,并将制约国民经济的持续增长。而在经济结构不合理的情况下,这种自然资源的约束将进一步加强与恶化。因此,为保持国民经济长期稳定快速健康的发展,必须通过调整和优化经济结构来促进资源耗费最小化与生产效率最大化的合理组合。

因此,通过调整与优化经济结构来全面提高中国国民经济整体素质,已成为重构经济增长支撑点的核心内容。也就是,在调整与优化经济结构的过程中,改变那种掠夺式使用资源、高度依赖投入的增长方式,通过制度创新和依靠科技进步,提高产业和企业的竞争力。

2. 治理产业空洞化

当前中国经济运行的各种迹象表明,处于世纪之交的中国经济发展正面临着产业空洞化的挑战,并将日益成为影响中国经济健康发展的主要矛盾。产业空洞化是新产业发展不能弥补旧产业衰退而形成经济萎缩的现象,各国在其发展过程中都不同程度地遇到过这一问题,但中国当前的产业空洞化又有其自身特点。

为了更好地解释与阐述现实经济中的问题,我们首先要对"产业空洞化"进行"正名"。国内理论界一般将产业空洞化理解为国民经济过度服务化或超工业化,从而使资本等生产要素的投入与流动日趋不合理,造成经济结构的严重失衡,使制造业逐渐丧失国际竞争力,同时也使国内物质生产的地位和作用减弱,并导致物质生产下降,形成危机。这种对产业空洞化的定义,是非常狭义的并有失偏颇的理解。事实上,国际上更为通用的产业空洞化是指"因经营资源规模的转移而发生的行业性或地区空白现象"。英语中的相应词汇是"deindustrialization",即是指特定产业的崩溃和衰亡。因此,产业空洞化也被看作是"特定地区为基础的特定产业的衰退,新产业的发展不能弥补旧产业衰退而形成地区经济的极度萎缩"(高野邦彦,1987)。用"正名"了的产业空洞化的涵义来看目前中国经济运行状态,可以发现中国经济发展面临的主要问题,不是"总需求不足""通货紧缩"等概念可以概括的,而是新旧产业交替中的"空洞"化。

目前大家都已形成一种共识,即当前中国宏观经济运行的供求环境已发生了根本性变化,"买方市场"的特征比较鲜明,产品生产能力过剩的现象比较突出。在消费品供求方面,农产品和工业消费品供给都比较充裕。内贸部商业信息中心 1997 年 11 月 22 日发布的市场调查表明,中国消费品市场总体呈现供大于求形势。1997 年下半年 613 种主要商品与上半年相比,供过于求的有 195种,占排队商品总数的 31.8%;供求基本平衡的商品 408 种,占 66.6%,而供不应求的商品数仅占 1.6%。[①]不仅如此,投资品的"买方市场"特征也日益明显,建材和设备供给能力很大,甚至连基础设施和基础工业的供给能力也较大,生产能力有相当程度的"放空"。据国家统计局对 900 多种主要工业产品生产能力的普查,1995 年中国工业企业半数左右的工业产品生产能力利用率在 60% 以下,最低的只有 10.2%。其中汽车、彩电、洗衣机、自行车和钢材等的闲置生产能力分别为 55.8%、53.9%、56.6%、45.5% 和 38%。再加上中国目前外汇储备较多,进口设备的能力也较大。与此同时,出口产品货源比较充足。

目前中国市场供大于求态势的形成机理,与 90 年代初出现的"市场疲软"已不能同日而语。因为,这已不再是宏观紧缩政策之致。在这种市场供过于求,生产能力相对过剩状态的背后,实质上是有相当一部分产业将处于衰退状态,个别产业甚至将趋于衰亡,而新兴产业发展又没能及时跟进以填补衰退产业退出的空缺。正是这种产业"空缺"作祟,造成了"消费没热点,投资没方向"的迷茫,最终将导致经济增长趋于减缓。

如果我们暂时撇开其他因素,仅从最一般意义上来考察产业空洞化问题,那么,经济发展阶段转变将是导致产业空洞化的一个基本原因。在一般周期性的需求变动中,通常是以中间需求要素投入结构的调整(即存货调整方式)来对此

---

① 　数据来自《上海证券报》1997 年 11 月 24 日。

作出反应的。但在经济发展阶段转变的重要时刻,由于所发生的不是一般周期性需求的变化,而是需求层次提升的重大结构变化,因此,以中间要素投入结构调整对此作出反应就具有较大的局限性,即它不可能对需求结构变动作出持续的反应。在这种情况下,只有整个产业生产能力构成(包括中间要素投入结构、产业固定资产结构和技术结构)对此作出反应,才能够适应需求结构变化的要求。但这种包括产业固定资产结构和技术结构在内的潜在产业生产能力构成的变动,是相当困难的,既有资产专用性带来的转移困难,也有人力资源学习过程的难度,还有技术创新基础积累的问题。总之,这种整个产业生产能力供给结构的反应通常比较迟缓,容易引起产业空洞化。

因此,在经济发展阶段转变的重大时期,通常都会出现产业空洞化现象。例如轻加工业为主的产业结构向重化工业化为主的产业结构转换,或者重化工业化社会向后工业社会过渡的产业结构转换等。这种因经济发展阶段变化引致的产业空洞化,有其必然性。所以一些日本学者认为,日本在向"后工业社会过渡的结构性变化"过程中,产业经济的"萧条与空心(洞)化是由经济社会不可逆转的趋势引起的"。①

从中国目前情况来看,经济发展阶段转变这一因素在产业空洞化中也是起着重大作用的。中国经济发展水平正处于人民生活由温饱向小康的过渡阶段。按当前汇率计算,1996 年中国人均 GDP 约为 750 美元。国外经验表明,在人均 GDP 为 400—1000 美元的时候,是结构变化最活跃、结构升级最关键的时期。在人民生活水平向小康过渡的阶段,消费结构变动呈现阶段性变化特征:新增消费支出的选择性明显加大,其投向重点开始转向非食品;整个食品消费比重逐步下降,非食品比重不断上升;由单纯追求数量开始转向质量和精度等。

在这种情况下,居民消费需求不断升级,家庭增支结构发生重大变化。目前居民消费需求中,不仅食品增支意向大幅回落,衣着增支意向减弱,而且城镇居民家庭基本耐用消费品也基本趋于饱和,消费倾向逐渐减弱。据统计,1996 年底中国城镇居民百户家庭彩色电视机拥有量已由 1985 年的 17.21 台增加到 93.5 台;洗衣机由 1985 年的 48.29 台增加到 90.06 台;电冰箱由 1985 年的 6.58 台增加到 69.67 台。目前,80 年代购置的家用电器正进入更新换代期,而城镇居民家庭家用电器需求以新型家电为主,高新技术家电产品将是城镇居民家庭消费的主流。各种迹象表明,居民消费需求正处向新的消费层次跃升的积累阶段,居民结

---

① 驮田井正:《经济学说史的模型分析》,当代中国出版社 1994 年版。

余购买力从总量上已达到相当规模。

另外,随着人们收入水平的稳步提高,在家庭消费支出中,用于满足基本需求以外的支出比例上升,消费领域将由商品形态消费向服务形态消费扩展,特别是城乡家庭文化教育增支意向居各项支出之首。近年来,已出现了服务形态消费支出增长快于商品形态消费增长的趋势,各种社会服务已经渗透到居民各个阶层。一方面,随着市场经济体制改革的深化,企业员工的工作节奏明显加快,许多家务正在逐渐社会化,形成巨大的劳务消费需求。另一方面,人们在快节奏的工作之余,要寻求放松自己的休闲方式,对"走出去"的服务需求更是以前所未有的速度膨胀。

还有,随着改革开放的深入,国内市场供求状况大为改善,居民收入层次逐步拉开,居民消费心理日趋成熟,从而使近年来市场上出现了不同收入层次、不同文化背景的消费群体,各个消费群体形成了不同的消费热点。在众多分散的消费热点带动下,消费品市场改变了过去那种消费热点高度集中(如 80 年代的"老三大件""新三大件"),并出现全社会抢购的局面。因此,这也就彻底治愈了消费热点来得快、去得也快的所谓市场"冷热病"。

在这一时期,随着需求结构的变化,低附加值产品的潜在市场具有逐渐缩小的趋势,高附加值产品的潜在市场则具有逐渐扩大的趋势。在这一结构转换过程中,通常都会出现技术、人才储备不足或技术创新力度不足的问题,难以使高附加值产品的供给及时跟上以支撑生产结构升级换代和市场结构调整。而低附加值产品市场不断走向疲软,出现销售偏淡,进而导致这类产品的生产加工企业开工不足,就会造成社会经济增长明显乏力,国家综合国力相对下降。

除经济发展阶段转变这一基本因素外,中国经济系统的非均衡状态更加剧了产业空洞化程度。因为在经济系统非均衡状态下,供求结构的变动会发生较大的偏差,从而成为导致产业空洞化的重要根源之一。而这种经济系统的非均衡态,主要是由各种结构性障碍所致。因此,为适应需求结构变动,促进供给结构转换,必须调整和优化经济结构,消除各种结构性障碍。

3. 应对经济国际化的竞争压力

随着对外开放的深化,中国经济正逐步融入世界经济一体化进程。经济国际化,势必将成为中国经济发展的一个基本特征。根据 1980 年至 1995 年的统计,中国的 GDP 翻了两番,人均纯收入指数达到 300 以上,而外贸进出口总额却增长了 7 倍。1997 年中国外贸进出口总值达 3250.6 亿美元(海关口径),比上年增长 12.1%,自 1983 年以来连续第 15 年保持增长,增速高于全球贸易约 7%

（世界贸易组织预测）的增速。在推动经济发展的投资、消费和出口三大因素中，1997 年的外贸出口成为中国经济保持快速增长的重要力量。另外，90 年代特别是 1992 年以来，中国连续四年在亚太地区居于吸引国际直接投资的第一位。据世界银行 1996 年《发展中国家对外融资报告》的数据分析，1991—1995 年发展中国家吸引的外国直接投资（FDI）增加了两倍以上，其中 66％进入东亚地区，中国约占发展中国家吸引外资总额的 40％。因此，中国经济高速增长在很大程度上得益于进出口的联动效应及引进外资。

但在此过程中，国际竞争的压力也日益增大。首先，在国际市场上，中国出口产品受到越来越大的竞争压力。80 年代以前，中国经济与国际经济之间存在很大的结构差异，中国产品与重要贸易国之间存在很强的绝对比较利益关系。经过 20 年的改革开放，中国经济发生了极大的变化。产业升级和技术扩散导致中国工业品的档次与其他工业生产国逐渐接近，差异性缩小，替代性增强，而替代性越强，工业品之间的市场竞争就越激烈。不仅如此，随着中国工业品结构的不断升级，收入弹性和价格弹性较高的产品在工业品中的比重大大提高，这使得工业品的国际竞争更加白热化，影响产品国际竞争力的各种因素的重要性都显现出来。

与此同时，在全球环境保护日益严格的规范下，对中国出口产品的要求不断提高。目前全球环境保护已经历了一个从认识到行动的过程，正在演化为一种包括了公约、会议、组织、援助等形式的国际制度构架。目前，中国参与并签署的有关环境与资源保护的多边国际条约和协定共 27 个，如保护生物多样性的《生物多样性公约》等。显然，全球环境保护将对中国经济国际化进程提出更高的要求，不仅出口产品会受到"绿色"壁垒的限制，而且也会对国内经济增长与环境政策产生约束，进而要求我们调整和优化经济结构，尤其是能源结构。

其次，国内市场随着进口自由度大大提高和大量引进国际直接投资，也日益受到国际竞争的压力。近年来连续几次大幅度降低关税，取消大量商品进口的配额和许可证限制，已经使中国进口自由化程度提高到 95％左右，为国外产品进入中国市场竞争提供了机会。再加上，外商直接投资企业的内销比例不断扩大，使其产品越来越多地进入国内市场。因此，进入 90 年代以来，国内市场正逐步演变为国际竞争的舞台，使国内市场的竞争环境发生了深刻变化。

一是参与市场竞争的外资发生了显著变化。80 年代进入中国内地的外资以港澳台地区的小资本为主。资本流入的目的主要是利用低廉的劳动力和优惠政策从事两头在外的"三来一补"加工贸易，与境内企业在市场上以互补关系为主，对境内市场的影响较小。90 年代进入中国的外资主要以发达国家跨国公司为主,其进入中国的目的是看中中国巨大的市场潜力,与国内企业在市场上以互相竞争关系为主,其独资企业或控股企业的产品和进口产品对国内市场的影响越来越大。

二是竞争形式和激烈程度发生了深刻变化。80 年代以国内企业之间竞争为主,兼有港澳台地区的小资本参加竞争,基本上属于低级的、局部的完全竞争形式。竞争各方各具优势,实力相当,在供不应求的市场环境下,其竞争性质并非达到你死我活的地步,而是竞争各方都能获得一定的利润,其差异只不过是利润大小问题。90 年代跨国公司的大资本则以直接投资和倾销产品的方式进入国内市场,借其资本、技术和经营的绝对优势,展开了抢占市场的强大攻势,使竞争一下子进入垄断竞争的"白热化"阶段。

三是竞争领域和手段发生了巨大变化。80 年代主要是以劳动密集型产品竞争为主,涉及的行业有限,而 90 年代则过渡为以资本、技术密集型产品竞争为主,扩展到除国家垄断的个别行业外的全面竞争,竞争领域明显扩大。与此同时,竞争手段也发生了根本性变化。80 年代的竞争主要采取"相互杀价""仿制""回扣"等低级手段。进入 90 年代后,跨国公司将其垄断竞争手段引入国内,主要依靠资本实力和品牌优势参与竞争,用"所有权优势"来控制市场和技术,甚至不惜以短期内亏损来获取最大的市场占有率,而后获得长期的垄断性利润。

在中国经济日益国际化过程中,国内市场的竞争已基本完成了由低级形态向高级形态的转化,进入资本实力竞争和技术创新竞争的阶段。然而,从中国经济国际化程度来讲,目前水平还不是很高的。经济国际化是一种高度的开放,就其完整意义上讲,就是对外经济关系中障碍的基本消除,经济运行过程对世界的高度相互依存。其主要内容有:一是贸易自由化,即在一个较低的关税水平和较少管制的体制下实行全国贸易政策的统一;二是人民币走向自由兑换;三是跨国生产体系的进入。目前中国在贸易自由化方面尚未与世界贸易组织(WTO)规则全面接轨,资本市场没有对外资全面开放,人民币也没有实现完全自由兑换,外资引进中 80% 是直接投资,中央货币当局控制人民币的币值,外资尚未大举进入中国的金融、保险业等。但从发展趋势而言,中国毕竟是要全面对外开放的,金融保险业也要开放,人民币迟早要实现全面自由兑换。可见,中国经济国际化的发展趋势将使国内市场面临更大的竞争压力。与此同时,跨国公司在中国投资的趋势,已经开始从分散的单个项目向系统的产业链布局转变,把在华投资企业与跨国公司在东亚地区的营销、人员、信息、资金和技术网络紧密联系在一起,其中有相当一部分跨国公司开始把中国投资目标确定为东亚地区的制造中心和市场配送中心。根据这种投资战略,跨国公司把在中国投资的生产企业分为上、中、下游各个生产阶段的配套系统,并延伸到研发、设计、销售和售后服务的各个领域,进而带动对银行、保险、咨询、运输等相关服务业的跨国投资。最近日本松下公司率先成立与中方合资的投资控股公司,便是国际跨国公司与中国大型企业结合的新型模式。在此之后,政府部门又批准了几十家类似的投资控股公司。这就使跨国投资在中国保持了稳定的通道,并且把国际产业转移与中国产业重构更紧密结合起来了。今后五到十年新增长的外资投向将集中在以金融业为主体的服务业、高新技术产业、重要的基础设施和基础工业。这些领域一直是中国国有企业的垄断经营范围,并对国民经济具有重要的影响力。因此,在中国经济日益国际化的背景下,面对国内市场开放带来的竞争压为,必须加大国内经济结构调整力度,使之适应经济国际化的要求。

总之,在中国经济日益国际化的进程中,我们必须从全球角度出发,通过对有限资源的合理安排,进行全球部署,确立全球目标。这种目标就是以全世界为市场来安排投资、开发、生产、销售,利用自身资金及技术优势和遍布全球的机构,将生产要素进行合理配置,以获得全球性的最大化利益。这种全球战略管理要求主动地面对国际市场发生的剧烈变化和挑战。

3.3　结构调整:面临的艰巨任务

正如经济结构具有动态性,是不断发展变化的,国民经济中出现及存在的结构问题也是变化不定的,旧的结构问题解决了,新的结构问题又出现了。特别在经济发展阶段处于重大转折或体制架构发生重大变革的情况下,结构问题的更替更为迅速,变化更为复杂。中国正处于经济发展阶段重大转折和体制改革大变动时期,因此,结构问题相当突出,不仅有原先长期存在的结构问题,还有许多新出现的结构问题。

但由于所处背景与面临任务的不同,这次结构调整同以往的调整有着明显的区别。这次调整是买方市场条件下的主动型调整,是结构升级型调整,是提高国民经济整体素质的调整,是顺应时代潮流、适应社会主义市场经济需要的调整,而不是以往那种适应性的填平补齐式、拉长短线型调整。因此,目前进行的经济结构调整,其难度要比以往大得多、复杂得多。

3.3.1　现代经济与传统经济的二元结构矛盾

在中国工业化进程中,由于历史和现实的因素所致,存在着严重的现代非农产业与传统农业部门的二元经济结构矛盾。用国际通常用的测量指标(相对国民收入)来度量二元结构强度,1978 年中国达到 6.08。而据美国著名数理统计专家库兹涅茨的统计研究表明,除中国外,世界上发展中国家这一差距最大为 4.09。日本在工业化初期,其差距只有 2.94(1955 年)。中国台湾地区只有 2.30(1965 年)。改革开放以后,中国二元结构强度有了明显的改变,特别是 1984 年,二元结构强度缩小到 3.58,但到 1988 年其强度又回升到 3.89, 1991 年进一步上升到 4.14。[①]

在这种强烈的二元结构背后,实质上是城市化进程滞后、城乡差距扩大的问题。长期以来中国城市化进程严重滞后,大量农业剩余劳动力强制性地滞留在农村。尽管改革开放以后中国城市化进程明显加快,从 1978 年到 1996 年城市数量由 193 个急剧增加到 663 个,市镇总人口由 17245 万人增加到 35950 万人,占全国总人口的比重由 17.9% 提高到 29.4%,但国际比较表明,其城市化水平仍是偏低的(见表 3.3)。即使再加上隐性城市化或半城市化的 11.6% 至 14.7%,广义的城市化水平也只有 37.1% 至 40.3%。与此同时,城乡之间的差距较大。尽管改革初期城乡之间的差距曾一度缩小,但 1985 年以后,城市居民的收入增长速度连续十年超过农民收入的增长速度。1985—1995 年,城镇居民人均生活费收入从 685 元增加到 3893 元,农村居民人均纯收入从 398 元增加到 1578 元,两者的比差(以后者为 1)从 1.7：1 扩大到 2.5：1;同期城乡居民的消费水平比差从 2.3：1 扩大到 3.4：1。

表 3.3　人口城镇化的国际比较　　　　　　　　(%)

	1950	1960	1970	1980	1990	2000(预测数)
中国	11	19	17	20	26	35
美国	64	70	74	74	75	78
日本	50	63	71	76	77	78
印度	17	18	20	23	26	29
东欧	39	48	56	63	68	73
亚洲	17	22	23	27	32	38
拉美	42	50	57	57	71	77

资料来源:联合国:《世界城市化展望》1994 年英文版。

[①]　王积业、王建:《我国二元结构矛盾与工业化战略选择》,中国计划出版社 1996 年版。

因此,这与日本和亚洲"四小龙"在高速增长起步阶段,城市人口占 50%—60%,城乡居民收入差距在 1 倍左右的情况极不相同。在这种强烈的二元结构背景下,中国工业发展具有阶段的重叠性。中国目前所出现的重化工业增长势头,是由只占全体人口 22% 的城镇居民消费升级所引发的,而占全体人口 78% 的农村居民,消费结构远未达到足以引起工业增长向重化工业方式转换的转变时期。因此,90 年代后中国虽然进入了以加工制造与组装型工业为重点的重化工业发展阶段,但轻工业和原材料工业在今后发展中仍占有重要地位。

更为严重的是,随着城乡居民收入及消费水平差距的不断扩大,农村消费品市场与城镇消费品市场的层级不断拉大,以至拉大到两个市场"断裂"的程度,即在城镇市场上已趋于饱和的高档耐用消费品无法向缺乏有效需求的农村市场转移。这就使在一段时期内,以新兴耐用消费品为代表的非必需品的需求量,不仅在时间上变得十分集中,而且在规模上也变得十分狭小,从而更加激化了非必需品需求与生产、消费之间的矛盾,加速了产品从供不应求到突然过剩的过程。从这一意义上讲,中国目前某些产业的过剩和衰退带有一定程度的暂时性和虚假性。因为从理论上讲,这些产业目前的过剩和衰退只是在狭小的城镇市场上发生的,相对于巨大的潜在的农村市场,其生产能力也许不算过剩,至少这种过剩与衰退程度不会如此严重。但问题在于,城镇市场与农村市场的落差太大,巨大的潜在的农村市场无法吸纳在城镇市场上已趋于饱和的产品,由此造成这种特殊的产业空洞化现象。

3.3.2　地区发展不平衡的结构性矛盾

在中国,地区发展不平衡的结构性矛盾也比较突出。改革开放以来,由于采取渐进式道路,东部地区率先实行改革开放政策,较快地促进了经济发展,从而使各地区的经济增长速度逐渐拉开了距离。总体来说,东部地区的经济增长快于中西部地区。统计分析表明,1981—1985 年间各地区经济增长率的标志变异系数为 0.1508,1986—1990 年间这一系数为 0.2716,1991—1994 年间则为 0.3538,呈逐年扩大之趋势。1991—1996 年间的年均增长率,东部高达 15.3%,中部为 11.7%,西部为 10.2%。与增长率的差异相对应,三大地带各自在国内生产总值合计数中的比重就发生了变化:东部从 54.9% 上升到了 59.1%,中部从 28.8% 降至 27.2%,西部从 16.3% 降至 13.7%。

如果从产业结构角度来看,地区间的经济增长水平差距主要来源于地区产业结构的明显差异。国内生产总值中第一产业产值比重呈现"东低西高"格局,而第二、第三产业产值比重则呈现"东高西低"格局。1994 年东部的第一产业产值占国内生产总值的比重低于中部地区 8.1 个百分点,低于西部地区 10.54 个百分点;而东部地区第二产业产值占国内生产总值比重高于中部地区 3.06 个百分点,高于西部地区 8.58 个百分点。

与地区生产能力布局及增长水平差异相联系,地区间的居民收入水平及消费水平的差距日渐扩大。如果以西部地区为 1,1990 年的东、中、西农村居民生活消费支出的比率为 1.53∶1.17∶1,而到了 1995 年,这一比率扩大到 1.76∶1.21∶1。1995 年住户调查数据表明,东部农村居民的消费水平基本达到或接近小康生活标准,中部温饱有余,西部农村居民则仍处于温饱线上。与此相对应,地区之间居民的需求结构差异度也较大,从而使某些非必需的耐用消费品在经济发达地区市场上已饱和,而在经济欠发达地区市场上却缺乏有效需求。这就使新兴耐用消费品的地区性扩散及消费的地区间梯度转移难以实现,造成地区差别性市场之间的"断裂"。

3.3.3　国民收入分配流程的结构性障碍

改革开放以来,一方面从总量来看,随着中国经济的迅速发展,国家、企业、个人三者的所得均有较大幅度的提高;另一方面从结构来看,伴随政府对企业的放权让利和对人民生活改善的重视等政策调整,以及个人收入渠道的多元化,国民收入在这三者之间的分配有所不同,表现为国家所得份额呈快速下降趋势,企业所得份额有所提高,个人所得份额显著提高,中国国民收入分配格局发生了显著变化。

统计分析表明,1978—1995 年,按现价计算,中国的国民生产总值由 3624.1 亿元增加到 57277.3 亿元,年均增长 17.63%。从国民生产总值的分配结果看,国家所得由 1978 年的 1144.44 亿元增加到 1995 年的 5939.69 亿元,年均增长 10.17%;个人所得由 1861.16 亿元增加到 39491.65 亿元,年均增长 19.69%;企业所得由 618.50 亿元增加到 11845.96 亿元,年均增长 18.97%。在这一时期,个人所得和企业所得增长速度均明显高于国家所得增长速度,也高于同期国民生产总值的增长速度。这就引起了三大收入主体所得占国民生产总值的比重变化。国家所得份额呈直线下降,由 1978 年的 31.58% 下降到 1995 年的 10.37%,下降了 21.21 个百分点,年均下降 1.25 个百分点;企业所得份额经历了一个先降后升的过程,先由 1978 年的 17.06% 下降到 1983 年的 13.63%,然后持续上升至 1993 年的 25.97%,1995 年保持在 20.68% 水平。其间整个变化幅度比较大,高低年份相差 12.34 个百分点。个人所得份额呈波动状上升趋势,由 1978 年的 51.36％上升到 1995 年的 68.95％,上升 17.59 个百分点,年均增长 1.03 个百分点(表 3.4)。

表 3.4　改革以来中国国民收入分配格局变化

年份	GNP (亿元)	国家所得份额(%)	个人所得份额(%)	企业所得份额(%)	GNP 增长率(%)	个人所得增长率(%)
1978	3624	31.58	51.36	17.06		
1979	4040	28.82	54.65	16.53	11.48	18.63
1980	4518	26.13	57.84	16.03	11.82	18.35
1981	4869	24.55	60.14	15.31	7.76	12.05
1982	5300	23.33	61.36	15.31	8.85	11.06
1983	5983	23.28	63.09	13.63	12.90	16.08
1984	7174	23.32	62.74	13.94	19.91	19.24
1985	8989	22.45	63.18	14.37	25.30	26.19
1986	10201	18.35	63.99	17.66	13.49	14.93
1987	11955	15.99	64.35	19.66	17.18	17.84
1988	14922	13.72	66.28	20.00	24.83	28.57
1989	16918	13.57	65.11	21.32	13.37	11.37
1990	18598	13.77	65.26	20.96	9.93	10.20
1991	21663	12.82	64.09	23.09	16.48	14.37
1992	26652	11.95	63.36	24.69	23.03	21.64
1993	34561	11.83	62.20	25.97	29.67	27.30
1994	46533	10.63	65.14	24.23	34.64	41.00
1995	57277	10.37	68.95	20.68	23.09	30.30

资料来源:根据历年《中国统计年鉴》有关数据整理计算。

在国民收入分配格局变动中,随着居民货币收入和储蓄存款的大幅度增加,融资渠道和投融资机制发生了重大变化。在国民储蓄来源中,政府和企业的储蓄比重相对下降,居民储蓄在整个国民储蓄中的比重持续上升。企业部门 1978 年在国民总储蓄中所占的比例高达 75％,到 1994 年下降到 39.1％,目前在 41％ 左右;财政从 1978 年的结余 10 亿元(占当年总储蓄的 0.7％)发展到 1994 年负债 738 亿元(相当于当年总储蓄的 3.3％);金融部门自身提供的储蓄在国民总储蓄中所占比例也从 1978 年的 4.78％下降到 1994 年的 0.8％;唯有居民部门从 1978 年的 5.6％上升到 1994 年的 56.8％。在这种情况下,银行积聚资金的能力不断增强,而财政积聚资金的能力明显减弱,财政主导型的储蓄—投资机制向金融主导型的储蓄—投资机制转换。1980 年中国财政资金与信贷资金的比例为

1：0.42，1991 年为 1：1.27，1996 年进一步发展到 1：2.14。由于国家财政职能的萎缩，本来应由财政出的资金也不得不由银行承担，信贷资金财政化倾向越来越明显。更为严重的是，储蓄转化为投资的机制不灵，造成供给系统运作的低效率。

我们知道，发展中国家经济发展的障碍之一，便是资金短缺。解决资金短缺问题，除了引进外资外，主要靠国内储蓄。储蓄率反映的是一国当年生产的国民财富中没有用于消费的部分占国内生产总值的比例，体现在国民核算账户中为当年固定资本形成总额与存货增加之和占 GDP 的比率。储蓄率的高低是决定一国经济增长速度快慢的重要因素。从短期看，储蓄总额越大意味着可支撑的有物资供给保证的固定资产投资规模就越大。如果国民经济循环中融资和资金流通系统能够达到较高效率，则投资与储蓄达到均衡时的有效需求能同幅度增加，刺激经济增长速度上升。从长期看，储蓄率越高则形成的社会资本与公共财富就会越多，有利于扩大供给与增强经济增长的后劲，但其中的约束条件是财富形成过程中的资本漏损率不能放大。日本、新加坡等国家在经济高速增长时期储蓄率都达到过 40％以上的高水平，成功地解决了经济转型过程中的资金不足问题。但这里的关键是，要有一个高效的储蓄转化为投资的机制，不能使资本漏损率放大。

中国自改革开放以来，随着人均收入水平的提高，储蓄率呈逐步提高的趋势。其中，"六五"期间平均为 34.8％，"七五"期间平均为 36.1％，"八五"期间平均为 40％，近两年基本稳定在 40％—42％之间。由于储蓄转化为投资的实现机制主要是通过银行部门存贷的间接融资，而银行贷款的主要对象又是体制与机制改革尚未真正到位的低效率运作的国有企业，所以，往往造成大量资金沉淀于闲置房地产、闲置固定资产和积压存货上。据建设部统计，1996 年底全国空置商品房为 6203 万平方米。而在 1997 年 1—8 月份，商品房销售面积大幅度上升，但仍然比商品房竣工面积少 930 万平方米，以此推算，现在全国商品住宅空置面积已经超过 7000 万平方米。另据不完全统计，中国现有的 4 万多亿元国有固定资产存量中，闲置资产占了 1/4，即 1 万亿元。而有关部门调查发现，在 1 万亿元闲置资产中，90％以上是非正常闲置，且闲置时间大都在三年以上，全新或基本新、技术水平较为先进和通用的设备在闲置设备总额中占很大比例。存货增加是经济规模扩展的必要需求，但这其中有一个尺度问题。近几年来，存货大量增加，形成较大经济资源的浪费与无效供给。1993—1996 年四年间，中国存货共增加 11530 亿元，占同期 GDP 的比重高达 5.5％，比正常水平高 2—2.5

个百分点。这种状况势必导致融资和资金流通处于低效率水平,资本漏损率放大,不仅不能促进经济增长和社会财富增大,而且将导致整个经济流程的循环不畅,严重影响消费需求和投资需求,并加剧消费结构与生产结构、储蓄结构与投资结构之间的扭曲。

3.3.4　工业结构难以适应消费需求变动与参与国际竞争

进入 90 年代以来,社会消费需求变动迅速,且呈现高级化变动趋势。一是在档次上,由过去的百元级、千元级消费逐渐向万元级、十万元级消费变动;二是在性能与质量上,强调先进、多样、美观等。在价格昂贵质量先进同价格便宜质量一般的权衡中,人们往往选择前者。据统计,1993 年进口照相机销量占照相机总销量的 45%,彩电占电视机总销量的 91%,双开门与多开门冰箱占冰箱总销量的 87%,全自动洗衣机占洗衣机总销量的 48%。

与此同时,投资需求对经济的作用增强,对高档投资品的内在要求日益强化。中国经济 80 年代的数量型快速扩张主要表现为以耐用消费品工业为代表的加工工业的快速扩张,但其产业的技术水平不高,而采掘工业、基础性机械工业、原材料工业、能源工业及交通运输、邮电业等基础产业却发展缓慢。结果进入 90 年代后,结构性矛盾已逐步取代总量矛盾在经济生活中占主导地位。主要表现为:一方面,低层次的加工工业的供给能力与供给结构已难以满足日趋高级化的消费需求;另一方面,原有的落后的基础性机械工业、原材料工业也难以满足和适应产业结构高级化强烈冲动的需要。在这种情况下,对投资品尤其是资金技术密集型投资品的需求便成为拉动 90 年代经济高速增长的主导力量。

与此同时,这种低水平的工业供给能力与供给结构也日益丧失其竞争优势,受到强大的国外产业的竞争冲击。80 年代中国产业参与国际竞争,主要依靠低价的资源竞争优势。80 年代后期以来,情况开始迅速地发生变化。首先,中国经济的日益开放,使得国外企业也可以利用中国要素市场上的廉价资源。其次,其他发展中国家也在逐步实行经济开放,那里也会有廉价资源的供给。再次,随着国民经济的发展和人均国民收入的不断提高,中国的要素资源价格不断上涨。总之,中国工业的资源竞争优势正在逐步减弱。

从 90 年代起,如何增强工业品的产销竞争力开始成为中国不少产业参与国际竞争的主要课题,尽快形成大规模的生产能力,并使国产工业品在价格性能上接近和优于外国产品,成为中国一些产业进一步发展的关键。当前,在产销竞争中,中国企业与外国企业之间展开了异常激烈的市场争夺,尤其是随着中国市场的扩大开放,为争夺中国市场的占有份额,国际竞争达到了白热化程度。近几年来,中国产业面临的国际竞争的另一个突出现象是,外国资本大举进入,形成与中国工业之间的资本竞争态势,争夺市场份额,以至形成使其产品大范围占领中国市场的态势。中国工业企业在这方面的竞争劣势正越来越突出地显现出来。因此,今后的竞争优势将取决于是否具有更高层次的技术创新的竞争力。

但从目前来看,中国工业存在着基础元件工业薄弱,核心技术仍被控制在外国公司手中,以及中国企业的研究开发实力不强等深层次的弱点。其中,有两方面较突出的问题:(1)高新技术产业资产比重偏低,且呈下降趋势。根据第三次全国工业普查的定义,医药、电气机械及器材、电子及通信设备、仪器仪表为主要的高新技术产业行业。1995 年国有工业高新技术企业资产总量为 4026 亿元,占全部国有资产的比重为 8.5%,与 1985 年相比下降了 1.2 个百分点;占全部工业高新技术企业资产的比重为 43.9%,比 1985 年下降了 32.9 个百分点。(2)生产装备的技术水平偏低。第三次工业普查资料显示,与 1985 年相比,中国工业企业生产技术和装备水平有了很大提高,但总体状况仍不容乐观。据对国有企业为主的大中型企业 1180 种主要专业生产设备技术的普查,1995 年达到国际水平的仅占 26.1%,而国内一般水平和落后水平的分别占 33.4% 和 12.8%,重点行业、关键设备的水平甚至还低于平均水平(个别行业例外)。

3.3.5　工业资金紧张的结构性矛盾

资金是经济循环的"血液",它的"多"与"少",不仅与企业的生产经营有密切的联系,而且对整个国民经济的成长、通胀与失业压力的大小都有直接的关系。近几年来,企业资金一直处于紧张状态,似乎与国家采取的适度从紧的宏观调控政策有关。但从资金总量供给来看,国家每年流动资金信贷规模并不小。1992—1995 年,国有工业流动资产年平均增长 21.3%,同期现价工业总产值平均增长 20.3%,资金的增长与现价产值增长的弹性系数为 1.05。事实上,仅用国家银行的贷款数量来表明国家对企业资金的投入情况,已不能完全反映企业获得资金的真实情况,因为目前能够增加企业资金总量的资金供应渠道已多元化,如还有金融机构对企业的各项贷款、企业获取外汇资金、银行承兑汇票、金融机构的账外账、非规范发展的财政信用、企业拖欠税息等正规与非正规的资金供给。

因此,当前资金供给的总量不能说少,造成工业资金紧张的主要问题还是资金的使用与占用不合理以及资金分布的不均衡。一是固定资产投资规模过大,建设项目超概算,资金缺口严重且到位不及时,造成对流动资金的挪用。据有关方面测算,由于固定资产投资资金有缺口,有大约 15% 的流动资金被挪用于固定资产投资。二是产品不适销对路,库存积压造成资金占用。1995 年末,工业企业产成品资金占用额为 4598 亿元,存货占流动资产的比重达 35.4%。按照产品资金占用的相对合理水平测算,目前产成品资金占用中,约有 20% 属于超正常水平,达 900 亿元以上。截至 1997 年 11 月,中国乡及乡以上工业企业库存产品价值已多达 13276 亿元。三是债务拖欠使资金大量沉淀。1995 年末,工业企业应收账款净额已高达 8050 亿元,仅当年新形成的拖欠就有 1700 亿元,拖死了一块资金。四是工业企业亏损日益严重,亏损额逐步上升,"吃掉"了一块资金。1992—1995 年的四年中,工业企业累计亏损额约为 2600 亿元。这笔巨额亏空的大部分无论是冲销企业自有资金或资本金,还是挂账,都占用着企业资金。五是坏账死账吞蚀了一块资金。据有关部门估计,目前待核销的坏账呆账累计约有 4000 亿元。此外,企业资金分布不合理是导致资金紧张的另一个重要原因。

由于资金使用与占用不合理,使企业流动资产占总资产的比重偏大,目前独立核算国有工业企业流动资产占总资产的比重达 40.25%(偏大),比 1985 年增加 11.3 个百分点。另据测算,目前工业流动资金周转速度与"七五"时期平均水平相比低 15% 左右。也就是说,如果当前资金周转率能够达到"七五"水平,相对可节约资金占用约 4800 亿元。不仅如此,大量资金被占用或拖欠还使企业背上了沉重的利息负担。1995 年全国乡及乡以上独立核算工业企业利息支出总额为 1907 亿元,比上年净增 440 亿元,增长 30.3%,利息支出额相当于全部盈利企业盈利额的 74% 左右。

工业资金紧张的结构性矛盾,实际上反映了中国产业素质较差,技术水平较低。总体上讲,中国工业企业的技术水平比发达国家落后 15—20 年。企业技术进步缓慢,主要依赖于技术引进,自我的消化、吸收及创新能力不足,致使技术进步在经济增长中的贡献份额仅占 30% 左右。另外,设备普遍老化,折旧率低,技改资金少,更新速度慢,也使许多企业和产品成本高,盈利率低,资金积累能力低。还有,劳动力素质低下的问题也较严重。中国工业企业职工中,文盲、半文盲占 16.92%,小学、初中文化程度占 70.14%,高中、中专文化程度占 11.07%,大专、本科程度占 1.87%。

3.3.6　企业组织结构不合理

长期以来,中国企业具有"大而全""小而全"的性质,相互之间的关联性较差,没能充分体现社会化大生产的专业分工协作要求。近几年来,在企业组织结构调整中开始注重向企业集团发展,但仍存在不少问题:一是企业集团的规模普遍偏小,达不到规模经济的要求。二是企业集团内部缺乏凝聚力。有的产权关系不明晰,集权与分权的程度缺乏客观标准,在集团公司和成员企业之间缺乏形成利益共同体的基础;有的集团公司行政集权过多;有的在利益分配上没有规范化、制度化。三是企业集团的组织结构不规范,没有真正建立起以资本为纽带的核心层、紧密层和半紧密层等多层次的集团组织体制。四是集团内部管理体制不规范、不科学。

在中国企业集团的运作中,上述这些问题,在很大程度上与企业集团的组建方法有关。有的企业集团是在原来比较松散的生产协作基础上建立的;有的是靠行政干预、行政划转方式形成的;有的则是由行政性公司翻牌而来的。这些企业集团的形成,忽略了最关键的因素,即成员企业间在经营、技术、工艺、产品、利益上的相关性,因而缺乏利益共同体的基础,最终导致许多集团名存实亡。另外,我们以前通常以生产协作关系、产销关系为企业集团的主要联结纽带,而没有形成以资本为纽带的企业集团组织体制,所以,集团内部的联系是很脆弱的,内部成员之间的摩擦较大,企业集团的优势不能很好体现出来。

从中小企业发展在组织结构中的情况来看,呈现一定程度的无序状态,这主要表现在中小企业与大企业(主要是工业)的关联断裂,中小企业走上自我循环的道路。在上海所做的抽样调查中,中小企业不依赖大企业而生存的比例达到52.5%,对大企业依赖度较高的主要是国有中小企业和集体中小企业。而且目前中小企业对大企业依赖度较高的,主要是交通运输业、房地产业、建筑业等行业,而不是制造业。进一步分析则表明,在对大企业有依赖关系的中小企业中,依赖度的强弱依次为市场依赖、资金依赖、原材料依赖、行政依赖和技术依赖。这反映了中小企业发展并不是处于以大企业为轴心的配套协作产业链的有序状态中,同时也不处于对大企业的技术依托链的有序状态中。

3.3.7 内外经济协调中的结构性矛盾

中国经济发展阶段的转变是在一个不断加大对外开放的环境中发生的,内外经济关系的协调就成为一个非常重要的因素。中国经济虽然还没有高度融入世界经济一体化进程,但对外开放程度已达到一定的水准,外贸出口及引进直接投资都已成为中国经济增长的重要支撑点。特别是在引进外资的结构方面,我们以引进直接投资为主,不仅引进了资金、设备、技术,同时也引进了管理、机制等,并具有较强抵御国际金融冲击的能力。但在充分肯定这种引进外资结构正面效应的同时,我们还必须注意到在体制不完善情况下大量引进直接投资对国内经济结构的负面效应。

首先,由于大量引进的国外先进技术及设备主要集中于新兴现代工业部门,而非传统产业部门的改造,因此,在极大提升现代产业部门能级的同时,却也进一步拉大了两部门之间的差距。同时,国外先进技术及设备的引进,也加速了工业部门的资本密集程度对劳动密集程度的替代,使现代产业部门的劳动力吸纳能力具有减弱趋势。即使按照世界银行采用的就业增长弹性系数方法计算,1978—1987 年相对于经济增长的就业弹性为 0.4618,而 1989—1993 年,中国国内生产总值增长 50.76%,社会从业人员增长 10.83%,就业增长弹性系数为 0.2134,下降了一半居多。如果扣除 20% 的不充分就业,充分就业的增长弹性系数为 0.1707。这也在一定程度上减缓了农业过剩劳动力的转移进程,客观上形成了二元结构差异度扩大的压力,从而影响到产业空洞化。

其次,在竞相通过优惠政策吸引外商直接投资过程中,带有一定的盲目性,存在重复建设,某些行业的引进项目过度集中,引起生产能力产业分布的紊乱,进而导致生产能力闲置。

再则,在中国体制转换过程中,引进外商直接投资具有一种特殊的制度创新效应。因此,即使在国内社会资金日益充裕的情况下,出于制度创新效应的考虑,也会产生引进外商直接投资的要求。但这毕竟是与国内资金的有效利用相矛盾的,即一方面国内资金大量闲置,而另一方面又在大量引进外资。

最后,在引进国外直接投资的实际操作中,为了争抢项目过分放低"进入门槛",或迷信于"外国的月亮比中国圆",或缺乏引进项目的科学论证,往往造成引进项目的低水平。据 1995 年对 3200 多种主要工业生产设备的普查,进口设备占 47.1%,比 1985 年上升了 28.9 个百分点。但这些进口设备中,70—80 年代出厂的占了 73.9%,其中有许多是国内完全能够生产且技术水平相当甚至更高,而价格比较低的。

另外从目前外贸出口情况看,虽然与国内经济发展还适应,但潜在的不协调因素仍较多。从总体上看,中国的出口结构还仍然是以低科技含量和低附加值产品为主。在资本密集型产品生产与出口中,日用机电产品又占了很大比重。原油、原煤等资本耗费高、技术含量低,从而附加价值也相对较低的产品,在出口总量中仍占有重要地位。在国际市场上,中国都是靠数量多和价格低,而不是靠质量高和科技含量大从而拥有垄断高价取胜的。这种产品生产结构和市场销售结构在短期内虽然可以维持,但长期下去则难以为继。特别是在东南亚金融风暴后,东南亚各国货币大幅度贬值,对中国以数量多和价格低为主导的出口竞争力形成极大冲击。

在这样一种出口产品竞争力情况下,外贸出口是很容易受国际市场冲击的,而一旦受到冲击,势必会加剧国内产业空洞化。因为大部分出口产品在国内市场上也是趋于饱和的,近几年出口大幅度增长在较大程度上是受内需不足驱动的,所以,这些出口产品在国际市场上竞争不利,只会加深国内库存增加及生产能力闲置的程度。

3.4　调整和优化经济结构:基本思路及对策

针对上述经济结构调整的主要内容,从着眼于全面提高国民经济整体素质和效益,增强综合国力和国际竞争力的角度出发,我们必须根据现阶段的实际情况统筹考虑结构调整的战略步骤,制定经济结构调整的总体原则及基本对策。

3.4.1　总体原则

在明确了结构调整的主要目标及内容后,还有一个如何进行调整以及运用什么机制进行调整的问题。这关系到结构调整最终能否取得预期效果,决定着结构调整的成败。因此,在调整和优化经济结构中必须贯彻以下原则:

第一,以市场为导向,使社会生产适应国内外市场需求的变化。在市场机制配置资源的基础性作用明显增强,市场竞争进一步加剧,整个市场供求关系已由供给约束为主向市场需求约束为主转变的情况下,为实现资源优化配置而进行的经济结构调整,必须发挥市场配置资源的基础性作用,以市场为导向。也就是,要从市场需求变化趋势中去寻找新的增长点,通过调整结构来形成新的供给,并创造新的需求。

因此,从宏观层面讲,经济结构调整是为了增加更多的适应国内外市场需求变化的有效供给,显著增强在国内、国际市场的竞争能力、应变能力和开拓能力。对于大多数企业来说,结构调整的切入点还是产品结构的调整,结构调整还是要落实到产品创新上,包括改进、提高仍有市场需求的现有产品和大力开发市场前景广阔的新产品。

第二,依靠科技进步,促进产业结构优化。由于这次调整不是填平补齐、拉长短线型的调整,而是升级型调整,因此,必须依靠科技进步,促进产业结构优化。科技是第一生产力,未来世界各国生产力水平的竞争无疑就是科技水平的竞争。科技进步作为经济发展的决定性因素,也是结构调整和产业升级的重要保证。国民经济整体素质和产业结构高度化,离不开科技、教育水平的不断提高。技术创新是实现结构转型升级、形成新的经济增长点的强大推进器。

因此,在经济结构调整中,始终要把科技进步、增强中国产业和企业自主的技术创新能力作为促进产业结构优化的主要措施,通过有重点地发展高新技术,加快高新技术产业化进程,加大高新技术对传统产业的改造力度,实现产业技术升级,培育新的经济增长点,优化产业结构。

第三,发挥各地优势,推动区域经济协调发展。在经济结构调整中,随着市场竞争机制作用的不断强化和资源配置机制更加有效,各地区相对经济优势将得到更加充分的发挥,使具有地方性的优势产业和优势产品的市场前景更加广阔。

因此,各地区要根据国内外市场需求的发展变化趋势,站在全国经济大格局乃至世界经济发展格局中重新审视自己的发展思路,重新论证和调整各自的经济发展战略,从自身的资源、技术、人才、区位等优势出发,着力发展具有区域性特色的经济或优势支柱产业。这样,才能形成规模经济、相互配套、联合协作、规划合理的经济格局,推动区域经济协调发展。

第四,转变经济增长方式,改变高投入、低产出、高消耗、低效益的状况。为了提高国民经济的整体素质,增强综合国力和国际竞争力,在经济结构调整中必须彻底改变粗放型经济增长方式,按照集约化的要求重塑合理、有效的经济结构,而不是简单的增量调整型的数量扩张。

因此,必须转变经济增长方式,把增量调整与存量调整有机结合起来,争取以较少的增量调整带动更多的存量调整,改变经济运行中高投入、低产出、高消耗、低效益的状况。

3.4.2　经济结构调整中的综合治理方式

针对中国现实经济生活中的诸多结构性障碍而进行的经济结构战略性调整,不是一事一时的事情,也不是平面和局部的问题,而是一个系统性的综合治理。因此,在实际操作中要处理好各种关系,不能顾此失彼,相互矛盾与冲突。

首先,长期调整与短期调整的结合。解决结构性障碍,通常是一种长期性调整,要制定相应的长期调整政策,从根本上消除结构性扭曲,如发展阶段转型的过渡、二元经济结构调整、供给系统改善等。但为了遏制当前经济衰退,也要采取短期调整政策,刺激有效需求,盘活产品存量,激活沉淀资金,释放生产能量。当然,短期调整要尽量服从长期调整的要求,不能为长期调整设置障碍。

其次,产业结构补衡与地区产业布局变革的结合。解决产业结构失衡带来的产业空洞化问题,通常采取产业结构补衡办法,即集中力量发展新兴产业以填补衰退产业的空缺,实现产业结构高度化。但如果不与地区产业布局变革结合起来,只注重于在经济发达地区发展新兴产业,会使沿海发达地区与内陆欠发达地区的差距进一步明显增大,并加剧地区产业布局的空洞。因此,产业结构补衡要与地区产业布局的调整有机结合起来,以生产发展而形成产业布局形态的变化,来促进技术和资金密集型产业向内地转移。政府要运用立法手段和政策的杠杆,扶植特定产业在地区产业中保持领先增长的作用,交替运用结构调整和政策诱导两种手段,有意识地填补和完善地区产业发展的不平衡,使产业布局形态从人口密集的单一沿海加工优势型产业布局,向人口相对稀少的资源优势型产业布局、边贸型产业布局、高速公路与铁路沿线型产业布局、海外扩散型产业布局等多种形式转变。在此过程中,通过扶植地区产业中新兴产业的新增长点的扩张作用激发地区经济的活力,弥补产业结构中的空虚与不足,减轻苦于空洞化困扰的经济运行的压力。

再次,投资结构的高(高科技、高知识的新兴产业)与低(低资本与低技术构成的中小产业)的结合。在加快新兴产业发展,实现产业结构转换过程中,投资结构势必会随着产业结构的调整而出现重化工业化、高技术化、信息化和服务化等方向的发展趋势。投资的主流将更多地倾向于资本技术密集型投资,既有风险但又前景诱人的研究开发型投资,高技术化、软性化的信息投资,乃至海外直接投资方面。与此同时,在调整中也要从资金方面积极帮助低资本和低技术构成的中小企业的技术改造和工艺技术现代化,支持新兴经营业务的发展,使投资结构尽量与未来产业结构和就业结构保持一致。

最后,对内调整与对外调整的结合。在国内经济日益融入世界经济一体化的过程中,解决结构性障碍必须改革和调整失衡的国内外市场结构体制,实行国内外市场并重的策略。今后一段时间内,加大对外开放力度,拓展海外市场,仍然是努力的方向。同时,也要注意扩大国内需求,使产业结构更适应内需的要求向小康化方向发展。

3.4.3 结构调整政策取向

从消除结构性障碍的角度看,制度改善是决定性的关键环节。结构问题的背后,实质上就是制度问题。因此,矫正各方面的结构扭曲与理顺各种经济关系,必须进一步推进市场化和外向化的纵深发展。与此同时,要充分发挥政府在结构调整中应有的作用,采取相应的政策措施。国际经验表明,政府的调整政策将起重大作用;调整政策是否合适,直接关系到结构调整的成效。

一是实施"松紧"适度的总量政策。经济结构的调整与优化,需要有一个适宜的宏观环境。在偏紧的宏观环境下,虽然会形成结构调整的压力与动力,但因资金紧缺、市场需求不足、收入水平相对下降等因素制约,客观上也增大了调整的难度。在偏松的宏观环境下,虽然资金较宽裕、市场需求较旺、就业流动性较大等因素有助于结构调整,但客观上也减弱了调整的压力与动力。因此,为促进结构调整和优化,需要实施"松紧"适度的宏观总量政策,保持投资、出口、消费的合理增长,保持宏观经济总量的基本平衡,避免出现大的波动,妥善处理好外贸、外资、外汇、外债之间的关系,确保国际收支平衡。

二是突出结构政策的作用。由于当前总量政策在适度扩大需求方面的作用十分有限,因此,突出结构政策的作用,通过结构政策适度扩大需求,保持适度的经济增长率,就显得十分重要。结构政策首先要明确产业发展的目标,要从未来较长时期的市场需求和科技发展预测出发确定战略产业、战略项目,确定新的经济增长点;其次要强调基础性产业发展和振兴支柱产业;再则要有重点地确定传统产业改造,优化存量,提高效益。

三是财政政策与货币政策的协调。为了使宏观调控政策与结构调整直接结合起来,即在宏观调控中直接发挥结构调整的作用,就需要增强财政政策的作用,财政政策应以支持结构性调整为主。特别在当前财政收支形势有所好转的前提下,适当增加社会公共财富形成方面的开支,重点放在公共道路交通、农村水利设施、通信设施等基础产业的发展与更新改造上,对社会私人进入上述领域的投资,政府给予补贴、贴息及税收上的优惠。与此同时,要加强财政政策与货币政策协调手段的建设,提高两大政策协调功能。财政政策与货币政策协调是通过协调手段的调节实现的,其中主要的协调手段有:第一,国债与公开市场业务的协调配合,使国债成为既调节产业结构,又调节货币流量的协调手段。第二,政策性投融资与财政贴息的协调配合,保证政策性投融资事业的健康发展。第三,加强财政政策和货币政策其他手段的协调。如税收和利率的协调,或同时奖励或同时限制某些产业的发展,可以起到调节产业结构的作用。再如财政收支和信贷收支的综合平衡等。

4 金融改造的背景及架构探索*

在中国市场化改革中,人们已越来越清晰地认识到,对建立一个完善的市场体系和市场运行机制而言,金融处于核心地位。金融作为市场经济的核心,担负着定位稀缺资源投向的重任,是牵动体制改革与经济增长方式转变的联结点。金融不仅是促进经济发展的条件,而且还是经济发展中的一个重要增长因素,特别是当货币化系数(M2/GNP)超过 1 时,金融的运作,如银根的松紧,在相当程度上可以左右国民经济的涨落。

然而,中国渐进式改革道路的内在规定性,安排了金融改革次序靠后的逻辑顺序。[1]因此改革开放 20 年来,尽管在金融改革方面也有所动作,金融体制也在逐步地发生变化,但总体上讲我们还没有实现金融体制的根本性变革。以前人们对此更多的是抱有一种期待的心理,等待着它"水到渠成"的变化。但近两年国内外形势的急剧变化,特别是 1997 年下半年以来的东南亚金融危机,以及 1998 年国内全面性经济过剩状态的出现,将如何有效利用投融资扩大内需,促进经济增长,以及如何有效防范金融风险等问题摆到了重要议事日程上来。为适应国际金融变化的要求,促进中国融入世界经济一体化进程,以及在国内过剩经济状态下形成与建立新的宏观调控机制,保证国民经济健康、平稳地运行,中国金融改造这一艰巨任务已迫在眉睫。

---

　　* 本章原载周振华主编《金融改造——中国经济分析 1999》(上海人民出版社 2000 年版)"导论:中国金融改造的背景及其架构探索"。

　　① 罗纳德·I.麦金农:《经济市场化的次序——向市场经济过渡时期的金融控制》,上海三联书店、上海人民出版社 1997 年版。

4.1　改革发展中的中国金融：地位提升及功能强化

在中国市场化取向的体制变革中，随着国民收入分配格局的重大变化及新的国民收入流程的形成，金融在整个国民经济中被赋予新的制度性涵义，逐步从传统计划的附属物转变为市场化资源配置的灵魂，在国民经济中处于核心地位。在改革发展过程中，特别是随着过剩经济形态的出现，中国金融的根本性改造及不断趋于成熟已成当务之急。

4.1.1　国民收入分配格局变动与金融地位突起

从金融角度来看，中国体制变革带来的重大变化之一，就是随着市场化进程的推进和经济迅速发展，中国全社会资金总量快速扩张。从名义绝对量来看，1978 年中国全社会资金总量为 3264 亿元，1996 年已增加至 67700 亿元，如果以当年价计算，1996 年全社会资金总量是 1978 年的 20.7 倍。

与此同时，中国经济的货币化程度迅速提高。从衡量经济货币化的指标（M2/GDP）来看，1978 年仅为 32％，1988 年达 72％，1990 年达 86.5％，1995年已高达 105.9％，1996 年达 106％。而在 1995 年，泰国、韩国、印度尼西亚和马来西亚的经济货币化程度分别只有 79％、44％、40％和 89％，远低于中国的水平。目前中国经济货币化的这一指标已逼近英国（104％）、日本（114％），超出美国（59％）、德国（70％）。

在全社会资金总量快速扩张和经济货币化程度迅速提高的过程中，伴随而来的是国民收入分配格局的重大变化，即居民部门收入分配比重明显上升，企业部门收入分配比重也趋于上升，只有政府部门收入分配比重下降。在这种新的国民收入分配格局下，中国国民经济收入流程发生了两个制度性的明显变化：一是企业部门有了自留收入；二是居民部门可支配收入用于生活消费外，有了较大的剩余。

居民部门可支配收入用于消费支出外的较大剩余，形成了中国金融的一个新的增量，即居民金融资产总量迅速增加。经初步核算，1996 年末城乡居民金融资产总量达 50766 亿元，与改革初期相比，增加了 135 倍。居民 5 万亿元的金融资产相当于全国国有资产总量（1995 年国有资产普查数）的 88.9％，比国有企业固定资产总额多 6.1％。同时，居民金融资产除了银行储蓄存款和手持现金

表 4.1　居民金融资产

	1978		1990		1996	
	绝对量(亿元)	比重(％)	绝对量(亿元)	比重(％)	绝对量(亿元)	比重(％)
手持现金	165.4	44.0	2152.6	21.2	6865.5	13.5
储蓄存款	210.6	56.0	7034.2	69.4	38520.8	75.9
国　债			694.5	6.9	2670.0	5.2
股　票			65.5	0.6	2220.0	4.4
保险准备金			188.5	1.9	489.4	1.0
合　计	376.0	100.0	10135.3	100.0	50765.7	100.0

资料来源:《中国统计年鉴》(1997)。

外,也日益分散于国债、股票、保险准备金等方面,其金融资产构成也发生较大变化(见表4.1)。但在居民金融资产构成中,银行储蓄存款仍居主导地位,其比重也一直趋于上升。

表 4.2 反映了自改革开放以来,中国金融的一个重要现象就是居民银行储蓄量急剧上升。1978—1995 年,居民储蓄年均增长 31.3％。其中,1990—1995年,居民储蓄年均增长达 33.4％。1996 年末比 1995 年底城乡居民储蓄存款又增加 8858.5 亿元,达到 38520.8 亿元。

随着居民货币收入和储蓄存款大幅度增加,整个国民储蓄结构发生重大变

表 4.2　城乡居民储蓄

年份	城乡居民储蓄余额(亿元)			增加额(亿元)		
	总计	城镇	农村	总计	城镇	农村
1978	210.6	154.9	55.7	29.0	19.8	9.2
1980	399.5	282.5	117.0	118.5	79.9	38.6
1985	1622.6	1057.8	564.8	407.9	281.2	126.7
1990	7034.2	5192.6	1841.6	1887.3	1457.8	429.5
1991	9110.3	6790.9	2319.4	2076.1	1598.3	477.8
1992	11545.4	8678.1	2867.3	2435.1	1887.2	547.9
1993	15203.5	11627.3	3576.2	3658.1	2949.2	708.9
1994	21518.8	16702.8	4816.0	6315.3	5075.3	1239.8
1995	29662.3	23466.7	6195.6	8143.5	6763.9	1379.6
1996	38520.8	30850.2	7670.6	8858.5	7383.5	1475.0

资料来源:《中国统计年鉴》(1997)。

化。在国民储蓄来源中,政府和企业的储蓄比重下降,居民储蓄在整个国民储蓄中的比重持续上升。目前中国居民储蓄规模在国民储蓄中的份额已上升到55%,而政府部门在储蓄中的比重下降到4%,企业储蓄在国民储蓄中的份额下降到41%左右。

在这种发生一系列新变化的背景下,金融在国民经济中的地位日益上升,成为经济运行新的推动源。

首先,居民储蓄成为中国经济建设的主要资金来源。1978 年以来,尽管我们引进了不少外资,但经济建设所需资金大部分还是依靠国内资金。而社会资金的运作已由过去主要依靠企业部门和政府部门的资金,逐步转变为主要依靠居民部门提供的资金,居民储蓄成为经济建设所需资金的主要来源。

其次,金融资金成为主导型资金。随着居民储蓄规模的迅速增大,金融资金在经济系统中的作用日益强化,从而打破了传统的社会资金分配上的"大财政、小银行"的格局,形成了新型的投融资机制。其中,银行等金融机构的功能显著增大。银行积聚资金的能力不断增强,而财政积聚资金的能力明显减弱,财政主导型的储蓄—投资机制向金融主导型的储蓄—投资机制转换。1980 年中国财政资金与信贷资金的比例为1∶0.42,1990 年为1∶1.27,1996 年进一步发展到1∶2.14。

再则,国民收入转化为企业资产的渠道也相应发生重大变化。由过去主要依靠国家财政融资,转变为依靠居民收入—银行信贷—企业负债渠道投资。这就从根本上改变了传统的国家集中积累的模式,形成了国家、企业、个人分散积累的新格局,使单一的投资主体转变为多元投资主体。

最后,促进了资本市场的发育。国民收入分配格局的深刻变化所引发的居民收入的资本化趋势,对经济体系的影响是深刻的:它要求经济体系中储蓄向投资转化的渠道必须是多元的、畅通的;要求经济体系必须提供或形成数量丰富、品种多样化的流动性较强的资产,这种资产主要是金融资产;要求逐步形成一个具有一定流动性的资本市场。因此,居民部门积累的增大,也为直接融资机制的形成创造了条件,促进了证券市场的发育与发展。

总之,在体制变革中,随着社会资金总量迅速增大与经济货币化程度提高,以及国民收入分配格局的变化,国民经济收入流程中增加了一个新的变量(储蓄),出现了储蓄转化为投资的新要求,从而作为其实现机制的金融机构也就成为国民收入流程中的一个特殊部门,且地位日益凸显。

但在此过程中,我们也看到中国渐进式改革的一个悖论:一方面,在国民收入流程循序渐进的变化中使金融地位潜移默化地日益凸显;但另一方面,改革的进程又内在规定了金融改革的次序排后。这也许是渐进式改革固有的一种内在矛盾性表现,在现实中的反映就是金融市场发育较慢,没能及时形成有效的储蓄转化为投资的机制。

改革开放以来,随着人均收入水平的提高,储蓄率呈逐步提高的趋势。"六五"期间平均为 34.8%,"七五"期间平均为 36.1%,"八五"期间平均为 40%,近两年基本稳定在 40%—42%(见表 4.3)。我们知道,储蓄率的高低是决定一国经济增长速度快慢的重要因素。从短期看,储蓄总额越大,意味着可支撑的有物资供给保障的固定资产投资规模越大。如果国民经济循环中融资与资金流通系统能够达到较高效率,则投资与储蓄达到均衡时的有效需求能同幅度增加,刺激经济增长速度上升。从长期看,储蓄率越高,则形成的社会资本与公共财富就会越多,有利于扩大供给与增强经济增长的后劲,其中的约束条件是财富形成过程中的资本漏损率不能放大。

表 4.3　1986—1995 年中国 GDP 增长率、储蓄率和投资率　　　　　(%)

	1986	1987	1988	1989	1990	1991	1992	1993	1994	1995
GDP 增长率	8.8	11.6	11.3	4.1	3.8	9.3	14.2	13.5	11.8	10.2
国内储蓄率	34.7	36.3	36.1	35.8	37.9	38.1	38.4	41.7	42.7	43.0
投资率	38.4	36.9	37.5	37.1	35.2	35.4	37.2	43.4	40.8	40.8

资料来源:《中国统计年鉴》(1996)。

但在现实中,中国的融资与资金流通系统的效率是较低的,同时,在社会财富形成过程中,资本漏损率有放大趋势。近几年存货的大量增加,形成较大的资源浪费和无效供给。1993—1996 年四年间,中国存货共增加 11530 亿元,占同期 GDP 的比重高达 5.5%,比正常水平高 2—2.5 个百分点。

另外,在国民储蓄结构中,居民储蓄居主导地位;而在现行投资结构中,尽管企业部门投资在总投资中所占比重从 1978 年的 83.7%下降到 1994 年的80.4%,而居民部门投资所占比重从 2.48%上升到 12.4%,但企业部门依然是最主要的投资主体。储蓄结构与投资结构之间的反差,说明居民部门储蓄的很大一部分形成了资金盈余,居民直接进行的投资活动十分有限。而企业部门投资旺盛,但自身资金越来越难以为继。

更为严重的问题是,银行作为债务人的"硬约束"与作为债权人的"软约束"的不对称性。作为社会资金主要来源的居民储蓄对银行形成一种"硬约束",而国有企业普遍存在信贷软约束的现象,但银行资金的运用则绝大部分用于企业,尤其是向国有企业发放贷款。而且从 80 年代以来,中国东中西三大地区的四大专业银行结构相似系数竟然达到 0.95 以上,业务垄断达到 70% 之多。这就导致了社会资金环流呈三极化增长:信贷资产低效增长,企业软债务高速增长,居民硬债权高增长。显然,在这一过程中将隐含着深刻的金融危机,目前已显现出来的迹象之一便是国有商业银行的不良贷款比率过高。

还有,在国民收入分配格局及其流程发生重大变化过程中出现的一个新情况,就是中国货币流动性比率(M1/M2)并没有上升,反而大幅度下降,从 1978 年的 82% 下降到 1995 年的 39%。1998 年 6 月末,广义货币余额为 94656.4 亿元,比上年同期增长 14%,狭义货币余额为 33776.3 亿元,比上年同期增长 8.7%,货币流动性比率进一步下降至 35.68%(见表 4.4)。从国际经验判断,货币流动性比率不升只降,表明储蓄、游资转化为投资的渠道过于狭窄,资金进入生产领域的偏好程度不高。

表 4.4　货币流动性 M1/M2 变动　　　　　　　　　　　(%)

1978	1979	1980	1981	1982	1983	1984	1985	1986	1987	1988
82	81	78	77	74	71	71	64	63	68	69
1989	1990	1991	1992	1993	1994	1995	1996	1997	1998.3	1998.6
61	57	56	59	59	44	39	37	37	36	35.68

资料来源:历年《中国金融年鉴》《中国统计年鉴》及《金融时报》等。

4.1.2　过剩经济格局显现:金融改造的迫切性加强

经过 20 年的改革开放,在体制变革与经济增长形成良性交互作用的情况下,中国经济运行逐步从制度性短缺转向制度性过剩。1996 年国民经济运行顺利实现宏观调控软着陆后,这种过剩经济的基本格局日益显现。与短缺经济条件下的经济运行不同,过剩经济状态对金融发展提出了新的要求,从而使中国金融改造更加迫切。

1998 年以来中国经济运行的过剩经济状态已相当突出,产品过剩和生产能力过剩达到前所未有的程度,有效需求不足呈普遍化特征,特别是消费需求严重不足。1998 年上半年全国城乡居民存款余额比上年同期增长 16.8%,而社会消费零售额只增长 6.8%,后者比前者低 10 个百分点。这种过剩经济格局不是暂时的政策效应的结果,而是体制变革带来的体制性效应的结果,所以今后将成为一种常态性的运行构架。

在过剩经济格局下,由于生产能力和供给水平相对于有效需求而过剩,所以直接表现为经济对贷款需求的减少。自 1995 年以来,中国银行体系存贷款的贷差格局已发生了逆转性变化,出现了存差现象。1995 年国有商业银行的存差为 2908 亿元,1996 年增至 7440 亿元,1997 年 1—9 月就达到了 7751 亿元,存差率达到 42.5%。截至 1998 年 6 月末,全国全部金融机构各项存款余额为 86894.3 亿元,增长 15.2%,存差为 8096.7 亿元,存差率比上年有所提高。贷款需求的减少对于金融机构来讲,无疑是一件很棘手的事情。这一指标增大意味着银行效益下降,造成银行资金闲置和内部空转。

事实上,近几年来中国金融资产的流动性正在逐渐减弱。我们知道,银行资产的流动性即金融资产的变现能力,是衡量一国经济健康与否的一个重要指标。国外一些国家贷款年周转平均速度为 3 次,而中国四大国有商业银行全部贷款的年周转平均速度 1992 年为 1.32 次,1993 年为 1.19 次,1994 年下降至 1.08 次,1995 年为 1.05 次,1996 年为 1.07 次,1997 年以来继续下降。从贷款收息率来看,1996 年末国有四大商业银行的收息率平均不到 50%。进入 1998 年,估计四大银行的收息率仍然在 50% 左右。在这种情况下,就有可能出现所谓的“流动性陷阱”,即在增加货币供应量的情况下,仍然不能使货币流动加快,也不能使银行利息率下降,居民手中有了钱也不花,银行也不愿往外贷款,股市和债市也不上涨。这将导致虚假的资金相对富裕,而经济僵滞的局面。

另外,在目前过剩经济格局下,经济扩张的市场约束明显增大,投资获利空间相对缩小,投资效益相对于短缺经济下的旺盛需求而趋于下降。在这种情况下,投资扩张的社会吸纳力减弱,由此而造成的投资风险骤增,给金融部门带来更加严峻的挑战。银行的风险已从传统的信用风险转变为市场风险、流动性风险和信用风险的组合,其中市场风险(即因总体市场价格和利率变化而产生损失的风险)和经营风险(因人为操作失误、欺诈或缺少内部控制制度而带来的风险)已成为银行业风险管理最主要的对象。金融机构若不具备有效的防范风险机制,就将带来更多的金融风险累积。

还有,在当前经济从供给约束向需求约束的转变过程中,国内需求对于经济增长的作用越来越大,从而使中国经济金融中生产信贷过分超前和消费信贷滞后的矛盾日益突出:一方面企业自有资金极为有限,信贷依存度高,资产负债比例居高不下;另一方面居民消费主要依靠自身积累,消费信贷滞后,极大地限制了消费需求和生产增长。

因此，在过剩经济条件下，金融机构一方面要设法把钱贷出去，缩小存差幅度；另一方面又要更加注意信贷质量，防范金融风险。显然，这将要求金融机构调整信贷重点，扩大信贷范围，积极探索和发展消费信贷，促进消费需求与生产能力的协调发展，寻求与过剩经济格局相适应的金融信贷产品的创新。

从宏观调控的角度讲，在过剩经济格局下，现有的金融状况已很难成为有效实施货币政策的基础。针对宏观经济处于持续趋紧的实际情况，中央宏观调控的基调及重点转向了扩大内需方面，货币政策趋于松动。但从实际政策效应来看，货币政策往往是"松而不动"。实际上，1996年至1997年货币政策已开始采取旨在松动的微调措施，但当时的措施基本是在现有货币政策之内的常规性操作，其主要方式是降低利率和延长贷款期限。如果在一种成熟、规范或均质的经济中，这些常规性货币政策措施则是十分有效的，但在中国条件下，这些措施并没有产生明显政策效应。

1998年以来，货币政策开始更大力度的松动，主要有：取消四大国有独资专业银行的贷款限额控制，逐步实行资产负债管理；合并法定准备金和备付金账户，并相应降低准备金率及其利率；开办企业中期流动资金贷款和个人住房抵押贷款；较大幅度下调存贷款利率；以及颁布其他一系列支持经济发展的"窗口指导"性文件等。这些措施的力度是较大的，理应形成对经济增长的强大推动力。例如，降低准备金率有助于增加金融机构可支配资金，扩大金融机构信贷投放能力；而降低准备金利率则给金融机构发放贷款提供了压力，有助于减少金融机构消极地将资金存入央行吃利息的现象，可促使其积极增加贷款。同样，利率下调也有助于减轻企业负担，促使企业增加投资。但至今看来，这些政策效应并没有充分体现出来。这里除了政策时滞因素外，更主要的是货币政策的微观金融基础问题。

货币政策的微观金融基础问题，涉及许多方面，其中之一便是中国金融业不良资产比重居高不下。在有效需求不足的情况下，要促进经济增长，就必然要求银行对授信条件有所放松，但在现行体制安排下，有可能造成不良资产比例提高，加大金融风险；而要降低不良资产比重，防范金融风险，在现行体制下又不得不收紧授信条件，导致信贷投放下降。这种增长与风险的两难选择表面上是整体的经济的长期利益与短期利益的权衡，实际上是微观金融基础不能适应宏观调控政策要求的矛盾转换，主要是金融体系不健全，体制外金融机构未发育。

与此相联系,还有一个经济与金融结构不对称性的问题。目前中国的经济结构主要由国有和非国有两大部门组成,其中国有经济在总产值中只占 1/3,经济中 2/3 的产值以及资金需求由非国有部门产生。而金融结构由计划性的正规金融体系与市场性的非正规性金融体系构成,其中正规金融体系支配了绝大部分的信贷资金供给,并以国有部门为主要服务对象;非正规金融体系主要服务于非国有经济,但尚未取得法律认可,并在紧缩中受到禁止。

这种经济结构与金融结构的不对称性,导致了整个社会资金供给与需求的不对称,即大量的社会资金通过存款储蓄途径进入正规金融体系,并形成主要对需求有限的国有部门的大量资金供给,而有着较大资金需求的非国有部门却难以从正规金融体系得到相对充裕的资金供给。因此,货币政策的传导就被这种结构性的不对称所阻隔和割裂,使货币政策操作的余地越来越小。可见,在目前再贴现和公开市场业务规模极为有限的条件下,通过常规性的货币政策工具来改变货币供应量的做法已经接近极限。

在货币政策作用衰退的情况下,为实现 1998 年国民经济增长 8％的目标,就不得不借助于财政政策来扩大内需,主要是通过增发国债等财政性融资来加大投资力度。中央确定的投资扩张重点在于基础设施、居民住宅建设、技术改造投资和高新技术产业投资方面,其中以基础设施投资规模为最大。但对于新一轮基础设施投资高潮中的财政性融资,我们要有一个清醒的认识。因为国债规模作为信用总量的一部分,客观上有一个"度"的问题。

自 1981 年恢复发行国债以来,中国已累计发行国债 9000 多亿元,国债余额 6000 亿元左右。特别是 1994 年后,国债发行规模迅速扩大。依据统计数据,中国目前国债规模呈现如下特征:

(1) 国债规模尚处在安全区域,而且国债规模具有扩张的充裕空间。因为 1997 年发行的国债量占居民存款余额的比重(应债能力比重)仅为 5.8％;1994 年中国国债负担率(国债余额/GDP)最高不超过 5％,1997 年该指标仅为 3.4％,与日、美等西方国家一般 30％—50％的水平相差甚远;财政分配率(当年国债发行额/GDP)也不高。

(2) 财政负担不断加重。财政的债务依存度(当年国债发行额/当年财政支出额),尤其是中央财政的债务依存度都已明显超越国际公认的安全区域,并有不断攀升的趋势。1981—1993 年间,中国国债依存度最高年份为 11.6％,比国际上通行的 20％标准低 8 个百分点,但 1994—1997 年国债依存度迅速提高,1997 年发行的 2486 亿元国债,已占中央财政支出的 46.27％,占全国财政支出的 27.72%。

（3）国债本息支付急剧增长，国债偿还率（当年国债到期还本付息额/GDP）高，国债筹资成本居高不下。

（4）国债的流通性差。衡量国债市场发展水平的一个重要指标是国债的流通性，国债的流通性增高表明社会对国债市场的利用更充分。美国和日本等发达国家年度国债周转率一般在 40 次左右，国债的流通性仅次于货币，而中国 1997 年国债年周转率为 5.29 次，有较大差距。

因此，尽管随着金融环境的不断改善和居民应债能力的不断提高，中国国债规模扩张有其内在的客观必然性，但由于中国财政参与 GDP 分配的比例不大，财政调控的余地和力度不会太大。世界银行对 12 个发展中国家和 13 个工业国的抽样调查表明，1980—1990 年间财政投资占社会投资的比重，发展中国家平均水平为 43%，工业发达国家平均水平为 33%，而中国财政预算内投资占财政支出的比重已由 1980 年的 20.5% 下降到 1995 年的 7.7%，预算内投资占全社会固定资产投资的比例由 1980 年的 28.1% 下降到 1995 年的 3.1%。

另外，基础设施项目虽然都有很好的社会效益，但是财务收益一般偏低，偿还债务的能力有限。像生态、环保、防洪排涝、城市道路等纯公益性项目，不仅谈不上投资回报，就连日常经营和修理费用也要从外部补充。另外像灌溉、工程调水供水等低收费项目，其产出服务虽有收益，但未必能够补偿日常经营费用和修理费用，投资基本无法回收。因此，财政性融资也要考虑"时序"，即如何合理安排投资项目的先后次序。财政性融资过于集中，就有一个债务偿还能力问题。这一问题处理不好，就会强化金融财政化机制，对长远经济发展是不利的。

由此可见，尽管在短期内我们可以通过强化财政政策手段来扩大内需以实现预定增长目标，但从长远来看，在过剩经济格局下，单凭财政手段来调控宏观经济运行是难以支撑的。事实上，财政政策的有效运用，也要有货币政策的配合。对于过剩经济格局下的宏观经济运行，必须实行货币政策与财政政策有机配合的宏观调控。这就要求我们必须进行金融改造，重塑货币政策宏观调控的微观金融基础，充分发挥货币政策的调控作用，以保证国民经济健康发展。

4.2　适应国际金融变化趋势的金融开放与风险防范

从更大范围来讲，中国金融改造还面临着一个如何适应国际金融变化趋势的大背景。改革开放的重要内容之一,就是伴随着融入世界经济一体化进程的金融开放。然而,在金融开放中如何有效防范金融风险,是我们必须正视,并予以解决的问题。特别是东南亚金融危机,应该给我们积极的启示,而不是消极的影响。

4.2.1 金融国际化与中国金融开放

在科技革命推动下,以跨国公司为最高组织形式的国际分工得到迅速发展,并带动了国际贸易和国际投资的发展。世界贸易增长速度已持续超过世界产出增长速度,它占世界产出的比重从 1965 年的 1/8 上升到 1992 年的 1/4。目前,世界产出的大约 1/3 直接参与国际交换(见表 4.5)。与此同时,国际直接投资的增长速度不但超过世界产出增长速度,也超过了国际贸易增长速度。1985—1989 年,国际直接投资年均增长率高达 29%,是国际贸易增长速度的 3 倍。目前,国际投资正有取代国际贸易成为世界经济发展新引擎之势。在此基础上,资金在全球范围内的流动及配置就显得越来越重要,并促进了各国金融市场联系日趋紧密。

表 4.5 世界贸易增长、产出增长、贸易弹性和一体化速度   (%)

	1961— 1970	1971— 1985	1986— 1990	1991— 1993	1994— 1996**
世界贸易增长率*	7.7	3.7	6.1	4.1	8.7
世界产出增长率	5.2	3.2	3.3	1.1	2.9
世界贸易弹性	1.4	1.2	1.8	3.7	3.0
一体化速度	2.6	0.6	2.8	3.0	5.8

注:* 除 1961—1970 年外仅含商品贸易。 ** 预测数。
世界贸易弹性=世界贸易增长率/世界产出增长率
一体化速度=世界贸易增长率−世界产出增长率
资料来源:世界银行国际经济部。

90 年代以来,国际资本市场迅速膨胀,国际资本流动急剧扩张。1993 年是国际资本流动扩张最快的一年,全世界通过国际金融市场进行的融资安排为 8186 亿美元,比上年增长 34%。尽管出现了 1997 年的金融动荡,国际金融市场的融资安排始终保持着强劲的增长势头。目前国际资本流动的增长速度,大大超过世界产出、国际贸易和国际直接投资的增长速度。据国际货币基金组织的粗略统计,目前全球金融市场上流动的短期银行存款和短期证券至少有 7.2 万亿美元。

国际金融一体化的发展使各国政府对国际金融市场的控制能力大为削弱。目前,工业国家中央银行的外汇储备只相当于外汇市场日交易量的一半,各国中央银行即使联手干预也无法与市场力量抗衡。1995年7月26日,历时8年多的全球多边金融服务贸易谈判(乌拉圭回合)终于达成协议,大大消除了金融业国际拓展的国民障碍,使国际金融市场全球化、一体化的前景更为广阔。

金融国际化的进程主要体现为金融机构的全球化经营和金融市场的国际化。在此过程中,国际金融机构间的竞争白热化,促使其业务经营多样化,并带来了国际融资方式的一系列变革与创新。其中,比较突出的有:(1)国际融资证券化。这是国际融资方式的一场深刻变革,改变了国际融资中单一化的间接融资格局,使资金的融通过程变成了资金的直接买卖关系,从而加速了资金的运转,同时也优化了融资方式,使有限的资金及时地流向最有效运用资本的经济主体手中,实现资本在全球范围内的优化组合。(2)国际融资托管化。这有助于克服跨国融资中面临的各国经济体制、语言习惯、交易方式、文化背景及国民性格的差异,以及各国有价证券的样式、种类、登记制度不尽相同带来的操作上的困难,使筹资者的国际融资渠道畅通,确保投资者的海外投资效益。(3)国际融资与国际投资融合化。近年来备受青睐的BOT跨国经营,便是集投融资于一体的典型。无论是实施者还是接受者,BOT都是既具有投资性又具有融资性的经营活动。

在这种金融国际化的大背景下,中国金融开放作为整个经济对外开放的一个重要组成部分,也开始逐步融入金融国际化的大进程之中。例如,外汇体制与汇率制度的改革,实行结售汇制和以市场供求为基础的单一的有管理的浮动汇率制;接受IMF协定第八条款规定的义务,实行人民币经常项目下的自由兑换;打破中国银行外汇业务的垄断局面,商业银行开拓国际结算、国际信贷与对外信用担保、外汇风险与国际利率风险管理服务、国际债券发行的承销等业务,开展国际化经营;外资金融机构的引进等。

但从总体上讲,中国金融开放仍处于"初级阶段",以有限制地引进外资金融机构为其主要内容。早在1979—1982年间,我们就批准了31家外国金融机构的代表处进驻中国。1982—1990年,批准外国金融机构在经济特区设立营业性分支机构的试点,允许它们从事各种外汇金融业务。1990年9月,国务院批准上海成为除经济特区之外率先引进营业性外资金融机构的沿海开放城市,之后在1992年、1994年又相继批准开放7个沿海城市和11个内陆中心城市,允许在这些城市设立营业性外资金融机构。从1992年开始还在上海进行开放保险市场的试点,陆续批准设立了美国友邦等 4 家中外合资保险公司。在向外资机构开放资本市场方面,1995 年成立了中国第一家中外合资投资银行。1996 年底,人民银行开始审批符合条件的外资金融机构在上海浦东经营人民币业务,以进一步扩大外资金融机构的业务经营范围。

随着外资金融机构进入规模的扩大,以及业务经营范围的扩大,外资金融机构已成为中国金融体系中一支重要的力量。截至 1997 年底,在中国内地设立代表处的各类外资金融机构共有 554 家,在华外资营业性金融机构 173 家,包括外国银行分行 142 家,中外合资银行 7 家,外资独资银行 5 家,外资财务公司 7 家,外资保险公司分公司 8 家,保险中介机构 2 家,中外合资保险公司 4 家,合资投资银行 1 家。其资产总额达 379.9 亿美元,贷款余额为 275 亿美元,存款余额为 44.8 亿美元,比 1996 年分别增长了 27%、42% 和 15%。外资银行在中国内地资产额占全国金融机构总资产的比重为 16.2%。外资保险机构在中国内地总资产为 18.1 亿美元,较 1996 年增长 36.1%;总保费收入 7.45 亿元,较 1996 年增长 29.6%;其总保费收入占全国总保费收入的 0.69%。

外资金融机构的进入及其业务范围的不断扩大,既有利于引进外资,又引入了竞争机制,带来了先进的金融产品、管理经验和技术,有利于加快中国金融业的现代化和国际化进程。但同时,国际金融市场各种风险对中国经济和金融体制稳定的影响也在加大,并对国内金融机构的生存和发展产生威胁。从世界各国特别是近年来亚洲一些国家的经验来看,金融开放的步伐要与本国的经济发展水平、金融深化程度、对外贸易在国民经济中的比重、宏观调控及金融监管能力等方面的条件相协调。在条件不具备的情况下,金融开放步伐过快,容易引发国内金融市场混乱,对国内经济发展产生负面影响。

从总体上看,中国金融开放是比较谨慎的,采取了循序渐进、有计划、有步骤逐步开放金融市场的原则。在外资金融机构的引进中,对外资银行业务范围和增加分支机构都有一定的限制。有关法规明确规定,允许外资金融机构设立分支机构的城市由国务院规定。目前国务院只批准外资金融机构可以在 23 个城市及海南省设立营业性分支机构,只批准外国保险机构在上海和广州开展业务。目前外资银行原则上只能从事外汇业务,不能从事人民币业务,而且外资银行只能吸收外商投资企业和非居民的外汇存款,以及外资银行向中资企业外汇贷款的转存款。即使在上海进行的外资银行从事人民币业务试点,其人民币存款也仅限于外商投资企业、外国人的存款,以及外资银行向中资企业人民币贷款的转存款。

这种金融开放的谨慎态度,主要是出于两种考虑:一是担心外资银行发展过快会对中资银行的业务形成较大冲击;二是担心开放过快而金融监管能力的速度跟不上,会增加银行体系的总体风险。虽然中资银行由于营业网点广泛,在存款、贷款、汇兑等传统银行零售业务方面占有优势,但经营管理水平较低,政策性业务负担过重,加上税收和财务制度的制约,向外资银行开放过快有可能对中资银行形成较大的冲击。因此,金融开放的速度与我们内部条件的成熟直接相关。

由于现阶段对外资金融机构的限制还比较大,致使外资金融机构的运作及发展受到一定程度的影响。例如,上海 9 家外资银行的人民币业务试点经过一年的运作,其业务发展缓慢。截至 1998 年 1 月底,外资银行人民币存款余额 5.9 亿元,是上海地区中资银行人民币存款总额的万分之七;人民币贷款余额 5.52 亿元,是中资银行的万分之六。经营人民币业务的外资银行的人民币存贷比已达到 93.6%,即使将营运资金计算在内,贷款与存款加营运资金的比例也达到 63%,其业务发展已达到相对顶点,再扩展下去流动性风险将增加。这主要是外资银行在人民币业务拓展方面限制过严,从而使其面临客户范围狭窄、吸收存款困难、资金来源有限、贷款期限较短等困难。可见,适当扩大外资银行吸收存款的客户基础,同时增加人民币的业务品种,如发行大额可转让定期存单、票据再贴现或转贴现、人民币远期结售汇等,已成为外资银行从事人民币业务进一步拓展的必然选择。这就对中资金融机构提出了严峻的挑战,同时也是对中国现有金融体制及其体系本身提出的挑战。因此,中国的金融开放及融入金融国际化进程的快慢,完全取决于金融改造的步伐。

4.2.2　东南亚金融危机与金融风险防范

1997 年下半年开始的东南亚金融危机已经从一些国家的债务问题日益发展成为一个地区性的货币危机,进而引发资金紧缺和严重的偿债能力问题。在开始阶段只在一些国家发生的经济衰退已演变成为一个旋涡式过程,正席卷着整个地区。就整个东亚地区而言,1997 年 6 月至 1998 年 6 月,股票市场市值减少了约 2 万亿美元,其中日本减少了 1.2 万亿美元(见表 4.6)。这大致相当于美国股票市场价格降低了 20%。同时,在此过程中房地产价格下降产生的资产损失,在许多亚洲国家也大致相当于在股票市场的损失。因此,在这一危机中,亚洲地区的总财富损失是惊人的。如此重大的财富损失,对经济产生重大影响,致使许多国家和地区的消费和投资支出大幅度下降,引发严重的经济衰退。这又反过来给资产价格增加新的压力,引起信贷短缺和资金紧张等问题的恶性循环,

表 4.6　东亚地区股票市场市值变化

	市值（10 亿美元）		增减额（10 亿美元）	增减率（％）
	1997 年 6 月	1998 年 6 月 12 日		
日本	3124	1929	−1195	−38.3
中国香港	552	284	−268	−48.5
中国台湾	335	253	−82	−24.4
中国内地	201	210	9	4.5
马来西亚	269	74	−195	−72.5
新加坡	140	74	−66	−47.2
韩国	153	41	−112	−73.2
菲律宾	74	31	−43	−58.3
泰国	63	21	−42	−66.5
印度尼西亚	106	12	−94	−88.7
总计	5017	2929	−2088	−41.6

资料来源：Standard Chartered Bank, *Greater China Viewpoints*, June, 1998.

最终将动摇整个经济商业活动的基础和信用关系。

这种经济衰退的旋涡已影响越来越多的国家，像"病毒"一样扩散至俄罗斯及拉美等新兴市场国家，甚至连美国华尔街股市在 1997 年 8 月末也出现暴跌 512 点的情况。

但不管其演变趋势如何，我们可以从中得到有价值的信息是两条：一是金融国际化隐含着巨大的金融风险，在谨慎有序地推进金融开放的同时，需要提高对经济和金融的宏观调控能力和监管水平；二是防范金融风险，最根本的还在于消除内部隐患，不断提高其综合国力以及国内企业和金融机构的国际竞争能力。

在金融国际化过程中，金融创新使衍生金融得到长足的发展，形成了品种繁多的衍生产品。目前，国际金融市场上的金融衍生产品已达 1200 余种，而且新产品仍在继续不断地开发。不仅如此，全球虚拟资本及其交易的增长与实体经济日益分离，金融的虚拟化程度不断提高。1997 年世界金融市场的交易量已接近 500 万亿美元，是国际贸易量的 70 多倍。

与此同时，随着金融自由化，机构投资者迅速崛起。全球各类投资基金超过 1 万家，美国的投资基金就多达 5000 家，其共同基金资产规模达到 4 万多亿美元，已超过银行存款规模。这些投资基金都是由高智商的投资管理者操纵，并有着高超的管理技术。

　　在这种情况下,国际游资的规模越来越大,其影响范围也越来越广。据估计,在国际金融市场上流动的短期资金至少有 7.2 万亿美元,相当于全世界经济产出的 20％。而国际游资又有很强的逐利性,利用各种金融衍生工具追逐高的利差和汇差,从事套利套汇活动。国际游资这种投资期限短、流动性强的特点,在信息与交易电子化和网络化日益完美的条件下显现得更为突出,其流入流出的速度极快。因此,国际游资具有造成国际金融市场动荡的巨大能量。它们大规模地流入和流出,使各国金融市场出现暴涨暴跌,货币汇率大幅度升值或贬值,从而使一国的货币汇率难以正常地反映国际资金供求状况。当它们大量流入时,会造成一国高通货膨胀或泡沫经济;当它们大量流出时,又造成通货紧缩和经济衰退,加大一国宏观调控的难度。

　　近几年来,国际金融危机事件屡屡发生,从墨西哥金融危机到巴林银行倒闭,再到 1997 年下半年开始的亚洲金融危机。金融危机的频繁暴发,表明现行国际货币体系尚缺乏对国际游资进行有效制约的"游戏规则",金融风险陡然增大。为此,加强金融监管、防范金融风险已日益成为各国政府及国际金融组织的重要议题之一。

　　英国巴林银行倒闭事件使人们对 1988 年开始施行的以信用风险为控制对象,以风险资产加权比例为基础决定适量资本额的方法是否适应现代银行风险管理的要求产生了怀疑。为此,1995 年底巴塞尔委员会对银行风险管理方法进行了重大调整,出台了于 1997 年底生效的《巴塞尔资本补充协议》,其核心内容是用风险值(value at risk)度量金融市场的风险,提出了一套新的纳入市场风险的资本比率规定,明确金融衍生商品的风险权重。另外,美国联储对商业银行的经营状况进行检查评估的标准(著名的"骆驼评级法"——CAMEL 评级体系)也作了重大补充,在此评级体系中增加了第六个标准——银行对市场风险的敏感性程度,即利率、汇率、商品价格或权益价格的变化,对银行收益或资本金的影响。另外一项重要补充是,强调对银行管理层风险管理质量的评价,检查人员在对 CAMEL 每一构成部分进行评级时,都必须对银行管理层对该部分风险的认识、衡量、调整和控制能力进行考察,作为综合评级的基础。

　　另外,世界各国都意识到加强彼此合作和协调的重要性,西方七国每年都要举行一次财长会议,对包括汇率、利率在内的重大问题进行磋商,采取协调政策。IMF 等国际金融组织也通过加强金融危机前预警系统的监测和政策指导,以及危机后的救援等工作加强对地区和全球范围金融活动的干预。

　　但另一方面,我们也要看到,金融危机的深层基础是产业危机。产业缺乏竞争力,经济脆弱,极容易造成呆账、坏账,进而引发金融危机。在东南亚金融危机中,一些产业技术升级较快,国际竞争力较强,经济运行良好的经济体,如中国台湾地区和新加坡等,往往有较好的抗冲击能力,所受影响较小。

因此,面对国际金融风险的增大,特别是东南亚金融危机的发生,我们不能采取消极的方式,放慢金融开放的步伐,甚至实行"关门"政策,而是要谨慎有序地开放中国金融市场,采取积极的防范措施,特别是从制度上加以改进与完善。

4.3　金融改造的基本框架及重点

从历史与现实的结合来看,中国金融改造将是一个较长期的过程。在此过程中,我们要有一个实施改造的基本框架,注重于各方面的关联性。但在不同阶段,则要根据国内外不同的情况,确定其改造的具体内容及重点。

4.3.1　金融体系的均衡化

世界各国经验表明,金融体系发展良好的国家比金融体系薄弱的国家增长更快、更持久,而且能更好地对经济震荡作出调整。但所有体制转轨国家都面临一个格外棘手的问题:其他市场改革的成功取决于金融体系的健康发展,而金融体系的改革不能独立于其他改革,尤其是宏观经济稳定、企业改革和辅助性法律机构的建立而孤军推进。转轨国家对这一两难选择常常反应消极,结果是金融改革滞后(世界银行,1996)。这种金融改革滞后表现在很多方面,但其中一个重要方面就是金融体系发展不均衡或不健全。

一般而言,发展中国家在经济起飞初期应适当利用国外储蓄资源来促进本国经济的发展,以资本净流入来保持国际收支的动态平衡。但在中国体制变革中,国民收入分配向居民部门倾斜,培育了较高的储蓄水平。中国在 80 年代经济发展中,虽然较多年份也出现资金净流入,但外部储蓄在总储蓄中所占的比例始终不大。进入 90 年代以后,更是出现了在多数年份国内储蓄率高于国内投资率的现象。这表明国内储蓄资金潜力十分庞大,基本可以满足国内投资的需要。

而且,国内储蓄率高于国内投资率,也意味着中国有相当一部分储蓄被国外所利用。事实上,从近年来的国际收支情况来看,情况不明的"其他往来"和"误差与遗漏"项不断增加。1995 年三项合计达到 254.2 亿美元,相当于当年所借外债的 27%,表明大量的资金从情况不明、不正当的途径流出,并在很大程度上脱离了资金管理和监测范围。在大量资金非正常外流的同时,我们还在拼命地扩大利用外资的规模,这说明国内资金渠道不够畅通,大量储蓄资金不能高效、顺畅地转移到经济建设中,出现了国内高储蓄与国内资金紧张同时并存的局面。

这种储蓄不能有效转化为投资的情况,在一定程度上是与中国间接融资偏大、直接融资偏小的不对称格局有关。在金融体系发达国家,企业、政府等非金融部门的金融工具发行额一般占 GDP 的比重平均为 15％以上,欠发达国家的该指标值约为 8％。如果按照同一口径计算,1996 年中国股票、企业债券和国债的发行额约为 2500 亿元,占 GDP 的比重不超过 4％,尚低于欠发达国家的平均水平。目前,美国直接融资与间接融资的比例大体为 7：3,其他发达国家也至少在 1：3 以上,而中国直接融资与间接融资的比例大体为 1：30。

自体制改革以来,中国证券市场从无到有,迅速发展,特别是股票市场已成为证券市场的主体。1997 年股票年成交额占证券市场年成交总额的 64.3％;深沪两市的市价总值达 17628 亿元,比上年增长 78.1％(见表 4.7),已占中国国民生产总值的四分之一强,但与发达国家的金融深化不同,中国的货币化水平迅速提高的同时,证券信用比重依然很低。1995 年,中国企业和居民金融资产(不包括银行对企业和政府债权)总额为 74683.7 亿元,其中现金与银行存款占 82.86％,股票、债券等金融资产仅占 17.4％,且证券资产主要是股票和国债。股票市值与债券占 GDP 的比重仅为 20％,而韩国为 84％,泰国为 112％,日本为 139％,马来西亚为 396％。

表 4.7　1997 年中国证券市场发展

	上市证券		上市公司		市　价		股　票		国　债		基　金	
	总数(个)	增长(％)	总数(个)	增长(％)	总值(亿元)	增长(％)	成交额(亿元)	增长(％)	成交额(亿元)	增长(％)	成交额(亿元)	增长(％)
上海	466	24.60	383	30.72	9239	69.91	13763.17	51	15380.56	−11.61	219.53	−55.86
深圳	429	43.48	362	52.74	8389	92.01	16958.67	38.8	1078.26	69.44	588.38	−44.97

资料来源:《中国证券统计年鉴》(1998)。

在单一的间接融资格局下,中国经济的高增长率主要是依靠银行贷款支撑的。1996 年,全国全部金融机构的各项贷款余额高达 64000 亿元,同期增加的股本总值、国债和企业债券总额不足 5000 亿元。随着贷款余额的高速增加,金融风险也在累积。我们知道,金融风险可分为两大类:一类是非累积性风险,它只涉及单个投资主体的投资行为,最终可以由市场自行消化;另一类是累积性风险,只有通过通货膨胀等破坏性方式予以释放。中国银行体系的金融风险属于后一类风险。

因为在间接融资格局下,存在着累积性风险的累积机制。城乡居民储蓄之后,只获取收益却不承担风险;企业则是在其贷款资产规模超过了自有资产规模时开始向银行转嫁风险,结果便是城乡居民获得收益的风险和企业进行投资与经营的风险全部集中到了银行身上。随着负债率的不断上升,银行便堆积了越来越多的不良资产。从微观层面看,银行尤其是国有商业银行的经营效果不理想,亏损面有所扩大,亏损额有所增加。从宏观层面看,银行体系的运行风险增大。到1995年底,国家银行应收而未收的利息已高达2200亿元;年末不良贷款占全部贷款的比重也高达22.3%。银行体系的风险若不及时有效地化解,就有可能成为危害整个国民经济体系的风险。

因此在金融改造过程中,逐步降低间接融资比重和提高直接融资比重是一个重要方面,而且这也符合金融发展的一般规律。中国现有国民储蓄和城镇人均金融资产规模,均已达到日本证券大众化时期的平均水平,加快发展直接融资体系的时机已经基本成熟。为此,在推进国有银行商业化改造,继续坚持间接融资为主的同时,要积极加快发展规范的资本市场,特别是通过发展投资基金,改善居民储蓄投资结构,实现居民资产流向由"消费主导型"向"投资主导型"的转变,适度缩小居民所持现金和银行存款的比重,逐步扩大各种债券、股票和其他资产比重,促进社会储蓄和投资的相对平衡,降低整个金融产业运行的风险。

另外,中国金融体系的非均衡还表现在前面论及的金融结构与经济结构之间的不对称性。也就是,中国金融对经济的支持具有片面性,民营经济在间接融资与直接融资中所获得的金融空间都极为有限。目前中国资本市场基本是对公有制经济中的大中型企业开放,对民营企业的容纳能力极弱,而中小型民营企业的直接融资渠道则更加堵塞。而在间接融资方面,其融资环境也极不宽松,处于与国有经济不平等竞争的地位。当前,银行在传统体制的惯性作用下,在信贷上仍持有"唯成分论",夸大了对民营企业贷款的风险,加之银行和国有企业间在客观上由于旧体制造成的"隐合约"关系,使银行贷款基本上都投向公有经济。

然而,民营经济对国民经济发展的推动作用却越来越大。有关资料表明,到1997年底,全国个体私营企业共注册2946.93万户,从业人员为6790.26万人,注册资本为7714.1亿元,仅1997年共纳税540亿元。目前民营企业已突破原来的服务性行业范围,进入高新技术、基础产业、房地产产业、社会中介等行业,并有不少企业已向知识密集型和资本密集型转化。资料表明,民营经济近年来对 GDP 新增部分的贡献均占 60％以上。

在这种情况下,特别是在扩大内需的宏观调控中,要把非国有经济纳入正规金融体系的服务范围之内,克服经济结构与金融结构的不对称,克服资金供给与需求的不对称,把货币政策作用的覆盖范围从传统体制内向体制外推延,从而扩大货币政策的有效作用范围。与此相联系,就是要加快非银行金融机构的发展。这是在任何金融体系中都是必不可少的部分,而且在所有转轨国家中都是很重要的。因为这些机构常常为小型的、有生气的新企业提供融资,而这些企业正成为经济增长的中心。

从更大范围来看,金融体系均衡化还涉及保险、基金等信用方面,这些方面也存在一些问题。如保险公司普遍采取短期行为,只管眼前收钱,很少考虑未来的支付,许多公司为提高竞争力,不惜给业务员高达 40％的佣金。中国的保险业目前正处在扩张期,保费收入总是大于理赔支付,眼下不大可能出现支付危机,但市场平稳后,保险公司就可能发生支付危机。另外,目前中国养老金的相当一部分被挪作他用,这对于将来的支付必然造成影响,况且由于养老金投资去向单一(只能购买国债和存入银行),也使养老金投资回报率过低。这些都是在金融体系均衡化过程中必须解决的问题。

然而,金融体系的改革极大地受法律制度和企业改革进程的影响。银行依赖法制,包括用担保补偿和破产法来实施银行的权益,并履行对企业的监督作用;资本市场需要公司法来界定股份有限公司和有限责任公司股东的权益,并允许他们对企业管理施加影响。为了使金融体系更有效率,这些法律和其他经济法的建设都需要进一步取得进展。但目前金融立法的进程明显滞后于经济和金融发展的新局面,金融监管的法律法规方面尚有不少空白点;对金融机构的设立审核和市场退出管理尚未规范化、法制化;金融监管手段、方法略显陈旧,使监管效率和频率不能满足其要求。

4.3.2　金融市场发展及利率市场化

从中国金融市场发展的现状来看,货币市场发展总体上要比资本市场更成熟些、更规范些,主要表现在以下几方面:

其一,同业拆借市场稳步发展。至 1997 年底,银行间同业拆借市场一级网成员共计 96 家,比上年增加 41 家,其中商业银行总行 16 家,城市商业银行 45家,融资中心 35 家。其他金融机构由融资中心牵头,通过二级网进行拆借。从市场运行状况看,金融机构法人间拆借交易量大幅增加,交易质量显著提高;短期资金融通增加,各金融机构的流动性管理水平不断提高。全国同业拆借市场保证了国有商业银行集中付款的需要,支撑了中央银行对金融系统流动性的控制,增强了商业银行潜在的流动性能力,促进了金融机构对资产负债结构的调整。通过同业拆借市场调剂头寸已成为商业银行的首选方式。

其二,银行间债券交易市场发展良好。1997年6月16日,银行间债券交易在全国银行间同业拆借市场推出,银行间债券市场开始运行。银行间债券交易以国债、中央银行融资券和政策性金融债券为交易工具,包括现券买卖和回购交易两种交易形式,采取自主询价、逐笔成交的交易方式。银行间债券业务的开展,有利于降低市场参与者因市场信息封闭、信用评级制度不发达、市场交易的透明度低而面临的信用拆借风险,同时也为中央银行进入货币市场,开展以债券买卖为主的公开市场业务,引导市场利率变化趋势,实施间接调控提供了有效途径,也有利于商业银行充分运用证券资产,灵活调节资金头寸,减少金融风险。因此,这标志着中国货币市场的发展又进入一个新阶段。

其三,票据市场平稳增长,结构逐步改善。1997年中央银行进一步加强了对商业汇票业务的宏观管理和制度建设。中国人民银行总行通过按月监控再贴现总量、期限、投向比例,加强对各分行再贴现操作效果的量化考核,完善了再贴现业务的考核与监控制度。各商业银行实行承兑授权和总量控制,对各分行按存贷款或拨付营运资金的一定比例核定最高承兑限额,实行承兑业务集中管理,完善承兑业务手续,实行承兑抵押和保证金制度。

这些措施提高了商业汇票业务操作的规范化程度,增强了金融机构防范票据风险的能力,使商业汇票业务总量平稳增长,承兑、贴现与再贴现的结构比例逐步改善。同时,使商业汇票背书转让增多,抵用率提高,对降低资金占用水平作用明显。另外,也使再贴现期限缩短,周转加快,引导了信贷资金流向。

但货币市场发展也存在一些问题,特别是银行间国债市场的参与者的性质和需求偏好几乎是一致的,由于缺乏交易意向,市场难以形成规模。如果银行想要调剂资金头寸,可以通过同业拆借市场进行,国债回购对银行轧平头寸的作用并不大。因此,如何打破银行间国债市场参与者的单一局面,建设有行有市的国债场外市场,是当前国债二级市场亟待解决的一个问题。另外,统一的国债一级市场与分割的国债二级市场(场内与场外),使招标发行后进入场内国债市场的筹码大为减少。这不仅使场内国债市场造成事实上的缩容,而且进一步降低了国债的整体流通性。

从资本市场来看,近几年市场扩容迅速,行为规范也日益完善,但问题不少,主要是股票市场中虚拟资本剧增,追逐高额回报的游资迅猛流动。1997年底,深沪股市上的市盈率超过100倍的公司比重分别为8％和13％。

因此,在今后中国金融改造中,货币市场与资本市场进一步发展与完善,都将是重要的基本内容。但在金融市场发展中,利率市场化则是一个核心问题。国际经验表明,政府对利率的控制最终将会阻碍金融部门的发展,为经济领域某些部门的发展附加较高的成本,并且会阻碍货币政策的有效使用。

在改革开放之前的1978年,国内的银行存款利率只有4种,贷款利率只有7种,且不分档次。1979年以后,对旧的利率体系进行了改革与调整,增加了档次,调整了结构,并全面实行了利率的期限管理。到90年代初,存款利率已有13种44个档次,贷款利率有47种45个档次,并对关系国计民生和外贸出口产品收购贷款实行了优惠利率。近年来,又对15个行业的基建贷款实行了差别利率。这种十分复杂的利率结构,常常掩盖了实际的经济重点。

中国利率管理体制的变革,主要是围绕以下几方面展开的:一是对商业银行赋予一定的利率浮动权;二是在深圳、温州等地试行了以人民银行存贷款利率为中心的利率体系和以管理存款利率上限、贷款利率下限为中心的利率管理体系;三是开放银行间同业拆放市场,首先放开货币市场利率,逐步建立利率浮动机制,在央行贷款利率成为货币市场主导信号后再全面放开存贷款利率。

从放开银行拆借利率作为利率市场化的起点,是稳妥的。但中国利率市场化尚没有多少实质性的发展。分析起来,主要是条件不具备。一是我们尚未建立起一个完整的中央银行利率体系。二是我们尚未建立一个合理竞争的银行利率体系。三是利率政策要在很大程度上兼顾国家产业、兼顾全国平衡发展。四是行业性优惠贷款利率太多。一项调查显示,截至1997年上半年统计共有各种优惠利率项目30余项,涉及贷款余额近4000亿元。另外,还有国有企业软预算约束、行业平均利润率没有形成使利率水平失去了参照物、银行经营成本高于融资成本(利润)等因素。

但从目前情况来看,推进利率市场化已越来越具备相应条件:(1)自1996年5月以来连续调低利率水平,既降低了银行的融资成本,又极大地减轻了企业利息负担,使银行利率处于相对低位,接近市场利率并有利于反映资金供求的真实水平。(2)金融机构持续保持增量存差,与1993年以前中国金融混乱、资金不足的状况相比,资金总量缺口明显减少。(3)1998年3月改革准备金制度,合并准备金和备付金存款账户,并降低存款准备金率。这将改变国有商业银行一方面以较高比例向中央银行缴存准备金保留备付金,另一方面又以较高比例向中央银行贷款的不合理状况。同时,准备金存款利率下调也增加了商业银行信贷资金的流动性,为央行更好地发挥基准利率作用创造了条件。(4)央行金融监管力度明显加强,将使资金向银行体系归流成为主导趋向,商业银行聚集起雄厚资金实力将使利率杠杆作用有更大的发挥余地。(5)国有企业扩张冲动减弱,对银行信贷强烈需求的压力减轻,国有商业银行自我约束机制也逐步形成。

因此,在金融改造过程中,除了进一步发展金融市场规模外,更要抓住各种有利条件,不失时机地推进利率市场化,充分发挥利率杠杆对资金要素的市场配置功能。

4.3.3 银行业的根本性革命

世界银行报告认为,一个国家银行改革的方式在很大程度上是由两个因素决定的:金融体系深度(金融负债对 GDP 的比重)和机构的传统格局。对于经济转型国家来讲,银行改革主要有三种方式:(1)重建银行体系方式。大多数东欧转型国家由于通货膨胀消除了坏账和储蓄,使储蓄者对金融体系缺乏信心,从而可以从头开始建立新银行体系而损失甚微。(2)先整顿,后私有化的方式。中东欧国家则采取整顿现有银行的方法,强调现有银行的资本调整,同时将整顿计划延伸到现有银行机构的建设和尽快地私有化。(3)对现有银行整顿方式。由于中国的金融深化程度较高,政府选择了阶段性方式进行银行业改革,主要对现有银行进行整顿。

中国的银行业改革方式,是比较稳妥的,可以保持对金融体系较高的信心,并限制金融的非中介化(金融交易绕过银行系统的趋势)。但不利之处是,维持了现有国有银行所起的重要作用,并使这些银行产生"一旦陷入困境,政府会来救助"的预期,从而使整顿效应下降。

国际经验表明,完善金融体制和金融政策应该从保护市场的角度,而不能仅仅从保护机构出发(世界银行,1996)。日本过去的金融政策有些措施是基于保护金融机构的目的出发的,看重既有的金融机构不能倒闭,不能被淘汰,以保护存款人的利益,实际造成金融缺乏活力,甚至引发金融危机。这是值得我们引以为戒的教训。

尽管改革开放以来,中国的银行业已发生了重大的体制变革,竞争压力日益增大,但仍然处于高度垄断地位,受到各种政策保护,所以中国银行业的运作及抗风险能力是比较弱的。从 1994 年起国内的银行就开始实行国际通行的资产负债比例管理,但由于国家政策性控制的影响,一直未落实真正的比例管理。目前,主要国有商业银行全部资本对风险资产的比率都只有 4%—6% 的水平,大大低于 8% 的国际标准。而且,一级资本金充足率达到 4% 也是账面上的数字,实际资金受到大量呆账的冲销。另外,与国外银行相比,中国的银行运作的效率及效益水平也不高,有较大的差距(见表 4.8)。

表 4.8　中外银行人均税前利润比较(1995)

	工行	农行	建行	中行	住友	三和	英汇丰	美汉华
员工数(万人)	60	50	30	20	1.764	1.497	9.840	4.167
人均税前利润(美元)	2050	940	2510	9660	51000	62000	39000	51000

资料来源:贾静宜等:《金融服务贸易自由化进程中的商业银行能力创新》,《上海金融》1998 年第 8 期。

因此,继续深化银行改革是金融改造的重要内容之一,其任务还是很艰巨的。中国的银行改革要取得实质性的进展,必须在改造国有银行的同时发展新兴金融机构,包括民营金融机构。而在推进国有银行的商业化进程中,又需要有其他方面改革相配套,特别是企业改革。企业改革是解决坏账问题和增加新的贷款机会所必需的。好企业会产生对更好的银行服务的需求,从而促进银行体制改革的进程。在此基础上,银行业本身所需进行的改革包括以下方面:

一是强化风险防范机制。首先要进一步健全商业银行风险防范管理体系。其中包括风险管理规程要适应经济形势的发展而更新与完善;改革现行会计核算体系,以满足对银行资金活动、业务活动管理的要求;理顺稽核体系,形成系统化、网络化的稽核监督,提高稽核的有效性;建立风险的预警体系,改变对风险管理的控制多于对风险的识别、测量的局面等。其次要健全基层分支行的风险内部控制体系。其中包括建立各业务部门的相互监督、制约机制;把内部稽核落到实处,扩大其覆盖面,提高其频率;严格执行和贯彻有关规章制度,及时反馈操作中出现的问题。

二是大力开发金融产品。由于长期以来与国际金融市场隔绝,中国的银行业在防止利率波动、汇率波动对资产负债的影响方面缺乏相应的金融工具来防范风险。目前国有商业银行只是在价格风险转移方面开发了利率互换、货币互换、双重货币存款等较少品种,与西方银行有较大差距(见表 4.9)。为了实现利润最大化目标,银行必须保证其资产的安全性、流动性和收益性。因此,就要开发一系列金融产品,以实现价格风险转移、信用风险转移,并增强资产流动性。

表 4.9　中外银行资产负债管理的金融产品比较

	国外银行	中国国有商业银行
价格风险转移	可调整利率抵押、浮动利率贷款、互换贷款、货币互换	利率互换、货币互换、双重货币存款
信用风险转移	证券化资产、无追索权资产出售、可转让贷款合同	
增强资产流动性	证券化资产、可转让存单	

三是发展专业服务。中国的商业银行要纠正重一般服务、轻专业服务的倾向,开发更多的能体现银行信息、业务水平等方面优势的专业技能服务,如作为特定的财务顾问;开拓帮助企业筹资、融资、用资进行策划的业务,如国外银行开展的金融工程、金融规划等业务。

四是政策性银行的合理运用。在中国的银行业中,政策性银行要坚持保本微利,避免成为财政的包袱;同时,要扩大市场化筹资的比重,避免成为人民银行的包袱。尽管根据目前中国的实际情况,政策性银行的作用和功能是不能替代的,但也不能将其形而上学化。政策性银行是一定历史阶段的特定产物。随着政府发展经济的重点或意图的改变,要不断对政策性银行进行调整和改革。日本政府拟对政策性金融机构进行改革和调整,在 1999 年取消日本开发银行、北海道东北开发公库、地区振兴公库,合并日本进出口银行和海外协力基金,合并国民金融公库和环境卫生金融公库、中小企业信用保险公库,也就是说,日本的政策性金融机构体系将基本解体。

总之,中国的银行业要根据新形势的发展实行重大体制变革,以适应世界金融的发展潮流,在中国经济运行中发挥更大的作用。

5 消费需求不足与消费政策[*]

在当前中国经济运行过程中，消费需求不足已成为影响国民经济运行的一个重要变量。从宏观总量的表现形态来讲，消费需求不足是相对于实际总供给水平而言的实际购买力不足所形成的"缺口"。尽管在世界各国经济周期性波动中总会出现这种消费需求不足的现象，但这一"缺口"形成的机理及其基础并不具有同一性或唯一性。因此，我们必须对消费需求不足的成因、性质和特点进行深入分析，并针对其形成的机理及其基础实行有的放矢的政策导向，而不是笼统地套用教科书中的一般政策模型。

5.1 发展战略导向对消费需求的规定性

自改革开放以来，随着体制能量的释放，潜在供给能力大大增强，从而也提高了实际供给水平。但如果仅仅是由于实际供给水平提高打破了原有供求均衡从而导致消费需求不足，那只是经济周期性的问题。然而，从中国的实际情况来看，事情并非如此简单。尽管 1998 年以来政府已采取扩大内需的宏观政策调控，试图通过刺激投资需求来带动消费需求，同时也采取了一些直接刺激消费需求的政策措施（如降息、消费信贷、清理不合理收费等），但从目前情况来看，其政策效果并不理想。1998 年社会消费品零售总额比上年增长 6.8％，而同期城乡居民储蓄存款余额增长达 15.4％，即期消费与储蓄之间形成了鲜明的反差。由于消费边际倾向过低，扩大投资的政策效应也因投资乘数趋小而锐减，极大地弱

---

　　* 本章原载周振华主编《挑战过剩——中国经济分析 2000》（上海人民出版社 2000 年版）第 1 章"消费需求不足分析及收入与消费政策取向"。

化了投资需求带动消费需求的联动效应。因此,中国现阶段出现的消费需求不足具有明显的长期调整特性,是短期性政策难以有效启动的。下面对上海消费需求所作的实证分析将表明,这种消费需求不足是长期以来"低消费、高积累、高投资、高增长"发展路径的必然结果。

5.1.1　居民收入增长长期滞后改变了 GDP 支出结构

新中国成立之初,中国的积累与消费之间的关系基本处于正常状态。1952年中国最终消费占国内生产总值的比重达 78.9%,其中居民消费占国内生产总值的比重为 65.4%。以后在赶超发展的战略思想引导下,中国实行了"高积累带动高增长"的发展方针,从而使最终消费率趋于下降。在整个 50 年代,中国最终消费占国内生产总值的比重平均为 73%,60 年代平均最终消费率保持在 74%,到了 70 年代,平均最终消费率已大幅度下降为 65%。1978 年最终消费占国内生产总值的比重只有 61.8%,其中居民消费占国内生产总值的比重为 48.8%,相比 1952 年分别下降了 17.1 个百分点和 16.6 个百分点,而同期的资本形成总额占国内生产总值的比重却从 22.2% 上升至 38%,上升了近 16 个百分点。

然而,在传统计划经济体制下,这种"高积累带动高增长"的发展是通过平均主义的低收入政策和抑制生产消费品的轻工业发展,并通过重加工业内部循环的急剧扩张来实现的。传统计划机制没有实现消费与积累的全面均衡,但却实现了低收入的强制性消费需求与消费品供给严重不足的局部相对均衡。因此,在传统计划体制下整体上并不表现为消费需求不足,反而是表现为消费品供给不足的"短缺经济"。

改革开放以来,传统经济发展战略受到冲击,并随之而有所改变,特别表现在三次产业的结构调整和工业内部结构调整上。长期受抑制的第一产业和第三产业得以恢复性发展,第一产业在 GDP 中的比重从 1978 年的 28.1% 迅速上升至 1984 年的 32%(以后随着产业结构深化,其比重不断趋于下降),第三产业在GDP 中的比重从 1984 年的 24.7% 迅速上升至 1989 年的 32%。在工业内部结构中,轻工业得以迅速发展,并打破了与重加工业的隔绝状态,形成了两者互动局面。与此同时,国民收入分配格局也发生重大变化,国民收入分配向居民部门倾斜,居民收入相对增长(与自身过去收入相比)有大幅度的提高。因此,在1978—1988 年间,中国城乡居民消费水平分别以年均 6.5% 和 8.2% 的速度递增,最终消费的贡献率平均达到 62.6%。

但从根本上讲,"高积累带动高增长"发展战略的本质内涵并没有得到改变,整个国民经济仍然沿着投资推动的粗放型增长方式的轨迹在运行。随着市场需求拉力的日益增强,消费品生产的供给迅速扩张,并有力拉动了重工业和基础工业潜在生产能力的发挥,从而继续推动着资本形成相对规模居高不下。在 80 年代,比较突出的是 1984—1988 年间投资需求以年均 14.1% 的速度迅速增长。进入 90 年代后,投资规模的迅速扩张更是长时间地延续。1992—1997 年间,资本形成总额年均增长 14%,高于最终消费年均 9.5% 的增长速度,也高于 GDP 年均 11.5% 的增长速度。特别是 1993—1995 年间总投资对国民经济的贡献超过了最终需求。

因此,改革开放以来,虽然中国资本形成总额占按支出法计算的国内生产总值的比重曾一度从 1978 年的 38.2% 连续下降至 1982 年的 32.1%,但 1985 年即迅速恢复至 38.5%。整个"六五"期间,平均资本形成率为 34.34%。在"七五"期间,平均资本形成率上升至 36.26%。虽然资本形成率在 1990 年下降至 34.7%,但到 1993 年即反弹至 43.5% 的高位,1994 年和 1995 年继续保持在 40% 以上的水平。因此,"八五"期间平均资本形成率高达 39.26%。随后几年虽有所下降,分别为 39.6%(1996 年)、38.2%(1997 年)和 38.1%(1998 年),仍处于改革之初 1978 年的水平。

在这种高投资的生产能力扩张中,尽管居民收入水平较过去有了明显提高,但居民收入的增长仍赶不上生产能力的扩张。1978—1997 年中国人均 GDP 年均实际增长 8.4%,而同期农村居民家庭人均纯收入年均实际增长 8.1%,城镇居民家庭人均可支配收入年均实际增长 6.2%。从更长的时期段来看,还有一个收入增长长期慢于经济增长的累计效应。1953—1978 年中国人均 GDP 年均实际增长 4.1%,而同期农民人均纯收入年均实际增长 3.3%,城镇家庭人均可支配收入年均实际增长 1.1%。因此,改革开放以来中国城乡居民收入的增长是在过去 28 年收入缓慢增长的基础上实现的。

特别值得注意的是,90 年代以来中国经济增长速度加快,但居民收入增幅不仅低于人均 GDP 增长幅度,而且还明显小于 80 年代的收入增幅。1993 年中国城镇居民人均生活费收入增幅达到 1990 年以来的最高点,为 10.2%(系指名义收入增幅,下同),在之后的四年里连续下降,1994 年为 8.8%,1995 年为 4.9%,1996 年为 3.3%,1997 年为 3.4%。"八五"期间中国农村居民人均纯收入年均实际增长 4.3%,远低于同期人均 GDP 12% 的增长速度。1996 年农村居民人均纯收入增长 9%,而 1997 年大幅度回落至 4.6%,1998 年只增长 2.5%。

我们知道,在决定消费的诸多因素中,收入是一个重要变量。居民的收入水平直接决定着消费支出的规模及水平。改革开放以来,在供给能力(特别是消费品供给能力)迅速增大的同时,由于居民收入增长长期滞后于经济增长,改变了

GDP 的支出结构,使消费率不仅没有提高,反而趋于下降。虽然在改革开放初期最终消费需求占总需求的比重曾一度从 1978 年的 61.8% 连续上升至 1982 年的 68.7%,但以后连年下降至 1990 年的 61.3%,并继续下降至 1998 年的 58.0%(见图 5.1)。如果把改革开放后的时期分为两个阶段,那么整个 80 年代的消费率平均还达到 65%,而 1991—1997 年间则下降为 59.5%。

最终消费(总消费)通常是由居民消费与政府消费(我们称为社会消费)两部分构成的。如果我们进一步考察居民消费占 GDP 的比重,就可以发现中国居民消费比重是极其低下的。1978 年至 1998 年的 21 年间,居民消费占 GDP 的比重经历了一个"迅速上升—逐步下降—再有所回升"的过程(见图 5.2),其最高点

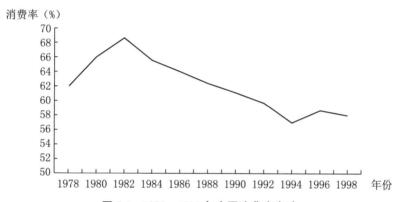

图 5.1 1978—1998 年中国消费率变动

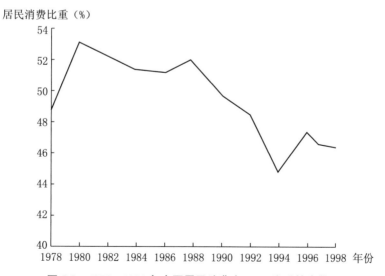

图 5.2 1978—1998 年中国居民消费占 GDP 比重的变化

是 1980—1981 年的 53.1％,最低点是 1994 年的 44.6％,但到 1998 年居民消费占 GDP 的比重仍只有 46.0％,不仅远没有回升到 1988 年的高点,而且还比 1978 年 48.8％ 的水平低了 2.6 个百分点(见表 5.1)。这表明,改革开放以来中国居民消费在宏观层面上是不断趋于萎缩的。在这一个较长时期里,居民消费占 GDP 的比重平均为 49.5％。居民消费需求对经济增长的贡献率也呈下降趋势。"六五""七五""八五"时期,这一指标分别为 53.6％、47.5％、45.9％。

表 5.1　中国居民消费占 GDP 的比重

年份	支出法GDP(亿元)	居民消费(亿元)	居民消费占 GDP比重(％)	年份	支出法GDP(亿元)	居民消费(亿元)	居民消费占 GDP比重(％)
1978	3605.6	1759.1	48.8	1989	16466.0	8523.5	51.8
1979	4073.9	2005.4	49.2	1990	18319.5	9113.2	49.8
1980	4551.3	2317.1	53.1	1991	21280.4	10315.9	48.5
1981	4901.4	2604.1	53.1	1992	25863.6	12459.8	48.2
1982	5489.2	2867.9	52.2	1993	34500.6	15682.4	45.5
1983	6076.3	3182.5	52.4	1994	46690.7	20809.8	44.6
1984	7164.4	3674.5	51.3	1995	58510.5	26944.5	46.1
1985	8792.1	4589.0	52.2	1996	68330.4	32152.3	47.1
1986	10132.8	5175.0	51.1	1997	74894.3	34854.6	46.5
1987	11784.0	5961.2	50.6	1998	79853.3	36921.1	46.0
1988	14704.0	7633.1	51.9				

资料来源:《中国统计年鉴》(1999)。

更值得注意的一个现象是,中国经济较发达地区的最终消费率普遍低于欠发达地区。如上海的居民消费占 GDP 比重远低于全国平均水平。1978—1997 年 20 年间,上海居民消费占本市 GDP 的比重平均为 39.5％,比全国低了 10 个百分点,其最高年份(1983 年)也只达到 47％,最低年份(1996 年)只有 32％。从动态变化角度来分析,上海居民消费占本市 GDP 的比重也是呈现阶段性连续下降的态势。1978—1985 年间,居民消费占本市 GDP 的比重平均为 44％;1986—1990 年间平均为 37.4％;1991—1997 年间平均只有 35.86％。1997 年,上海居民消费占本市 GDP 的比重只有 33％,低于同期全国 46.5％ 的水平 13.5 个百分点。当然,中国现阶段经济发展仍处于投资推动的发展阶段,与此相适应,势必有较高的投资率。一些经济较发达地区更具有积累的条件,所以也会比欠发达地区具有相对更高的投资率。但这当中起更大作用的,是追求产值增长的"高投资、低消费"的发展战略导向。

如果进行横向比较的话,可以清楚地看出中国消费需求相对萎缩的特性。美国从 1869 年至 1959 年最终消费比重稳定在 80％以上,英国从 1860 年至 1958 年最终消费比重稳定在 80％—90％之间,同一时期其他西方发达国家最终消费比重几乎都在 80％以上。1997 年,美国消费需求在总需求中所占比重为 86.6％,其中居民消费需求所占比重为 68％,政府净支出所占比重为 18.6％;日本的消费需求在总需求中所占比重为 69.6％,其中居民消费需求比重为 59.8％,政府净支出所占比重为 9.8％。90 年代以来,西欧各国私人消费占 GDP 的比重一般都在 50％以上。例如 1997 年德国私人消费占 GDP 的比重为 59％,法国为 62％,意大利为 63％,英国、奥地利为 55％,荷兰为 62％,其他西欧国家也在 52％—63％之间。1995 年中等收入国家的最终消费比重平均达到 73％。即使是低收入国家的最终消费比重 1995 年平均也达到 71％,其中居民消费需求所占比重平均为 59％,两项都高出中国 13 个百分点(见表 5.2)。

表 5.2 消费需求在总需求中所占比重的国际比较 (％)

	消费需求占总需求的比重	居民消费需求占总需求的比重	政府净支出占总需求的比重
中国(1998 年)	58.0	46.0	12.0
日本(1997 年)	69.6	59.8	9.8
美国(1997 年)	86.6	68.0	18.6
中等收入国家(1995 年)	73.0	—	—
低收入国家(1995 年)	71.0	59.0	—

正是在居民收入增长长期滞缓于 GDP 增长的情况下,由大规模投资而迅速形成的消费品生产能力超过居民的购买能力,导致了消费需求的不足。这种居民收入增长滞后所带来的消费需求不足,与储蓄超过投资需求,因投资需求不足直接导致总需求不足,从而导致经济萧条的绝对储蓄过度有所不同。

一般来讲,高储蓄、高投资的经济发展方式(如日本等国),通常是以出口导向型战略为前提的,通过强有力的外需来弥补其国内需求不足,以求得宏观经济的总量均衡。如果不具备外向型经济的前提条件,或当外需长期疲软时,这种经济发展路径往往就行不通了,势必会发生国内消费需求不足的问题,最终制约经济的高增长势头。自改革开放以来,尽管中国的对外依存度越来越高,但作为一个大国经济,中国总体上还不是高度外向型经济。再加上近年来世界经济普遍出现传统技术产品生产能力过剩的局面,增大了中国外贸出口的难度,在一定程度上加剧了国内总需求不足。

5.1.2　二元发展结构下的消费需求多层断裂

作为后起发展中大国,中国传统农业部门与现代非农产业部门并存、沿海较发达经济与内陆欠发达经济并存的二元经济特征是比较明显的。长期以来实施的赶超型发展战略,不仅没有消除这种经济特征,反而进一步强化了二元发展结构的刚性。二元发展结构的累积效应,使城乡消费需求、地区消费需求之间发生严重断裂,从而对总消费需求水平的提升产生了重大抑制作用。

传统农业是一个受自然条件影响严重的部门,边际收益递减规律的作用特别明显。据统计,1965—1995 年间,全世界以及世界各类国家的农业增长都低于工业和服务业的增长,特别是在农业技术进步较缓慢的发展中国家,更是如此。1965—1980 年,低收入国家的农业年均增长 2.6%,而工业和服务业分别增长 7.6%和 5.5%;1980—1990 年,其农业年均增长 3.6%,而工业和服务业分别增长 7.7%和 6.9%;1990—1995 年,其农业年均增长 3.1%,而工业和服务业分别增长 11.6%和 6.4%。中国农业增长也表现出与全世界尤其是发展中国家同样的趋势。1965—1980 年,中国农业年均增长 2.8%,而工业和服务业分别增长 10%和 10.3%;1980—1990 年,农业年均增长 5.9%,而工业和服务业分别增长 11.1%和 13.6%;1990—1995 年,农业年均增长 4.3%,而工业和服务业分别增长 18.1%和 10%。

农业增长缓慢决定了农民收入增长不可能很快,农业与非农产业增长的差距决定了农村居民和城镇居民在收入水平上的差距。如果存在着农业剩余劳动向非农产业部门转移的机制,那么农民人均收入水平还有相对提高的可能性。但在传统发展战略的指导下,为了尽快完成工业化的"原始积累",实行了城乡隔离模式,使大量农业剩余劳动力滞留在农村,从而加大了城乡收入差距。到1978 年,农村居民家庭人均纯收入为 133.6 元,城镇居民家庭人均可支配收入为343.4 元,城乡之比为 2.57∶1。改革开放初期,随着农业迅速增长和农产品价格调整,农民收入有较快增长,城乡居民收入之比曾一度下降到 1985 年的 1.86∶1。但以后随着价格体系的复归,农产品相对价格下降,农业生产资料价格上升,农业增产不增收,农村居民收入增长趋缓,城乡居民收入之比又开始持续上升,1992 年达到 2.59∶1,超过了 1978 年的水平,1994 年更是上升至 2.86∶1 的最高水平。近几年,城乡居民收入之比虽有所下降,但仍处于改革之初的 2.5∶1的高位水平(见图 5.3)。1998 年,农民人均纯收入水平大体相当城镇居民 1992

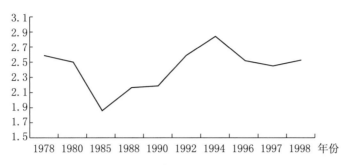

图 5.3　中国城乡居民家庭人均收入之比（农村居民＝1）

年的水平。

由于农村居民收入水平低下，农村居民家庭的储蓄水平明显低于城市居民家庭。据有关部门统计，近十年中国农村居民储蓄存款年均增长率为 14％，比城市居民的 19％低 5 个百分点。而且农村居民人均每年增加的存款额只占当年收入的 7.8％，比城市居民的 31％低 23.2 个百分点。而且，由于农民纯收入中的相当一部分要用于购买生产资料，而城镇居民实际占有的生产资料却是免费的，加上各种社会福利的补贴，所以农村居民的平均消费倾向要低于城镇居民。1978—1997 年 20 年间，农民的平均消费倾向的均值为 0.8360，城镇居民的平均消费倾向的均值为 0.9855，前者比后者低了 0.1495。

这样，与城乡居民收入差距相适应，城乡居民消费水平差距趋于扩大。在改革之初的 1978 年，城镇居民消费水平已是农村居民的 2.9 倍。以后随着农村居民收入较快增长，其消费水平有较大提高，至 1985 年城乡居民消费水平之比（农村居民＝1）已下降到 2.3∶1。但进入 90 年代后，城乡居民消费水平差距不仅超过了 1978 年的水平，而且进一步扩大，1993 年和 1994 年均达到 3.5∶1（见图 5.4）。1996 年和 1997 年，城乡居民消费水平差距有所缩小，但到 1998 年，仍处于 3.3∶1 的高位水平。

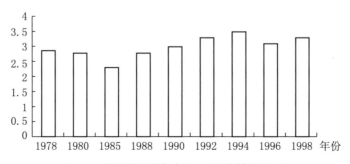

图 5.4　城乡居民消费水平之比（农村居民＝1）

城乡居民收入差距扩大,致使目前农村居民的消费水平只相当于城镇居民1991年的水平,也造成了城镇消费需求与农村消费需求的断裂。许多耐用消费品在城镇市场已经饱和,而在农村则普及率很低。例如,1998年底农村居民家庭平均每百户洗衣机、电冰箱、收音机、彩色电视机、收录机、照相机的拥有量,分别只有22.8台、9.25台、28.19台、32.59台、32.36台和2.22台。许多新的耐用消费品如影碟机、录像机、摄影机、家用电脑、微波炉、空调器、淋浴热水器、排油烟机、钢琴等在农村几乎还是空白。

我们知道,随着收入水平的提高,边际消费倾向趋于下降。因此,在某一时点上,低收入水平的边际消费倾向应该高于高收入水平的边际消费倾向。然而,中国相对低收入水平的农村居民边际消费倾向却低于相对高收入水平的城镇居民边际消费倾向。1978年,城镇居民的边际消费倾向为0.7887,农村为0.7495,低于前者0.0392。到1997年,由于收入增长、预期变化等因素的作用,城乡居民边际消费倾向均大幅度下降,城镇居民边际消费倾向下降为0.3399,农村下降为0.2747,仍低于前者0.0652。尽管相对高收入水平的城镇居民边际消费倾向较高,是有利于提高总消费水平的,但由于城镇居民在总人口中的比重较小,而占总人口较大比重的农村居民的边际消费倾向却较低,农村居民最终消费总额从1978年的1092.4亿元增加到1998年的17667.3亿元,其占居民消费的比重则从62.1%下降到47.9%(见图5.5),即目前8.6亿农民的消费总额还不及3.5亿城镇居民的消费总额。因此,这从总体上降低了消费总水平。

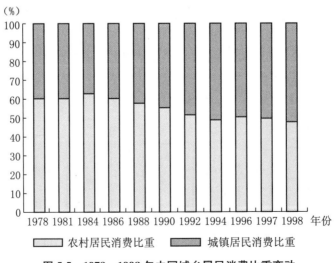

图5.5 1978—1998年中国城乡居民消费比重变动

5.2 体制转换对消费需求变动的特定影响

通常,西方经济学都是在一个稳定的制度环境下来考察消费需求变动,探讨影响消费需求变动的诸种决定因素的。而中国正处于经济转型时期,体制转换对消费需求变动的影响是十分深刻的。因此,分析当前中国消费需求不足问题,不能简单套用一般消费理论,还必须考察体制转换这一特定因素的影响,包括体制转换的方式、路径及过程对其的影响。

5.2.1 财富的边际消费倾向低下及结构性失衡

根据生命周期理论,一生消费等于一生收入。为此,影响消费支出的因素,除了可支配收入及其边际消费倾向外,还有一个实际财富及其边际消费倾向问题。与收入这一流量变量不同,财富则是一个存量变量。

众所周知,传统体制并没有给中国广大居民留下实质性的个人财富积累。到改革开放之初的 1978 年底,全国城乡居民储蓄存款余额只有 210.6 亿元,人均储蓄存款余额仅 21.88 元。而在当时历史条件下,储蓄存款是居民个人财富积累的唯一形式。改革开放后,随着收入的增加,个人财富才开始有所积累。但在整个 80 年代,个人财富积累的存量还是较小的。到 1990 年底,全国城乡居民储蓄存款余额为 7034 亿元,人均储蓄存款余额也只有 615.24 元。90 年代以后,个人财富积累才有较大增加。1995 年,全国城乡居民人均储蓄余额达到 2448.98 元,1998 年达到了 4279.1 元。此外,居民还有了诸如证券、不动产等其他财富积累形式。

当然,这一财富积累过程是不平衡的,有些人可能已基本完成财富的"原始积累",但从总体上看,其积累时间还过于短暂,不足以形成一个较大的存量变量。1997 年中国总人口 123626 万人,总家庭户 33963.2 万户,共拥有金融资产 75737.94 亿元,户均 2.23 万元,人均 6126 元。其中第三层次有 16166.48 户,占总户数的 47.6%,拥有 37% 的金融资产,户均 1.73 万元,人均 4762 元。第四层次有 14841.92 万户,占总户数的 43.7%,只拥有 3% 的金融资产,户均 0.15 万元,人均 421 元。第三、第四层次合计占总户数的 91.3%,可以说绝大多数人口户均金融资产只有 0.977 万元,人均 2684 元。因此,从总体上讲,居民实际财富的边际消费倾向还是较低的。

　　如果从结构上分析,更可以看到体制转轨过程中从财富中产生的边际消费倾向的结构性"空缺"。按照一生消费等于一生收入的观点,一个人年富力强时正忙于财富积累,从财富中所产生的边际消费倾向比较低;而当一个人越接近寿终,从财富中产生的边际消费倾向就越高。从整个社会来讲,总有一部分人从财富中所产生的边际消费倾向较低(正处于以财富积累为主的过程中),而另一部分人从财富中所产生的边际消费倾向较高(已处于财富消耗之中),所以其动态过程是均衡的。然而,在我们体制转轨的特殊阶段,这种从财富中所产生的边际消费倾向处于一种结构性失衡状态。

　　对于已退休或即将退休的人员来讲,由于其就业期正处在平均主义低收入的传统体制下或80年代个人财富积累刚起步的阶段,目前基本上没有什么个人财富积累,所以不可能有较高的从财富中所产生的边际消费倾向。对于目前在职的40—50岁这部分人员来讲,虽有一些个人财富积累,但数量不大,今后能挣工资的年数已不多(如果加上提前退休、下岗等因素),而随着平均寿命的延长,这些收入今后需花费的年数却不短。我们知道,劳动收入的边际消费倾向跟今后能挣得工资的年数以及这些收入今后花费的年数有关,所以这部分人员劳动收入的边际消费倾向也不会高。对于20—40岁这部分人员来讲,相比而言,其收入较高,特别是白领阶层,个人财富积累速度较快,但由于其在生命周期中所处的位置靠前,需要更大的积蓄为退休后消费之用,所以其边际消费倾向也不会太高。

　　这样从整个宏观面来讲,增加的储蓄将比取出的储蓄多,从而在经济中出现净储蓄的特殊现象。数据分析表明,1997年上海居民人均消费性支出为6819.94元,比1981年的584.58元增长10.7倍,年均递增16.6%。若扣除同期的物价上涨因素,居民实际消费水平比1981年增长1.4倍,平均每年实际递增5.6%,比同期的年均实际收入增幅低0.9个百分点。这在一定程度上可以作为一个佐证。

5.2.2　收入构成中的暂时性收入波动频繁且比重较大

　　人们的消费是根据较长时期内的收入作出计划的,持久性收入是个人一生中的平均收入。在体制变革时期,虽然居民收入有较大增长,但其收入来源不是很规范。例如目前工资外收入在个人收入中所占的比重较大。职工工资外收入主要由两部分组成:一是职工从本单位获得的工资外收入,主要有劳保福利(降温费、休假费、生日费、过节费、污染费、保健费等)、各种奖金(月度奖金、季度奖金、年终奖、节日奖等)、开办第三产业的利润提成、外单位的赞助费、挂靠单位的管理费、合作单位的各种业务费和手续费提成、本单位的"小金库"(各种五花八门的灰色收入)等;二是职工从本单位以外获得的工资外收入,主要有从事第二职业的收入、被赠与的股份、炒股所得、股息收益、存款利息、集资利息、房屋租金等。

据国家统计局调查,中国城市职工在本单位获得的工资外收入占职工总收入的比重由 1978 年的 8% 上升到 1997 年的 32.8%,还未包括本单位发放的各种实物折价和本单位以外的工资外收入。城镇居民家庭收支抽样调查也表明,职工从工作单位得到的其他收入,1985 年人均一年只有 44.88 元,1990 年上升到 99.11 元,1995 年达到 228.67 元;从本单位以外获得的劳动收入,1985 年人均年收入为 12.36 元,1990 年增加到 22.61 元,1995 年和 1998 年分别增加到 96.91元和 174 元;人均年财产性收入从 1985 年的 3.74 元增加到 1990 年的 15.60 元和 1995 年的 90.43 元,1998 年又迅速增加到了 132.87 元;人均年转移性收入从 1985 年的 65.88 元增加到 1990 年的 250.01 元和 1995 年的 587.61 元,进一步增加到 1998 年的 878.99 元;人均年特别收入从 1985 年的 35.95 元增加到 1990 年的 69.46 元和 1995 年的 152.14 元,1998 年达到 210.50 元(见表 5.3)。当然,工资外收入并不完全等同于暂时性收入,其中有一部分也是持久性收入,但从总体上讲,工资外收入是相对不稳定的,具有暂时性。

表 5.3　城镇居民人均非工资性收入的增长情况　　　　　　　　　　(元)

	1985 年	1990 年	1995 年	1998 年
职工从本单位得到的其他收入	44.88	99.11	228.67	—
其他劳动收入	12.36	22.61	96.91	174.00
财产性收入	3.74	15.60	90.43	132.87
转移性收入	65.88	250.01	587.61	878.99
特别收入	35.95	69.46	152.14	210.50

资料来源:《中国统计年鉴》(1999)。

如果我们以三年移动平均收入作为持久收入,将其与当年收入的差额作为暂时收入,那么从上海来看,经过三年移动平均修匀计算的持久收入,其增长幅度比较平稳。1985—1988 年进入第一个高增长期;1989—1992 年持久收入增长比上一个阶段约低了 7 个百分点;1993—1995 年持久收入再度高增长。与此相反,暂时收入的增长此起彼伏,极不稳定。1984 年暂时收入增长曾高达 224.8%,1993 年也高达 123.9%,而 1987 年、1989 年和 1990 年则为深度负增长(见表 5.4)。而且,暂时收入在总收入中所占比重也比较高,1983 年只占 5.1%,1985 年上升到 20.2%,以后虽有所下降,但到 1993 年又回升到 23.3%,1995 年为 21.7%。

表 5.4   上海居民人均持久收入和暂时收入的变动

年份	持久收入(元)	增长率(%)	暂时收入(元)	增长率(%)
1983	784.76	—	42.13	—
1984	866.53	10.4	136.85	224.8
1985	1047.60	20.1	265.13	93.7
1986	1308.33	24.9	300.44	13.3
1987	1571.53	20.1	221.47	−26.3
1988	1869.10	18.9	336.42	51.9
1989	2154.94	15.3	311.35	−7.5
1990	2454.66	13.9	237.52	−23.7
1991	2732.22	11.3	305.98	28.8
1992	3133.48	14.7	536.57	75.4
1993	3954.75	26.2	1201.24	123.9
1994	5248.28	32.7	1670.51	39.1
1995	7007.24	33.5	1939.71	16.1

5.2.3   收入中的边际储蓄倾向增大

改革开放以来,城乡居民的持久收入变动比较稳定,且与即期消费支出的关系也比较密切,而暂时性收入与消费支出关系不密切。例如统计分析表明,上海城市居民持久收入平均每增长 1 个百分点引起消费支出平均增长 0.8022 个百分点;其暂时收入平均每增长 1 个百分点引起消费支出平均增长只有 0.1505 个百分点。上海农村居民的持久收入对消费的决定作用还要强于城市。可见,居民即期消费的持久收入弹性和持久收入的边际消费倾向分别明显高于即期消费的暂时收入弹性和暂时收入的边际消费倾向。而且,利用 1980—1997 年的统计资料进行回归分析的结果表明,上海城乡居民的持久收入与持久消费(指经常性的、计划中的消费,是相对稳定的消费)之间有高度相关性(两者的相关系数都超过了 0.995)。城市和农村持久消费的持久收入弹性分别为 0.9573% 和 0.9787%,持久消费的边际倾向分别为 0.8051 亿元和 0.7676 亿元。因此,上海居民即期消费支出主要取决于现期收入中的持久收入部分,而与现期收入中的暂时收入部分关系不大。

根据持久收入理论假设,短期边际消费倾向总是小于长期平均边际消费倾向。其原因是,当前收入增加时,个人对它能否保持一段较长时期是没有把握的,不可据此来制定消费计划,把消费开支调整到较高水平。只有当收入永久增加时,才可能适当调整消费计划,把消费开支调整到较高水平。因此,这部分暂时性收入将更多地用于储蓄,而不是用于消费。

实证分析也表明,这部分暂时收入正是居民储蓄的主要来源之一,收入的意外增加或减少导致了储蓄的增加或减少。从总体上看,净储蓄额(即名义收入减去实际支出,或等于期末期初手持现金差额加上储蓄借贷收支差额)平均占暂时收入的 40%。而且,净储蓄额占暂时收入比重的变动与暂时收入变动有一定的相关性(表 5.5)。

表 5.5   上海居民人均暂时收入和净储蓄额的比较

年份	暂时收入 (元)	增长率 (%)	净储蓄额 (元)	增长率 (%)	净储蓄额占暂时 收入的比重(%)
1983	42.13	—	36.36	—	86.3
1984	136.85	224.8	72.84	100.3	53.2
1985	265.13	93.7	47.16	−35.3	17.7
1986	300.44	13.3	72.00	52.7	24.0
1987	221.47	−26.3	94.56	31.1	43.0
1988	336.42	51.9	−20.04	—	—
1989	311.35	−7.5	75.60	—	24.2
1990	237.52	−23.7	148.68	96.7	62.6
1991	305.98	28.8	203.88	37.1	66.6
1992	536.57	75.4	352.80	73.0	65.8
1993	1201.24	123.9	527.16	49.4	43.8
1994	1670.51	39.1	824.40	56.3	49.4
1995	1939.71	16.1	533.64	−35.3	27.5

可见,任何一年收入变化都不会给消费计划一个大的加权值,由于加权值相对较小,所以当前收入的边际消费倾向也相对较小。如果一个人过去的收入非常稳定,其当前收入变化就会被赋予较大的加权值,因而当前收入的边际消费倾向将相对较大。因此,当居民收入中暂时收入部分较大,且变动极不稳定时,收入水平与需求结构变动的函数关系发生变异,居民偏重于增加储蓄,甚至会形成"储蓄过度"的倾向。1992—1995 年,全国城镇居民收入和储蓄增长分别达到34.2%和37%,两者的速度之比为 0.92:1。1995—1998 年,收入增速降至年均8.1%,但居民的高储蓄势头仍达 21.6%,两者速度之比为 0.38:1,这表明其积

累倾向明显强于上一期间。居民其他方面积累的增长更为惊人。这样就形成了相对储蓄过度,影响了消费需求的提升。

5.2.4 收支预期不稳定减弱了消费倾向

在市场化取向的改革中,居民消费的内在动力机制已发生变化,其中一个重要因素就是未来经济状况预期不佳会影响当期购买意愿。因为人们的消费需求受制于两个因素:一是购买能力,由真实的经济状况决定;二是购买意愿,较大程度地受到对未来经济状况预期的影响。预期是影响消费的独立的因素。消费者关于各种变动的预期——经济的、社会的、政治的——都会对实际消费支出有影响。

与传统计划经济相比,个人未来收入在市场经济中的不确定程度大大加强。这不仅表现在个人身体健康状况、雇主满意程度和企业经营情况等诸多影响个人未来收入的因素都是不确定的,而且经济波动以及利率、汇率、失业率和通货膨胀率的变化等经济系统中的风险也增大了对个人未来收入的影响。根据预防性储蓄的假设,劳动收入的变化与未来劳动收入的风险正相关,所以当期劳动收入的变化意味着未来风险的增加,未来的风险越大,预期未来消费的边际效用越大,因此越能吸引消费者进行更多的预防性储蓄,把更多的财富转移到未来进行消费,从而导致即期消费的"过度平滑性"。另外,体制转换过程中,原有的社会福利保障制度将发生重大变革,养老、医疗、教育、住房等方面的个人支出将增大,价格扭曲的公共事业收费也将不断调整,从而增加个人支出。在未来收入风险增大的情况下,这种未来支出预期的增大势必减弱居民的消费倾向。一般而言,低、中、高各收入层的消费率,应当是一个随着收入上升而渐次下降的趋势,但从实际情况看,1989—1991 年和 1995—1997 年相比(它们都属于经济从过热转向降温,有一定的可比性),全国城镇居民中,中等收入层的平均消费率下降了6.19 个百分点,还略大于高收入层(6.16%)的下降程度,甚至低收入层也下降了1.87 个百分点。这说明积累倾向的增大,不仅是不同收入层的共性,而且占多数的人群(中收入户占人群的 60%)的积累倾向更强。

同时,目前中国经济运行总体上处于下滑阶段,由于投资率低,企业停产倒闭,失业现象增加,收入增长减缓甚至有可能降低,因而购买力减弱。由于经济走向不明,人们收入预期的期望值也低,这时消费需求必呈紧缩状态。而且,在经济下滑阶段,人们重视的是长远消费,不太关注即期消费,储蓄倾向也偏高。在对耐用消费品的购买时间选择上,经济下滑阶段是购买高档耐用消费品的低潮期。而且由于价格预期不断走低，所以即使实际可支配收入在当期没有降低，预期将来比较低的物价水平也可导致当期实际消费支出向后推延。只有当消费者预期"明天"会有更高的价格时，才会将实际收入中的较大部分用于"今天"的消费支出。

5.2.5　消费环境条件的制度性障碍较大

从分析的角度讲，时间越短，收入水平以外的因素在消费支出水平上的影响就越明显。在中国目前体制转换中，消费环境条件的制度性障碍较大，对消费需求扩张有较大的制约。其中之一，就是流动性约束太强。消费者利用消费信贷进行负债消费，被称为流动性约束，其约束程度可用消费信贷比例来衡量。当家庭的财富积累尚未达到相应程度，或家庭收入暂时下降时，如果要将其消费提升到一个新水平，或维持在一个稳定水平，那么就要实行提前消费。这个前提条件就是能够容易地借到钱。与不受流动性约束相比，流动性约束下的消费较低，因为面临流动性约束的消费者只能消费当期的财富。而且，消费者一旦预期到未来可能面临流动性约束，消费者就会增加储蓄，当期消费就会下降。

特别是进入以耐用消费品为主的消费阶段，流动性约束对当期消费的影响更大。因为耐用品与非耐用品之间有着极为重要的区别。耐用品的购买尽管是一种消费决策，却更多地具有投资决策的特点。购买耐用品的决策受到构成任何投资决策一部分的那些因素的影响，如利率影响、未来收入的不确定性等，其中也包括消费信贷获得的难易性。推迟购买耐用品的成本通常是相当低的，因为它不影响人们基本生活，而其收益却可能相当显著。因此，当消费信贷较难获得时，居民往往简单地采取推迟购买耐用品的策略。一个合理的推论就是，当一个国家的消费者面临较强的流动性约束时，这个国家的储蓄率较高；反之则反是。也就是说，储蓄率与消费信贷比例负相关。目前在中国虽然各类消费信贷开始起步，城镇居民面临的流动性约束得到了一定程度的放松，但仍然存在着消费信贷范围小、品种少、金额有限、手段繁琐等问题。中国金融机构目前消费信贷业务仅占银行商业贷款总额的10％，而美国1997年底的消费贷款余额达17352亿美元，占银行全部贷款总值的57％。若以住房贷款占银行贷款比例而论，发达国家为30％左右，中国则为1％。因此，对于财富积累较少的居民来说，流动性约束依然影响他们的消费行为。

另外一个比较突出的问题就是市场秩序混乱，消费者正当权益得不到保证。

对于消费者来讲,10万元级的耐用品购买,相当于投资决策。而在这一决策中却面临许多障碍。(1)信息不对称,不知道关于价格的准确信息,特别是在价格较混乱的情况下,而搜寻信息花费的时间方面的成本较大。物价掺水主要有两种情况:一是商品与劳务价格中包含过多的水分,形成泡沫价格与商业暴利;二是许多商品与劳务价格中包含了许多不合理费用。此外还有价格"陷阱",如打折、有奖销售、优惠券等。(2)品质、质量方面的问题,特别是住房消费,包括购买房屋的品质和装修质量等常常有陷阱。(3)长期使用便利性等方面无法得到保障。这些都对消费者购买支付产生重大影响。

5.3　重塑以最终消费为重要支撑的经济增长格局

从上面分析中可以看到,解决消费需求不足问题,不单纯是一个总量问题,也不是一个短期性的问题,而是伴随经济发展战略根本性调整和体制改革转型才能根本加以解决的。因此,在今后一段相当长的时间里,要从根本上调整发展战略,将过去由政府主导的投资推动转变为由政府引导的消费拉动与投资推动,把最终消费(特别是居民消费)作为经济增长的重要支撑,提高最终消费在GDP中的比重。

5.3.1　建立投资与消费互动促进经济增长的发展机制

从总体上讲,中国现阶段经济增长仍处于投资推动的发展阶段。不可否认,投资对经济增长的作用是巨大的。从理论上讲,在投资资金中有相当一部分将以工资支付形式转化为消费需求。另外,投资形成的新的供给也可能引导和培育新的消费,从而起到扩大消费需求的作用。因此,在有效需求不足的情况下,扩大投资规模(特别是基础设施投资)将有助于带动消费需求,并通过投资乘数效应促进经济增长。从这一意义上讲,针对目前通货紧缩的状况,采取扩大投资需求的政策调整也是有其合理性的。

但在长期性的高投资、低消费的格局下,扩大投资规模对经济增长的影响具有很大的不确定性,特别是在最终消费需求增长缓慢的情况下,边际消费倾向偏低,投资乘数小,其对经济增长的拉动作用将难以发挥。而且短期内集中扩大投资还有可能产生负面影响,如重复建设将加大产业结构调整的困难,有些项目由于方向把握不准,项目建成也无法正式投产等。因此,针对中国目前有效需求不足的情况,如果一味奉行凯恩斯主义扩大投资需求的政策主张,就会加剧对消费需求的抑制程度,导致经济增长的萎缩。

当然,在刺激消费需求增长的过程中,仅仅采用利率下调手段,试图以牺牲储蓄换取经济增长,也是不行的。在中国现有体制下,储蓄对消费需求是具有冲抵性的,储蓄的增长必然从负面影响消费需求的增长。又由于中国居民储蓄工具以银行存款为主,缺少可以使居民储蓄与消费需求互补的储蓄工具,因此,利率下调具有替代效应,即利率下调提高了未来消费的价格,降低了即期消费的价格,使居民更倾向于当期进行消费。但同时,利率下调对消费又具有收入效应,即利率下调实际减少了居民的财富收入,这就迫使居民减少消费。在一般情况下,替代效应要大于收入效应,利率下调才具有刺激消费的作用。而在不确定情况下,利率下调意味着未来可确定的财富收入下降了。这样,利率的收入效应增强,而利率下调对刺激消费的作用则相应削弱。因此,中国连续的利率下调政策措施并没有收到明显效果。

事实上,中国尽管有较高的储蓄率,但储蓄对经济增长的贡献度却不高。中国经济增长率从 1993 年的 13.5％下降到 1997 年的 8.8％,再下降到 1998 年的 7.8％,而居民储蓄率却仍居高不下甚至还有所增长。这说明中国并没有以较高的储蓄率支持较高的经济增长,因而存在着一个储蓄效率低下的问题。因此,这种试图压制储蓄而迫使消费的方式即使能在短期内有所成效,也不能真正解决问题。从深层次来讲,要真正实现在维持经济增长所需要的储蓄水平的同时,经济过程仍保持持续旺盛的需求,必须从根本上解决储蓄效率低下的问题。只有这样,我们才能改变长期以来经济增长对投资增长过分依赖的局面,把投资推动放在一个适当的位置,逐步形成投资与消费互动促进经济增长的发展机制。

5.3.2 提高居民收入水平及消费规模

为了建立投资与消费互动促进经济增长的发展机制,我们必须把提高居民收入水平当作一项战略措施来加以实施。在提高居民收入方面,我们要特别注重保障农民收入的稳步增长。按最简单的计算,中国农村人口达 8.66 亿人,如果农村人口每人平均增加 100 元的货币性消费,就会使整个消费品市场规模扩大 866 亿元。事实上,在一个经济系统中还存在着一系列连锁反应。中国学者利用投入产出模型测算农民消费 1000 亿元对国民经济各部门的全部影响。结果表明,中国农民每实现 1000 亿元最终消费,将对农业部门产生 427.1 亿元的直接需求,为此扩大间接需求 791.5 亿元;将对工业部门产生 394.8 亿元的直接需求,为此扩大间接需求 1154.7 亿元,其中农业部门 86.14 亿元,工业部门 907.87 亿元。依次类推,农民每消费 1000 亿元,将对国民经济产生 2356.4 亿元的间接需求,从而扩大工业部门的中间投入 1253.2 亿元,农业部门投入 619.7 亿元,第三产业投入 478.3 亿元,建筑业 5.2 亿元。①

提高居民收入增长,从总体上来讲,就是要建立居民收入、GDP 增长、居民消费价格指数联动变化的机制,保证居民收入增长幅度等于或略高于同期经济增长速度,保证居民实际消费水平的提高。在提高城镇居民收入中,特别要注重通过政策措施保障低收入居民的收入水平,如增加用于救济下岗职工和困难职工的财政预算,提高低收入居民和困难职工的收入;在完善最低工资和城镇贫困线制度的基础上,逐步提高最低工资、城镇贫困线标准;每年按一定比例提高退休职工收入等。与此同时,开拓各种投资渠道,鼓励民间投资,增加居民资本收益,加快居民个人财富的积累。在提高农村居民收入增长中,除了继续实施增产增收等政策措施外,要特别注重通过城市化来根本解决农村居民收入问题。在现有的城乡隔离模式下,几乎所有提高农民收入的手段如提高产量、提高农产品价格等都已经捉襟见肘,很难再发生大的作用。因此,要大幅度提高农民收入,必须打破城乡隔离的模式,积极推进城市化。通过城市化大量转移农村过剩劳动力,为提高农业劳动生产率和实现农业现代化创造必要的条件,较为迅速地提高农民人均纯收入。

在提高居民收入水平这一问题上,我们必须对中国劳动力低成本的比较优势进行重新审视。有一种观点认为,提高居民收入将增大劳动成本,从而会影响中国劳动力低成本的比较优势,削弱竞争能力。自改革开放以来,我们确实利用了劳动力低成本的比较优势,吸引了大量外国直接投资,推动了中国外贸出口。但与此同时,我们也要看到这仅仅是一种静态的比较优势,其发挥作用的范围及期限是有限度的,不能长期依赖于这种比较优势。事实上,劳动力低成本是有其负面效应的。它不仅会带来低消费的种种恶果,而且也不利于推动知识创新和技术创新。因为当劳动成本较低时,人们将热衷于使用劳动,而不是热衷于使用技术。在劳动力无限供给的情况下,如果不对劳动力市场进行干预,劳动的成本将维持在很低的水平上,企业将非常愿意使用劳动而失去对使用技术的兴趣。因此,我们不能单纯为了保持劳动力低成本的比较优势而人为地压低居民收入

---

① 数据来自段庆林:《中国农村需求格局:1978—1997》,《经济学家》1996 年第 9 期。

增长,更不能为追求近期竞争能力的维持而放弃长期竞争能力的提升。从发展的眼光看,适度提高劳动成本将有助于推动知识创新和技术创新,逐步培育起中国的动态比较优势。

5.3.3 调整工业化实物性投资与人力资本投资的关系

在投资推动发展阶段,大规模投资是必然的,但我们在实际操作中却存在着偏差,即过分强调工业化固定资产的实物性投资,而忽视了与之相配套的人力资本投资。具体表现在一方面与人力资本投资相关的教育、文化、医疗之类的事业性部门的投入偏少,另一方面居民收入水平偏低,主要满足于基本生存需要而难以有足够的收入用于对自身未来的投资。这种投资偏差造成了产业结构的扭曲和低度化,也造成了人才资源稀少和劳动力素质普遍不高的局面,从而严重制约了中国经济增长质量的提高。

事实上,改革开放以来中国居民需求结构变化的特征已表明,加强人力资本投资已具有一种内在的动力。90年代以来的统计分析表明,生存方面的需求,虽然在城市和农村均占相当比重,但都呈下降趋势,这与中国城乡居民初步解决了温饱问题是相吻合的。在享乐需求方面,城镇居民大体已经进入了相对稳定阶段,农村则略有上升,但并不那么明显。在发展需求方面,城市和农村都一直保持着不断增强的势头,比例大体上都翻了一番,这是90年代居民需求结构变化的一个最重要的动向。在安全需求方面,城乡居民则有不同的反应,城市居民的需求要大大强于农村,反映了前者的"安全感"较弱。按照需求理论,人们的需求是按先满足"生存"后满足"享乐",再到满足"发展"和"安全"的步骤而不断升级的。但中国城乡居民在刚刚满足温饱,享乐并没有达到较高水平的情况下,就已超前进入了更加注重"发展自身"和"企求安全"的阶段。

根据针对1980—1997年上海城乡居民边际消费倾向及其构成的研究,我们可以明显地看到:城市居民消费收入弹性大于1的消费支出有医疗保健、交通、通信、娱乐、教育、文化服务、居住和其他;农村居民消费收入弹性大于1的消费支出有生活用品及其他,文化、生活服务支出(见表5.6)。按照人力资本理论,人们在"发展"与"安全"方面的需求,与"生存"与"享乐"方面的需求有着根本的不同。前者主要是人们对自身未来的一种投资,具有收入资本化的形态。居民收入资本化是中国改革的一个必然产物,也是当今世界经济的一个趋势,其方向本身是不错的。因此,在投资推动的经济发展阶段,我们必须高度重视人力资本投资问题。

表 5.6　1980—1997 年上海城乡居民边际消费倾向及其构成

城市居民	消费总支出	食品	穿着	家庭用品及服务	医疗保健	交通通信	娱乐、教育、文化服务	居住	其他
消费收入弹性	0.9553	0.9200	0.7174	0.8000	1.4429	1.2668	1.4491	1.0752	1.2759
边际消费倾向	0.8332	0.4117	0.0627	0.0793	0.0203	0.0510	0.1013	0.0534	0.0429

农村居民	消费总支出	食品	穿着	生活用品及其他	燃料	住房	文化、生活服务支出
消费收入弹性	0.9401	0.8990	0.7870	1.1720	0.5189	0.7064	1.8919
边际消费倾向	0.8054	0.3248	0.0477	0.1614	0.0058	0.1175	0.1478

注:城市居民为人均可支配收入,农村居民为人均纯收入。

　　由于人力资本与实物资本的基本属性不同,其投资既涉及与"发展"和"安全"需求相关的属于教育、文化、医疗之类的事业性部门的投入,更需要通过增加居民收入并使其收入资本化来实现。从短期来看,加大人力资本投资,使大量货币支出转向教育、文化、医疗之类的领域和居民部门,可能会与中国当前的工业化进程产生矛盾。但从长远来看,这是有利于推进工业化进程的。因为从产业演进的角度看,涉及个人安全和发展需求的教育、文化、科技、信息、医疗卫生、住房领域等,是中国产业结构创新的重要内容,将成为下一步发展的新兴支柱产业。另外,随着人力资源的进一步开发,劳动力素质的提高,也将大大促进中国工业化水平。

　　因此,在投资推动的经济发展阶段,扩大投资规模本身就意味着扩大人力资本的投资规模,包括增加居民收入并使其收入资本化。与扩大人力资本投资相适应的消费发展,将更新人们的消费观念和消费心理,形成新的消费内容和方式,特别是知识消费、生态消费、保健消费将成为居民消费需求的重要内容。(1)知识消费包括信息消费、学习消费(教育消费)、文化消费、科技消费。知识经济的出现,将提供大量知识产品满足人们知识消费需求。(2)生态消费是指消费的内容和方式符合生态系统的要求,有利于环境保护,有助于消费者健康,能实现经济的可持续发展,其中包括没有污染、对人体无害的生态食品、不会直接或间接造成污染的生态用品,作为生活质量重要内涵的生态环境,以及从符合生态标准的服务和活动中得到的生态享受,如旅游、森林公园、观光农业等。(3)随着收入增加和人口老龄化,保健消费将成为时尚,其中包括心理保健、疾病防治和环境安全等内容。

5.3.4　合理引导居民的收支预期

在保证居民收入持续、合理增长的前提下，扩大消费需求的一个重要环节，就是积极稳妥地推进改革，合理引导居民的收支预期。特别是在居民消费需求结构中"安全"和"发展"需求较为突出的情况下，由于其所需费用比一般耐用消费品高得多，其发生具有预期性，一旦多数人强化了这种意识，将对即期消费形成某种抑制，因此合理引导居民的收支预期显得更为重要。从目前情况来看，主要有两方面工作要做：一是全面实行货币化工资制度，提高居民持久收入；二是完善社会保障制度，增强居民预期的稳定性。

总体而言，在不考虑劳动生产率的前提下，只有当总收入的增量主要是由持久收入部分增加所致时，才有引致消费需求扩张的可能；而当总收入的增量主要是由暂时收入部分的增加所致时，引致消费需求上升的可能性很小。由此可以推论，若从收入影响的角度来提高居民的消费水平，必须把提高收入的重点放在持久收入部分。同时，只要持久收入的平稳增长能得到一定保证，人们就可能或愿意超前消费（即信贷消费），从而形成消费者行为的前瞻效应。这样，也会刺激并推动供给结构的调整和改善。在实际操作中，提高居民持久收入必须与规范居民收入、实行货币化工资制度结合起来，具体办法如下：

（1）从深化分配体制改革入手，重新设计和调整工资结构，将住房等各种实物收入统一纳入货币化工资。在城镇住房制度改革中，要明确住房货币补贴性质，把职工住房消费纳入职工消费，实行住房工资和住房支出明补明收、先予后取政策。通过住房分配货币化使实物分房时吃亏的居民得到货币补偿，提高他们住房消费信贷的还贷能力。（2）提高城镇居民工资性收入比重，减少工资外收入比重，尽可能把相对规范的工资外收入（如相对固定的各种补贴、津贴、奖金等）纳入工资收入中去，使其成为持久收入。（3）规范居民收入渠道，理顺按要素分配的收入，鼓励居民勤劳合法致富，使各种"灰色收入"在依法纳税的前提下公开化和明晰化。

与此同时，完善的社会保障制度可以提高居民发生意外时的收入，降低居民面临的收入风险，从而起到降低预防性储蓄、有效提高居民（特别是低收入居民）消费水平的作用。在实际操作中，完善社会保障制度必须将资金筹集、管理与立法等方面有机结合起来：

（1）通过财政的大力扶持（发行国债或增加税收）来筹建社会保障制度所需的资金，加快完成统一规范的社会保障制度。（2）通过个人账户与社会统筹相结合的社会保障资金管理办法使居民更好地解除住房、医疗、养老、失业等方面的后顾之忧。对目前因建立个人账户而略为增加的个人支出要尽快制度化。(3)把社会保障立法摆在法制建设的优先位置。要抓紧制定出台社会保险法,尽快形成以社会保险法为"龙头",包括社会保险基金征缴和管理、养老、医疗、失业、生育、工伤等法规和规章在内的社会保障法律框架。(4)开征社会保障税,这是世界各国的通行做法。这一方面有利于解决目前保险覆盖面窄、保费过低、管理混乱等问题,为建立一个强有力、规范化的社会保障制度奠定物质基础;另一方面也能在经济发展中起到"安全阀"和"减震器"的作用,从根本上解决企业办社会的问题。(5)保障金的使用,除了发放失业救济金和医疗保险金外,还可以利用这部分保险资金开展基础设施建设,扩大公共开支,实施以工代赈工程,创造新的就业岗位。

5.4　消费政策与收入分配政策调整的若干建议

消费政策是为实现经济社会发展战略目标而制定和实施的社会消费的行为准则和具体方针。与此密切相关的收入分配政策,涉及收入初次分配和收入再分配两个过程,旨在对生产要素及其所得收入之间的关系进行调节和对收入在不同社会集团间的分配结果进行调节。虽然这两大政策手段都可以分别直接用以实施其政策目标,但我们这里是从消费需求角度来考虑这两大政策手段的,所以更强调两者的关联性和统一性,即通过刺激消费需求来带动中国经济增长的良性循环。为此,我们对有关消费政策和收入分配政策调整提出以下若干建议。

5.4.1　完善收入分配结构

目前人们对通过收入分配政策来刺激消费需求往往有一种误解,即认为目前收入不平等程度的扩大,在一定程度上降低了整体的消费倾向,因而要通过收入分配政策来降低收入不平等程度以提高消费水平。这种所谓收入差距扩大所造成的消费需求断层是不完全符合实际的。有关资料显示,1996—1997 年,中国最低收入户、低收入户、中等偏下收入户、中等收入户、中等偏上收入户、高收入户和最高收入户的消费支出增长率分别为 0.25%、2.83%、4.96%、6.50%、7.59%、9.71%和 12.76%。可以看到,随着收入阶梯的爬高,消费支出增长率呈递增态势,不仅消费支出的绝对数额会增加,消费支出的边际增长率也会增加。

这不仅因为目前中国总体收入水平尚比较低下,不像发达国家那样一旦收入差距拉大会在一定程度上降低整体的消费倾向,而且还因为事实上,消费具有模仿式竞赛的性质。按照相对收入理论,一个家庭的收入用于消费的部分依赖于其相对于邻居家庭或其他同等收入家庭的收入水平。如果一个家庭的收入与其他同等收入家庭的收入以相同的比率提高,而且在收入等级上的相对地位保持不变,那么收入在消费和储蓄之间的划分也将保持不变。家庭的绝对收入提高,从而其绝对消费和绝对储蓄也增加,但边际消费倾向不变。如果一个家庭的收入保持不变而其他家庭的收入提高,这个家庭在相对地位上的变化将导致其收入用于消费的部分上升。因此,居民收入的增加伴随着使收入趋于更为均等的重新分配,所有的家庭边际消费倾向将趋于减小。因为收入等级的每一水平上的家庭所受到的"赶上别人"的压力,会因更为均等的重新分配所发生的收入差别的减少而减轻。其政策含义就是不能使收入分配趋于均等,而要适当拉开差距。

从长远来讲,收入分配政策除了相应提高最低收入线水平外,更旨在促进一定规模的具有稳定性的中高收入群体的形成。对这部分以较高人力资本投资为基础的智力密集型群体,在知识资本化和产业化过程中形成的高收入,应该是加以鼓励的。不同受教育水平的人们的收入差距,将使人们认识到在教育、文化方面投资的重要性。长期以来中国智力投资的回报率过低,限制了人们的工作积极性,降低了劳动生产率,不利于产业结构向高级化发展。这将直接影响民族整体素质,削弱国民经济发展的后劲。而且,这一中高收入群体的出现,也将有利于整体消费水平的提高和消费需求的扩大。因为他们的消费方式是对中低收入阶层的示范,从而拉动整个社会的边际消费倾向上升,保持国民经济持续、稳定的增长活力。为此,我们提出以下一些政策建议:(1)建立企业家或经营者激励机制,根据其经营业绩等考核指标,通过奖金、红股、期权等方式给予应有的报酬,大幅度提高其收入水平;(2)提高公务员的工资收入和教师、科研人员的收入,使其在整个社会中保持较高的收入水准;(3)鼓励科技人员智力投资,通过科研成果折股、入股获取资本收益,对重大突破性的科研成果进行重奖;(4)提高咨询、中介服务等高智力劳务收入,提高课题劳务费和稿费收入,使之逐步与国际接轨。

5.4.2 发展个人消费信贷

根据西方发达国家的经验,当居民消费进入结构升级阶段时,居民的"积累型消费"模式将逐渐转变为"信用型消费"模式。建立健全消费信贷制度可以放宽流动性约束,提高当期消费水平。从消费信贷体系健全的国家来看,政府的支持和扶助为消费信贷创造了良好的发展环境。美国政府在二战结束后,一直大力扶持消费信贷产业的发展,如为退伍军人担保,鼓励贷款机构向他们发放抵押贷款和其他消费贷款;为学生贷款担保,鼓励贫穷学生贷款上学等。同时健全相应的法律体系,通过一系列的法律法规为消费信贷活动作后盾,保护借贷双方利益,合理解决双方纠纷。因此,改善消费信贷的政策环境,推动信用型消费,也是一项重要措施。

开展消费信贷的关键是尽快建立个人资信评估体系和担保抵押制度。为此,要建立健全有关法规,对信贷要有法律约束力;建立个人收入和储蓄账户,为发展消费信贷提供支持;公安、土地管理、公证等部门要根据担保法等有关法律规定,制定相应措施搞好住房、汽车等物品的抵押登记。

把消费信贷与社会保险业有机结合起来,即让银行与保险机构、厂商建立直接联系,而由保险机构面对居民个人。这样,既可以消除银行的顾虑,也可促进保险业的发展。金融机构要根据不同消费者的具体情况提供不同方式的消费信贷,也就是在贷款数额、贷款期限、贷款利率、偿还本息、抵押与担保等方面提供多种可供消费者选择的办法。保险公司要根据不同的消费群体,设计推行与消费信贷相适应的信用保险品种,保证消费信贷顺利开展。

除了发展个人住房、汽车消费信贷外,还要进一步发展一些新品种的消费贷款,如车房组合贷款、住房装修贷款、教育助学贷款、旅游贷款等。

银行、商家、生产企业及保险公司应相互协作,共同推出有利于消费者购买的、手续简便的"一揽子"信贷消费措施。银行要向社会公布贷款详细办法,在接到消费者手续齐全的申请后,经过审查核实,按消费者提出的时间要求将款项划转卖方,要求提现的,通知提款。审查核实中,还应向消费者提供卖方的情况及销售品的质量信息,以免消费者上当受骗,造成贷款收不回的后果。

各种专业信贷机构应制定配套激励措施,用降低利率和放宽信贷条件的办法来鼓励消费者利用消费信贷。特别是放宽住宅信贷条件鼓励居民对住房的消费,对使用消费信贷的居民给予适当的利率优惠或贴息等。

除了抵押贷款外,非抵押分期付款信贷、循环信贷和信用卡信贷也都可以成为今后消费信贷的发展方向。

5.4.3 发展新型消费

根据 90 年代中国居民消费需求结构变动趋势,以及居民收入大幅度提高和个人财富积累加剧的基本态势,在今后一段时期里居民消费需求结构将发生"革命性"的变化。首先,恩格尔系数将出现下调势头,收入中用于购买食物的支出比例将越来越低。特别是在人均 GDP 超过 3000 美元的大城市里,恩格尔系数将进入快速下调期。其次,住宅消费支出将快速增加。尽管住宅消费属于低级的生存需求,但长期以来城镇居民住宅一直比较紧张,住宅市场的潜在空间较大。随着住宅条件的改善,住宅消费将急剧增加,建材、装饰、装潢、家具等居住支出也将大为增加。因此,住宅消费支出占总支出的比例也会上升。再则,随着人们追求生活质量的提高,追求高水平的生活标准,就需要现代化的通信设备和高档耐用消费品,因此交通、通信、家用电器、家用电脑等消费支出将平稳上升。最后,收入增加后人们将更有时间和条件享受和旅游,这将增加人们的娱乐支出。可见,我们在发展新型消费、促进消费方式多元化方面有很大的发展空间,关键是要顺应消费需求结构的变化趋势,采取切实可行的措施形成新型消费模式。

通过调整产品结构和生产新产品来刺激人们对高档耐用消费品的消费。消费热点是永远存在的,只是未被大多数企业转化为现实的市场繁荣。据统计,目前美国市场消费的产品超过 40 万种,而中国只有 10 万种,产品创新的空间很大。因此,要推进企业产品创新,特别是要提高高科技产品的创新意识和创新能力。

通过大力发展第三产业,拓展新的消费领域,刺激居民增加服务消费等。"十五"时期,上海要在发展休闲消费、文化消费、教育消费、生态消费、保健消费等新型服务消费方面迈出新步子,开创新型的消费模式,以扩大消费规模和提高消费品位与质量。

大力进口物美价廉的消费品刺激居民消费。进口消费品,特别是那些在国内尚欠缺的消费品,能给居民带来某种新的消费意识和购买动机,成为特定消费行为的先导。

扩大消费租赁业务,刺激居民消费。耐用消费品租赁市场亟待增加服务种类,完善服务功能,合理确定租金和租期条款。在优先发展方便生产、生活的实物性租赁,如住房、汽车、家电、生产设备及办公用品等的同时,积极探索融资性租赁。

大力发展"二手货"交易,形成规范的市场交易网络。"二手货"交易不仅具有调剂余缺和开发利用闲置商品资源的功能,而且有助于推动居民更新家电、家具等耐用消费品,从而能够创造新的消费需求。这一交易市场在上海有很大的发展潜力。

5.4.4　改善消费环境条件

伴随居民收入水平的提高,以及知识经济的兴起和国民经济信息化的趋势,在今后一个相当长的时期,作为消费基本单位的家庭会出现许多新的变化。首先是家庭的功能会发生重大变化,这主要是家庭的经济功能的变化。人们的各种经济行为将有回归家庭的趋势,如家庭办公、生产小型化等。随着这一过程的发展,家庭消费在社会经济中的作用也会更为强化。其次,家庭消费的文明水平会更高。家庭的目标不是利润最大化,而是幸福最大化,包括物质、精神等方面。最后,家庭消费结构在 21 世纪将出现重新改组。由于人力资本对经济增长的作用越来越大,未来的家庭必将以事业与享乐并重。家庭消费的新变化,除了带来明显的消费个性化外,同时也对消费公共化提出了更高的要求,如家庭劳务社会化、家庭服务社区化、家庭教育产业化等。未来居民消费方式将是消费个性化与消费公共化并举。因此,要大力改善消费环境条件,提供消费便利。

用税制改革来刺激居民消费,主要是减轻税收负担。减税的途径包括退税、减免补助、提高起征点等。用缩短劳动时间,增加闲暇时间的办法来推动居民消费。通过健全法制、规范市场以及加强各种新闻媒体的监督,切实加强消费者权益的保护,推进消费的服务社会化,建立消费的配套服务体系。

5.4.5　扩大政府消费

在扩大内需过程中,政府消费也是一个重要方面。它不仅是构成总消费的一个重要组成部分,而且还能起到巨大的示范效应。因此,政府消费也要采取相应措施。例如:

(1) 增加政府对商品和劳务的采购,以增加社会总消费需求量。

(2) 增加政府对个人的转移支付。包括社会保险支付、医疗保险支付、退役金和服役补偿、失业补偿(以上属于社会保险计划)以及福利、食品券、住房和医疗补贴(以上属于低收入补助计划)。

(3) 根据社会老龄化的特点,可推行老年人保健福利工程,开辟家庭服务新领域;建立在家护理中心;开发和培养社会福利人才,如培训直接护理人员、生活指导员、家庭服务员等。日本 1990 年度着手"推进老年人保健福利 10 年战略"的做法值得借鉴。其具体目标是:第一,使家庭服务人数增至 10 万人;第二,在全国市、町、村普及在家护理中心,发展短期陪住(家人无法照料的生活不能自理的老人,暂由福利部门帮助照料)事业等;第三,开发和培养社会福利人才,如东京都培训直接护理人员 5 万人,生活指导员 1 万人,家庭服务员约 3 万人,市内成立社会福利人才开发财团,并设置培训机构,从事讲座等活动。

(4) 在公共投资的分配上,扩大生活、文化设施的投资比率,增加政府对教育的投资。政府的公共投资要从"生产优先"型向"重视生活"型转换,大幅度提高生活、文化设施投资占投资总额的比率。日本现在公共投资中生活、文化设施投资所占比重已达 60%。

(5) 增加政府用于环境保护方面的费用。

5.4.6　合理调整公共服务品价格

在当前物价指数呈负增长的情况下,市民的居住价格以及水、电、邮电、公交等服务价格却出现持续攀升的态势。这主要是因为公共服务品通常带有垄断性、强制性、福利性的特点,长期以来价格保持稳定,呈现刚性,并带有扭曲,难以与宏观经济状况同步升降。按照国际通行的标准,衣食住行类支出占总收入的 30%才算合理的消费结构,而在中国这部分开支则已占普通城镇居民总收入的 50%左右。在服务和居住上增加开支,不仅会给消费者带来更多顾虑,而且也会减少其他消费支出,特别是给下岗职工和有困难的家庭增添额外负担。因此,要通过成本制约来减少在公用事业方面的盲目投资以及成本转移的物价上涨压力;通过引入竞争机制促进企业提高效率,降低价格;通过政府补贴,特别是对与群众生活密切相关的公用事业的财政补贴来抑制价格上升过快的势头。

6 有效供给不足与微观组织基础改造 *

目前中国的经济运行中出现的通货紧缩和经济过剩等困扰,固然是总量方面的问题,需要实行扩大内需的宏观政策调控,但要摆脱这种困扰尚需进行深层次的经济结构调整。因为中国的目前生产能力的相对过剩,其主要症结是结构性的问题。也就是,原有的生产结构和市场需求变化发生了尖锐的矛盾,原有经济结构下形成的许多生产能力已趋于饱和,不少行业生产能力过剩。从宏观问题微观化角度观察,这里有一个有效供给不足的微观组织基础问题。因此,挑战经济过剩必须对造成有效供给不足的微观组织基础进行改造,而其中一项重要内容就是加快国有经济战略性调整与推进国有企业技术进步和产业升级。

6.1 有效供给不足的微观组织基础分析

改革开放以来,中国的生产领域的微观组织基础发生了重大变化,其中之一就是形成了多元所有制结构的企业组织,除国有经济部门外,还有各种类型的非国有经济部门。从考察有效供给不足的微观基础的角度分析,按理应涉及各种所有制形式的企业组织。但从目前情况来看,它们之间的产出绩效差异是很明显的,从而对造成有效供给不足的影响权重也是明显不同的。相比而言,国有经济部门的微观组织问题较多,对造成有效供给不足的影响较大,其中有两个方面问题比较突出,即国有经济战略性调整滞后与国有企业技术进步和产业升级迟缓。

---

　* 本章原载周振华主编《挑战过剩——中国经济分析 2000》(上海人民出版社 2000 年版)第 9 章"有效供给不足与微观组织基础改造"。

6.1.1 国有经济战略性调整相对滞后

如果说规模庞大的国有经济部门是传统体制下工业化赶超战略产物,那么伴随着传统计划经济体制向社会主义市场经济体制的转变,国有经济战略性调整就是其内在逻辑的必然展开。然而,从体制改革的整体进程来看,由于受制于各方面因素的影响,国有经济的战略性调整是相对滞后的。这主要表现在以下几个方面:

首先,基本上是一种被动性的调整。尽管理论界早就提出国有经济部门要收缩战线,从竞争性领域主动退出,但迟迟没有成为政策性的步骤,直到国有企业陷入困境、难以自拔的状况,才开始实施国有经济的战略性调整。

其次,调整措施不力。尽管在国有经济战略性调整中提出了"抓大放小"等一系列操作思路,但作为一种被动性的调整,不少国有企业已处于资不抵债、效率十分低下的状态,所以在实际操作中就有相当大的难度。与此相比,我们采取的调整措施与办法不多,受制于各方面条件的限制,难以解决企业破产、职工安置等一系列实际问题,从而使国有经济战略性调整步伐较小。

再则,调整力度有限。从现行的调整措施来看,我们主要集中于解决国有企业本身的问题,如清理不良资产、"债转股"等,而没有把调整落实到打破国有经济部门的独家垄断、消除行业进入的行政性门槛等方面,致使非国有经济部门难以进入一些领域和行业,难以平等地分享资源的市场配置,特别是资金供给。而国有经济部门中的相当一部分仍处于一种行政性的"保护"之中,缺乏市场竞争的压力。

这种国有经济战略性调整相对滞后造成的结果之一,便是一方面使国有经济部门的产出增长缓慢,其产出比重不断趋于下降;另一方面却仍对其进行大量的投入,使其仍占用大量的资源。

从工业产出的增长率观察,1981—1996 年的 16 年间,全国工业的平均年增长速度为 15.4%,而同期国有工业的年均增长速度仅为 7.7%。统计分析显示,1981—1996 年间的工业增长中,国有工业企业的贡献率为 31.5%,集体工业企业的贡献率为 37.4%,而私营、个体企业和外资企业的贡献率分别为 13.6%和 17.5%。

在此过程中,国有工业的产出比重不断趋于下降。据统计,国有及国有控股工业企业产值占工业总产值的比重,从 1980 年的 75.98%急剧下降至 1998 年的 28.24%(见图 6.1)。如果分阶段来看,1980—1990 年间其比重下降了 21 个百分

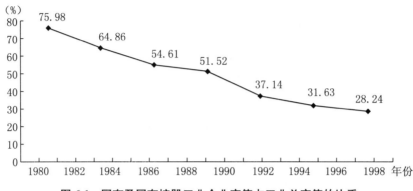

图 6.1   国有及国有控股工业企业产值占工业总产值的比重

点;1990—1998 年间其比重则下降了 26 个百分点,下降幅度远高于前 10 年。

在商业领域,国有商业与集体商业所占比重总体上也是趋于下降的。国有商业在消费品零售额中所占比重从 1980 年的 51.4% 下降至 1996 年的 27.2%;集体商业所占比重从 44.6% 下降至 18.4%;而城乡个体商业和其他经济类型商业所占比重分别从 0.7%、3.2% 升至 32%、22.4%。

然而,从社会资源的占用来看,国有经济部门所占比重虽有所下降,但并没有随之同步下降。例如,在全社会的固定资产投资结构中,国有经济一直占有主导地位,尽管最近十余年来其投资比重有所下降,但至今国有经济的投资额仍超过 50%,而集体经济、个体经济和其他经济的投资比重平分另外的不到 50%。这种国有经济的投入产出关系,实际上反映了仍有大量低效率的国有企业分布在各行业之中,并出于非经济因素的考虑,仍艰难地维持其生存(通过银行贷款和各种形式的财政补贴)。

经过 80 年代的商品市场化和 90 年代的要素市场化进程,中国的市场机制的资源配置能力大大增强,从而使潜在供给能力得以极大释放。然而,在此过程中由于国有经济战略性调整相对滞后,一方面使国有经济继续保持着大部分行政性行业垄断,从而导致非国有部门难以拓展其投资领域,只能在相对狭窄的领域内(主要是加工领域和传统服务业)畸形发展;同时,投资领域的狭窄,也严重阻碍了民间资金的有效启动。另一方面,国有经济又不能在那些非国有部门已大力发展的领域中迅速退出,仍维持着原有的供给能力,与新兴的非国有部门展开过度竞争。其结果,势必大大削弱整个经济的结构调整能力,使生产结构难以适应市场需求的迅速变化。

6.1.2 国有企业技术进步和产业升级严重迟缓

在 80 年代,国有企业生产率曾有较大幅度的增长,其增长源泉主要是经济体制改革中国有企业自主权的扩大以及随后实行的承包经济责任制所带来的生产潜力释放。而且,由于当时整个经济是处于短缺经济的基本格局,特别是基础产业的供给严重不足,而国有企业在基础产业的分布则比较密集,所以也在一定程度上为国有企业生产率大幅度提高提供了有利的条件。然而,进入 90 年代后,随着市场化程度的提高,大量非国有企业崛起并进入市场参与竞争,扩大国有企业自主权这一制度性变革所带来的最初始的产出增长的制度效应逐渐递减。与此同时,供给水平的改善开始导致经济短缺程度的缓解,市场竞争日趋激烈。在这种情况下,国有企业技术进步和产业升级严重迟缓带来的生产率低下问题就显得更为突出了。

在 1994—1998 年间,国有工业企业职工人数趋于减少,其人均工业产值从 6 万元上升至 12.4 万元,但与集体、其他(包括个体、其他经济类型)企业相比,差距甚大,而且有不断拉大的趋势(见图 6.2)。另外,从主要经济效益指标上进行比较,1998 年国有及国有控股工业企业的总资产贡献率为 6.51%,比全部工业企业的平均水平(7.12%)低了 0.61 个百分点;工业成本费用利润率为 1.61%,比全部工业企业平均水平(2.35%)低了 0.74 个百分点;全员劳动生产率为 29054 元/人,也低于全部工业企业的平均水平(31347 元/人)。若直接与非国有工业企业的效益指标相比,国有及国有控股工业企业的差距就更大了。

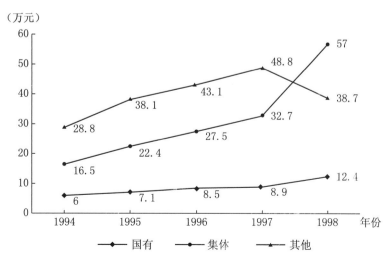

图 6.2　国有、集体、其他工业企业的人均工业产值比较

尽管这里有众多复杂因素,如体制、机制、社会负担等现实与历史原因,但不可否认的一个重要原因就是国有企业技术进步与产业升级严重迟缓。因为,在粗放型增长方式下,国有经济部门具有强烈的外延规模扩张的冲动,并具有与此相适应的扩张能力,而对其技术进步的集约型发展往往缺乏相应机制。另外,国有企业大都集中在传统产业部门,特别是传统的基础产业部门,面临着产业升级的艰巨任务。目前,除少部分国有企业实现了产业转移,进入高新技术产业外,大部分国有企业仍处于传统产业领域之中。我们知道,传统产业的发展方式主要不是增量方式,而是对存量的改造和提高效益。然而,目前处于这些传统产业部门中的国有企业并不能很好地对存量进行改造,其技术含量提升、集约化程度提高的产业升级步伐缓慢。

由于国有企业技术进步和产业升级严重迟缓,其产品品种单调陈旧,难以适应迅速变化的市场需求;其产品质量难以提高,不能满足消费者的选择;其产品的技术含量低下,无法与高技术含量的产品进行竞争,等等。其结果就是不能提供有效供给,反而造成大量库存积压、生产能力闲置、资金大量占用等问题。

6.1.3　现有微观组织基础对宏观调控有效性的制约

国有经济战略性调整相对滞后,以及国有企业技术进步和产业升级严重迟缓,不仅直接造成有效供给不足的经济过剩,而且这种微观组织基础对宏观调控的有效性产生了严重的制约。从前一阶段宏观调控来看,为扩大内需,政府采取了财政政策、货币政策、收入分配政策和消费政策等诸多手段。在这些政策手段的调控中,由于国有经济战略性调整滞后和国有企业技术进步与产业升级迟缓,其政策效果受到较大影响。

例如,在财政政策方面,我们主要采取了扩大政府直接投资以启动内需的调控措施。然而,在国有部门上缴税收能力低下和对国有部门给予大量财政补贴的情况下,有限的财力难以支撑政府直接投资规模的进一步扩大,不得不实行赤字财政以弥补其缺口。显然,这样一来,其回旋余地就很小了。而且,由于大多数国有企业不景气,直接引起职工对未来收入与就业的预期不稳定,进而导致边际消费倾向下降,在一定程度上影响投资乘数效应,使政府大量用于基础设施和基础产业的投资难以发挥连锁带动作用。

又如,在货币政策方面,我们主要采取了货币供给适度宽松和连续降低利率的调控措施。然而,在货币供给趋于宽松、利率连续降低的情况下,却出现银行信贷收缩的现象,直接弱化了货币政策的调控作用。货币发行量增大,只是带来了储蓄大幅度增加,并未很好地起到刺激投资与消费需求的作用。当然,造成银行信贷收缩的原因是复杂的,但其中一个重要因素,却与国有部门有直接的关系。因为十多年来中国的国有企业已形成了过度负债的资本结构,国有部门的低效率也已经给银行造成了大量坏账和死账,而在现有制度安排下银行信贷的主要对象又是国有经济部门。在这种情况下,银行信贷增加直接意味着金融风险的增长。从防范金融风险的角度讲,银行信贷收缩是对国有企业效率低下的一种正常反应。当然,这里也存在国有银行商业化程度不够,缺乏来自非国有银行的竞争压力等因素,但这本身也是金融领域国有经济战略性调整滞后的问题。即使撇开银行"惜贷"问题,国有企业目前的资本结构及运作状态,使其既无力继续承担借贷的压力,也找不到什么投资方向,对利率连续下降的反应势必是冷漠的。

再如,在资本市场方面,按理股市扩容是一种较好的增量调整途径,但在相当部分国有经济控股的上市公司业绩不佳的情况下,股市的"井喷"只能带来大起大落的行情震荡,增大股市的风险,难以成为刺激需求的有效调控手段,也难以真正提高人们对未来经济的信心指数。

可见,国有经济战略性调整滞后以及国有企业技术进步和产业升级迟缓,已直接制约了以扩大内需为主的宏观调控政策的实施,使政策调控活动空间越来越狭窄,使政策调控的有效性越来越差。尽管从 1998 年下半年以来采取了较大政策力度的以刺激投资需求为主的宏观调控,但其效果并不是很明显的。目前中国的经济运行中消费需求不足、固定资产投资增长放慢、价格总水平持续下降的局面难以扭转、经济结构调整进展缓慢等突出问题表明,经济过剩的基本态势尚未有效地得到改变。事实上,不解决微观组织基础问题的总量调控政策只具有短期政策效应,而这种短期政策效应也只能是暂缓失业压力和经济增长的下滑速度,以及延长无效供给能力的"寿命"而已,并不能使中国经济真正走出困境,朝着健康的方向发展。

6.2　微观组织基础的问题症结分析

6.2.1　国有经济战略性调整滞后的症结所在

我们知道,规模庞大的国有经济部门是传统体制下国家实行赶超发展战略的产物。作为传统计划经济运行的微观基础,它不仅具有产权模糊、政企合一的特有属性,而且还分布于各领域和各行业之中,具有大、中、小不同类型齐全的企业规模。显然,随着传统计划经济体制向市场经济体制的转变,这种国有经济是难以适应市场经济发展要求的,必须进行较为彻底的改造。

然而,在实际操作中,国有经济部门的改革具体落脚点放到了国有企业改革上。改革开放以来,国有企业改革始终被认为是一个关键环节。而且,中国的国有企业改革一直是以边际方式调整的。在整个80年代,国有企业改革的主要注意力放在"推向市场"和"放权搞活"上面。进入90年代后,国有企业改革进一步深入到产权改革上,集中精力进行"转制"和"改制",在国有部门中建立起现代企业制度。因此,在相当长的时间里,国有经济的战略性调整是被忽视的。

从理论上讲,国有企业改革中的两大基本内容,即建立现代企业制度和国有经济战略性调整是相统一的。在实际操作中,两者至少是同步进行的,甚至应该是国有经济战略性调整先行。因为只有在国有经济战略性调整到位的情况下,才有进一步建立现代企业制度的必要,否则,在那些国有经济应该退出的领域和部门中对国有企业实行"改制"和"转制"是没有意义的。然而,我们的国有企业改革进程恰恰是在国有经济战略性调整进展缓慢的情况下强调建立现代企业制度,这无疑会大大减弱国有企业改革的有效性。

当然,也不能一概否认我们没有进行过国有经济战略性调整,但这种调整是相当有限度的。因为这种国有经济战略性调整主要采取了增量调整方式,而不是存量调整方式。这种增量调整是通过发展非国有经济部门和相对缩小国有经济规模来实现的。相对而言,增量调整方式的摩擦较小,比较容易实施。然而,这种增量调整带来的是国有经济部门的被动收缩,所以一味依靠增量调整就有较大的局限性,其调整的活动空间会越来越小。

其结果,就是调整速度较慢,国有资本在社会总资本中仍占有较高的比重。当然,这一情况在全国各地分布是不均衡的,有些地区的国有资本比重已相当小,但有些地区,特别是传统工业基地的国有资本比重仍居高不下。另外,在国有经济产出比重不断下降的情况下,国有经济的经营范围并没有进行相应的调整,仍然面面俱到,而不能保证重点领域和行业的比重上升,造成国有资本配置结构不合理,出现了该控(制)不控,该强不强的局面,从而也没能充分发挥国有经济的主导作用。还有,这种被动收缩并没有改善国有企业低水平的重复投资以及资产流动性较差等问题,使国有资产大量沉淀在技术装备水平较低、因缺乏产品销路而闲置的固定资产上。与此同时,由于产品不适销对路而库存积压,使大量国有资产沉淀为非意愿性存货投资。因此,国有资产收益率下降,资产风险增大,流失、浪费等损失较为严重。

事实上,国有经济战略性调整如果采取存量方式,不仅因为其容易带来较大摩擦且社会承受的痛苦程度较高而会遭阻,而且国有资产事实上的严重分割也使其难以实行。我们知道,国有经济的产权属性是极其特殊的。虽然理论上国有资产的产权是唯一的(即国家所有),但实际占用往往是分割的,突出表现为国有资产条块分割、工贸分割、内外贸分割痕迹明显,壁垒坚固,"围墙"森严,从而导致国有经济部门存量调整涉及各方面的利益关系,使产权难以跨地区、跨部门、跨行业进行流动,存量资产无法在较大的空间内实现优化配置。同时,这也容易造成国有资产的企业组织形态不合理。在一个行业中,往往国有资产整体居于垄断地位,而内部众多小型国有企业之间又处于过度竞争状态,这样,既未形成规模经济,又未形成集中竞争优势。

6.2.2　技术进步和产业升级迟缓的问题症结

为了对症下药,我们必须深入探讨导致国有企业技术进步和产业升级迟缓的原因。由于近 20 年来国有企业一直处于改革转型之中,各种内外部的不确定因素较多,从而给我们的分析带来较大难度。这里我们只能从一些长期性的因素进行分析,以诊断出国有企业技术进步和产业升级迟缓的症结所在。

1. 从企业运行方式来看,与其传统生产经营模式有很大关系

在传统经济体制下生成并发展起来的国有企业,其生产经营模式呈两头小、中间大的橄榄状特征,即产品开发能力小,市场销售力量小,而生产部门却十分庞大。尽管改革开放以来,国有企业生产经营方式已有较大变化,但这一生产经营模式的基本特征尚未改变,具体表现在技术和产品开发的投入相对不足,与非国有企业相比有较明显的差距。

由于上海国有企业具有一定的代表性,我们以上海为例。在 1990 年,上海大中型工业企业技术开发经费支出为 107164 万元,其中国有单位达 99492 万元,占总支出的 93%;而中外合资企业发展规模尚小,其技术开发经费支出总额只有 4578 万元,占总支出的比重仅为 4.3%。但非国有企业的技术和产品开发投入的增长极其迅速。到 1998 年,上海大中型工业企业技术开发经费支出增加到 704114 万元,其中中外合资企业达到 359079 万元,其规模已超过了国有单位的 280657 万元,占总支出的比重达 51%(见表 6.1)。而且,1998 年上海大中型工业企业的研究与开发经费支出中,中外合资企业达 133084 万元,远高于国有单位的 52175 万元。

表 6.1　上海国有工业企业与中外合资企业技术开发经费支出变动

年份	大中型工业企业技术开发经费支出（万元）	国有单位技术开发经费支出		中外合资企业技术开发经费支出	
		总额（万元）	比重（%）	总额（万元）	比重（%）
1990	107164	99492	93	4578	4.3
1998	704114	280657	40	359079	51

资料来源:《上海统计年鉴》(1999)。

　　同样,在新产品开发的投入上,国有企业与非国有企业之间也有较大差距。1998 年,上海大中型工业企业中国有单位新产品开发的经费支出只有 120612 万元,而中外合资企业的经费支出却达到 205128 万元。尽管当年国有企业与中外合资企业的新产品项目数量相差不多,前者为 1632 项,后者为 1985 项,但由于新产品开发投入水平不同,其开发深度就大不一样,最终导致开发效果有很大差异。国有单位的 1632 项新产品实现利税和销售收入分别为 203303 万元和 1720539 万元,而中外合资企业的 1985 项新产品实现利税和销售收入分别为 797910 万元和 5109871 万元,分别是前者的近 4 倍和近 3 倍。

　　2. 从企业研究开发方式来看,与其线性技术创新模式有密切关系

　　长期以来,国有企业的技术进步和产业升级是在传统线性技术创新模式的大背景下进行的。线性技术创新模式强调革新的创始者是基础研究,在基础研究一端增加科学投入量将直接带来更多数量的新技术从终端流出。在这一创新模式中,技术跟踪与创新方面的工作往往是由科研院所来完成的,而国有企业主要是接受来自科研院所的科技成果并进行批量生产。与传统生产经营模式相一致,大多数国有大中型企业主要工作集中在购买原料、生产、销售方面,缺乏与外界交流的机会和意识,与国内同行、学术界及国际相关产业界、企业界接触甚少,不注重技术跟踪,形成一个孤立系统。然而,由于科研院所与企业的联系不甚紧密,科研院所的研究成果难以转化为生产力。其原因有两方面:一是科研院所的科研选题脱离生产实际,对生产的指导意义不大;二是科研院所的科研成果虽具有超前性,有市场潜力,但相关企业对该技术缺乏认识,没有合作的积极性。

　　目前,尽管这种局面已有较大改观,科研院所与企业的联系日益紧密,一些国有大中型企业也设立了研究开发中心等机构,但其研究领域多局限于解决生产中的实际问题,进行一些测定及技术改进方面的工作。而且,国有企业获取信息的渠道多局限于传统的广播电视广告、交易会等形式,尚不能利用国际互联网

来获取信息。由于信息不灵,不能跟踪最新技术,也得不到最新技术进展方面的信息,企业在获取某项技术时缺乏横向比较,难以对技术的价值进行衡量。同时,企业也难以将自己研究成果向外界传播,其研究成果在国际及国内刊物上发表较少。

然而,事实上,创新的观念会有许多来源,它可以来自研究、开发、市场化和扩散的任何阶段。技术变化不以纯线性序列发生,而是在一个系统中经过反馈循环发生的。国际著名的大公司都是一个开放系统。如美国联碳公司拥有自己的研究所,其研究领域包括部分基础研究、应用研究、技术跟踪、开发具有独立知识产权的新技术、进行技术储备等。它不仅与世界上大的石油、石化企业保持联系,而且同从事石油、石化领域研究的大学及研究所经常进行学术交流。

3. 从技术创新的路径依赖来看,与其创新重点选择有较大关系

技术创新可以有多种路径,如技术改造、技术引进、模仿创新、自主创新等。由于国有企业一般具有较长的发展历史,并集聚着相对较多的创新资源(如人才、资金、装备等),为进一步挖掘发展潜力,通常选择技术改造的路径依赖,把重点放在产品、工艺、装备的改进上。与此不同,非国有企业部门一般较"年轻",没有什么历史的优势,所以往往选择技术引进的路径依赖,在新的起点上进行发展。

以上海为例,国有大中型企业主要是技术改造,而中外合资企业主要是技术引进和购买国内技术。1998 年,上海大中型工业企业中国有单位的技术改造经费支出达 568565 万元,中外合资企业只有 207124 万元,前者是后者的 2.8 倍。但反过来,中外合资企业技术引进经费支出和购买国内技术用款分别达 135968 万元和 11300 万元,而国有单位分别只有 112691 万元和 3498 万元,前者分别是后者的 1.2 倍和 3.2 倍(见表 6.2)。

表 6.2　1998 年上海大中型工业企业技术改造、技术引进和购买国内技术的经费支出

	技术改造经费支出 (万元)	技术引进经费支出 (万元)	购买国内技术用款 (万元)
国有单位	568565	135968	11300
中外合资企业	207124	112691	3498

资料来源:《上海统计年鉴》(1999)。

一般来讲,技术改造有利于原有基础潜力的发挥,往往能起到事半功倍的效果。对于国有企业来讲,其技术改造的任务是相当繁重的。问题在于,国有企业

原有技术装备并不先进,且长期使用,技术改造对其的改善是有限的。而且,技术改造作为在原有技术基础上的改进,对促进企业技术进步和产业升级的力度是相对不足的。通过引进技术和购买国内技术,则可以在一个新的较高起点上推进企业技术进步和实现产业升级。更何况,当今世界的技术发展速度在不断加快,社会需求的变化也日益迅速,因此,国有企业技术改造的路径依赖往往使其不能较快地适应技术发展的步伐,也难以实现满足社会需求迅速变化的产业升级。

4. 从接受创新的效果来看,与其接受创新的方式有很大关系

在知识经济时代来临的背景下,在高新技术产业技术创新的高风险、专业化、国际化和关联性特征日益突出的情况下,对于大多数企业来讲,接受来自外部的创新显得十分重要。特别是作为发展中国家,积极主动吸收国外先进技术已成为实现跨越式发展的重要前提。因此,国有企业技术进步和产业升级的一条重要途径,就是接受来自外部的创新成果,实施模仿创新并进而向自主创新发展。

然而,在引进技术过程中,国有企业往往只重视引进硬件,忽视引进软件,对引进技术的消化吸收和创新重视不够。与此同时,国有企业在实施模仿创新并进而向自主创新发展过程中,也存在如下瓶颈因素:一是缺乏能够充分引进技术的外部环境,难以引进一流的先进技术;二是技术创新特别是高技术领域创新的国际合作难以深入;三是技术层次低,人才匮乏,发展极不平衡,缺乏基础技术的支撑;四是缺乏风险投资机制,缺乏充足的资金来保证引进技术的消化、吸收、创新和推广;五是创新资源分散,低水平重复研究和开发问题普遍,技术提升困难;六是知识产权保护体系不完善。因此,这种接受创新的方式致使许多国有企业一代接一代重复引进、连续引进,而没有成功地实现技术引进向自我技术开发的转换,促进国有企业形成自身的技术开发能力和科技体系。

5. 从行为方式来看,与其管理体制和机制不完善有密切关系

尽管国有企业改革已取得较大进展,通过建立企业财产制度明确了出资人,但作为最大出资人的国家实质上是"缺位"的,所以国有企业的产权制度依然是残缺的。这种产权制度无法摆脱企业"内部人控制"的局面,也不能有效激励经营者从长远考虑进行技术创新。尤其是面对科技产业发展的高风险,国有企业要么毫无顾忌地冒险盲干,要么退避三舍消极待之。

国有企业的管理体制往往对实物、资金有较紧的控制,但对人才的重视程度不够,激励机制不足,对人力资本的价值实现缺乏有效渠道。当前大量的科技人

才主要集中在国有部门,如上海国有经济单位平均每万名职工拥有专业技术人员数从 1980 年的 940 人增加到 1990 年的 2169 人、1998 年的 2905 人;1998 年国有经济单位各类专业人员总计达 752611 人,其中高级专业技术人员 65429 人,占其专业人员总数的 8.7%,而其他经济单位(包括集体企业单位、乡镇企业单位和外商投资企业单位)各类专业人员总计才 143685 人,其中高级专业技术人员 3013 人,占其专业人员总数的 2.1%。但由于国有企业缺乏人才激励机制,用于技术创新的资金少,工资住房等生活环境及工作环境没有明显的优势,从而难以充分调动科技人员的积极性,发挥人才的专业优势。如此大量的科技人才集中在国有企业,与国有企业技术进步和产业升级迟缓的局面是格格不入的,这只能说明国有企业科技人才的作用并没有得到充分的发挥。而且,这还导致了作为国有企业最宝贵资源的人才流失严重。

另外,受各方面条件限制,国有企业大量冗员、沉重历史包袱和"企业办社会"的制度性弊端至今尚未根除,也在很大程度上制约和影响了国有企业的创新能力。

6.3 微观组织基础改造的对策思路

6.3.1 加快国有经济战略性调整步伐

国有经济战略性调整的目的,是为了把国有经济整体素质提升到一个新台阶,不断提高国有经济对中国经济发展的贡献程度;改善国有经济组织形态,提高国有经济的综合竞争力;把国有经济调整到最适合其发挥作用的位置上,充分发挥国有经济独特的竞争优势;把国有经济融合到其他类型经济之中,按照市场原则进行运作,在比较效率基础上强化国有经济的控制力。为此,国有经济战略性调整的主攻方向应确定在以下四个方面:

第一,优化国有资本的配置结构。基础设施、基础工业是国有经济发挥作用的主战场,国有经济应首先保证这些部门发展的资金需求,使之先于或至少同步于国民经济的发展。支柱产业和高技术产业是保证国有经济发挥主导作用的物质和技术基础,应是国有经济重点支持的行业。为此,在优化国有资本配置结构中,要提高四个集聚度:一是提高国有资本在关系国民经济命脉与涉及国家主权和安全领域中的集聚度;二是提高国有资本在基础产业和基础设施领域的集聚度;三是提高国有资本在支柱产业中的集聚度;四是提高国有资本在关系社会稳定的公益性行业中的集聚度。

第二,主动实行国有经济战线收缩。按照国有经济的本质特性,以及产业结构调整的要求,主动退出一些行业,实行国有经济战线收缩。通过加快国有企业改革步伐,有意识地将效益较好但不符合国有资本调整方向的存量资产尽早兑现,特别要鼓励国内外资本对这些国有企业的参股、控股。在此过程中,一方面要以增量投入带动存量调整,实现国有资本的行业集聚、转移或退出;另一方面要有计划、有步骤地将数量众多的国有中小企业改制成非国有企业或混合型经济。

第三,提高国有资产质量。通过加快国有资产产权流动与重组,实现国有资产的优化组合,使国有资本向优势行业和优势企业集聚,提高国有资本的利用效益。同时,通过增资减债、处置不良资产等方式优化资本结构,提高国有经济整体素质,提升国有经济对国民经济增长的贡献程度。

第四,强化国有经济的渗透力。通过拆除围墙,打破国有经济的条块分割,扩大国有资产的行业渗透和地区渗透。改变国有经济单一形式,促进国有经济实现形式的多样化,提高国有资本与社会资本的融合度。通过发挥国有经济的独特优势,增强国有经济对社会经济活动的控制力。

国有经济战略性调整是顺应社会主义市场经济发展要求,从总体上搞活国有经济,促进国民经济持续、健康、稳定发展的重要战略步骤。因此,在实施调整过程中不能沿袭传统行政办法,也不能盲目行事,而要遵循以下基本原则。

一是以结构调整为依据,合理安排国有经济在第一、第二、第三产业中的比重,合理调整各产业内的行业资产比重,使国有资本向"有所为"的领域适度集中,特别是向支柱产业、高新技术产业等领域集聚,提高其在新兴产业及新的增长点方面的竞争能力和扩张能力,发挥其在产业结构调整中的重大作用。

二是以现代垄断竞争市场结构为基础,调整国有经济的产业组织形态,主动收缩战线,适度退出竞争性行业,突出重点,占据关键领域,发挥其规模经济效益。

三是以市场为导向,促使国有资产向有市场、有技术、有品牌的优势企业集聚,提高国有资产的运营效益;并以优势企业为核心,组建企业集团,提高国有企业的竞争能力和扩张能力。

四是以资本市场为依托,通过资本重组和产权交易市场化方式,进行国有资本跨行业、跨部门、跨地区、跨所有制的重组,在更大范围内实现国有资产优化配置。

五是以利益驱动为前提,完善国有资产管理体制,进行控股集团(公司)内部规范化、科学化的整合,在进一步理顺利益关系的基础上,建立起一整套适应市场经济要求的管理制度,降低内部交易成本,提高综合竞争力。

6.3.2 推进国有企业技术进步和产业升级

推进国有企业技术进步和产业升级,要把提高综合竞争力作为首要目标。在市场经济条件下,国有企业的生存与发展,以及对国民经济的控制力,取决于竞争能力的大小。因此,要把推进国有企业技术进步和产业升级纳入提高综合竞争力的战略目标之中。特别在当今经济全球化的潮流下,以及中国即将加入WTO、更深程度地融入国际产业分工体系的背景下,推进国有企业技术进步和产业升级,更是与提高国际竞争力紧密联系在一起的。

为了达到提高综合竞争力的目标,对国有企业的技术进步和产业升级两者之间的内容要进行新的整合。过去由于国有经济处于战略性调整之中,其产业升级的内容比较强调结构比重升级,从而与其技术进步有一定程度的脱节。在今后一段时间内,仍然要按照发挥国有企业对国民经济保持控制力的要求进行结构调整,使国有企业逐步从低技术的一般消费品工业、初级加工的原材料工业中退出。但随着国有经济战略性调整逐步到位,其产业升级的内容要由过去强调结构比重升级转向注重技术升级,建立企业创新机制,把技术创新作为推动产业升级的重要支撑条件,以使技术进步和产业升级的内容更趋于一致和内在融合。

在推进国有企业技术进步和产业升级过程中,既不能沿袭传统的封闭创新路径,也不能完全照搬传统的技术引进、模仿创新、自主创新的方式,而要探索加快技术创新的有效路径,综合利用国内外两个市场上的创新资源,跨越某些技术发展阶段,形成独特的竞争优势。也就是,国有企业要在支柱产业、高技术产业、装备工业方面,集中资金和技术力量,在适用技术的基础上去承担开发先进技术的责任,争取有突破性发展,建立适用技术与先进技术相结合的技术结构。

为此,我们应选择模仿和自主创新相结合的模式,积极引进新兴技术;同时,对于目前国内尚不成熟,又难以引进的技术,必须组织力量进行技术攻关。技术攻关主要解决企业中性技术和关键技术,以及国内已具备一定优势的技术,特别是能够带动企业素质提高和结构提升的重大技术,并抓住这些技术的高渗透性特点,进行大规模地渗透和应用,促使国有企业技术水平的大幅度提高。一是用这些技术改造传统技术装备和生产工艺,以提高国有企业产品质量和档次,降低原材料和能源消耗，为国有企业开辟新的市场。二是利用这些技术促进传统产品升级换代，使国有企业的产品向高档次、高附加值、多功能、低消耗方向发展。三是利用这些技术加快国有企业生产管理现代化，为企业提供先进的自控、自检、自测装置，以及各种计算机和现代通信设备，改变"生产操作靠经验，质量检验靠眼睛"的落后状况，有效提高生产管理的现代化水平。

为实现上述战略目标，在具体实施过程中，我们要采取相应的策略，主要有以下几方面。

首先，以市场创新能力提升促进技术创新能力提高。推进国有企业技术进步和产业升级，在一定程度上是其创新能力的积累与健全的过程。一个企业的创新能力，既包括技术性能力，如研究开发能力、模仿创新能力、吸收消化能力与追赶能力、制造与产业化能力、创新资源投入的物质能力等，也包括市场性能力，如营销能力、管理能力、创新倾向、创新资源投入的制度因素等。尽管国有企业从总体上讲，这两方面的能力都比较欠缺，但两者相比，其市场创新能力远低于其技术创新能力。我们知道，研究开发是技术创新的源泉，而市场创新是技术创新有效性的根本保证。企业识别技术创新成果的市场价值能力，远比其自身拥有多少创新成果更为重要。深圳豪威真空和现代计算机公司之所以成功，并不在于它们掌握了什么尖端技术，而在于满足市场需求，将普通的技术进行大规模的系统开发和信息集成。因此，国有企业首要的问题是提升市场创新能力，并以市场创新能力的提升促进技术创新能力的积累。

其次，提高外部协作能力和接受外部创新的能力，充分利用社会创新资源。现代技术创新需要投入大量的技术设备、人力资本和信息等资源，创新资源不足是中国企业存在的普遍问题。实践证明，通过合理的知识产权与资本产权的交易，与科研机构或其他创新型企业建立有效的动态联盟，是解决企业创新资源不足的有效途径。国有企业在自身创新能力较弱的情况下，充分利用企业外部存在的大量利用不充分的创新资源，如科研机构与高等院校的科研成果、科研能力、人才、技术设备等，主动接受来自外部的技术创新成果，就显得更为重要。在此过程中，一个重要的环节就是国有企业必须提高外部协作能力和接受外部创新的能力，如利用外部研究开发、利用外部制造、利用大企业（或母公司）的销售渠道、合作创新等获取技术创新的能力。因为系统集成的技术创新模式依赖于这样一个前提：创新过程中的行动者之间的相互联系是改善技术成果的关键。技术创新是人们在知识生产、分配和应用中相互关系的复杂结果。创新的成果在很大程度上取决于这些行为主体如何处理好他们作为一个有机整体的相互关系。因此,国有企业必须通过提高外部协作能力和接受外部创新的能力来实现对社会创新资源的充分利用,以推进其技术进步和产业升级。

再次,通过组织创新实现内部创新资源的有效组合。在技术创新过程中,企业把握创新的方向和控制技术创新的成本,提高技术创新的效率,并使创新与企业在产品市场和资本市场扩张的节奏相匹配,远比企业自身拥有多少创新资源更重要。因此,国有企业的一个重要应对策略,就是通过组织创新不断培植和强化内部创新资源的生成,并把内部创新资源有效地组合起来,推动技术创新效率的提高。这就要求企业以灵活多样的激励机制构建创新人才与企业的利益共同体,不断加大培植和强化内部创新资源的投入,包括对人才的吸引与培训,以及加大研究开发的投入等,形成企业的核心技术开发优势。

最后,与高新技术小企业形成战略联盟。目前高新技术企业发展方兴未艾,在沿海发达地区已有相当数量和质量的高新技术企业。这些企业的规模一般较小,开发能力强,但管理销售网络和资金实力显然不如大企业,产品市场化能力较弱。而国有企业往往具有可靠性较强的制造能力,有较好的营销服务网络和良好的市场声誉。国有企业要充分利用自身优势条件,主动与高新技术小企业结成战略联盟,以实现这两类企业的优势互补。技术或产品的研究开发战略联盟可以采用多种模式,如合作、合资、委托开发等。基于国有大企业的竞争压力和研发能力较差的实际情况以及高新技术小企业创业发展的需求,合作和委托开发的方式较适合中国的国情。国有大中型企业委托高新技术小企业开发项目,充分利用其技术与产品开发能力的优势,可使大企业获得可持续发展与具有竞争力产品的保障,且费用低廉。同时,国有大中型企业对委托项目所需资金贷款提供专项担保,对开发产品进行大批量生产制造以及营销,也有助于促进开发成果的商品化和市场化,反过来支持了高新技术小企业的发展。合作或委托项目成功后,不管技术或产品归大企业所有还是以其他方式共同拥有,都是一个双赢的结果。

在明确了战略目标及应对策略后,推进国有企业技术进步和产业升级就要有切实可行的政策措施来保证具体实施。由于国有企业的技术进步和产业升级是通过科学技术转化为现实生产力来实现的,是科学技术、科技人才、科学管理、人才培训、科技意识等因素所形成的促进企业效益提高的综合效能,因此,推进国有企业技术进步和产业升级,要把体制创新、加快国有企业改革和投融资体制改革作为中心环节,其政策措施要具有系统性、互动性和复合性的特征。

一是适应市场经济的要求,塑造新型的生产经营模式。开发新技术与新产品、改进工艺、推广新成果及技术革新、改造等,是国有企业技术进步和产业升级的实体性因素。只有抓住推广科学技术这一活跃的因素,企业内其他相关因素才能找到各自发展的位置,所投入的人才、教育和管理,才能取得更大、更好的效益。因此国有企业要改变传统的生产经营模式,把重点放在产品的研究开发和市场开拓上,形成"两头大、中间小"的哑铃状,突出科学技术在企业生产经营活动中的重要地位,并以市场开拓来引导新技术与新产品开发,围绕市场需求开展新成果推广及技术革新与改造。

二是加快建立比较完善的企业激励和有效约束机制,充分发挥知识人才的积极性和创造性。与以资本投入为主要增长源泉的传统增长方式不同,技术创新是以知识为主要投入增长源,其增长方式正在发生根本性变化。在此过程中,一个核心问题是知识商品化和资本化。因此,国有企业在技术进步和产业升级过程中必须解决长期忽视知识价值实现的问题,承认科研人员创新的经济价值并形成适宜的实现渠道,以促进人力资本激活及其贡献提升。这就要通过改革传统分配体制,充分发挥市场对人才资源配置的基础性作用,大胆探索和试行技术作价入股、科技人员持股经营等分配方式,突破现行的知识资本化的股份比例限制,依市场规律由企业自主决定,扩大知识资本化的范围,允许专利之外的知识资本,包括非专利技术,管理和经营技术也能入股,并加大政府对优秀人才的奖励力度,保证技术创新者、企业经营者、风险投资者取得与其贡献相称的高额报酬,以鼓励有关人员进一步为高新技术产业各尽所能。从而,造就一批有战略眼光、勇于创新、务实求进的企业家队伍,发展一批既能开发创新又懂市场营销的项目经理队伍,集聚一批掌握最前沿的新知识和新技术、具有创新能力的科技人才队伍,培养一批具有较高专业技术水平和较强发展后劲的跨世纪学术、工程技术带头人,以保持企业旺盛的活力和生命力,有效地促进"学习型"企业的发展。

三是强化管理体制创新,实现创新资源的优化组合,形成不竭的创新动力。本质上说,技术、资金、人才、信息等要素只是技术创新成功的必要条件,而真正要想在技术创新上走在前列,必须对这些资源进行有效整合。企业管理包括科学决策、科学管理、生产经营管理、科研和生产的集约化管理等方面,对企业技术进步具有总设计与总安装的功能。因此,我们要把适应技术创新需求的新的管理方法或管理要素的新组合引入企业管理系统,建立以人为本、国际规范化的技术创新管理体系,使其具有对创新资源进行优化组合的功能。

四是营造具有竞争性和有序性的市场环境,促进产业组织合理化。国有企业的技术进步和产业升级要通过市场化方式来进行,其市场环境就显得十分重要。完善企业兼并、破产制度,通过企业兼并、企业分解等方式进行资产重组,促进产业组织合理化。支持具有一定实力的大企业或企业集团拓展跨国经营,在世界范围内发展国有企业自己的国际生产和服务网络体系。对一些不合理的"大而全"型国有企业进行分解,提高其专业化水平。建立健全资本市场,加快优胜劣汰机制的建立,促进资源合理流动,建立起以优势企业为龙头的产业组织。

五是促进拥有知识的人才流动,提高企业运用全社会创新资源的能力。在分工不断细化、网络关系日益发达的情况下,为适应高新技术加速发展的特点,国有企业要改变传统的封闭性技术创新的模式,面向全社会创新资源,不求创新资源(包括技术人才)"所有"和"所留",而求创新资源的流动。因为无论是以正式还是非正式为基础的个人间的相互作用,在产业内部及科研机构与企业之间都是一种重要的技术转移渠道。人员的技术能力与网络关系能力是实施和适应新技术的关键。这种能力在很大程度上取决于资历、拥有的知识以及劳动力流动。这种对全社会创新资源的运用能力,是企业一项很有价值的知识资产。因此,国有企业要促进有知识的人才流动,吐故纳新,不断补充新鲜血液,以提高整体劳动力素质、技术水平和创新活动质量。

六是加强政策引导,弥补市场失灵。首先,要制定更加有利于企业增加技术开发创新投入的政策,实现技术开发由政府主导型向企业主导型的转变,推进国有企业加大技术开发和技术改造的力度,加快企业技术创新中心的建立。其次,要建立重点产业加速折旧制度和制定促进企业现代化的政策。通过加速折旧和将无形资产投入计入成本等措施,支持发展新兴的劳动—知识、技术密集型产业,特别是要培养具有自主知识产权的高新技术企业。再则,要制定技术引进和技术推广政策,如加强引导、减少重复和低水平引进,组织消化吸收和改良攻关,通过利益诱导等经济手段促进技术转移。最后,要制定完善的社会服务政策,通过建立技术服务和技术人才网络、配套齐全的中介服务体系、风险投资机制等,加强企业之间以及企业与科研机构之间的协同攻关能力。

7 收入分配变动及其机制完善 [*]

收入分配不仅在现代经济的社会再生产过程中是一个重要的环节,而且在中国的经济体制改革中也是一种促进体制变迁的有力杠杆。自改革开放以来,中国的地区间、城乡间、部门间以及社会群体间的收入分配发生了重大变化,特别是近几年来随着社会主义市场经济体制基本框架的逐步形成,宏观环境由"短缺经济"向"过剩经济"的转变,收入分配的变动更为显著。由此,收入分配也就成为社会关注的焦点问题,引起人们各种不同的看法。因此,深入探讨当前收入分配问题,有助于我们从思想上形成共识,在实际工作中进一步完善收入分配机制。

7.1 改革以来中国的收入分配变动过程中的基本内涵变化

现在人们把注意力较多地集中在收入分配变动的结果——收入差距上,并以此作为对收入分配变动进行价值判断的依据。笔者从方法论和分析的视角提出,要更注重收入分配变动过程中的基本内涵变化,在把握收入分配变动的主流趋向的基础上来分析收入差距扩大问题,以得出比较客观的价值判断。

7.1.1 改革中的收入分配差距拉大

收入分配差距历来是经济生活中的一个敏感性问题,为此国外已有大量有关研究文献的积累,并形成了较成熟的理论分析框架。目前国内对此问题的研

---

　　* 本章原载周振华主编《收入分配——中国经济分析 2001—2002》(上海人民出版社 2003 年版)"导论:我国收入分配变动的内涵、结构及其趋势分析"。

究，大都运用国外的理论框架及分析方法，如通过基尼系数进行国际标准的比较和动态变化分析等，以此来衡量和判断收入分配差距拉大的程度。毫无疑问，这是十分必要和可取的。但我们这里所要强调，也是必须首先要明确的一个问题是：我们考察的是改革中的收入分配差距，而不是一般条件下的收入分配差距。

所谓考察一般条件下的收入分配差距，就是指从经济和社会发展角度来研究收入分配问题。国外大多数文献都是属于这种类型的考察研究，如库兹涅茨的倒 U 型收入分配变动假说等。显然，这种分析框架具有普遍性，可用来考察各个国家经济与社会发展中的收入分配问题。然而，它却不能完全涵盖体制转型中收入分配变动的特殊性，从而不能充分解释体制转型中收入分配差距拉大的原因及本质属性。中国的现阶段收入分配差距拉大是在经济体制改革的大背景下发生的，更具有制度变量的因素。因此，我们考察的重点应该是改革中的收入分配差距问题，这比考察一般的收入分配差距更具有现实针对性和理论准确性。

改革中的收入分配差距拉大，主要是指改革开放以来中国打破了传统体制下"平均主义"的收入分配基本格局，让一部分人和地区先富起来，形成了城乡之间、地区之间、不同行业和职业之间的收入分配差距，并具有不断扩大的倾向。当然，现实中的收入分配差距拉大是多种因素促成的，其中包括经济与社会发展等重要因素。但至少我们可以从理论上抽象出主要由改革因素带来的收入分配变动，并将其界定为改革中的收入分配差距拉大。

这种收入分配差距的拉大，是计划经济向社会主义市场经济转型的必然结果。它在相当程度上冲击了传统体制下"干多干少一个样，干好干坏一个样"的"吃大锅饭"陋习，打破了收入分配"平均主义"的基本格局，充分体现了"按劳分配、多劳多得"的基本方针，体现了"效率优先、兼顾公平"的原则。因此，这种体制转型背景下的收入分配差距拉大，总体上是符合改革基本方向的。

随着社会主义市场经济的发展，越来越多的要素从非市场化走向市场化，在市场机制的作用下进行流动与组合。在此过程中，为充分发挥各生产要素的效用，使其得到优化配置，必须鼓励资本、技术、管理、风险等要素参与分配，实行按劳分配与按要素分配相结合的分配方式。在这种情况下，收入分配差距的拉大也就成为市场经济发展的客观要求。[1]这种按照市场经济原则及要求实行的收入分配格局，其形成的差距扩大，总体上利大于弊，有利于提高全社会资源配置

---

[1]　刘书云、韩振军：《收入分配：增长中的差距》，《瞭望》2001 年第 41 期。

的效率,有利于投资增长。对于合法的高收入者,只要其照章纳税就应当受到尊重和保护。从这一发展趋势来讲,收入分配差距可能还将继续拉大。

事实上,改革中的收入分配差距拉大,反过来也成为改革与发展的一项重要动因。改革促进和解放生产力,是通过其利益关系调整的作用机制来实现的。这种利益关系调整,特别是经济利益关系调整,很大程度上集中在收入分配上。通常,率先改革的部门、地区,是收入分配变动中的受益者;率先融入改革浪潮的集体与个人,获得更多的收入。正是这种收入分配差距拉大,形成人们追求制度变革的一种强有力的激励。它不仅诱导人们去冲破各种束缚生产力发展的规章制度,求得自身的更大发展,而且通过促进经济发展,并以此作为制度变革的一种绩效去巩固和发展改革的成果。

因此,改革中的收入分配差距拉大,是有其特定意义的。它首先是一个制度性的变化,其次才是一个经济问题。如果脱离改革及社会主义市场经济发展的大背景,单纯地谈论收入分配差距拉大,或者简单地与国外进行类比,是没有什么价值的。目前,中国的的改革仍在继续,适应社会主义市场经济要求的收入分配关系尚未调整到位。在这种情况下,我们还是要把收入分配差距问题置于改革大背景中来考察。

7.1.2 改革以来收入分配变动的内涵变化

事实上,改革中的收入分配变动,尽管从其差距扩大的变化轨迹来说是一种线性变化,但其基本内涵则发生着非线性的变化。与整个 20 世纪 80 年代至 90 年代上半期相比,当前中国的收入分配变动的基本内涵已发生重大变化。

在改革开放后的相当一段时期里,"让一部分人和地区先富起来"的收入分配变动,主要为经济体制转型及体制性特殊优惠政策所驱动。也就是,中国渐进式改革进程中的改革步骤序列安排、区域对外开放的时间先后、"体制内"与"体制外"的差异空间、市场发育程度的非均衡、特殊政策受惠大小等因素,在很大程度上决定了这一时期的收入分配变动。不可否认,这一收入分配变动是有重大历史意义的,对于促进中国的经济增长产生了积极的效应。但同样要看到,这一时期的收入分配变动客观上具有浓厚的体制转轨和政策导向的色彩,其中也有一些是与收入分配的激励作用格格不入的。例如,出现了"搞原子弹不如卖茶叶蛋""搞生产不如'倒批文'""现代化生产不如手工作坊"等收入分配的扭曲现象。在这种收入分配差距拉开的过程中,进入"先富起来"行列的主要是社会边缘群体,其文化素质水平普遍偏低。

但进入 20 世纪 90 年代下半期,随着社会主义市场经济体制基本框架的逐步形成和一系列改革开放特殊优惠政策的逐步取消,特别是党的十五大提出"把按劳分配与按生产要素分配结合起来"原则后,中国的收入分配变动开始逐步为市场化导向所驱动。其主要标志有:(1)"机会均等"的收入分配前提开始逐步确立。尽管现阶段还存在各种不同程度的"进入壁垒",不能说完全的"机会均等",但区域全方位的对外开放、各种所有制形式并存及其混合、生产要素的全面流动、特殊优惠政策的弱化等已从总体上构筑了"机会均等"的收入分配大前提。(2)收入分配的市场竞争基础逐步形成。随着地区间竞争、部门间竞争、企业间竞争、就业竞争等不断深化与加剧,收入分配越来越与其产品和劳务的市场价值实现联系在一起,收入分配与效益挂钩日益紧密。(3)收入分配的市场定价方式逐步完善。在市场竞争的基础上,活劳动投入日益依据其复杂与熟练程度及对价值创造与实现的贡献率参与分配,而非活劳动的生产要素则依据其稀缺程度及对价值形成与实现的贡献率参与分配。

在市场化导向的收入分配变动中,特别值得指出的是,知识和科学劳动在当前中国的收入分配上的体现越来越明显。主要有三种情况:一是在劳动力价格上的体现。劳动力的知识含量越高,劳动越复杂,贡献越大,工资水平越高。二是在知识产品价格上的体现。由于知识劳动产品往往具有独特性,其价格具有垄断或者暂时垄断的性质,由此获得的收入更加可观。三是通过知识和知识产品的股权化,以投资的形式获得相应回报。

因此,在市场化导向的收入分配变动过程中,与以前的变动格局一样,仍然形成了由一部分人和地区先富起来的非均衡状态,但其行为主体已发生了重大变化,更多的将是那些高科技产业密集的地区、知识经济含量较高的部门以及知识型劳动者特别是教育、咨询、科技工作者和经营管理者等先富起来。从这一意义上讲,这也是"让一部分人和地区先富起来"政策在实践中的进一步深化与发展。

当前中国的收入分配变动的基本内涵的变化,是社会主义市场经济发展的必然结果,其市场化导向的大方向是应该充分肯定的。在现实经济生活中,这种市场化导向的收入分配变动已产生多重效应,对社会经济的良性循环产生了积极的促进作用。

一是资源的市场配置效应。市场化导向的收入分配变动,已成为生产要素流动与重组的重要信号和驱动力量,导致生产要素(包括劳动力)从低收入部门向高收入部门的转移。

二是效率优先效应。市场化导向的收入分配变动,不仅极大地调动了劳动者的积极性与创造性,使其能力得到充分发挥,而且也不断提高了各种生产要素的利用效率。

三是劳动替代效应。随着劳动力成本上升,将产生"资本、技术替代劳动"的效应,促进资本、技术密集型产业发展。

四是消费升级效应。随着居民整体收入水平的提高,特别是一大批中高收入群体的形成,也将产生更多的保健、教育、咨询、法律、理财服务等更高层次的消费需求,促进知识密集型服务业的发展。

五是人力资本开发效应。在 20 世纪 90 年代初,中国的高等教育收益率为 3%,而世界 100 多个国家高等教育收益率为 18.3%。这意味着当时国内受过良好教育的人还得不到相应较高的收入。市场化导向的收入分配变动,改变了中国的长期存在的"脑体倒挂"现象和知识贬值问题。国家统计局公布的统计资料表明,到 1997 年国内不同文化程度群体的年收入差距已明显扩大,小学文化程度与大学文化程度收入之比为 1∶1.6。提高了知识收益率,从而也就大大促进了人们对人力资本投入与开发的重视。

这些市场化导向的收入分配变动的多重效应,对经济增长产生了积极的促进作用。国家计委宏观经济研究院课题组在实证分析了城镇居民收入差距对消费、投资的影响后也认为,改革开放后居民收入差距的扩大,对经济增长的影响总体来看,激励作用、积极的促动作用是主要的。①

7.2　收入分配差距的结构及其成因分析

目前有许多实证分析都已表明,中国的收入分配变动存在着差距扩大化倾向。一般来讲,收入分配差距是一个数量问题。但正如前面分析所指出的,当前中国的收入分配变动是在经济转型的大背景下发生的,带有很大的制度性调整的性质。在制度性的收入分配变化中,居民收入水平的差距扩大是一种必然现象。其中,有着非常复杂的因素在共同起作用。如果我们对收入分配差距拉大只注重于数量上的分析,并以此来作为调节收入分配的依据,在收入水平的高低

---

① 国家计委宏观经济研究院课题组:《中国城镇居民收入差距的影响及适度性分析》,《管理世界》2001 年第 5 期。

上做"加减法",则可能带来较大的负面效应,甚至严重影响社会主义市场经济发展和阻碍生产力发展。因此,我们需要对收入分配差距拉大问题作深入、细致的结构及其成因分析,区分不同类型的收入分配差距拉大及发展趋势,以便有针对性地进行分类处理。

7.2.1 中国的基尼系数的现实基础及其特性

在当前大多数有关收入分配的实证分析中,均采用了基尼系数这一分析工具,并以此来描述 20 世纪 90 年代以后中国的居民收入差距迅速扩大并有进一步扩大趋势的现象。据测算,中国的居民个人收入的基尼系数 1996 年为 0.424,1998 年为 0.456,1999 年为 0.457,2000 年继续上升为 0.458。根据国际标准,基尼系数在 0.4 以上表示绝对不平均。按此标准来判断,中国的已经进入绝对不平均区间。

首先要承认,基尼系数是一种国际通行的描述收入分配差距的比较有效的分析工具。但在具体运用这一分析工具时,必须考虑其统计数据的准确性。而中国的现行统计调查制度在较大程度上是与实际情况脱节的,部分统计数据存在着严重失实,从而会影响基尼系数测算的准确性。由于此问题比较复杂,也不是我们这里所能解决的,因此暂且不论。我们这里主要指出的是,基尼系数作为监控贫富差距警戒线的国际标准,是对许多国家实践经验的一种抽象与概括,仅具有一般性的意义。在运用这一评判标准时,要充分考虑到中国的实际情况,特别是二元经济结构的现实基础。

长期以来,中国的经济结构具有明显的二元化特征,并在改革开放进程中进一步放大。在城乡经济发展中,由于城市化进程严重滞后,农村中长期沉淀下来的大量过剩劳动力转移不出去,严重制约了农村经济的现代化进程,而城镇经济在工业化强有力的推动下迅速发展,其现代化程度不断提高。在地区经济发展中,东部发达地区凭借得天独厚的天然优势、深厚的历史基础以及先行对外开放与改革的先发优势,其经济得以迅速发展,经济实力不断提升,而西部欠发达地区的经济发展则相当缓慢,仍处于较低的发展水平。在部门经济发展中,不仅传统农业部门的现代化水平仍十分低下,即使是城镇中的传统产业部门也处于明显的衰退之中,其规模不断缩小,而新兴产业部门在新技术的推动下却不断升级换代,具有越来越高的技术、知识密集型的特征。

在传统计划经济时代,计划主导型的分配体制与分配方式使这种经济结构的非均衡性在收入分配层面没有得到真实反映,从而表现出基尼系数较低。但事实上,这种基尼系数是扭曲的。随着市场经济的发展,经济结构的二元性特征在收入分配层面上逐步得以真实地体现。在市场化导向的收入分配变动中,城乡经济、地区经济和部门经济发展的差距扩大,势必造成收入分配差距的拉大。

值得指出的是,进入20世纪90年代下半期后,整个环境条件的变化也对其产生了催化作用。首先,中国的宏观经济环境出现了由"短缺经济"向"过剩经济"的重大转变,市场的选择与约束趋紧,价格持续下跌,效益大幅度下降,失业与下岗人员增多,造成收入增长减缓,特别是农民收入增速极其缓慢。其次,中国的正处于经济结构大调整时期,经济发达地区在新的平台上实现新的飞跃,而经济欠发达地区则处于艰难的调整之中;一些新兴产业部门迅速扩展,而相当一部分夕阳产业部门则大不景气;一些高科技产品要求迅速发展,而落后技术的产品则要大量淘汰。因此,在二元结构程度非但没有减小,反而具有不断增大态势的基础上,农村(特别是欠发达地区农村)最低收入与城镇(特别是发达地区城镇)最高收入之间势必形成明显的反差。

按国际标准来看,进入绝对不平均区间的基尼系数势必引起社会和经济的极大不稳定,从而给政府造成很大的压力。但从中国的实际情况来看,似乎并非如此,至少还有一定的承受空间。这里的原因很复杂,但笔者认为,其中一个重要原因是中国的二元结构之间的流动性较弱,各自形成相对封闭的系统,而在各自相对封闭的系统中收入差距则相对较小。

在城乡经济中,农业过剩劳动力转移除少部分进入城镇外,大量的是"就地非农化",即所谓的"离土不离乡",而城镇中的各种生产要素也较少流入农村,从而农村经济与城镇经济是相对割离的。因此尽管城乡居民收入差距较大,但农村居民之间的收入分配差距相对较小,城镇居民之间的收入分配差距也相对较小。

在地区经济中,由于地区保护与市场分割,不仅给诸如资金、技术、人才等生产要素的地区流动造成障碍,而且带来商品地区流通的困难,从而使地区经济在行政区划下相对分离。因此尽管地区间居民收入分配差距较大,但在同一地区内的居民收入分配差距则相对较小。

在部门经济发展中,传统农业部门与现代非农部门之间的经济联系本身就是割裂的,即使在城镇中的现代非农部门之间,由于不同所有制经济之间较低的融合程度、行政性行业垄断以及部门间要素流动与配置的功能较差等原因,也经常形成较多的部门壁垒。因此尽管不同部门间的收入分配差距较大,但在同一部门中,其收入差距则相对较小,甚至还带有一定程度的平均主义色彩。

总之,在运用基尼系数这一分析工具时,要结合中国的具体国情解释收入分配差距问题,将其作为一种表明收入分配差异程度和预警两极分化的参照系,而不能成为禁锢和教条。与此同时,也要运用若干辅助性指标来作为收入差距适度性判断的参考,使其判断标准更符合一般与特殊相结合的要求。

7.2.2 收入分配差距拉大的来源方面的结构分析

事实上,基尼系数只是对收入分配实际结果的一种两极结构(最低收入水平与最高收入水平)的客观描述。在一个制度变量或制度结构相对稳定的社会里,基尼系数足以反映既定的由于收入分配方式及其类型所带来的收入分配变动的基本状况。但在中国的经济转型大背景下,制度结构的调整带来一系列收入分配方式及其类型的巨大变化,并伴杂着一些过渡型的收入分配方式及类型,基尼系数的运用就存在一定的局限性,难以提供收入分配变动中更为复杂的结构性信息,如收入分配方式的多样性、收入来源的不同类型以及长期性与过渡性收入分配方式的区别等。因此,我们还要进一步对收入分配差距拉大作其来源方面的结构分析。

目前中国的收入分配差距拉大的原因是很复杂的,但归纳起来主要有两个基本方面:一是市场化的按劳分配和按要素分配的力度增强拉大了收入水平差距;二是非市场化的各种过渡性的收入分配以扭曲的方式拉大了收入水平的差距。

在市场化导向的收入分配变动过程中,以市场定价机制实现的按劳分配,把复杂劳动与简单劳动、熟练劳动与非熟练劳动以及开创性劳动与非开创性劳动等严格地区分开来,并给予完全不同的劳动报酬,其差异甚至是几倍、几十倍,特别是那种开创性劳动获取的报酬更是无可比拟的。近几年中,这种按劳分配的收入差距拉大速度是比较迅速的,但由于市场体系尚未充分发育和市场机制作用的不完善,某些方面的按劳分配力度还显得不足,特别是智能劳动和开创性劳动的报酬尚未真正到位。

另外,在市场化导向的收入分配变动过程中,要素参与分配也越来越成为一个重要内容和特征。要素参与分配本身就具有强化激励从而扩大收入差距的内在机理,其主要是两方面原因:

一是要素贡献率差异带来的收入分配差距拉大。在经济发展中,各种要素的组合是动态的。在不同的发展阶段,由于经济活动对各生产要素利用的要求不同,使某些要素具有更大的稀缺程度,对经济增长有较高的贡献率。例如,在农业经济时代,土地和劳动是主要生产要素,发挥着核心作用,其贡献率是相对较高的;但到了工业经济时代,资本成为最稀缺的资源,其对经济增长的贡献率迅速提高;而进入知识经济时代,信息、知识等成为核心要素,其对经济增长的贡献率上升到主导地位。总之,在一定时期内,各生产要素对经济增长的贡献率是有差异的。显然,按要素贡献率对其投入给予回报,势必产生收入分配上的差距。

二是要素拥有程度差异带来的收入分配差距拉大。生产要素不仅仅是土地、资本等生产资料,也包括劳动、信息、知识、组织、管理等,所以"要素拥有"的概念要比生产资料所有制更广,其中涉及人力资本的方面,事实上也包括生活资料所有制的含义。撇开对要素的非法占有因素,在任何社会都存在着要素拥有程度的差异性,其中最明显的就是要素自然禀赋差异。如果再加上一定社会性质的所有制对要素拥有程度的法律性设定,那么其差异就会更大。在要素不参与收入分配的情况下,要素拥有程度的差异对收入分配是没有意义的,但在要素参与收入分配的情况下,则会反过来对要素拥有程度差异产生刺激作用,使其具有动态的"马太效应",即要素拥有程度高的越高、要素拥有程度低的越低,从而拉大其收入分配差距。

从中国的目前情况来看,仍处于投资推动的增长阶段,从而资本要素的稀缺程度及其对经济增长的贡献率较大。但在传统计划经济体制下,由于实行资本要素的国家所有和平均主义的低收入分配政策,居民没有什么个人财富积累。随着体制改革带来的国民收入分配向个人倾斜,以及实行"让一部分人先富起来"的政策,民间资本积累和个人拥有金融资产的规模不断扩大。目前中国的个人拥有的储蓄超过 7 万亿元,个人拥有的外币储蓄接近 800 亿美元,个人购买的各种债券、股票价值超过 1 万亿元,个人手头拥有的现金也超过 1 万亿元。因此,单就个人金融资产而言就超过 10 万亿元人民币,还不包括房地产、高档耐用品等个人财产。在这种情况下,个人的资本要素通过各种投资方式参与分配就成为其一个重要的收入来源。1990 年至 1999 年,中国的城镇居民人均财产性收入年平均增长 26.42%,比同期城镇居民人均全部年收入的年平均增长率16.23%高出 10.19 个百分点,充分说明了个人的资本要素参与分配的力度在不断加大。然而,各种因素,包括双重体制并存等制度因素使个人财富积累及金融资产拥有程度有较大的差异,所以将其作为资本要素投入参与分配,并把其分配所得再作为资本要素进一步投入参与分配,势必使收入分配差距动态扩大化。

值得特别指出的是,目前参与收入分配的生产要素并不具有完整性,主要是货币(实物)资本和人力资本要素在参与收入分配,而农村的土地要素由于不具有使用权的可转让性且非货币化,根本无法参与收入分配。在这种情况下,按要素分配的财富流向主要向拥有货币(实物)资本和人力资本要素的所有者倾斜,而对农民是极为不利的。因为从生产要素的分布来看,农民主要是拥有土地要素,其货币(实物)资本和人力资本要素的拥有程度是极低的。因此,要素参与收入分配还须进一步完善,使其具有要素同一的完整性。

尽管市场化导向的收入分配变动是当前中国的收入分配变动的主流趋向,但这当中仍然存在着收入分配变动的市场化导向机制不完善,以及各种非市场化的收入分配问题。这也在很大程度上引起收入差距的扩大化,并具有很大的负面影响。

一是不平等竞争形成的收入差距不合理扩大。在目前中国的经济体制转轨过程中,旧体制遗留的"行政权力"因素仍严重干扰甚至直接限制市场作用,且很多都是以"合法"方式进行的,或者说在当前体制与政策体系下并不能充分证明其"非法",从而造成许多不平等竞争现象。其中最突出的是一些部门、行业甚至一些个别社会成员,能够通过垄断经营或竞争初始条件的不平等分割,获得垄断利益或高额利润,而其他群体或个人则不能,最终形成非常不合理的收入差距。例如,有些部门和地方凭借行业、部门、商品、服务的垄断,取得高于市场定价的额外收入;有些部门和地方通过对某类商品发放生产和销售许可证、进口配额和减免税收、控制贷款额度等取得额外收入;还有些部门和地方凭借特权,以政府行为通过收费、摊派、集资等手段,取得高于规定标准的额外收入等等。目前中国的高收入行业主要集中在电力、电信、烟草、供水、供气、金融、保险、证券以及信息、房地产等技术密集或资金密集的新兴行业。在这些高收入行业中,有不少是垄断性经营行业,随着市场经济的发展,这些行业的企业业务量突飞猛进,获得高额利润,并把其中一部分以不同形式分配给职工。目前,在不同行业中,收入最高行业是收入最低行业的 2.63 倍,比 1990 年的 1.72 倍扩大了不少。而且这个差距仅是统计报表上的数字,不包括未进入统计口径的其他收入部分,如福利性收入、灰色收入等,如果考虑到这个因素,其差距可能还要大。此外,某些改革政策偏差,如在产业、地区发展方面的差别政策以及在某些领域的"一刀切"改革,也或多或少地造成了不平等竞争,进而形成收入差距的不合理扩大。

二是再分配的调节手段和功能严重不足带来的收入差距扩大。首先,对高收入调节不力。主要原因是缺乏对收入监控的基本能力,税制及征收、处罚手段也相当无力,致使高收入群体的"逃税"或"避税"极为普遍。其次,对低收入阶层缺乏有效保护。尽管初步建立了各种扶贫、基本生活保障、就业援助及最低工资保护等制度，但投入严重不足，管理和执行过程也存在不少问题，致使相当多的贫困者难以获得有效援助。再则，许多形式的再分配存在"逆向调节"特征。这一问题的最突出表现是住房、医疗等福利分配体制。此外，一些税赋政策的实际结果也不是在缩小差距，而是在扩大差距。比如，农民承担的税赋种类及数量就明显高于城市居民；在农村内部主要基于人头数的征税方式以及在城镇内部仅仅考虑货币收入征税方式也都造成了类似问题。

　　三是非法收入加剧了分配矛盾。虽然腐败等非法收入问题在严格意义上不属收入分配范畴，但在经济转型中，由于各种制度不健全，通过侵吞公有财产、偷税漏税、制假贩假、敲诈勒索、贪污受贿等非法手段攫取财富，以及通过各种权钱交易、以权谋私等腐败行为谋取非法收入，是一个比较突出的现象。更为重要的是，在正常的分配领域，收入差距并不是很大，但灰色收入和黑色收入部分越来越大，形成尖锐的反差，不利于鼓励勤劳致富，不利于社会财富的积累和合理分布，也会进一步加剧社会风气的恶化。这就成为收入分配中的一个突出问题，从许多方面直接或间接地影响着社会分配过程，进一步加剧了分配矛盾，同时也对社会心理产生了极大负面影响。事实上，在市场经济条件下，无论分配收入差距有多大，只要符合公正、公平原则，人民群众还都能接受，他们不满的是收入分配中的不公和腐败现象。尽管目前无法准确估计腐败等不法收入在加剧收入差距方面所起的作用的程度，但可以肯定，由此造成的问题是十分严重的。

7.3　完善收入分配的基本思路及对策措施

　　在经济转型过程中，尽管中国的收入分配变动的主流趋向是符合社会主义市场经济发展要求的，但也存在着分配系统不完善、分配权力不平等、分配机制不健全、分配监督不到位等问题，从而导致在微观和宏观上都难以完全按照公平与效率的标准进行分配，也不能在微观分配和宏观分配之间建立起公平与效率的正向相容关系，这将直接危害到中国的收入分配变动主流趋向的正常发展。因此，要选择和设计进一步完善收入分配的基本思路，并采取积极的对策措施。

7.3.1　基本思路：收入分配差距的结构性调整

　　社会主义市场经济体制和运行机制的进一步完善，以及工业化与城市化互动带来的二元结构程度减弱,将对收入分配产生两种同时存在的效应:一方面,市场化不足的收入分配将进一步发展到位,从而对收入分配差距呈扩大化影响;另一方面,非市场化和非法的收入分配将逐步缩减,从而对收入分配差距呈缩小化影响。从发展前景来看,中国的收入分配差距变动将呈现结构性调整趋势。

因此,当前完善收入分配并不是指简单的调整收入分配差距,而是要在完善和形成合理的收入分配方式的基础上结构性地调整收入分配差距。在这当中,首要的任务是进一步完善收入分配方式。在这一调整过程中,市场化导向的收入分配要进一步发展,让其差距扩大到位;而非市场化导向的收入分配要加以遏制,尽可能缩小其差距。

在市场经济发展过程中,一次收入分配中的市场化力度要进一步增强,形成效率优先的合理的分配制度,以更好地体现促进生产力发展、特别是先进生产力发展的根本要求。在这一过程中,收入差距的程度会随之而提高,主要体现在开创性知识劳动和复杂知识劳动的收入将大幅度上升,与一般性劳动的收入进一步拉开差距。

我们必须正视,这是知识经济时代来临背景下,人力资本的作用和地位明显上升,对经济增长的贡献率日益提高所形成的国际性潮流。正如日本经济企划厅2000年6月发表的亚洲经济年度报告《亚洲经济发展与IT革命》中指出的:"有能力的、具备复杂知识和智力的人力资本对于实现新经济的持续繁荣是关键的。积累知识资本是经济增长的一个关键部分。"随着知识和科学劳动日益成为价值增值的主要因素,智能劳动者日益成为创造价值财富的主力军,市场化导向的收入分配变动势必要向智能劳动者倾斜,特别是向高科技工作者倾斜,使技术的拥有者能得到更多的利益,使精明的企业管理者能更多地体验期权所带来的财富,使专利拥有者可以取得控股的地位,使企业经营者能分享盈利的所得。例如,美国以知识为基础的就业人数(高中后、职业学校或大学及以上学历)占总就业人数的比例不断趋于上升,其中高收入工资水平阶层就业的增长率自1989年至1998年的9年间达到20%。

随着中国对外开放的深化和外商直接投资的增多,这种趋向已开始显现。目前,大批跨国公司和国际大企业集团已进入中国展开了人才争夺,从而使相对稀缺的高级人才的工资价格大幅度上升。与此同时,一般劳动力价格则由于其供给趋于无穷大而受到严重抑制。这些环境条件的变化,无疑将对收入差距的扩大产生催化作用,从而使当前收入分配差距比以往更大。可以预见,在今后一段时间里,这种收入分配差距扩大的状态还将延续下去。我们不能因为要调整收入分配差距,就强行压制这种收入分配差距扩大的必然发展,从而阻碍和影响先进生产力的发展。

但对于各种非市场化导向的收入分配方式,则要在加快完善社会主义市场运行机制和健全法制环境的基础上使其尽快消亡。因此,要全面解决市场秩序混乱及分配过程中的不公平问题。分配秩序混乱是当前社会不满的主要根源,也是导致收入悬殊的重要原因。解决问题的根本出路只能是完善市场经济体制及规则,积极营造公平、规范的竞争环境,最大限度地体现收入与贡献的对等。为此,要利用加入 WTO 的契机,引进竞争机制和竞争主体,打破行业垄断,规范社会分配秩序,加强对某些垄断行业收入分配的监督和管理,以整顿市场经济秩序为抓手,严厉惩治各种假冒伪劣和价格欺诈行为,保护知识产权及各种合法权益;同时,规范各种收入来源,全面实现收入货币化,增加收入的透明度,保护合法收入,整顿不合理收入,调节过高收入,取缔非法收入。

在上述收入分配差距结构性调整的基础上,我们也要看到,市场化导向驱动的收入分配在更有效地提高货币(实物)资本的效率、激励人力资本开发的同时,不可避免地会带来收入分配差距扩大的负面效应。不同人群和地区的货币(实物)资本和人力资本等要素的自然禀赋差异所带来的贡献率不同,势必产生收入分配差距。而且,在动态过程中,还具有富者越富、穷者越穷的“马太效应”。因此,在一次分配中,城乡、地区以及不同社会阶层的收入分配差距将进一步扩大。这就要求我们强化国家税收对收入分配的调节职能。当前中国的城镇居民收入与可支配收入的洛伦茨曲线基本重叠,表明政府通过个人所得税手段调节居民收入差距的作用几乎没有体现。为此,要进一步完善个人所得税法,开征遗产税,加大税收征管力度;同时,健全法律法规,加强民主监督和制度监管,减少和杜绝贪污腐败现象。

通过收入分配差距的结构性调整及增强国家税收对收入分配的调节职能,最终解决当前收入分配问题中不同收入群体分布结构不合理的首要矛盾,以形成一种稳定的社会结构。目前不同收入群体分布呈现“中、底部大,上头小”的状况,中等收入和中等偏上收入群体相对较小,合计只占总人数的 28.62%,低收入和中等偏下收入群体相对过大,合计占总人数的 64.15%。这一不同收入群体分布结构,容易造成人们对收入差距拉大的心理失衡。因此,要通过上述的调整,逐步将中等收入者由目前的 19.67% 扩大到 30%—40%,将最低收入和中等偏下收入者群体比重降低到 40% 左右,使不同收入群体的分布呈现出较为对称的正态分布形状。

7.3.2 完善收入分配机制的对策措施

在上述完善收入分配基本思路的框架下,要积极采取各种强有力的措施,特别是完善收入分配机制的对策措施,以保证形成有利于生产力发展的合理的分配制度和有效调节收入分配差距的实现。

第一,大力营造收入分配的激励机制。在坚持市场化导向驱动的收入分配方向的前提下,进一步完善按劳分配与按要素分配机制,最大限度地体现收入与贡献的对等。特别是要适应人才争夺国际化的客观要求,推进知识产权的货币化和资本化,强化股权、期权激励,逐步使人力资本价格与国际接轨,提升以人力资本为核心的国家综合竞争力。在此过程中,要强化收入分配激励对产业发展的导向作用,逐步形成收入分配变动与产业结构升级的联动机制。

第二,构建以就业政策为积极手段的收入分配调节机制。收入分配差距拉大的调节,不仅仅是二次分配的问题,而首先应该在一次分配上就予以调节,主要是增加就业。①目前,下岗与失业是造成居民收入绝对下降乃至处于贫困的主要原因。如果不能实现更多的就业,在二次分配中实行的收入差距调节作用是极其有限的。从这一意义上讲,就业政策应成为调节收入分配的最有效的工具。

千方百计扩大就业以解决因失业等问题导致的贫困,主要是通过引导专业分工细化和网络性配套,培育新的就业岗位,特别是服务行业的就业岗位,从而实现高收入向低收入的转移分配。在此过程中,要积极创造灵活多样的就业模式,包括创造非正规部门就业、小规模企业、微型企业、家庭企业、个体经济、独立服务者、社区服务、自我就业等,同时创造正规部门的非正式就业、临时性就业、按小时就业、劳务派遣就业、分包生产或服务项目就业等,让下岗和失业人员通过各种类型的劳动就业提高收入。

在当前经济增长难以提供充分就业的情况下,应通过加大政府投入,结合基础设施建设与环境保护,积极实施以工代赈。实践证明,以工代赈具有缓解收入差距、救助贫困、减少失业以及扩大需求等多重功效,是非常积极的手段,应大力开展。

第三,在调节城乡居民收入差距中要形成有序引导的城市进入机制。在中国的目前情况下,依靠农业收益来提高农民收入水平的边际可能性基本上趋于零,而通过非农收益来改善其收入状况的潜力也不大,唯一的现实途径是通过城

---

① 王朝明、贾善和,《提高低收入者收入水平的探讨》,《财经科学》2001 年第 3 期。

市化的大规模转移,改变农民的身份,使其进入城市的非农产业部门。因此,加大城市化力度(其中有可能包括土地政策的调整),打破人口流动壁垒,实行大规模的农业过剩劳动力的转移,是控制城乡之间、地区之间收入差距持续扩大的最有效的途径。

但令人遗憾的是,目前的大趋势却是各大城市纷纷着手建立就业门槛,千方百计地把外来劳动力特别是来自农村的劳动力拒于门外。这种做法虽可以缓解各地的燃眉之急,但却无法解决全国的长期问题,而只能使问题不断积累、恶化。只有开放的城市化才能缓解城乡差距和地区差距,因此要强调建立全国统一的劳动力市场的必要性和重要性,有序引导农村地区过剩劳动力的转移。

第四,在地区经济协调发展基础上调节地区收入分配差距。解决中国的地区收入分配差距问题,关键在于帮助落后地区发展经济。因此,要结合西部大开发战略,以基础设施建设、人力资源开发为重点,尽可能缩小地区间发展基础条件的差异。改善基础设施条件是落后地区经济发展的必要条件,也是吸引外来投资的一个重要条件,但是仅仅如此还不够。外部投资不会因为落后地区基础设施条件有所改善就自动流到这些地区去,因为发达地区的基础设施条件要好得多。因此,除了加大对落后地区基础设施的投资以外,政府还必须通过各种优惠政策促进生产要素向有利于落后地区的方向流动,设法将各种经济活动吸引到这些地区去,以逐步提高中西部地区的自身竞争力。此外,还要强化财政转移支付以及其他经济援助手段,缓解地方财政压力,强化扶贫,尽可能弥补市场竞争中不可避免的收入差距。

第五,完善社会保障体系及其功能。一是建立法制化的社会保障制度,特别是把反贫困纳入法制化的轨道。[①]为此,要制定国家反贫困法,确定反贫困的法律依据和制度保障,明确各相关主体的权利和责任,使反贫困走上持续、有效的道路,确保贫困人口的基本生活和合法权益不受侵害。

二是逐步扩大社会保障的覆盖面。随着经济的发展,保障的范围应逐渐扩大,由公有经济部门向非公有经济部门延伸,由城镇向农村延伸。"十五"期间,应在有条件的地区建立和推广农村居民最低生活保障制度,逐步使农村扶贫制度化和规范化。此外,鉴于各种自然灾害对农村贫困的影响较大,应积极探索更为有效的灾民救助制度和救助方式。

三是加大社会保障的力度,特别要加强对贫困群体的直接救助与扶持力度,

---

① 罗文英:《我国及上海居民收入分配与弱势群体》,《上海改革》2001 年第 11 期。

切实解决贫困人口的基本生活。对部分困难地区,要实施更有力的转移支付,同时进一步规范与完善最低生活保障方式与手段,以保障最低收入者的基本生活为最低收入标准,尽快遏制中低收入群体相对扩大的势头,遏制困难户和最低收入户群体相对收入水平下降势头。困难户和最低收入户的人均收入水平不能低于城镇社会平均收入水平的 30%。

四是积极稳妥地推进基本医疗及教育援助。基础教育和卫生保障是最重要的公共服务,既可以提高贫困地区人民的生活水准,又可以提高劳动力的素质。研究证明人力资本的投资是现代经济增长的发动机。只有当落后地区的劳动力身体健康且普遍受过基础教育时,这些地区才有希望进入经济增长的主流。从这个角度看,用转移支付的方式为所有人提供受教育和医疗保健服务的均等机会,不应仅仅被看作一种慈善行为,而更应被看作是一种投资。这种投资不仅有利于贫困地区,而且也有利于整个国家。

第六,强化再分配的调节作用。首先要规范收入方式,并建立起规范完整的簿记体系,使各种经济活动及居民收入能够纳入有效的政府管理体系范围。在此基础上,积极探索税制改革,个人所得税由分类征收逐步过渡到与综合征收相结合,建立个人所得税为主,辅之以财产税、遗产税、赠与税等多种税种的税收体系。通过累进税对高收入群体进行再分配调节,并利用财政转移支付去帮助弱势群体。

总之,要通过适当调节居民收入差距,协调社会经济生活中的效率和公平的关系,为中国经济的顺利转型与发展提供良好的环境,以确保国民经济健康、持续、稳定的发展。

8 21 世纪初的新增长周期 *

进入新世纪后,中国经济运行发生了的新变化,进入一个新增长周期。目前,正处在新增长周期的上升阶段,将继续保持高增长态势。但在此过程中,经济社会发展不平衡的问题也日益显现。因此,要注重经济社会协调发展,重新认识工业化、城市化,以及市场与政府在协调发展中的定位。

8.1　进入新增长周期上升阶段

8.1.1　对当前中国经济态势的不同判断

对于 2003 年中国经济形势,有各种不同判断,并存在较大的意见分歧。

第一种观点认为,当前经济增长速度偏快,有过热倾向。其主要依据是:(1)投资增长过快,第一至第三季度已超过 30％,增幅比上年同期提高 8.7 个百分点,达到 1993 年以来的最高点。相比之下,在过去通胀率为 10％—15％的经济过热年份,投资增长也在 20％以下。(2)货币供应量增长过快。全年广义货币 M2 增长约 20％。(3)信贷增长过快。2003 年上半年新增贷款总额达 1.8 万亿元,几乎是 2002 年全年规模。2003 年全部金融机构贷款预计增加 3 万亿元。

第二种观点认为,当前经济运行处于比较正常状态。其主要依据是:(1)实际增长速度尚低于 9％—10％的潜在增长率。(2)最终消费需求一直处于增长乏力状态。2003 年 1—8 月社会消费品零售总额增长 8.5％。相比之下,在过去两次经济过热时期,社会消费品零售额、居民消费、最终消费年均增长都超过 20％。(3)供给能力大增。2003 年上半年的 600 种主要商品中,86％供大于求,

---

＊　本章根据笔者 2003 年的"学习和贯彻中央经济工作会议精神"学术报告改编。

14％供求平衡,无一供不应求。(4)物价虽然开始回升,但仍然较低,只增长1％,属于恢复性上涨。

第三种观点认为,当前经济运行总体均衡,局部可能过热。其主要依据是:(1)投资、消费、出口三者一齐拉动,这种比较均衡的增长在全世界少有。2003年第一至第三季度,出口同比增长32％,增幅提高近13个百分点。进口增长40％,加快23个百分点。(2)部分行业出现投资过热。例如,房地产投资增长34％,钢铁投资增长150％,机械投资增长74％,煤炭投资增长52％,纺织投资增长626％,均达到空前水平。(3)部分地区出现不太正常的"开发区热""造城热"等。

8.1.2　当前经济运行特点及其解释

我认为,对当前经济运行及增长的分析,不能基于常规衡量标准,否则就很容易形成截然不同的判断,而且似乎都有客观依据和道理。我们首先应该分析当前经济运行的特点,并对这些特点的形成根源作出理论解释。

中国当前经济运行的一个重要特点是:1997年以来,国内物价水平几乎一直是负增长,但却保持了年均7％—8％的经济增长水平。按照常规的周期理论,物价水平负增长是通缩的表现,其通常是经济泡沫破灭,导致消费与投资减少,进而出现经济零增长或负增长。但中国的情况大不相同。中国当前经济是供给、需求双双增长,支撑着7％—8％的增长速度,但供给增长速度远远超出需求增长,因而导致物价下降。

那么,为什么会出现这种状况?我认为,这主要是中国经济进入新增长周期的上升阶段。它以工业化与城市化互动及向重工业化过渡为背景,形成由市场主导、消费升级和企业自主投资为基础的新一轮经济快速增长。

一是工业化与城市化互动。发达国家在人均GDP达到3000美元以后才出现买方市场,而中国在人均1000美元时就出现产品低水平过剩,其中一个重要原因,就是中国城市化滞后。据国家发改委测算,2001—2015年间,如果中国每年能提高一个百分点的城镇化速度,将转移2.5亿农村人口,按目前城市人口消费支出水平测算,即可增加6000多亿元的消费需求,而转移出来的2.5亿农村人口,对于继续从事农业的人口来讲,则意味着增加30％的总收入,若用于消费,将增加5000多亿元的消费,可带动最终消费支出1万亿元以上,平均每年700多亿元。

当前,中国工业化与城市化已开始形成互动。除了大城市外,中小城市也呈现这方面的迹象。特别突出是,如义乌的城市化传奇。原本两三万人的义乌小县城——绸城镇,现在本地常住人口 66 万,登记在册的暂住人口达 40 多万。全国 4000 多家知名企业设点,境外贸易机构 200 多家。每天客流量达 20 万人次。这个"中国小商品城"的年成交额超过 200 亿元。义乌市 31 万农村劳动力中,已有 22 万人转向第二、第三产业。另外,以开发区(新区)为载体,大规模接受国际产业转移和农村劳动力转移。一方面,工业化投资与城市化投资"双推动",加大了投资力度与规模;另一方面,参与了国际分工体系,调整了产业、地区结构,极大提高了配置效率和生产效率,带来装备技术含量提高、规模经济、产业集聚效应等。

二是向重工业化过渡。当前,重工业增速明显快于轻工业。2003 年前三季度,重工业增加值增长 18.4%,轻工业增长 14%。重工业增加值占工业增加值的比重达到 64%,比上年提高 3.42 个百分点。由于重工业具有附加值较高、投资规模较大、投资周期较长、需求潜力较大、消费升级周期较长、产业链较长、中间产品比重高、产业带动力强等特点,因此重工业化阶段必然会出现经济增长加快、投资增加、货币需求增加、生产资料需求较旺、部分行业发展较快等现象。

三是新产业支撑。当前支撑中国经济增长的产业已不完全是传统意义上的劳动密集型部门,电子信息产业、房地产、汽车产业(被称为新的"三驾马车")等资本、技术密集型产业开始在中国经济增长中扮演重要角色。这主要是消费结构升级所致,至少在城市已形成新的消费热点。

四是国际、国内两大市场的支撑。进口增长快于出口增长,外商直接投资继续快速流入,外部资源供给比较充裕,国际收支状况良好。国际资源的利用,得益于良好的"基础设施+人工低成本"的组合。国内需求迅速扩大,主要商品的供求格局基本平衡,银行存差仍然较大,资金供给比较宽裕,民间投资趋于活跃,产销率良好,利润增长。

五是市场导向增强。目前的投资资金来源中,国家预算内资金比重由 1998 年的 14% 下降到 5%,国内贷款、自筹资金和其他资金所占比重达 90%,市场主导的投资自主增长不断增强。2003 年上半年更新改造投资增速达到 37%,而基本建设投资同比增长 29%,技改投资增幅超过基本建设投资。企业盈利能力大幅度好转,39 个工业大类行业中有 36 个行业利润保持增长,国有及国有控股企业上半年利润几乎增长 90%。非意愿性存货投资继 1998 年以来逐步下降,2003 年上半年工业产销率达 97.15%。财政收入持续加速增长。

8.1.3 经济走势预测

世界经济复苏前景趋好。2003 年下半年以来,美国、日本经济复苏势头均超过预期。世界银行预测,2004 年世界经济增长率可望提高到 3%,其中发达国家将升到 2.5%(美国 3.4%、日本 1.3%、欧元区 1.7%),发展中国家为 4.9%。国际货币基金组织预测增长 4.1%,其中美国 3.9%,日本 1.4%。

中国继续保持高增长态势,国民经济有望增长 8.5%左右。(1)2004 年全社会固定资产投资仍将继续保持快速增长,但增幅有所回落,投资对经济的拉动作用有所减弱;民间投资增速将首次超过国有及其他投资;外资不会放慢。(2)消费对经济增长的贡献将有所提高,消费结构升级态势比较明显,住、行、信息等方面的消费热点持续升温(2003 年前三季度,建筑及装潢材料类零售额同比增长 47%,汽车类增长 77%,通信器材类增长 74%),农村消费启动、服务性消费快速增长将是 2004 年消费增长的新特点。消费增长率预计将恢复到 9%以上。(3)外贸净出口对 GDP 增长的拉动作用将趋弱。2003 年前三季度的净进口 91 亿美元,同比减少 109 亿美元。2004 年进口还将增大,而出口的贸易摩擦加大会影响出口。2002 年中国有 71%的出口企业遭遇到国外技术壁垒不同程度的限制,39%的出口产品受到不同程度的影响。对美国和部分欧洲国家的出口顺差持续增加,这些地区是中国的主要出口市场;而对日本、韩国的出口逆差则持续扩大。由于出口退税率下调和出口基数较大等原因,预计 2004 年出口增长率将回落到 10%左右。(4)居民消费价格将上涨 2%左右,高于 2003 年 1 个百分点以上;生产资料价格将继续上涨,但涨幅将明显小于 2003 年。

8.2 经济社会需要协调发展

在进入新增长周期上升阶段过程中,经济社会发展不平衡的问题也日益显现。因此 2003 年中央经济工作会议中,突出了"协调发展"的政策指向,更加关注生态、就业、教育、医疗、公共卫生以及农村教育等问题,更加突出东、中、西部经济互联互动、优势互补、协调发展的新格局。

8.2.1 存在的主要问题

三次产业发展不协调。工业增加值在 GDP 中的比重高达 50%,工业劳动生产率相当于农业的 8 倍之多,服务业增加值在 GDP 中比重只有 30% 多一点,而且徘徊不前。

城乡差距继续拉大。城乡发展程度、城乡居民收入和消费水平、城乡教育和保健等方面存在巨大的差距。2003 年农民增收 4% 的预期目标面临的难度较大,农民纯收入实际增幅低于上年。

地区发展不平衡依然存在。自 1997 年以来,西部与东部之间第一产业比重相差近 1 倍及第二产业比重相差近 8 个百分点的格局并没有发生明显改变。地区收入差距也较明显。

间接融资与直接融资的偏差。中国的储蓄率很高,约为 GDP 的 49%。储蓄主要是银行存款,大部分资金通过间接融资渠道循环,使风险向银行高度集中。现在国有商业银行的新增贷款中,很大一部分是有政府背景或以政府信用担保的长期贷款。

低成本竞争,技术进步不快。具有大批量的产品生产能力,但缺乏高级的工作母机和工艺设计。机床市场增速再超 20%,可能继续保持世界机床消费市场第一,但国内企业的市场占有率不断下降,2000 年为 50%,2001 年为 49%,2002 年为 46%,2003 年更低。前三季度机床进口增长 35%,数控机床进口增长了 81%。

资源约束矛盾日益突出。有 19 个省区市不同程度地出现拉闸限电。资源的进口数量大幅增加,2003 年前三季度,13 种主要能源和初级产品的进口金额近 500 亿美元,增长 49%。目前中国已成为煤炭、钢铁、铜等世界第一消费大国,石油、电力的世界第二消费大国。资源对经济发展的制约作用越来越大。同时,很多领域的产能过剩仍将存在。

生态问题日益严重。水土流失严重,水资源危机,矿产资源枯竭。中国人口密度是世界平均值的 3 倍,而单位产值资源能源消耗为世界的 3 倍。1995 年污染带来的经济损失约 540 亿美元,占当年 GDP 的 6%—7%。今天已努力在还"生态账"。1998—2002 年中国在环境保护和生态建设方面的投入高达 5800 亿元,占同期 GDP 的 1.3%,是过去 47 年投入总和的 1.8 倍。

8.2.2 协调发展的再认识

对于经济社会协调发展,我们需要重新认识工业化、城市化,以及市场与政府在协调发展中的定位。

首先,重新认识工业化。我们过去通常把工业化等同于工业发展,主要看工业产值或收入比重提高、工业就业人数比重提高等。在此过程中,经常出现重工、轻农、轻服务的倾向。在工业中,关注重工业,忽视轻工业,因为重工业更容易提高产值。与此相关,重视大企业,忽视中小企业,因为大企业更易提高产值;重视资金和技术密集型产业,轻视劳动密集型产业。

我认为,工业化的本意是产业化,从传统经济向现代经济的转变,是农业、工业、服务业向现代产业发展的过程,是各产业协调发展的过程。工业化的本质是专业化分工,要求劳动力的专业化素质、专业化市场细分、专业化的配套。工业化的基本保障是市场化,专业化分工促进市场交易,有效的市场交易保证专业化分工。工业化的基础是法治化。为各生产要素在各产业和区域之间的顺畅流动,为各种不同类型企业的产生、发展及其竞争,为政府在适当的范围内活动,提供法律保障。

其次,重新认识城市化。一般发达国家城市化率大多超过50%,世界平均水平是47%左右,中国目前是39%,处于低收入国家的平均水平。因此,要加大城市化发展步伐。但如何城市化,则要重新认识。我们过去通常把城市化等同于城市发展,主要看城市产值创造、城市人口比重提高、城市区域面积扩大等。由此,一是重视城市数量扩张,轻视城市效益。目前小城镇数目为2万多个,是1978年的10倍,增加了1万多个。一个城市的人口达到25万,才能显示出规模效应,其中100万—400万人这个规模区间的净规模收益最高。1999年中国20万人以上非农业户口的城市为311个,县级城市有2074个,仅有13%的城市达到了应有的规模,而人口在100万以上的城市只有34个。二是重视城市形态,轻视城市功能。热衷于搞形象工程、政绩工程,如大广场、标志性建筑等。三是重视城市经济功能,轻视城市社会功能。四是重视城市集聚功能,轻视城市扩散辐射功能。对周边资源要素的吸纳力较强,对周边地区的扩散力较差。

我认为,城市化的本意是要素优化配置,形成产业集群效应。城市化的本质是生活更美好,是一种现代文明的塑造。例如,义乌市开辟了13公里的江滨绿化长廊,人均公共绿地面积达12平方米。构建学习型城市,五年内投入5000多万元,对全市经商者、管理人员和农村劳动力全面进行免费培训,受训人数将超过60万人次,农村劳动力转移培训达3万多人次。城市化的作用是改变经济与社会的二元结构,包括促进农业现代化和乡村振兴。

最后,市场与政府在协调发展中的定位。一方面,充分发挥市场机制在协调发展中的作用。这要求政府职能转变,改变地区竞争主体的角色,退出经济竞争主体的位置,促进统一大市场的形成与发展。加快投融资体制改革,提高市场配置资源能力。投融资体制是当前制约市场配置资源能力提高的体制瓶颈。"管住政府,放开市场,吸引民间资本,加强风险约束。"政府投资要严格限定在公共产品领域,并引入公正、公开的竞争机制,加强审计、舆论方面的公共监督。放宽产业准入限制,扩大民间投资的准入范围,即使是公共产品领域,也要尽可能吸引民间资本参与投资。

另一方面,强化政府在协调发展中的功能。例如,产权保护。目前的倾向是,外国产权保护比国内产权保护更优,大产权保护比小产权保护更优,实物资本产权保护比人力资本产权保护更优。又如,解决市场的外部性问题,为市场主体服务和创造良好的发展环境。还有,在粮食、石油、水等战略性资源供给、基础设施和基础产业长远发展规划、城市发展规划、国土规划和生态环境保护方面,加大工作力度,增强科学性和预见性。

8.3　经济工作总体要求及政策取向

8.3.1　坚持以人为本

经济增长首先要体现在就业增加与失业下降、收入水平提高、贫困人口减少、人民生活改善上,要注重人文 GDP(为了保障人的全面发展而投入财富的增长指标)。2003 年底,下岗和失业人员仍有 1400 万左右,预计 2004 年还将新增城镇劳动力 1000 万人左右。如果以是否参加制度化的社会保障为标准,中国目前城镇非正规就业人员总量已经超过正规就业人员。非正规就业将成为越来越普遍的就业形式。但非正规就业稳定性差,一些基本权益难以得到有效保护,易发生劳资关系矛盾,缺乏健全的社会保障制度和矛盾协调机制。

其次,投资于民。政府投资的主要方向有:提供公共产品,投资科研与教育,社会保障。我们在教育、文化、卫生等方面的欠账较多。全国卫生事业费占财政总支出的比重,由 1980 年的 2.4% 下降到 2000 年的 1.7%。在公共卫生支出方面,中国属于世界最低一档,非洲最低收入的国家也比中国的人均卫生支出高出1 倍。政府教育投入不足。1993 年《中国教育改革与发展纲要》明确规定"国家财政性教育经费支出占国民生产总值的比例到本世纪末达到 4%"。但我们的教育事业经费支出一直徘徊在 3% 以下。打造以民为本的新型服务政府,通过制度建设来保证人的素质提高,形成比较完善的国民教育体系、科技与文化创新体系、全民健身和医疗卫生体系。

最后,保护人民群众的利益、消费者权益、投资者权益。

8.3.2 宏观调控政策取向

首先,宏观调控的重点仍然是启动内需,但重点从投资转向消费。投资起来了,消费依然起不来,也许是相对较缓慢,更可能是消费遭到压缩。如果这样,投资形成的过剩产能将加大,经济增长就会成问题。进一步增强消费增长的政策力度:一是进一步拓展消费领域,鼓励发展新的消费热点和消费方式;二是完善社会保障和发展社会公共事业,增强居民的安全感,改善居民的支出预期;三是促进低收入群体的收入稳定增长;四是改善消费环境,增强消费信心。

其次,财政政策和货币政策的主导地位转换。财政政策将不再担纲宏观调控政策的主力,一直处于配合地位的货币政策作用相应上升、重要性加强。央行将采取稳健的货币政策,采取预调和微调的办法,合理调控货币供应量的增幅,保持信贷总量的稳定增长。但央行是在汇率和利率都不能轻易调整的有限空间内进行宏观调控,有较大难度。

第三,在宏观经济政策保持连续性和稳定性的前提下,适当弱化政府刺激经济总量扩张的力度,强化结构性的政策引导。增加对城乡公共卫生、公共教育、环境保护等方面的投入,统筹考虑社会保障制度建设等。

第四,适度微调。一是把它作为一项经常性的工作来开展;二是及时掌握信息,科学作出判断;三是充分了解不同微观主体的政策反应。

9 经济发展中的政府选择 *

目前中国经济发展正处在一个重要的关口。一方面,经济发展很快,效益明显提高,活力有所增强;另一方面,经济中的许多结构性矛盾与冲突在不断加剧。在此时刻,政府选择是否得当,直接关系到今后中国经济发展的命运。

9.1 问题的提出:经济不稳定性、结构性矛盾与政府选择

当前中国经济的一个重要热点与难点,就是国民经济运行刚进入新一轮增长周期便呈现出经济过热现象。尽管其生成原因是多方面的,但各种迹象表明,在其背后是结构性矛盾的累积,而更深层次的问题则是政府选择的偏差。

9.1.1 中国经济进入新一轮增长周期:遭遇严重的不稳定性

1997 年以后中国宏观经济运行步入总需求约束的紧缩状态,特别是居民消费需求出现疲软,供给能力过剩和需求相对不足导致物价持续下降。[①]但进入 2002 年下半年以来,中国的宏观经济开始发生变化,出现了较为强劲的增长势头。2003 年第一季度 GDP 增长达 9.9%,第二季度受"非典"影响增速回落,但第三季度起出现强力反弹,延续了 2002 年逐季加速的发展态势而呈现快速增长局面。全年的 GDP 增长达 9.1%,比上年加快 1.1 个百分点。进入 2004 年,经济增长速度继续加快。据初步测算,第一季度 GDP 增长为 9.7%。从经济运行

---

* 本章原载周振华主编《政府选择——中国经济分析 2003—2004》(上海人民出版社 2005 年版)导论"经济发展中的政府选择"。

① 对于通货紧缩问题,我们曾在 2000 年度中国经济分析中专门以"挑战过剩"为主题进行了分析。请参阅周振华主编:《挑战过剩——中国经济分析 2000》,上海人民出版社 2000 年版。

的周期来看,中国已进入新一轮增长周期。

但不同寻常的是,在这新一轮增长周期刚刚降临之际,便出现投资、信贷、货币供应量等大幅度增加,一些领域和行业的投资、生产及其价格迅速升温,从而使总体经济循环陷入明显的非均衡状态。

从 2000 年起,中国的投资增长率开始逐年提高,2002 年达到了 16.1%,2003 年全社会固定资产投资更是增长了 26.7%,比上年加快 10.6 个百分点。到 2004 年第一季度,投资增长率已高达 43%。在强劲的投资需求驱动下,贷款量和货币供给量迅速增加。2003 年全部金融机构本外币各项贷款余额为 15.9 万亿元,同比增长 22.9%。2003 年上半年,广义货币 M2 和狭义货币 M1 就分别增长了 20.82% 和 20.24%,增幅分别比上年同期加快 6.1 和 7.4 个百分点。与此同时,消费需求一直处于平稳增长状态。2003 年社会消费品零售总额增长 9.1%,扣除物价因素,实际增长 9.2%。2004 年第一季度增长 10.7%,扣除物价因素,实际增长也是 9.2%,与上年同期大体持平。物价水平虽有所上涨,但其变动幅度并不大。2003 年全国居民消费价格总水平只比上年上涨 1.2%,工业品出厂价格上涨 2.3%,固定资产投资价格上涨 2.2%。2004 年第一季度全国居民消费价格总水平同比上涨 2.8%,失业率也趋于上升。2003 年年末城镇登记失业率为 4.3%,比上年末上升 0.3 个百分点。

从行业和产品来看,主要是工业,特别是原材料、能源等上游产品生产迅速升温。2003 年,工业投资额达 14460 亿元,增长 39%,加快 16.8 个百分点。第二产业增加值比上年增长 12.5%,加快 2.7 个百分点。其中,黑色金属冶炼及压延加工业增加值比上年增长 22.6%,有色金属冶炼及压延加工业增加值比上年增长 18.1%,化学原料及化学制品制造业增长 14.1%,非金属矿产制品业增长 16.6%。2003 年能源生产增长加快。全国一次能源生产总量达 16.03 亿吨标准煤,比上年增长 11%。全年发电量增长 15.5%,原煤生产量增长 15%。与此相反,第三产业发展则相对缓慢。2003 年,第三产业固定资产投资增长 24.2%,低于第二产业固定资产投资增长速度 15 个百分点,其在整个固定资产投资中所占的比重由 2002 年 5 月的 65.7% 下降到 62%。同期,第三产业增加值增长 6.7%,减慢 0.8 个百分点,只是第二产业增速的一半。

正因为如此,从学界来讲,在 2003 年下半年就开始了"经济是否过热"的争论。当时,主要还是预测性的争论,即经济运行是否会趋于过热。进入 2004 年,随着第一季度经济运行情况的显现,国内学界再次掀起有关争论,但其重点已转向对经济运行本身的基本判断上。这种在经济运行刚进入一个新的增长周期便开始引起"是否过热"的争论,并有着截然不同的判断,从一个侧面也反映出当前中国的经济运行非同寻常的特点。

总之,中国的经济运行刚进入一个新的增长周期,便遭遇了严重的经济不稳定,呈现出"冷热不匀"的新变化及特点。但更令人费解的是,在此过程中,民间投资大量介入,进入迅速升温的领域与行业中,对经济的不稳定起到了推波助澜的作用。如果说政府或国有企业由于缺乏硬预算约束而具有较大投资冲动的话,那么民营企业和外资企业在硬预算约束下,其投资具有更多的市场风险意识,是比较谨慎的。所以,过去通常要靠政府和国有部门的投资来带动民间投资,往往还难以将其有效激活,而在这一轮增长周期中,民营企业和外资企业却表现出"反常"的投资冲动,其投资活动异常活跃,且纷纷投资于冶金、化工、能源等上游产业部门。

对于中国的经济运行刚进入新的增长周期便遭遇严重的经济不稳定,以及出现"一反常态"的新变化及其特点,看来仅仅用所谓的"市场盲目性、波动性"等理论分析框架是难以解释的,而要深入分析新一轮增长周期的动力源以及导致这些新变化特点的内在机理。

9.1.2　政府主导的城市化投资推动带动新工业化

当前中国的新一轮经济增长周期的出现,是多种力量交汇推动的结果。其中,特别明显的是国际制造业中心向中国转移带来的大规模新工业化,以城市大规模扩容为主的城市化进程的加快,以及以汽车、住房、通信等为主导的消费热点的形成等。这些推动力量在上一轮增长周期中,有的还不曾出现或存在,如当时只是以家电为主导的消费热点在起作用;有的虽已存在,但作用微弱,如当时城市化尚未被提到议事日程上来;有的尽管已成为主导的推动力量,如工业化,但其规模则无法与现在相比。

尽管新一轮增长周期的推动力量发生了重大变化,其推动力比以往任何时候都具有更大的能量,不仅为经济增长提供了巨大的发展空间,而且也形成了强有力的内在上升动力。但笔者看来,在其推动方式上并没有发生根本性的变化,仍然是以投资推动型为主。不管是国际制造业转移的大规模新工业化,还是城市的大规模扩容,乃至新的消费热点拉动,基本上都是投资扩张的基调。这种投资扩张与经济增长的联系十分紧密。随之而来的,是 GDP 的快速增长以及新一轮增长周期的浮现。

当然,在多种力量的交互推动中,总有一种主导性的力量在起着统合的作用,从而对增长周期的表现形态及其特征有着重大的影响。如果说改革开放以来中国的增长周期基本上以工业化投资推动为主导,那么新一轮增长周期则有所不同,是以城市化投资推动为主导的。

这种转变有其历史的必然性。除了大量农业过剩劳动力要向城市转移,从根本上解决"三农"问题,消除二元经济结构外,中国的经济发展也已走过了基本解决温饱、进入全面小康阶段,居民消费结构升级趋于加速,特别在城镇,几十万元级乃至上百万元级的新的消费热点持续升温,对经济的拉动作用日益增强。2003 年通信设备、计算机及其他电子设备产品产量分别增长 25.9% 至 1.2 倍(见表 9.1)。汽车生产快速增长,产量达 444.4 万辆,其中轿车产量 202 万辆,增长 85%。这种几十万元级乃至上百万元级的消费升级是需要相应的配套条件与环境的,必须由大规模的城市化来支撑。另外,改革开放以来中国的工业化经历了农村工业化以及乡镇企业大发展的特定阶段后,也开始趋于向城镇地区的产业集中乃至产业集群。目前中国的工业化已不再是孤军突进,而是逐步纳入城市化进程中来。各地政府已越来越重视城市化的发展,并把工业化置于城市化的框架内来加以考虑,以大规模的城市化投资来带动当地的工业化发展。与此同时,国际制造业中心向中国的转移,外商直接投资项目大量落户于各类开发区,恰恰也是依托于城市化这一载体的。在这种情况下,中国的城市化战略被提上重要的议事日程,各地加快了城市化的步伐。

表 9.1　2003 年全国部分主要工业产品产量

产品名称	单位	绝对数	比上年增长(%)
程控交换机	万线	7379.93	25.92
移动电话	万部	18231.37	50.10
传真机	万部	746.58	151.13
微型电子计算机	万部	3216.70	119.79
光通信设备	万部	8.65	34.11
轿车	万辆	202.01	84.99
彩色电视机	万部	6541.40	26.89
家用电冰箱	万台	2242.56	40.26
房间空调器	万台	4993.40	59.27

资料来源:《2003 年国民经济和社会发展统计公报》,中国统计出版社 2004 年版。

但中国目前的城市化进程加快,具有明显的外延型扩张的特点,主要集中在城市规模扩张上,特别是市域面积扩大和城市空间布局的向外延伸,力争使乡镇向城市发展、小城市向大城市发展、大城市向特大型城市发展。这种外延型扩张的城市化,极大地促进了城市基础设施建设、房地产开发以及开发区建设。2003年房地产开发投资继续保持旺盛势头,累计完成10106亿元,增长29.7%,占全社会固定资产投资的比重达18.4%;全年商品房销售额达7671亿元,增长34.1%。

不仅如此,这一城市化投资推动还与其他一些推动力量具有高度的交互性,形成强有力的相互促进。这种城市化与工业化交互作用,其主要的空间载体就是开发区。开发区既是工业化的主要基地,又是城市规模扩容的重要组成部分,许多开发区往往构成了城市的新区。因此,城市化投资推动实际上是汇集了城市基础设施建设、房地产开发投资与工业化投资两股力量。再加上,大量开发区的涌现及其大规模招商引资,吸引项目"落地",也成为与国际产业转移和外部资源流入高度交互的一个重要载体。另外,城市化建设的投资推动也带来了与城市化密切相关的交通运输设备制造、房地产、电信等一批关联效应强的产业迅速发展起来,并使冶金、建材、能源、化工等一批基础行业也因此获得了广阔的发展空间。

这种外延扩张型的城市化投资推动的特点,是由其政府主导型的作用机制内生出来的。过去各地政府主要是参与工业化投资推动,直接投资于工业项目,现在各地政府对工业项目的直接投资明显减少,而转向直接推动城市化,并以此来统合各种力量促进经济增长。为此,各地政府纷纷制定"宏大"的城市发展规划,迅速扩张城市地域及空间规模,并按照"超前性"的高规格城市布局进行大规模的城市基础设施建设及大型开发区建设,试图通过城市化建设的投资来带动相关产业的发展,通过改善投资环境与发展条件来吸引民间资金、外资进入以发展工业项目。

从表面上看,政府直接投资力度是在减弱。近年来,国家预算内资金在总投资增量中的比重明显下降,由1998年的14%下降到2003年5月的4.9%,而国内贷款、自筹资金和其他资金所占比重迅速上升,由1998年的85%左右上升到2003年5月的89.7%。但这并不表明在影响投资增长的动力机制中,政策性因素在不断弱化,市场周期因素在不断增强,投资增长格局正经历由政策推动为主向市场推动为主的转变。恰恰相反,政府在城市化投资推动中起着重大的作用,其政策性因素在城市化投资增长中仍起着主导地位。除了通过举债(包括各种形式的政府担保信贷)、财政收入以及土地批租收益等政府直接投资于城市化建设,起到"种子"投资的作用外,政府更主要的是通过发展规划、土地资源、优惠政策等进行"创租",极大地吸引了民间资本和外资参与城市的基础设施及开发区建设。从这一意义上讲,政府投资转向城市化建设,其对经济增长的带动效应不是削弱了,而是大大增强了。政府对城市化的投入,成为整个经济增长的第一推动力。在这种政府主导型的特殊作用机制下,城市化投资推动的"时滞"效应不仅没有缩短,反而是加剧了,甚至更具有凝固化倾向。

如果上述关于新一轮增长周期的动力源及其内在机理的假说可以成立的话,那么我们就能解释上一节所提出的种种令人迷惑的经济现象。这实际上也是对该假说的解释力的一种检验。

首先,在政府主导型的城市化投资推动中,地方政府利用土地资源、城市规划、优惠政策、政府担保以及种子资金等对城市化建设作外延扩张,实际上是在大量创造直接与间接的投资需求。在当前一般生产领域的产能与产品相对过剩,从而市场风险增大的情况下,大量民间资本正苦于找不到合适的投资方向,所以对地方政府在城市化建设中创造的投资需求立即有了积极的反应。当然,满足这种投资需求也是有风险的,包括市场风险以及来自中央政府宏观调控的政策风险,但在地方政府的保护"光环"下,其风险相对较低,而其收益是较大的。尽管民间投资受到硬预算约束,但对于满足地方政府创造的投资需求,其投资风险与收益是不对称的,即高收益与低风险,从而使其形成一个较好的投资前景预期,并纷纷涌入与政府主导型城市化投资推动相关的各个领域和行业中去。从某种意义上讲,民资与外资企业与地方政府的利益是共容的,即使面对宏观政策调控,它们也会与中央政府"合谋"进行博弈。

其次,政府主导型的城市化投资推动,现阶段的重点主要是城市地域及其空间的外延型扩容。尽管由此而产生了城市基础设施以及开发区建设等方面巨大的投资需求,并由此带动了相关工业的投资,但这主要是带来中间需求,而不是最终需求。这种中间需求,是可以得到"自我满足"的,形成城市化投资推动的"内循环"链条,即城市化建设投资需求—中间产品供给增加—满足城市化建设的需求—中间产品价格上升—引发新的投资需求。在这一经济"内循环"中,城市化建设强劲的投资需求主要是带动了相关的中间需求,引起上游产品价格的迅速上升,却难以传递到最终消费需求上去。

再则,政府主导下的大规模城市空间外延扩张,主要是为了吸引更多的外来项目(特别是工业项目)在本地"落地",促进当地的经济发展。在此过程中,吸纳部分农业过剩劳动力的转移只是其伴随物而已。为此,政府在城市化投资推动中通过各种优惠政策吸引外商直接投资,单纯追求项目"落地"而不考虑其资本有机构成的高低,故工业项目吸纳劳动力的能力大大缩小,大大降低了就业水平。因此,尽管这种政府主导型的城市化投资推动能带来经济高速增长,却难以有效地增加就业。与此同时,这也在客观上起到了压抑收入水平提高的效果。近几年,中国已连续出现居民人均收入增长速度明显低于 GDP 增长速度的现象。1995—2001 年,中国的 GDP 年均增长 8.1%,而同期城市居民人均可支配收入和农村居民人均纯收入年均分别只增长 6.2% 和 4.6%,明显低于 GDP 的增长速度。由收入增长缓慢而造成的有效消费需求不足,以及不同阶层居民收入差距的迅速扩大使得有效需求结构与供给结构的不对称问题,都显得更加突出。而在现阶段政府主导的城市化投资推动,也尚未能通过吸纳更多的城市人口来扩大城市消费和提升消费需求。

最后,相对而言,城市化更有助于第三产业的发展。一般的实证经验也表明,城市化在集聚城市人口和促进工业化的过程中,会有力地带动第三产业发展。但在政府主导的城市化投资推动中,迅速扩张的城市空间急需相应的产业扩张来支撑,特别是要有新的工业部门来填充其扩展的空间;否则,流入城市的劳动力因找不到工作难以生存下来,城市人口的相对减少(从城市空间的人口密度角度讲),将使其成为"空城",造成城市化投资存量的大量闲置。因此,这种政府主导的城市化投资推动首先要带动的是制造业部门的发展,包括大量工业企业向城市的开发区集中。尽管第二产业的发展通过吸纳农业过剩劳动力转移和提高收入水平可促进第三产业的发展,但由于中国的劳动力的无限供给使其在低工资的基础上吸纳劳动力,从而不可能对城市第三产业提供的服务形成较高需求。因此,现阶段的城市化投资推动对第三产业的促进作用较弱。如果这种城市化投资推动的基本方式不改变,第三产业发展滞后于第二产业发展的局面将很难扭转过来。

9.1.3　经济发展中的结构性矛盾累积与政府选择

前面的分析中,我们主要从即期的增长动力源以及增长方式角度揭示了经济运行不稳定性及其变化特点的直接原因。但冰冻三尺,非一日之寒。从动态过程来看,当前中国的经济运行遭遇的不稳定性局面,是一系列结构性矛盾累积的结果。这种结构性矛盾往往会使经济运行的常态发生偏差,即使是经济运行趋于好转之际,如通货紧缩压力得以缓解等,也会凸显许多新的问题,使经济运行态势呈现相反方向的表征。这是因为总量短期均衡,是建立在结构均衡基础上的。在结构非均衡情况下,总量的供求失衡难以趋于收敛而达到均衡点。因此，目前阻碍中国的经济发展的宏观因素，实质上是一系列相互关联的结构性矛盾。包括产业结构、市场结构、分配结构、消费结构、所有制结构、城乡结构、地区结构、组织结构及公司治理结构等方面的问题。

显然中国的经济生活中的结构性矛盾，不是现在才出现的新问题，而是由来已久的难题。这里有许多复杂的原因。其中，与后起发展国家所具有的经济二元性（即现代部门与传统部门并存）特质有关，更与传统计划体制的内生性推动密切相连，但政府选择在这当中也起了相当程度的推波助澜的作用。特别是在传统发展观的指导下，政府对经济发展的主导型推动留下了严重的后遗症。

首先，政府选择偏重于物质财富的增长，追求增长速度，把国内生产总值的增长作为衡量一个国家和地区经济社会发展的核心标尺，势必导致经济结构出现严重偏差。从动态观点来看，经济系统的非均衡是一种常态，其均衡状态只是暂时的。经济系统就是在不断的失衡、再均衡、再失衡的过程中演进的。但在传统发展观指导下，这种经济失衡不是收敛于均衡，而是不断地持续化地发散，最终累积化与凝固化为结构性偏差。因此，结构性矛盾的形成，总是一个长期累积的过程，是经济运行长期失衡的结果。

其次，政府选择出现的偏差往往具有强大的惯性，通常要等到结构性矛盾演化到不能"容忍"的地步，在整个国民经济中形成了严重的瓶颈制约，才被迫进行结构调整，而不会主动、自觉地去进行经济结构调整。由于长期矛盾积累，积重难返，经济结构的调整往往十分困难，事倍功半，要付出沉重的代价。

再则，政府即使被动性地进行结构调整，由于缺乏科学发展观，指导思想不是很明确，往往只是治标不治本，难以使经济结构调整到位。而且，还可能只是专门针对某一方面问题，使结构调整的目标和过程变得片面化，形成新的结构性矛盾。

最后，即使付出了相当的代价，纠正了某些结构偏差，缓解了某些结构性矛盾，但由于政府选择的局限性会带来新的结构性矛盾，因此，往往旧的结构性矛盾未根本解决，同时又催生了新的结构性矛盾，造成新旧矛盾的叠加。

事实上，中国的经济生活中深层次的结构性矛盾早已显露，已为大家所认识，国家也较早就提出了经济结构调整的任务，并将其列为"十五"期间的发展主线，但在经济结构调整上并未取得显著成效。因此，这种结构性矛盾的累积日益成为经济运行出现偏差的深厚基础。总之，当前中国的经济运行刚进入新一轮增长周期便遭遇严重的不稳定性，不论是其直接起因，还是其结构性矛盾累积的基础，都与政府参与其中的行为方式有关。与此同时，如何面对这些问题，恰恰又是政府所面临的新的选择。

9.2 政府选择:理论要点与中国实证

经济发展中的政府选择是一个古老的话题,但又是一个争论不休、尚未明确定论的话题。同时,它又是一个世界性的话题。不论是发达国家还是发展中国家,都热衷于这一话题。但由于各国的经济发展水平、环境条件及面临的主要问题等不同,对其关注的重点及谈论视角也不尽相同。《政府选择——中国经济分析 2003—2004》主要是研究中国的经济发展中的政府选择问题,旨在揭示政府选择对中国的经济发展的影响。这虽然有其自身独特的研究内容及侧重,但仍然要在政府选择的一般理论框架内进行实证分析。

9.2.1 政府选择的理论构架:基本要点及内容

首先,我们这里要界定的政府定义,不是抽象概念上的政府,而是政府实体。因为政府活动是在几个不同层次上发生的:国家的、省市的和区县的,并由众多的不同政府实体具体实施的。另外,不论是在国家层次上还是在地方层次上,都不存在任何单一的、我们称之为“政府”的实体,而是存在众多的分支机构(即政府职能部门),其中每一个都对某种职能负责。因此,政府实体是政府结构中的基本元素,其中每一个政府实体都有制定政策的权力,直接与政府活动有关。笔者认为,只有从政府实体的角度来研究政府选择,才有真实的意义。

所谓政府选择是指政府实体参与经济活动及配置资源的目标及其手段的取舍,其包含两层意思:一是选择做什么,二是选择怎样做。显然,作为一种行为方式,这与一般行为主体(如厂商、居民及非政府组织等)没有什么不同。但由于政府是一个处于特殊地位的行为主体,它被赋予一定的强制权力,这种权力是私人机构所没有的。[①]因此,政府参与经济活动及配置资源的选择,会直接对经济、社会产生重大的影响。从这一意义上讲,政府选择具有特定的含义,完全不同于一般行为主体的选择。

在市场经济条件下,政府选择作为一种非市场选择,是与市场选择相对应的。政府选择做什么和怎么做,直接影响到市场选择本身,或者是替代了市场选

---

① 斯蒂格利茨:《经济学》(上册),中国人民大学出版社 1997 年版,第 140 页。

择,或者是补充了市场选择,或者是既替代又补充了市场选择等更为复杂的关系。这也就是我们通常所讲的政府与市场的关系问题。因此,政府选择与市场选择的对应性这一命题,可以转化为政府与市场间的选择。查尔斯·沃尔夫指出,市场与政府间的选择是复杂的,而且,通常并不仅仅是这两个方面,因为这不是纯粹在市场与政府间的选择,而经常是在这两者的不同组合间的选择。[①]如果从这一观点出发,那么政府选择与市场选择之间存在着某种内在的逻辑关系。

首先,市场选择的互利交换,暗含在假定有一个集体选择制度条件之下。因为利己追求条件下的博弈选择,只能是一种"自然分配",即这种分配产生于一种霍布斯式状态中。[②]如果要摆脱霍布斯的自然形态,势必要有一种"立宪式契约"的形式,通过此种契约确立每个人的产权和行为约束。这种"立宪式契约"构成了一种自愿交换的制度,而产权的存在无疑是制定"立宪式契约"的一个必要条件。萨缪尔森认为,产权制度和实施产权的程序是一种纯公共物品,它具有"每个人的消费不会减少任一其他人对这种物品的消费"的特性。[③]具有非排他性和非竞争性的纯公共物品,就要由政府来提供。从这一意义上讲,市场选择内生出政府选择。

其次,市场选择的过程及其结果,有可能出现盲目波动、外部性导致资源配置缺乏效率等"失灵"或"不足"。当存在着市场失灵时,如果政府能对市场失灵进行补救,并提高经济效益的话,就可能出现政府的作用。因此,对市场失灵进行补救带来两个主要的政府职能:稳定整个经济,以及对经济资源进行再配置。[④]从这一意义上讲,市场选择需要政府选择作为补充。

再则,市场选择在生产财富上促进了生产力发展并提高了效率,但也可能拉大收入分配的差距,并产生富者越富、穷者越穷的"马太效应"。在这种情况下,政府进行收入再分配的选择将有助于改善社会经济关系。

但问题在于,政府选择能否按照这些内在的逻辑展开? 其答案是:这并不确定。为了说明这一答案,我们要进一步分析政府选择的基本构件。

1. 政府选择的约束条件及可能性空间

前面我们已经指出,政府选择有其不同于其他行为主体的特殊性。但任何

---

① 查尔斯·沃尔夫:《市场或政府——权衡两种不完善的选择》,中国发展出版社 1994 年版,第 132、149 页。

② 丹尼斯·C. 缪勒:《公共选择理论》,中国社会科学出版社 1999 年版,第 288 页。

③ 伊特韦尔:《新帕尔格雷夫经济学大词典》第三卷,经济科学出版社 1996 年版,第 679 页。

④ 斯蒂格利茨:《经济学》(上册),中国人民大学出版社 1997 年版,第 145 页。

所谓的选择,都意味着存在某种约束。如果没有什么约束存在,也就不需要进行选择了。政府选择也是如此。但由于政府不同于一般私人机构(包括厂商和大量非营利的组织)的根本性差异,就在于其被赋予强制性权力,所以政府使用强制权力的能力意味着,政府有各种手段可利用,以达到它的目的,特别是它可以做私人机构不能做的事。从这一意义上讲,政府选择的可能性空间相对较大,至少比其他行为主体的选择可能性空间大多了。

然而,政府权力不是天赋的,其源于公众的权力让渡。显然,这种公众的权力让渡是有前提条件的,即政府要成为公众利益的代表。这使主要体现在效率与效益、公平与公正等方面的公共价值选择成为政府行为的必然诉求。这是政府选择最根本性的约束条件,以至于它们不能想做什么就做什么。从这一意义上讲,政府选择的可能性空间是有限的,主要集中在公共价值选择的范围内。亚当·斯密早就指出,政府用所获得的收入来配置资源,主要是为了完成君主或国家的三大义务。首先是保护本国社会的安全,使之不受其他独立社会的暴行与侵略。其次为保护人民,不使社会中任何人受其他人的欺侮或压迫。再次是建立并维持某些公共机关和公共工程。[①]

尽管从理论上讲政府选择的约束条件是其被赋予强制权力的程度,但在实际生活中,政府权力具有很大的伸缩性。尤其是政治活动家似乎有一种"天然"的倾向去扩展政府行动的范围和规模,去超越任何可以想象的公共界限。而且,这种政府权力的扩张总是依赖于对个人权利的实现的侵蚀。因此,我们不能仅看到政府选择的"形式上"的约束,更要看其实际掌控及运用强制权力的程度。由此,我们可以得出一个基本判定:政府选择的可能性空间相对较大,且具有较大的弹性。

2. 政府选择的目标函数

与任何行为主体的选择一样,政府选择也是一种主观能动性的行为,其中必定有理性的"计算"或权衡,并受某些内在动机及偏好所驱动。从这一意义上讲,政府作为选择主体,同样具有一组反映其偏好的目标函数。

正如前面已经指出的,政府权力是源于公众的权力让渡,因此,政府首先必须代表与实现公共利益,否则就丧失其存在的合法性。这是政府作为"理性人",不同于一般行为主体的本质属性。但政府作为一个独立的行为主体,也有其自身的特殊利益。正如韦伯指出的,虽然在理论上科层组织只是非人格的部门,但实际上它却形成了政府的独立群体,拥有本身的利益、价值和权力基础。[②]有的

---

① 亚当·斯密:《国民财富的性质和原因的研究》(下册),商务印书馆1997年版。
② 转引自杨冠琼:《政府治理体系创新》,经济管理出版社2000年版,第317—318页。

学者甚至认为,政府是市场经济中的利益主体之一。[1]

由于政府行为的实施者是政府官员,而政府官员是在政府组织的框架内活动的,因此政府自身利益是一个复合性概念,从结构上可具体区分为两大部分:一是政府官员的利益。作为一个社会的人,政府官员与社会经济政治生活紧密联系在一起,他们也具有自身的利益取向。如个人价值的实现、职位的升迁、个人经济利益的增进、对舒适生活的追求等。布坎南指出,在行政领域或"政治市场"上,个人是严格按经济人的方式行动的;当人们改变角色时,并没有变为圣人。[2]二是政府组织的利益,包括各级政府组织及其政府内不同部门的利益。通俗的讲法,就是"条块利益"。这种政府组织的利益往往与本地区、本部门的利益状况存在着较紧密的共容性,它们在经济政策的制定和执行过程中往往成为本地区和本部门利益的代言人。[3]尽管政府官员的利益与政府组织的利益具有不同的效用函数,两者之间有较大的差异,但却是紧密联系的,不能截然分开。我们在分析政府自身利益时,实际上已涵盖了这两方面的内容。

由此可见,政府既是公共利益的代表,同时也有其自身的特殊利益。由于政府的合法性首先在于实现公共利益,它只有在实现公共利益的同时才能寻求自身的利益,所以这种双重利益具有一定程度的一致性,即利益共容。[4]但也可能会经常出现利益上的偏差,例如,打着实现公共利益的旗号寻求自身特殊利益,或以自身特殊利益的追求挤占公共利益的实现等。因此,我们可以得出另一个重要判定:政府是具有双重人格的"理性人",其选择受双重利益的驱动,从而具有双重效用偏好的目标函数。

3. 政府选择的收益与成本

既然政府有其目标函数,那么其选择就存在预期收益。这些预期收益的实现程度,就是政府最大化社会福利与自身效用的实现程度。但政府运用多种手段来获取收益,是要支付成本的。除了直接成本(如行政事业费、公务员薪金等政府机构的运行成本,信息处理、决策及决策执行与监督等操作成本,以及承担政策"副作用"带来的损失等社会成本)外,由于政府选择同样面临一个由约束条件划定的机会集合,即一组实际存在的不同选择办法,在这一机会集合范围内存在替换的可能性,从而政府选择也应当计入全部机会成本,而不仅仅是直接的支

① 陈淮:《政企分开不能保证政府行为合理化》,《中国经济时报》1998 年 11 月 6 日。
② 布坎南:《自由、市场与国家》,上海三联书店 1998 年版,第 347 页。
③ 涂晓芳:《政府利益对政府行为的影响》,《中国行政管理》2002 年第 10 期。
④ 张宇燕:《国家放松管制的博弈》,上海人民出版社 1997 年版,第 166 页。

出。同时,政府选择也涉及边际的替换,即边际成本与边际收益的问题。显然,政府作为具有双重人格的"理性人",其选择势必寻求收益最大化或成本最小化。政府对其选择的行为进行成本与收益的权衡,实质上体现了经济社会本身对政府经济职能的多方约束。

与一般的行为主体选择不同,政府选择所支付的成本,对应于其双重的预期收益,从而其收益与成本的关系显得更为复杂。在政府选择所支付的总成本中,有一部分实际上是为获取其自身特殊利益而支付的,但它并不是以独立的形式支付,而往往是隐含与分摊在实现社会福利的支付成本中的。一般来讲,只有当收益大于成本时,政府选择才是可行的。但事实上,由于存在这种支付成本"搭便车"的机会主义倾向,即使在社会福利增进的收益小于其总成本时,也会出现"逆选择"现象。由此,我们可以得出的又一个重要判定是:政府获取自身特殊利益的支付成本可以"搭便车",转嫁到实现社会福利增进的成本中去,从而使政府选择所支付的总成本往往大于社会福利增进的收益。

4. 政府选择的有效性

与任何行为主体一样,政府选择具有明确的指向性,从而力求其选择结果的有效性。但由于政府选择具有双重效用偏好的目标函数,其选择结果有效性更为复杂,更具有不确定性。只有在双重效用偏好的目标函数高度吻合的情况下,政府选择的有效性才能用同一标准来衡量,并能比较清晰地反映出来。一旦出现双重效用偏好的偏离,就会出现对政府选择有效性衡量的双重标准,即社会标准与政府标准,从而使政府选择的有效性难以显现。

例如,当政府以侵蚀个人权利而实现其权力扩张,进行超越公共界限的政府选择,或者以牺牲公共利益来追求其自身特殊利益,进行其选择,那么就会衍生出不同于社会标准的所谓政府标准,从而使政府选择的有效性判断变得截然不同。显然,用社会标准来衡量,这种政府选择是低效或无效的;但用政府标准来衡量,则会被认为其选择是有效的。

即使我们撇开政府选择超越公共界限,以及其为自身特殊利益支付社会公共成本等问题不谈,完全严格限定其选择的范围及内容,由于政府选择也只是一种有限理性,特别在调节经济过程中具有典型的实现滞后与效力递减的性质,仍然会出现选择有效性的不确定问题。政府对问题的明确认识需要一个过程,对其采取的对策进行分析、论证要花费时间,统一意见分歧也要有一个过程,从而存在着"认识滞后"。政府从决策到贯彻落实该措施之间存在着时间间隔,这就会产生"实施滞后"。从实施某种措施到其产生效果有一个过程,这样就会出现

"效果滞后"。因此,政府在调节经济过程中有可能发生延误、失效甚至误导,从而达不到政府的预期目的。另外,政府的任何一项调节措施,都会遇到来自各方面的预期与博弈,其效力都是有限的,因此其调节效力特别是边际调节效力是递减的。而且,经济运行的变化是不确定的,随时会出现新情况,随着时间推移,政府的调节措施效力会逐渐递减,甚至产生负效应。更为重要的是,任何调节措施都有可能产生副作用。总之,政府选择并不必然地对经济发展起保护和促进作用,同样也会出现政府失败的现象。

因此,我们只能以帕累托效率作为政府选择的衡量标准,只要政府的参与使市场效率增进,至少没有恶化市场效率,其政府选择就是有效的。

通过以上的分析,我们可以看到,政府选择具有内在的与市场经济扩展和市场效率发生偏离的机理。政府选择能否与市场选择相容,关键在于政府权力的约束与其自利性的控制。没有权力受到限制的政府,就没有真正的市场经济。[①]市场经济的扩展,必须与对政府的权力、职能和规模的限制同时进行,否则市场秩序就没有社会空间。汉密尔顿和麦迪逊也指出,要组织一个统治人的政府时,最大困难在于必须首先使政府能够管理被统治者,然后再使政府管理自身。[②]因此,任何政府都面临着既要管理社会的艰巨任务,又要管理和控制自利性的巨大挑战。

政府的自我约束表现在机构(政府规模)、职能、行为(主观随意性、独断性或反程序性)、利益(自身的特殊利益)、权力等方面的约束,其中权力约束最为重要。因此面对这一挑战,一个行之有效的办法就是实行法治之下的政府有限权力。法治的重要政治职能在于铲除无限政府,建立一个权力受到有效制约的有限政府。有限政府就是指政府在权力、职能和规模上受到来自法律的明文限制,能公开接受社会的监督和制约;政府权力和规模在越出法定界限时能够得到及时有效的纠正。有限政府与有效政府并不相悖,只有权力受到限制的政府才可能是有能力办好事情的政府,才可能是有效率的政府。[③]

9.2.2　当前中国的经济活动中政府选择的实证分析

在传统经济体制下,行政性计划对资源配置的基础性作用,使政府选择完全

---

① 郑宗仁等:《市场经济条件下的有限政府和政府行为的法律边界》,《江西社会科学》2003年第12期。

② 汉密尔顿·杰·伊·麦迪逊:《联邦党人文集》,商务印书馆1980年版,第264页。

③ 于敬华:《市场经济与政府规范——略论法治之下的"有限政府"》,《兰州学刊》2002年第1期。

替代了市场选择,从而政府选择所涉及的范围是极其广泛的,且干预经济的力度很大。有关这方面的情况,已有大量的文献作了分析,包括科尔奈的《短缺经济》等,在此不再加以阐述。但其中有两点对于我们分析政府选择,特别是政府选择的演化,是十分重要的。

首先,在这种实物经济的条件下,有许多资源处于凝固化状态,是不能流转的,如土地、投资建成的厂房及设备、各种基础设施等。对于这些凝固化的资源,政府有权进行调拨与调配,但却难以对其进行"变现"。从这一角度讲,尽管政府掌握着大量资源,但由于凝固化的资源不能有效地派生出一系列的再利用效应,形成资源利用的循环,所以政府选择面临着资源不能有效循环利用而客观形成的制约。

其次,在传统计划体制下,权力的高度集中使中央政府及其部门掌控着大量资源,其选择的空间范围很大,而地方政府实际可利用的资源是十分有限的,其选择空间范围是不大的。在这种情况下,政府选择的实体是单一的、高度集中的。

改革开放以来,随着传统计划体制向市场经济体制的根本性转变,国民收入分配格局的重大变化,市场选择的力量日益强大,市场对资源配置的基础性作用越来越显著,这在一定程度上对政府选择进行了替代,使政府选择所涉及的范围大大缩小。国内大量有关经济转型的文献对此有过详尽的分析与描述,其中林毅夫、樊纲、周振华、张军等学者都有专著进行过较经典的论述。然而,人们更多看到的是政府从原有领域的退出,如政府定价逐步取消、预算内投资比重下降、国有经济的产值与资产等比重下降,以及行政审批的减少等。如果仅以此为依据,判定政府选择的力度趋于减弱,是有片面性的。

事实上,随着要素市场化的全面展开,政府掌控中的原有凝固化的重要资源(如土地等物质资源、政府信用等无形资产、管制与审批等权力资源)被大大激活,也具有了"变现性"和流动性。例如,土地批租、政府信誉担保的贷款与发债、国有资产的产权转让与资本化(上市融资等)、管制与审批等权力"创租"以及特殊优惠政策等带来的资金"空转"等。这些政府掌控的重要资源一旦被市场化机制所激活,便会派生出一系列再利用的放大效应,形成资源利用的循环。因此,尽管从表面上看政府掌握的资源,从范围上来讲是趋于缩小了,但由于其掌控的重要资源具有了"变现性"和流动性,可供利用的潜在可能性却大大增加,政府选择的力度反而是增大了。

另外,在体制转轨中出现的一个新情况,是原先高度集中的权力层层下移,特别是在很长一段时间里实行了中央和地方"分灶吃饭"的财政体制,地方作为相对独立的利益主体的角色得到强化。虽然 1994 年以后开始实行的中央与地方分税制规范了中央与地方的利益关系,但地方政府的这一角色并没有得到根本改变,并使各级地方政府不同程度地拥有实际可支配的资源。这就使政府选择的实体呈现分散化与多元化的格局。虽然政府组织实行严格的等级制体系,下级服从上级、地方服从中央,但不同等级的政府实体具有各自的特殊利益。因此,政府选择的实体分散化与多元化,实际上意味着政府特殊利益的分散化与多元化。如果说在传统计划体制下政府选择的实体由于高度集中与单一,其利益驱动主要体现在中央政府及其部门上,那么在目前的情况下政府选择的利益驱动是综合性的,不仅有中央政府及其部门的利益驱动,而且还有各级地方政府及其部门的利益驱动。从这一意义上讲,政府选择的利益驱动力量不是趋于减弱,而是总体上趋于强化。

以上两方面的新变化使政府选择在参与直接推动经济发展上,仍然具有很大的潜在能量。但这种潜在能量的释放,是要有相应条件的。因此,我们要进一步对其必要、充分条件以及相应的特殊外部条件进行分析。

1. 必要条件分析

在现阶段,政府选择在参与直接推动经济发展上,具有强大的内在动力。这种政府选择的内在动力源于多方面因素。

从公众利益实现的角度讲,这种政府选择的内在动力主要来自两个方面。一方面,以经济建设为中心的大政方针具体化为政府的工作,客观上要求政府最大化地利用与动员各种资源进行经济建设,加快经济发展步伐,从而成为政府选择在参与直接推动经济发展上的内在动力之一。另一方面,经济发展直接关系到地区面貌变化、政府税收增加、就业与收入水平、居民生活改善等,从而对政府工作形成巨大的压力,迫使政府集中主要精力抓经济,直接参与重大的经济活动,如"政府搭台、企业唱戏""筑巢引凤"等。

从政府自身特殊利益的角度讲,这种政府选择的内在动力主要来自现行的政绩观及其干部人事制度。以经济增长速度、招商引资力度、形态面貌改变进度等作为考核政府官员业绩的重要指标,并以此政绩标准作为其职务升迁的主要依据,促使政府官员的偏好及行为方式越来越转向追求经济增长速度,热衷于"铺摊子"与扩大规模,纷纷出台系列化优惠措施。而政府官员的上级任免及频繁调动,更促使其对上负责,在任职期内急功近利、不惜成本地营造其所谓的政绩。

2. 充分条件分析

即使政府选择在参与直接推动经济发展上具有强大的内在动力,但如果其处于相应的约束下,也就难以实现其目的。但问题在于,现阶段政府面临的只是一种软约束。

从最直接的表象上看,由于财政预算规定了政府支出的项目,所以政府选择的支出主要受财政预算的约束。尽管每年一度的各级人代会都会审议各级政府的财政预算,但财政预算往往只是粗线条的,其实际的财政支出在具体项目上就有了较大的弹性,而且预算的法定效用并不强,从而其具体的执行不是非常严格。因此,目前政府预算实际上只是一种软约束,政府选择的支出并不真正受制于其预算约束。

更为重要的是,政府选择所需的支出并不限于预算内,而是越来越多地依靠预算外资金。正如前面分析指出的,政府掌控的一些重要资源从凝固化状态解脱出来,使政府可利用市场化机制与手段将其"变现"或流动起来,例如,土地批租及其土地级差收益、基础设施的部分产权或经营权实行转让或拍卖、国有资产的存量资金盘活为流量资金等都成为预算外资金的重要来源。显然,在目前的情况下,这些预算外资金的使用更是一种软约束状况。

从更为广义的角度讲,政策性资源也可以成为政府选择所凭借的重要资源。用一句通俗的话来表达,就是"政策即资源"。对于政府来讲,即使缺乏其他资源,只要拿出相应的政策,便也可用来达到其选择的目的。然而,政策唯有政府才能制定,是政府拥有的具有独占垄断性质的资源。利用这一政策性资源,政府可以拓展其选择的范围,并保证其选择的目的得以实现。在目前政治体制和行政管理体制下,这种政策制定仍带有较浓厚的"长官意志"的色彩,缺乏严格的程序和各方利益协商形成广泛共识的基础。从这一意义上讲,也是一种广义的资源软约束。

在上述各种政府选择软约束的背后,实际上是政府权力的软约束。从根本上讲,政府权力约束来自社会公众对它的评价及选择。但在中国的目前的政治体制下,社会公众通过包括选民投票、民意测验、舆论监督等积极方式对政府权力的约束较小,更多的是通过抱怨、不满情绪、消极行为及其导致的社会不稳定等方式,迫使政府不得不把"社会稳定"放在重要位置。显然,"社会稳定"本身只是一个相对概念。因为社会不稳定因素是一个累积过程,其隐患在显性化之前并不会导致社会的动荡。在社会不稳定因素累积尚未达到临界状态的情况下,其对政府权力的约束就具有较大的弹性。更何况,在保持社会稳定这一"底线"

之上的广大区间,社会公众对政府权力的约束更为软弱。

对于各级地方政府来讲,还受到来自上级领导部门的权力约束。特别在政府官员逐级由其上级领导部门实行任免的情况下,这种"自上而下"的权力约束可能比社会公众"自下而上"的权力约束更有直接效果。即便如此,权力软约束问题依然存在。因为在上一级政府存在权力软约束的情况下,它就不可能要求并实行对下一级政府的权力硬约束。在它们之间的博弈中,只不过是权力软约束的程度不同而已。在中国的现实经济生活中,"上有政策,下有对策"及各地"土政策"的盛行,以及地方封锁与地方保护的普遍化,充分反映了这种自上而下的权力约束也是极其软弱的。

3. 外部特殊条件分析

以上有关充分必要条件的分析,足以揭示政府选择直接参与推动经济发展的内在机理。但还须指出的是,现阶段存在的外部特殊条件也为政府诸如此类的选择提供了极其有利的机会,在一定程度上起到了推波助澜的作用。

目前中国正处在大规模的新工业化与城市化加速推进阶段,并形成了两者互动的局面。由于长期以来中国的城市化严重滞后于工业化,大量农业过剩劳动力滞留在农村,难以有效地转移出来,从而对工业化形成了严重的制约。因此,目前城市化加速推进,在一定程度上具有"补课"的性质。特别是城市地域空间的大规模扩张,在空间地域上,东部沿海地区依据其改革开放的先发优势及较好的经济基础,继续保持高速增长的势头;中部地区正承接东部地区向内扩散及产业梯度转移的机会,利用其资源丰富和劳动力成本较低的自然禀赋正逐步发挥其后发优势;西部大开发战略仍在继续实施与加大投入;近年来提出的振兴东北老工业基地,则使东北地区掀起新的投资热潮。总之,中国目前已形成所有区域全面开发的格局。如果说在20世纪80—90年代还只是东部沿海地区的地方政府在积极参与并直接推动当地的经济发展,那么现在其他区域的地方政府都在学习与模仿东部沿海地区地方政府所谓的"经验"与"做法",从而几乎所有区域的地方政府都在积极地行动。

与此同时,中国的对外开放也已进入一个新阶段。中国加入WTO后,正在严格履行其承诺,逐步实行全方位开放。而中国良好的投资环境与劳动力低成本优势,正强有力地吸引着世界制造业中心向中国转移。大量的原材料、工艺装备、资金、技术及管理等要素从外部流入,在一定程度上弥补了国内资源的不足,从而也为各地政府选择提供了一个新的可利用的重要渠道。各地政府利用其所掌控的本土资源(如土地、政策等)吸引外部资源的流入,并将内部资源与外部资源进行"嫁接",不仅充分动员了当地资源,而且也大大调动了外部资源。2003年外商直接投资合同金额达 1150.7 亿美元,同比增长 39%;实际使用金额达535 亿美元,增长 1.4%。其中,在制造业的外商直接投资合同金额达 807.5 亿美元,同比增长 36.2%;实际使用金额达 369.4 亿美元,增长 0.4%。其占全部外商直接投资合同金额和实际金额的比重均高达 70%左右。在中国东部沿海地区,外商直接投资更是来势凶猛。在此过程中,也使政府选择在资源约束上有了更大的回旋余地,从而有可能使政府可以去做更多的事情。

9.2.3 权力软约束下的政府选择及其后果

当政治上的进取具体落实到经济性竞争上,地方政府便具有参与并直接推动经济发展的强烈冲动,而权力软约束下的政府选择,使其参与并直接推动经济发展的能量得到极大的释放。毫无疑问,这种政府选择在其相互攀比和较劲中迸发出巨大的活力,强有力地促进了经济增长,带来日新月异的繁荣景象,迅速改变着原有的面貌。然而,它也同时带来了一系列负面效应,留下严重的隐患。

首先,权力软约束下的政府选择往往导致其行政权力的膨胀和宽泛,以及行政行为所及界域的模糊,这对于公众部门及政府自身都将产生重大的负面影响。对于公众部门来讲,政府职能泛化是政府滥施代理权或强行代理的体现,是对委托人权力的单方面剥夺。因为政府作为公众的选择性设计,其行事与作为能力不是天然的,政府不能与民争权、与民争事、与民争利,只要公众愿意做、方便做和有能力做的,政府都不能越俎代庖。[1]且不说政府在私人品领域参与资源配置对民间部门的"挤出"效应,即使在公共品或准公共品领域,由于现实中的大部分公共品都具有私人品的某些属性,并在一定经济、技术环境下可转化为私人品,因此,政府参与资源配置(公共品或准公共品领域)也是以政府不能强制力剥夺民间部门参与对公共品或准公共品进行市场供给的权利为条件的。[2]

对于政府本身来讲,其权力膨胀和宽泛所带来的,必然是行政责任的不明确以及行政目标的虚化。例如,地方政府充当了市场中一个重要的竞争主体的角色,在某种程度上进入了市场的微观层面,这势必导致行政资源的流失和行政能力的退化。尽管在此期间政府也在履行其经济社会管理等职能,但难以站在全局性的立场上实行全面统筹,这将大大削弱宏观调控、经济社会管理的职能,甚

---

① 王振海:《论政府的代理身份与代理行为》,《江苏行政学院学报》2003 年第 2 期。
② 汤玉刚:《政府供给偏好转变的经济效率分析》,《上海经济研究》2003 年第 8 期。

至导致某些管理职能的扭曲,即把某些管理职能用以增强其所谓竞争力的手段。因此,当政府权力试图渗透到国民生活各个方面之时,实际上也磨损了其能力。

其次,权力软约束下的政府选择不仅没能弥补市场失灵,反而加剧市场失灵,造成更大的市场扭曲和经济发展的无序性。当前政府既是管理的政策制定者,也是重要资源的所有者,同时又是监督者。在此过程中,政府选择往往依靠其行政性垄断力量。目前较为严重的是行业性行政垄断。它们借助于对本行业的管理特权和实际控制力量,不仅垄断经营业务,而且垄断经营相关产品,掌握着市场资源和销售份额。同时,为了保护当地经济和地方的利益,地方政府往往较深地介入了本已不规范的竞争过程,运用各种行政手段构筑行业和地区进入壁垒,为本地企业提供各种方式的保护,甚至用某些法规将其合法化。尽管目前产品生产与销售的地方封锁,尤其是竞争性产品的垄断和封锁逐步被打破,但仍然存在通过设置市场壁垒、制定歧视性规定等,阻挡外地的商品进入,特别是一些高税率的商品,如烟酒、汽车、家用电器等,以保护本地缺乏竞争力的落后企业的现象。在服务市场和要素市场方面,也存在着各种变相的市场封锁,如限制外地企业参与本地企业的重组与兼并;在工程招标中采取"黑箱操作"排斥外地企业、限制外来劳动力在本地就业等。

这种行政性垄断造成了事实上的市场分割,严重影响建立统一市场和公平竞争。而且,这种地方保护主义倾向往往对许多不正当的商业行为、假冒伪劣产品、撕约违约事件等采取熟视无睹、放任自流甚至默许纵容的态度,助长了这些市场混乱现象的蔓延。在这种市场秩序混乱且得到地方保护主义纵容的情况下,商品和生产要素跨地区流动不仅会遇到不公平竞争和各种障碍,而且信用风险大大增加,特别是跨地区的投资活动更是如此。

再则,权力软约束下的政府选择由其强烈的投资扩张冲动引发经济发展的盲目性,加剧粗放型增长,造成大量的资源消耗。随着市场经济的发展,企业(包括国有企业)受到硬预算的约束,其投资扩张冲动日趋减弱,相反,在权力软约束下,政府的投资扩张冲动仍然非常强烈。

尽管政府的直接投资规模有限,其比重也相对减少,但与企业和居民部门不同,政府可以通过政策引导、财政补贴、种子投资等手段主导和带动社会投资。更有甚者,政府可以通过城市化的发展规划与实施、大兴开发区建设等创造大量的投资需求,以此来吸引社会资金和外部资金。因为对于企业来讲,这种投资需求是有市场、有效益的,从而会作出积极的反应,即实施投资计划。因此,在政府投资扩张冲动的主导下,会带来整个社会的投资冲动,进而在宏观层面引发盲目投资、重复建设、外延型扩张、资源消耗加剧等问题。

最后,权力软约束下的政府选择容易出现偏差与失误,加剧结构性矛盾,造成社会矛盾激化。例如,为了追求经济增长和地区经济发展,政府往往会不顾客观条件的限制或不计成本地去引进和发展所谓的新兴产业,并极力保护原有的产业部门。这就大大削弱了市场的选择功能,使地区的比较优势难以显现出来和加以准确的界定,其地区比较利益也难以度量和得以实现。这势必造成地区经济发展的目标定位有较大盲目性,发展思路不清晰,产业发展重点雷同化,经济结构趋同化。显然,这种缺乏经济特色和核心竞争力的地区发展,无法形成合理的生产力地区布局,使稀缺性的资源得到有效、合理的配置。另外,在城乡发展、经济与生态环境、物质资本与人力资本、经济与社会等其他方面,政府选择所出现的偏差也大大加剧了结构性矛盾。

在一般情况下,只有当经济与社会生活中的结构性矛盾累积到一定程度,成为其发展的严重"瓶颈"制约时,政府才会被动地进行经济结构调整,并充当起调整主体的角色。但其调整对象仅限于某些"短线"领域或部门,其调整手段与方式主要是通过政府各种投入性政策来改变结构性比例。这种经济结构的调整势必陷入两种困境:其一,忽略结构调整的深层次目标(如创建市场经济体制、加速与国际宏观经济环境接轨、培育长期国家竞争力等),从而偏离结构调整的初衷;其二,强化行政性的推动力量,人为地鼓励一些行业而抑制另外一些行业,以及依赖政府投入,容易造成新的结构性矛盾。

9.3   改进政府选择:促进全面、协调、可持续发展

在当前中国经济发展中,政府选择起着非常重要的作用。而政府选择不当,又会给经济发展带来一系列问题,其中缺乏科学的发展观,是造成政府选择不当的重要原因之一。但从制度层面来讲,政府选择不当则是当前体制不完善的重要表现之一,是政府职能还没有完全适应社会主义市场经济发展的要求。因此,转变政府职能,树立科学的发展观,改进政府选择,是贯穿完善社会市场经济体制全过程的一个根本性的问题。

9.3.1   科学发展观对政府选择的矫正

最近中央提出树立科学的发展观,应该讲是有着非常强的现实针对性的,其

中主要是要解决政府选择不当带来的经济发展的无序性、盲目性、片面性问题。因为发展观是发展的基本理念及指导思想,是贯穿于发展战略、发展模式、发展路径、发展策略等之中,左右和影响人们行为方式的一种广义的制度安排和导向。尽管从广义来讲,发展观是一种社会观念,但更是政府对待发展的基本理念,是政策制定的指导思想。政府持有什么样的发展观,对经济运行的稳定性及效率有十分重大的影响。

当然,发展观是动态变化的,有其历史规定性,既与人们的认识提高有关,也与不同阶段的现实特征有联系。从其演变过程来看,曾出现过"非均衡发展""均衡发展""循序渐进发展""赶超发展""协调发展""以人为中心的发展"等战略性观点。这表明,人们对发展内涵的认识在不断深化。因此,树立科学发展观首先是提高人们对发展本身内涵的深刻认识,把握经济、社会发展的规律。

在现阶段,用科学发展观指导经济结构调整,促进经济发展,其主要任务就是要统筹城乡协调发展,促进城市与乡村良性互动,逐步缩小城乡差距,改变城乡二元结构;统筹地区协调发展,实现东部、中部与西部地区互动,促进区域经济合理布局,逐步缩小地区差距;统筹经济社会协调发展,在经济发展的基础上实现社会全面进步,切实解决经济发展和社会发展"一条腿长、一条腿短"的问题;统筹人与自然协调发展,实行循环经济,降低物耗,保护生态环境。显然,这对经济发展中的政府选择提出了基本要求,并指明了政府在经济发展中应该选择做什么和怎么做。

因此,树立科学发展观,从认识上提高全面发展、协调发展和可持续发展的重要性,对于矫正政府选择不当是有积极意义的。通过树立并坚持科学发展观,使政府选择合理化,才能把经济结构调整落到实处,切实解决经济运行中深层次的结构性矛盾,以促进经济持续增长和健康发展。

然而,树立科学发展观,只是解决了政府选择的认识问题。更重要的是,要对政府选择建立起有效的约束机制。如果缺乏对政府权力的有效约束,政府职能转变就难以实行,其行为方式也难以改变,从而就会出现"认识"与"行为"的脱节与背离,科学的发展观也就成为一种空喊的口号与时髦的标签。

9.3.2　建立政府选择的有效约束机制

改进政府选择,关键是要建立起一套有效约束机制。这是一种制度性的安排,涉及政治体制改革、政府组织架构调整、政府职能转变等方面。这里我们主要从总体上简要提出若干对策思路。

第一,完善对政府权限的立法与执法监督,硬化政府权力约束及其预算约束。不仅要规制政府行政活动的范围,也要规制政府行使权力的方式,即要明确政府公共行政活动的程序。[①]在"有限政府"的基本框架下,确定政府职能定位及其运作机制,主要是加强国民经济和社会发展中长期规划的研究和制定,提出发展的重大战略、基本任务和产业政策,加强对区域发展的协调和指导。除具有规模经济和对整体经济有重要影响特性的公用事业外,对其他行业,政府以"市场自律"(或称为市场自我规管)作为主要的规管形式。在搞好经济调节和市场监管的同时,切实履行好社会管理和公共服务的职能,大力发展科技教育文化,增进城乡居民福利,提高人民健康水平,促进社会和谐安定。

第二,政府行为的效绩,首先必须进行业绩的价值判断或者说行为受益者的受益状况分析。社会价值是效绩的前提条件。政府效绩评估意味着对权力合理使用的激励或经济上的再约束。[②]因此,要制定科学的政绩评估体系,包括考核指标、评估方式等,使政府摆脱单纯追求 GDP 等所谓业绩考核的束缚,依法行政和管理。确立和完善政府的责任制度,通过对政府违反法定义务、超越法定权限以及滥用行政权力的违法行为进行否定性评价,强制违法行政者作出或禁止其作出一定行为。只有这样,才能从制度上保证使政府不再直接参与生产经营,减少对企业、市场不必要的行政干预,改革和减少行政审批事项,并把经济管理职能转到主要为市场主体服务和创造良好发展环境上来,不断增强经济调节和市场监管的能力,同时加强社会管理,提高教育、医疗、卫生、基础设施建设等公共服务的质量,推进经济法制建设。

第三,不断完善政府重大经济社会问题的科学化、民主化、规范化决策程序,充分利用社会智力资源和现代信息技术,设立多重咨询架构于各个经济领域的运行机制之中,实行"咨询式政府"的管理方法,增强透明度和公众参与度。此外,还要大量借助中介组织贯彻与实施政府制定的有关政策,充分发挥中介组织的市场规管"自律化"的作用。

第四,建立社会监督体系,包括人大、政协及社会团体的监督,以及舆论监督等。

① 蔡立辉:《政府法制论——转轨时期中国政府法制建设研究》,中国社会科学出版社 2002 年版,第 120 页。

② 彭学明:《地方政府行政效绩评估原理》,《吉林大学学报(社会科学版)》2002 年第 3 期。

中　编

外部冲击下的中国经济运行

2008 年全球金融危机之后,世界经济一直处于复杂多变、不确定性增大的长期低迷状态,至今都未能真正复苏。此时,中国经济不仅总量增大,居于世界前列,而且高度参与了国际产业分工,与世界经济联系紧密,从而成为世界经济的重要组成部分,并成为世界经济增长的重要引擎之一。显然,中国经济运行势必受到世界经济长期低迷的牵制。而且,在此过程中涌现逆全球化或反全球化思潮,贸易保护主义兴起,中美投资贸易摩擦,乃至技术"脱钩"等,都对中国经济运行产生重大影响。在这一时期,强大的外部冲击成为影响和制约中国经济运行的主要变量。因此,这一时期对中国经济运行的分析更多从世界经济外部冲击的大背景出发,阐述中国经济运行与世界经济联动的内在机理,揭示外部冲击下中国经济运行的基本特征,分析与预判中国经济运行面临的内外风险与挑战及应对之策。

10 外部冲击与周期波动*

2008 年是中国经济增长极不平凡的一年。国内外各种因素相互交织,外部冲击对宏观经济稳定运行和发展的影响非常巨大。这种外部冲击及其影响将成为未来一段时期中国宏观经济波动的主要问题。对此应当从理论和实践两个层面加以梳理和分析,以期分析和总结影响中国经济稳定增长的外部因素。

10.1 外部冲击下的中国经济增长

10.1.1 2008 年中国经济增长:外部冲击与经济波动

改革开放以后,中国经济持续高速度的增长,到 2008 年已经整整 30 年。30 年来,中国经济在对外开放和体制改革等一系列因素相互作用与影响下,大部分年份保持了平稳较快的增长,其中高速度堪称世界增长的奇迹。2008 年以来,由于国内外各种因素相互交织,相互影响,中国经济增长受到了前所未有的影响甚至是冲击。

首先,一系列非经济因素影响了中国经济的正常轨道。一是 2008 年年初的雪灾对南方地区的影响,间接地影响了经济和人们的生活秩序。雪灾尽管发生在中国南方部分地区,但给交通运输发展带来了一定的影响,对南方地区经济社会发展带来了一定程度的损失。二是 2008 年 5 月发生的四川特大地震,不仅给人民群众的生命财产带来了巨大损失,也给经济社会发展带来了破坏性影响。虽然地震造成的损失主要是对 GDP 存量带来破坏,对当年经济增长不构成较大

---

* 本章原载周振华等著《外部冲击与经济波动——中国经济分析 2008—2009》(格致出版社、上海人民出版社 2009 年版)导论"外部冲击与周期波动:RBC 模型与中国经验"(与权衡合撰)。

的影响,但作为一个具有破坏性的非经济因素,对经济社会发展尤其是人们的心理预期带来较大负面影响;而且,地震影响引致的灾后重建,作为一个突发性的重大事件,对原有经济增长的正常运行轨道带来影响和冲击。三是奥运会结束以后产生的所谓"后奥运低谷效应",在一定程度上产生了中国经济增长放慢的预期。之所以产生这种预期,是因为历史上有少数举办过奥运会的国家在奥运会结束后确实出现过经济衰退现象。但由于中国经济体比较大,而与奥运有关的投资等主要集中在北京,因此对于全国整体上影响不大,可以说"后奥运低谷效应"并没有对中国经济发展产生太大的影响。

上面提及的仅仅是非经济因素的外部冲击,而且其对宏观经济运行产生的影响还是属于可控的。更大的冲击主要来自经济方面的因素。2008年上半年,国际油价上涨、大宗商品和原材料涨价以及新劳动合同法的实施对整个经济运行的成本上升产生了较大的影响,致使国内生产利润空间进一步减小,并助推了上半年的通货膨胀。从2008年下半年开始,美国次贷危机进一步升格为金融危机,特别是到了9、10月以后,这场金融危机迅速扩散到全球,引起全球金融飓风。美联储前主席格林斯潘表示,美国陷入"百年一遇"的金融危机,许多机构开始纷纷破产。实际上,从7月开始以后,随着雷曼、美林等国际金融机构破产和被收购,金融危机进一步向纵深方向发展,引发全球经济增长迅速放慢。中国作为融入世界经济增长最主要的部分之一,必然受到这场金融危机的外部冲击,其直接的影响就是外部需求减少而导致中国出口贸易受阻,进而造成中国经济增长速度开始回落。例如,从6月开始,国内经济增长速度就已经出现明显回落,其中工业增长率月度走势由前5个月上升0.6个百分点转变为下降1.3个百分点,出口增长率月度走势由前5个月上升1.4个百分点转变为下降1.2个百分点。

需要说明的是,2008年上半年,中央政府宏观经济政策考量的关键点主要立足于上述非经济因素及成本推动等影响所产生的通货膨胀,其政策调控的重点和目标是防止通货膨胀和经济过热。换句话说,2008年上半年,宏观经济运行关注的焦点主要集中在国内,着眼于国内经济发展的因素和过程。但从下半年开始,影响中国经济增长的因素逐渐让位于国际因素。这些国际因素以外部不可抗拒的冲击力对中国经济增长形成强有力的影响。这恐怕是2008年中国经济增长波动的最大的特点之一。

长期以来,我们已习惯于从经济运行的内部因素出发,分析经济增长和波动的影响,往往忽视经济系统的外部因素影响,包括国际经济增长以及外部环境对于经济增长的影响。改革开放 30 年来,中国经济增长取得了举世瞩目的伟大成就;与此同时,经济系统面临的不确定和风险因素也在增加,内生的以及外生的各种因素都会对经济增长带来各种影响,引发经济波动。为此,我们分析 2008 年中国经济运行,就选择从外部冲击与经济波动的视角进行研究。

10.1.2 外部冲击下中国经济增长的新特点和新矛盾

在受到各种经济和非经济因素,特别是在经济体系外部的次贷危机冲击和影响下,中国宏观经济运行的原有轨迹发生了较大变化,不确定性和复杂性陡增,出现了相互并存的"几对矛盾"。

第一,通货膨胀与通货紧缩问题。2008 年上半年,由于受到国际油价以及其他相关商品价格上涨的冲击,国内物价一度持续升高,出现了通货膨胀问题。但与此同时,国内也存在着产能过剩和通货紧缩问题。从 2008 年下半年开始,尽管通货膨胀出现拐点,但通胀反弹压力仍然存在;与此同时,随着金融危机影响的进一步加深,国内出口下降,投资增速开始回落,消费增速出现拐点,各类价格指数开始下降,经济增长速度快速回落,明显地从通货膨胀转向了通货紧缩,通货紧缩压力持续增大。如果今后一段时间的内需仍然不振,出口又受到外部制约,那么迅速启动投资来确保增长,其结果只能转变为进一步的产能过剩和通货紧缩。这也许是近期中国宏观经济面临的最大挑战和矛盾。

第二,人民币升值与贬值问题。2008 年以来,中国国际货币市场环境也发生了许多新变化。从 2008 年 7 月开始,人民币兑换美元的汇率出现逆转趋势,自汇率改革以来出现的人民币升值的趋势开始出现部分回落,从 7 月 15 日到 8 月 15 日,人民币兑换美元的汇率累计回落 521 个点。另一方面,从 2008 年整个情况来看,上半年人民币对于美元是在升值,但相对于国内通货膨胀而言,实际上是在贬值。由于人民币对外升值的影响,出口增长也受到一定的影响和制约;国内由于物价上涨,也在客观上制约和影响了消费增长。

第三,流动性过剩与不足问题。近几年来,受全球资本流动性过剩影响,中国经济增长中也出现了货币投放过多以及货币乘数效应等流动性过剩问题。由于流动性过剩容易引起资产价格上涨、经济过热等问题,所以 2008 年上半年宏观经济政策的重要任务之一就是缓解流动性过剩压力,防止经济过热。但与此同时,中国经济运行过程中又出现中小企业融资难问题,尤其是受外部危机冲击影响,许多出口型中小企业资金链断裂,企业经营发生资金周转困难。这似乎是一个矛盾:一方面是资金流动性过剩;另一方面却是资金周转困难、资金短缺。

这表明,金融危机对于整个经济运行环境的影响是十分深刻和复杂的。

第四,美国虚拟经济危机与中国实体经济下滑问题。一般说来,中国与美国之间的经济关系实际上就是虚拟经济与实体经济的关系。一方面,美国制造业基本上转移到了中国等发展中国家,但其金融发展和创新能力相当强,尤其是近20年来,美国金融创新和资本市场的超常规发展,使得美国的虚拟经济变得异常膨胀;另一方面,作为世界加工厂的中国,其制造业超常规发展,同样使得中国的实体经济变得异常膨胀,再加上内需不足,结果是中国的过于膨胀的实体经济必然要求美国的虚拟经济加以消化,两者之间形成"恐怖平衡"。因此,一旦美国虚拟经济发生危机,必然会传导到中国实体经济运行中来,使产能过剩的问题更加凸显和严重。目前这种影响在进一步发展与深化,特别是2008年第四季度开始出现经济增长快速下滑的势头,因此我们不能够低估实体经济进一步下滑的可能性。

10.2   分析框架构建

10.2.1   经济波动与外部冲击

自20世纪30年代以来,经济学围绕经济波动的初始根源、传导机制及其如何影响经济增长与如何治理等问题进行系统研究,概括起来大致有三种研究思路和方法。

第一种是凯恩斯主义的需求分析路径,认为经济周期主要是由短期内的需求因素引起的。也就是,投资需求和消费需求以及净出口在短期内受到冲击和波动,从而引起经济增长波动。从短期内的需求变动角度分析经济周期波动对于增长的影响,其政策含义是,由于市场机制不完善、市场失灵造成供需不平衡(主要是需求方的变动)而引起经济波动和周期性的变化,因此必须引入政府干预,通过政府的财政政策和货币政策予以调整,才能熨平经济波动。

第二种是新凯恩斯主义的研究思路和方法,指出凯恩斯主义忽略了人的理性预期因素对于政策的"预期"和"应对",并从构建宏观经济运行的微观基础角度,引入理性预期、动态优化等各种方法,充实与发展了凯恩斯理论。新凯恩斯主义通过建立价格与工资黏性的微观理论,并以此为出发点,提出要充分关注货币的作用(而不是政府的政策),主张运用货币政策消除经济的波动,以达到经济平稳增长的效果。

其实,无论是凯恩斯主义还是新凯恩斯主义,他们关注和研究经济波动理论,基本上都属于内生性的分析框架和方法。与此不同,第三种研究思路和方法是从经济体系外部,从外生角度分析周期波动和增长稳定问题,即真实周期理论(RBC)。真实经济周期理论认为,市场机制本身是完善的,在长期或短期中都可以自发地使经济实现充分就业的均衡;而经济周期的发生主要是源于经济体系之外的一些真实因素的冲击,即"外部冲击"。构成外部冲击的因素,在该学派看来,主要是来自供给方面的技术创新和技术进步的冲击,即技术创新和进步引起投资规模的波动和消费方式的变化,从而导致经济增长的巨大变化。例如,新技术、新发明的运用,从外部产生一轮繁荣发展的冲击波,对于宏观经济运行产生较大的影响;一旦新技术的运用和创新处在平静阶段,经济活动也开始趋于稳定。就此而言,实际上与熊彼特的技术创新周期理论比较类似,即大的技术创新引发大的周期波动。

但需要说明的是,这种外部冲击有两种不同的类型:一是对经济增长产生有利作用,刺激繁荣的"正冲击";二是对经济增长产生不利作用,导致衰退的"负冲击"。除了从技术冲击角度分析外部因素对于增长的影响以外,真实周期理论还指出,政府管制、商品价格以及其他与供给方面有关的因素,都可能会从外部冲击经济增长。此外,经济周期是随机游走的,即什么东西在什么时候造成供给的冲击,往往是未被预料的,因此周期也是无法预见的。

进一步分析可以看出,真实周期理论从外部冲击分析波动,解释经济增长周期,有若干方面的理论假设和分析前提:一是所有经济主体都面临资源和技术的约束条件,因此是在供给约束下寻找目标函数最大化;二是所有经济主体均具有理性预期,因此政府采取的任何消除波动的政策往往会被事先预期到,从而政府政策会失效;三是市场出清,即市场机制是完善的,信息是对称的,因此经济增长的周期波动因素是实际的技术进步或者其他供给因素引起,从而经济增长和周期是统一的,不存在所谓的短期波动和长期增长的区分问题;四是货币中性,货币政策对于实际的变量没有影响;五是产量和就业等实际的波动主要源于技术冲击引起的总供给曲线的移动,因此总供给波动是经济增长波动的主要原因。

在这些假设和前提条件下,真实周期理论认为,由于经济周期不是市场机制不完善引起的,因此就不需要动用国家的政策来干预;市场机制自身就可以自发地实现充分就业的均衡。这个政策含义明确指出,由外部冲击引起的周期性波动不可能由政府政策来稳定,而主要依靠市场机制的自发调节作用。

这一基本的政策含义,显然与传统凯恩斯主义通过反周期的政府调节政策熨平波动不同。

10.2.2　真实周期理论与中国经济波动:分析逻辑的冲突和转型

问题在于,我们在分析中国经济增长过程中,既然提出了外部冲击对于经济波动的影响和分析,那么,可否运用真实周期理论对这个假说进行理论分析和说明呢? 我们认为,第一,中国经济经过 30 年的快速增长和发展,影响经济运行的多种因素相互交叠,确实存在一系列外部因素对于经济波动的影响,特别是大量的外生变量已经对经济增长稳定性带了巨大的影响,因此我们可以从外部冲击的视角来分析经济运行和波动;第二,从分析框架和方法来说,目前的实际情况可能还无法简单运用真实周期理论来解释中国经济波动出现的一系列新的特点,我们必须从中国经济增长的实际情况来对此进行分析和论证。为什么呢? 这里主要是因为真实周期理论中的上述一系列假说和前提条件尚不符合中国经济增长的现实情况。

第一,中国市场经济仍然处在发展与成熟过程之中,尚存在着许多体制机制不完善、市场透明度不高、市场信用基础薄弱、市场交易成本较高、各类市场主体特别是企业改革尚不到位、企业行为不规范等问题。因此无论是政府、个人,还是企业,都存在有限理性,而不可能是完全理性。宏观经济运行的微观基础充满各种不确定性和风险,这就决定了宏观经济增长波动的可能性、特殊性以及复杂性。

第二,中国市场机制发育过程中,受到计划经济影响,政府干预的路径依赖性仍然存在,尤其是传统的行政干预及其行为方式经常影响微观经济活动,干扰经济自我发展的路径,因此中国宏观经济波动不可能不受到政府以及相关政策的影响和作用。中国宏观经济的波动具有市场和政府双重影响的深刻背景,因此从外部冲击来分析经济波动,不可能完全按照真实周期理论分析框架进行分析和研究。

第三,中国宏观经济运行和增长除了受到资源等供给约束以外,还有需求方面的约束。特别是近几年,经济增长除了受到要素供给、劳动力成本供给变化的影响以外,也受到国内需求不足的严重制约。即使在通货膨胀情况下,经济增长中长期以来的内需不足以及结构性矛盾导致的大量产能过剩问题也逐渐突出。因此,宏观经济波动既有来自供给方面的约束,也有来自需求方面的约束,特别是产能过剩引发的通货紧缩可能是影响中国经济波动的深层次矛盾和问题。

第四,中国宏观经济波动和周期除了来自供求总量的约束和影响以外,长时期积累的结构性矛盾也是影响其稳定增长的主要问题。特别是国民收入分配结构、产业结构、地区发展结构的失衡,城乡二元结构等矛盾,以及收入分配不公引致的内需不足等,都使得快速的经济增长缺乏稳定的可持续性。从某种意义上讲,中国经济波动是外部冲击和内部结构性矛盾激化的结果。因此,分析中国经济波动和增长,不能够离开这些内在的结构性矛盾的因素。

第五,中国经济快速增长中一个十分突出的问题就是,自主创新能力不足,特别是技术创新和进步比较缓慢。许多制度性障碍和瓶颈造成企业尚未成为真正的自主创新主体,从而使技术进步在短期内甚至中长期都比较缓慢。技术进步的刚性不可能产生真实周期理论所假设的技术进步冲击对经济稳定的影响和波动的效应。因此,从真实周期理论解释中国经济波动时,需要对中国的技术创新的刚性因素做特殊分析。

第六,中国30年经济增长,其最大的特点之一是高速度但缺乏稳定性。从30年的经济运行轨迹中即可看出,快速增长的过程大致经历了4—5次的通货膨胀和通货紧缩,平均5—6年波动一次,呈现出长期的高增长与短期的高频率波动并存的特点。这一基本事实表明,影响中国经济波动的因素是非常复杂的,需要我们进行科学和理性的分析。

第七,中国30年经济增长中的另一个特点就是经济外向型特征日益明显,经济增长的对外依赖度日益增强,"两个失衡"成为影响中国经济稳定增长的重要因素之一。首先是随着增长的对外依赖性日益增强,内需严重不足,经济增长的拉动中出现内部需求与外部需求的失衡,经济增长受到国际市场的冲击日益增强。其次是以制造业强国为目标,第二产业得到了充分发展,但服务业发展严重滞后。特别是面对日益强大的实体经济,虚拟经济和资本市场发展严重滞后,出现实体和虚拟两种经济的失衡。应该说,内外失衡、实体和虚拟失衡是影响中国经济增长与波动的一个非常复杂的因素。

通过上述分析可以看出,中国经济增长和波动的影响因素十分复杂。我们分析其波动发生的机制、条件以及影响等问题时,不能够简单地套用真实周期理论,仅仅从供给和技术进步冲击角度分析中国宏观经济波动,而必须从总供给、总需求以及总量与结构的多元化视角进行研究,剖析各种外部冲击对于中国经济周期的真实影响。这样,才能够得出符合逻辑分析和现实发展的认识和结论,才能够真正解释清楚中国经济增长和波动的原因、机理和政策含义。

10.3　基于多元化视角分析的主要结论

我们从总供给、总需求以及总量与结构性因素等多元化视角分析各种外部冲击因素对于中国经济周期的真实影响。主要从次贷危机及其对中国经济的影响，汇率变动、世界经济和中国的经济转型，货币供应冲击、趋势性通货膨胀与经济波动，通货紧缩与中国经济波动，区域经济发展新格局与中国经济波动，中国经济波动与宏观经济政策，粮食问题与中国经济波动，能源问题与中国经济增长，股市与中国经济波动，房市问题与中国经济波动，当前中国经济问题的原因与症结，奥运会、世博会与中国经济发展等方面开展实证和理论分析。其目的在于证明中国经济增长和稳定正在受到越来越多的外部因素的冲击和影响。

2008年以来，中国经济波动已经受到许多方面的冲击和影响。基于多元化视角的分析，我们提出如下几方面的结论：

第一，次贷危机对于中国宏观经济波动产生了重大影响。暴发于美国的次贷危机，源于低利率环境下的快速信贷扩张。次贷产品独特的利率结构设计使得次贷市场在房价下跌和持续加息后出现偿付危机，而次贷产品的证券化和衍生工具的投资全球化，令次贷有关的金融资产价格下跌风险的传染与冲击波及全球。尽管次贷危机对中国经济的直接冲击范围与力度均有限，但通过国际贸易、国际直接投资、国际资本流动、政策外溢和信心感染等多渠道传播机制对中国经济形成间接作用和持续的冲击。中国经济的出口导向特征和中美经济的非对称性依赖关系强化了次贷危机对中国经济增长的不利影响，而且次贷危机与人民币升值和国际贸易保护主义卷土重来的叠加作用，令中国经济增长的原有节奏受到干扰。对2007年下半年以来中国经济增长、物价、就业和国际收支等指标的统计考察显示，美国次贷危机对中国的经济增长速度、物价稳定状况、企业经营环境和国际收支变动产生了实质性的影响。美国次贷危机转化为全球金融危机后，中国的经济增长速度持续下降，通货紧缩，出口疲软，失业压力上升，利润、税收迅速下滑。国内外环境变化加剧了中国经济发展方式转型的紧迫性，也为中国从全球化低潮中的突围提供了历史性机遇。在国内外矛盾交织的情况下，需要积极探索货币政策、财政政策、贸易政策、汇率政策和资本流动政策间的协调使用与搭配使用。在货币政策独立性受到外部因素较大干扰的情况下，不仅应出台影响短期增长因素的减税、补贴等政策，还应关注影响长期增长因素的人力资源投资和补贴政策、充实教育和社会保障体系建设的注资政策,以及引导结构升级和贸易方式转变的贸易与产业政策。

第二,汇率变动和世界经济的再调整对宏观经济运行产生了较大冲击。从汇率变动、世界经济再平衡对于中国经济转型影响来看,国际汇率的变动以及美国金融危机的发生都只是世界经济结构调整的表现形式而已。两者是世界经济结构矛盾加深的必然结果,也是结构调整开始的典型特征。世界经济的失衡主要是指出口导向型亚洲国家和石油输出国家巨额贸易顺差不断增加,而美英等国际金融中心国家贸易逆差持续扩大的变化趋势。其中最为典型的,是美国的过度消费、过度透支和中国的过度投资、过度生产所导致的两国间国际收支的严重不平衡。美元汇率以及人民币汇率的变动很大程度上是由这种不平衡引起的,也是促进不平衡的世界经济实现再平衡所需要的。为此,世界经济结构调整对中国经济产生了不利冲击,我们应当将外部压力转化为内部动力,积极主动地推进制度变革,促进并完成中国经济结构调整和战略转型。

第三,货币冲击也影响了本轮经济增长和波动。无论是从过去30年的经验观察,还是对本轮经济周期的数据分析,均表明本轮经济波动先是货币冲击,而后从虚拟经济向实体经济蔓延,最终影响到实体经济,并对实体经济产生冲击。2001年以来,货币供应量增长率的迅速上升使金融体系积累了较大数量的货币,造成了流动性过剩,其必然推动价格上涨,这是经济波动的主要原因。而对于有关国际收支双顺差带来国际储备增加形成货币供应量扩大的冲击作用,中央银行采取了冲销政策,也就缩小了外部冲击的影响。

第四,通货紧缩影响了中国经济增长中的实体经济。随着美国次贷危机波及的范围和影响程度越来越广,一方面能源和铁矿石资源等初级产品的价格会有所下降,这无疑有助于缓解国内的通货膨胀;但在另一方面,实体经济特别是出口需求剧烈收缩,东部沿海地区收缩得更加厉害,从而进一步考验投资和消费对经济增长的拉动作用。在这种情况下,国内经济发展中长期隐性存在的结构性问题和体制性问题就暴露出来了,尤其是通货紧缩问题开始显现并日益突出。为此,要格外关注通货紧缩对于实体经济增长的影响。

第五,粮食问题也是影响中国经济波动的重要因素之一。粮食问题历来关系到一个国家或地区的经济持续、健康发展。2005年迄今,中国粮食市场出现了以涨幅较为温和、涉及品种较多、间接粮食主导、影响范围较广为基本特征的粮价上涨趋势,对于宏观经济波动产生了较大的影响。本轮粮食价格上涨会在多个层面影响到宏观经济,特别是间接粮食价格走高会推动食品价格和CPI走高,而这反过来又诱发了直接粮食价格滞后上涨,粮价和物价变动之间存在着间接粮食先行带动、直接粮食滞后跟进的关系。从收入分配格局来看,粮价走高也会通过生产和消费两个途径影响到城乡和地区收入差距。从作用方向来看,这种影响是增强而不是弱化城乡和地区的收入差距。而在开放经济的背景下,中国国内粮价与国际粮价之间已经产生明显的溢价效应,这会通过预期效应、比价效应、传导效应、地区效应和投机效应影响到中国粮食安全和宏观经济发展。

第六,土地及其价格已经成为影响中国宏观经济波动的又一个重要因素。在中国经济发展现阶段,工业化、城市化引发了大量农业用地转化为建设用地,一方面,各地过度、廉价的土地供应短期内确实刺激了投资增长,引起了有效需求的上升,但这种依靠土地供应刺激的投资主要带来的是需求效应而不是供给效应,对经济长期可持续增长并没有明显的促进作用。另一方面,由于规划的不合理以及粗放式运作方式,造成大量农业用地的浪费,从而既浪费了宝贵的土地资源,增大了环境压力,影响粮食安全,又成为经济缺乏持久发展动力的原因。虽然中国政府积极运用土地政策参与国民经济的宏观调控,取得了一定的成效。但宏观调控的效果并不稳固,固定资产投资规模仍处于高位运行并且随时可能反弹,房地产市场的过热没有得到有效遏制并且有继续泡沫化的趋势。这主要是由制度设计缺陷和政策漏洞造成的。因此,构建有效的土地政策参与宏观调控体系,从而实现国民经济又好又快发展和社会可持续发展目标,具有非常重要的现实和战略意义。

第七,能源价格变动也成为影响中国经济波动的重大因素。本次国际油价的"震荡"在一定意义上反映了当前原油供求的紧张关系,也必然决定了未来能源价格长期走强的趋势。短期来看,价格上涨将加大"中国制造"的成本压力,并增加全社会通货膨胀压力,进而影响经济增长。但从长期看,本次能源价格上涨更是对中国经济粗放型增长模式的冲击。此次能源价格上涨将是中国经济发展模式战略调整的契机,因为中国低效率的粗放型增长模式将告别低成本优势的历史。实证还发现,中国的"能源门槛"已经到来,或者说再增加能源的使用并不会带来福利的增加。因此,在中国经济发展过程中必须降低能源的消费。但国内扭曲的能源价格恰恰是经济粗放增长和能源过度使用的根源之一。为了实现中国经济的战略转型,首要的任务是实施能源价格体系调整,让能源价格应当充分反映资源稀缺程度。

第八,股市波动与中国宏观经济波动。从 2007 年 10 月至 2008 年 9 月底,在全球金融危机、国内经济增长放缓、大小非解禁等诸多因素的影响下,中国股市下跌了近 70%,为近几十年世界证券市场发展历程中所罕见。中国股票市场大幅下跌的财富缩水效应已经凸现,股市波动已经对居民的消费支出产生显著影响,股市大幅下跌也影响了企业的融资行为、投资活动和整个经济的增长。同时,股票市场的波动还影响货币政策的传导,进而影响政府宏观调控的实际操作效果。展望未来,虽然全球金融危机导致世界经济增长明显减速,中国经济也进入周期下行阶段,增长速度出现较大回落,但从中长期来看,中国经济高成长的基本格局没有根本改变,在未来较长一段时期内仍将保持高速增长的态势。这为中国股票市场的发展提供了坚实的基础。为进一步推进中国股市改革与发展,需要进一步完善大小非减持的交易机制和相关政策,完善市场运行机制和结构,加强监管,打击证券市场违法违规行为,改善市场供求关系,吸引长期资金入市。

第九,房地产市场与经济波动。从全国范围内来看,房地产市场出现的波动对经济增长的影响尚不明显,房地产业对经济增长的贡献率依然保持在 2 个百分点以上。但对上海等房地产业发展相对成熟、房地产业增加值占其 GDP 比重相对较大的城市,房地产市场的波动对经济增长影响就比较明显。保持房地产业的稳定健康发展,使之与国民经济发展形成良性的互动效应,是促进经济持续较快发展的重要保证之一。

第十,奥运会、世博会与中国宏观经济运行。2008 年北京奥运会对中国经济的总体影响有限。在奥运会前期和中期,其对中国经济起到了促进作用;在后奥运时期,它可能会给中国经济带来短暂的负面影响,但中国经济的强劲发展会很快将其化解。长远来看,"后奥运效应"不会出现,奥运会后的中国经济也不会出现衰退。2010 年上海世博会对中国经济的总体影响也有限。在世博会前期和中期,它将对中国经济起到一定促进作用。特别是在当前全球金融危机和经济不景气情况下,世博会举办无疑具有刺激经济和提升信心的特殊作用;在后世博时期,它可能会给经济带来短暂的负面影响,但中国经济的强劲发展也会很快将其消除。长远来看,"后世博效应"不会出现,世博会后的中国经济也不会出现衰退。

10.4 未来政策取向

针对当前全球金融危机背景下中国经济运行出现的这些新特点、新问题和新矛盾,中央政府已经出台了一系列方针政策。这些政策本身的出发点就是扩大内需和调整结构,确保经济平稳较快发展。毫无疑问,在当前特殊时期,需要采取一些特殊政策,积极应对金融危机对于经济增长的负面影响。从科学发展的要求来讲,必须防止经济大起大落,实现稳定增长。更何况,目前大量就业和民生问题的解决均需要以经济持续增长为支撑。因此,在特殊时期需要采用特殊手段,运用特殊方式,制定特殊政策,缓解特殊时期的矛盾和问题。

但另一方面,中国经济也要在确保民生发展的基础上实现投资拉动和消费推动的增长模式。确保增长的政策一定要兼顾好民生和社会事业的全面协调发展,只有这样,才能够符合走科学发展之路的要求。同时,我们也要看到,当前中国经济增长中出现的大量问题和矛盾,有些不仅仅是全球金融危机本身带来的,而是中国长时期发展过程中逐步积累起来的大量结构性和体制性矛盾的必然结果和产物。即使没有当前的全球金融危机,这些矛盾和问题同样也是存在并会发生的。只不过金融危机触发或激化了这些潜在矛盾和问题,使其提前发生或更为严重罢了。从这个意义上说,当前一系列保增长的政策本身不能够代替促进民生发展和结构性调整的任务,更不能够偏离体制创新和改革开放的战略方向。这就需要我们更加清醒和深刻地认识到,体制创新、结构调整对于缓解全球金融危机压力,促进中国经济持续平稳较快增长的重大战略意义和现实意义。因此,当前的政策聚焦点应该是在保增长、促民生和调结构中寻找稳定发展的平衡点。

从中长期来看,我们应该采取如下几方面的措施,寻找一个平稳较快发展的平衡点。

首先,以提升消费需求为着眼点,启动经济增长"新引擎"。自改革开放以来,出口和投资在整个需求结构中占据着极为重要的位置,一直是拉动中国经济增长的最主要动力。但不可忽视的是,随着当今经济全球化进程的日益深化,以及本次全球金融危机中暴露出来的新问题和矛盾,这种过度偏倚外部市场及资本增殖的经济增长方式必然会在经济实际运行中呈现较大的波动性及风险性问题。尤其在2008年全球金融经济危机面前,这种"双马车"拉动的经济增长方式可谓弊端凸显,受到重创,难以为继。从保持中国经济现阶段增长及远期可持续发展的战略角度而言,提升国内消费需求是突破瓶颈、实现升级的必然选择。而要实现消费需求的提升,核心就在于居民购买力的提高。这就需要逐步提高居民收入在国民收入分配中的比重,提高劳动者报酬在初次分配中的比重,提高低收入者收入,扩大中等收入者比重,稳定居民的消费预期和增强消费信心,进一步增强购买力,从根本上消除居民消费需求提升的顾虑和障碍,为经济增长注入新的动能,并最终使之成为增长的"新引擎"。

其次,加快实现产业结构战略性调整,努力提升全球定价话语权。长期以来,在中国产业结构中呈现"二产独大,一、三产萎缩"的基本特征。对此现象,人们习惯于用"人口红利—劳动力低成本—加工生产—世界工厂"的分析逻辑来给予解释。然而,我们必须看到,中国人口红利的优势正在逐步丧失。这意味着二产发展的空间将受到严重挤压,若要保持经济增长,产业结构调整势在必行。具体而言,是通过现代服务业和先进制造业的发展,促进产品内在核心价值的提升,以增强其在市场中的定价权,全面提升中国整体经济在全球产业价值链的位置,实现更多的"中国创造"。

再次,积极推进收入分配制度改革,逐步扭转收入分配差距扩大的趋势。从理论上说,经济增长是收入增长和收入分配的基础,没有经济增长,就不会有收入增长,更谈不上收入分配。但是,收入分配也反过来作用于经济增长,会影响经济增长甚至会决定经济能否保持持续稳定的增长。但在以往中国经济发展过程中,经济增长、收入增长与收入分配并没有趋于一致与协调。目前影响消费增长的最大问题和矛盾之一,就是城乡之间、城市内部以及农村内部不同行业之间收入差距扩大,降低了整体消费需求的水平。这是制约中国经济长期可持续发展的主要因素之一,也是当前内需不振的主要瓶颈之一。为此,应当进一步改革收入分配制度,以初次分配的机会公平实现公平公正,以二次分配实现公共服务均等化的配置和发展。这是实现中国内需主导型增长的重要选择之一。

最后,通过推动区域经济协调发展来实现宏观经济可持续增长。在当前经济增长快速下滑过程中,平衡中西部地区发展关系对于缓解这种下滑具有十分重要的意义和作用。中国区域发展不平衡问题由来已久,自东向西表现出典型的由富及贫的特征。固然在改革开放之初,这种梯度性非均衡发展模式为国家整体经济发展的路径探寻、市场开拓作出了重要的贡献,但不可否认也直接造成了中西部地区经济发展滞后,且后遗症一直延续至今。某种意义上说,当前地区发展的差距已不仅仅表现在单纯的经济增长指标上,还反映在实际收入、消费能力、营养健康、社会地位等各个方面。因此,均衡区域发展已迫在眉睫。尤其在中国当前构建社会主义和谐社会的背景下,统筹并促进区域经济发展,实现共赢,更有着非同一般的战略意义。具体而言,应以充分发挥市场在资源配置中的基础性调节作用为核心,通过健全并完善区域合作、互动及共享机制,最大化地促进各要素资源的区域内、区域间流动,同时引导并鼓励东部发达地区向中西部地区实现资本、技术及产业的转移,以形成东、中、西部良性互动,公共服务和人民生活水平共同提升的新格局,实现协调发展。这对于缓解当前金融危机带来的增长放缓压力,有十分重要的意义。

11 经济失衡与战略调整 *

在全球金融危机的背景下,中国经济增长受到强大的外部冲击而呈现周期波动。当前,世界经济增长已触底企稳,出现了复苏迹象。在此过程中,中国经济在全球率先复苏,并在某种程度上引领了全球经济复苏。但目前不管是全球还是中国,更多的则是政策刺激性复苏,存在着许多不确定性。在这种情况下,能否适应外部冲击带来的经济变局的要求实行战略调整,是实现从政策刺激性复苏转向内生性复苏的关键。

11.1 本质问题:内外经济失衡

11.1.1 分析的背景

这次全球金融危机的外部冲击,对中国经济的影响不是局部的、表层的和暂时的,而是全面的、深刻的和深远的。正如我们在上年度《中国经济分析》中指出的,这次全球金融危机表面上是金融体系出了问题,但实质上仍是经济体系中供求严重失衡问题,是经济全球化与信息化背景下传统经济危机的现代版而已。从实体经济的供求关系看,全球普遍存在产能过剩问题,东亚地区和中国的产能过剩更为严重。当然,这一产能过剩的形成,在很大程度上是由西方发达国家,特别是美国通过金融过度杠杆化及过度负债刺激过度消费所拉动的。但在其形成过程中,客观上构成了由美国与中国为代表的全球"恐怖平衡"的两极。

"金融恐怖平衡"概念最先由时任哈佛大学校长的萨默斯率先在 2004 年提

---

　　* 本章原载周振华等著《经济复苏与战略调整——中国经济分析 2009—2010》(格致出版社、上海人民出版社 2010 年版)导论(与权衡合撰),个别章节及标题作了相应调整。

出，用以描述美国与中国等新兴经济体的相互依赖关系。一方面，美国巨额的资本输出和双赤字成就了美国作为世界最大市场的地位，维持了美国长期以来的高消费、低储蓄和低利率，并且吸纳了大量中国等新兴经济体的商品；另一方面，庞大的商品出口使这些经济体外汇储备急剧增大，在美元主导的国际货币体系下这些外汇储备又被迫流回美国回购美元资产，弥补了美国财政与经常项目赤字，支持着美国经济的持续稳定发展。美国和中国等新兴经济体相互需要、相互牵连和相互制约，在"金融恐怖平衡"模式下，世界经济保持了多年平稳的发展平衡。

但所谓的"金融恐怖平衡"的实质是"刀刃上的平衡"，基于世界经济结构隐含着很大的脆弱性和多变性。因为这种平衡机制的顺利运行在很大程度上依赖于美国经济内部总需求的不断增加，然而一旦美国内部市场发生问题，这种"刀刃上的平衡"很快就会被打破，随之而来的是美国对新兴国家市场需求的急剧紧缩，新兴经济体势必出口暴跌，外部的非均衡又会通过各种产业渠道影响到新兴经济体的内部均衡，从而引发全球经济的巨大振荡。2008年下半年起美国次贷危机逐步升级为全球范围内的金融经济危机就是这个逻辑下一个极好的例证。

因此，全球金融危机对中国经济的冲击，从本质上讲，是一种世界经济失衡的内在冲击，即由经济全球化与信息化所引起的世界产业结构、贸易结构以及企业组织结构变化及其调整过程中暴露出来严重问题的冲击，是原有的国际货币体系、国际贸易体制和国民经济运行体系无法适应新经济发展要求的冲击。

尽管中国在强有力的宏观调控措施作用下，经济较快回升，在全球率先复苏，但基础尚不稳定，结构失衡仍然较严重。而且在复苏过程中将面临更为复杂的问题，不仅要受到世界经济复苏进程的制约，还要适应世界经济格局变化的要求。也就是说，要从政策刺激性复苏转向内生性复苏，必须实现战略调整，解决内外经济失衡问题。

因此，分析2009—2010年中国经济增长，从短期运行来看，主要是受国际金融危机的冲击，经济增长急剧下滑，采取"保增长、扩内需、调结构"的应对措施，寻找经济复苏之路。但是从中长期来看，则是顺应世界经济变化新格局，实行战略性调整，推动中国经济增长模式发生根本性转变。从这个意义上说，危机背景下短期内主要是复苏政策的选择，中长期内主要是战略调整的选择。

危机之后中国经济增长将进入一个重要的转折点。这个转折的含义包括几层意思：一是多年来力求突破的结构性调整和转变的问题；二是中国经济增长的动力转换和寻找新的发展动力问题；三是中国经济增长的空间结构和布局的转变,即除了东部沿海地区继续保持率先和较快增长以外,中西部地区将逐渐成为中国经济增长的又一个新的增长极;四是中国城市化的道路选择问题,即在统筹城乡和谐发展的背景下,新一轮城市化发展带动工业化和服务经济,并形成相互促进的良性循环;五是中西部的工业化和沿海地区的服务经济有可能构成中国中长期发展的重要驱动因素,带动增长模式的转变和创新。

11.1.2　内外部均衡冲突理论分析视角

通过这次全球金融危机,可以明显看到,随着中国经济逐渐融入全球化进程,除了本身存在一系列产业结构失衡、城乡结构失衡、地区结构失衡以及投资消费结构失衡、分配结构失衡以外,还面临一系列外部经济失衡,包括内外需发展不平衡,进出口发展不平衡;同时还包括与发达经济体之间存在的实体经济和虚拟经济之间的不平衡等。换句话说,受到危机冲击的中国经济,既是自身结构失衡的结果,也是内外部经济失衡发展的结果。因此,中国经济走向真正的复苏,除了中国增长内部的一系列结构失衡问题需要解决以外,也要从平衡内外关系角度加以解决。从中国经济中长期发展来讲,需要解决两个失衡问题:一是内部经济失衡问题,二是内外失衡的问题,而从全球化视角看,更为根本的则是解决内外失衡问题。

在分析政策工具和政策目标的经济理论中,通常将经济增长、充分就业、稳定物价和国际收支平衡作为一国宏观经济调控的四大目标,其中前三者称为内部均衡目标,后者称为外部均衡目标。在封闭经济条件下,政府调控通常只关注内部均衡目标,追求的是经济增长、充分就业和稳定物价。但随着一国由封闭经济逐步转向开放经济,外部均衡目标即经常项目与资本项目之间动态的、流量的总体均衡,就逐渐被纳入政府宏观经济调控的视野,而且随着一国经济对外开放程度的不断提高,外部均衡在宏观经济调控中的重要性也趋于上升,调控目标也由最初单纯追求内部均衡转向综合考虑内部和外部的双重均衡。

IS-LM-BP模型是开放经济条件下宏观经济政策的基本分析框架。根据"丁伯根"法则,针对不同的几个经济目标,政府当局一般至少需要几个独立的政策工具。在固定汇率制度下,政府面临内外均衡两个目标,则政府至少需要两个政策工具。第二次世界大战后一些国家的政府当局仅仅使用总需求政策一种方式来干预经济,结果形成了一个宏观经济政策的两难困境,仅仅使用总需求政策不可能既改善国内需求水平,又改善国际收支平衡。

蒙代尔在对需求政策两难困境进行深入研究后发现,首先,扩张性的货币政策趋向于降低利率,而积极的财政政策则趋向于提高利率,这种差异正好意味着将两种政策工具搭配使用可以解决总需求政策解决不了的问题。其次,货币政策和财政政策对内部均衡和外部均衡有着相对不同的影响,货币政策在调节内部均衡时会恶化外部均衡,而财政政策调节外部均衡的效果是不确定的。为此,可以将稳定国内经济使其在没有过度通货膨胀的情况下达到充分就业之均衡的任务分配给财政政策,而将稳定国际收支的任务分配给货币政策。让每一种政策工具集中于一项任务,以减少部门间不必要的协调甚至妥协。然而"丁伯根"法则在各国的实际执行过程中却往往存在很大的争议。

综观中国经济近 30 年的开放和发展,已然由一个封闭、半封闭经济迅速转向开放经济。以内外部均衡冲突理论的分析视角看,当前中国宏观经济领域内出现种种失衡现象的根源,在于能否正确处理经济运行中内部均衡和外部均衡之间的关系。

在全球金融危机背景下,中国内外经济失衡的表现是全球经济失衡的一部分,内外经济失衡存在密切的联系和互动关系,其中的一个焦点问题就是,国内适当宽松的货币政策和全球流动性过剩导致当前中国经济面临着异常复杂的资产价格形势。一方面,为了加强信贷投资扩张,以助推经济走出谷底,需要保持适当宽松或中性的货币政策以逐步校正外部失衡。2009 年上半年新增人民币贷款已经达到 7.37 万亿元,与 2008 年同期相比多增近两倍,货币信贷增速创下十多年来最高纪录。另一方面,随着发达经济体定量宽松货币政策的全面实施,全球基础货币供应将持续上升至 12 万亿美元,仅 2009 年 4 月全球 M0 增速就高达 103%,是 1908 年有记录以来首次出现三位数增幅。这在全球金融系统内积聚了大量的流动性,特别是 4、5 月份后,中国经济表现傲人,吸引了大量的国际资本回流。第二季度中国外储净增长呈加速态势,充裕的市场流动性加剧了经济中的通货膨胀预期,加上通货紧缩与通货膨胀瞬间逆转的风险,进而导致股票和房地产资产价格出现高涨。但实体经济复苏却尚未稳固,从而在一定程度上使得中国的宏观经济出现了资产价格膨胀与物价通缩并存的复杂局面,宏观经济调控陷入两难境地。

问题是能否通过 IS-LM-BP 模型所揭示的政策含义解决当前中国宏观经济调控中出现的两难选择?应当看到,中国经济运行中的内外部均衡冲突因素十分复杂,我们在分析内外经济失衡和实体经济与虚拟经济失衡等问题时,不能简单地套用 IS-LM-BP 模型。机械地执行货币政策和财政政策的配搭对解决中国经济问题不仅毫无帮助,而且还会引发更大的经济波动和不稳定。这是因为 IS-

LM-BP 模型本身并非十全十美。随着研究的深入,人们发现蒙代尔关于内外均衡调节政策组合存在两个重要缺陷:一是没有考虑到各国的利率差异;二是过度强调资本项目的作用,忽视了私人消费和私人投资的作用,因而不利于改善国内投资消费失衡的问题。而这些恰恰是影响世界经济结构和中国经济结构调整最重要的一些因素。从这个意义上说,分析中国经济增长中长期选择,必须从内外均衡冲突角度,结合中国经济增长的实际因素进行客观分析。

11.2　主要内容及其结论

《经济复苏与战略调整——中国经济分析 2009—2010》主要从内外均衡冲突分析框架,围绕"经济复苏与战略调整"主线进行研究,通过对中国经济在世界金融危机爆发以后应对危机的各类政策选择的描述,分别从货币政策、消费政策、产业政策、金融政策、新能源政策、财政政策、区域政策、市场模式和社会保障制度等多个维度,解读中国经济在 2009 年度的总体运行情况,并对未来中国经济的进一步复苏、结构调整和发展转型进行分析和探索,客观地展现中国经济与世界经济,尤其是中美经济之间的高度联系和结构调整的共同意愿。为此,《经济复苏与战略调整——中国经济分析 2009—2010》各章在深入阐述经济复苏的性质及其轨迹的过程中,对调整长短期政策和调整内外部结构方面,给出富有建设性的判断和结论。

第一,在应对全球金融危机过程中,中国经济出现快速反弹,走出"最困难时期",率先在全球复苏,与西方发达国家经济形成鲜明反差。其中,除了及时采取强有力的经济刺激计划外,也有一些西方发达国家不具备的有利条件配合刺激计划得以有效实施。但在世界经济缓慢曲折、困难复杂和寻求变革复苏的大背景下,中国经济也将进入最复杂时期,面临各种挑战,需要顺应世界经济格局变化实现战略调整,处理好各种内外关系,加快转变经济发展方式和结构调整,转向内生性复苏,保持经济较快平稳的发展。

第二,从短期来看,大规模增加投资支出的财政政策和大量注入流动性的货币政策比较成功,中国经济企稳,复苏在即。但是从长期看,本轮经济复苏的质量仍有待加强,稳定性不高,劳动者报酬过低、消费需求启而不动、储蓄无法转化为有效投资,以及政府投资挤压居民投资等诸多难题仍阻碍经济前进的步伐。中国经济非均衡问题的根源在于资强劳弱、国强民弱的非均衡劳资关系和分配关系。这一非均衡问题难以转变的根本原因是某些关键领域和重点环节的市场化改革相对滞后,要素价格扭曲导致中国经济深层次矛盾没有得到妥善解决。为此,今后一个阶段的改革和发展的重心应围绕要素领域,如劳动力要素、土地要素和金融要素等,进一步依靠体制创新释放改革活力。

第三,2009 年中美"宽松"货币政策的差异在于,2009 年中国货币供应量的"开闸放水"远比美国要大。6 月末,中国的 M2 比 3 月末增长了 7.2%,M1 增长了 9.4%;同期美国的 M2 和 M1 分别增长了 0.64% 和 3.38%。2009 年 7 月和 8 月,中国的 M2 月度环比分别增长了 0.74% 和 0.64%,而美国的 M2 却下降了 0.26% 和 0.60%。看似相反调整方向的货币政策实则表达了同一个调整意愿,即追求货币增长的长期稳定。就中国的货币政策而言,一是要减少对美国利率政策被动协调的幅度;二是要正确和准确地解读美国的货币政策,尤其是货币数量规则;三是要防止由流动性过剩引发的通货膨胀预期。

第四,全球经济、金融的再平衡是全球经济可持续发展的内在要求,再平衡要求欧洲与亚洲具有与美国实力相当的国际资本市场,来共同承担全球资本配置的职能,并为各国央行和市场投资者提供安全便利的投资场所。其难点在于金融再平衡涉及欧洲以统一财政体系为基础的政治一体化,以及亚洲发展中国家保护私有产权等更基本的经济和法律制度的建设,相对经济和金融重心向亚洲转移的过程将会相当缓慢。短期内亚洲和欧洲国际资本市场的发展不可能对美国资本市场构成重要的竞争,因此欧元和亚洲的区域性货币也不可能在短期内挑战美元的国际储备货币地位。

第五,2009 年全球经济终于在世界各国前所未有的经济拯救计划和国际协调行动的努力下,"从崩溃边缘获救"。中国经济更是在"四万亿元"经济刺激计划和一系列保增长、扩内需措施引导下,强劲复苏,内外需格局呈现多重变化。当前阶段,中国经济的宏观调控要以内需为立足点,兼顾正常发展外需;继续在扩大内需方针的指引下,将扩大最终消费与调节资本形成结构相结合,从转变经济增长方式、多层次拓展外需市场和促进内需与外需的良性互动等方面寻找出路。

第六,解除制约消费需求尤其是居民消费需求的因素,是扩大内需和转变经济发展模式关键之所在。与此同时,从一个更为人性化的视角出发,消费模式的动态调整意味着消费过程是个体自由意志选择的结果,消费行为的动机和效果直接影响个体的心理满足程度,同时也受到所处特定环境中经济发展、社会意识和文化认同等诸多方面因素的影响。因此,从这个意义上讲,消费模式的动态调整必须符合人的自由发展和科学发展观的内在精神。从具体措施看,一是要坚持倡导可持续的消费理念;二是要积极推进可持续的生产方式;三是要完善功能健全的消费市场及其配套体制;四是要努力构建与可持续消费模式相适应的社会保障体制;五是要坚持将消费信贷与金融创新结合起来;六是要从消费分层的视角考虑启动经济的问题;七是要重视农村消费市场和民间资本。

第七,本轮经济刺激计划仍然带有很强的"硬启动"性质,即经济在很大程度上是靠投资拉起来的,尽管投资结构和方向有所优化,但能否达到预期效果,仍然需要中央和地方、政府和社会的共同努力。从目前的发展态势看,原有的一些深层次问题并没得到根本性的扭转,甚至还在传统的发展轨道上继续前行。对此,我们一定要有清醒客观的认识,必须坚定不移地落实和贯彻中央的各种政策,力保"转变经济发展方式,调整产业结构"的目标不落空。为此,在经济复苏过程中,中国经济要顺应历史发展的潮流,化危为机,有针对性地加大对战略性产业的培育和扶持,比如新能源产业、节能环保产业、新材料、空间技术等,正确处理产业领域高新化与产业技术先进化的关系,优化产业结构和产业发展路径。

第八,由金融危机引发的对于市场失灵与政府失灵、市场自由与政府干预的讨论,再次成为一个热点问题,其背后的争议源于对凯恩斯主义和新自由主义的理论反思。在具体操作层面上,金融危机爆发两个月后,中国政府就出台了进一步扩大内需、促进经济增长的十项措施。近一年来,中国政府采取的应对这场金融危机的政策措施取得了积极成效。但是,一方面,这些政策措施本身就是"双刃剑",在解决问题的同时,难免造成新的问题;另一方面,面对这场前所未有的大危机,政策措施为了矫枉过正,进而力度过大,抑或对一些困难估计不足,政策措施不尽到位。当下有关"中国模式"带动中国经济率先复苏的言论,是值得警惕的。特别是对近年来在竞争性领域出现的"国进民退",以及如此短时间的大规模信贷投放可能产生的推高资产价格、引发新一轮通货膨胀的问题,都要给予高度的关注。

第九,经济危机反过来会对技术创新产生促进作用,自然资源(尤其是能源)紧缺必将引发以低碳技术推动的第五次全球产业浪潮——低碳经济,新能源产业成为世界经济增长的新引擎是大势所趋,目前的产能过剩是政策、技术等瓶颈造成的短期现象,不能因此对长期、整体趋势作出误判。在具体政策建议方面,政府应当对新能源产业进行统一协调的产业规划,统筹各地区的新能源产业,完善新能源产业的激励约束机制,改革新能源并网制度,促进新能源产业的又好又快发展。

第十,中国从 2008 年末开始实施了积极的财政政策和适度宽松的货币政策,中国经济在出现明显复苏的同时,流动性也在急剧扩张,证券和房地产等资产市场迅速升温,价格出现显著波动。流动性扩张下的资产价格波动,一方面会通过对生产性投资的"挤出效应"影响实体经济的发展,另一方面也会影响到中国的银行安全和金融稳定。为此,中国应当采取正确的应对措施,既能继续保持和扩大积极财政政策与适度宽松货币政策所带来的难能可贵的经济复苏,又要密切关注流动性扩张下的资产价格波动对中国经济增长的影响,切实解决其中可能存在的隐患,以真正有效推动中国经济的持续快速增长。

第十一,中国区域经济发展在本次全球金融危机之前就已经进入了相对均衡增长时期,区域经济增长高地出现了从南向北和从东向中西部移动的两大新趋势,区域经济发展差距减缓。虽然全球金融危机对中国区域经济产生了重要影响,但它没有改变近年来中国区域经济的基本走势,即东北和中西部地区加快发展的趋势,也没有改变中国区域经济发展的基本面。东部地区经济的增速正在逐步放慢,而中西部和东北地区的增速正在加快。东部地区正处于结构调整、产业转型与升级过程,中西部地区由于承接产业转移与基础设施建设增长较快,东北地区正在加快产业结构的合理化进程。然而,中国区域经济结构重构与进一步均衡化仍需相关政策与措施的大力扶持,在产业、人口与财政的三个横向转移方面建立相关制度与条件,积极为中国区域经济均衡化创造条件。

第十二,社会保障体系从本质上说是各国为国民消除社会风险而制定的一系列社会政策的总和。社会保险制度具有"平调"的性质,这与自愿的互助和合作不同,也不遵循权利义务对称的原则和互惠原则,而是通过强制性的收入再分配来实现。中国的社会保障制度在此次经济危机中产生的变化可概括为"在危机中发展",可采取的应对措施如下:一是降低缴费率;二是国有股划转全国社会保障基金;三是积极加强政府投入,实行社会保障全覆盖。

11.3 基于经济失衡的战略调整

为了应对世界经济危机和国外市场需求的急剧下滑,中国政府及时出台了包括"四万亿元"投资的经济刺激计划。但是应当看到,这只是应对金融危机的应急性措施和短期措施,而从经济发展的长远看,应当着眼于内部经济结构的调整和升级。退一步讲,即使没有外部环境中以世界经济危机冲击引发的外部需求的骤降,中国经济内部同样面临着长期存在的结构性失衡引致的转型压力。

在经济复苏中,加大战略调整力度,不仅是转变中国经济发展方式、践行科学发展观的必然选择,同时也是顺应世界经济格局变动、凸显世界经济发展主题的重要组成部分之一。因此,从外部均衡看,中美经济之间经历了一个从恐怖平衡到失衡,进而再平衡的动态结构调整过程,并且再平衡趋势一直在延续;而从内部均衡看,中国经济已然通过各种政策组合的配搭找到了短期内复苏的转折点,从而在一定程度上摆脱了世界金融危机引致的负面影响,但从长期看,一些长期制约经济增长的内部非均衡因素尚未完全消除,如城乡和区域的非均衡发展、内需和外需失衡、消费和投资失衡、实体经济和虚拟经济失衡等。

因此,目前的战略调整就是要从原来出口导向的经济增长,调整到以内需主导的经济增长,尤其是以消费需求为主导的经济增长;从原来大量依靠劳动力和生产要素投入等推动的经济增长,转向劳动生产率提高和技术进步为主要动力的增长;从原来区域经济和城乡经济的非均衡发展,过渡到区域和城乡的平衡发展。

第一,完善社会保障体系和收入分配制度是扩大内需的长远之计。从政策效果看,启动投资、特别是政府投资来刺激经济往往见效较快,而以增加收入和减少税收等促进消费的方式来拉动内需通常需要一个比较长的过程。但是仅仅依靠投资拉动经济增长而缺乏消费市场的有力支持,就极有可能导致投资过热和产能过剩并存的现象。这是中国在以往几轮经济波动中显现出来的通病,其根本在于未能正确把握好内需中投资与消费之间的合理比例。而消费的扩大则要求对整个国民收入分配制度、社会保障制度和消费模式等进行制度创新,在此方面做出更大的努力。

第二,要把提高自主创新能力作为产业结构优化升级的中心环节。中国经济在"退二进三"的产业转型模式中,注重了产业间的结构调整,却相对忽视了产业内部的发展能力和质量问题,仅仅基于产业间分工的结构转换并不能完全表征产业结构高度化,而是需要进一步从产业内、企业内的价值链分工角度赋予产业结构高度化内涵。在"十二五"期间,中国的产业结构调整要把握好四大关系:一是国家发展战略与产业结构转型的关系;二是沿海地区的产业转移与产业扩张的关系;三是产业领域高新化与产业技术先进化的关系;四是传统产业和新兴产业的关系。

第三,虚拟经济和实体经济之间的平衡关系是保持经济平稳运行的关键。过低比重的虚拟经济不利于金融效率的发挥,而过高比重的虚拟经济也会伴随巨大的金融风险,所以在虚拟经济和实体经济的规模之间应当保持一个适当比重,发挥金融发展和经济发展的协同效应。从中国金融发展的实践看,虚拟经济和资本市场发展严重滞后,而且作为一端连接实体经济另一端连接虚拟经济的房地产市场的发展也缺乏相应的理性。因此,中国在大力发展虚拟经济的同时,应当从宏观经济调控的角度,防止出现金融资产泡沫化倾向,防止利益集团利用金融发展的集约效应谋取私利,从而造成经济不平等。另外,从全球角度看,经济的全球化趋势必然要求金融监管、金融市场运行要适应全球化的要求,国际经济金融合作也必须根据新的全球化趋势进行调整和改善。

第四,缩小城乡差距、促进区域发展平衡是中国结构调整的核心。随着中国经济改革的逐渐深入,城乡二元经济和区域发展非均衡成为中国社会经济发展内在结构的主要矛盾,缩小城乡和东中西部差距是解决其他经济矛盾和社会冲突的根本所在。为此,需要尽快建立城乡和东部与中西部区域之间人口流动与经济发展机制,努力推进户籍制度改革,剔除附着在户籍上的劳动用工、住房和教育等不合理的制度,平等对待新进城落户居民与原城镇居民的权利和义务,逐步实现人口的自由迁徙和待遇平等,以适应城乡和区域的平衡发展。

第五,中国经济稳定增长更要依赖于外部世界的结构调整和平衡过程,依赖于中国外贸模式转型以及内外关系的平衡。从世界经济结构调整的角度看,中国经济结构调整的效果也取决于世界经济结构调整的力度,尤其是美国经济结构的调整,包括美国的虚拟经济和实体经济之间的关系,美国居民适度增加储蓄的新的消费模式,以及美国和发展中国家之间可持续的经贸关系。从这个意义上讲,中国经济结构调整不仅是中国经济发展模式转变的过程,同时也是世界经济结构再平衡的一个组成部分。在全球化、新自由主义和金融衍生品放任多种因素叠加中产生的 21 世纪第一轮经济危机为世界经济结构的调整提供了契机,当前各国在救市政策的实践中迫切需要一种能够真正适应全球化格局的危机管理办法。正是在这样的背景下,G20 峰会的召开表明,全球共同治理的理念的提出绝非偶然,它或许能有助于引领各国经济走出危机,走向新一轮的国际政治格局和国际经济模式。

12

中国经济率先复苏及面临的挑战[*] 中国经济率先复苏及面临的挑战 [*]

2009 年以来,在世界各国仍然陷于增长低迷的情况下,中国经济出现快速反弹,走出"最困难时期",率先复苏,与西方发达国家经济形成鲜明反差。但在世界经济缓慢曲折、困难复杂和寻求变革复苏的大背景下,中国经济也将进入最复杂时期,面临各种挑战,需要顺应世界经济格局变化实现战略调整,处理好各种内外关系,加快转变经济发展方式和结构调整,转向内生性复苏,保持经济较快平稳的发展。

12.1　中国经济率先复苏

12.1.1　经济复苏的态势

2008 年下半年以来,受全球金融危机的巨大冲击,中国经济遭遇了 20 世纪 90 年代初以来经济衰退最为严重的时刻。但在中央及时采取宏观调控措施、积极应对危机的努力下,扭转了经济急剧下滑态势,实现经济逐季上升的复苏。2008 年第三季度 GDP 增速为 9.0%,第四季度下降到 6.8%,并在 2009 年第一季度进一步下探到 6.1% 的谷底,此后开始逐季快速回升,第二季度增长 7.9%,第三季度增长 8.9%,第四季度将达到 10% 左右。2009 年全年预计 GDP 增长 8.5% 左右,比第一季度提高约 2.4 个百分点(见图 12.1)。2009 年的工业增加值预计增长 10.5% 左右,比年初 1—2 月提高约 6.7 个百分点;全年固定资产投资预计增长 30% 左右,比年初 1—2 月提高约 3.5 个百分点;全年社会消费品零售

---

　　*　本章原载周振华等著《经济复苏与战略调整——中国经济分析 2009—2010》(格致出版社、上海人民出版社 2010 年版)第 1 章"中国经济在全球率先复苏:面临的国际环境与挑战",章节标题作了相应调整。

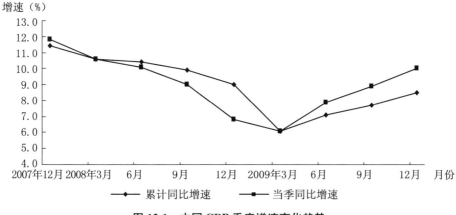

增速（％）

图 12.1　中国 GDP 季度增速变化趋势

总额预计增长 16％左右,比年初 1—2 月提高约 0.8 个百分点;全年出口预计下降 16％左右,比年初 1—2 月提高约 5.1 个百分点。

全球金融危机对中国经济的巨大冲击,首先表现在外需急剧收缩而影响中国出口增长。2008 年中国出口增长 17.3％,2009 年预计为－18％,出口增幅下降 35.3 个百分点,出口增长下降影响 2009 年总需求增长降低 5 个百分点。虽然作为决定经济增长的三大需求要素之一的净出口,由于其权重不大,对中国 GDP 增长的影响并不很大,但中国对外贸易中有相当部分是加工贸易,其在进出口总额中占据近半壁江山,而这种加工贸易对国内投资、就业、消费等具有较大的带动作用。因此当外需急剧收缩时,出口增长大幅下滑不仅通过减少净出口直接影响 GDP 增长,而且也通过相应减弱国内投资(特别是工业投资)、就业、消费等间接影响增长速度。

在外需对经济增长的贡献明显减少的情况下,中国经济能走出最困难时期,率先实现经济复苏,主要依靠内需推动。2009 年前三季度最终消费对 GDP 的贡献率为 51.9％,资本形成总额(包括固定资产投资和存货投资)的贡献率为 94.8％,净出口的贡献率为－46.7％,折算成增长率,即投资拉动经济增长 7.3 个百分点,消费拉动 4 个百分点,出口拉动－3.6 个百分点。因此,内需成为推动 2009 年经济增长的决定性因素。

从内需的构成来看,投资增长率大幅度提高,对经济增长的贡献明显加大。2008 年全社会固定资产投资增长 25.5％,剔除价格因素实际增长 15.2％;2009 年全社会固定资产投资预计增长 33％,剔除价格因素实际增长 41％左右,投资实际增长率提高 25 个百分点。消费增长则稳中趋旺,对经济增长的贡献提高。

2008年社会消费品零售总额增长21.6%,剔除价格因素实际增长14.8%,2009年社会消费品零售总额预计增长15.5%,剔除价格因素实际增长17%左右,消费实际增长率提高2个多百分点。从2009年投资与消费贡献率变化看,第一至第三季度投资贡献率从33%上升到94.8%,而消费贡献率从70%下降到53.4%。因此,2009年中国经济逐步加速回升,主要是依靠投资拉动。

12.1.2　率先复苏的原因

这一内需增长(特别是投资需求)加速,及时弥补了外需收缩(增量为负值),从而使总需求实现14%左右的增长,支持经济增长达到8%以上,很大程度上取决于宏观调控政策的实施,并取得相应的成效。面对全球经济危机的冲击,中央政府在最短时间内出台了一系列救市措施,动作之快、力度之大,是前所未有的。为扭转经济急剧下滑态势,及时实施了积极的财政政策和适度宽松的货币政策,各地政府予以积极响应,并结合当地实际情况出台了一系列特殊时期的特殊政策。在具体操作中,注重两者的密切配合和动态调整,确保了政策的直接干预性与间接引导性的结合,提升了政策的运行效率和应对效果。而且,在宏观调控中更加注重市场预期管理。政府"四万亿元"的庞大投资计划,虽然与往年正常的投资增幅相比,新增投资实际上增加并不多,但及时给出的这一信号却起到了提振信心、改变市场预期的巨大作用。在应对危机过程中,始终坚持"保增长、扩内需、调结构"的基本方针,不因经济暂时回暖而轻易改变基本政策取向,有效地保持了政策的连续性,努力稳固经济复苏的基础。正是在这些宏观调控措施的作用下,及时有效地扭转了经济下滑态势,并在全球率先复苏。

从客观上来讲,中国经济能够在全球率先实现复苏也存在一些西方发达国家所不具备的有利条件。

首先,全球金融危机造成西方发达国家金融体系的崩溃,暴露出严重的金融"黑洞",不仅需要向金融系统注入大量流动性,消化有毒资产,而且还要去杠杆化,修复金融体系。而中国金融体系相对完好,金融资产风险较小,不存在大量金融"黑洞",也不存在去杠杆化问题(恰恰相反,是要有所杠杆化)。因此,中国应对危机的宏观调控,不仅不需要去应付和解决金融体系问题,而且还能充分利用金融体系实施适度宽松的货币政策。2009年1—10月,全社会广义货币供应总量达到58.62万亿元,同比增长29.42%,远远超过17%的既定目标;前10个月,银行累计新增贷款8.95万亿元人民币,预计全年信贷规模将在9.5万亿元左右,同比增长31%左右,放贷规模和放贷速度均创新中国成立以来之最。流动性大量释放和信贷规模扩张有效地保障了投资、消费等经济刺激计划的实施，对经济快速反弹起到催化作用。

其次，西方发达国家在金融危机之前就已采取反周期措施，使用了各种刺激经济的手段，并形成了巨大的财政赤字和债务，面对危机的到来，其政策调控的空间有限，已难以推出强有力的政策手段。而在危机之前，中国为防止经济过热对需求采取了适度控制的措施，如控制信贷和加息等。而且，中国过去十年的预算赤字很低，2007 年还出现盈余。因此，在应对危机中，政策调控有较大空间，有条件推出强有力的刺激计划。中国"四万亿元"的经济刺激计划相当于国内生产总值的 13％，是美国经济刺激计划占国内生产总值比例的两倍还多，是德国经济刺激计划占国内生产总值比例的近 5 倍。随着政策调整，采取减税、降息、扩大信贷投放以及降低首付等优惠措施，原先有所控制的需求即刻得以释放，与强有力的刺激计划相呼应。例如居民买房、买车热情高涨，2009 年 1—8 月汽车类销售额同比增长 34.8％，1—9 月城市商品房销售量同比增长 44.8％。

再次，西方发达国家经济已进入后工业化时代和城市化成熟期阶段，投资与消费都趋于相对稳定，除非是有新的世界新技术革命引领才出现能带动较大规模投资与消费的新增长点。而中国目前正处在工业化、城市化快速推进时期，内生性的投资需求较强劲，"住、行"为主体的消费结构升级较活跃，因此国家经济刺激计划实施有较好的现实基础，以基础设施为主的大规模投资正是工业化和城市化所需要的，能够取得较好的成效。

最后，西方发达国家经过长期发展，地区间差距缩小，经济均质化程度较高，在危机冲击下，各地均面临同样的问题，并相互掣肘，难有回旋的余地。而中国尚处于发展之中，地区间差距较大，经济异质化程度较高。这一地区发展差异性在应对危机中却转化为一种特殊的优势，即具有较大的增长弹性。由于中西部地区更多属于内向型经济，受危机冲击影响较小，而国家经济刺激计划更多地倾斜于正加快工业化和城市化步伐的这些地区，因此触发其经济高速增长，从而使区域经济增长首次呈现"西快东慢"的格局。2009 年前三季度，东部、中部和西部地区经济增速分别为 10％、10.3％和 12.5％，投资增速分别为 28.1％、38.3％和 38.9％（见图 12.2）。中西部地区快速增长一定程度上抵消了东部地区增长曾一度放缓的影响。而经济越发达的地区和城市，在走出低谷后，经济反弹加速度越大。例如，经济曾明显下滑的北京，第一季度增长 6.1％，第二季度增长 9.4％，第三季度增长 12.8％，预计全年增长速度将超过全国平均水平。在本次危机中经济滑落最快的广东，前三季度经济增长速度达到了 8.6％，不仅高于全国增速

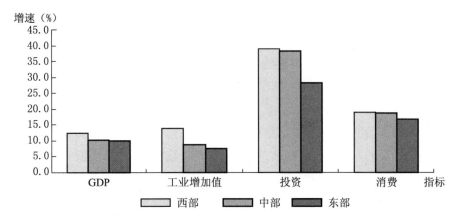

图 12.2　2009 年前三季度西、中、东部地区各项指标增速比较

0.9 个百分点,还提前一个季度,实现了全年增长 8.5％的目标。经济出现大幅下滑的宁波,第一季度仅增长 1％,在浙江倒数第一,而第三季度已达 10.2％,超过浙江全省和全国的平均速度。正是这种互补与相互促进的区域经济发展格局,有力支撑了中国经济的快速反弹。

12.1.3　复苏中的问题

但必须看到,经济回升的基础是不稳定、不巩固、不平衡的,主要表现在结构性失衡愈加突出。在应对全球金融危机中,国家提出了"保增长、扩内需、调结构"的政策方针。从实施情况看,"保增长"的成效比较显著,但"调结构"进展相对缓慢:一方面,在金融危机冲击下暴露出来的、原来被高增长所掩盖的结构性矛盾并未得到有效解决;另一方面,"保增长"更多地依赖传统的双重经济刺激(即投资刺激和信贷刺激),又加剧了经济运行中的结构性失衡,从而使矛盾进一步凸显。

一是投资结构严重失衡。主要表现在两个方面:一方面,政府投资起主导作用,民间投资未能及时跟进。2009 年 1—8 月,城镇固定资产投资同比增长 33％,其中国有及国有控股投资 48729 亿元,增长 39.9％,占投资的比重由 2008 年的 28.2％提高到 43％。同期,投资到位资金 132007 亿元,同比增长 39.1％,其中国家预算内资金增长 82.7％,国内贷款增长 47.4％,自筹资金增长 33.3％,利用外资下降 12.1％。可见,投资增长加速主要由国有投资、国家预算内投资和国内贷款推动。虽然第三季度民间投资增速有所加快,但不明显,且增长较快的主要是房地产投资。另一方面,"铁公基"投资比重过高,社会民生投资明显不足。第三季度中国用于基础设施建设和工程领域的投资增幅达到 62.5％,远远高于社会民生投资的增幅。

二是产业结构严重失衡。2009 年以来,在"保增长"的同时,一些行业产能过剩、重复建设问题"来势凶猛",而且在产能过剩、重复建设的"黑名单"上,还第一次出现了风电、多晶硅等新兴产业的名字。据统计,目前钢铁行业产能过剩超过 1 亿吨,而 2009 年以来新开工项目同比增长 20％左右;水泥行业产能过剩 3 亿吨,而在建水泥生产线超过 200 条,新增产能将超过 2 亿吨;平板玻璃已拥有生产线 203 条,2009 年受金融危机影响,已有 30 条停产,而在建的生产线有近 120 条等。

三是资金流向结构严重失衡。一方面,新增贷款大部分流向了地方政府融资平台,导致地方政府隐性负债大量增加,金融风险加剧;另一方面,大量新增信贷资金通过各种渠道,流入股市和房市,导致房地产市场价格再度暴涨,资产泡沫增大。2009 年以来,一些城市的部分楼盘涨价幅度超过 40％,市场风险正在快速集聚。

四是国民收入分配结构进一步失衡。2009 年前三季度城镇居民人均可支配收入实际增长 10.5％,比上半年 11.2％的增长率下降了 0.7 个百分点。而 7 月、8 月和 9 月财政收入却分别上涨了 10.2％、36.1％和 33％,投资增速由 32.9％上升到 33.3％。国民收入中居民收入比重、消费率进一步下降,政府收入和投资率继续上升。

五是所有制结构进一步失衡。在"保增长"的过程中,政府投资和新增贷款大部分流向了国有及国有控股企业,民营企业特别是中小企业无法获得投资机会,融资困难,存在着被边缘化的倾向。在钢铁、煤炭等行业中,国有企业并购民营企业的现象频频发生,进一步缩小了民营企业在竞争性领域内的发展空间。特别是,2009 年为提振经济而制定的十大产业规划中,明确规定未来十大产业的发展,将以国有企业为核心进行并购重组,由此出现了新一轮的"国进民退"。

由于存在上述五大结构性失衡矛盾,特别是政府投资带动的需求尚未实现向市场驱动的需求转换,以及产能过剩严重,当前中国经济回升的基础是不稳定、不稳固、不平衡的,一旦扩张性政策退出,经济有可能出现大的波动和反复。因此,当前实施积极的财政政策和适度宽松的货币政策的总体方向不宜改变。在此基础上,必须加大结构调整的力度。如果此次再不抓住经济复苏的时机切实调整经济结构,中国经济的健康持续发展将会存在很大隐患,而且越往后,经济结构调整的成本会越大,越来越令整个经济难以承受。

12.2　中国经济率先复苏的外部环境

12.2.1　世界经济复苏乏力

中国经济这次发生较大的波动,主要是受全球金融危机的外部冲击。显然,其整个的经济复苏过程将与世界经济的外部环境紧密联系在一起,世界经济走向及其重大变化将直接影响中国经济的运行态势及其战略调整。因此,我们要对当前世界经济的走向及其变化作深入的分析。

2008 年爆发的全球金融经济危机,来势凶猛,波及广泛,被一致称为"百年一遇"的大危机。然而,时隔一年,从 2009 年第三季度起却出乎意料地出现了复苏迹象。如何看待当前的世界经济复苏,存有不同争议。有的认为,危机已过,世界经济进入复苏阶段;更有甚者,认为可出现 V 形反弹走势;有的则认为,尚未真正走出危机,目前只是政策性复苏,仍有可能再次探底。我们认为,当前世界经济复苏是周期变形的表现,但复苏之路是困难缓慢且充满变数的。

数据表明,当前世界经济显现整体复苏趋向,特别是美国、欧盟和日本三大发达经济体纷纷出现经济正增长。2009 年第三季度美国国内生产总值按年率计算增长 3.5%,为连续四个季度经济下滑后首次出现正增长。美联储预测美国经济 2010 年将增长 2.5%—3%。欧元区 16 国和欧盟 27 国已开始摆脱自第二次世界大战以来最严重的经济衰退,分别在第三季度取得 0.4% 和 0.2% 的增长。其中,除英国仍不景气外,德国和法国在第三季度分别取得 0.7% 和 0.3% 的环比增长,意大利国内生产总值在连续五个季度下滑后首次出现正增长,达到 0.6%。欧盟还调整其 2010 年增长的预测,由原先收缩 0.1% 上调至增长 0.7%。日本经济增长率由第一季度的 −12.4% 大幅升至第二季度的 2.3%,第三季度增长 1.2%,按年率计算为 4.8%。而且,这些发达经济体的先行指标也趋于向上势头。美国制造业采购经理人指数(PMI)10 月份攀升至 55.7;欧元区从 10 月份的 53.0 进一步上升至 11 月份的 53.7,为两年来最高;日本达到 54.3,均高于 50,呈现景气扩张。与此同时,新兴经济体复苏速度也进一步加快,特别是亚洲地区发展回升速度更快。如第三季度印度 GDP 增长 6.5% 左右,其工业生产平均增幅已达 5.8%。又如巴西财政部长曼特加最近指出,巴西经济有望进入新一轮增长周期,预计 2010—2012 年年均经济增长率将达到 6%—6.5%。

为此,国际机构纷纷调高了对全球经济增长的预测。如 IMF 最近将 2009

年全球经济增长率预测数由原先的下降2％上调到下降1.1％,并将2010年全球经济增长率预测数由原先的2.5％提高到3.1％,其中发达国家增长1.3％,新兴经济体和发展中国家增长5.1％。

但必须看到,当前世界经济整体上还比较"虚弱",经济复苏乏力,缺乏可持续的强劲支撑。

一是金融体系依然紊乱。美国非银行类的大金融机构和地方银行的破产仍不断发生,信用卡、面向商业不动产的贷款等坏账的担忧仍难以解除。美国2009年以来,已有120家银行倒闭,共消耗超过270亿美元联邦储蓄保险基金。2010年美国将有超过5000亿美元的商用房地产贷款到期,而目前美国商用房地产市场并不景气,如果届时商用房地产价格持续下滑,那么1000多家美国地方银行就极可能倒闭。与此同时,由于实行超宽松的金融政策,向经济系统注入大量流动性,也已出现新的金融泡沫迹象。

二是失业率居高。美国失业率2009年10月份已升至10.2％,达到近27年新高。欧盟的失业率也达到9.2％。这凸显出劳动力市场存在罕见的巨大缺口,对工资和收入增长产生巨大的下行压力,工资涨幅在不断缩小。英国截至2009年8月的前三个月里,就业者的工资收入以年率计算仅增长了1.9％,增幅创历史最低。

三是消费需求乏力。据统计,美国居民的净资产在2008年中至2009年末的18个月里减少了13万亿美元,约为GDP的93％。居民财富的缩水通过负财富效应抑制了居民消费。此外,在收入增长下降的情况下,储蓄率迅速上升,严重削弱了消费需求支出。美国居民储蓄率2008年第二季度还只是－0.2％,2009年5月份曾一度提高到6.97％,创下15年来的最高纪录,9月份个人储蓄率有所回落至3.3％。据测算,储蓄率每提高1个百分点,市场消费将萎缩600亿—800亿美元。美国消费者信心指数调查显示,2009年10月份消费者信心指数已从9月份的53.4跌至47.7。美国联邦储备委员会公布的数据显示,2009年8月份消费贷款总余额减少了120亿美元,已连续第七个月下降,其持续下降时间是1991年以来最长的。预计第四季度美国消费开支增幅将可能只有0.5％。再加上美国一系列信贷支持政策将陆续到期,消费增长仍将面临压力。这对于居民消费对GDP增长的贡献率高达72％的美国经济来说,是至关重要的。

四是产能过剩状况没有明显改善。欧美国家一般用设备利用率作为产能是否过剩的评价标准,一般情况下正常值在79％—83％之间,超过90％表明产能不够,低于79％则说明可能存在产能过剩现象。2009年10月份美国制造业的设备利用率仅为 67％,欧元区的设备利用率为 70％。

五是财政状况进一步恶化。截至 2009 年 9 月份的财政年度里,美国联邦政府收入同比下降达 17％,财政赤字达 1.42 万亿美元,是上一财政年度的 3 倍,占其 GDP 比重高达 10％,其收入降幅和赤字规模均创近 50 年来新高。据预测,2009 年底英国政府的财政赤字将达创纪录的 1750 亿英镑。受困于财政状况的不断恶化,英国政府已决定出售包括海底隧道和核燃料公司等国有资产,以筹集资金填补赤字。

12.2.2 当前世界经济复苏是经济周期变形的表现

现在的问题是,如何看待和判断当前呈现的世界经济复苏迹象。我们知道,经济危机既是累积矛盾的爆发过程,又是矛盾的强制解决过程,即强制消灭无效和低效生产力、挤掉经济泡沫和结构调整的过程。因此在传统经济周期下,通常有一个较明显的萧条时期。只有在市场出清和结构调整基本到位的情况下,企业逐步增加投资,更新设备,恢复生产,进而使失业率开始下降,市场消费逐步恢复,经济活动才逐渐摆脱停滞状态而转向复苏。特别是一些大危机,由于其矛盾累积时间长、失衡严重,强制调整的程度深,通常会有一个较长时间的萧条阶段。例如 20 世纪 30 年代的大危机,其长达四年之久,危机过去以后,还转入了一个长时间的"特种萧条"阶段。

但从这次全球金融危机的演变态势看,在短短的一年多时间里出现复苏迹象,表明其周期发生了变形:萧条和复苏两个阶段的界限模糊化了,不易划分。其实这也不是什么新情况,早在 20 世纪 50 年代和 60 年代的危机中就有这种现象发生,70 年代、80 年代初期的危机大体上也如此。只不过像这样"百年一遇"的全球大危机在短短一年时间里就走出无萧条阶段的复苏,实属罕见。

那么,是哪些因素导致了这次全球金融危机出现周期变形呢?

第一,各国政府联合干预效应。自 2008 年下半年以来,各主要国家均出台了规模巨大的经济刺激计划。"定量宽松"的货币政策意味着央行通过直接购买金融市场上的各种产品而向经济体中注入新的流动性,降低了货币市场上的资金成本,缓解了市面上的流动性短缺,减轻了金融机构减计不良资产的压力,对信贷市场的恢复和股票市场的反弹发挥了重要作用。积极的财政政策则用来援助金融机构(包括帮助金融机构剥离不良资产及补充资本金,以缓解去杠杆化给金融机构资产负债表造成的压力,避免更大规模的破产倒闭);用来进行各种形式的减税;用于帮助特定行业的大企业渡过难关;用于特定项目以直接刺激居民消费,如美国的汽车以旧换新计划以及日本的家电消费"环保积分制"等。各国协同实施扩张性政策,在较大程度上遏制了危机在各国之间传递并产生回波影响的力度。

第二,预期管理效应。针对金融危机造成的恐慌心理,惜贷驱动下的流动性紧缩,各国及时给出积极信号,改变了因预期加速危机程度的性质,减轻了悲观情绪加速通缩的压力,增强市场信心,并通过注入流动性修补因金融危机而破损的信用链。这在一定程度上遏制了金融危机对实体经济的蔓延,减弱了信用危机与实体经济危机交互增强的损害力。

第三,基于新国际产业分工的经济全球化发展差异化效应。在这次全球金融危机中,发达国家与新兴经济体所面临的问题是不同的。发达国家首当其冲受到金融冲击,而新兴经济体更多的是实体经济问题。在金融危机尚未全面深刻波及实体经济的情况下,新兴经济体尽管也受到严重冲击,但仍保持了较高的增长率。例如2009年中国经济增长率将达到8%以上,印度将增长5.4%,预计中、印两国对世界经济增长的贡献率将超过50%。由于主要新兴经济体经济总量已将近全球的30%,因此其不俗表现成为稳定世界经济的重要力量。

因此,当前世界经济复苏只是经济周期变形的表现,是一种非内生性的复苏。政府采取扩张性政策只是人为地激发起新的投资需求和消费需求,暂时缓和了生产与消费之间的矛盾、生产与市场之间的矛盾,并没有使导致危机爆发的各种深层矛盾和经济泡沫得以根本消除。恰恰相反,由于危机并未能充分展开,只是将相当部分的危机矛盾带入了复苏期。也就是说,尽管采取反周期措施在短期内也许会干扰和阻挠危机的发展,从而减轻危机的严重程度,但在以后的复苏中尚未解决的矛盾终究会通过各种方式按照危机自己的规律继续展开。历史上曾出现过这种情况。例如在1980—1982年的危机中,美国、加拿大、联邦德国和日本等一些国家出现"下降—回升—再下降"的W形过程,即三年内发生两次下降,法国和意大利等国家则发生数度下降,呈现锯齿形。虽然这次全球金融危机及其目前演变状况与1980—1982年危机有较大的不同,但本质上并没有什么大的区别。这次全球金融危机只不过是传统经济危机的现代版,危机爆发及其演化的规律不会因此而有根本性的改变。

12.2.3 世界经济复苏之路

按此看来,我们更需要关注的,不是周期变形本身,而是未来世界经济将会如何复苏。综合这次全球金融危机爆发的原因以及一年来的进程情况,并从目前事态演化的趋向来看,我们认为,这将是一条缓慢曲折、困难复杂、寻求变革的复苏之路。

1. 缓慢曲折的复苏

这次危机直接冲击的金融体系,其修复有一个相当长的过程,目前仍然是比较脆弱的,"蝴蝶效应"依然可能存在。如日前刚发生的迪拜贷款危机,引起国际资本市场的震动,是否引发新一轮的金融危机尚有待观察,但至少可能会对全球资金的流向产生重大影响。又如波罗的海经济体问题,2009 年爱沙尼亚、立陶宛和拉脱维亚规模过大的地产和信贷市场泡沫开始破裂,三国经济都萎缩近20％,同时其公共赤字已经激增到无法维持的水平。在固定汇率制度的束缚下,为纠正这些财政赤字所作的努力将加剧其经济衰退,而一旦打破汇率挂钩,在这一地区过度放贷的瑞典银行体系的损失将尤为惨重。西班牙和爱尔兰住房市场的泡沫继续破裂,其任何一股微风都将迅速蔓延至欧元区其他地中海成员国,而那些国家的经济也具有基础极其脆弱的特征,从而将使欧洲对全球经济构成更大的威胁。因此,在经济复苏过程中并不能排除出现新的金融冲击波的可能。

此外,消费、投资支出和就业增长都将是一个缓慢恢复的过程。目前主要发达国家的消费与投资支出增加,在很大程度上得益于经济刺激计划的实施,据美国白宫经济顾问委员会主席克里斯蒂娜·罗默估计,7870 亿美元的经济刺激计划给 2009 年第三季度美国经济增幅贡献了 3—4 个百分点。例如得益于"旧车换新"计划,美国车市一度呈现火爆局面。根据美国商务部统计,在第三季度,汽车销售对美国 GDP 增幅贡献了 1.66 个百分点。但当该计划终止后,9 月份的汽车销量比 8 月份大幅下滑了 35％。同样,得益于美国政府推出的首次购房免税8000 美元的刺激,美国楼市一度呈现企稳迹象。据估计,政府刺激计划将房价抬高了 5％,但一旦计划终止,房价将急剧下滑。我们判断住宅地产的复苏将是缓慢的,而产业结构的调整则更需要时间。而危机中制造业的就业岗位受损失最大,住宅地产相关上下游的行业裁员情况最为严重。因此,失业率的下降和就业岗位的创造将呈现温和恢复的趋势。消费心理的恢复也有可能是缓慢的。尽管 2009 年第三季度私人消费的恢复情况大超预期,但剔除政策临时性、有针对性刺激因素后,真实的消费心理恢复仍受高位的失业率限制。

还有,各主要国家推出新的刺激方案的余地已十分有限。美国通过发债为财政赤字融资的限制较大。欧元区若干国家的财政赤字与外债余额目前均突破了马约限制(按照《马斯特里赫特条约》,欧盟各成员国的财政赤字占 GDP 的比重不能超过 3％），如果进一步实施扩张性政策，将弱化欧元区得以存在的制度基础。日本尽管目前因为需求减少以及就业形势恶化出现物价不断下跌的通缩现象，但日本政府债务占 GDP 的比重已接近 200％，进一步举债的空间不大，因此 2010 年上半年日本经济可能再次跌入谷底。

至于转变世界经济增长模式、实现全球再平衡、建立新的国际货币体系等，则需要一个更长的过程。

2. 困难复杂的复苏

由于危机并未能充分展开，所以在复苏过程中将使各种矛盾交织、新旧问题交互、摩擦冲突增加、震荡加剧。目前可以预见的问题，主要有以下几个方面。

各国刺激政策逐步退出，可能加剧全球经济复苏的不稳定和风险。自 2009 年 10 月澳大利亚因忧虑通货膨胀加剧宣布加息以来，印度、以色列、挪威等国家相继加息或提高准备金率，新西兰、韩国等国家也有可能随时跟进。从目前看，虽然各主要发达国家尚未有刺激政策正式退出的表示，但事实上，2009 年第三季度以来欧美发达国家已开始陆续收回先前出台的金融救市工具。如美国财政部 9 月份如期结束了针对货币市场基金的救助计划；英国和瑞士央行已停止三个月期美元回购操作；全球主要央行宣布将削减注入银行体系的美元资金等。从 2010 年看，各国面临的不是刺激政策要不要退出的问题，而是何时退出和如何退出的问题。虽然在应对金融危机中各国采取了联合一致的行动，但在退出方面很有可能不一致。各国刺激政策退出的不一致有可能导致世界经济在复苏过程中产生新的不平衡问题。一是将会引起汇率动荡，增加国际贸易中的汇率风险，并推高原油、黄金等商品价格；二是将加剧国际热钱流动，助长股票和房地产等资产价格泡沫；三是率先经济复苏和上调利率的国家可能出现本币升值，将抑制国际贸易规模的恢复。

2009 年 3 月以来美元新一轮贬值将对经济复苏产生复杂影响。2009 年 3 月至 10 月中旬，美元兑一揽子货币的汇率指数累计下跌近 15％，降至 14 个月以来的最低点。从中长期看，美元很可能将重返 2002 年以后的长期下跌轨道。受美元贬值的影响，国际市场上以美元计价的大宗商品价格大幅上扬。如纽约市场原油期货价格二次突破每桶 80 美元，各类金属原材料、白糖、大豆等价格都出现新一轮上升趋势。2010 年随着世界经济走向复苏，全球资源和能源需求将有所回升，在超低利率水平和宽松货币政策背景下，投机炒作和美元汇率走低等因素可能推动大宗商品价格上涨。而一旦世界经济复苏遇到挫折，国际大宗商品价格可能高位剧烈波动。更为严重的是，美元不断贬值有可能全面爆发美元危机,美国和全球经济的任何复苏都可能因此被扼杀在萌芽之中。

贸易保护主义明显增多,国际贸易严重受挫。据世界银行统计,自金融危机爆发以来,20国集团中有17个国家共推出了约78项贸易保护主义措施,其中47项已经付诸实施。随着各国经济复苏进程不一,国家间的政策合作意愿减弱,协调难度增大,而且各主要经济体都将优先解决国内就业、产业发展等问题,会继续出台各种贸易限制措施和保护措施,从而将使贸易保护主义日益加剧,贸易摩擦不断升级。国际货币基金组织预测,2010年全球货物贸易量仅增长2.7%,低于世界经济增长的预期。

目前主要发达国家的利率仍保持低位,过多的流动性在全球涌动,热钱觊觎一些新兴经济体,助推了其房地产、股票和外汇市场的资产泡沫。由所有利差交易之源动力造成的美元疲软,已成为助长新一轮资产泡沫的一个重要因素。这种利差交易持续的时间越长、规模越大,同时资产泡沫变得越大,那么随后资产泡沫破裂的规模也就越大。

3. 寻求变革中的复苏

这次全球金融危机带来的影响是深刻而长远的。尽管世界经济总体发展趋势不会有根本性改变,但全球经济运行格局将发生新的变化。这意味着世界经济将在适应这种新变化中得以复苏,在寻求变革中实现向内生性(自我修复型)复苏的转变,从而真正走出危机。

经过这次危机,尽管经济全球化总体趋势不会改变,但原先由发达国家主导的全球化将转向由发达国家与新兴经济体协同主导的全球化进程,全球经济治理机制正处于变革之中。例如将5%的IMF投票权从发达国家转给新兴经济体国家;又如七国集团决定终止定期聚会,让位于二十国集团等。全球经济治理机制的变革与完善,将有助于更好地协调各主要国家的经济关系,共同应对世界性的问题,促进世界经济复苏。

这次全球金融危机打破了原先两端极化的"恐怖平衡",但只要经济全球化进程继续深化,就必然要求世界经济实现动态平衡。只不过要求世界经济增长模式发生转变,世界各国要寻找新的动态平衡方式,一方面降低原先恐怖平衡存在的各类风险,另一方面推动世界经济与贸易持续平稳发展。因此,世界经济复苏必然伴随着在各国增长模式转变和结构调整的基础上寻求全球经济适度互补的平衡方式。

尽管在未来一段时间,全球的贸易保护与摩擦可能成为一种常态,但基于全球产业分工的国际贸易深化发展大趋势不会改变,国际贸易仍将保持迅速发展的势头。不过,在此过程中将会有两方面的新变化:一是随着跨国公司全球生产布局策略的调整(转向区域性生产布局),将相对增大区域内贸易;另一方面,为减少贸易摩擦,各种区域性自由贸易区将大量兴起,实现较小范围内的自由贸易,如中国与东盟正式建立投资贸易区和日本提出"东亚共同体"等。世界经济复苏将在寻求这种新的国际贸易格局中得到新的支撑。

这次全球金融危机同样孕育着新一轮世界新技术革命的兴起,而未来世界经济的真正复苏也将取决于新一轮世界新技术革命。如何把握好新一轮世界新技术革命进程,通过创新实现经济复苏,是必须正视的一个重要问题。20 世纪末的信息技术革命,从总体上看是一场"供给创造需求"的创新,它对各国经济的带动作用主要体现在信息化创造了许多新的市场需求,并改进了效率。目前新一轮世界新技术革命仍处于酝酿期,但从各种迹象看,可能更多地转向需求主导的创新。以 IT 技术渗透应用为基础的应用技术革命将取得重大突破,典型的是以 IT 技术向各行业渗透为基础的"智慧地球"和 IT 技术与能源系统相结合的"智能电网"等。与此同时,当前全球高度关注气候变化问题,将产生通过新能源替代化石燃料、降低温室气体排放、发展低碳经济的强劲需求,并带动全球新能源的技术研发和产业化。

这次全球金融危机对美元主导的国际货币体系形成重大冲击,但与黄金脱钩的国际货币体系基础在相当长时间内不会改变。尽管美元仍将成为主要世界货币,没有其他货币能够替代,但可能转向多元化格局。在寻求国际货币体系变革过程中,世界经济发展将得到一个更好的环境条件。

12.3　经济复苏与宏观调控

12.3.1　2010 年经济预测

总体上看,我们对 2010 年国内经济形势的判断是谨慎乐观的:

一是投资增长仍有后劲。在"四万亿元"投资计划中,2010 年仍有 5885 亿元左右的中央新增投资,将带动全社会投资至少增加 11770 亿元;2009 年国家出台了十大产业振兴计划和十大区域振兴规划,将推动 2010 年各地和各行业争上新项目;2009 年前 10 个月新开工项目 293412 个,同比增长 41%(见图 12.3),计划总投资 96739 亿元,同比增长 81.7%,则预示着 2010 年投资仍将是高增长。

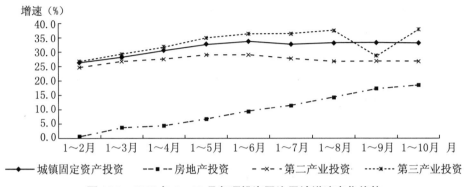

图 12.3　2009 年 1—10 月各项投资同比累计增速变化趋势

二是消费增长仍然看好。2009 年城乡居民收入增幅高于 GDP 增幅和返乡农民消费观念的转变,将有力地促进 2010 年的消费增长;国家进一步出台扩大内需政策,将进一步提升居民消费信心;2009 年房地产交易火爆,将推动 2010 年住房的装修性消费;国家投资重点向民生领域倾斜,加大社会保障、安居工程和公共福利的投入,将有助于保持内需和居民消费的持续增长。此外,随着企业效益好转,就业增加,也有利于提高居民收入和消费能力。

三是出口增长将逐步恢复。2009 年以来,中国先后七次提高出口退税率,放宽加工贸易限制类目录;实施人民币跨境结算,扩大人民币互换协议范围;增加出口信贷额度、扩大出口保险覆盖率。这些政策效应有望在 2010 年得到充分体现。从 2010 年看,由于全球经济企稳回升,加上政策的滞后效应和 2009 年基数较低,出口增速有望实现正增长,对经济增长的贡献率将由负转正。

四是市场流动性依然充足。一方面,由于贷款惯性,2010 年的信贷规模仍将维持在一定水平,预计增长率为 15%—20%;另一方面,由于出口回升和人民币升值预期下国际热钱大量流入,以外汇占款方式投放的货币量将大量增加。因此,2010 年的货币增长将由 2009 年依靠信贷投放单轮推动转变为依靠信贷投放和外汇占款两轮推动,货币供应在总体上继续充足。

五是 CPI 缓慢回升。2010 年由于经济回升、流动性充裕、公用事业价格改革和输入性通货膨胀因素增强,CPI 将由负转正。预计上半年 CPI 保持在 3%以内,但第二季度以后很可能突破 3%,全年增长在 3%—4%之间,其中上涨的主要因素是占 CPI 比重 34%的食品价格。总的来看,虽然 2009 年货币投放大量增长,但从历史经验看,滞后 12 个月的 M2 增长率走势与 CPI 走势高度一致。由此,国内出现通货膨胀的威胁主要体现在 2011 年,从 2010 年看,通货膨胀的影响仍然是潜在性的。

因此,2010 年中国经济仍然具有较强的回升势头,但与此同时,也面临着较为严峻的挑战。主要体现在面临三方面的"双重挤压":一是在出口上,中高端产品出口受发达国家"反倾销"的挤压,低端产品出口受发展中国家更低生产成本的挤压;二是在投资上,传统工业项目受产能过剩的挤压,尤其在外需收缩时压力更大,而新型工业项目由于技术不成熟,又受到高风险的挤压;三是在利用外资上,低端的劳动密集型产业领域受到周边国家的挑战和生产成本上升的影响正逐渐失去比较优势,高端的研发领域难敌发达国家的竞争,吸引外资正大幅度下降。故对 2010 年的经济形势不能过分乐观,必须充分估计形势的复杂性、严峻性和不确定性。

综合上述两方面的因素,国外权威机构对中国 2010 年经济增长普遍持有谨慎乐观的态度。亚洲开发银行预测 2010 年中国经济增速将达到 8.9%,高盛公司预测为 10.9%,经合组织预测为 10.2%,国际货币基金组织预测为 9%,世界银行预测为 8.7%。我们判断,在宏观政策调整不出现大震荡的情况下,2010 年中国经济增长率将达到 9%—10%,其中投资增长 25% 左右,消费增长 15% 左右,出口增长 10% 左右,工业增长 13% 左右。从态势上看,增长率将前高后低,第一季度有可能超过 11%。

12.3.2   经济复苏中的宏观调控

2010 年是宏观调控复杂难度最大的一年。世界经济缓慢曲折、困难复杂、寻求变革的复苏之路,将对中国经济未来发展产生重大影响:一方面将给我们带来不利影响,并形成一定的压力。如外需短期内难以好转,发达国家与新兴经济体协同主导的全球化进程将赋予中国更大的国际责任;世界经济增长模式转变要求中国扩大内需,降低外需依赖度,从而加重国内产能过剩的压力等。但另一方面,如果能把不利因素转化为有利因素,把压力转化为动力,将给中国经济发展带来新的机遇和促进。如有助于我们扩大内需,促进国内结构调整,加快国内企业走出去步伐,开辟新的世界市场,积极发展自由贸易区,加快人民币国际化进程等。

更主要的问题是国内经济中存在的深层次结构问题,使宏观政策处在两难的境地。存在五个方面的矛盾:

(1) 调结构与促增长、促就业的矛盾。2010 年若实施从紧的宏观调控政策,很有可能导致经济的第二次衰退,并带来巨大的就业压力。根据人力资源和社会保障部估计,即使达到经济增长8%,2009年中国就业的供求缺口仍将达到1200万,相比上年进一步拉大,庞大的高校毕业生、农民工和城镇困难人员三个群体的就业难问题年复一年愈加突出。而且,在结构调整过程中还会出现结构性失业问题。但如果继续推行宽松的货币政策,又可能进一步加剧结构性失衡。特别是在当前房地产市场过热的情况下,会导致更大的资产泡沫。

(2)管理通货膨胀预期与扩大流动性的矛盾。一方面,"管理好通货膨胀预期"需要降低2010年的流动性供应,否则会给2011年造成巨大的通货膨胀压力;但另一方面,如果流动性大量减少,又会对已经形成的投资产生巨大的负面影响,导致大量的烂尾工程。

(3)实体经济增长与产能过剩的矛盾。2010年加快经济复苏需要进一步推动实体经济增长,但很多实体经济部门却面临着严重的产能过剩,而2010年的出口增长又难以恢复到2008年的水平。因此,"保增长"的结果很可能导致产能过剩进一步加剧。

(4)刺激政策退出与热钱流入的矛盾。2010年针对发达国家救市政策有步骤的退出,中国不能无动于衷,必须进行动态微调,否则在下一轮经济调整中将处于十分被动的地位。但目前美联储维持0.24%的一年期基准利率,而中国一年期存款利率为2.25%,已存在较大的套利空间,如果政策动态微调,即使不采取加息手段,也有可能进一步增强对人民币升值的预期,吸引国际热钱大量涌入,导致一方面贷款压不下去,另一方面热钱又不断进来。这将对央行的货币政策造成巨大挑战。

(5)稳定房市与促增长的矛盾。一方面,由于大量流动性进入房地产市场,导致房价过高,产生资产泡沫,急需进行控制;另一方面,房地产投资已成为推动投资增长的主要力量,预计2010年房地产投资将达到30%—40%的增幅,并在增加财政收入、促进消费等方面发挥着难以替代的作用,一旦政策改变,有可能导致市场暴跌,抑制投资,影响经济和财政收入的增长。

面对上述复杂的形势,我们判断,2010年中国经济发展仍将处在保增长与调结构的关键阶段,预计宏观经济政策将总体宽松,积极财政政策和适度宽松货币政策的总基调将不会改变,但同时也将加大战略调整力度,加快经济发展方式转变,在财政政策运用上将更加注重"调结构"和"惠民生",在货币政策运用上将更加注重"适度"和"灵活","保增长、扩内需、调结构"的工作方针将调整为"稳增长、防通胀、调结构、促转型",其中"调结构"将被摆在更加重要的位置。

具体来看,在促进消费方面,将会加大力度,继续落实、完善促进消费和提高居民收入的各项政策;在规范投资方面,将加强对前期投资项目的梳理,重点推进中央投资项目建设,严格审核和控制地方投资项目,并将出台鼓励促进民间投资健康发展的办法;在结构调整方面,将严格整治过剩行业,加大对节能减排的优惠和扶持,并以节能减排为抓手,推进结构调整;在化解金融风险方面,将实行有保有压,对基础设施工程、西部开发、中小企业等方面的投资,采取较宽松的信贷措施;对城市房地产的信贷,将持较谨慎的信贷取向;在深化改革方面,将加大改革力度,以改革促调整,重点将推进垄断行业改革、资源性产品价格改革、土地制度改革和政府改革;在改善民生方面,将继续推进医药卫生体制改革,推进新型农村社会养老保险试点,通过多种途径来提高中低收入者收入,缩小贫富差距。

　　因此,与2009年事实上的注重"保增长"政策目标不同,2010年将是"稳增长""调结构""促转型"等多个目标齐头并进。从历史经验看,中国不缺乏应对经济危机的成功经验,但是对于多元调控目标的综合把控,往往会出现顾此失彼的状况。例如,亚洲金融危机时,中国仅用了两年时间就彻底走出危机阴影,但其后消除产能过剩、实现结构优化、刺激消费等政策成效却未能有实质性突破。总之,2010年调控政策的把握难度明显增大,需要有更大的针对性、灵活性。

13 世界经济再平衡与中国经济及其政策取向 *

全球金融危机冲击后,全球经济的不确定性增大,形势变化异常复杂,对中国经济的影响日益增强。面对这种复杂局面,要立足于中国经济融入全球化的事实,从开放经济的视角深刻把握中国经济内外均衡的规律性和特殊性,分析和研究世界经济与中国经济再平衡过程中的内外互动关系,并针对中国经济游走在通胀与通缩边缘的状况,确立预防滞胀风险的宏观调控取向。

13.1 分析框架:不确定性与开放经济下的动态平衡

13.1.1 全球与中国经济面临的问题与分析新视角

中国经济在"十一五"时期取得了来之不易的巨大成就,其间既有中国经济持续高速增长的动力和惯性,也有在世界经济受到金融危机冲击后中国经济的调整和复苏。在刚刚过去的 2010 年,面对外部冲击以后的复杂格局,中国经济在调整中实现经济复苏和增长。

面对未来的发展环境,中国经济必须对如下几方面问题做出进一步的回答和研判:一是"十二五"开局之年,全球经济究竟是进入后危机时期,还是继续处在危机中? 二是危机冲击以后世界经济形势是依旧处在复杂格局中,还是逐渐趋于明朗化? 三是中国经济是继续复苏,还是已经告别复苏阶段进入持续增长的新轨道? 四是受到经济复苏效应和增长政策的影响,中国经济如何防止通货

———————————

　＊　本章原载周振华等著《复苏调整中的双重压力:预防滞胀——中国经济分析 2010—2011》(格致出版社、上海人民出版社 2011 年版)导论"世界经济再平衡与中国经济及其政策取向"(与权衡合撰),其中个别章节及标题作了相应调整。

膨胀甚至滞胀的危险和可能?

　　前两个问题的实质在于,世界经济是否开始走向新的再平衡,即危机前的平衡被危机打破以后,从失衡走向再平衡的问题。显然,再平衡不仅仅是简单的供求总量再平衡,而是进入更高层次调整以后实现的总量平衡以及结构平衡的过程。从这一点说,世界经济再平衡是一个复杂因素下的中长期的过程,这是由再平衡的性质和内容决定的。后两个问题的实质则在于中国经济能否实现复苏增长与结构调整的新平衡。因为受到内外双重压力的约束,中国经济一方面缺乏持续复苏的动力和基础,另一方面则面临着消除经济刺激政策产生的后遗症问题;同时,从中长期来看,中国经济仍然面临结构调整与制度创新的战略性任务。如何在转变经济发展方式与保持经济稳定增长之间实现新的平衡,同样是我们必须面对的问题。

　　因此,从世界经济与中国经济的发展来看,未来的调整和平衡必须重点解决如下几方面的问题:一是如何实现全球经济的再平衡? 二是这种再平衡的过程如何在确保总量平衡的同时,实现新的结构性平衡? 三是中国经济如何避免经济刺激政策后遗症的扩散以及可能产生的新的宏观经济问题,特别是如何防止经济出现严重的通货膨胀甚至滞胀的危险? 四是中国经济能否实现结构调整与稳定增长的新平衡? 这些深层次的矛盾和问题,无疑是当前全球经济和中国经济必须面对和加以解决的重大和战略性问题。

　　我们认为,回答上述问题,必须从新的视角加以分析和判断。从总体上来说,面对近几年的全球增长和中国经济,我们可以从三个理论层面加以分析:一是危机冲击后全球经济的不确定性增大,形势变化异常复杂,为此需要进一步分析影响全球经济和中国经济复杂格局的种种不确定性因素;二是需要立足于中国经济融入全球化的事实,从开放经济的视角深刻把握中国经济内外均衡的规律性和特殊性,分析和研究世界经济与中国经济再平衡过程中内外互动关系;三是立足于全球经济和中国经济结构性调整与再平衡的内在关系,从静态均衡分析转向动态非均衡分析。

13.1.2　世界经济再平衡与中国经济

　　众所周知,中国经济具有较高的外向度。如果把中国宏观经济运行放在一个封闭经济框架下进行分析,显然是不合适的。那么,把中国宏观经济运行放在一个开放经济框架下进行分析是否就完全合适了呢? 通常情况下,其答案是肯定的。虽然中国进出口依存度很高,但其中相当部分是加工贸易,从净出口的角度讲,其数额并不很大。这部分净出口无非就是国外净投资,归并于总投资中即可。因此,在一般情况下,我们可以采用开放经济分析框架来考察中国宏观经济运行。

但在发生全球金融危机的背景下,中国的经济运行受到强大的外部冲击,而且这种外部冲击对中国经济周期有真实影响。尽管在各国联合抵御金融危机的作用下,目前已抑制了经济持续下滑的势头,开始出现不同程度的经济复苏,但还没有完全走出危机,如不断出现的主权债务危机等。在这种情况下,中国经济运行仍将受到全球金融危机持续发生的影响。更为重要的是,这次全球金融危机实际上是原有世界经济"恐怖平衡"被打破、寻求再平衡的过程。在此过程中,中国又是身陷其中,充当着重要角色之一。在这种外部冲击深深嵌入中国经济周期的特殊背景下,如果我们采用一般的开放经济分析框架,那么对于目前中国经济运行中出现的诸多问题,如物价上涨、结构调整、人民币汇率变动等将难以给出合理的解释。我们认为,当前中国宏观经济运行必须放在一个超开放经济框架里展开分析。也就是,要在世界经济再平衡的分析框架内来考察中国经济走向及其政策取向。其主要理由是:

其一,在全球金融危机之前的世界经济"恐怖平衡"中,中国与美国分别是这一平衡关系两极的代表。尽管这次全球金融危机将引起世界经济格局发生重大变化,如世界经济重心东移、国际货币体系调整、国际贸易格局变化、全球治理结构重塑等,但在未来世界经济再平衡过程中,中国与美国仍然是居于主体地位的两极,中国扮演的角色并没有因此而改变。

其二,从全球角度看,危机后的经济复苏过程实质上就是世界经济再平衡过程。尽管目前各国经济复苏的程度不同,呈现出新兴经济体强劲复苏势头与发达国家疲软脆弱复苏的明显反差,但在经济全球化主导的背景下,则是互相影响和互相牵制的。全球经济复苏最终取决于世界经济再平衡,中国经济运行态势无一例外地也将受到其影响。

其三,中国作为 GDP 接近 5 万亿美元的世界第二大经济体(预计到 2013 年在全球 GDP 中所占的比重将超过 10%),其任何举动都会在全球激起涟漪,影响世界经济再平衡。假设中国经济减速,可能会摧毁亚洲新兴经济体的经济,并在自然资源型国家(俄罗斯、澳大利亚、新西兰和巴西)引起强烈震荡,也影响美国等发达国家的经济复苏。反过来讲,这也就意味着中国经济会受制于世界经济再平衡的客观要求。

因此,我们分析当前中国宏观经济运行走向及其政策取向,必须在世界经济再平衡的特殊分析框架下考察其内生性因素所起的作用。

13.2 世界经济再平衡的前景分析

13.2.1 世界经济再平衡的内涵

在世界经济再平衡的分析框架下考察中国经济运行及其走向,首先要对全球金融危机后世界经济再平衡的进程及其前景有一个基本展望与评估。也就是说,我们只有在准确把握世界经济再平衡的进程及其前景的前提下,才能较好地来解释当前中国经济运行呈现的复杂现象,揭示其内生性的变化,并对中国经济走向作出较为准确的研判。

那么,世界经济再平衡的内涵是什么? 其进程又将如何展开呢? 目前,大部分国外学者虽然都在谈论世界经济再平衡,并且似乎已形成较大的共识,但却都停留在表层现象及问题研究上。在他们看来,世界经济再平衡无非就是以美国为代表的发达国家与以中国为代表的新兴经济体国家和地区朝两个不同方向作出各自相应的调整。具体来讲:(1)对于发达国家而言,就是对外货币贬值,增加出口;增加储蓄,减少消费;财政政策上保持节制,保持经常账户盈余(至少平衡)。(2)对于新兴经济体而言,就是对外货币升值,直至金融外汇汇率与人均购买力汇率大致持平,减少出口;增加消费,减少储蓄;保持经常账户赤字(至少平衡),利用外来资本继续投资。

在他们看来,只要处于这种平衡关系的两极各自调整到位,世界经济就能形成再平衡。目前这种认识,已成为西方社会的主流观点,并成为其国家战略性政策制定的基点。我们认为,这种认识把世界经济再平衡的内涵表层化了。如果依据这种表层化的认识来推进相关战略性政策,不仅无助于世界经济再平衡过程,反而进一步扭曲世界经济平衡关系,引发诸多矛盾与冲突,使全球经济复苏更加复杂化、充满更多的不确定性。

为此,我们首先要对世界经济再平衡的内涵作深入的研究与探讨,揭示其实质性的内容和核心问题。其中,关键的问题是要找出导致经济全球化失衡的内生变量。只有当我们找出这一失衡的内生变量,并将其置于世界经济再平衡分析中,才有可能深刻把握当前世界经济再平衡的内涵及其进程。因此,我们不妨对这次全球金融危机之前的世界经济"恐怖平衡"是如何形成且又如何伴随金融危机而被打破的历史过程作一理论分析,从中揭示出在其中起基本作用的内生变量。

　　自 20 世纪 60 年代以后，经济全球化进入一个不断深化的历史过程，形成了新的国际劳动分工。我们知道，经济全球化的真正动因始于生产要素。但在此过程中，生产要素的全球流动与交易是非均衡的，即资源、资本、商品、技术、管理等要素均可在全球单一市场中自由流动与交易，唯有劳动力不行。尽管国际移民在增多，但绝大多数劳动力是难以跨越国界自由流动与交易的。显然，在全球单一市场中自由流动与交易的各种生产要素均可实行斯密所说的"单一价格法则"，而在劳动力方面却难以实行这一法则。这样，就产生了全球经济必须面对的要素流动与交易非均衡的基本结构问题。

　　由于劳动力难以在全球自由流动与交易，在不同国家从事同一种工作的劳动成本就势必存在明显差距，从而带来了大量的套利机会。相比之下，随着经济全球化不断深化，由于市场开放、交易与运输成本下降，全球金融市场和商品交易中的套利机会则迅速减少。在这种情况下，跨国公司为获取在新兴市场就地取材坐享劳动力成本低廉就能带来的巨大利益，驱动那些可自由流动与交易的生产要素大量向劳动力成本低下的国家和地区集聚，并在整个世界经济范围内日益形成其他生产要素围绕属地劳动力而展开生产空间配置的基本格局。新兴经济体国家也正好利用和发挥这种深嵌于全球经济运作中的结构优势，通过承接国际产业转移，推动和实现经济起飞与发展。

　　这一经济全球化的基本结构问题，从根本上构造了一个新的世界经济格局及其平衡循环流程。一方面，发达国家大量对外直接投资，且大量进口、消费；另一方面，新兴经济体国家和地区大量吸引国外直接投资，且大量生产、出口。如果新兴经济体国家的货币依旧坚挺，当其他因素相同时，商品价格在新兴市场就相对昂贵，而在发达国家又过于低廉。也就是说，商品在发达国家供大于求，而在新兴市场国家和地区则相反。这将促使新兴经济体的高储蓄、低消费；而发达国家则是低储蓄、高消费。正如摩根士丹利亚洲区主席史蒂芬・罗奇指出的，中美贸易的不平衡，表面上是币值问题，实际上则根植于以下的事实：中国的储蓄达到国民收入的 54％，是世界主要经济体中最高的储蓄率；但消费占 GDP 的比例，则仅为 36％，是世界主要经济体中最低的。相比之下，美国长期维持着接近零点的储蓄率，消费则占 GDP 的 70％。在这种情况下，新兴经济体随之而产生的盈余，通常以主权财富基金的形式出现在资本市场上，特别是购买发达国家的债券，发达国家则通过发行债券来弥补其赤字，从而就形成了一个全球经济平衡关系的大循环。

　　在这种世界经济的大循环中，基于劳动力不能自由流动与交易的基本结构问题,最终将成为导致全球化经济失衡的基础性内生变量。而这种全球经济大循环越是发展、规模越大、积淀越深,其平衡关系越是显得脆弱,矛盾的爆发越是猛烈。从这一意义上讲,可冠以"恐怖平衡"之名。那么,在全球金融危机前,这一恐怖平衡是靠什么来维系的呢?我们不妨作一简单分析。

在全球金融危机前,这一恐怖平衡的两极以美国与中国为代表。从美国一方来讲,当时主要依靠科技与金融来支撑。在世界新技术革命中,美国凭借信息技术领先和占据世界制高点,带来了 20 世纪 90 年代整整十年的"新经济"。但进入 2000 年以后,随着信息技术普及运用及其产业化,竞争中的成本优势凸显,美国的技术领先优势开始衰弱,经济也随之进入调整期。之后,美国主要依靠强大的金融来调整经济周期,实施了多年连续的低利率政策,大力促进金融杠杆化,刺激国内房地产发展来支撑经济增长,并维持不断扩大的贸易赤字与财政赤字两大缺口,使自己立足于全球经济大循环之中。

从中国一方来讲,主要依靠基于工业化与城市化的出口导向发展模式来支撑。改革开放后,中国工业化进程得到根本性调整,严重滞后的城市化进程得以提速,不仅产生了大量投资需求,而且释放出巨大的农业过剩劳动力转移,致使劳动力价格长期维持在较低水平,通常不及发达国家的 1/3。与此同时,通过优惠政策,以及具有较好的教育与基础设施投资、先进生产技术的广泛传播以及数字化标准发展等综合效应,大量吸引了外国直接投资,成为国际产业转移的主要输入国,形成巨大的加工贸易规模。并且,也形成了高储蓄、低消费的基本格局。

从理论上讲,处于这种平衡关系中的任何一方,都有可能打破这一恐怖平衡。如果假设,美国的科技和金融支撑能维持更长的时间,而中国的人口红利消失和农业过剩劳动力转移的刘易斯"拐点"提前到来,那么随着劳动力成本急剧上升,中国势必首先打破这一平衡关系。当然,现实的情景并不是如此。因为中国的人口红利及劳动力转移等支撑因素尚还能持久,而美国的房地产泡沫已破裂,出现次贷危机,从而打破了这一恐怖平衡,并引发全球性危机。

上述分析表明,本次全球金融危机是由结构性因素所致,而非昔日的周期性因素。尽管房地产泡沫、金融杠杆化是本次危机的导火索,但其本身也是由结构性因素所派生出来的。事实上,即便在当前的世界经济复苏过程中,这种结构性因素也起着重要作用,使这平衡关系的两极呈现出明显反差的状态。

13.2.2　世界经济再平衡充满了复杂性和不确定性

总体上讲,发达国家经济复苏乏力,失业率居高不下,房地产不景气(其实际价值严重缩水），国内价格持续下降，消费严重收缩，面临通货紧缩的危险。例如美国 2010 年前三个季度经济增速分别为 3.7％、1.7％和 2.5％。尽管第三季度经济增长率第二次修正值从 2.0％提高到 2.5％，但美联储还是将全年经济增长率从 6 月的 3.0％—3.5％下调至 2.4％—2.5％。最新数据显示，2010 年 10 月美国工厂耐用品订货环比下降 3.3％，表明美国经济增长依旧疲软。根据目前情况，第四季度的经济增速不会出现显著改观。又如，日本自 2010 年 6 月以后，工业生产连续 5 个月下滑，下滑幅度创下 2009 年 2 月以来最大。

在发达国家经济增长疲软过程中，一个突出的指标是失业率居高不下。美国失业率已连续 16 个月高于 9.5％的水平，2010 年 11 月仅创造 3.9 万个就业岗位，失业率更高达 9.8％。欧元区也同样如此，失业率连续 7 个月维持在 10％以上的水平。而且，更值得注意的是，发达国家失业率的走向与先前不同，即在其他经济指标有所好转的情况下，失业率仍居高不下。尽管 2010 年第三季度，美国消费对经济增长的贡献度为 1.79％，大大高于前几个季度的水平；同时 11 月 6 日公布的最新美国消费者信用增长 21 亿美元，较前期和预期的负增长也呈明显走强趋势，但这并没有改变失业率居高不下的局面，一直处于自 2009 年第三季度反弹以来的"无就业复苏"状态。

与此同时，发达国家在经济复苏中的消费需求并不强劲，价格持续下降。例如美国劳工统计局的数据显示，剔除波动较大的食品和能源价格后，2010 年 10 月美国核心消费价格指数同比仅上升 0.6％，仍远低于 2％的通胀目标。虽然在 10 月美国 CPI 构成中，原油和食品部分都有所上涨，但食品价格涨幅仅为 0.1％。10 月，美国除食品和能源以外的个人消费支出指数年比增长率为 0.9％，是 50 年来的最低水平。如果将所有项目包含在内，这个指数的年比增长率也仅为 1.3％。目前，美国、日本等国家均面临着通货紧缩的危机。尽管欧元区自己不承认通货紧缩，但国际货币基金组织认为，在通缩风险高的国家中，欧元区国家占 66％。

与此相反，新兴经济体的经济复苏较强劲，需求旺盛，但普遍面临汇率币值上升和通货膨胀压力。亚洲开发银行在 2010 年下半年度《亚洲经济观察报告》中说，在 2008 年和 2009 年急剧下滑之后，东亚经济体 2010 年强劲复苏，预计东亚新兴经济体（14 个国家与地区）2010 年的经济增长率为 8.8％，继续引领全球复苏，尽管其仍低于该地区 2007 年创纪录的 9.6％的经济扩张。

但在此过程中，新兴经济体货币对美元普遍升值。从 2009 年开始，巴西雷来尔和南非兰特已经分别上涨了 37％和 36％，泰铢和马来西亚林吉特分别升值

12％和10％。特别是2010年9月以来,新兴经济体货币普遍大幅升值,其中台币、韩元、印度卢元、新加坡元分别升值6％、4.7％、4.7％和4.2％。而且,在大宗商品价格急剧增长的情况下,新兴经济体的物价持续走高。2010年10月,中国消费价格指数同比上升4.4％,韩国上涨4.1％。

显而易见,在经济复苏中,当发达国家与新兴经济体完全处在两种状态、面临截然不同的风险时,其采取的宏观调控措施势必会具有"对冲"的性质,并且是相互干扰的。这就使世界经济再平衡充满了复杂性和不确定性。

对于发达国家来讲,防止通缩是首要任务。通缩一旦发生将会带来灾难性经济后果,因为它会让这些国家的家庭和企业已经非常巨大的债务的实际价值进一步提高。为此,发达国家势必会继续采取量化宽松政策,投放更多的流动性,以刺激经济增长。美国已采取新一轮量化宽松货币政策,购买6000亿美元的国债。日本也提出新的量化宽松措施,还通过了新的财政刺激计划。英国也可能再次扩大央行的平衡状况。

但在高失业率的情况下,无论发达国家在未来对市场提供多少刺激性方案,其效应都每况愈下。例如美国推出新一轮量化宽松货币政策后,美国大公司固然可以从国内借贷资金,然后将这笔钱投到中国及其他亚洲国家和地区,并可以通过投资获利,但此举只是为中国及其他亚洲国家和地区创造了就业机会,而不是为美国。我们需要强调的是,发达国家的高失业率问题,从本质上讲是由全球经济的基本结构问题所决定的,并不是周期性因素使然。从这一意义上讲,发达国家的高失业率可能成为长期现象。正如美联储主席本·伯南克所说,美国的失业率可能需要五年时间才能回落到正常水平,正常水平大约为5％—6％。

如果情况真是这样的话,那么就很难理解,当美国国内将近20％的就业人口仍处于失业或者未充分就业的情况下,美国政府将如何能够通过高速的GDP增长来降低其财政赤字。实际上,在失业高企的情况下,人们更希望政府在社会安全与医疗保险的项目上投入更多,而非以提高税收的方式来支付这笔开支。通常,发达国家政府以增加财政赤字以及寻求更多贷款来解决这一困境。但现在大部分发达国家已迅速丧失了举债的能力。据摩根士丹利的数据,美国的债务与收入之比已达358％。在欧元区,希腊的债务收入比达312％;爱尔兰出现了"房地产绑架银行、银行绑架政府"的局面,财政赤字猛增到GDP的32％;葡萄牙、西班牙等一些国家均已陷入财政危机的泥淖中。

事实上,在高失业率的情况下,发达国家采取量化宽松政策,对外货币贬值,对于改变贸易赤字、促进经济复苏是难以奏效的。例如,2005年7月至2010年

6月,人民币实际升值了20％;而从2003年1月至2009年6月,美元实际贬值了22％。然而,美国的贸易赤字占GDP的比例却从3％上升到6％。而且,这还会对新兴经济体的经济复苏产生重大冲击。中国、印度、韩国、新加坡、印度尼西亚、马来西亚、泰国和拉美国家,都是重要的出口国家,经济复苏远远快于发达国家。由于其投资预期盈利远远高于发达国家,大量资金正在流入这些国家,无论是银行存款还是高风险资产皆如此。如果发达国家继续通过量化宽松政策增加流动性,流向新兴经济体的资金将进一步增多,使这些国家和地区的经济至少因为两方面原因受到损害。

首先,会使这些国家和地区的汇率产生强大的上浮压力,从而对其出口造成不利影响,并导致经常项目逆差发生。在一个完全开放的全球资本市场中,只有当发达国家的劳动力市场重新开始恢复竞争力时,其外汇汇率才会进行相应的调整,哪怕这需要对世界上某种主要货币进行重新估价以达到竞争对策的效应。而在尚未具备这种条件的情况下,发达国家与新兴经济体之间的货币争夺战将会持续下去。因为,发达国家大量注入流动性,致使其货币对外贬值,将促使新兴经济体重新调整本国和本地区货币对美元与欧元的汇率,并会引发大量的美元与欧元持有者(比如主权财富基金)加速其持有的外汇多元化趋势,并采取措施避免国际热钱(美元与欧元)流入本国和本地区。例如巴西、泰国等向投资当地债券的外商抽税;中国台湾金管当局将限制外资购买当地债券的比例,规定外资购买台湾当局债券及货币市场工具总额不能超过汇入金额的30％。因此,这反过来催生新一轮的货币危机。

其次,它将加剧通胀,可能会在资产市场制造泡沫,而一旦市场预期出现变化,资本流向逆转,则会重现20世纪90年代的东南亚金融危机的局面。因为在结构性因素未能消除的情况下,为刺激经济投放的过多流动性,使商品价格处于重重压力之下,绝大多数的商品价格相对于2009年的最低水平已翻了一番,最令人不安的是食品价格的迅速上涨。这一切似乎预示着,即使发达国家GDP的增长仍然保持在适度的范围内,也可能再次经历类似2008年的商品价格波动。虽然发达国家过去十年几乎没有出现通货膨胀,那是因为新兴经济体有许多廉价劳动力,从而使它们获得的进口产品便宜,能将物价保持在低位上。但现在新兴经济体达到了其生产能力的极限,又面临着通胀压力,而发达国家由其劳动力结构的特性决定其不可能自己生产低附加值的日用品,还得通过从新兴经济体进口来实现消费,所以新兴经济体的通胀压力也会反向传导过去。目前发达国家没有出现物价上涨,是因为在短期内存在一种所谓"通货紧缩压力",这种压力暂时压制了通货膨胀率。但从中期看,发达国家也可能重新出现通货膨胀。

从以上分析中,我们得出的结论是:世界经济再平衡的核心是劳动力与其他要素配置的结构性矛盾。如果要实现世界经济再平衡,必须使这一结构性矛盾得以缓解。那么,如何才能使这一结构性矛盾得以缓解呢?

其出路,不在于迫使新兴经济体国家和地区货币升值,进而大幅提升其劳动力成本,与发达国家劳动力成本水平趋于接近。因为,这只会导致新兴经济体国家和地区出口锐减,而同时根本无助于发达国家的所谓"再工业化",从而直接影响新兴经济体经济增长和发达国家居民日用消费水平,出现两败俱伤的局面。缓解这一结构性矛盾的出路,在于发达国家的劳动力市场竞争力的改善。当然,因为收入增长是黏性的,发达国家也不可能通过劳动力成本大幅下降来实现其劳动力市场竞争力的改善。我们认为,发达国家劳动力市场竞争力的改善,从根本上讲,将取决于新一轮世界新技术革命。可以预见,在新一轮世界新技术革命中,发达国家仍将占主导地位。无疑,这将极大地改善其劳动力市场的竞争力,从而使发达国家与新兴市场经济体之间的结构性矛盾有所缓解,货币的价值也将被重新调整。从这一意义上讲,世界经济再平衡,最终取决于新一轮世界技术革命的到来。

但在近五年时间内,我们似乎还未看到新一轮世界技术革命的真正到来。这期间还只是一个孕育新技术重大突破的时期。因此,我们很难期望这一结构性矛盾在近期能得到缓解。由此,发达国家的所谓"再工业化"战略根本不可能实现,因为跨国公司生产加工的区位选择不可能放在劳动力成本奇高的发达国家;而新兴经济体的出口导向发展模式也难以彻底改变,因为其劳动力就业不可能仅直接针对本国或本地区需求的生产。这样,在世界经济再平衡中,由全球经济的基本结构问题所决定的复杂性、不确定性,将成为一种常态,并使世界经济复苏之路漫长、曲折。

具体讲,消费不足将对世界经济复苏带来很大挑战。2009 年,美国和欧元区 15 国的消费加起来近 18 万亿美元,占全球消费的 3/4,是中国和印度两国消费总和的 7.5 倍。但目前这两大经济体的消费很难再恢复到危机前的水平,经济增长乏力,并将继续拖累全球经济复苏。美国 2010 年经济增长 2.6%,2011 年预计放缓至 2.2%。欧洲和日本经济增长更为缓慢,预计 2011 年将分别增长 1.3%和 1.0%。而新兴经济体国家和地区尽管经济复苏势头较为强劲,但其消费增长有限,不足以弥补发达国家消费收缩规模。而且,新兴经济体对发达国家的需求有较大的依赖性。例如在 1997 年、1998 年的亚洲金融危机时,亚洲国家出口占其 GDP 的比重为 35%,在之后的十年时间里,这个份额达到了 45%。发展中的亚洲变得更加依赖外部的需求。虽然 2011 年新兴经济体仍将是世界经济增长的推动力,但由于外部环境受到了削弱以及发达国家进一步采取货币刺激措施,其经济前景仍然"高度不确定",增速会有所放缓。据亚洲开发银行的报告预测,东亚经济 2011 年将放慢至 7.3%。由于 2011 年发达国家与新兴经济体的增长都将放慢,所以 2011 年整个世界经济将继续下滑,预计增长 3.1%,比2010 年的 3.6% 有所下降。全球经济在未来几年的增长速度将只有 3.5%,约为危机前的 2/3。

13.3　中国经济运行走向

13.3.1　左右中国经济运行走向的主要力量

在世界经济再平衡的背景下,中国经济运行除了受自身原有周期性因素支配外,还将受到较大的外部影响和冲击。这种外部影响与冲击不只是短期效应,对中国经济运行形成随机干扰,更可能会形成中期效应,直接嵌入中国经济真实周期之中。从中国经济的基本面来看,有两股不同的推动力量交织在一起发挥作用,从而在很大程度上左右着中国经济的运行走向。

从中国目前所处的经济发展阶段、资源禀赋条件以及制度进一步改善等方面看,存在着一股激活经济动能、推动经济较快发展的主导力量。

从近期来看,中国与其他新兴经济体国家一样,呈现较好的经济复苏与增长态势。在全球金融危机冲击之后,2010 年中国经济增长预计达到 10% 左右,成为世界经济复苏的强大动力之一。尽管 2011 年会出现"前低后高"增长轨迹,总体增长率略低于 2010 年,但仍保持较高增长速度。

从中期来看,在工业化与城市化的强劲驱动下,中国仍能保持较高的投资需求,并逐步提高消费需求。尽管目前国内劳动力成本趋于上升,但在全球经济中并没有完全丧失其结构性优势;尽管已取消外资优惠政策,实行国民待遇,但由于国内存在产业梯度转移的广阔空间,以及具有较强的产业配套能力和巨大市场容量,因此中国仍将成为国际投资和国际产业转移的热土,从而助推工业化和城市化进程。而且,中国区域经济增长格局发生了重大变化,中西部和东北地区经济加速发展,其增速已全面超越东部地区,而东部沿海地区经济开始转型升级,这将使得经济调整的回旋余地增大,更有力地支撑总体经济增长。

但在世界经济再平衡过程中,与其他新兴经济体一样,中国经济也受到外部冲击与内部结构性矛盾的困扰,在经济迅速复苏的同时面临着诸多压力和不确定性。

一是流动性泛滥。多年来的货币超发产生的累积效应,加上在应对全球金融危机冲击中大规模投放货币,导致市场流动性急剧膨胀。2000 年中国 GDP 总量为 8.9 万亿元,广义货币供应量为 13.5 万亿元,是 GDP 的 1.5 倍,多出 4.6 万亿元;而到 2010 年 9 月末,广义货币余额已达 69.64 万亿元,前三个季度 GDP 只有 26.8 万亿元,超发货币将近 43 万亿元。在随后两个月里,央行投向市场的货币在持续增加,市场流动性仍然持续上升。截至 2010 年 11 月末,广义货币(M2)余额为 71.03 万元,同比增长 19.5%;本外币贷款余额为 50.35 万亿元,同比增长 19.4%。

与此同时,由发达国家量化宽松政策带来的国际游资通过各种渠道进入中国套利,进一步助推了国内流动性过剩。2010 年第三季度新增外汇储备 1940 亿美元,创 1997 年以来的单季新高。其中,贸易顺差为 653 亿美元,实际利用外资额为 229.1 亿美元,因主要货币相对美元升值和因资产价格变动导致以美元计的外汇储备资产增加约 867 亿美元。这样,新增的 1940 亿美元外储中仍有 190.9 亿美元的增加额无法解释。由于第三季度增加的 1940 亿美元外储中,有 1005 亿美元是 9 月新增的,其无法解释的部分就更大。

二是货币争端与贸易争端。在中国经济复苏过程中,由于发达国家投放大量流动性,对外货币贬值,致使人民币遇到强大的升值压力,同时出口也受到全球新一轮贸易保护主义的强力阻拦。数据显示,在 2010 年全球新发起的贸易保护政策中,针对中国商品的项目占 67%。2010 年,中国遭遇的贸易摩擦不仅在数量上快速增加,而且涉及产品领域较广,从纺织、轻工、钢铁到机电、化工均已成为国外实施贸易保护的重点对象,逐步从低附加值产业向新能源、电子信息等高技术含量、高附加值产业蔓延。特别是,机电产品已经成为贸易摩擦的重灾区。同时,惩罚更加严厉,其中欧盟首次对中国出口的同一产品同时进行反倾销、反补贴和保障措施三种调查。

三是劳动力成本上升趋势。来自外部的人民币升值压力与贸易保护主义盛行,其实质就是要迫使中国提高劳动力成本,削弱中国在全球经济中具有的结构性优势。与此同时,国内的结构调整,如国民收入分配结构调整、提高居民收入与启动内需、城乡统筹发展等,正在改变劳动力低廉的局面,推动各行业的劳动力成本全面上升。这在劳动密集型的农业领域尤为明显。据有关部门预测,

2010 年中国主要农产品人工成本继续增加,稻谷、小麦、玉米、棉花和烤烟的亩均人工成本分别占总成本的 37.1%、28.0%、39.9%、30.6%、54.8%,比近年来的最低点分别提高 4.8、2.3、6.1、5.2、7.1 个百分点。除稻谷、小麦外,其他主要农产品的人工成本都达到了近年来的新高。

四是产能过剩与企业利润空间收窄。前几年在参与国际产业分工中中国形成的巨大产能,特别是一般加工业的产能,将随着发达国家进口需求减弱、贸易保护主义加剧、人民币升值压力等带来的出口规模下降,以及国内消费需求启动缓慢等,面临更大过剩的压力。与此同时,国际大宗商品价格波动与国内生产成本上升,又严重挤占了利润空间。数据显示,2010 年 7 月至 10 月,国际市场能源、农产品、原材料、金属矿藏等价格已分别环比累计上涨 7.6%、17.6%、11.4% 和 21.1%,其中 10 月当月能源、农产品、原材料价格分别环比上涨 6.3%、5.9%、7.9%,而且加速上升态势明显。2010 年前三个季度,中国的铁矿石进口均价为 122 美元/吨,同比上涨 56.3%。2010 年 1—9 月,中国进口铁矿石 4.6 亿吨,比上年同期减少 1153 万吨,但支付的总金额却高达 557 亿美元,比上年同期增加 192 亿美元(折合人民币约 1303 亿元),从而大大挤压了利润空间。1—9 月大中型钢铁企业销售利润率只有 2.84%,8 月当月销售利润率降至 1.45% 的低水平。目前,机电业(占中国出口 60%)的利润率仅为 2%—3%,纺织业为 3%—4%,其他劳动密集型企业利润率为 3%—5%。如果人民币升值 3%,就意味着很多出口企业将无利可图。

五是经济结构不平衡加剧。面对全球金融危机,中国迅速出台了"四万亿元"的刺激计划,采取了积极的货币政策,稳定了汇率,从而使经济较快地复苏,但是不平衡却加剧了。2009 年底,中国固定资产投资占 GDP 的比重达到 67%,成为宏观经济不平衡、不协调的源头问题。同时,主要依靠投资和出口推动的经济增长,由于更多的资本替代劳动,带来的就业机会有限。尽管中国有亚洲最高的经济增长率,但就业的增长远低于印度、印度尼西亚、韩国和泰国。另外,由于资源消费、技术效率低下,必须以更大的资源消耗来支撑相应的增长速度。例如,铁矿石和水泥的消耗占世界的 50% 以上,煤炭的消耗占世界的 40% 以上,铝、钢铁制品的消耗占世界的 1/3。

13.3.2　中国经济游走在通胀与通缩的边缘

在上述两股不同力量的交织作用下,中国经济运行走向似乎变得不确定、不明朗。

　　一方面,在经济复苏起始之际,尚存在较大产能过剩的情况下,便遇到较大的资产价格上涨与通货膨胀的压力。在应对全球金融危机过程中,房地产投资需求极其旺盛,房地产价格持续快速上升,不断催生房地产泡沫,虽然经过几次房产"新政"调控,但也未见明显成效,房地产价格仍居高不下。2010 年的初步数据表明,全年城市土地出让价格不降反升,同比上涨了 37％。其中,11 月全国70 个大中城市房价同比涨幅达到 7.7％。与此同时,出现了物价水平持续上涨的局面。自 2010 年 4 月 CPI 上涨 2.8％,创下 2008 年 11 月以来的新高后,5 月CPI 突破 3％(达到 3.1％),6 月稍有回落,达到 2.9％,以后一路攀升,7 月为3.3％、8 月为 3.5％、9 月为 3.6％、10 月为 4.4％。11 月,与许多专家预测将出现回落的情况截然不同,CPI 直接"破五",一跃达到 5.1％,创下 28 个月来的新高。当然,从全年来看 CPI 预计还只是在 3.5％左右。而且,与历史数据相比,即便是 11 月当月的 5.1％也不算是很高,不仅远低于 1993—1995 年的 14.7％—24.1％,而且也低于上一轮物价上涨幅度。上轮物价上涨从 2006 年 7 月的 1％一路上行,到 2008 年的 2 月达到了 8.7％的顶点,2007—2008 年的物价指数为4.8％—5.9％。但问题在于,当前的物价上涨还只是刚刚展开,其物价上涨的势头比较凶猛。CPI 的先行指数——工业品出厂价格(PPI)指数 11 月也呈现继续上涨态势,同比涨幅 6.1％。另外,2010 年 11 月,中国制造业采购经理指数为55.2,其中购进价格指数高达 73.5,为 16 个月来的最高值。

　　更重要的是,这轮物价上涨是在经济刚刚从寒冬中复苏,而且世界经济回暖还面临很大不确定性的背景下发生的,这是 20 世纪 80 年代以来中国唯一的一次没有伴随经济过热的物价上涨。与前几轮物价上涨相比,这次物价上涨有着几方面明显的不同特征:

　　一是促使物价上涨的长期因素远大于短期因素。与 2008 年由农产品供给因素所导致的物价上涨不同,这一轮物价上涨的实质是过剩流动性寻找出路的表现,在此过程中出现明显的金融炒作式的新通胀类型,不仅投资保值类的产品价格普遍飙升,而且部分农副产品已成为"准金融产品",出现金融炒作现象。

　　二是促使物价上涨的内外因素交织。除上述国内货币超发因素外,目前外部通货膨胀通过需求溢出、价格机制和流动性机制(包括贸易形式和资本形式)大量输入国内。在美国宣布实行第二轮量化宽松政策之后,大宗商品价格的上涨已经开始从贵金属和部分农产品向工业金属、其他农产品和石油等能源类产品扩散。海关统计的主要进口产品单价在 2010 年 9 月均出现上涨,并且涨幅较上月有所扩大。其中,大豆、未锻造铜及铜材上涨幅度最高,分别为 4.2％和 4.9％;

其他产品价格则处于温和上涨的态势。因此,国际大宗商品价格上涨向国内传导的效应十分明显。从外部冲击的角度看,本轮物价上涨实质上是对人民币名义升值的替代,即人民币汇率实际升值。

三是促使物价上涨的结构性因素大于总量因素。在这轮物价快速上涨过程中,食品类与非食品类、投资保值类与易耗类产品的价格变化存在明显反差,食品类和居住类价格一直领涨 CPI。数据显示,2010 年 11 月,食品价格上涨 11.7%,拉动 CPI 上涨 3.8 个百分点,贡献率达到 74%;居住类价格(建材、房租、物业费、水电燃料等居住消费的价格)上涨 5.8%,拉动 CPI 上涨 0.9 个百分点,贡献率达 18%。而非食品价格只上涨 1.9%。另外,消费品价格上涨 5.9%,服务项目价格上涨 2.6%。

四是促使物价上涨的各种类型综合叠加。在这轮物价上涨中,既有传统意义上的需求拉动型、成本推动型、外部输入型的,也有新的金融炒作型的。随着城市化大规模推进、城乡居民收入增长,以及国内启动内需的措施实施等,形成并释放出较大的需求,特别是对食品类价格形成较大的需求拉动,并从食品涨价再传导到工业品涨价。另外,随着经济发展,收入分配格局调整以及实施环境保护等措施,各类社会生产成本特别是基础性的劳动力成本普遍上升,也成为此轮物价上涨的关键因素。从这一意义上讲,当前农产品及食品价格上涨也许是相对价格的调整,具有不可逆性。再加上前面已阐述过的外部输入型和金融炒作型的物价上涨,形成一个综合叠加的效应。

五是促使物价上涨的预期性因素大于现实性因素。处于应对全球金融危机及其经济复苏背景下,此轮物价上涨很大程度上受到市场预期因素的影响,包括对美国新一轮量化宽松政策和国内货币供应量超发的预期影响,因此不少商品价格的上涨幅度被放大。在世界经济再平衡背景下,市场势必过度关注国内外的货币政策的变动,导致预期效应放大,形成市场心理扭曲。

以上分析表明,目前中国面临的资产价格上涨和通胀高企主要不是周期性原因,而是建立在结构性矛盾基础上,并已成为世界经济再平衡的一部分。

另一方面,在通胀压力增大并有所突破释放的情况下,经济增长动力则显现趋于疲软之势。

从投资增长态势来看,2010 年以来投资增速基本上是逐步下滑的趋势。当然,这与上年基数有关,也与 2010 年 1 月信贷大增后开始的货币紧缩有关。但值得注意的是,2010 年前三个季度全社会固定资产投资名义增速 24.0%,实际增速 20.4%,其实际增速有步入偏冷区域(低于 20%)的风险。从产业看,2010

年前三个季度三大产业投资增速均呈不断下滑走势。第一产业投资名义增速为17.7%,比上年同期下降37.1个百分点;第二产业投资名义增速22.0%,比上年同期下降4.9个百分点;第三产业投资名义增速为26.7%,比上年同期下降11.4个百分点。其中,第二产业投资增速已下降至近十年来的低点。

而且,2010年的投资增长主要是依赖于房地产投资。前三个季度房地产投资(约占城镇固定资产投资的25%)增速为34.4%,比上年同期高出12个百分点,超过城镇固定资产投资平均增速10个百分点左右。而制造业投资(约占城镇固定资产投资的31%)增速为24.5%,比上年同期下降3.2个百分点;基础设施投资(约占城镇固定资产投资的26%)增速为20.8%,比上年同期大幅下降26.5个百分点。更重要的是,未来投资增速很可能继续回落。一方面,随着房地产调控措施的更加严厉,预计2011年房地产投资增长将会回落,从而使整个投资增长失去一个主要支撑。另一方面,从新开工数据看,2010年前三个季度新开工项目计划投资额同比增长24.5%,比上年同期回落58.5个百分点;新开工项目256798个,同比大幅度减少12465个。9月新开工项目数量和计划投资额增速下滑幅度不但没有缩小,反而有扩大趋势。

从消费增长态势看,2010年前三个季度,社会消费零售总额同比增长18.3%,实际增长15.2%。其名义增速高出上年同期3.2个百分点,但实际增速却比上年同期下降1.8个百分点。如果从季度数据看,目前实际消费增速仍运行在下行通道。更为重要的是,总体上看,目前城乡居民收入增长情况不利于未来消费增速的进一步提高。2010年前三个季度,城镇居民人均可支配收入同比实际增长7.5%,农村居民人均现金收入同比实际增长9.7%,其收入实际增速均低于同期经济增速。城镇居民可支配收入实际增长7.5%已经处于历史低位,长期维持必然影响消费增速的进一步提升和内需结构的改善。

从进出口增长态势看,2010年进出口数据全面超过2008年已成定局。前三个季度,进出口总额2.15万亿美元,比2009年同期多增5916.3亿美元,增幅为37.9%,比2008年同期多增1825.3亿美元,增幅为9.3%。其中,出口总额1.13万亿美元,比2009年同期多增2878.4亿美元,增幅为34.0%,比2008年同期多增602.4亿美元;增幅为5.6%;进口总额1.01万亿美元,比2009年同期多增3028.7亿美元,增幅为42.2%,比2008年同期多增1222.9亿美元,增幅为13.7%。尽管第三季度进出口绝对额继续上升,但增速大幅下降。第三季度出口比第二季度增加407.3亿美元,但增速却比第二季度下降8.7个百分点;第三季度进口比第二季度增加163.3亿美元,但增速比第二季度下降16.7个百分点。

随着 2011 年世界经济增长速度下滑,进出口增速可能仍然趋于下降。

当前,随着宏观调控政策的调整,走向稳健的货币政策,可能会促进这种增长疲软的态势。央行的问卷调查报告显示,2010 年第四季度银行家宏观经济信心指数回落实至 53.5%,比上季降 19.6 个百分点,是年内最低值。同时,企业家信心指数也高位回落,较上季下降 5.2 个百分点至 74.2%。

因此,目前的中国经济既有过热趋向,也有过冷趋向,是冷热交织,游走在通胀与通缩的边缘。而且,冷热之间转换频率加快,具有明显的放大效应。由于冷热交织,再加上预期的推波助澜,流动性过剩有可能会突然转换为流动性不足。而出现这种情况的基础,则是不断累积的结构性矛盾。因此,目前中国经济面临着较大的滞胀风险。2011 年,中国经济很可能出现 GDP 增长速度低于 8%,而 CPI 超过 4% 的局面。由于中国 GDP 增长产生的就业机会非常低下,所以按照历史的经验,当增长速度低于 8% 时,就业压力便会陡升,实际上经济进入停滞状态。而 CPI 超过 4%,意味着进入中度通货膨胀区间。从这一意义上讲,就是我们所定义的滞胀风险。

13.4　宏观调控与治理的取向:预防滞胀风险

在世界经济复苏过程中,中国虽然与发达国家表现有所不同,但身处世界经济再平衡之中,其经济运行同样面临极为复杂和困难的问题,当然其内容不尽相同。因此,中国经济同样需要进行有效的宏观调控与治理。这不仅关系到中国自身能否在经济复苏中保持健康持续的发展,而且对世界经济复苏进程有重大影响。如果中国经济增长显著放缓,不仅将直接牵制发达国家的经济复苏,而且对澳大利亚、中国香港、马来西亚、新加坡、韩国等中国内地的贸易伙伴而言,其主权和企业信贷风险也将受到负面影响。农矿产品市场将受到相当大的打击,汽车制造、化学、重工业和钢铁等行业也是如此,所有出口行业都将受到震动。因此,中国必须对自己负责,同时也对国际社会负责,采取有效的宏观调控与治理措施。

我们认为,针对中国经济游走在通胀与通缩的边缘,应该确立预防滞胀风险的宏观调控取向。其通俗的诠释,就是所谓的"防通胀、保增长"。这也就意味着,在预防滞胀风险的宏观调控框架内,要把防通胀与保增长作为一个整体予以考虑。

问题在于,这两个调控目标的方向性正好相反,具有"对冲"的效应。因为在通常情况下,"防通胀"主要采取紧缩政策;而"保增长"主要采取宽松政策。但在预防滞胀风险的宏观调控框架内,不能简单地按照通常所理解的政策涵义来实现"防通胀"与"保增长"的双重目标。

正如前面分析指出的,目前的通货膨胀压力并不是在明显的经济过热情景下出现的,所以在治理通胀预期中不能采取传统的政策手段,一味地收缩银根,更不能对物价上涨下猛药。否则,就会滑向通货紧缩的境地,阻止经济复苏的进程,甚至出现二次探底的局面。

同样,针对投资、消费等实际增速下降趋势,所采取的治理措施也不是传统意义上的宽松政策,如增大货币供应、增加信贷规模等,更不是应对全球金融危机冲击所采取的特别刺激政策。否则,将更加增大通胀预期,造成恶性通货膨胀的局面,同样会阻止经济复苏的进程。

那么,如何把"防通胀"与"保增长"目标及其政策效应整合在一起呢? 问题的关键,就是要找出两者之间的连接点。首先需要强调的是,当出现滞胀风险时,已不再是一个短期的总量问题,其中一定伴随着反周期政策累积效应,甚至结构性问题。因此,这两者之间的连接点也许更可能是一个短期与中期、总量与结构的综合。我们认为,这个连接点是基于结构性矛盾的流动性泛滥。如果不存在结构性矛盾,仅仅是流动性泛滥,那只是一个短期总量问题,完全可以采取紧缩政策,达到给经济降温的目的。如果不存在流动性泛滥,仅仅是结构性失衡,那是一个中长期结构问题,则要采取结构调整政策,达到修复经济结构性失衡的目的。但在基于结构性矛盾的流动性泛滥的情况下,面对预防滞胀风险,总量的宏观调控是无效的,需要采取短期与中期、总量与结构综合的政策措施,即我们称之为"宏观调控与治理"的措施。

从短期分析讲,由于宏观调控陷于多重两难境地,似乎更应该加大政策弹性,根据实时宏观数据的变化,选择更侧重于控制通胀或是更侧重于保增长。但有一点要强调,即在世界经济再平衡的分析框架下,与以往不同的是,宏观调控要以对外平衡为主,兼顾对内平衡。

从中期分析讲,宏观调控与治理的重点是解决流动性问题。面对流动性的泛滥,无疑首要的任务是流动性回笼。但在政策操作上,可能要解决好两个问题:一是紧缩力度不宜过大,需要审慎应对;二是操作方式与手段要有所创新。

实际上,在目前的流动性回笼中,传统的政策操作方式与手段已面临很大的挑战,央行三管齐下——上调存款准备金率、加息和加大公开市场操作都不同程度上受阻。例如2010年以来央行已七次动用存款准备金率,特别是在2010年底近一个月内三次上调存款准备金率,大型金融机构的存款准备金率达到18.5%,

是 1984 年建立存款准备金制度以来的最高水平。但与此同时,2010 年 10 月人民币存款仅增加 1769 亿元,同比少增 1128 亿元。其中,在加息背景下,当月居民储蓄存款反而锐减 7003 亿元,刷新单月降幅历史纪录。由于"储蓄搬家",上调存款准备金率对收紧银根的作用,必然受到削弱。又如,在公开市场操作方面,就在 2010 年 11 月 16 日各家商业银行上缴存款准备金那天,1 年期央票发行量从前一期的 320 亿元急剧下降至 100 亿元,其后一周更降至 20 亿元。相隔不足半个月,央行在 11 月 29 日再次要求银行上缴存款准备金,第二天 1 年期央票发行量立刻降至 10 亿元的历史新低。除了 1 年期央票发行量大幅"缩水"外,其他央票也面对同样困境,3 年期央票发行量率先降到 10 亿元水平,而属于短期票据的 3 月期央票也同样如此。由于各类央票发行量大幅减缩,在此之前公开市场的资金净回笼态势不再延续,这一货币回笼工具失去大部分收紧银根的能力。

因此,对当前中国的流动性泛滥问题,已不能只在封闭经济的框架下采取相应的治理措施,力图把过剩流动性关进国内的"笼子"或放入国内"池子"里,而要在开放经济的框架下采取"回笼"与"疏导"双管齐下的措施。所谓疏导,就是拓展领域、为我所用,促进经济的货币化、资本化程度。这种流动性疏导,有内外两个方向的互动。

对内来讲,流动性疏导主要是通过加快改革深化进程,大力发展金融市场,创新金融工具,扩大直接融资规模,促进金融深化。进一步打破行业垄断,降低进入门槛,促进医疗保健与教育培训等产业化发展,扩大民间投资渠道。深化农村土地制度改革,促进农民宅基地置换与流转、农村集体土地流转,加快这部分要素的商品化、货币化。

对外来讲,流动性疏导主要是加快人民币国际化进程,扩大人民币贸易结算规模,促进人民币离岸交易和在岸交易,使企业得以通过买卖人民币来为贸易、投资和贷款进行融资。据汇丰银行预测,今后三年至五年时间内,中国与新兴市场每年至少一半或接近两万亿美元的跨境贸易将以人民币结算。但其中的关键,是要建立起境外人民币的回流通道。因此,要尽快出台证券市场国际板,扩大发行以人民币结算的海外主权债券,开设特定期货交易品种等。加强与周边国家和地区的经贸合作,通过东盟自由贸易区等方式,扩大周边国家和地区的人民币使用和流通规模。

从长期分析看,根本出路在于经济转型,特别是调整国民收入分配结构,培育战略性新兴产业,大力发展服务业,增强自主创新能力,降低消耗,提高效能,以及促进海外拓展,参与全球资源配置等。

14 危机、增长与转型*

2011 年是中国"十二五"的开局之年,经济增长呈平稳减速态势,物价上涨势头基本得到有效控制,这在一定程度上归功于后金融危机时期带有浓重预防滞胀色彩的宏观调控政策。但近期国际经济复苏形势的进一步恶化,以及国内经济再平衡效应在短期内难以发挥,使得中国经济的转型之路充满了未定因素。从国际上看,世界经济正在复苏之中,但复苏进程越来越弱,2012 年初国际货币基金组织用"复苏停滞"来形容世界经济复苏之缓慢,尤其是受到美欧等国经济、社会等因素制约,破解主权债务困境乏术,明显拖累世界经济复苏进程。从国内看,虽然发展的有利条件较多,但面临的矛盾也不少,除了一些长期存在的体制性、结构性问题外,主要是经济增速缓慢回落与物价较快上涨交织在一起,宏观调控陷入两难境地;房地产市场成交量萎缩,国家调控的预期目标尚未实现;金融领域乱象滋生,一些中小企业受多重因素挤压而经营困难。在这样的特殊和复杂背景下,我们如何从经济理论和政策层面分析研判中国经济发展的趋势,是值得我们深入思考的问题。

14.1 "危机—增长—转型"分析框架

14.1.1 危机理论:启示与思考

目前,在我们分析中国经济时,总是将其置于美债和欧债危机影响下的世界经济的大背景,并高度关注稳定增长与促进转型。显然,危机、增长与转型已成

* 本章原载周振华等著《危机中的增长转型:新格局与新路径——中国经济分析 2011—2012》(格致出版社、上海人民出版社 2012 年版)导论"危机、增长与转型:理论框架与政策含义"(与权衡合撰)。

为我们无法回避的关键词。那么,危机、增长与转型究竟在理论上是什么样的逻辑关系? 世界经济是否处在全球危机之中? 受到危机影响的全球经济增长前景如何? 中国经济增长究竟如何? 增长与转型的内在逻辑关系如何? 这些都需要我们从理论层面上进行概括和分析。

先从马克思经济危机理论来看。马克思认为,在社会生产力低下条件下的直接产品交换,是不具有供给和需求严重脱节可能性的,但随着产品交换发展到以货币为媒介的商品交换,此时,出现了以下三个方面的矛盾:一是商品内在的使用价值和价值的矛盾外化为商品和货币的矛盾,一旦货币发行量超过了流通领域商品的价值总额,就会引发全局性通货膨胀,造成实体经济与虚拟货币经济的总量的不匹配与失衡。二是货币的流通手段职能使商品的买卖在时空上发生了分离与对立,所以动态地看,信息不对称等市场失灵现象普遍存在,从而激化了市场供求矛盾,致使危机从可能转化为现实,而这正是工业时代经济周期出现的内在动力机制。三是货币的支付手段职能形成了蕴含货币危机的债务链条,这种债务链条在今天表现为形形色色的货币支付工具和金融衍生产品,它们在获取高额投资回报的同时,也在一定程度上放大了市场的系统性风险,当金融监管制度出现纰漏之时,即为危机爆发时刻。2008 年来自美国次贷市场的金融危机的实质,就是从实体经济引向虚拟经济的货币债务链条的崩溃。

因此,如果撇开制度分析,单就经济运行特征而言,马克思的危机理论对资本主义生产和消费的周期性振荡直言不讳,即生产过剩经济危机是商品流通领域供求矛盾的直接表现,而市场上的供求矛盾又不过是生产和实现(消费)矛盾的具体表现形式。同时,服务于市场交换的资本主义的货币制度、银行制度、汇兑制度、信用制度等,为市场交换领域矛盾的激化、潜在危机的现实化提供了制度结构条件,在某种意义上说,这些制度结构之间的不协调与相互碰撞,给经济危机的发展起了推波助澜的作用。但马克思的分析并未停留于此,他进一步指出,危机中所孕育的社会经济矛盾也是沿着“生产—交换—消费—分配”的路径展开的,也就是说,当危机产生的市场供求矛盾无法通过生产、交换和消费来加以解决时,就一定会影响到分配领域,在资本主义世界里就表现为资本家同工人之间的阶级对立与对抗,从而在本质上揭示出资本主义危机在颠覆资本主义制度过程中的必然性与科学性。

尽管马克思以后的经济学家,特别是西方经济学家试图用数理形式来定量刻画和分析资本主义世界危机的影响与特征,但这些著述对现实的指导意义仍然无法超越马克思主义政治经济学的分析。马克思危机理论之深刻在于,即使是在马克思逝世 100 多年后仍旧可以运用这一理论来解释现实和预判未来。可以看到,就在金融危机爆发后的短短几年内,全球经济失衡引发的社会冲突与矛盾日益激荡,以"占领华尔街"为代表的大规模集体罢工运动在资本主义世界此起彼伏,证明马克思的经济危机理论仍具有鲜活的生命力。

凯恩斯从 1929—1933 年的经济危机中,总结出三个基本心理规律,来说明有效需求不足是引起经济危机的原因。第一个是边际消费倾向递减规律,即当人们收入增加时,消费也随之增加,但消费增加的比例不如收入增加的比例大,所以富人的边际消费倾向通常低于穷人的边际消费倾向。此外,边际消费倾向取决于收入的性质还体现在,个体消费者大都着眼于长期收入前景来选择他们的消费水平,而与永久性收入相对的暂时性收入会被储藏起来。因此,收入不稳定的个人通常具有较低的边际消费倾向。正是由于人们对未来收入的预期对边际消费倾向影响甚大,边际消费倾向的降低,使得经济更为萧条。

第二个基本心理规律是资本边际效率递减。所谓资本边际效率递减规律是指人们预期从投资中获得的利润率(即预期利润率)将因增添的资产设备成本提高和生产出来的资本数量的扩大而趋于下降。凯恩斯在用边际消费倾向规律说明消费不足之后,指出资本边际效率崩溃将会引发投资需求不足。

第三个基本心理规律是灵活偏好。所谓灵活偏好规律是指人们愿意保持更多的货币,而不愿意保持其他的资本形态的心理法规。凯恩斯认为,灵活偏好是对消费不足和投资不足的反映。具体而言是由货币需求的交易动机、谨慎动机以及投机动机决定的。这三种动机,尤其是谨慎动机,说明面对诸多不确定性时,人们通常不敢轻易使用自己的存款。

凯恩斯以其内在逻辑一致的三大心理规律,对经济危机作出了全新解释,并在此基础上形成了摆脱危机、走出萧条的全新思路。在凯恩斯看来,要摆脱危机无非就是要通过政府干预以增加市场的有效需求,即在封闭经济环境下增加国内的消费需求和投资需求,以及在开放经济环境下增加消费、投资需求和净出口贸易需求。在凯恩斯学术观点的影响下,凯恩斯主义的政策践行者往往倡导政府在危机爆发中的救市政策,主张通过积极的财政政策和稳健的货币政策刺激有效需求,以尽快摆脱危机的负面影响。

14.1.2 经济危机的双重增长效应

无论是马克思的危机理论还是凯恩斯的政策导向,都或认为危机不可避免,或认为危机带来生产率的下降。但如果从另外一个角度看,危机或许是带来新一轮增长的契机。

首先,危机具有"清洗效应"。经济危机提供了一种减少无效率的清除机制,这一观点可以追溯至熊彼特的"毁灭性的创造"。在熊彼特看来,"(萧条)仅仅是暂时的,它是重构经济系统使其更有效的途径"。危机迫使缺乏生产效率的企业退出市场,清除无效或低效产能,从而提高行业的平均利润率;当经济复苏开始并出现新一轮增长时,被淘汰的产能在新工艺或新技术层面得到重新集结,并发挥出以往旧工艺和旧技术层面无法比拟的生产效率。

其次,在危机时从事非生产投资活动的机会成本更低。这一结论同样也是来自熊彼特的经济周期理论,并普遍存在于新熊彼特增长理论中。例如,阿尔钦等人就认为,当经济处于低谷时反而更适合企业从事一些有利于提高生产率水平的活动,比如结构重组、人员培训、新技术的运用以及资源重新配置等。与其在经济繁荣时开展这些活动,不如在经济萧条时进行,是因为从事培训等非生产投资活动的机会成本在危机时更小一些,而在经济繁荣时期从事这些活动将会大量减少当期产出,使得企业不得不付出较大的机会成本。而当经济出现复苏迹象后,在危机中积累的人力资本又可以成为新一轮经济增长的动力。

再次,企业在危机时可能采取"劳动窖藏"策略,以谋求新的发展。在劳动窖藏理论看来,由于存在更替成本,企业在危机时选择将工人从生产性岗位转移到能够提高生产率水平的非生产性岗位上,从长期看也能提高生产率水平,其背后的作用机理同机会成本理论是一致的。

所以,从上述观点来看,危机也可能对生产率起到促进作用,从而在萧条中孕育新的增长契机,关键在于新力量的产生能够突破旧体制和旧框架的束缚,实现从量变到质变的转化。

14.1.3 多重失衡、中等收入陷阱与转型发展

当今世界面临传统发展框架下的多重失衡,一是实体经济与虚拟经济的失衡,症结在于全球资本流动性过剩;二是国际经贸关系中的进出口失衡,比如长期以来形成的中国出口和美国进口的"恐怖平衡"模式;三是发达国家和发展中国家国民账户中的投资和消费失衡,引发各国国内的经济秩序的紊乱和有效需求不足等问题。为此,世界金融危机的爆发是多重失衡引发的必然后果,在危机中寻找、发现并培育新力量的过程便意味着转型,包括全球经济发展方式、内外需结构以及消费和投资结构的转型。

从中国经济发展来看,目前的主要问题在于受制于上述三重失衡的影响,中

国经济正在面临如何跨越中等收入陷阱问题。为此,能否成功促进和实现转型发展,是跨越中等收入陷阱的关键与核心。从经济发展的理论来说,经济发展的过程实际上可以理解为需要经历或者至少突破三个"发展陷阱":一是"发展的贫困陷阱",即处于贫困状态的个人、家庭、群体、区域等主体或单元由于贫困而不断地再生产出贫困,长期处于贫困的恶性循环中而不能自拔。正如纳克斯的"贫困恶性循环"理论、纳尔逊"低水平均衡陷阱"理论以及缪尔达尔的"循环积累因果关系"理论等所指出的那样,发展中国家总是陷入低收入和贫困的累积性恶性循环之中,因此"一国穷是因为它穷"。二是"经济增长的人口陷阱",即任何超过最低水平的人均收入的增长都会被人口增长所抵消,最终又退回到原来的最低水平。因此,人口陷阱的存在是发展中国家人均收入停滞不前的根本原因。而要解决人均收入停滞不前的状况,就必须千方百计从陷阱中跳出来。三是"中等收入陷阱",即发展经历了中等收入水平阶段,特别是人均收入达到中等水平后,不能顺利实现经济发展方式转变,导致新的增长动力不足,出现经济停滞徘徊。

从发展中国家的转型实践与经验教训看,能否突破"贫困陷阱""人口陷阱"和"中等收入陷阱"是转型的关键,制度创新、技术创新则是推动经济发展模式转型的驱动力。制度和技术创新为发展和经济起飞提供重要的制度条件和技术支撑。有了好的制度和体制、机制设计,就能够保证有足够的动力推动技术创新,从而实现经济发展和起飞,甚至跨越式发展,从而摆脱长期贫困和低水平增长状态。发展转型更深层的含义,是通过放弃传统粗放型发展模式,特别是通过产业升级和转移,提高服务业发展的规模和效率,最终实现经济可持续的增长,进一步提升收入和生活水平。由此可见,经济发展的过程实际上就是通过一系列制度创新、技术创新、转型发展,从而突破不同发展阶段的陷阱,进而不断迈向高收入增长的新阶段。

从中国经济发展的实践来看,中国的发展至少比较成功地迈过了前面两个"陷阱":首先是持续 30 年高速增长提供的物质基础以及政府实施的大规模减贫战略,使得中国比较成功地克服了"发展的贫困陷阱"。中国的发展和减贫战略使得贫困人口迅速下降,从 1978 年的 2.5 亿绝对贫困人口,下降到 1985 年时1.25 亿,1990 年则下降到 8500 万,到 2000 年更下降到 3200 万,目前贫困人口数进一步下降为 2375 万。中国的经济发展避免了陷入长期贫困和恶性循环,城乡居民收入水平和生活水平明显得到提高和改善。其次,中国依靠实行计划生育政策与政府推动和市场机制双重作用下的大规模投资和高增长,使总收入达到一个较高的水平,确保了人均收入水平的增长速度大大地超过人口的增长速度,因此也比较成功地避免了发展的"人口陷阱"。

但是,从发展中国家的第三个陷阱即"中等收入陷阱"来看,中国能否成功逾越,目前仍然面临许多挑战和不确定性。过去近 20 年中,中国经济年均增长9.6％,按市场汇率计算,人均 GDP 从 1995 年的 600 美元跃升到 2010 年约 4000美元。中国已经从低收入国家进入到中等偏上收入国家的行列,但是已经出现了一些发展中国家在人均收入进入中等偏上水平过程中曾经出现过的"中等收入陷阱"的一些现象和特征:城乡居民和地区收入差距扩大、经济社会发展不平衡、产业结构升级缓慢、经济增长方式粗放、劳动者报酬偏低、内需尤其是消费需求不足等。在我们看来,问题不仅仅在于中国经济发展已经出现了"中等收入陷阱"的一些现象和特征,关键在于中国经济缺乏新的内生性的增长动力,特别是在全球经济重新调整,外部需求萎缩,国内需求不足,又面临人口老龄化、社会保障体系不完善等压力下,中国经济能否继续保持新一轮的持续高增长,从而进入更高的收入水平和发展新阶段,进而确保中国经济发展真正实现民族复兴、全面小康和现代化的目标。

这是一个十分带有挑战性的重大问题。显然,中国未来发展除了上述提及的分配关系恶化、发展不平衡以及产业升级缓慢等因素制约以外,更重要的还在于如下几方面的因素和制约:一是未来受到全球经济增速放慢、中国经济结构调整的影响,经济增长速度会放慢,过去的高速度的增长奇迹恐怕难以再现。二是人口供求结构的变化,依靠人口红利维系的制造业红利正在逐步消失,传统制造业的分工格局和产业链体系正面临劳动力成本上升等重大挑战。三是建立在要素价格扭曲、资源能源高消耗、环境污染代价等基础上的粗放式工业化道路和模式,正面临资源类价格体制机制改革深化以及节能减排等因素的巨大挑战和生存压力。四是与城乡公共服务均等化的目标相悖的城乡二元分割状态的浅度城市化和"夹生饭"的城市化模式面临转型,解决城乡一体化发展以及农民工市民化的任务十分紧迫,以工业化和城市化为主要动力的经济增长受到城市化和工业化模式转型的约束。五是改革和制度创新进入新的阶段,体制机制创新进入深水区,改革比过去任何时候都面临更大的困难和压力,以市场化体制改革和制度释放为动力的发展模式同样也面临新的环境和变化。所有这些都表明,中国经济发展到今天这样的新阶段,正在面临原有增长动力枯竭、新的动力转换的问题。如果我们找不到新的增长动力和增长源泉,可能就难以跨越"中等收入陷阱"。

14.2 转型发展的政策含义

从经济史的角度看,有些国家在人均收入进入中等水平以后出现了"中等收入陷阱"的事实。但是,并不是所有国家都经历了这个阶段,有些国家和地区成功地突破了"中等收入陷阱",如日本和亚洲"四小龙";但是也有一些国家和地区如拉美各经济体,却已进入了"中等收入陷阱";目前东南亚以及东盟国家和地区正面临"中等收入陷阱"的挑战。从理论和经验来看,进行成功的制度创新、技术创新、转型发展是跨越"贫困陷阱""人口陷阱"和"中等收入陷阱"等各类发展陷阱的关键。从中国发展的经验来看,正是由于过去改革开放 30 年来市场化制度创新,以及对外开放、引进国外先进技术、实施有计划的人口控制政策等,加上快速的城市化和工业化发展,比较有效地克服了发展中的"贫困陷阱"和"人口陷阱"。但是从目前中国经济发展的阶段性特征来看,未来中国经济能否跨越"中等收入陷阱",核心和关键在于通过解决一系列结构性的深层次矛盾和问题,转变经济发展模式,为新一轮经济增长注入新的动力和增长源。从这一点而言,解决"中等收入陷阱"问题在中国不仅仅是一个简单的解决收入分配差距和分配不公问题,而是关系能否解决好中国经济发展方式转变这一重大和根本性的问题。从根本上说,中国经济发展之所以面临"中等收入陷阱"的挑战,实质性的原因就是传统经济发展方式及其弊端所致。为此解决这个问题的关键就是必须推动经济发展方式的转变。

这个转变至少要在如下几方面加以重点推进:一是从投资驱动增长向创新驱动增长转型,逐步提高全要素生产率,尤其是逐步提升技术创新和科技进步对经济增长的贡献,这就要依靠教育创新、人才和人力资本积累等要素,提升经济发展的质量和效益。二是从过度依靠外需拉动转向主要依靠启动内需拉动增长,尤其是提高消费需求对于经济增长的贡献。这就要依靠调整收入分配结构,逐步提高居民收入水平在国民收入中的比重以及劳动者报酬在初次分配中的份额,积极采取税收等措施,扭转收入差距扩大的趋势。三是从过度依靠低端和低附加值的制造业立国转向逐步依靠发展服务经济富民强国转变。这就要求加快产业结构调整,特别是加快对于传统制造业的升级与转移,大力发展和培育战略性新兴产业,同时要扩大服务业发展规模,提高服务经济发展效率。四是从城市偏向的发展战略转向注重城乡一体化协调发展战略转型,推动浅度城市化走向深度城市化，通过逐步实现城乡公共服务均等化，加快推进农民市民化进程，让城乡居民共享工业化和城市化的发展利益。最后，也是最为关键的一点，就是要通过体制机制和制度创新，推动经济发展方式的根本性转变。从某种意义上，中国的发展能否跨越"中等收入陷阱"，关键在于能否彻底转变经济发展方式；而转变经济发展方式的关键，则在于制度创新能否有根本性突破，当前特别是能否在资源类价格体制机制改革、户籍制度改革、收入分配制度改革、政府职能转变等方面有重大的实质性突破和进展。正是这些关键性的制度创新决定着中国经济发展方式能否得到根本性转变，进而中国经济发展能否有新的增长动力和源泉，也才决定着中国发展能否真正跨越"中等收入陷阱"。

14.3 主要内容和基本结论

《危机中的增长转型：新格局与新路径——中国经济分析2011—2012》围绕宏观经济发展中的热点、难点和值得关注的重点问题，进行分析、思考和研究，为中国国民经济沿着宏观调控预期方向，探寻发展新路径，呈现增长较快、价格趋稳、效益较好、民生改善的发展新格局，提供科学的战略思维和多样性政策建议。

第一，从对欧债危机爆发、蔓延和原因分析入手，指出欧债危机对欧洲乃至世界经济的负面影响。2012年欧洲的经济增长率将在2011年的基础上进一步下降。如果出现成员国退出欧元区的事件，欧洲将会陷入新的经济衰退之中。我们的研究回顾和比较了美债危机的特点、欧美债务危机的前景及对世界经济的影响，预判如果欧盟最后学美国让欧洲中央银行步美国后尘，通过注入资金来解救欧债危机，那么中国定将迎来流动性过剩的问题，全球通货膨胀将变成主要矛盾。研究认为，在经历了20世纪80年代和90年代的快速发展之后，经济全球化的高潮将逐渐转为相对低谷状态，经济全球化在未来十年内将处于相对的低潮期，需要通过产业结构调整变动和跨国资本转移来积聚新的力量、掀起新的高潮。全球产业结构调整变动的趋势和跨国资本转移的新动向，将对中国的产业结构调整产生重大的影响。就上海发展而言，全球产业结构的调整趋势和服务业的发展将带来很多新的发展机遇。一方面，上海的一些低端制造业需要向外转移，同时又需要加大服务业外资引进力度和服务业基础设施的投资规模。如果我们的战略与世界产业的结构调整需要相契合，那么上海就可以一边转移一边承接，使得上海产业结构向高端制造业服务业方向的调整变得更为顺利。

根据新的科技革命将主要在节能技术和生物工程两个方向上推进并可能取得突破性进展的基本判断,上海要在未来的科技革命中取得领先地位,在"十二五"期间就需要通过政府投入和鼓励民间投资两个途径来加大新能源、新材料、生物工程、节能技术、三网合一等新兴产业投资力度,使之形成基本的产业规模,以待科学技术上取得突破性进展后迅速在制造生产环节取得领先地位,从而实现"创新驱动、转型发展"的发展目标。

第二,从发达国家遭受全球金融危机重创后的艰难经济复苏中寻求解脱之策的角度,重点分析美国"制造回归"和"再工业化"战略的预期效应和波及影响。美国"制造回归"和"再工业化"战略的提出,是有深刻背景的,并非这次金融危机中临时性应对的相机抉择,表明了向实体经济回归的重大调整。美国"再工业化"战略的实施,具有许多实质性措施的支撑,并在实践中已初显成效,较好地促进了美国的经济复苏。虽然美国海外制造企业出现回流现象,但仅仅通过税法改革等奖惩措施留住和吸引"制造回归",其作用和效果是有限的。美国加强贸易执法和开拓新市场,在实际操作中也会有一定难度,可能会引发更大的贸易冲突,甚至导致贸易战而宣告失效。从未来趋势看,这种回流也不太可能成为"大规模现象"。然而,美国"再工业化"战略不仅仅是通过一系列政策吸引"制造回归",更为重要的是在加快传统产业更新换代和科技进步的过程中,实现实体经济的转身与复苏,特别是利用人工智能、机器人和数字制造技术来策动制造业革命,重新构筑世界制造业的竞争格局。随着这一战略实施的不断深化,其政策效应将不断显现出来,并首当其冲地波及中国制造业。基于劳动成本、全球供应链、国际市场等因素,美国"制造回归"对中国现有制造业的总体影响是有限的,但将对中国制造业高端化升级形成强大冲击。因此,我们要密切关注美国策动制造业革命的新动向,及时调整,积极行动,抢占机遇。

第三,对中国经济增长前景和发展趋势展开多层次分析,并就中国经济的软着陆进行可行性分析。2011年中国经济仍然保持平稳较快增长,继续朝宏观调控预期方向发展。消费需求保持稳定,固定资产投资增长较快,进出口总体平稳较快增长,居民收入稳定增长,但物价上涨较快。从需求角度来看,消费、固定资本形成、净出口对GDP的拉动各不相同,内需仍是支持经济增长的强劲动力,而全球经济复苏缓慢则对经济增长产生了一定制约。在全球化背景下长短周期因素影响日益复杂多变,尤其是在次贷危机影响还未消去、欧债危机解决困难重重的条件下,2012年中国经济硬着陆风险正在上升。在短周期因素中,外需由于发达经济体步入衰退期,而内需由于居民收入水平提升不足,难以在短期有效扩大。基于中国政府主导型投资行为的影响,政策层面的影响将主要表现在三个方面:一是财政政策扩张的影响即"四万亿元"投资滞后效应;二是过度货币紧缩政策所导致的信贷紧缩与资金脱媒;三是政府换届效应。由于通胀压力远未消除,滞胀风险并未消除,未来两年中国经济的增长势必放缓。在此背景下,经济如何"软着陆"是继续发展必须回答的问题。软着陆政策仍旧主要是通过投资、净出口和消费这三个方面来影响经济运行。首先,用财政政策推动软着陆的空间已不大,并且效果究竟怎样值得怀疑。其次,软着陆必然意味着对流动性的抑制,同时视需要略加放松。而盘活农村土地市场和放开民间出国投资的政策,正是注入流动性的好方法。在常规的财政、货币政策效力有限的情况下,经济基本体制方面的改革应当是软着陆的主要内容。

第四,分析并预测中国的通货膨胀形势及其对经济社会发展的影响程度。2004 年以来,中国出现了持续的中度通货膨胀,尽管 2009 年出现了短暂的通货紧缩,但 2010 年下半年通货膨胀开始卷土重来,实际上这次通胀是 2004 年到 2008 年那次通胀的继续。通胀指数与居民实际切身感受的不一致,说明居民消费价格指数实际上严重低估了中国的通货膨胀程度,居民消费价格指数暂时不能用来衡量中国通货膨胀程度。2012 年中国通胀压力犹存,这种压力不可能转化为严重通胀或中度通胀,有的只是温和通胀。在预防和应对温和通胀方面,具体的政策导向应当是,货币政策不能放得太松。因为中国的货币扩张已经受到了国内商品价格、资产价格迫近国际水平的严重制约,放得太松就会增加宏观调控的难度,以后很难再通过货币扩张来解决有些经济问题和社会政治问题。但是,货币政策也不适合太紧,货币政策过于紧缩,极有可能发生通货紧缩,导致经济"硬着陆",强行引爆房产泡沫,导致经济危机。因此,研究主张实行真正稳健的货币政策,实行正常的货币政策,不能太紧,避免经济大起大落。

第五,对选择最优货币政策与经济平稳增长的关系进行研究。2011 年中国物价水平不断攀升,行政干预物价也最为频繁。尽管中央银行公开宣布的货币政策是"稳健的",实际观察则是一个"从紧"的货币政策。2011 年上半年,三次提高金融机构存贷款利率,六次提高存款准备金率;货币供应量 M2 增长率从目标值 16% 左右下调到 13%—14%。这一货币政策已经对宏观经济运行产生了明显的影响:通货膨胀率上涨的压力似乎正在减轻,经济增长率也逐渐下降。按照目前所公布的名义和实际经济增长率、货币供应增长率、物价上涨率、工业产出增长率等数据,我们的研究进行了基于经济理论的经验实证,发现了货币政策对通货膨胀及产出影响具有时间滞后效应,揭示出最优货币政策的目的应是减缓在均衡水平附近的产出波动,而货币政策的反复无常才是经济频繁波动的真正根源。因此,2012年并非是一个未知的、令人困惑的年份,而应该是一个非常规的货币政策向常态货币政策回归的转换期。

第六,从结构优化的视角阐述中国金融资源的配置效率。当前,中国金融体系结构的弊端在于,金融资源配置不均衡、不合理状况较为严重,相关部门占用金融资源规模与对经济增长的贡献不匹配。这种状况的直接后果就是小企业融资困难、农村融资困难,以及由于缺乏市场化配置调节作用而致制造业产能过剩。金融资源配置不均衡与配置方式、体制性因素、利率市场化程度以及金融市场准入严格限制等要素相关。均衡金融资源配置的关键是加快推进利率市场化、放松市场准入;同时,在金融业运行中,要进行金融创新,调整融资规则,使更多的金融资源向更有效率的领域配置。

第七,从分析房地产业与宏观经济的关系入手,在梳理2011年度宏观调控政策的基础上,对当前中国房地产市场现状展开实证分析。2011年以来出台的房地产调控政策,短期内已经取得比较理想的效果;由于保障房体系建设需要时间,另一方面全国房屋权属系统尚未成熟,房产税短期之内没有取代限购令的可能,在未来一年内三限政策不会松动。从行业发展和宏观经济稳定的角度看,由于当前经济发展所面临的两难迷局,在资金、土地、政策和消费预期都受到影响的环境下,房地产业已经难以保持以前的高增长状态。整个产业的发展模式,以及企业的经营方式必须转变,而转变的难点则在于房地产行业的双重属性:一方面房地产行业是关系国计民生的支柱产业,对国民经济的稳定发展和宏观调控具有举足轻重的作用;另一方面,对房地产行业中的企业而言,新政的出台势必在一定程度上削减行业的垄断利润,使得一部分经营不佳的房地产企业濒临倒闭和出局。为此,行业调控目标和调控机制就显得尤为重要。我们的研究运用产业选择理论,以投入产出模型为基础,从产业链条角度,应用影响力系数和感应度系数指标,建立理论分析模型,从产业对国民经济的需求拉动能力和供给能力的角度开展实证分析,并在此基础上提出建立房地产宏观调控的长效调控机制的建议:一是在调控机制的方向上,采取房地产金融、信贷及税收政策,增加投资者的投资成本,降低其投资收益,以改善市场主体预期;二是增加商品房市场土地有效供给,在总量增加的前提下完善住房供应结构,并建立与之相配套的风险控制、住房保障制度、住房租赁体系等;三是在中长期,对目前主要偏重于行政手段的宏观调控的房地产领域给予必要的适度调整,使得经济、行政、法律等手段更好地相互补充,创造一个科学合理并且持续有效的房地产宏观调控体系。

　　第八，在回顾结构性产能过剩历史的基础上，着力分析经济危机背景下新一轮产能过剩特点。全球金融危机背景下，中国采取了以大幅增加投资为主的一系列应对措施，使经济总体上保持了稳定增长。但随着投资规模迅速扩张，部分产业出现了产能过剩的问题。导致中国现阶段产能过剩的原因是多方面的，其中一些因素是由市场规律及现阶段经济运行的特点所决定的，还有一些因素则带有浓厚的中国转轨时期的体制色彩：一是产业结构不适应需求结构，"结构性过剩"突出；二是国际产业梯度转移，助长国内产能扩张；三是阶段性的产能过剩也与产业和产品自身所处的生命期以及经济的周期性波动有关；四是进一步揭示了产能过剩的体制因素。产能过剩实际上是一个动态的过程，产能并不等于产量，过剩的产能不可能全部转化为产量，关键是控制生产要素的投入，特别是那些容易创造政绩的行业的投入，防止产能的过度释放。同时，应当把已经形成的产能与适应市场需求、有市场竞争力的产能区分开来。许多所谓"落后产能"，有技术落后的问题，更多的是体制和机制落后的问题。为此，我们的研究针对性地提出从源头与扩大需求的角度综合治理产能过剩的若干对策建议。

　　第九，针对中央应对金融危机推出的"四万亿元"经济刺激计划，在促进中国经济实现平稳过渡的同时，也推动了以地方融资平台为代表的各类政府性负债对宏观经济发展的各种负面作用，就政府性债务的规模及结构进行梳理，分析其形成演变的过程，并就地方政府债务风险及其对中国宏观经济运行的冲击进行综合剖析研究。研究表明，中央及地方两级政府显性债务占 GDP 的比重仅为33.56%，但如果计入中央政府隐性债务，该指标将增长至58.35%，距离60%的警戒线仅一步之遥。而中央及地方两级政府全部债务总和占 GDP 的比例在2010 年末则达到了68.33%。如剔除铁道部负债及三大政策性银行负债，中国政府债务相对水平将下降 17 个百分点至51.02%。通过分类别对政府债务进行国际比较和风险评估，指出即使经历了快速的债务规模增长，中国地方政府的债务负担率仍然处在合理水平，未能影响到地方政府的信用状况；经济增长依然强劲的局面，更是增加了地方政府消化债务的能力。2012 年，中国地方政府债务的清偿能力仍然有充分保证，但短期流动性风险上升，对个别地方政府和当地经济运行或造成一定冲击，地方政府债务快速上升的风险正在积聚，必须有针对性地防范地方政府债务风险对经济发展的冲击。我们研究进一步表明，建设性政府的定位，让政府承担了过多的经济职能，政府企业在经济衰退时期要承担平稳经济的责任，不能正常缩减经营，反而逆势"加杠杆"，是导致地方政府债务快速上升的主要原因。在经济运行正常时期，政府过多参与经济活动，不仅挤占了民营资本的活动空间,而且也大大降低了经济效率。2012年地方政府债务的流动性风险是否会转化为现实压力,关键看地方政府对其他资金来源的开辟情况。从长期看,发展地方政府债券市场,是解决地方政府财政收支在时点上不匹配并提高地方政府服务当地经济和社会事务能力的最佳方案。债券和信贷相比,信息更公开,更有利于社会对政府财政事务的监督。当前中国宏观经济运行同时面临三大泡沫风险(信贷、房地产和影子银行)和潜在高通胀的风险,化解前者三大风险需要在经济结构调整的同时,保持适度宽松的流动性,而治理后者通货膨胀风险则需要收缩流动性,化解地方融资平台风险,以及减缓房地产泡沫快速破裂对经济平稳运行的冲击,也需要我们实行宽松的货币环境。

第十,研究劳动力市场转型、收入分配变革与宏观经济增长之间的关系。从劳动力市场转型情况来看,围绕中国刘易斯拐点的研判讨论,比较一致的看法是过去30年间中国经济"增长奇迹"所倚重的劳动力市场的价量优势将不复存在,至少是较大程度的消隐。劳动力的供不应求和价格上升全面到来之际,中国劳动力市场供求总量与结构的变化成为构成宏观经济增长与转型的重要微观基础。我们的研究分析认为:中国不彻底的城市化对劳动力市场产生了决定性的影响,二元刚性制度约束下的人口流动与城市化进程,导致了城市户籍人口与农村流动人口二元分割的劳动力市场。从演化动态视角看,劳动力市场的分割还将引发劳动力市场的周期性波动,主要反映在一是城市工业体系缺乏熟练的产业工人,二是周期性的"用工荒"现象。从收入分配制度来看,收入分配制度改革以及相关的劳动用工法律法规完善,在劳动力市场的转型过程中也充当了重要角色。从短期看,改革无疑会增大企业的用工成本,甚至挤压企业利润空间致使经营不善的企业倒闭关门;但是在长期,改革将有助于革除劳动力市场藩篱,实现均等化的公共服务,并提高劳动报酬占比,促进经济发展方式的转变。为此,劳动力市场转型是理解中国城市化和经济转型的关键变量。刘易斯拐点的显现意味着中国制造业长期以来依赖的劳动力价量优势已趋向殆尽,经济长期增长的动力就蕴含在深度城市化之中。然而,浅度城市化引发城市内部"新二元结构"、劳动力市场分割以及劳动者权益和福利受损等一系列社会经济问题。面对经济发展中的这些突出矛盾,我们就政府相关部门的公共政策设计提出进一步挖掘劳动力供给潜力、以市场机制理顺劳动力价格、劳动力市场政策保持规范性与灵活性、以财政政策引导产业转移和公共服务均等化等多方面的对策建议。

第十一,研究了中小企业发展现状和环境及其与宏观经济的关系。中小企业是推动国民经济发展、构建市场经济主体、促进社会稳定的基础力量。中小企业发展环境主要包括经营环境和政策环境。从经营环境来看,受宏观经济形势和国内外市场变化的影响,生产成本上升、资金供应紧张和盈利水平下降等压力越来越大。从政策环境来看,虽然 2011 年出台了一系列扶持、促进中小企业发展的政策,但政策体系以及政策执行过程有待进一步完善。基本面数据表明,中小企业发展指数的趋恶,尤其是中小企业的成本指数、资金指数和效益指数的持续恶化,中小企业发展面临的经营成本上升、融资难度加大和盈利空间缩小的困境尚未得到改善。同时,宏观经济感受指数的持续大幅下降,显示出企业家对宏观经济发展的前景不乐观、对企业经营信心不足。其中人工、原材料、税费负担等经营成本的上升以及资金紧张是当前中小企业发展中面临的两大主要困境。2011 年国内中小企业发展政策环境,已经呈现出"三化",即规范化、体系化和"宽松化"的特征。随着中小企业融资政策措施的实施和融资服务体系的完善,金融机构对中小企业的融资状况也发生了积极的变化。2012 年,在全球及国内经济增长下滑、国内生产成本压力上升等因素的作用下,国内中小企业的发展将面临更加严峻的挑战,但是随着 2011 年末出台的一系列政策措施的实施,"十二五"期间各专项规划的落实,也将为中小企业提供新的发展机遇、带来实质性的利益。中小企业活力的激发和健康发展,将成为中国经济发展中一支重要的生力军。

　　第十二,从中国区域经济发展的协调性视角出发,分析经济协调增长的新格局、新挑战和新思路。首先,从全球空间范围来看,全球化与信息化两大潮流交汇发展,"空间距离"被压缩,各类资源与生产要素在全球的空间配置范围大大扩张,配置效率大大提高;而生产要素特别是劳动力要素在全球空间的自由流动仍然受到很大的限制,增长在地理空间上总是被"极化"。其次,从中国区域经济来看,改革开放以来的市场化改革使得中国经济总是在"极化"的地理空间上增长,以城市群与经济带为核心的空间发展格局初步形成,东、中、西部"条状"与城市群"块状"的空间失衡状态仍在持续,城乡新旧"二元结构"并存。为此,实现中国区域经济协调发展,要求在传统的经济增长理论中纳入"空间"的范畴,在理论上构建区域经济增长新的空间分析框架,在区域经济协调发展的政策实践中形成新的思路。中国区域经济增长的新格局是:中西部地区发展速度明显加快,优势产业各具特色;经济区域等由"带状"转向"块状"发展,以城市群为核心的空间发展格局基本形成;区域开发秩序进一步规范,国土空间规划得到"顶层设计";区域合作广度深度不断拓展,经济一体化进程大大加快。同时,中国区域经济增长也面临着一系列新的挑战:一是全球化、信息化使得全球的产业将重新解构,生产要素重新在全球范围进行配置;二是出口导向型战略面临着巨大的挑战,经济过度依赖出口存在较高风险;三是区域资源环境承载能力的制约日益加剧,环境承载能力、土地和能源供应等制约明显;四是同城化趋势对传统的区域社会管理方式和政府公共管理能力提出新的挑战;五是提高区域政策有效性,处理好政府与市场的关系也面临新的挑战;六是加快建设国际化大都市步伐的新挑战。我们的研究提出,中国区域经济的协调发展的新思路主要是:其一,空间上形成"聚集"是市场经济的必然结果,要在集聚中实现区域经济的协调发展;其二,以区域"城市性"化解城乡新旧二元结构;其三,加强各省市专项规划的衔接,联动实施国家区域发展战略;其四,积极探索发展"飞地经济"等区际空间合作的新举措;其五,实施多维生产要素空间协同,促进各类资源在空间上优化配置,继续推进城市化进程,扩大交通基础设施的空间正溢出效应等。

　　第十三,在回顾总结过去十年中国抓住入世参与全球化的机遇,逐步形成和打造参与全球竞争的市场环境,积极利用贸易与投资的互动,促进贸易乃至中国经济的整体跨越式增长成就的基础上,分析指出由于中国目前依旧处于全球产业链的低端,城乡二元经济结构的劳动力优势正在逐渐丧失,外贸发展的动力有式微之势。与此同时,受国际市场的影响,低迷的外部需求将使得中国与主要贸易伙伴国之间的关系竞合化,容易产生贸易摩擦,中国外贸发展正面临着内外双重压力与挑战。主要表现为:贸易摩擦频发,手段日趋多样化;中国贸易的比较优势发生着结构性转变,就业人口增长放缓,用工成本持续上升;高污染高能耗的发展模式使生态环境承受着沉重的压力,出口贸易与生态环境协调和谐的要求越来越高。总之,无论从规避国际贸易保护主义层面考虑,还是从中国自身增强贸易增长动力方面考虑,中国传统粗放式出口贸易增长方式和出口产业结构的渐进式改良与转型,都是未来贸易发展亟须关注的关键问题。根据入世前十年所取得的贸易成就及中国当前的贸易结构特征,未来十年中国的贸易结构转型将会呈现以下趋势:一是技术水平升级,高新技术产品的出口比重不断提高;二是出口市场多元化,自由贸易协定的作用日益凸显;三是随着地区经济的协调发展,中西部地区的贸易份额稳步提升;四是贸易结构的转型与升级,重点是加工贸易的转型与升级。

15 世界经济低迷与中国经济及战略选择 *

2012 年以来,世界经济出现了金融危机以来的二次探底,全球经济复苏速度明显放慢,处于衰退边缘。国内经济增速前三季度持续回落,降幅超过预期,第四季度企稳回升。2013 年国内外经济依然存在下行压力,充满风险和挑战。因此,必须从最坏处着眼,向最好处争取,稳中求进,努力保持经济持续健康发展。

15.1 世界经济低迷下的中国经济

15.1.1 世界经济日益严峻

2012 年,世界经济出现了自 2009 年金融危机以来前所未有的严峻局面,经济运行的动荡和不确定性显著增加。

一是欧债危机深度恶化。进入 2012 年,欧债危机反复发作,呈现出长期化趋势。第一季度希腊偿债危机导致市场剧烈震荡;第二季度意大利和西班牙债务危机浮出水面,再次引起市场恐慌。进入第四季度后,欧洲边缘国家又引来了新一轮偿债高峰,债务风险再度放大。欧债危机不断恶化不仅使欧元区经济陷入衰退,而且导致了欧元影响力大幅下降,进而使全球经济发展和区域经济金融一体化进程受到重大影响。目前欧债危机的峰值仍然没有过去,部分欧元区国家的危机仍将持续相当长的时间,欧元区经济何时恢复仍有不确定性。

---

* 本章原载周振华等著《新机遇·新风险·新选择——中国经济分析 2012—2013》(格致出版社、上海人民出版社 2013 年版)导论"危机中的低迷增长与中国经济:长期分析与战略选择"(与权衡合撰),删减了部分内容,章节标题作了相应调整。

二是全球经济再次趋于衰退。受欧债危机的影响,2012 年全球经济出现明显的先扬后抑走势。年初市场对全球经济增长形势普遍看好。但第二季度后,受欧洲国家主权债务危机反复发作的影响,全球经济增速明显放慢,出现二次探底趋势。特别是进入第三季度后,形势更为严峻。其中,欧元区经济第三季度在第二季度下降 0.2% 后,又下降 0.1%,步入衰退;日本经济第三季度按年率换算下降 3.5%,出现大幅萎缩;美国经济第三季度增速虽上升至 2%,但受飓风"桑迪"造成的灾害和"财政悬崖"迫近的影响,第四季度经济增长出现新的不确定性。同时,根据联合国工业发展组织最近发布的报告,第三季度全球制造业增速下降至 2.2%,为 2009 年以来最低水平。在此背景下,各个国际组织和研究机构一再下调对 2012 年全球经济增长的预测数。其中,IMF 预测 2012 年全球经济增长率将由 2011 年的 3.9% 下降到 3.3%,分别比 2011 年 11 月和 2012 年 7 月的预测数下调 0.8 和 0.2 个百分点,并预测 2012 年欧元区经济将下降 0.4%,而美国经济增速则由 2011 年的 1.8% 回升到 2.2%,成为全球主要经济体中唯一实现增长率提升的国家。

三是新兴市场国家经济下滑超出预期。前几年新兴经济体经济快速增长,成为金融危机后一道亮丽的风景线,为全球经济走出衰退提供了强有力支撑。但这一态势在 2012 年发生了根本性逆转,新兴经济体成为经济下滑的重灾区。从金砖四国看,第三季度中国经济增速下滑至 7.4%,创新世纪以来最低;印度降至 5.5%,创十年来新低;俄罗斯和巴西分别降至 2.8% 和 2.1%,均创 2009 年以来的最低水平。IMF 预测,2012 年新兴市场经济增长率将下降至 5.3%,比 2011 年 10 月的预测数下调了 0.8 个百分点,拉动全球经济增长的火车头作用明显减弱。

四是国际大宗商品价格暴涨暴跌。2012 年以来,国际大宗商品市场的波动性明显超出市场预期。其中,国际油价呈波段性大涨大跌态势,波动幅度超过 40%;国际粮价也出现暴起暴跌的状况。2012 年年中,国际粮价曾接近 2008 年世界粮食危机时的水平,近期又回落到接近历史低点。这对全球经济造成了巨大的冲击。

五是国际金融市场剧烈震荡。2012 年第一季度,由于欧债危机暂时缓和,国际资本由发达经济体向新兴经济体流动。第二季度以后,随着新兴市场国家经济增速放慢和对全球经济可能出现二次衰退的担忧,国际资本纷纷从新兴市场撤出,转而涌向被视为比较安全的美债和德债,致使印度、巴西和俄罗斯等主要新兴经济体资本大量外流,股市和币值大幅下跌。进入 10 月中旬以后,由于美联储推出第三轮量化宽松政策,以及美国各大公司财报远低于预期,国际热钱又开始撤离美国,大量流向新兴市场特别是亚洲市场,导致亚洲各国股市出现暴涨。其中中国成为热钱冲击的主要目标。在国际热钱的冲击下,港币汇率一度升至 7.7498 的价位,突破了 7.75 至 7.78 的浮动区间,人民币汇率也连续出现了十几个涨停板。在此情况下,亚洲各国政府纷纷出手干预市场,以防止热钱大举涌入导致资产泡沫进一步膨胀和通货膨胀卷土重来。国际热钱已成为亚洲新兴市场的一颗隐形炸弹。

六是国际贸易和投资增长乏力。2012 年,在世界经济二次探底的情况下,全球贸易增长大幅下降。根据世界贸易组织(WTO)的预测,2012 年全球贸易总量将仅增长 2.5% 左右,不到前 20 年均值的一半。与此同时,全球总体外商投资规模也呈下降趋势。根据联合国贸发会议组织的报告,2012 年上半年全球范围的外商投资总额由 2011 年的 7299 亿美元减少到 6680 亿美元,同比下降 8%,其中流入美国的外商投资减少 370 亿美元,流入大型发展中经济体的外商投资减少 230 亿美元。全球贸易和投资萎缩使得反全球化的暗潮涌动,贸易保护主义层出不穷,反倾销、反补贴等贸易壁垒纷繁林立,严重抑制了全球经济复苏。

七是全球货币政策发生重大转变。随着全球经济出现二次探底,2012 年全球货币政策发生了重大变化。一方面,欧、美、日等发达经济体先后推出直接货币交易计划(OMT)、QE3 和增加购买国债等新一轮定量宽松政策;另一方面,新兴经济体相继下调利率,从而使全球货币政策再次走向宽松,市场流动性迅速扩大。但从全球经济走势看,宽松的货币政策并未能有效阻止经济增速放缓,反而带来了风险激增、货币超发的负面影响。特别是受全球货币政策普遍趋向宽松的影响,各国货币竞争性贬值倾向明显加大,汇率市场的官方干预层出不穷,博弈形势日趋紧张。综观 2012 年,全球经济运行的震荡性、复杂性和不确定性远远超过以往各年,对今后发展将产生长远影响。

2013 年世界经济仍处在调整期,结构改革不到位和需求增长乏力等问题难以根本改观,全球经济仍将呈现低迷走势,金融危机的影响将呈现长期化、复杂化、曲折化的趋势。从发达国家看,受债务危机持续恶化、失业率居高不下、收入增长停滞和总需求不足的影响,2013 年经济增长前景依然脆弱乏力,一些主要经济体仍将在谷底徘徊,有可能出现连续衰退,增长势头出现分化;从新兴经济体看,由于面临着经济增速放缓、贸易保护主义抬头和稳增长、防通胀、调结构"三面夹击",2013 年经济运行的风险和挑战更大。有鉴于此,近期全球各经济组织和研究机构纷纷下调了对 2013 年全球经济增长的预测数。如 IMF 将 2013

年全球经济增速预测数由3.9%下调到3.6%,仅比2012年提高0.3个百分点,其中将发达经济体经济增速预测数由1.6%下调到1.3%;经合组织将2013年34个成员经济体经济增速预测数由2.2%下调到1.4%,并警告2013年不排除全球陷入严重衰退的风险;联合国将2013年全球经济增速预测数下调到2.4%,并预测美国经济增速将由2012年的2%进一步下降到1.7%;而太平洋投资管理公司等非官方机构则预计2013年全球经济增速将由2012年的2.2%下降至1.5%—2.0%。因此,2013年世界经济总体格局和基本态势不会发生根本好转,甚至有可能由于欧美债务危机加深,演变为更大的经济危机。

2013年全球贸易增长也依然缓慢。WTO预测2013年全球贸易增速为4.5%,虽比2012年有所提高,但仍低于前20年的均值。与此同时,主要发达经济体将继续维持极度宽松的货币政策,有可能推升国际大宗商品价格,加剧全球跨境资本流动的波动性。特别是欧债危机最困难时期虽已过去,但只要欧元区体制障碍没有消除,欧洲各借债国的金融改革没有到位,欧债危机就仍有可能重新积聚并再度爆发。因此,2013年中国经济发展的外部环境仍然充满着不确定性和风险。

15.1.2　中国经济运行的新情况与新变化

2012年前三季度,受外需萎缩和内需收缩形成恶性循环的影响,中国经济出现了2009年金融危机以来的"二次回落",经济增速逐季下滑,见底时间一再后延,下降幅度超过预期。但进入第四季度后,经济出现筑底企稳的积极信号,各项经济指标全面好转,拉动经济增长的"三大动力"持续上升。第四季度全国PMI连续三个月跃上荣枯线。1—11月全国固定资产投资(不含农户)增长20.7%,比前三季度上升0.2个百分点;全国规模以上工业企业增加值同比增长10.1%,比前三季度上升0.9个百分点。10月、11月全国财政收入同比分别增长13.7%和20.1%,创近7个月来新高。10月和12月两个月,全国外贸出口总额分别增长11.6%和14.1%,比前三季度分别回升4.2个百分点和6.7个百分点。10月全国工业企业实现利润增长20.5%,首次由负转正,尤其是私营企业利润出现两位数增速,意味着经济增长的内生动力逐步增强。预计第四季度中国经济增速将回升到7.8%左右,全年经济增速有望达到7.7%左右。

但必须看到,当前经济回升的基础并不稳固:一是出口回升的基础不牢固,从2012年秋季广交会看,与会人数比上届下降10.2%,成交额下降9.3%,仅有两成左右的企业订单增长,预示着未来外贸出口形势不容乐观。二是2012年

10月工业企业利润大幅回升在很大程度上是2011年基数偏低所致,环比销售状况和主营业务收入增速改善不明显,外资企业和私营企业主营业务增速继续回落至2010年来最低点,说明超过半数企业的销售状况仍在继续恶化。三是10月和11月财政收入大幅上升主要是受烟、酒、成品油等特定商品销售量增加、上下年企业所得税退税不可比因素和房地产营业税大幅增长的影响,企稳的基础不牢固,难以拉动税收持续大幅增长。因此,经济企稳的"后劲"尚需进一步观察。

2012年中国经济在持续下滑中,呈现出一系列新情况和新变化。

一是地方政府投资扩张能力下降,对土地财政依赖加大。2012年,由于一方面房地产市场进入调整阶段,房地产开发商减少土地购置,土地出让金收入明显下降;另一方面,金融机构为规避风险,大幅缩减了对地方政府投融资平台的贷款,加上受速度效益型增长模式的影响,经济增速逐季放慢,财政税收收入增长大幅回落,地方政府财力不足,投资、配套能力明显下降。而在财政收入下降、地方融资平台受到严格规范的情况下,地方政府要扩大政府投资,刺激经济增长,不得不更加依赖于土地出让收益。因此,8月以后,各地都在加快土地供应速度。由于前期土地供应不足和后期企业拿地热情高涨,短期内大量土地入市后,各地频繁涌现出新的"地王"。除此之外,部分地区在调控政策上"明紧暗松",甚至采取减税或补贴、公积金贷款"异地互贷"和公积金"代际直通车"等措施,释放"刚需",暗地启动房地产市场。因此,楼市调控政策面临新的挑战。

二是货币宽松与资金成本高企并存,货币政策效应减弱。2012年1—11月,全社会融资规模比上年同期增加2.6万亿元,人民币贷款增加7.75万亿元,同比多增9195亿元,反映市场资金状况的银行理财预期收益也逐步下降。但实体经济尤其是中小企业资金依然紧张,有效信贷需求明显不足,融资成本居高不下。虽然企业负债同比增速持续下降,但财务费用同比增速却维持在30%以上,非金融类企业盈利空间明显缩小。与此同时,实体经济新增中长期贷款和固定资产投资增速回升依然缓慢。11月企业中长期贷款出现罕见负增长,投资主体预期不稳,信心不足,投资扩张受到抑制,货币政策的有效性有所降低。

三是内需拉动作用增强,产能过剩进一步加剧。2012年前三季度,中国国内生产总值增长7.7%,其中内需对经济的拉动作用占105.5%,外需为-5.5%。而在内需拉动当中,消费占55%,投资占50.5%。因此,经济增长主要靠内需和消费拉动。与此同时,前三季度,全国单位GDP能耗下降3.4%,相对2011年全年下降2.01%有明显提高。这表明2012年全国转变经济发展方式取得重要进展。但另一方面,2012 年经济增速放缓后,产能过剩问题凸显,呈现出蔓延和积累之势,工业总体产能利用率已回落到 80% 以下。据工信部统计,2012 年产能过剩行业已从钢铁、水泥、有色金属等四个,扩大到电石、煤炭、纺织、化纤、风电、多晶硅等十几个行业。受此影响,企业经济效益大幅下滑。前 9 个月,中国工业企业利润总额的当月同比增速一直处于负增长状态,10 月虽然实现了 0.5% 的增长,但相比 2011 年同期高达 25% 左右的增速,仍然大幅下滑。前三季度,工业企业累计亏损家数同比增长 26.9%,增速较 2011 年同期提升了近 18 个百分点,近四分之一的企业处于停产和半停产状态,地方的重点行业、新兴产业和骨干企业出现大面积亏损,严重影响产业转型升级的推进,并导致财政收入增速大幅下滑。

四是就业约束有所缓解,财政金融风险约束上升。2012 年尽管经济增速持续下行,但居民就业和收入状况并未受到显著冲击。前三季度,全国城镇新增就业 1024 万人,提前超额完成全年新增 900 万人就业目标,外出打工 6 个月以上的农民工增长 3%,没有出现大规模农民工返乡和大规模失业的局面,就业形势总体稳定。城镇登记失业率连续 9 个季度保持在 4.1% 左右,明显低于年初确定的 4.6% 的控制目标。城乡居民收入也保持平稳较快增长,并高于 GDP 增幅。但与此同时,长期积累的一些风险开始凸显,"三角债"规模不断增大,银行坏账率快速上升,资金链风险持续发酵。前三季度,全国银行业新增不良贷款总额超过 500 亿元,占存量不良资产贷款的 10.4%。其中仅三季度就新增 240 亿元,接近总数的一半。浙江银行新增不良贷款已逾 300 亿元。另据预测,2012 年商业银行新增不良贷款规模同比将增长 10% 左右,不良贷款率将达到 1%—2%,引发局部性甚至系统性财政金融风险的危险明显增加。

五是区域经济增长格局进一步变化,发展协调度增加。2012 年,在经济增速普遍下滑的过程中,东中西部地区经济运行态势明显分化。从经济增速看,东部地区增速最慢,中部地区增速也出现下滑,已落后于西部地区,经济增速排位从前两年的"中西东"转变为"西中东"。从税收增长看,2012 年东、中、西部地区的税收增长幅度分别为 9.8%、13.7% 和 14.8%,西部地区增速高于中部和东部地区;从就业形势看,东部地区新增就业占全国比重首次下降,中部地区平稳、西部地区有所上升。

15.1.3　2013 年中国经济运行预测

从 2013 年看,中国经济增长仍然面临着诸多不利因素。第一,世界经济复苏依然迟缓,中国外需面临的国际环境不容乐观。第二,国内需求减弱、成本上升等因素导致中国企业经营困难,限制未来投资需求,投资拉动仍然主要依靠"铁公基",企业自主性投资增长缓慢。第三,国际大宗商品价格剧烈波动,将抑制中国货币政策的操作空间。第四,国际资本流动趋势性放缓,导致外商投资增长减速明显,影响企业资金运作。因此,本轮经济触底后,不会像上一轮复苏周期那样出现快速提升的趋势,而将在低位运行,呈现缓慢上升的走势。

综合各方面的情况,估计2013年全国经济形势总体上可能略好于2012年,但不会出现明显改善:一是受全球贸易增长依然低迷和国内劳动力成本上升以及结构升级等因素的影响,出口预计增长8%左右,与2012年大体持平,难以再现前几年持续高速增长局面。二是受房地产销量适度回暖、汽车购置周期和原油价格上涨,以及国家出台新的鼓励消费政策出台和收入分配改革方案的影响,消费预计增长16%左右,比2012年略有上升。三是受出口不振和产能过剩以及企业盈利能力下降和地方政府负债率较高的影响,投资预计增长18%左右,比2012年有所回落,仍然面临下行压力。四是受输入性通胀压力加大、国内玉米、大豆价格上涨将传导至猪肉价格以及进一步推进资源价格改革的影响,CPI预计超过3%,甚至达到4%,通胀压力明显上升。五是受PPI持续低迷的影响,企业利润状况依然趋紧,"宏观好、微观冷"的格局可能会持续较长时期。在宏观调控政策上,2013年将继续执行积极的财政政策和稳健的货币政策,保持宏观经济政策的连续性和稳定性,着力提高针对性和有效性,适时适度进行预调微调。其中,房地产调控政策的基本方向不会改变;货币政策由于面临热钱冲击和通胀抬头的压力,政策基调将是稳中偏宽松;而积极财政政策虽会延续,但由于财力有限,支持力度可能会有所减弱。

根据上述形势,2013年如果外部环境不进一步恶化,国内经济增速有可能回升到8%左右,但不会出现大幅反弹。而如果欧债危机再度恶化,经济增速有可能继续回落到7.5%以下。在2013年的经济运行中,各种矛盾有可能集中凸显。2012年中国经济虽然持续回落,但经济运行中的矛盾并没有充分暴露,很多矛盾有可能延续到2013年,使2013年经济运行中的困难和矛盾集中凸显。

一是财政收入下滑的矛盾。2012年前10个月,虽然全国财政预算收入累计同比增长11.2%,但主要得益于非税收收入的快速增长。10月份,全国非税收收入同比增长25.5%,增幅高出税收收入13个百分点。2013年非税收收入增长难以持续,再加上结构性减税和"营改增"税制改革的推进,财政收入增幅有可能进一步下降。

二是就业压力加大的矛盾。2012年就业虽然呈现总体平稳的状况,但就业形势稳中有忧,经济增速放缓对就业的影响已经逐步显现,表现在4月、5月以来城镇新增就业量逐月下降。由于就业指标的滞后性,以及2013年随着结构调整加快,企业裁员规模有可能明显增加,加上仍有690万大学毕业生要就业和农民工进城,就业压力可能会集中凸显。中国企业家调查系统的报告显示,2013年用工人数"增加"的企业经营者占32.3%,"持平"的占47.4%,"减少"的占20.3%,其中"增加"用工的企业数占比比2012年下降了21个百分点。因此,就业问题有可能成为2013年经济社会发展的突出问题之一。

三是房价反弹压力加大的矛盾。伴随地方政府房市调控的微调以及居民对房价上涨的预期,2012年前三季度,全国商品房成交面积较第二季度上升19%,10月房价更是实现了连续5个月环比上涨。一线城市中,除上海持平外,广州、深圳环比均上涨0.4%,北京上涨0.2%。特别是北京11月新建住宅签约比10月环比上涨32.4%,二手房住宅签约环比上涨26.2%,同比上涨94.5%,计划开盘的楼盘80%出现价格上涨。因而,2013年房价反弹的压力巨大。

四是通胀压力重启的矛盾。尽管2012年1—10月全国CPI从4.5%逐步回落到1.7%,但12月CPI已回升到2.5%。2013年受新一轮全球宽松货币政策影响,大宗商品价格走高和短期资本回流,输入型通胀压力明显增大,加上目前农产品价格已进入新一轮上升通道,成本推进型物价上涨压力加大。特别是下半年,物价问题有可能成为社会关注的焦点。

五是系统性金融风险加大的矛盾。受企业经营困难、企业"三角债"规模不断扩大和地方融资平台还贷能力下降等因素影响,2012年银行坏账水平持续攀升。银监会数据显示,截至第三季度末,全国商业银行不良贷款率从年初的0.94%微升至0.95%。其中,股份行从0.63%上升到0.7%。2013年随着结构调整力度加大,银行坏账有可能继续攀升,使潜在信用风险进一步加大。

六是国际热钱剧烈冲击的矛盾。随着美国第三轮"量化宽松"的实施,2012年第四季度以来,全球资本市场的资本开始从发达国家大举流向新兴市场,其中80%以上的资金流入中国。2013年随着中国经济企稳回暖,流入中国的热钱有可能进一步增多,不仅将使人民币面临较大的升值压力,而且有可能进一步增大资产泡沫。

除此之外,2013年随着前几年大规模固定资产投资逐步形成生产能力,产能过剩问题会更加突出,产业结构进入强制性调整阶段,关停并转企业增加,有可能给经济社会稳定带来一定影响。因此,虽然2012年第四季度国内经济开始见底企稳,但由于各种深层次矛盾没有根本解决,因而困难并未见底。2013 年经济运行中的困难和压力可能进一步加大,对此不可掉以轻心。

15.2　长期分析:中国经济增长进入新阶段

中国经济发展进入一个新的阶段。改革开放以来,中国经济发展从 1978 年人均不足 200 美元的低收入阶段已经进入人均接近 GDP 5500 美元的新阶段。按照世界银行对经济发展中收入阶段性标准进行划分,中国已经进入中等收入水平的新阶段,已经顺利进入中等收入国家的行列。但是,中国能否顺利跨越中等收入阶段,进而进入高收入国家行列? 中国经济会不会长期处在中等收入的阶段,甚至出现停滞不前? 经济增长是否会落入一些拉美和东亚国家曾经经历的所谓中等收入陷阱? 显然,这些会引起人们的担忧和思考。

与此同时,自金融危机以来中国经济增速开始放缓。2012 年前三季度,按可比价格计算,中国经济同比增长 7.7%。其中,第一季度增长 8.1%,第二季度增长 7.6%,第三季度增长 7.4%,该增幅创下 2009 年第二季度以来 14 个季度新低。问题是进入中等收入阶段以后,增长速度放慢是一个非常敏感的问题,一旦增速放慢,一方面会导致收入下降,各种经济社会矛盾问题丛生。另一方面,本轮经济增速放慢究竟是前一个时期中国宏观经济政策性调整的结果,还是经济增长出现的一个趋势性问题? 如果是政策性调整的问题,则属于经济增长的外生性结果,而如果是趋势性的问题,则会使人们把这个下降与中等收入陷阱条件下的增速放缓联系到一起。

特别需要指出的是,中国经济发展至今,确实出现了一些中等收入陷阱的现象和特征,出现了一系列结构性的矛盾和困境。例如,劳动者报酬和居民收入占比偏低,居民消费占比偏低,服务经济占比偏低,收入分配差距扩大,经济结构升级缓慢,经济增长缺乏新动力。更为重要的是,中国经济发展到了这样一个阶段以后,出现了一些新的情况和变化。

一是支持过去高增长的生产函数和条件发生了变化。人口红利的消失导致劳动力成本上升,投资预期收益开始下降。与此相关的问题则是投资—储蓄关系发生变化,即长期支持中国经济高增长的高储蓄趋势可能会发生变化。其中的背后原因在于中国人口结构的变化以及老龄化的出现,因此经济增长面临新的动力转换。

二是支持高增长的廉价的工业化和城市化方式将发生变化。以加工贸易和代工企业生产为主要特征的传统制造业和工业化方式难以为继,正在面临高端化高附加值的升级转型的现实需要。长期以来重在土地城市化和空间城市化意义上的浅度城市化将走向深度城市化,逐步实现城乡一体化发展的新的城镇化战略目标。这既是未来中国经济增长的新机遇,也是中国当下经济增长转型面临的新挑战。

三是长期以来支持中国经济增长的技术创新模式发生了变化。特别是随着技术水平不断进步,目前我们与发达国家技术水平差距缩小,传统的技术引进、人才管理引进等趋弱,核心技术引进又障碍重重。因此自主创新成为现实的需要和选择,但是自主创新目前仍然遇到一些困难和瓶颈。

四是收入差距扩大和分配不公问题、城乡经济与社会发展不平衡问题等迫使传统的发展方式迅速转变,亟待我们走向有质量、有效益的经济增长。

15.3 中国经济长期增长与战略选择

15.3.1 未来发展的新共识

正是在这样的发展阶段和背景下,党的十八大报告作出了重要论述,为中国经济未来发展转型,并成功跨越中等收入陷阱提供了重要方向和路径。党的十八大报告围绕经济建设,明确提出了以科学发展为主题,以加快转变经济发展方式为主线,总体要求"要适应国内外经济形势新变化,加快形成新的经济发展方式,把推动发展的立足点转到提高质量和效益上来";"着力激发各类市场主体发展新活力,着力增强创新驱动发展新动力,着力构建现代产业发展新体系,着力培育开放型经济发展新优势";"使经济发展更多依靠内需特别是消费需求拉动,更多依靠现代服务业和战略性新兴产业带动,更多依靠科技进步、劳动者素质提高、管理创新驱动,更多依靠节约资源和循环经济推动,更多依靠城乡区域发展协调互动,不断增强长期发展后劲"。在提出未来发展实现"新四化"基础上,明确提出了五大战略任务,即全面深化经济体制改革、实施创新驱动发展战略、推进经济结构战略性调整、推动城乡发展一体化以及全面提高开放型经济水平。这些新思想和新观点指明了未来中国经济发展的方向,有助于人们消除分歧,凝聚共识,积极行动和实践,真正体现"实干兴邦"。

一是新经济增长共识。未来中国经济增长空间和潜力仍然很大,但是必须通过转变经济发展方式,形成经济持续增长的新动力。这些新动力就是通过培育人力资本、拓展教育、科技进步和体制创新,形成人力资本新红利,替代即将失去的人口红利,实施创新驱动发展新战略,推动经济内生性、自主性可持续增长。

二是新改革共识。未来的改革是最大红利,改革进入深水区和攻坚期,但是一定要深化重要领域改革。其中两个领域尤为关键:第一,要深化微观领域内生产要素体制机制改革,实现要素自由流动和市场化配置;第二,要积极推进政府职能转型,加快构建服务型政府。这两个方面的改革逻辑,决定了改革既要坚持顶层设计,又要发挥基层实践创新,既要推进存量利益调整,又要改革增量利益关系,努力增强改革的系统性、整体性和协同性。

三是新工业化和城市化共识。未来中国必须推进工业化、信息化、城镇化和农业现代化同步发展,实现信息化与工业化深度融合发展,城镇化与农业现代化同步发展,在"四化"融合中实现城乡一体化和现代化发展。这是未来中国城市化与工业化发展的新方向和新目标。

四是新收入分配共识。未来中国经济将在实现经济增长与收入分配统一的基础和框架下,努力推动更加公平型的经济增长。走出单一的增长优先目标与单一的分配优先目标的简单争论,走向更加现实的公平型经济增长。这有助于中国成功跨越中等收入陷阱。

五是新对外开放共识。未来中国的对外开放将建立互利共赢、多元平衡、安全有效的开放型经济体系,通过转变对外经济发展方式,走优化结构、拓展深度、提高效益的开放型经济道路。

15.3.2　未来发展的战略行动

有了新的发展共识,就需要尽快行动起来,从共识走向行动,是中国未来发展的关键,也是全面贯彻和落实党的十八大精神的重中之重。未来中国经济需要在以下十个方面迅速开展行动,即中国未来经济发展的十大行动。

第一,加速市场化改革行动,进一步发挥市场机制对资源配置的基础地位和作用。党的十八大报告指出,深化改革是加快转变经济发展方式的关键,并明确指出经济体制改革的核心问题是"处理好政府与市场的关系"。中国过去30年发展的成功经验之一就是市场化改革对于资源配置效率的提高,从而成为中国经济高速增长的内在动力。中国未来的发展道路离不开市场化的资源配置机制和作用。党的十八大报告对此明确提出,"必须更加尊重市场规律,更好发挥政府作用"。从未来发展需要来看,微观基础领域深化市场化改革的关键是在三个方面：一是加速土地要素市场化改革进程，让市场成为配置土地资源的基础力量，纠正土地市场价格扭曲的定价机制，提高土地资源市场化配置程度和土地资源利用效率；二是积极推进户籍制度改革，进一步解放劳动力市场，运行劳动力市场更加自由更加公平地流动和配置，提高劳动力资源的配置效率；三是积极培育企业家市场，形成真正独立的企业家阶层，让企业家成为真正创新驱动发展的主体。进一步激活中国经济的微观活力，必须加快这三个要素市场的改革和发展，让市场机制成为培育和促进中国经济增长的微观基础重要机制。

第二，加速城镇化建设行动，进一步释放中国经济发展的潜力。中国 30 年城市化的实质是以土地要素为主的空间城市化发展，并没有真正解决人口城市化问题。2011 年中国城镇化率刚超过 50%，如按户籍人口计算仅 35% 左右，远低于发达国家近 80% 的平均水平。城镇化不是简单的人口比例增加和城市面积扩张，更重要的是实现产业结构、就业方式、人居环境、社会保障等一系列由"乡"到"城"的重要转变。因此，从中国特色现代化的实际出发，我们需要推动城市化发展方式转变，即从强调空间城市化转向真正意义的人口城市化，从根本上解决中国的浅度城市化问题以及流动人口的社会融合问题。未来新一轮发展中必须以推进城镇化为重点，着力解决制约经济持续健康发展的重大结构性问题，通过科学规划城市群规模和布局，增强中小城市和小城镇产业发展、公共服务、吸纳就业、人口集聚功能。这意味着中国必须走新型城市化道路，即包容性城市化道路，从社会、经济、空间、制度等多个维度，实现城乡统筹发展、城市内部人口、产业与空间布局协调而均衡发展，从而进一步挖掘中国经济发展的最大潜力。

第三，加速信息化行动，推进信息化与工业化深度融合发展和制造业的升级。产业融合发展已经成为现代产业发展的规律和趋势。就中国的发展和现实而言，信息化与工业化融合发展目的在于解决中国工业化的低端化、低附加值化，通过信息化提升工业化，实现中国制造的高端化、高附加值化、服务化，以工业化促进信息化发展，实现工业化与制造业的转型和升级，这也是未来中国经济实现转型发展的重要内容之一。为此，必须强化需求导向，推动战略性新兴产业、先进制造业健康发展，加快传统产业转型升级，推动服务业特别是现代服务业发展壮大，合理布局建设基础设施和基础产业。未来发展中，要加快建设新一代信息基础设施，发展现代信息技术产业体系，健全信息安全保障体系，推进信息网络技术广泛运用，促进信息化与工业化的深度融合，以信息化提升、改造传统制造业，以信息化推动工业化的升级转型。

第四,加速全球化融入进程,以全球化机制推动对外经济发展模式的创新和升级。在全球化背景下进一步拓展新型对外经济发展方式,提升开放型经济的国际竞争力。未来发展中,要进一步加快转变对外经济发展方式,推动开放朝着优化结构、拓展深度、提高效益方向转变。重点需要做到如下几点:一是创新开放模式,促进沿海与内陆沿边开放优势互补,形成引领国际经济合作和竞争的开放区域,培育带动区域发展的开放高地。二是坚持出口和进口并重,强化贸易政策和产业政策协调,形成以技术、品牌、质量、服务为核心的出口竞争新优势,促进加工贸易转型升级,发展服务贸易,推动对外贸易平衡发展。三是推动引资、引技、引智有机结合,提高开放型发展的综合优势。四是加快走出去步伐,增强企业国际化经营能力,培育一批世界水平的跨国公司。

第五,加速收入分配改革行动,努力实现收入分配公平公正。收入分配改革和建立更加公平型的社会,是中国新一轮发展的重大战略任务。党的十八大报告指出,实现发展成果由人民共享,必须深化收入分配制度改革,努力实现居民收入增长和经济发展同步、劳动报酬增长和劳动生产率提高同步,提高居民收入在国民收入分配中的比重,提高劳动报酬在初次分配中的比重。初次分配和再分配都要兼顾效率和公平,再分配更加注重公平。为此,在分配制度上,必须完善按要素贡献大小分配的体制机制,全面推动劳动、资本、技术、管理等要素按贡献参与初次分配;同时加快健全以税收、社会保障、转移支付为主要手段的再分配调节机制;在分配手段创新上,要深化企业和机关事业单位工资制度改革,推行企业工资集体协商制度,保护劳动所得;在拓展收入来源上,要多渠道增加居民财产性收入;在分配秩序上,要规范收入分配秩序,保护合法收入,增加低收入者收入,调节过高收入,取缔非法收入;在分配改革的重点上,要加大对垄断行业、部门以及腐败等收入分配不公方面加大改革和调节的力度,克服分配不公,建立公平型增长的经济社会。

第六,加速科技创新行动,形成经济增长的内生性动力。科技创新和进步是经济增长的内在动力和新的源泉。中国未来经济增长关键是要实施创新驱动发展的新战略,为中国经济实现持续增长注入新的活力和动力。创新驱动战略的核心是改变传统的要素驱动增长,形成效率驱动增长的新模式。为此,既需要通过加快体制改革和创新,提升资源配置效率,更需要加快科技创新,提升经济增长的全要素生产率。未来的创新需要重点从如下几方面入手:一是以全球视野谋划和推动创新,提高原始创新、集成创新和引进消化吸收再创新能力,注重协同创新,提高自主创新能力。二是进一步深化科技体制改革,着力构建以企业为主体、市场为导向、产学研相结合的技术创新体系,培育创新机制。三是完善知识创新体系,强化基础研究、前沿技术研究、社会公益技术研究,提高科学研究水平和成果转化能力,夯实创新的基础。四是完善科技创新评价标准、激励机制、转化机制,加强知识产权保护,完善创新的环境和氛围。

第七,加快金融体制改革行动,为中国新一轮发展创造金融红利。现代金融发展是经济增长的重要条件和基础。发达国家的经验一再表明,完善的金融体制和适宜的金融创新是经济增长的内在动力和有利条件。中国经济 30 多年的高速发展,重要的源泉之一就是现代金融的充分发展和一系列制度安排。但是,从中国经济转型发展的现实需要来看,金融发展还远远不能适应新一轮经济增长的要求。为此,未来必须加快深化金融体制改革,健全促进宏观经济稳定、支持实体经济发展的现代金融体系。一是加快发展多层次资本市场,进一步推进利率和汇率市场化改革,逐步实现人民币资本项目可兑换。二是加快发展民营金融机构,促进各种所有制金融机构平等竞争和发展。三是加快金融创新,增长金融发展的活力和效率。四是完善金融监管,提高银行、证券、保险等行业竞争力,维护金融稳定。

第八,深化教育体制改革,开发人力资本新红利。百年大计,教育为本。创新驱动发展的新战略,从根本上说依赖于中国教育体制的改革和发展,依赖于成千上万的创新型人才和各行各业的领军人才。未来中国教育改革需要做到如下几方面:一是全面深化教育领域综合改革,着力提高教育质量,培养创新型的人才。二是优化和调整教育结构,重点要均衡发展义务教育,加快发展现代职业教育,完善终身教育体系,建设学习型社会。三是大力促进教育资源公平配置,当前需要重点向农村、边远、贫困、民族地区倾斜,支持特殊教育,提高家庭经济困难学生资助水平,积极推动农民工子女平等接受教育。四是鼓励引导社会力量兴办教育,拓展教育供给渠道。

第九,加速公共服务均等化行动,推动城乡一体化发展。必须看到,制约当前以及未来中国经济科学发展与和谐发展的最重要瓶颈之一,就是城乡公共资源配置不平衡、城乡公共服务均等化体系严重滞后,这使得中国的城乡人口流动受阻,城乡二元结构不断自我刚性化,经济社会高速发展但却出现城乡差距日益扩大,各种矛盾和问题丛生。从中国经济社会可持续发展需要以及促进可持续的城市化和工业化互动协调发展要求出发,必须逐步建立城乡一体化的公共服务均等化体系。这是中国未来实现科学发展、和谐发展的物质保障。为此,需要进一步加快完善城乡发展一体化体制机制,着力在城乡规划、基础设施、公共服务等方面推进一体化,促进城乡要素平等交换和公共资源均衡配置,形成以工促农、以城带乡、工农互惠、城乡一体的新型工农、城乡关系。

第十,加速政府职能转型行动,努力构建服务型政府。中国经济发展正处在重要的转型关头。未来十年能否成功转型,关系到中国进入新的发展阶段以后,能否成功跨越中等收入陷阱的问题。如果能够成功,我们一定会在五到十年的时间中,通过创新驱动发展的新战略和新动力,使中国经济实现成功跨越,进而顺利进入高收入国家的行列。从这一点来说,未来十年是中国现代化发展的关键时期。毫无疑问,成功跨越这一关键的发展阶段,中国面临的改革、发展任务十分繁重。其中,最为关键的任务就是中国政府体制改革和创新能否顺利跟进并有根本性的变革。中国经济转型发展的内生性要求和规律决定了中国政府体制、机制及其职能必须发生根本性的变革和创新。这个创新的目标和方向就是努力构建法治政府、透明政府和服务型政府。为此,需要加快政府机构改革和创新,提高政府效率和效能;需要加快政府职能转型,从管制政府真正转型服务型政府;需要坚持依法行政,让政府的行为在法制的轨道上运行;需要不断加大政府公开和政务公开,建设透明政府、廉洁政府和服务型政府。这是中国经济未来发展和创新驱动的关键。

16 中国经济运行的趋势性变化 *

进入 2010 年代后，中国经济运行发生了一系列新变化。这些新变化不是周期性、暂时性的，而是带有趋势性的。实际上，这涉及一个非常重大的背景性判断。我感觉，主要有两大背景性的变化：一是外部环境的重大变化，即世界经济格局根本性变动对中国经济影响。二是中国自身的经济发展似乎到了一个转折点。

16.1　世界经济格局根本性变动

从世界经济变化对中国经济格局影响来说，特别是在中国加入世贸组织（WTO）以后，中国经济融入经济全球化范围越来越广、程度越来越深，其影响也越来越大。大家可以去看一下有关的统计资料，中国现在为什么会有这么多外汇储备？在 20 世纪 80 年代、90 年代，中国的外汇储备很少，就是在我们加入 WTO 后才迅速增加的。出口导向这个发展模式也是进入新世纪以后才成为主导的。

在此之前，我们还在研究要不要加入 WTO、加入 WTO 后将面临什么样的挑战。当时几乎从政界到学界都有一个很大的担心，认为这扇大门打开后，"狼来了"。为此，还做了许多预案，但最后都没派上用场。加入 WTO，给我们提供了一个享受经济全球化红利的机会。我们充分利用自身的优势，确实也获取了全球化红利。但与此同时，这也把中国紧紧地捆在了全球经济上面。捆到什么

＊　本章根据笔者 2012 年 11 月 14 日在上海交通大学安泰经济管理学院所作学术报告整理，原载周振华：《新格局与新道路》，《东方早报》2013 年 1 月 30 日。

程度？捆到了参与世界经济平衡的程度。在 2008 年全球金融危机发生之前,世界经济的"恐怖平衡"就是以美国和中国为代表,再加上资源输出国的三极平衡。

在当时情况下,整个世界经济分工已经从原先所谓的产业分工转变为要素分工。传统国际经济学所讲的国际分工,是一种以产业为载体的分工。也就是,发达国家主要从事制成品生产,而发展中国家为其提供能源、原材料。整个传统国际贸易就表现为制成品与能源、原材料的所谓"南北"之间的交易,在理论上就形成有名的"中心和外围"理论。但随着跨国公司的全球生产布点,形成全球产业链与价值链后,国际分工转变为一种以要素为载体的国际分工,形成技术、资金、能源及资源、劳动力的国际分工格局。发达国家掌握先进技术这个要素,当然它们也掌握了相当多的金融资源;石油产出国掌握了能源这个要素;而像中国这样的发展中国家则依赖低成本的劳动力要素从事生产加工。在这种国际分工格局下,世界贸易已不再仅仅是原来国家间贸易,而更多表现为产业内贸易和企业内贸易。这种变化意味着国际投资、贸易规模的迅速扩大,世界经济的联系更加紧密了。中国加入 WTO 后,凭借低成本的劳动力要素吸引了大量外商直接投资,成为跨国公司的生产加工基地,自然也就成为世界经济平衡中的重要一极。

在这种情况下,我们这几年研究中国经济,一个很明显的感觉就是脱开经济全球化、脱开世界经济变化,中国经济就讲不清楚。因此,这已成为中国经济运行的一个主要变量。那么,这个变量现在又在发生什么情况？按照党的十八大报告所讲的,就是当今世界正在发生深刻复杂的变化。我们对此作了一个分析,有这么几个基本判断。

16.1.1　世界经济低迷的状态还将持续一段时间

2008 年出现金融危机以后,全球各国共同抵御危机冲击,采取救市政策,但现在看来经济还是处在衰退期,而且情况并不容乐观。因为在金融危机初期(2009 年、2010 年),不管怎么样,新兴经济体表现还不错,支撑了一定程度上的世界经济增长。从 2012 年来看,发达国家还没有从金融危机中走出来,仍陷于高失业、财政悬崖、债务危机之中,所以发达国家还在出台量化宽松政策,为了尽快刺激经济回升。与此同时,新兴经济体增长速度目前也明显减慢,从而导致整个世界经济的增速仍然处在低迷状态。

为什么会出现这个情况？我们的研究判断,全球金融危机之初,首先破灭的是金融泡沫、资产泡沫。这些泡沫破灭之后,显露出来的是什么呢？我们认为,是产能过剩。相对于金融泡沫、资产泡沫,产能过剩的调整更是一个比较艰难、长时间的过程,而且产能过剩调整是发达国家和新兴经济体国家共同面临的问题。但相对而言,金融泡沫、资产泡沫是发达国家主要面临的问题,产能过剩调整是新兴经济体和发展中国家主要面临的问题。某种程度上,后者比前者的任务还要重,更艰难。2012 年,新兴经济体(不管是俄罗斯、巴西、印度还是中国)的经济增长速度下去了,而且工业增长速度下滑更快。这些国家的增速减缓主要是受工业增长拖累,都面临着产能调整这样一个大问题。

在这种情况下,世界经济低迷状态估计要继续延续下去。在这个过程中,就会产生一系列问题。也就是讲,在全球产能过剩的调整过程中,一方面要加大调整力度,另一方面要防止经济下滑,各国势必都会实行货币政策的量化宽松,特别是美国。这将导致全球流动性泛滥。其直接带来的影响:一是国际游资到处乱窜,寻找投资机会,而恰恰在产能调整过程中,投资机会是最难找的;二是引起大宗商品价格的大幅波动。

从这个角度来讲,今后一段时间,将面临全球产能过剩的一个痛苦期。当然,在产能过剩背后,更深层次的原因是全球资源配置及分配结构问题。但这种全球资源配置及分配结构是不会轻易改变的,只有通过一次又一次的危机来矫正生产过剩问题。

16.1.2 国际竞争将明显加剧

在上述背景下,各种摩擦泛起,国际竞争将明显加剧。一是贸易保护主义日益盛行。像美国,奥巴马在年初提出的施政纲领里,很明确提出要为本国企业开拓海外市场,同时对进口更严格,包括从技术标准、生态环境更多方面来设置进口壁垒。所以 2012 年美国对中国出口打的官司也更多,对中国的贸易制裁规模也越来越大。这个其实不仅仅针对中国。现在各国之间的贸易保护主义,都是一种采取保护自身的办法,但这样一来就会大大影响国际贸易的扩张。

二是政府出面招商引资。像美国这样一个崇尚市场、自由竞争的国家,现在其政府都表现出强大的干预,特别是对国际资本的大力争取。奥巴马政府出台的政策里面,一个很重要的政策是针对美国跨国公司境外获取的利润返回本国的,即通过大幅降低税率吸引跨国公司在海外获取的利润流回美国本土。同时破天荒地以政府名义开了一个招商网站,提供开发项目,进行全球招商。新兴经济体国家招商引资的争夺就更厉害了,因为大家都希望通过招商吸引外资,来改善国内经济状况。

三是货币战争。这个迹象也越来越明显。2012年美国大选,总统选举之前的辩论,拿中国出来说事,其中主要的是关于中国人民币的汇率。抓住汇率问题其实就是开展货币战争。

四是资源争夺越来越激烈。这种国际竞争的加剧和十年前相比性质发生了变化。十年前也有竞争,但更多的是合作,是一种非零和的博弈,大家在这个竞争当中都可以获得一些利益。现在我讲的这几个方面的争夺大都是零和博弈,哪一方的利益获得都是以另一方的利益受损为代价的。所以会表现出竞争的火药味越来越浓,甚至会从经济层面上升到政治层面。

16.1.3　世界经济循环呈现新变化

2008年危机以后,原先基于要素分工的世界经济循环"三极"平衡出现了破裂。从根源上讲,是要素分工出现新的变化。

(1) 技术要素。发达国家参与要素分工,是基于掌握技术及资金优势。比如,美国最先掌握了现代信息技术优势,竞争力表现最好的就是20世纪90年代的十年新经济,因为那个时候信息经济的领先竞争优势完全掌握在美国手里。然而,进入2000年以后,现代信息技术开始普及化、产业化。在这种情况下,现代信息技术的优势便转化为成本优势。因为在现代信息技术产业化过程中,主要是成本竞争,谁的成本低,谁就有竞争优势。特别是现代信息技术产业化过程中的软件编程、硬件制造,美国等发达国家并不具有成本优势,反而是中国、印度这些新兴经济体,在现代信息技术普及化、产业化过程中凭借劳动成本低的竞争优势获取了全球化红利。目前,新的科学技术尚未有重大突破,尤其是新一轮世界科技革命还没有到来,而现代信息技术已经广泛产业化。因此,发达国家原来掌控的先进技术的竞争优势开始逐步丧失,但又没有掌握新技术的竞争优势。

新一轮世界科技革命的新技术到底是什么? 现在不仅经济学家讲不清楚,自然科学家也讲不清楚。我们知道,在新一轮世界科技革命出现之前,会有很多新技术的兴起作为铺垫,呈现一种"乱相"。比如,新能源、新材料、生物医药等。但哪一种新技术将会成为新一轮世界新技术革命的主导,现在还看不清。即使看清了,一种新技术还有不同的技术路线,难以看清哪一种技术路线将成为主导。既然如此,那么,现在最多能做些什么呢? 现在大家在讲所谓的第三次工业革命,其实,看其内容,无非是现代信息技术的进一步深化运用。人工智能、机器人和3D打印技术等,也不是现在才发明的,都已经研究了四五十年了,只不过现在已越来越成熟,越来越可以产业化,成本降低了。当然,发达国家在这方面仍然占有优势,但已不像过去那样遥遥领先。

(2) 能源及资源要素。2008 年以后,在能源方面所发生的较大变化,就是非传统能源越来越被重视,并且得到实际开发。比如页岩气开发,美国不仅有大量页岩气储量,而且开采技术完全成熟,成本也大大下降。目前,美国的能源结构中,本国页岩气开采份额迅速增大,进口的石油明显减少。当然,中国也有很大储量的页岩气,但要产业化开采不太容易,不仅仅是开采技术问题,中国页岩气储量大部分是在中西部,开采起来更加困难。非传统能源的开发,在很大程度上将改变世界能源分布格局,不再完全由传统的石油产出国垄断、控制能源。

(3) 劳动力要素。现阶段,新兴经济体国家,特别是中国的劳动成本上升很快。这是一个趋势性的变化。发达国家的劳动成本虽然更高,但它有一个趋向,就是大量采用机器人来替代人工的劳动,这个趋势也已经越来越明显。这种机器人替代将做到比中国的劳动力成本还要低。因此,这将使新兴经济体和发展中国家越来越失去劳动力成本优势。美国提出再工业化战略和制造回归,不是无中生有。它如果运用大量机器人,采用更多的智能制造,依赖于低成本的非传统能源,完全有可能将我们现有手中的一部分产能、生产线转移过去。

正是上述这种要素分工格局的变化,使原来的技术、资源、劳动的世界经济循环的三极平衡发生变化。这对中国经济运行有重大的影响。

16.1.4 经济全球化的纵深发展

一些专家认为,2008 年全球金融危机以后,贸易保护主义盛行,使经济全球化进程受阻,似乎经济全球化基本终结。我认为,经济全球化仍然是未来世界经济动力之一,而且向纵深发展。为什么会向纵深发展?(1)一个倾向性的表现已经显现出来,就是超越制造、金融部门,有更多的部门进入全球化,包括医疗保健、教育培训、文化、艺术,这些都在走向全球化。而且这个范围会越来越大。(2)虽然多边贸易谈判受阻,但是双边或区域性贸易谈判仍然很活跃,区域经济一体化发展很快。我认为,这只是使经济全球化改变了形式,从多层次、全方位的角度推进。

当然,在这个过程当中,对我们的影响也挺大。在目前的双边或区域性贸易投资谈判中,要求和标准越来越高,也就是我们讲的美国式的高标准,如保持竞争中立原则、准入前国民待遇(涉及公司设立、并购等)、准入领域的负面清单等。这些都对我们的体制机制和实际运作提出了更高要求,有较大影响。从这一角度讲,经济全球化向纵深发展意味着中国对外开放到了一个新的阶段,或者说要实行新的高水平开放战略,包括"引进来"和"走出去"。如果不实际高标准与高要求,别人不进来,我们也走不出去。

16.1.5　世界经济版图将由跨国公司区域分部来划分

今后,世界经济版图已不是简单地如以前那样以南北划分,或以发达国家和发展中国家划分,而是以跨国公司的区域布局来进行划分。那么,现阶段跨国公司的全球布局是按照什么原则、标准在进行呢? 原先,跨国公司是按照成本原则分布,即哪里生产成本低,就在哪里设厂或生产基地。但现在情况发生了一些变化。根据科尔尼咨询公司的跨国公司调研,大多数跨国公司布局,首先考虑的已不再是成本,而是潜在市场规模,以及产业配套能力。前段时间,学界有一种担心,认为中国现在劳动力成本迅速提高,已高于印度尼西亚、越南等国,是不是意味着外商投资企业要往外转移。现在看来,跨国公司把潜在市场规模及接近市场作为布点选址的主要考虑因素,这种外资往外转移的情况可能不会太普遍,因为中国的潜在市场是很大的,产业配套能力是很强的。

另外,跨国公司全球布局的一个新变化,是越来越多的服务型跨国公司来整合制造型跨国公司。这与现在整个经济的一个转换有关,即服务整合制造、生产。这也会给跨国公司全球布局带来新的变化。因为服务型跨国公司的选址依据不是成本低,而是明显地接近市场,而且它们基本上是网络式布点,不会像制造跨国公司那样孤零零在一个地方搞生产点、布生产线。这些服务型跨国公司必定是选择以接近市场的最大城市来设立分支机构,而且这个城市与其他城市互相之间是网络结构的。因为,服务企业和制造企业生产有很大的一个区别,制造企业是需要上下游产业与之配套的,而服务企业更需要"面对面"的隐性知识交流,形成另外一种方式的产业集群。

以上五个方面的判断,对中国的经济运行都有影响,影响我们投资、影响我们消费;不仅影响我们的出口企业,也影响国内生产的企业。

16.2　中国经济发展的重大变化

从中国经济发展来讲,也正在发生重大变化。过去十多年,中国经济凭借制度红利、人口红利等实现了财富资产的爆炸式增长。为什么会出现财富的爆炸式增长? 这与经济的货币化程度加深有关。随着改革深化,在工业化、城市化推动下,许多要素市场化和货币化了,从而带来了大量货币发行和财富快速增长。

我们知道,工业化和城市化是互动的,在发达国家是同时展开的。在这一过程中,工业化与城市化对资金的大量需求正好有个时间差。在城市化早期,要大量投资于基础设施建设。而工业化早期,轻工业的投资量较小,周期短。但到了工业化中后期,重化工业需要大规模投资,投资周期也长,而城市化中后期,大规模建设投资开始减弱,更多是日常维护。所以发达国家的工业化、城市化在资金投资方面正好错开。中国的情况如何呢?由于传统体制下,城市化严重滞后,工业化超前,工业化和城市化的节奏完全被打乱了。改革开放后,对其进行了重大调整,但在这一调整中,正好碰上两大投资需求重叠。90 年代以后,中国城市化大力推进,形成大量建设投资,与此同时,中国工业化向重化工业方面大力推进,也需要大量投资。按理说,这两大规模投资在同一时间的重叠是一个国家难以承受的。但中国的情况又比较特殊,我们正好处在改革当中,以前很多要素是非市场化、非货币化的,现在可以货币化了。特别是土地,通过土地批租就可以筹集大量的资金作为建设投入。另外,正赶上深度的对外开放,加入 WTO,吸引了大量国际资本。正是这样的情况下,才有雄厚的资金来支撑大规模投资。但这个状况走到今天,似乎要改变了,大规模投资驱动的增长方式已难以为继。对中国经济发展的重大变化,我们有如下基本判断。

第一,潜在增长率要下一个台阶。从各国情况来看,随着经济发展阶段的变更,经济潜在增长率是不断下调的。根据经验统计,过去中国的潜在增长率大约在 10%。如果实际增长率超过 10%,意味着经济过热;而低于 10%,表现为经济过冷。现在,这个潜在增长率可能就要下到 7% 左右。中国的人口红利虽然还有,但趋于越来越小。制度红利,很大程度上取决于我们改革的深度,如果只是浅层次、小打小闹的改革,可挖掘的制度红利也不多,但如果涉入深水区做大动作的话,这个制度红利还是可观的。

第二,产业结构也会有一个较大变化。从产业结构来看,需要补上去的是服务业这一块。中国服务业占 GDP 的比重与世界平均水平 69% 竟相差 20 多个百分点。改革开放 30 多年来,中国服务业的增长远远超过制造业的增长。应该讲,最近 30 年服务业是连续的高增长,但是目前仍然远远低于世界平均水平。那么只能说改革开放之前,实在是起点太低。

从国际经验看,服务业发展几乎是一个 S 形演进的轨迹。即使在工业化早期阶段,服务业水平不高,其比重也较高。库兹涅茨、钱纳理在分析结构变动时,曾经提出一个非常深刻而重要的思想,即在工业化进程中,其实吸引农村过剩劳动力最大的部门不是工业部门,而是服务部门。所以服务业水平当初是低的,但比重是高的。然后,到了工业化中期的时候才出现一个平缓的增长,甚至制造业的增长速度要超过服务业。但到后期,又出现服务业的增长超过制造业,当然这个时候主要是现代服务业,是高水平、高比重。

中国在传统体制下,结构被严重扭曲,服务业发展相当滞后。这个结构是一定要调过来的。当然,现在这个调整的难度也比较大,主要是我们的制度环境。按照道理来说,这个结构变化与人均国民收入水平是高度相关的。中国现在发展到这样一个经济水平,应该讲对服务的需求不断增大,但是为什么服务业比重还是上不去? 其中一个重要原因是制度性障碍,如市场准入、监管制度、信用制度、税制以及法律制度等。特别严重的就是税制,服务业实行营业税,而不是像制造业那样实行增值税,就会出现重复征税、增大总税赋,使增值税断裂等问题,结果导致影响服务业分工深化和效率提升。当然,2012 年 1 月 1 日在上海试点营业税改增值税,随后又扩大试点地区和范围,这是一个重大的制度变革。又比如,企业的工商登记也不太适应服务业发展的要求,特别是服务业的新商业模式、新业态,在现有工商登记目录中难以找到。对于融物流、贸易、金融为一体的供应链管理企业,往往无法准入。在准入中,还有各种各样资质限制等等。产业结构调整肯定是一种大势。但是调整到什么程度,还是取决于制度环境上改善的情况怎么样。

第三,地区增长格局将发生明显变化。从近几年的地区经济增长来看,已呈现"西快东慢",中西部经济增长速度明显上来了,东部发达地区面临着一个转型问题。从未来的发展趋势来看,中西部的发展潜力也不可小视。特别是随着交通条件的改善,有了更好的通道,如欧亚大陆桥等将对中国区域经济增长格局的变动有较大影响。

第四,内需与外需的结构性变化。外需不是说以后就没有了。我感觉,随着世界经济复苏,或者是新一轮的技术革命来临,还是会有比较强的外需。但问题出在什么地方? 问题出在我们的出口导向发展模式已经不太相适应。尽管中国人均 GDP 水平还较低,但中国经济规模是巨大的。最近经合组织出的报告,认为中国在 2016 年就可以超过美国,成为经济规模最大的国家。这并不能完全说明我们实力很强,但是这么大的经济体量对世界经济绝对是有影响的。

在这个过程当中,中国可持续发展的原动力应该还是在内需上。那么,我们的内需为什么一直起不来? 这个也是我们正在研究的问题。开始大家感觉好像是因为缺乏新的消费增长点,难以出现当初 90 年代"老三件""新三件"那样的消费浪潮,一种排浪式的消费浪潮。其实,这是次要的。因为今后的消费更多的是服务消费,而不是实物消费。即使是实物消费,也通常伴随着更大量的服务消费,组合在一个服务包里。问题的关键还在于我们国民收入分配格局的扭曲。

按理,中国最近十年出现的财富资产爆发式增长,应该是有较大的内需潜力,特别是消费需求的。但问题是国民收入分配没有向居民部门倾斜,财富分布极不均衡,导致居民购买能力上升不快。所以,要启动内需,现在除了要加工资、增加城镇居民、农村家庭收入以外,更重要的是调整财富分配方式,具体方式包括结构性减税、增加居民财产性收入等。当然,这会触及很多既得利益,要采取稳妥的办法。

中国的内需一旦起来,将成为吸引国外投资的最强竞争力。中国今后吸引外资,竞争力不在劳动力成本,就在于内需的市场潜力。因此,启动内需确实是一个战略基点。

16.3 上海已率先呈现这些重大变化

上海由于经济发展领先全国,并具有很高的经济外向度,已率先呈现上述这些重大变化。为此,上海"十二五"规划提出创新驱动、转型发展的主线,并采取相应重大举措,以适应这些重大变化。

首先,按照中央十九号文件精神加快"四个中心"建设。国际金融中心建设要顺应人民币国际化进程,重点建设人民币交易、结算市场,完善金融市场体系,发展各种新金融,如股权投资、信托、租赁融资等,吸引功能性金融机构,优化金融生态环境等。国际航运中心建设怎么加强?无非是两个方面,一是集疏运体系,完善管理,降低成本;二是航运服务,目前主要是大量引进了一些国际的货运代理公司、海事保险、船舶租赁等一些新机构,开展航运信息服务等业务。国际贸易中心建设更多的是发挥综合保税区作用,发展新型贸易、服务贸易,加快虹桥商务区建设,打造中国最大的会展中心。通过"四个中心"建设的加快推进,促使现代服务业较快发展。

与此同时,上海率先进行"营改增"试点。从2012年的试点效果看来,对服务经济的推动作用是明显的。一个是实现了结构性减税,特别是规模以下服务企业减税效果明显。试点服务企业绝大部分都减轻了税负,非服务企业在这个改革中获得利益更大,原来它购买服务都不能抵扣,现在购买服务可以抵扣了。

另外就是促进了分工制深化,服务企业开始进行业务的重组,更加细化。

当然,作为改革试点也有一定的局限性。一是行业的局限。由于并没有在所有服务领域全部推行,试点服务企业如果购买没有试点企业的服务,就不能抵扣。二是地区的局限。由于只在上海试点,而许多业务是全国性的或者是地区性的,特别像运输,所以试点服务企业开出去的增值税发票,外地可以抵扣,而外地开过来的营业税发票却无法抵扣。但是随着试点的扩围,这种局限性会自然消失,其改革效果会越来越明显。

其次,城市空间结构调整。从全市域来讲,就是形成多心多核空间结构,主要是郊区新城的建设。所以现在郊区新城都在加快,特别是嘉定新城和奉贤的南桥新城,一南一北,都是面向长三角地区的综合性节点新城。对南汇新城采取了特殊机制和特殊政策,促使其新城与重装备工业区、洋山深水港区的整合,聚焦人气。

从中心城区来讲,形成一个十字轴外带一个圆(中环)的商务布局。东西轴就是从虹桥商务区到浦东小陆家嘴,然后延伸到花木地区、国际旅游度假区再到浦东机场。南北轴就是沿着黄浦江两岸,从宝山、杨浦、虹口、黄浦、徐汇直至闵行。从中环到外环这一带现在也有不少城市综合体和现代服务业的集聚区。在这样一个布局中,现在主要抓几个重点项目,包括世博园区开发、国家旅游度假区建设、虹桥商务区开发、南外滩和徐汇滨江开发等。

再次,在转型发展中增强自主创新的能力。这主要是以张江自主创新示范区为抓手,实行一区多园,扩展其面积和范围,推行包括期权激励、科技金融在内的一些新的政策。关键是促进科研成果产业化。

最后,积极参与长三角的深度合作。上海与周边的关系也在发生新的变化。随着上海的转型发展,与周边地区的资源集聚和产业竞争越来越错位。比如,现在上海招商引资进来的更多是服务业,是功能性机构,而不是一般的工业项目。与此同时,上海的一般性的企业生产都在往外走,甚至在浙江、江苏联合建立开发园区,成为相应的产业转移基地。因此,上海与周边地区的互补性越来越明显,为进一步深度合作创造了条件。

总之,中国经济正面临着各种各样的一些新变化,并有可能就逐步形成一种新的格局。在经济的新格局下,我们研究问题的视角和方法也要有所改变,在进行宏观经济分析、增长结构分析中就要考虑新的变量,有些指标可能就不太适用。比如像上海正处在转型中,如果还用一些传统经济指标来衡量,难以判断好坏。同样,在中国经济这种新的格局下,我们分析的视角、分析的工具和方法,甚至包括一些指标都要有所变动。至于具体的操作,更要适应这种经济的新格局要求。

17 红利再造与经济持续增长[*]

2013 年以来,国内外经济都处于重要关口和转折点。从国际经济看,进入金融危机后二次探底的底部,区域增长结构出现重大变化;从国内经济看,经过三年的连续下滑,经济开始筑底企稳,但深层次矛盾进一步积累。从 2014 年看,国内外环境都将平稳复苏,但不确定性和风险依然十分突出,必须引起高度警惕。

17.1 世界经济的不确定性和风险

17.1.1 世界经济增长进入谷底且区域分化加剧

2013 年以来,世界经济出现 2008 年金融危机以来的第二次探底,全球生产和贸易增长处于近年来的谷底。从全球生产看,世界产出增长率 2010 年为 4.1%,2011 年和 2012 年分别下降到 2.8% 和 2.2%,2013 年预计进一步下降至 2.1%。从全球贸易看,在过去 12 个月中,全球贸易基本处于零增长,明显低于全球经济和生产增速。

与 2008—2009 年的全球经济第一次探底不同,这次全球经济探底主要是由新兴经济体增速大幅下降造成的。从 2013 年尤其是下半年以来全球经济增长格局看,发达经济体出现明显复苏迹象:一是美国经济重拾活力。第三季度美国 GDP 环比增长 2.8%,比上年第四季度提高 2.7 个百分点;失业率从 1 月的 7.9% 下降到 9 月的 7.2%。二是欧洲国家经济开始缓慢复苏。三季度欧元区经济环

* 本章原载周振华等著《新改革·新开放·新红利——中国经济分析 2013—2014》(格致出版社、上海人民出版社 2014 年版)导论"红利再造与中国经济持续增长"(与权衡合撰)。

比增长 0.2％,同比提高 0.3 个百分点,制造业 PMI 自下半年以来持续高于 50％,从收缩转向扩张。三是日本经济明显复苏。在安倍经济学的刺激下,第三 季度日本 GDP 同比增长 2.7％,比第一季度上升 2.4 个百分点,10 月相比 1 月失 业率下降 0.3 个百分点。四是发达国家房价走势也显示出经济好转的迹象。近 几个月来,美国拉斯维加斯、洛杉矶、旧金山、圣迭戈的房价较上年同期上涨 20％,底特律上涨了 17％,英国仅 9 月一个月房价就上涨了 10％,都柏林上涨了 11％。但与此同时,由于受内部经济结构和美国可能退出量化宽松政策的影响, 新兴市场经济国家经济增速出现大幅下滑,增长态势出现逆转。以金砖国家为 例,第二季度印度 GDP 增速由前两年最高时的 13.2％下滑到 2.4％,巴西由最高 时的 9.3％下滑到 3.2％,南非由最高时的 7.9％下滑到 2.0％,俄罗斯由最高时的 5％下滑到 1.2％,泰国也由最高时的 19.1％下滑到 2.6％。全球经济增长引擎由 新兴经济体再次转向发达国家。

2013 年下半年以来,虽然发达经济体经济出现明显复苏迹象,但总体上依 然非常脆弱。从美国看,前三季度 GDP 同比增速仅分别为 1.32％、1.63％和 1.65％,大大低于前几年的水平,是上一次经济探底以来的最低速度。而且 10 月美国失业率又比 9 月上升了 0.2 个百分点。从欧元区看,经济依然处于负增 长中,而且失业率仍在持续攀升,10 月已高达 12.2％,完全走出衰退还需时日。 有鉴于此,尽管美欧经济均出现好转迹象,但近期美联储报告仍建议采取力度更 大的政策行动,欧洲央行也采取降息措施预防通缩,并表示有可能进一步降息以 提供流动性。由于发达经济体复苏势头脆弱,难以弥补新兴市场国家增速下滑 造成的损失,因此全球经济与上年相比进一步下降,滑入谷底。

17.1.2　2014 年的世界经济预测分析

2014 年是全球经济逐步走出谷底的一年,经济运行环境将有所改善,经济 增速将略高于 2013 年:一是全球生产将进一步回暖。2013 年下半年以来,全球 生产增速明显加快。10 月全球制造业 PMI 升至 29 个月来的高位,预计着 2014 年生产前景看好。二是全球贸易投资将适度回升。国际货币基金组织预测, 2014 年全球贸易将增长 4.9％,明显高于 2013 年。同时,2013 年以来发达国家 企业持有的包括现金在内的流动性资产明显增加,扩大投资的能力增强。联合 国贸发会议预测,2014 年全球直接外资流量将达到 1.6 万亿美元,比 2013 年增 加 0.2 万亿美元。三是全球货币财政政策仍将有利于经济增长。2014 年由于大 多数国家经济增长仍低于潜在水平,加上劳动力市场改善缓慢,预计各国货币政策仍将保持宽松。特别是美国目前 7.3％的失业率和 1％的通胀率水平与美联储设立的低利率政策退出条件(失业率 6.5％、通胀率 2.5％)相比仍有很大差距,因此目前的低利率政策将至少维持到 2014 年第四季度。同时,2014 年由于多数发达国家政府债务负担趋稳,财政紧缩力度将明显下降,对经济增长的拖累降低。四是银行杠杆率和资产负债率已回到正常水平,对实体经济的支持能力增强。鉴于上述情况,尽管各国际主要机构近期纷纷下调对 2014 年全球经济增长的预测数,但均预测 2014 年全球经济增速将略高于 2013 年。其中,国际货币基金组织预测 2014 年全球经济将增长 3.6％,比 2013 年提高 0.7 个百分点;经合组织预测 2014 年全球经济增长率为 2.9％,比 2013 年上升 1.2 个百分点;瑞银集团预测 2014 年全球经济增长率为 3.4％,比 2013 年上升 0.9 个百分点。

从全球经济增长格局看,2014 年世界经济增长加速将仍然主要来自发达国家。其中,美国经济 2014 年将继续维持温和复苏,财政对经济增长的拖累将下降,经济增长稳健,失业率将继续回落。但受 QE3 可能退出和财政悬崖问题的影响,复苏势头依然有限,并有可能出现新的波动;欧元区由于财政紧缩力度下降和金融分化改善,2014 年经济将走出衰退,实现正增长,但由于欧元区结构性改革缓慢和失业率高企,经济内需动力依然不足,仅能维持微弱增长。日本经济2014 年将依然保持复苏势头,但受消费税大幅提高的冲击,将从高增长过渡到稳健增长。新兴市场国家在 2013 年增速大幅下降的基础上,2014 年经济增速可望企稳,特别是东南亚国家有望小幅回升,但多数国家经济增速仍低于潜在水平,平均增速仍将低于 4％。

从通胀方面看,2014 年由于全球经济复苏势头依然较弱,增长速度仍低于潜在水平,加之大宗商品价格涨幅有限,因此,全球通胀将继续温和。但由于OPEC 国家受美国页岩油产量飙升的影响推迟投资和削减产量,原油价格有可能出现短期波动。

17.1.3 全球经济最大变数和不确定性

2014 年全球经济增长面临的最大变量是美国货币政策的调整。退出量化宽松政策对美国经济来说是一把双刃剑:如果过早退出,可能给美国经济带来损害,导致经济增速再度下滑,并迫使美联储再次实施量化宽松货币政策;而如果过晚退出,将会导致货币发行量过大,有可能引发严重的通货膨胀,并会导致美元持续大幅贬值,危及美元的国际地位。因此,美国在退出量化宽松政策的时间选择上将会寻求利益平衡点。我们判断,2014 年美国退出量化宽松政策的可能性很大。但在操作方式上,不大可能采取一步到位的做法,更大的可能是从二季度开始逐步减量化,全部退出可能要到 2015 年。其间如果美国经济出现反复,美联储随时有可能停止退出并加大宽松力度。随着美国启动退出量化宽松政策,欧元区和日本也会跟进,逐步启动减量化。但从欧元区看,欧洲央行仍需不断买入银行债务;从日本看,2014 年销售税率将从 5％ 上调到 8％,对经济增长有负面影响。因此,2014 年欧日在退出量化宽松政策上不会跟得很紧,更不会大幅减量。

2014 年美国量化宽松政策的退出有可能导致国际资本流动发生逆转,对新兴市场造成新的冲击。2013 年受美国量化宽松退出预期的影响,新兴经济体特别是亚洲新兴国家出现了较大规模的资本流出,导致货币大贬值和股市暴跌,遭受了一次小规模的金融风暴。2014 年随着美国量化宽松的减量化和逐步退出,美元将会由弱转强,从而吸引国际资本回流。一旦强势美元带动国际资本流动再次出现逆转,新兴市场资产将会遭到大规模抛售,从而引起新兴市场国家金融市场和经济的剧烈动荡,其程度将会超过 2013 年。据估计,从金融危机爆发至2013 年 4 月,流入亚洲十大经济体的资金总值为 2.1 万亿美元;而 2013 年 4 月以来,仅有约 860 亿美元撤离亚洲,占总量的 4％。2014 年如果国际资本流动发生逆转,流出亚洲的资金数量将会大幅增加,导致亚洲新兴市场国家股市暴跌、国际收支恶化和货币急剧贬值,引发金融市场出现大幅波动。但外资外流引发亚洲金融危机再次爆发的可能性不大,因而不会改变全球经济缓慢复苏的总体趋势。

17.2　中国经济运行状况分析

17.2.1　经济总体平稳与深层矛盾积累

2013 年以来,中国经济增长总体平稳,主要呈现出三大特征:

其一,经济增速止跌企稳。受总需求疲软的影响,第一季度全国经济增速为7.7％,比上年第四季度下降 0.2 个百分点;第二季度进一步下滑至 7.5％。进入第三季度后,由于国务院及时创新宏观管理方式,明确调控区间,增强了企业发展信心,并且围绕"调结构、稳增长、促改革",推出了一系列政策措施,经济增速回升到 7.8％。第四季度由于受上年同期基数较高的影响,经济增速可能稳中略降。全年预计经济增速将达 7.6％—7.8％,与上年基本持平,超过年初设定的

7.5%的预期目标。

其二,经济增长主要靠投资拉动。2013年是政府换届后的第一年,投资依然保持着较高增长速度的主要动力。前三季度,全国固定资产投资增长20.2%,同比仅微降0.3个百分点。其中,基础设施投资增长25.1%,同比上升1.4个百分点;民间投资增长23.3%,快于全社会投资增幅。但消费受"八项规定"出台的影响,增速大幅下降。前三季度全国社会消费品零售总额增长12.9%,同比下降1.2个百分点。前三季度,投资对GDP增长的贡献率达到55.8%,比第一季度上升25.5个百分点;而消费贡献率为45.9%,比第一季度下降9.6个百分点,出口贡献率为−1.7%,比第一季度下降15.9个百分点,投资替代消费和出口成为拉动经济增长的主要动力。

其三,经济运行的质量和协调度有所提高。2013年以来,在经济继续保持7.8%左右的中高速增长态势的同时,物价走势平稳,1—10月CPI仅增长2.6%,同比下降0.1个百分点,预计全年通胀率低于3%。就业形势稳定,全国城镇新增就业有望超过1200万人,大大超过了年初制定的900万人的目标,没有出现大规模的就业问题。国际收支状况进一步改善,第三季度中国国际收支经常项目、资本和金融项目顺差额分别为397亿美元和573亿美元,均较上半年大幅下降近600亿美元,国际收支状况更趋平衡。这表明经济运行的质量和协调度有所提高。

但与此同时,经济运行仍然存在着风险和隐忧,深层次矛盾进一步积累:

一是经济回升的基础不稳固。2013年下半年,全国经济增速回升主要是靠短期政策效应的发挥,市场总需求依然不足,特别是投资增速有放缓迹象,预示着未来经济增长后劲不足。

二是高耗能产业快速回升导致节能减排压力加大。2013年工业增速回升中,钢铁、焦炭、平板玻璃等高耗能重工业增速超过预期。前三季度,全社会用电量增长7.2%,同比提高2.4个百分点,其中工业用电量占70%左右,而高耗能产业的用电消耗又占到工业消耗的一半左右。上半年全国单位GDP能耗仅下降3.4%,与全年3.5%的目标尚存差距。

三是产能过剩矛盾进一步加剧。2013年以来,全国产业结构调整未有明显进展,产能过剩矛盾进一步加剧,不仅旧有的过剩产能未能消化,而且新产能过剩又继续叠加,许多行业产能利用率不足75%,按照西方标准已处于经济危机中,严重制约了经济增长与转型升级。

四是资金"体外循环"导致金融潜在风险上升。1—10月,社会融资规模累积达 14.82 万亿元,比上年同期增加近 1.81 万亿元,其中绝大部分新增贷款是以信托和委托贷款等方式由影子银行提供的。从资金流向上看,地方政府融资平台贷款与房地产贷款占全部贷款的比重接近 35%,企业新增贷款同比增长不足 6000 亿元,社会资金"脱实就虚"和"体外循环"情况严重,使得金融风险进一步加大。

17.2.2　中国经济预测分析

2014 年是中国全面深化改革的一年,预计消费和出口形势略好于 2013 年,经济增长速度有望与 2013 年持平:一是固定资产投资仍将保持较高增速。一方面,从历史上看,政府换届的前两年投资增幅不会很低;另一方面,从投资需求看,当前仍有扩张空间。2014 年,随着扩大内需政策的实施,铁路网、城市基础设施、信息基础设施和旧城改造投资预计将会出现高潮。同时,随着行政审批制度改革和投资领域进一步放开,民营企业投资增速有望加快,成为支撑投资增长的主要力量。因此,2014 年投资增速虽会比 2013 年略有下降,但总体上仍能保持较高水平。二是消费增速将适度回升。党的十八届三中全会后,收入分配改革措施将适时出台。这有利于降低结构失衡,使中国消费储蓄的比例关系逐步回到正常水平,并使 2014 年的需求结构得到一定的改善。同时,2013 年消费增速下降对 2014 年增长基数的影响将会消失。因此,2014 年消费增速将高于 2013 年,对 GDP 增长的贡献将上升,重新成为总需求增长的引擎。三是外部需求有望小幅改善。2014 年,随着发达国家经济继续复苏,外部需求有望小幅改善。特别是中国最大的贸易伙伴,欧盟经济的复苏将直接提振中国的出口。同时,中国积极推进与东盟、韩国等国家或地区的区域性自由贸易谈判,争取在局部地区内实现贸易和投资自由化,也将对中国出口平稳增长形成一定支撑作用。因此,2014 年的出口形势会稍好于 2013 年。根据以上情况判断,2014 年经济增长速度仍可保持在 7.8% 左右,与 2013 年大致持平。

但与此同时,也必须清醒地看到,2014 年中国经济增长仍然面临着一系列重大制约因素:一是经济周期性下降仍未结束。2014 年中国经济运行仍然处于本轮周期的下降期,经济增长缺乏强劲回升的动力。二是当前经济运行中累积的产能过剩、房地产泡沫、地方债务问题等深层次的结构性矛盾并未解决,而且越来越接近临界点,对经济增长的制约越来越大。特别是 2014 年中央加大化解产能过剩的力度,将对部分地区和行业的生产增长产生较大的影响,而新的经济增长点尚未形成,难以起到弥补作用。三是地方政府投资进一步增长存在较大约束。随着中央清理地方融资平台和规范地方政府融资行为,以及继续实行偏紧的宏观政策和大力督促地方转变执政理念,地方政府的融资扩张将更为困难,融资成本越来越高。因此,地方政府投资增速将会放慢。四是房地产投资增速可能适度回落。2014 年受财税体制改革和房地产税试点范围扩大的影响,房地产市场可能由热转冷,带动房地产投资增速适度回落。五是宏观调控政策不会明显松动。2014 年宏观调控政策将继续坚持"不扩大赤字,既不放松也不收紧银根"的政策基调,政策重点仍将侧重于稳增长、防风险和调结构,政策取向将转为更加中性或偏紧。一方面,财政政策将更趋谨慎,财政赤字增幅可能下降,财政扩张力度减小,对 GDP 的拉动作用小于 2013 年;另一方面,货币政策将在中性的基础上趋紧,央行可能会设定比 2013 年更低的 M2 增速指标,新增贷款和社会融资总量增幅将低于 2013 年。因此,2014 年的政策环境不会明显改善,总体环境比 2013 年略有偏紧。这些情况表明,2014 年经济增长仍然存在下行的风险。

由于目前房地产开发贷款仅占银行信贷总额 7%—8%,且不良贷款率低于0.5%,2014 年发生系统性金融风险的可能性不大,国内经济能否继续保持平稳增长,关键取决于投资。只要投资不出现大幅回落,2014 年的经济增长速度可望与 2013 年持平。但如果投资增幅出现较为明显的下降,经济增速有可能低于2013 年。特别是 2014 年第一季度,在 2013 年年中出台的短期刺激政策的效应消失后,如果投资不能及时跟进,经济有可能再次出现波动。但综合起来看,2014 年经济保持平稳增长的可能性较大。

17.2.3 国内经济运行的风险因素

一是财政收支矛盾加大的风险。2013 年以来,中国财政收入增加呈现明显的扩张乏力现象,上半年不少地区的地方财政收支出现较大困难。2014 年随着结构性减税、"营改增"等改革措施的推进,再加上经济增长总体平稳,中国财政收入大幅增长的可能性较小,仍将呈现增长乏力局面。但与此同时,中国财政支出却呈现刚性特征,且规模日趋扩大,这会导致中国财政收支矛盾进一步加大。预计 2014 年发生财政收支困难的地区将会进一步增加。

二是物价上涨突破上限的风险。2013 年下半年以来,随着经济增速逐步回升,CPI 涨幅也紧随其后。9 月 CPI 涨幅首次超过 3%的警戒线,达到 3.1%。10月 CPI 继续上涨到 3.2%,创多月来新高,逐步接近 3.5%的上限,其中食品价格上涨幅度高达 6.5%。2013 年底 2014 年初,随着元旦和春节的临近,食品和消费品还将迎来新一轮需求高峰,有可能推动 CPI 进一步走高。2014 年随着货币的继续投放,流动性将进一步增大,给物价上涨带来沉重压力。特别是随着水电煤价格调整和生猪等农副产品价格上涨,通胀压力将进一步加大。同时,国际油价有可能出现波动,对中国形成新的输入性通胀压力。因此,对 2014 年的通胀形势不可掉以轻心。

三是房价全面下跌的风险。当前国内房地产市场存在着较大的泡沫。国际货币基金组织数据显示,在世界最昂贵的房地产市场中,中国五大城市名列前茅。2013 年以来,在全国 640 多个大中城市中,有超过半数的城市房价在跌。其中,温州、鄂尔多斯等城市房价出现大幅下滑。从 70 个大中城市看,房价涨幅和住房销量也在逐月下降,其中北京、广州等一线城市"金九银十"的楼市成交量出现大幅下降。前 10 个月,全国商品房销售面积同比增长 21.8%,比前 9 个月回落 1.5 个百分点;商品房销售额增长 32.3%,比前 9 个月回落 1.6 个百分点。2014 年,随着税制改革和房贷利率走高,特别是美元升值后国际热钱回流美国,房市泡沫有可能被刺破,使得更多房贷违约,导致全国特别是三四线城市的房价加速下降,类似于温州和鄂尔多斯的房市暴跌有可能向更多城市和地区蔓延。

四是地方政府债务偿还违约的风险。2014 年地方政府债务到期量较多,在货币政策偏紧、房地产市场回落、地方财政增收放缓和地方融资更趋规范的情况下,不排除个别地方融资平台出现偿债困难,导致一些地方政府债务违约风险上升。但鉴于地方政府整体负债与经济规模相比仍然较低,发生系统性金融危机的可能性较小。

17.3　全面深化改革与红利再造:走向内生性增长

2014 年是党的十八届三中全会召开后的第一年,各方面重大改革措施将会陆续推出。改革从长期看有利于改善经济结构,优化资源配置效率,提高经济潜在增长率,有助于促进中国经济的长远发展。从短期看对经济增长的影响有正有负:一方面,减少政府干预经济、打破国企垄断和改革财税制度等改革措施有利于扩大民营资本投资,增强经济发展的活力。另一方面,改变以 GDP 为核心的考核方式有可能弱化各地追求经济增长的动力;扩大房产税试点范围有可能抑制房地产开发投资增长,特别是扩大消费税和房产税如果没有降低增值税相配合,有可能变成事实上的增税,抑制社会消费和民间投资需求。因此,总的来看,2014年加大改革力度不会在短期显著促进经济增长。

第一,推进生产要素市场化改革的新战略:市场化红利再造。加速市场化改革行动,进一步发挥市场机制对资源配置的决定性作用。从未来发展需要来看,微观基础领域深化市场化改革的关键是在三个方面:一是加速土地要素市场化改革进程,让市场成为配置土地资源的基础力量,纠正土地市场价格扭曲的定价机制,提高土地资源市场化配置程度和土地资源利用效率。二是积极推进户籍制度改革,进一步解放劳动力市场,推动劳动力市场更加自由更加公平地流动和配置,提高劳动力资源的配置效率。三是积极培育企业家市场,形成真正独立的企业家阶层,让企业家成为真正创新驱动发展的主体。进一步激活中国经济的微观活力,必须加快这三个要素市场的改革和发展,让市场机制成为培育和促进中国经济增长微观基础的重要机制。

第二,国有企业改革新战略:国有企业改革红利再造。一是国有企业的主体地位的确立;二是国资、民资、外资平衡与公平竞争发展;三是国有经济的垄断地位与竞争机制设计。

第三,推进城镇化建设和城乡一体化发展体制改革:城镇化发展红利再造。一是促进新一轮城镇化建设行动,进一步释放中国经济发展的潜力。二是加速公共服务均等化行动,推动城乡一体化发展。三是全面设计新型城镇化道路的一揽子体制机制即城乡规划体制、产业园区和城镇化融合,城市化和城市群融合以及城乡空间一体化等。另一方面,需要推进新二元结构的体制瓶颈及其破解问题;逐步建立城乡一体化的公共服务均等化体系,形成以工促农、以城带乡、工农互惠、城乡一体的新型工农、城乡关系。走包容性城市化道路,从社会、经济、空间、制度等多个维度,实现城乡统筹发展、城市内部人口、产业与空间布局协调而均衡的发展,从而进一步挖掘中国经济发展的最大潜力。

第四,教育体制、科技体制改革:信息化建设新战略获得人力资本新红利、信息化红利再造。一是加速信息化行动,推进信息化与工业化深度融合发展和制造业的升级。二是教育体制改革与人力资本红利;全面深化教育领域综合改革,着力提高教育质量,培养创新型的人才。

第五,加快建设中国(上海)自由贸易试验区与新开放战略:全球化红利再造。实施"引进来"和"走出去"结合战略。积极推进汇率改革,加速人民币国际化进程;加快建设国际金融中心和贸易中心,提升国际竞争力。推动中国本土化跨国公司发展,加速全球化融入进程,以全球化机制推动对外经济发展模式的创新和升级。

　　第六，收入分配制度改革和财政税收体制创新：分配改革和激励机制红利再造。中国改革的基本经验之一就是以收入分配改革获得发展的新红利。未来也需要加速收入分配改革行动，努力实现收入分配公平公正，以分配改革新红利推动经济又好又快增长。收入分配改革和建立更加公平型的社会，是中国新一轮发展的重大战略任务。加快推进四大领域改革即初次分配改革、再分配改革、城乡居民收入流动性以及收入分配秩序规范。同时推动实现收入分配改革的"机会公平、规则公平和权利公平"的三大目标。调整中央和地方的利益分配关系，推进财权与事权的重新配置，调整税制结构。

　　第七，加快金融体制改革行动：金融创新红利再造。一是加快发展多层次资本市场，进一步推进利率和汇率市场化改革，逐步实现人民币资本项目可兑换。二是加快发展民营金融机构，促进各种所有制金融机构平等竞争和发展。三是加快金融创新，增长金融发展的活力和效率。四是完善金融监管，提高银行、证券、保险等行业竞争力，维护金融稳定。

　　第八，政府职能转型与改革：构建服务型政府与效率红利再造。中国经济转型发展的内生性要求和规律决定了中国政府体制、机制及其职能必须发生根本性的变革和创新。这个创新的目标和方向就是努力构建法治政府、透明政府和服务型政府。为此，需要加快政府机构改革和创新，提高政府效率和效能；需要加快政府职能转型，从管制型政府真正转向服务型政府；需要坚持依法行政，让政府的行为在法制的轨道上运行；需要不断加大政府公开和政务公开，建设透明政府、廉洁政府和服务型政府。这是中国未来创新驱动经济发展和可持续增长的关键。

18 走向经济新常态的战略布局[*]

中国经济已经走向新常态。新常态下的中国经济已经进入一个新的发展阶段,正在面临增长速度换挡、增长动力转换、经济结构调整的重要战略任务。世界经济正在从旧常态走向新常态,在此过程中,全球经济增长依旧缓慢复苏,中美经济面临新常态的重构。中国经济新常态、中美经济再平衡以及中美经济新常态将继续引领世界经济实现复苏和增长。

18.1 世界经济基本走势

18.1.1 2014年世界经济新亮点

目前世界经济仍然处在经济发展长周期的萧条阶段。从世界经济增长周期来看,目前仍是前一个十多年持续高投资、高增长、高收益、高风险积累到泡沫破灭(2008年金融危机)以后的危机、萧条以及风险释放与消化阶段,即处于明斯基效应中资产膨胀与崩溃后的风险释放和修复阶段。因此,2014年世界经济虽仍然在低位徘徊。但我们认为,相比之前几年呈现出了不少新的亮点:首先,2014年世界经济结束了之前几年连续大幅下滑甚至多次探底的态势,呈现出见底企稳的迹象。其中,美国得益于传统产业竞争力回升以及技术创新突破,复苏势头在发达国家中最为抢眼,而英、德等国也均有不错的复苏表现。其次,2014年全球 QE 政策此起彼伏,成为全球宏观经济政策调控的一大亮点。美国宣布退出 QE,同时安倍又推出超级量化宽松政策,欧央行也在实行宽松的货币政

---

* 本章原载周振华等著《走向新常态的战略布局:新增长·新结构·新动力——中国经济分析2014—2015》(格致出版社、上海人民出版社2015年版)导论"中国经济新常态与世界经济新常态"(与权衡合撰)。

策。更加灵活审慎的货币政策,使各国应对和化解危机的能力不断提高,也为世界经济筑底回升增添了砝码。第三,全球就业状况有了进一步改观,这是世界经济能够维持低增长的关键,或许昭示着全球实体经济发展出现转机。第四,以原油为代表的大宗商品价格"跌跌不休",在使 QE 引起的全球通胀压力有所趋缓的同时,也产生了对"全球经济通缩"的预期。第五,2014 年人工智能、3D 打印、页岩气等科学技术上的进步带动了一系列相关产业出现了发展势头,新兴产业在技术创新推动下正在孕育着新突破。第六,发达国家的 FDI 净流入规模持续增大,预示着国际资本流动格局有向西方国家流动和转移的新趋势。

尽管过去的一年世界经济出现了一些积极信号,但复苏的态势依然很脆弱,其中所隐含的问题更应值得警惕。一是全球经济增长动力依旧不足,新产业并没有成规模出现,全球增长的新动力尚未夯实。二是全球贸易投资谈判进展缓慢,多边和双边投资协定的进展并不顺利,三大区域协议无一成功签署,经济全球化和贸易自由化趋势出现"新的困境"。三是全球市场预期悲观,经济下行压力加大。四是各国货币政策的不确定性不平衡性增加,全球金融风险不断加大。

18.1.2 世界经济正在走向新常态

相对于过去世界经济基于"恐怖平衡"的高增长、大繁荣的"旧常态",现在处于化解危机前期积累的泡沫和风险的消化阶段,处于拉动经济增长新旧动力的徘徊或转换阶段,具体表现为:(1)世界经济增长放缓,呈现长期弱复苏趋势;(2)全球步入"去杠杆化"和"修复资产负债表"的艰难时期;(3)各国复苏步伐分化,经济不均衡日益加剧;(4)各国宏观政策的协调性与同步性下降。目前,各国都在努力适应世界经济缓慢恢复的这一态势,各国政策也相应地在不断调整。

在此过程中,既有一系列短期性调整,但也有一些面向中长期的战略性调整。具体表现为:

第一,世界经济结构面临调整和重构,特别是全球化推动下的传统分工体系和经济结构将发生深刻变化,生产型经济体(如中国、印度等)逐渐转向扩大内需,消费型经济体(如欧美等)逐渐实行再工业化,能源型经济体也因为页岩气技术等新能源革命而发生结构性调整。世界经济结构性调整正在进行当中,生产型经济体、消费型经济体和能源型经济体的旧的分工体系和结构正在发生深刻变化。

第二,世界经济增长动力正在进行转换。后危机时期,新科技革命和新能源革命方兴未艾,全球范围内的创新驱动新发展的动力机制正在培养和形成中。

传统发展中国家乃至部分新兴经济体正在由危机前投资、消费驱动的经济增长模式,转向下一个长周期中依靠新科技革命和新能源革命推动的创新型经济增长。

第三,世界经济地理板块和结构趋于发生新的变化,特别是随着新兴经济体的崛起,原来主要由欧美日主导世界经济增长的格局也正在发生深刻变化。一些新兴市场国家正在成为未来世界经济增长格局变化的重要推动因素之一;除了传统的欧美日以外,亚洲经济也正在成为世界经济增长的重要推动者。世界经济增长的引擎和拉动力正在出现多元化。

第四,中国经济将继续发挥对世界经济复苏增长的引领作用,从危机时期到后危机时期,中国经济增长对世界经济复苏和增长做出了重大贡献。目前中国经济进入中高速增长和结构调整、动力转换的新常态。随着结构性调整和创新驱动的新动力的形成,中国经济会进一步成为世界经济增长的重要动力和重大贡献者。尤其是目前已经出现的"高水平引进来,大规模走出去"都会为世界经济复苏和增长做出新贡献。

第五,全球经济格局和货币政策正在进行调整与再平衡。各国货币政策越来越非同步化,货币政策趋于保守、去杠杆化、修复资产负债表、谋求国内经济平衡等成为政策着力点。世界经济分工体系正在发生变化:原来的消费型国家重新回到工业生产型经济,生产型经济正在转向内需消费型经济,资源能源丰裕型产油国步入减少能源依赖阶段,也开始调整经济结构,整个世界经济正在走向再平衡的过程中。

第六,世界经济正面临治理体制和机制迫切需要转型和改革的新任务。危机以后,全球经济治理机制运转失灵,全球治理超限真空,迫切需要加速重构,并逐步提升新兴经济体在现有多边治理机制中的话语权。另外,面对世界经济缓慢复苏,全球货币制度的协调安排、世界经济互惠互利秩序的重建及全球金融管理框架的改革和创新等议题亟待研究和解决。

这些新变化预示着世界经济将走向新常态。但目前世界经济正处在从旧常态走向新常态的过渡阶段,或者说正处在旧常态向新常态过渡的关键阶段。在这一过渡阶段中,将呈现去杠杆化、再平衡、低增长、全球贸易保护与自由化并存,新的创新动力转换的非均衡波动增长等。在这一过渡阶段中,只有完成了全球生产一体化新格局的重构、增长动力机制的转换、贸易自由化制度的重建、全球化治理机制和监管的创新等,世界经济才能强劲复苏,并真正走向新常态。我们应深刻认识全球经济"新常态"的必然性和趋势性,紧紧把握新的全球化格局和新的发展阶段带来的机遇和挑战,趋利避害,顺势而为,确保中国经济平稳、健康、可持续发展;同时也继续引领世界经济走向新复苏和再平衡。

18.1.3　走向新常态中的 2015 年世界经济增长趋势

展望 2015 年,世界经济增长仍面临诸多重大变量和不确定性因素的影响。第一,美国经济尽管出现强劲复苏,但是美国货币政策及其升息预期或将引发新兴经济体外资的大量撤离,并可能重创多国货币,从而对全球经济复苏产生不利影响。第二,地缘政治的持续恶化导致俄罗斯经济动荡加剧,以石油为主的国际能源价格持续下跌,可能会使全球经济陷入低利率、低通胀、低增长三者相互加强的恶性循环。第三,欧洲各国货币政策的不平衡性,给 2015 年全球经济增长带来较大的不确定性。第四,日本深陷经济内生性结构困境,其扩张性经济政策的有效性尚不明朗,对全球经济复苏的影响仍待观察。第五,新兴经济体启动的结构性改革与创新,或将为全球经济复苏提供重要动力。第六,以中国"一带一路"建设为主的经济增长新战略、以美国页岩气革命为代表的新能源、以德国工业 4.0 为核心的新工业方式有望为全球经济复苏打开新空间。

根据我们的分析,2015 年世界经济将整体呈现微弱复苏的发展态势。2015 年和 2016 年的世界经济增长率将分别达到 3.34% 和 3.68%,虽略高于 2014 年 3.3% 的增速,但并没有世行、IMF 和 OECD 等机构预计的那么乐观。从各主要经济体来看,我们预计美英的表现或许会较为亮丽,2015 年、2016 年两年美国经济增速有望从 2014 年的 2.57% 分别上升到 3.71% 和 3.84%。英国稍有逊色,但也可能实现 3.13% 和 3.37% 的较大增幅。欧日则相对暗淡,预计欧元区未来两年将分别增长 1.22% 和 1.67%,复苏态势不容乐观。而日本经济将继续"低温"徘徊,预计日本将从 2016 年开始向上复苏,增速可达 1.45%,但 2015 年将下滑至 1.04%。

新兴经济体经济增速大都将在 2015 年保持平稳或向上态势,其中,中等偏下收入群体的平均增速在 2015 年有望达到 5.4%,中等偏上收入群体将保持在 3% 上下,而高收入群体预计仅能达到 2.75% 的平均增速。但中期来看,新兴经济体能否重启经济高速增长势头,将依赖于其潜在增长率的提升和全面的结构性改革。

从主要经济领域的发展态势来看,金融方面,虽然美英货币政策逐渐正常化,但欧日或将重启新一轮 QE,全球货币政策分化趋势渐成定局,2015 年全球金融市场动荡料将再起。受低油价以及欧美等发达经济体消费需求回升等利好因素影响,2015 年全球贸易规模有望小幅上扬。但由于各国经济恢复差异化严重,国际需求变化莫测,加上国际政治、油价波动等不确定性因素影响,各国进出口规模变动存在不确定性。从投资来看,鉴于各主要经济体增长乏力以及部分新兴经济体的脆弱性、政策不确定性和地区冲突等带来的不利影响,预计 2015 年世界投资规模整体将呈现有限恢复态势。但全球货币政策不平衡趋势加强可能促使资本流向逆转,即发达国家继续吸收回流资本,新兴经济体资本流出趋势明显。

18.2 中国经济新常态

习近平总书记多次提出,要从当前中国经济发展的阶段性特征出发,适应经济新常态,保持战略上的平常心态,并强调指出新常态下需要正确认识增长速度、经济结构和增长动力问题。2014 年中央经济工作会议从消费需求、投资需求、出口和国际收支、生产能力和产业组织方式、生产要素相对优势、市场竞争特点、资源环境约束、经济风险积累和化解、资源配置方式和宏观调控方式等九个方面对中国经济新常态的特征作了进一步阐释和分析。

18.2.1 经济新增长

中国经济正在进入一个增长动力切换和发展方式转变的新常态。过去 35 年来中国经济增长主要得益于物质资本和 TFP 的"贡献"。相较于亚洲韩国等国家和地区,中国正处于"增长均值化"过程的经济上行阶段,但是相对于 1978—2011 年这个时间段,未来中短期的 GDP 增长均渐趋下行。首先,针对亚洲以及全球跨国层面的已有研究表明,资本依然是经济增长的第一"贡献"力量。在中国过去 35 年的高速经济增长阶段,约有 35%—45%的增长"贡献"也是来自物质资本投入,在当前经济增长放缓的前提下,我们认为政府相关决策部门在不鼓励"遍地开花"的特定背景下,也不能抑制必要的资本投入。因为当劳动数量增长速度逐渐放慢时,我们只能依靠 TFP 的提升来驱动 GDP 增长,但是 TFP 的提升又要取决于资本—劳动比的大小。从现实国情来看,中国未来很难再保持高达 50%的资本—GDP 投入比,这就意味着将来的 TFP 提升速度也会逐渐趋缓,所以在全球主要央行推行"量宽"政策时,我们不能过多抑制投资。其次,全要素生产率即 TFP 提升是中国经济发展的重要引擎。同其他经济体最大的不同是,中国的 TFP 贡献比重最高。在中国经济长达 35 年的高速增长过程中,TFP 对其经济增长的解释力高达 41%,在 1991—2011 年时间段,TFP 几乎贡献了增长的一半。明显不同于其他国家和地区。我们认为,有四个因素推高了中国的 TFP,即全球一体化带来的"技术溢出"、城乡一体化带来的生产要素合理配置、民营企业合法化迸发的市场活力以及资源配置"去行政化"带来的高生产率。目前,TFP 提升趋于减弱。最后,传统的"人口红利"趋于减弱。如果将劳动"贡献"进一步细化分解为工作时长的"贡献"与劳动质量的"贡献"两个层面,过去相当一段时间里,工作时长"贡献"完胜劳动质量"贡献"。但是,目前这两个变量的增长效应却在逆转,工作时长的"贡献"持续下行,而劳动质量"贡献"逐年看涨。劳动质量提升业已成为未来中国"新人口红利"的主要来源。

总之,高速增长的传统比较优势正在衰减,外部不利条件依旧弱化未来两年高速增长预期,尤其是外需疲弱、内需低迷等因素将继续制约经济增长。因此,2015 年,稳增长将成为主要任务,核心目标是提高经济增长的效率,从而保证新常态的中国经济"调速不失势"。同时,2015 年,积极有力度的财政政策和松紧适度的货币政策,将带动"三驾马车"平稳转型,从而更均衡地拉动经济增长。

从消费看,需求对经济增长贡献渐长,消费开始步入细分市场阶段。一方面,刘易斯拐点出现后,中低端劳动力的收入水平逐渐上升,导致中产阶层可支配收入将稳步提高;另一方面,利率市场化背景下的降息和就业稳定将对居民可支配收入增长提供基础性支持,利于消费潜力的释放及消费升级,对经济增长起到积极刺激作用。预计 2015 年消费对经济拉动作用将进一步提升,信息消费、文化消费、旅游休闲消费等将是 2015 年消费重点推进领域。

从投资看,增长动力将聚焦于基建投资。首先,房地产投资回落成定局,将继续抑制重工业生产和投资,加剧地方政府财政困境,拖累整体经济上涨。其次,房地产投资下降之际,互联互通的基础设施建设以及一些新技术、新产品、新业态、新商业模式的投资机会将大量涌现,另外,政府为稳经济,财政支持力度将加大,基础设施投资仍是政策主力点。预计 2015 年整体投资增长将由弱转稳,其中基础设施建设有望保持平稳增长。

从出口看,发达经济体经济复苏等因素利于中国出口恢复,但依赖传统低成本优势的出口增长将面临困境。一方面,随着美英等发达国家经济开始步入上升期,进口需求也将缓慢复苏,利好中国出口增长;另一方面,中国需要转变对外贸易的发展方式,低技能劳动力成本上升将制约出口企业发展。但受益于"一带一路"建设、京津冀协同发展、长江经济带等区域发展规划,对外贸易的新型优势将逐渐涌现。另外,全球石油价格下跌利于改善中国的贸易条件,有助于增加其贸易顺差,缓解出口萎缩态势,预计 2015 年中国出口仍将小幅上涨,成为经济增长的重要支撑之一。

虽然经济增长的速度不似以往,但质量有所提升;世界经济新常态的一个新含义就是中国经济与世界经济在双向开放通道中形成的新型互动之势愈加明显。因此,在当前世界经济新的背景下,中国经济仍然面临一个重要的战略机遇期。国际力量对比深刻变化,世界经济、国际体系和国际秩序深度调整,中国正成为其中的重要变量,联合新兴经济体尤其周边国家主动引导、塑造国际经济体系,开始在更深、更高层次上对世界经济格局产生重大影响①;中国更加注重经济发展方式和比较优势的转变,力求"通过结构调整释放内生动力",充分发挥倒逼、联动效应,积极推进更高水平的对外开放,扩大内需与拓展外需相结合,摆脱对外部特别是对发达经济体市场的过分依赖,经济发展进入新常态。自身不断发展壮大是中国最大的机遇②,也是中国重要战略机遇期内涵和条件变化的核心。

但是,必须看到,当前世界经济依然对中国经济增长带来一系列新的挑战。我们的判断是,短期内挑战大于机遇。除了前述分析中指出的全球经济复苏缓慢、增长乏力,中国经济增长的外部需求相对不利之外,国际贸易投资规则的重构和贸易投资便利化的推进,使中国经济增长的外部体制机制约束日渐强化;短期内中国自身战略布局新调整所引发的大国战略及利益碰撞明显,主要体现在制造业转型升级与发达经济体再工业化的战略碰撞,人民币国际化与美元战略碰撞,以及发展理念、合作方式的碰撞。面对发达经济体先进制造业和新兴经济体更为丰裕、低成本的前后夹击,中国贸易摩擦的严峻形势仍将继续。

从长远发展来看,中国经济新常态为世界经济复苏增添新的要素和动力。从"要素驱动、出口驱动转变为创新驱动、改革驱动",中国在内外因素的共同作用下,通过对内对外开放相互促进、高水平引进来和大规模走出去更好结合,逐步构建内需拉动的消费主导型经济。经济增速放缓,经济结构优化:2014 年前三季度,GDP 增长 7.4%,最终消费对经济增长的贡献率为 48.5%,第三产业增加值占比进一步升至 46.7%,高新技术产业和装备制造业增速明显高于工业平

---

① 权衡:《开放的中国与世界经济——迈向一体化互动发展》,《国际展望》2014 年第 5 期,第 1—15 页。

② 参见新华社北京 2014 年 11 月 29 日电:《中央外事工作会议在京举行》,《人民日报》2014 年 11 月 30 日。

均增速。[①]

　　金融危机爆发后中国成为全球经济增量的最大贡献者,发挥了重要的经济稳定器作用,是世界经济能否强劲复苏不可估量的因素。据 IMF 测算,2008 年至 2012 年,中国经济净增量占全球经济净增量的 29.8%;2014 年,中国对全球经济增长的贡献率为 27.8%,相较第二位的美国高 12.5 个百分点。WTO 的数据显示,2008 年至 2013 年,中国进口占全球进口总额的比重由 6.9% 提高到 10.3%,连续五年位居全球第二大进口国;在全球进口整体萎缩 8.4% 的 2008 年至 2010 年,中国逆势增长 23.3%。[②]2013 年,中国对外直接投资流量首次突破 1000 亿美元,占全球比重由 2008 年的 2.8% 扩大到 7.2%,连续两年为全球第三大对外投资国;《世界投资报告 2014》预计,未来两至三年内中国的对外直接投资就将超过外资的引进。

　　乐观地讲,未来五年中国就有可能超越美国成为世界第一大经济体;未来五年中国"将进口超过 10 万亿美元商品,对外投资超过 5000 亿美元",中国将"为世界经济提供更多需求,创造更多市场机遇、投资机遇、增长机遇"。[③]中国依然是世界经济增长的重要推动力和结构调整的重要支撑。中国经济在和世界经济的双向反馈通道中,对自身及世界经济的积极影响相对更为深远、更加强劲,也更有利于中国稳定器作用的发挥,通过长期结构调整所形成的内在平衡将推动世界经济走向更高层次的复苏。

18.2.2　经济新结构

　　"十五"以来,中国经济结构战略性调整取得了显著成效,具有显著的政策连续性和与时俱进的侧重点。通过在不断调适中明确市场与政府的边界、在不断完善市场体系中放权市场并致力解决政府过度干预与监管不到位并存问题,以及放开民间资本的行业进入以激发市场活力,中国的需求结构、产业结构、区域结构和城乡结构在优化,经济发展质量在提高。

　　体制升级、增长动力升级是新常态下经济结构调整的总体目标。体制升级

---

　　① 参见习近平:《谋求持久发展共筑亚太梦想——在亚太经合组织工商领导人峰会开幕式上的演讲》,《人民日报》2014 年 11 月 10 日。

　　② 参见新华网北京 2013 年 9 月 5 日电(刘丽娜等):《中国对世界经济贡献"清单"》,新华网 http://news.xinhuanet.com/fortune/2013-09/05/c_117242532.htm。

　　③ 习近平在 2014 年 G20 峰会上的表示。参见徐剑梅等:《探求全球经济治理新途径——习近平主席出席二十国集团领导人第九次峰会侧记》,《人民日报》2014 年 11 月 17 日。

的关键在于正确处理好市场和政府的边界,在发挥市场在资源配置中决定性作用的同时充分发挥政府的功能。经济增长动力升级注重改革红利、内需潜力、开放推力和区域合力的整合,实现经济增长由投入驱动转向效率和创新驱动。其次,新常态下经济结构调整的主攻方向在于,找到脱胎于"结构失衡的增长"中某个增长机制并使其在"结构协调的增长"中成为可能,判断依据就是效率导向。一方面,工业化尤其是出口战略主导下的工业化是实现经济赶超的关键途径,但也是造成经济结构失衡的决定性因素。工业结构调整的关键在于走高效工业化道路。而资源配置效率提高的前提条件是市场机制的充分发挥。另一方面,城市化既是经济赶超时期的驱动力,又是导致结构失衡的重要原因。城市化不仅是脱胎于"结构失衡的增长"中的增长机制,而且能成为"结构协调的增长"中的新路径,但前提是走高效城镇化道路。高效城镇化要求以资源空间配置效率优化为导向,注重城镇化质量的提升,走集中式城市化模式与分散式城镇化模式有机结合的道路。

新常态下,中国产业转型面临着传统比较优势的丧失、新竞争优势断档的风险,以及投资驱动与内需脱节、价值链低端锁定、体制机制障碍等"拦路虎",这就要求中国的产业转型升级在驱动力、发展模式与战略上都要实现重大的转变。在转型动力方面,亟须实现增长动力向创新、服务驱动、结构升级为主的转变,从而告别投资刺激的单一驱动,进入增长动力多元化、均衡化的新阶段。为此,现阶段中国应实施以下战略措施推进产业的转型升级:积极培育新的动态比较优势,为中国的产业转型注入新的活力;消除产业资源流动的制度性壁垒,以产业融合发展实现制造驱动与服务驱动的双转型;积极推进全球价值链与国家价值链的融合发展,实现价值链在水平方向和垂直方向的升级,提高产业的获利空间;打造中国改革的升级版,以"负面清单"的模式管理市场,以"正面清单"的模式监督政府,激发产业主体的发展活力。

新常态下,面临贸易结构转型及促进服务贸易发展的重大转变。近年来,全球服务贸易一直保持着较快的增长速度,同时贸易结构也在不断优化,知识化和高科技化特征愈发明显。从总体上看,当前中国外贸粗放型的增长方式没有得到根本转变,虽然中国服务贸易增速快、规模大,服务出口国际市场占有率逐年提高,但十几年来连续逆差,出口结构低端化,知识、技术密集型服务的比重严重偏低,国际竞争力薄弱,是经济发展中的"短板",亟待"质的提升"。服务出口技术复杂度仍处在全球中等偏下的水平,传统服务贸易行业出口技术复杂度整体上高于现代服务贸易行业出口技术复杂度,技术复杂度较高的行业主要集中在劳动密集型和资源密集型行业,而以高科技为载体的资本、技术、知识密集型行业复杂度明显则偏低,与世界整体水平和趋势均有显著差异。同时,中国货物贸易与服务贸易尚未形成相互依赖、相互促进的协调发展关系;货物贸易更多地靠传统服务贸易推动,现代服务贸易的效应还不够显著。如若以上状况得不到改变,那么中国贸易发展模式由"粗放型"向"集约型"的转变就无法实现,服务贸易自身也会陷入"比较优势陷阱"。在中国对外贸易逐渐步入中低速增长的新常态下,转型升级的紧迫性进一步增强,应通过技术与制度创新,培育形成新的竞争优势和新的增长点,切实提高服务贸易的质量和国际竞争力,以高端嵌入的方式更加深入地参与到全球分工体系中,提高货物贸易与服务贸易的协调发展能力,实现由追求高速增长向适度、均衡发展转变,培育"中国服务"和"中国制造"双轮驱动的外贸发展新格局。

18.2.3　经济新动力

长期以来,中国经济高速增长受大规模投资驱动。在新常态下,势必要实现增长动力的转换。这种经济新动力主要是创新驱动发展和扩大消费需求。

创新驱动发展将作为中国长期增长的国家战略,创新要素投入扮演着关键角色。任何国家技术创新的最主要部门是制造业,制造业所需要的创新资源数量是极其巨大的。然而,任何创新都不是天上掉下的馅饼,它是物质资本和人力资本存量以及两种资本的配置效率带来的。从长期看,由要素投入减少所引致的资本存量变化将制约单纯的创新投入的产出变化。2012 年以来,中国制造业的投资增长率进入逐年下降的通道,而 2014 年已跌至 14% 以下的低点。生产率增长既受生产要素投入与创新资源配置效率的影响,也会受到市场需求变动的冲击。如果没有一个扩大总需求的政策,2015 年的投资增长率可能还会更低。投资增长率下降所带来的利润减少已是创新投入不足的最主要负面因素,必然导致技术进步增长率的放慢。这一负向冲击的大小,可能会因制造业各个部门的资本存量差异有所不同。总量投入的减少,使得以创新推动的生产率增长将低于 2014 年。此外,利润流的大小直接决定了制造业的创新投入数。因此,要重视资本和利润作为创新投入所起的作用。

产出增长是资本积累、非农劳动力增加和技术变化长期作用的结果。2015年后的经济政策应考虑如下几点:一是随着制造业规模的扩大,技术将更为复杂,既要求有不断的固定资产投入来更新设备,也要求增加新的研发投入来提高创新速度,才能完成从"量"到"质"的飞跃。二是技术差异的本质原因是各国科学家和工程师的知识差异,即人力资本差异。无论是经济生活本身,还是特指制造业的生产过程,劳动力的人力资本化速度决定 2015 年及未来中国的经济增长率,也决定创新的效率。三是更为紧迫的任务是,制定一个能够诱致私人投资增加的扩大总需求的政策,这将大大有利于下一步的"双重资本深化",也必然强化技术创新的需求推动力量。

扩大消费需求,拉动经济增长是一个总的趋势。但扩大消费要有新思路,其背后是收入分配制度创新问题。透过经济高速增长的表象,中国收入分配问题主要表现在,规模性收入分配差距持续扩大和功能性收入分配格局失衡并存,特别是大量非市场的制度因素,以及少数权力与资本的联合进一步加剧了分配不公,不仅造成中国收入分配问题日趋严重,而且也阻碍着消费需求挖潜与经济结构转型升级。为此,亟须通过体制机制改革与创新,逐步形成合理有序的收入分配格局,让改革发展成果更多、更公平地惠及全体人民。从中国经济发展的新常态以及未来中国经济创新驱动和转型发展的客观需要来看,构建合理有序的收入分配格局,不仅对于促进转型发展、加快市场化改革具有十分重要的战略意义,而且对于实现中国经济可持续增长,实现社会公平正义以及社会和谐稳定而言显得非常迫切。

首先,在理论层面,并不是所有形式的收入再分配政策都会提高总消费。经验研究认为,中国居民的边际消费倾向呈现非典型的倒 U 形变化规律,表明低收入群体强烈的生命周期储蓄动机和高收入群体强烈的遗赠动机并存,这与凯恩斯绝对收入假说(理论)中指出的边际消费倾向递减规律不同,因此有必要进一步澄清理论界长期以来对边际消费倾向递减是缩小收入差距、提振居民消费原因的误解,对收入分配与消费需求的研究还是要回归到消费、储蓄和遗赠三者的边际效用弹性的比较上来。基于此,实证研究进一步表明,在经济相对发达地区,缩小城乡收入差距有助于提升居民消费率,城乡收入比缩小 1 个百分点,居民消费率相应提升 3 个百分点;而在经济相对欠发达地区,更重要的还是提高居民收入水平。随着地区人均收入水平的不断提高,将有越来越多的地区受到缩小收入差距有助于扩大消费需求这一经济规律作用的影响。因此,旨在缩小收入差距的再分配政策将随着经济发展对提振居民消费需求产生更加重要的促进作用。其次,在实践层面,收入分配对消费需求的影响并不局限于比例关系的反向变动,更重要的是,在中国经济新常态下,要通过深化公务员收入分配制度改革和国有企业经营者的薪酬制度改革,规范收入分配秩序,形成合理有序的收入分配格局。重点是强调政府消费的"挤水分",约束公款消费,调整政府消费和居民消费的结构,用政府的"紧日子"换老百姓的"好日子"。

18.3   战略性的应对之策

18.3.1   中美经济新常态引领世界经济新平衡

中美经济新常态仍然是决定未来一段时间世界经济再平衡的重要变量。目前,中美经济正在走向新的再平衡。在危机前期,以国内消费拉动经济增长,低储蓄率、信用消费、高贸易赤字的美国,以及以贸易和投资拉动经济增长,高储蓄率、廉价出口、高贸易顺差的中国,虽然各自内部存在严重失衡,但是还能够通过不断加深的相互依赖与互补形成各国之间的"恐怖平衡",带动和维持世界经济十多年的高速增长。然而,危机过后,世界经济始终处于经济增长长周期的萧条阶段,前期的"恐怖平衡"已被打破,以消费型为特征的美国经济和以生产型为特征的中国经济开始启动结构性改革和战略调整新阶段,特别是美国倡导重回工业化道路,中国转而依靠内需拉动经济增长,世界经济增长结构正在发生重大调整,全球经济新平衡正在被塑造。在这个过程中,中美这两个对世界经济增长贡献最大的国家,如何实现各自的再平衡,正是中美经济走向新常态的关键所在,这也被视为纠正全球失衡的重要环节。

美国不断指责中国操纵汇率、持续发起贸易救济措施,将自身的经济再平衡寄望于提高出口能力的再工业化。2014年10月推出2.0版振兴美国先进制造业行政措施,视加快创新、保证人才输送管道、改善商业环境为三大支柱。虽然美国无意从根本上改变既有经济增长模式,但在以页岩气为代表的能源革命和互联网、生物等技术创新的推动下,美国经济增长的内生动力正在逐步增强。

中国加快推进经济结构战略性调整,扩大内需,减少对外部需求和国内投资的过度依赖。最终消费对经济增长的贡献率正在超过投资,服务业增加值占比超过第二产业,高新技术产业和装备制造业明显高于工业平均增速,单位GDP能耗下降。进口规模及种类的扩大,现代服务业的开放发展,尤其对高新技术及装备的需求,有利于美国出口结构的调整和潜能的释放。正如美国的再工业化并非简单意义上向低端制造业的回流,而是高端制造业的培育与发展,中美经济再平衡同样不是简单地回归到原点、重走上"恐怖平衡"轨道,而是在经济结构上、增长质量上均有所提升。中国力求通过自身的再平衡达成经济的对外整体平衡,即使其依然存在对美经常项目的"失衡"。中美在各自再平衡的过程中、基础上,逐步优化相互之间的依赖关系,不断扩大新的合作空间和领域,进而发现并形成新的增长途径,这是中美经济走向新常态的核心。这种在各自再平衡基础上所达成的中美经济新常态,是决定世界经济在结构、质量上实现新平衡的重要力量。

18.3.2 开放经济发展新格局

目前,中国经济正在逐渐步入新常态。随着中国经济发展战略新布局的展开,中国开放型经济格局正在发生历史性变化。而中国实行的"一带一路"对外投资新举措成为经济新常态和开放型经济格局的基本要求和重要组成部分,这绝不是冷战思维下的国家经济援助或对所谓霸权国家的挑战。首先,以"一带一路"建设为核心的中国对外投资新举措,将会对国际资金流动带来显著影响,如外汇储备通过对外投资新举措实现渠道输出,促进储备资产和国内闲置资本优化配置;为实现人民币国际化提供渠道,有利于扩大人民币在国际上的流通和影响力。其次,这一举措的实施,通过扩大对沿线地区的对外直接投资,可以产生化解国内产能过剩、带动区域产业升级、扩大市场等直接作用,进而通过对外直接投资的逆向经济溢出效应,推动中国中西部地区的发展,为中国通过两个市场、两种资源全方位利用外资开辟新的道路,有利于中国开放经济发展新格局的形成。同时,丝路基金、亚洲基础设施投资银行、金砖国家区域性投融资安排,以及上合组织开发银行、上合组织专门账户等也进一步推动和促进了国际区域协调机制的建立和完善,有利于提高中国的国际经济地位,在全球经济治理中发挥更大的作用。

18.3.3 区域经济一体化新态势

改革开放以来,中国经济发展走了一条非均衡的发展路径,希望通过具有特定区位优势的部分地区的极化效应及快速发展带动中国区域经济的整体增长。首先,在国家"T"形发展战略安排中,沿海经济带已成为中国最主要的经济支撑带,相比而言,长江经济带的发展潜力还没有完全释放。2014年,建设长江流域经济支撑带上升为国家发展战略,中国区域经济发展格局基本形成了沿海、沿边、内陆、内河地区相结合的全方位、多层次、宽领域的空间格局。其中,长江流域经济支撑带纵贯中国东、中、西三大区,连接了东部沿海和广袤的内陆腹地,依托黄金水道打造新的经济增长极,有独特的优势和巨大的潜力。其次,建设长江流域经济支撑经济带,就是要立足于长江上中下游地区的比较优势来构建沿海与中西部相互支撑、良性互动的新棋局,实现长江上游、中游和下游地区的联动发展,而联动发展的核心在于有序推进产业转移,基础在于完善交通网络体系,关键在于创新区域协调发展体制机制。由于经济发展的空间不平衡性,长江流域的经济发展应以城市群为空间载体,依托长三角、江淮、环长株潭、鄱阳湖、武汉、成渝、黔中及滇中八个城市群,带动长江流域经济支撑带整体的发展,特别应高度重视处于龙头地位的长三角城市群的一体化发展,以此为突破口,全面带动长江流域经济带的崛起。未来,长江流域经济支撑带将会成为中国经济发展的"脊梁"和区域经济发展的"引领者"。

18.3.4 新常态下金融风险防范

中国持续而稳定的经济增长阶段已进入尾声,在波动中增长将是未来中国经济"新常态"。首先,从增长动力上看,中国经济增长与投资密集相关,目前三大支柱即基础设施建设、制造业和房地产投资增长下行趋势明显。按产业划分来看,固定资产投资完成额中第一产业同比增长率虽然在短期内回升到 25% 左右,但长期走低趋势明显,第二和第三产业同比增长率则缓步下降,房地产投资累计增长也逐步降低。另外,工业增加值仍有赖制造业支撑,国有和外资部门工业增加值长期走低,但私营企业尚能维持较高速增长。当前三大投资领域的增长态势与中国的投融资体制有关,在现行投融资体制下,投资主体以国家和国有企业为主、民间投资占比较低。国有部门投资往往并不贴合市场需求,造成投资效率不高,因此加大金融改革是中国未来经济增长的根本动力。其次,从外部环境上看,当前全球经济分化明显,低速增长是后危机时代全球经济"新常态"。一方面,发达经济体内部分化,美国经济摆脱全球经济弱复苏,实现"逃逸式"增长,而欧洲、日本经济持续低迷。另一方面,发达经济体和新兴经济体增长分化,美国在金融危机后持续去杠杆,依靠企业创新提振劳动生产率、引致经济增长,新兴经济体由于自身结构扭曲难以实现经济回暖。美国量化宽松的逐步退出也加大了全球金融格局分化。

在此背景下,中国金融改革的外部环境更加复杂,改革的难度提高。从应对风险上看,中国未来金融改革在防范特定领域风险的同时也应当重视金融改革的全盘性,进而为经济增长提供持续动力。因此要从以下六个方面推进金融改革,防范金融风险。(1)房地产去投机化,回归刚性需求;(2)基础设施建设领域应做好地方政府去杠杆、中央政府加杠杆;(3)制造业去杠杆,建立破产机制;(4)优化融资结构、提高直接融资比例,以提升资本市场效率;(5)进一步扩大开放,加快服务业 FDI 流入;(6)继续推动利率和汇率市场化。

19 供给侧结构性改革与宏观调控新思路*

中国经济正在进入新常态。作为经济新常态下的一种新思维,中央提出了"供给侧结构性改革"这个重大理论和实践创新问题。供给侧结构性改革主要是指,从提高供给质量出发,用改革的办法推进结构调整,矫正要素配置扭曲,扩大有效供给,提高供给结构对需求变化的适应性和灵活性,提高全要素生产率,更好满足广大人民群众的需要,促进经济社会持续健康发展。这个重大的政策和实践创新,本身意味着中国经济新常态下宏观调控思路的创新,而且,这种创新本身在短期内具有应对经济下行的积极意义,长期内也具有重塑经济增长的内生动力的意义。

19.1　经济运行与宏观调控创新

19.1.1　应对经济下行和长期增长:宏观调控模式转换

面对 2015 年中国经济下行压力的进一步加大,究竟是继续出台"刺激经济"的政策确保经济短期增长,还是通过深化改革,调整结构,促进转型,保持经济长期稳定增长? 显然,宏观调控又一次站在了十字路口。在我们看来,无论是"软着陆""硬着陆""强刺激""微刺激"或者是"调结构,促转型",中国宏观调控的模式亟待改革和创新。①

---

　　*　本章原载周振华等著《供给侧结构性改革与宏观调控创新:中国经济分析 2015—2016》(格致出版社、上海人民出版社 2016 年版)导论"供给侧结构性改革与宏观调控新思路"(与权衡合撰)。个别章节及内容作了相应调整和修改。

　　①　参见权衡:《从"强刺激"到"深改革":宏观调控模式亟待创新》,《文汇报》2014 年 5 月 13 日。

首先,传统宏观调控方式的后遗症日渐明显,老的调控理念、方式和路径依赖已经难以为继,亟待反思和调整。无疑,在市场化转型和全球化发展进程中,中国传统宏观调控方式对于促进经济增长,调动中央和地方两个积极性,实现中国经济高速增长的奇迹发挥了十分重大的积极作用。但与此同时,依靠行政主导的宏观调控方式和理念也带来很多问题和矛盾,对此需要反思和改革。一是老的调控方式是一种增长导向型的调控,目标就是实现高增长,结果很容易造成更多的经济波动和更短的周期,往往越是调控经济,增长波动性越强。所谓多年来形成的"一放就活,一活就乱,一调就收,一收就死"的调控怪圈,其背后的思想逻辑就是"唯 GDP 的调控思维",结果必然是导致大量的资源错配和结构性产能过剩。二是老的调控方式实际上也带来很多失误和后遗症,例如目前仍然存在的压力巨大的产能过剩问题、地方政府债务风险问题、影子银行问题、房地产行业的风险等相互影响,相互制约,互为因果,其中的一个重要原因恐怕也在于不恰当的宏观调控方式。尤其是经济运行中出现的结构性困境,突出表现就是在宏观层面上,原有的货币发行思路与实体经济增长率不一致,即现有的货币发行实际上已经无法形成实体经济的有效增长;而在微观层面上,就是在投资驱动的增长框架下,企业投资预期利润率与银行利息率不匹配,即资本投资的边际收益下降,微观投资意愿严重不足。这可能是目前宏观调控遇到的一个很大难题。三是老的宏观调控更多注重政策性调节,忽视深化改革,甚至以宏观调控代替深化改革,造成政府职能转型缓慢,行政性审批制度改革和负面清单管理体制改革进展缓慢等。

其次,全球经济环境和制度条件发生的新变化和新趋势,要求改革和创新中国的宏观调控方式。从短期来看,2014 年美国量化宽松货币政策的调整和实时退出,2015 年美国加息通道的启动,势必会影响全球经济增长与货币发行的再平衡;受其影响,欧洲和日本可能会跟进,这些变量和不确定性会对国际资本流动产生重要影响,也会对新兴市场和中国经济造成新的冲击。中国宏观调控在短期内必须适应全球经济和主要国家货币政策的改变而做出及时调整;显然原有的调控思路和方式无法适应新的变量和不确定性。从长期来看,全球经济运行和贸易规则正面临重构和重建,全球产业链、价值链和创新链正在发生深刻变化;这些变化要求从过去强调贸易和货物流动的便利化,到现在强调投资便利化,政府宏观调控的重点应当是营造符合国际惯例的公平竞争、投资准入国民待遇,以及负面清单、投资便利化等制度环境;全球经济市场化和产业链、价值链、创新链的重构,都需要宏观调控更加突出市场化以及贸易更加便利化的新要求,因此就必须改革政府审批制度,转变政府职能,减少微观事务管理。可见,正在发生的全球经济环境和制度条件的新变化和新趋势,在客观上要求改革和创新中国宏观调控模式和方式。

最后,中国经济增长目前面临的新问题和新需求也要求改革和创新宏观调控方式。从经济增长来说,未来的中国经济需要一个全新的经济增长模式:这个增长模式是一个稳定的增长,而不是过去的大起大落的超常规增长;是一个内生性的增长,而不是仅仅依靠政策变量刺激后产生大量后遗症的增长;是一个有质量、有效益的增长,而不仅仅是一个数量盲目扩张的单纯追求 GDP 的增长;是一个更加强调经济增长效率的增长,而不仅仅是体现增长率的增长;是一个经济社会和生态协调并可持续发展的增长,而不是高投入、高耗能、高污染的付出巨大生态代价和资源能源低效率使用的增长。换句话说,中国经济需要通过转型升级,形成一个全新的高质量、高效益的中国经济升级版。因此,宏观调控的主要任务必须着眼于如何打造中国经济升级版,而不仅仅是简单的增长优先的导向和目标。

中国经济已经进入了一个新的发展阶段。这个阶段有两大发展目标,一是成功跨越中等收入陷阱,进入中高收入发展阶段;二是转换经济增长的动力机制,形成内生性增长机制。2015 年中国人均 GDP 达到 7800 美元,已经进入中等收入偏上或者说中高收入发展阶段。根据国际经验,这个阶段的战略性任务就是如何成功跨越中等收入陷阱,防止经济发展中出现诸如增长速度下降、收入差距扩大、产业升级困难、技术创新缓慢、社会矛盾激化等一系列所谓中等收入陷阱的现象。许多国家如南美、拉美国家以及南亚部分国家到了这个阶段以后往往长时期停留在中等收入阶段,同时伴随上述一系列增长困境和社会问题。需要特别指出的是,中等收入陷阱问题的实质就是经济增长源泉和动力枯竭,导致增速放缓;与此同时,收入差距和不平等扩大,从而使得经济社会系统长时期缺乏动力,尤其是缺乏创新驱动发展的新动力和新引擎,从而引发系统性矛盾和问题。

就中国发展而言,目前急需解决的两个问题就是收入差距扩大和经济增速放慢,二者相互交织在一起,可能会带来一系列新的经济社会矛盾和问题。因此,未来 10—15 年时期,正是中国经济发展能否成功跨越中等收入陷阱的关键阶段,一旦成功跨越这个阶段,那么中国经济一定会和其他成功跨越中等收入陷阱的国家一样,顺利进入中高收入国家行列。因此,从宏观调控的内容和目标来说,必须把重点放在如下两个基本方面:

第一,宏观调控必须通过推动包容性发展,实现公平正义,实现分享型的经济发展和真正的增长奇迹。中国经济过去30多年来的高速度增长,确实创造了奇迹。但是,摆脱传统的伴随收入差距不断扩大的增长模式,走向更加公平和分享型增长,才是真正的中国经济奇迹。从经济学的逻辑来看,必须同时关注经济增长和财富分配两大基本命题,只有把二者同时处理好,经济学的最终目标即社会福利最大化目标才能够实现。因此,中国经济前一个时期的高增长已经实现了速度意义上的奇迹,接下来必须高度重视经济增长的公平性和分享性,只有这样,才能够实现中国经济发展的福利最大化目标。因此,中国必须走包容性增长的道路,尤其是通过政府调控目标从效率导向的增长转向公平型的发展,通过营造发展意义而非增长意义上的机会公平、权利公平和规则公平的环境和氛围,实现包容性增长目标。这应当成为政府宏观调控的主要目标之一。

第二,宏观调控必须实施创新驱动发展新战略,培育经济增长的内生性动力。中国经济过去30多年来的增长主要依靠发挥比较优势,充分运用劳动力资源和人口红利、全球化红利,通过廉价的要素价格实现了廉价的工业化和快速城市化发展,宏观调控的最大特点就是通过放权让利,调动各方面积极性,充分挖掘要素红利,实现经济低成本的快速扩张,实现经济高速增长。但是到了今天,随着资源和要素比较优势衰减,特别是劳动力、土地等要素成本急剧上升,经济增长的廉价时代即将结束,因此传统的要素驱动增长模式已经难以为继,需要有新的增长方式和新的动力源泉。换句话说,经济增长必须依靠要素生产率(TFP)的提升和资源配置效率的改进,依靠经济系统内部的创新机制,实现内生性的增长。因此,宏观调控不再是依靠传统比较优势战略,而是通过培育创新体系,加大科技创新投入以及制度创新和商业模式创新的环境优化,为提升全要素生产率和技术进步等要素效率提供良好的环境和氛围,把调控重点放在培育创新主体,营造创新环境,激化创新活力,培育创新驱动增长的内生性增长动力上,而不再是直接刺激或者干预经济增长本身。

19.1.2　宏观调控新思路

面对宏观经济形势和外部条件的变化以及中国经济发展的新阶段、新问题和新要求,宏观调控的方式不仅要创新,调控的理念和思路也必须发生改变和调整。中国未来的宏观调控必须走向供给管理和长期均衡增长的新理念。[①]

---

① 参见权衡:《从"强刺激"到"深改革":宏观调控模式亟待创新》,《文汇报》2014年5月13日。

从调控范式来说,中国的宏观调控基本上遵循的是凯恩斯主义的需求管理思路和范式。众所周知,有效的凯恩斯主义管理往往是在应对危机和萧条时期,通过强刺激实现经济复苏的一种短期增长方式。在短期内,当经济增长受到危机冲击,出现需求下降、失业加剧时,凯恩斯主张通过短期的强刺激计划,应对有效需求不足和危机问题。这一点被多次危机后各国的短期刺激计划和需求管理政策的实践证明是有效的,而且人们一般也倾向于认为凯恩斯主义需求管理方式具有典型的反危机式的逆向调节特点,并且具有明显的需求分析和短期分析特点。

但是,就经济增长来说,它本身是一个长期趋势的问题,核心是要解决如何实现经济长期稳定和长期增长的目标,并且是属于供给管理层面而非需求管理层面的问题。这不仅是由经济长期增长的特性决定的,而且也符合经济学和经济增长理论的分析逻辑。马克思在其经典政治经济学中分析资本主义经济运行时,从具有内在逻辑一致性的价值论、生产论出发,立足供给分析,建立了经典的劳动—资本关系分析框架;关注长期增长的现代经济学也通过建立生产函数理论,围绕劳动—资本要素投入结构,形成了著名的索洛—斯旺均衡增长理论等等。通过增长理论的这一分析框架,可以清晰地看到,长期经济增长其实就是从供给出发,即供给层面上的要素投入的数量、结构以及制度和体制的变化。

中国经济增长面临的问题、挑战以及长期增长模式转型问题,也确实表现出中国经济深层次的供给结构和投入结构及其内在的制度、组织和体制性问题,并且具有长期性、复杂性和艰巨性的特点。如果仅仅从需求分析出发,立足于短期性分析和经济波动特点,显然不能够十分有效地解释中国经济增长的问题。因此,从宏观调控的方法论来说,中国必须走出目前主流解释的误区,回到增长理论与供给管理的解释轨道和范式上来,实现长期增长的稳定和均衡目标。

党的十八届三中全会、四中全会以及 2016 年中央经济工作会议已经指出,科学的宏观调控,有效的政府治理,是发挥社会主义市场经济体制优势的内在要求;要发挥市场在资源配置中的决定性作用和更好发挥政府作用;加快政府职能转型,深化行政性审批制度改革,加快建设法制政府和服务型政府。这已经为加快改革和创新宏观调控方式指明了方向,也对改善宏观调控的效能提出了新的要求。

新一届中央政府也已经在不断创新宏观调控思路和理念,特别是面对经济下行的压力,官方也多次表态不会推出"强刺激政策",并且明确指出"我们不会为经济一时波动而采取短期的强刺激政策,而是更加注重中长期的健康发展,努力实现中国经济持续健康发展"。为此,我们提出,必须坚持改革和创新宏观调控方式,正确处理好政府与市场的关系,跳出"增长型"宏观调控,围绕"结构调整,促进转型,深化改革"的调控重点,创新调控理念和思路,推动中国经济持续稳定增长,完善与"中国经济升级版"内在要求相一致的新型宏观调控体系。

第一,改革宏观调控导向,培养经济增长的内生性动力。宏观调控突出创新驱动发展的新动力,培育公平竞争的市场环境,发挥市场主体在自主创新和驱动发展转型过程中的主导作用和引领作用。

第二,创新宏观调控手段,以深化改革增强宏观调控的动力。坚持寓改革于调控中,以全面深化改革完善宏观调控手段体系,提升宏观调控的水平和能力;改变过去所谓的"加强和改善宏观调控"的提法,推进宏观调控方式和手段的转型和转变。

第三,创新宏观调控思路,推动需求管理转向供给管理。立足中国经济供给层面的要素投入数量、结构及其体制机制矛盾和困境,注重供给关系,推动技术创新和供给管理、产业结构升级和调整,提升整体供给管理的水平,实现"供给创造需求"的管理效应。

第四,创新宏观调控理念,推动短期增长目标管理转向长期发展管理。遵循经济的内在规律,处理好市场和政府的关系,坚持宏观调控中"市场的归市场,政府的归政府"的新思路,结合中国经济增长长期存在的问题和需求导向,弱化短期增长的总量平衡管理思路,强化长期增长的稳定和均衡管理思路,确保实现经济长期发展的目标。

中国经济正处在深化改革和转型创新的关键时期。宏观调控必须紧紧依靠深化改革,努力创新调控方式,积极推进简政放权,着力调整经济结构,超越"软着陆"与"硬着陆"的是非之辩,放弃"微刺激"与"强刺激"的错对之争,立足中国经济包容性增长与长期稳定和可持续发展目标,努力以全面深化改革为动力,积极改善宏观调控水平和能力,提升国家治理体系和治理能力现代化。

19.1.3 经济新常态下的宏观调控:新方向和新实践

中国经济增速近几年从两位数快速下滑到 2015 年的 6.9%,目前看来 2016年经济还处在下行压力中,经济增速下降速度太快,至少不是正常的增速换挡。2015 年中国经济增长数据显示,尽管第四季度基本面出现了增长亮色,但其强度不足以支撑经济明显反弹,2015 年 GDP 增速为 6.9%,这是 1990 年以来中国GDP 增速首次跌破 7%。对当前中国经济形势的判断,学界、商界存在着分歧:

有一种观点认为,中国经济已经进入通缩;还有一种观点认为,中国经济是在"增速换挡"。我们认为,虽然经济增速下行、物价水平下降、企业效益下降等指标都是通缩的特征;但消费需求增长仍然正常,并没有呈现明显萎缩,而且社会上的流动性也没有表现出通缩中的特征。当前经济增速下滑原因在于结构性矛盾问题。[①]

改革开放 30 多年来,中国经济保持了年均 9.8% 的高速增长,创造了世界经济史上的奇迹,已成为全球第二大经济体。但是,从 2010 年第一季度开始,中国经济增长速度逐渐下滑,持续时间之长是改革开放以来从未有过的。2015 年第三季度,中国经济增长速度仅为 6.9%,比 2010 年第一季度的 12.1% 降低了 5.2 个百分点,降幅高达 43%。

在经济增速持续下行的背后,是中国经济发展的内外部环境发生了重大变化。从外部看,世界经济走向低迷,发达经济体复苏缓慢,新兴经济体分化,全球经济调整趋于长期化,外需乏力成为常态。今后一个时期,全球供需结构失衡的深层次矛盾难以根本解决,世界经济仍处在再平衡过程中,出口对中国经济的拉动显著减弱。从内部看,支撑中国经济增长的结构性因素出现了深刻转变。

第一,产能过剩日益严重,投资拉动效应逐渐递减。近年来,中国产业供过于求矛盾明显,特别是钢铁、有色金属、建材、化工、船舶等传统制造业尤为突出,一些行业产能利用率不足 75%,处于严重过剩状态。并且,产能过剩行业已从传统行业扩展到风电、光伏等新兴产业,行业利润大幅下滑,大量企业经营困难。在这种情况下,大规模投资对经济增长的拉动作用十分有限,投资效益明显下降。

第二,人口红利趋于消失,制造业比较优势明显减弱。在过去相当长一段时期里,劳动力数量持续增长、人口抚养比稳步降低为中国经济提供了人口红利。但是,这一局面正在发生根本改变。2012 年,中国劳动年龄人口首次出现绝对下降,比上年末减少 345 万人,此后连续三年持续下降,同时人口抚养比逐渐提高。由此导致劳动力供应短缺,工资成本过快上涨,削弱中国制造业的比较优势和国际竞争力。

第三,地方政府债务和资产泡沫加大,潜在金融风险不断集聚。近年来,中国金融体系中的风险逐渐累积,尤其是在地方政府债务、房地产、影子银行等领

---

① 参见周振华:《供给侧结构性改革"大棋"怎么下》,《解放日报》2016 年 1 月 21 日。

域更为集中。在实体经济不振的情况下,宽松性货币政策并未完全起到预期效果,实体经济特别是中小企业仍存在融资难、融资贵等问题,而更多过剩的流动性进入了房地产市场和股市,导致经济泡沫加大。2015 年 6 月以来,中国股市出现了较大幅度的震荡,已经暴露了投资者杠杆率过高等风险隐患。

第四,资源环境约束日益凸显,高消耗、高排放模式难以持续。过去 30 多年的高速增长,很大程度上是以资源能源大量消耗和环境污染加剧为代价的。由于土地、能源等要素价格偏低,环境污染成本未充分内部化,浪费资源、污染环境的问题日益突出。发达国家一两百年出现的环境问题,在中国 30 多年的快速发展里集中显现。

这些情况表明,当前中国经济面临的不仅仅是周期性问题,更多的是结构性问题。面对新常态下的"结构性减速",单纯运用需求刺激措施已无济于事,问题的症结只有通过深层次结构性改革才能根本解决。2009 年以来,为应对全球金融危机的冲击,出台了大规模的"四万亿元"投资计划,实施扩张性货币政策,尽管短期内取得一定效果,但并未从根本上扭转下行趋势,还带来产能过剩加剧,银行不良资产和地方政府债务扩大等问题。审时度势推进供给侧结构性改革,已经刻不容缓。

需要特别指出的是,过去我们讲的结构性矛盾,是指投资与消费结构、国民收入分配结构、产业部门结构、地区差异等问题。现在我们说的结构性矛盾与过去有所不同。比如,一方面,实体经济特别是中小企业,明显感觉流动性不足,融资难,借贷成本较高;而另一方面,虚拟经济里流动性又过多,也很活跃。这就是"资金错配"的问题,资本没有流动到应该流动的实体经济中去,而在实体经济之外打转。再比如,一方面,出现产能过剩及大量库存;而另一方面,又存在明显的短缺。这个短缺也很复杂,是一种层次性短缺。现在很多人出境购物或者通过网络进行海淘,包括母婴产品,甚至大米豆油等,这些产品我们国内都能生产,但很多人还是要从国外买,原因在于国内提供的这些产品在层次与品质上与国外不同,这就是一种"要素错配"的现象。还有,现在短线操作也即追求短期收益的操作行为很多,但对于一些投资周期稍微长一点、收益周期稍微长一点,感兴趣的资本就很少,这反映的是"预期错配"的问题。按道理说,如果短期与中长期预期比较稳定的话,会有短期与中长期资源的合理配置,但现在预期不稳定,就产生了追求短期投入或者效益的现象。要解决这些结构性矛盾,依靠总量的宏观调控(包括总量需求侧与总量供给侧)是行不通的。

19.2　供给侧结构性改革

在中国经济全面深化改革和创新转型发展的关键时期,我们提出供给侧结构性改革,同样具有很强的经济学发展的理论逻辑和中国特色的实践意义。

如何正确理解中国供给侧结构性改革,作出一个既符合中国特色社会主义政治经济学的理论逻辑,又能够符合中国特色市场经济发展实践要求的解释,显然是一个亟待解决和富有创新意义的任务。结合经济学供给分析、需求分析以及二者之间内在关系的分析逻辑和中国发展的特色和实践,我们认为,中国供给侧结构性改革至少应当有如下几点丰富的实践发展内涵和理论创新价值:

首先,从"供给侧分析"来看,提出了中国经济亟待解决的一个要害和实质问题,即供给侧的生产效率和经济增长效率问题。众所周知,20世纪80年代新增长理论与以往建立在边际报酬递减规律基础上的新古典增长理论即"旧增长理论"的不同之处,就在于强调决定经济长期增长的生产函数中的知识、技术等要素具有收益递增的特征,从而内生于劳动力要素、资本要素和土地要素,强调提升这些要素的生产效率,改变长期增长中的边际报酬递减趋势,强调通过知识、技术等要素创新,实现边际报酬递增型的新增长模式。今天,中国经济从增长意义上来说,所谓的创新驱动增长,本质上就是要实现收益递增型的新增长。因此,强调供给侧改革,就是必须高度重视传统三大要素即劳动力、资本和土地要素的生产率的提高;高度重视并培育企业家创新精神及其内生的创新动力机制;高度重视创新机制推动的一系列"创新活动",提升产品质量和环境质量,提高经济增长的效益。因此,中国特色的供给侧分析框架,需要解决的核心问题就是经济增长的效率、质量和效益问题。毫无疑问,所谓"提高供给侧质量体系",理所当然也就成为供给侧结构性改革的首要任务。

其次,从"结构性调整"分析来看,中国经济亟须解决结构性矛盾和问题。当今,中国经济正在经历"经济增速下滑、工业品价格下降、实体企业盈利下降、财政收入增幅下滑、经济风险上升"即"四降一升"的背景和问题。之所以出现目前的"四降一升",根本原因在于结构性产能过剩,结构性供给过剩与结构性需求不足并存,总体上供过于求,导致价格下降,企业投资预期收益下降,从而即使在银行利率和准备金率下调的情况下,企业投资意愿仍然不足,这就造成投资需求"断崖式下降"。所以,中国提出供给侧结构性改革,核心的问题就是加快结构调整,包括供需结构匹配、企业结构合理化、产业结构升级、全球价值链分工提升等。为此,必须通过完成"去产能、去库存、去杠杆、降成本、补短板"等任务,为经济"消肿",为增长"减负",从根本上解决中国经济供给侧的结构性问题,消除无效供给,提升有效供给,引致有效需求。当然,在去产能等一系列结构性调整过程中,必然会出现企业"关停并转"等短期阵痛,市场出清过程中也必然会出现经济下行和失业加剧等问题,这个时候加强适当的需求管理政策,运用积极的财政政策和灵活稳健的货币政策也是不可缺少的。正是从这个意义上说,中国供给侧的结构性调整的本质不是在"供给"或者"需求"之间进行简单选择的问题,而是需要从供需两端发力,在推进结构性调整过程中,保持经济稳定增长。

再则,从"改革"分析来看,中国经济仍然面临一系列亟待全面深化改革的重大任务和现实紧迫性。所谓的供给侧和结构性问题,本质上是一个资源配置问题。从新古典经济学供求分析框架来说,结构问题是假定不会出现的,因为市场机制与微观企业会自动通过供求机制和价格机制引导资源配置,实现市场出清。但是,这个分析逻辑的前提条件是必须有一个完善的市场机制,包括完善的商品市场机制和要素市场体系。显然,中国社会主义市场经济体制仍然不够完善,市场化改革尤其是要素市场化程度仍然十分滞后,许多市场化改革的任务尚未真正完成。也正因为如此,市场配置资源就无法形成市场出清机制,大量的领域和环节仍然存在资源错配的问题;所谓的"结构性过剩和结构性短缺并存"的结构性困境和问题,本质上就是资源错配的结果。因此,从这一点来说,"供给侧结构性改革"重点还是在"改革"也即"全面深化改革"上,即通过构建统一有效、竞争有序的要素市场体系,真正实现市场化配置资源;通过转变政府职能,进一步简政放权,为企业减负;通过进一步双向开放的战略,构建开放型经济新体系,以开放倒逼改革,最终构建公平竞争的国际化营商环境,形成有利于创新驱动发展的环境和内在动力。

因此,我们认为,中国供给侧结构性改革本身包含了"供给侧管理""结构性调整"和"深化改革"这样三层含义,而且这三者之间相互联系,互为一体,共同构成了新常态下未来中国经济改革和发展的大逻辑。在这个大逻辑中,供给侧是着力点,结构性调整是着重点,全面改革是关键。只有通过全面深化改革,才能真正解决结构性问题,从而才能优化供给侧的体系和质量,最终也才能够确保需求管理政策的有效性。因此,供给侧结构性改革是短期调整与长期增长的有机统一,是体制改革与结构升级的有机统一,也是供给管理与需求管理的有机统一。

19.3 主题与分析结论

2015—2016 年度《中国经济分析》选择"供给侧结构性改革与宏观调控新思路"为主题开展分析。其目的是把供给侧结构性改革作为中国经济宏观调控创新发展的新转折、新变化加以分析和描述。显然,供给侧结构性改革既是为中国经济新常态探索新动力和新引擎,又是为中国经济宏观调控探索新思路和新模式。《供给侧结构性改革与宏观调控新思路——中国经济分析 2015—2016》的主要结论如下:

基本结论之一:2015 年世界经济运行深受低增长、低通胀、低利率和高债务"三低一高"问题的困扰,复苏脆弱,增长艰难。对于 2016 年的世界经济走势,一个总体判断是,复苏依旧难言乐观,分化加剧成为趋势,而且可能触发新一轮的经济和金融风险。从国际金融来看,随着美国加息"靴子"的正式落地,全球货币周期开始分化;从世界贸易来看,预计 2016 年全球贸易仍将维持低速增长,但增速可能会超过全球经济增长的速度。从全球投资来看,鉴于主要经济体增长的不均衡性、脆弱性和不确定性,全球对外投资趋缓态势难言好转,短期仍将维持震荡。受此影响,中国经济预计还会继续下探。2015—2016 年中国经济正处于转型改革的关键时期,外部需求疲弱,内部供需结构不匹配,供给结构和方式不适应需求的快速升级,是经济增长的主要瓶颈。未来两年,中国经济增长态势仍很严峻,经济增长或将进入一个平稳或小幅下滑的增长轨道。其中,化解产能过剩、降低企业成本、消化地产库存、防范金融风险等四方面内容是困扰经济上涨的重要因素。预计 2016 年和 2017 年中国经济增速将分别降至 6.78% 和 6.51%。不过,中国经济增长的积极因素日渐增多,稳增长政策的溢出效应将逐渐显现,长期增长的基本面较为乐观。2016 年稳增长仍旧是主要任务,核心目标是将经济增长方式由靠增加劳动力、资本、土地以及环境承载力的粗放投入,切换为依靠改革红利和创新红利,稳步重建新平衡,而非简单沿用传统理论和刺激政策稳增长,确保经济中长期稳步、健康增长。

基本结论之二:新常态下,中国经济下行压力凸显,未来的增长将更加倚重"供给侧",对货币流动性的监管也被提到新的高度。当今全球经济出现了"怪现象":一方面发达工业化国家通过"印钞机"刺激经济造成流动性泛滥,再通过"溢出效应"在国际金融市场上刮起"旋风";另一方面欧洲和日本等国家的物价还在下滑,通缩的阴影还没有彻底消失。美元利率提升传导到美元汇率上,美元升值周期将导致全球大宗商品出口国外债危机,大宗商品进口国则输入了通缩。目前遇到的问题不是金融衍生品自身问题,而是金融领域的杠杆放大,资金没有流向创新部门,而被"僵尸"企业捆绑和占用了的问题。为此,有限的信贷被占用和替代。2016 年初的人民币贬值预期和港币危机等已经初露端倪,维护人民币汇率基本稳定需要短期、中期和长期的引导。入篮 SDR 后,人民币汇率波动参照一篮子货币只是过渡性的,因为这种方式是被动和滞后的。将来要根据中国自身的经济周期和通胀周期来决定。央行干预外汇市场的方式也要汲取他国历史经验,挖掘有中国特色的干预方式来,这需要考验监管者的"艺术"。

　　基本结论之三:产能问题仍是中国经济改革中的重要变量,一方面,诸多产业的产能过剩问题依然严重,化解的过程比较缓慢,并且出现了大量"僵尸"企业,严重影响了资源的优化配置。另一方面,部分高需求产能不能满足国内的需求,这既包括高端的中间产品和核心部件,也包括基本的生活用品。可见,中国产能过剩与供给短缺并存的"悖论"本质上是中国产业结构失衡的反映,中国众多企业和产业拥挤在低端的环节不仅造成了资源的浪费,而且往往在这些环节形成惨烈的价格竞争。低端的锁定又会通过"温水煮青蛙"的效应延缓中国产业的技术升级,中国空有巨大的"大国市场"而无从发挥。因此,要改变供需错配的问题,需要实现深层次的结构调整,同时防范可能的风险。短期内能做的或者说在次序上政策可以选择以下几方面,一是减税增收,主要以结构性减税为主,重点投向国家支持的服务业、先进制造业及战略性新兴产业;通过降成本间接增加企业主体的收入,重点降低制度性交易成本、企业的社会保险费、财务成本、物流成本等。二是中央政府适当增加开支,扩大赤字率,注重"调结构"和定向调控,财政重点定向支持教育、社会保障、智能制造等领域,这些方面也是释放供给侧的人力资本潜力、提高资本效率、促进创新的有效举措。三是供给侧改革的指向主要集中在劳动力、资本、土地、全要素生产率等要素上,因此,供给侧改革最终需要提高这些要素的配置效率。而要实现上述要素的升级,特别需要在国企改革、简政放权上深入推进。

　　基本结论之四:供给侧政策不是孤立于货币政策和财政政策之外的,更不会否定货币与财政政策,而是对上述两大政策的补充,管控供需两方面的政策协奏才能取得令人满意的效果。去产能、去库存、去杠杆、降成本、补短板,是 2016 年经济工作的五大任务。这五个关键词是破解中国供给侧与需求侧平衡调整的密码,也是中央和各级地方政府制定适合本地实际情况的政策的出发点、着力点。

基于经济总量的增减效果,去产能、去库存、去杠杆政策使得现有生产活动总量减少,看上去把各种"僵尸"企业清理出资源配置体系,是一种减法。"去"本身就是一种损失,这可以从企业倒闭、兼并重组与工人转岗、失业等负面效应看出来,同时还有企业的利润损失和财政部的税收损失;也可以从产出和就业增长率下降从而国家经济能力多少有点被削弱的结局看出来。降成本,也是一种减少支出的经济活动,在某些情况下,降成本一下子变为企业解雇工人的借口。通过提高生产效率来降低成本又归到"补短板"的投资上,持续地提高生产领域技术效率的途径是对生产设备进行技术更新和改造,就是一种新的有效的投资。为此,"三去一降"是"看跌状态";而"补短板"则是"看涨状态",是供给侧与需求侧动态平衡政策的精髓。

基本结论之五:2009 年以来中国债务负担迅速增加,债务总额与同期 GDP 的比率从 2009 年的不足 140%,迅速放大到 2015 年的 220%左右。据统计,1996—2014 年间各部门的债务规模均呈现递增的趋势,居民部门债务规模增长比例高达 11 倍,金融机构部门债务规模增长 4 倍多,政府部门增长近 1.5 倍,而非金融企业增长约为 50%。债务是一把双刃剑,适度举债能够提高资金配置效率,增加社会福利;但是,过度举债则会酿成灾难,影响政府为居民提供服务的能力。对于特定的负向冲击,债务水平越高,整个社会发生违约的可能性越大,不稳定因素增多。所以,债务最优水平的决定是信贷驱动的繁荣与债务违约引起的泡沫破裂之间的权衡。目前,中国现在的宏观经济形势是 2008 年以来所经历的债务快速累积的结果。要挽回局面,需要尽快改革货币政策的传导机制,同时依赖财政政策来处理债务和降低信贷密度。另外,引导社会资金流向稳健的债券市场和多样化的股权融资市场,利用解决当前债务拖累的时机大力推进和发展债券市场也有助于中国经济的成功转型。

基本结论之六:当前,中国已进入消费需求持续增长、消费结构加快升级、消费拉动经济作用明显增强的重要阶段。异军突起的互联网消费和海外消费,同长期以来低迷的国内消费需求形成鲜明反差,这表明消费需求不足的根源可能在于消费的供给侧因素,包括住房、医疗、教育的"供给不足",地方财政支出与公共服务供给扭曲,以及对土地要素、金融产品和劳动力供给的各类管制等;除此以外,商品流通领域的高税费成本、垄断与行业壁垒,以及缺乏诚信的消费环境,也都是造成消费需求难以启动的重要原因。为此,启动消费需求、优化内需结构的关键,就在于全面深入地推进供给侧结构性改革,稳定就业,提升居民收入水平,构建完善的社会保障制度,持续优化消费环境,由此共同形成扩大消费需求的长效机制。从经济发展潜力看,以传统消费提质升级、新兴消费蓬勃兴起为主要内容的新消费,及其催生的相关产业发展、科技创新、基础设施建设和公共服务等领域的新投资新供给,蕴藏着巨大发展潜力和空间,同时也有利于提高发展质量,增进民生福祉,推动经济结构优化升级,激活经济增长内生动力,实现持续健康高效协调发展。

基本结论之七:房地产投资对经济增长的牵引力,是通过一系列复杂的作用机制和环节来进行的。在供给侧结构改革的政策环境下,房地产投资将通过总量调整和结构调整等渠道,为宏观经济的增长提供可持续的动力。第一,在培育具备新常态特征的投资市场的过程中,必须在去库存、维持一定幅度的增长、积极调整结构等方面进行策略调整。第二,要鼓励投资主体积极创新,促使房企各类投资要素得到整合、实现投资价值最大化,对于经济活力的积极释放具备直接或间接的作用。第三,优化投资结构比总量调整更显重要。房地产市场分化的特征愈加明显,相对应地,投资层面的调整也需要吻合此类分化的特点,更加注重结构调整。通过结构调整,为房地产市场的投资创造更大的价值。第四,仅仅投资层面的变革是远远不够的,而是要搭建一个从"稳投资"到"稳增长"的传导机制,把房地产市场的投资正能量传导到宏观经济的运行过程中,进而利好经济下行压力的释放,以及稳定或刺激经济增长。第五,从稳投资到稳增长,需要政府积极做协调。房地产业要发挥宏观经济的内核作用,同时也需要和其他产业保持较好的沟通机制。当然,搭建此类沟通的桥梁,应由相关政府通过政策制定和协调等来实现。

基本结论之八:伴随着中国经济增速放缓,调整经济结构、释放多余产能、减少能源消费的有利时机已经到来。当前及未来很长一段时期,作为一类新兴的朝阳产业,中国的环保产业将迎来快速发展的良好契机,较高的资本回报率将吸引更多的资本流入相关产业。大力推动环保科技进步、提升环保效率、提倡绿色GDP,以期实现经济与环境的可持续发展。然而,中国环保产业发展仍存在较多的问题。比如,环保标准化体系还不健全,中央和地方在资源管理上权责还不够明晰,法律制度不够健全,科技实力还有待提升,部分地区政府的生态意识较为淡薄等。过去中国的环保产业投资主要依靠政府财政拨款,从长期看应该丰富环保投资的融资模式和盈利模式。未来应该通过政策激励与资本市场的金融创新,将政府政策与市场运作相结合的办法,使通过政府、企业、公益团体、风险投资所募集到的资本能够有效地被用于社会急需的大型公共环保项目的兴建及新型环保创新产业的发展,形成良好的投资融资与盈利循环模式。此外,还应建立健全与环保产业相关的法律法规体系。环保产业已经由最初以保护生态环境为主要目标的单一发展功能,发展成为现今的一个新的潜在经济增长方向,但与之发展地位尚不相匹配的是,中国还没有覆盖全部环保行业的法律体系。因此,应对相关法律法规予以补充和完善,从而为同时实现环保产业的环境效益与经济效益提供必要的法制保障。

基本结论之九:全球化的重点已经从早期的货物贸易转向服务贸易和投资部门。美国主导的 TPP 规则无疑加大了发展中国家包括中国的外部压力,加强了国际贸易和国际投资的竞争效应。处于转型中的发展中经济体包括中国,需要在新的历史背景之下寻求立足之地和发展之势,通过进一步推行自贸区等方式与国际主流规则进行呼应和对接。包括在自贸区建设的进程中不断提高开放水平,加快服务业开放步伐,加快实施投资注入前国民待遇和负面清单管理制度,加快推进促进公平贸易和可持续发展领域的新议题规则制定等。在此背景下,中国提出的"一带一路"倡议,旨在促进经济要素有序自由流动、资源高效配置和市场深度融合,推动沿线各国实现经济政策协调,开展更大范围、更高水平、更深层次的区域合作,共同打造开放、包容、均衡、普惠的区域经济合作架构。当今世界正发生复杂深刻的变化,国际金融危机深层次影响继续显现,世界经济缓慢复苏、发展分化,国际投资贸易格局和多边投资贸易规则酝酿深刻调整,各国面临的发展问题依然严峻。"一带一路"倡议的提出顺应了全球价值链,秉持开放的区域合作精神,致力于维护全球自由贸易体系和开放型世界经济。"一带一路"倡议符合国际社会的根本利益,是国际合作以及全球治理新模式的积极探索,将为世界和平发展增添新的正能量。

20 世界经济结构性困境与增长
新趋势 *

2008 年金融轮危机以后,全球经济的复苏与以往最大的不同,在于危机后的复苏时间长达八年,至今仍未真正走出危机,复苏增长步履维艰,且危机后复苏的不确定性因素日益增多,不仅出现全球增长持续低迷,而且贸易增速出现下降,政策协调难度加大,全球经济增长表现"平庸不断";不仅如此,各种"黑天鹅事件"不断上演,欧洲经济、美国经济、日本经济以及新兴市场经济体增长不确定性增多,金融市场、汇率波动等也不断加大,逆全球化思潮兴起,贸易保护主义抬头。

20.1 世界经济发展正在陷入增长"悖论"

20.1.1 当前世界经济复苏的显著特点

危机发生以来,世界各国都采取了逆周期调整的宏观经济政策,试图运用货币政策和财政政策等积极应对危机,刺激经济增长,实现经济复苏。但是,总体而言,世界经济在漫长的复苏中,尽管存在许多不确定性,但是也出现了以下三个显著特点:

一是复苏增长出现明显分化,突出表现为发达经济体和发展中经济体内部明显分化。在发达经济体内部,除了美国等出现积极复苏的信号之外,欧洲、日本等经济增长总体仍然低迷,即使在欧洲内部,经济复苏也出现了分化,除了德国经济复苏较为积极,其他欧洲经济体内部复苏同样缓慢;发展中经济体和新兴

---

* 本章原载周振华等著《风险防范与经济转型——中国经济分析 2016—2017》(格致出版社、上海人民出版社 2017 年版)导论"世界经济结构性困境与增长新趋势"(与权衡合撰)。

市场内部也出现明显分化,除了印度、中国等经济增长进入中高速和新常态以外,俄罗斯、巴西、土耳其以及东南亚国家等经济复苏依旧缓慢;由于全球经济复苏增长出现分化,全球性政策协调和集体行动的难度加大,美国等少数发达国家已经退出量化宽松政策,货币政策逐渐进入常规性轨道;但欧洲央行、日本等国家则继续实行量化宽松,甚至出现负利率货币政策。这样的背景下,全球宏观政策协调缺乏一致性和集体行动的动力,宏观政策的分化在客观上也不利于全球经济的整体复苏,反而加大了复苏增长的不确定性。

二是全球经济复苏与增长似乎正在出现"低增长循环陷阱"的特征。即在复苏增长过程中,由于持续低迷增长,世界经济从危机刚刚发生以后的"三低一高"即"低增长—低物价—低收入"和"高失业"逐渐演变成为"危机—衰退"引致的"低增长—低利率—低物价—低回报—低投资—低增长—低收入—低消费"的恶性循环;在这样的循环机制下,世界经济普遍出现了"低贸易增长""低资本流动性"和"低物价"的"三低"现象。根据世界银行分析,世界经济除了2008年以后大规模刺激带来V字形的短期反弹,从2010年开始全球经济增长就进入持续低迷的状态,至今尚未恢复到2008年以前十年的平均4.5%的增长速度,目前维持在2.5%左右。世界银行预计2016年与2017年分别是2.9%和3.1%。但是在2016年的6月8日则进一步把世界经济增长下调到2.4%。英国经济学人智库则预测2016年全球经济增长约为2.2%,国际货币基金组织(IMF)也预测,全球经济增长将持续低迷不振,同时也下调了其年初对经济增长的预测。不仅如此,作为拉动世界经济增长引擎的贸易增速,也是连续四年出现下降,并低于全球经济平均增速,目前估计只有2%左右。与此同时,全球资本流动性趋缓,国际投资增长放慢,金融市场波动加大,美元加息预期进一步加剧了资本流动性的波动。

三是地缘政治因素、大国选举及其政策变动深刻影响世界经济发展趋势乃至全球化新格局。恐怖主义、欧洲难民问题、俄罗斯的地缘政治问题、英国脱欧乃至特朗普新政等都对全球经济发展、资本流动的安全性、能源市场、欧洲一体化以及美国的内政和外交政策产生深刻冲击,世界经济也因为这些非经济因素和大国关系问题更是增加了很多不确定性和复杂性,世界经济发展和全球化趋势更加扑朔迷离,令各方感到纠结和焦虑。

20.1.2 当前世界经济复苏中的"悖论"

更为深层次的问题则是,世界经济在缓慢复苏和低迷增长的过程中,似乎更加清晰地显示出了一些"悖论":

　　一是量化宽松的货币政策与持续低增长的悖论。危机发生以后,世界各国纷纷采取反危机的调节和刺激政策,普遍采用量化宽松货币政策,如美国先后实施四轮量宽政策、日本安倍经济学大规模量化宽松、欧洲央行实行零利率等。从表20.1可以看出,世界主要经济体广义货币占GDP的比重都保持了上升态势,其中全球平均占比从2007年的98.81%上升到2015年的124.07%。但是与此同时,全球以及欧洲、日本等国家的GDP复苏与增长并未出现明显上升,除了2009年大投资带来较短的反弹以后,其余时间GDP增速基本上出现明显放慢,除了美国因为复苏较为强劲而退出量化宽松政策以外,其余主要经济体仍然保持量化宽松政策取向,有些国家甚至运用负利率手段刺激经济增长。从经济学分析来说,短期内经济衰退和萧条,应该采用逆周期的宽松的货币政策进行刺激,推动经济走出复苏和新的一个繁荣周期。但是,目前的世界经济增长与宽松货币政策正在出现背离,即一方面主要经济体实施量化宽松货币政策,另一方面GDP增长却仍然保持低迷和增速趋缓的态势,出现了"量化宽松货币政策与经济增长低速"的悖论。世界经济增长发生了与以往低利率引致高投资、货币刺激引致经济增长不同的新情况,利率水平不断降低,投资意愿却在不断下降,即传统的凯恩斯主义政策范式似乎正在失效,这是值得我们深入思考的问题。

　　二是全球高债务与低消费的悖论。全球经济增长出现的第二个悖论就是一方面危机以来全球债务水平不断高企,另一方面消费水平稳中趋缓、贸易增长出现下降。从2008年危机发生以来,全球债务水平,特别是发达国家从危机前的72%上升到104%,英国从44%上升到89%,美国从64%上升到105%,日本从147%上升到248%。需要指出的是,发达经济体的债务性质与发展中国家特别是中国的债务性质不太一样,前者的债务更多用于养老等社会支出和促进消费水平上,因此一般来说发达国家主要是"高债务—高消费"模式。但是,危机发生以来,这种不断高企的债务水平并没有提升家庭消费水平;各国内需稳中有降,由此导致全球进口需求增长乏力。2012—2013年全球贸易量增速连续两年低于经济增速,这与国际金融危机前五年贸易量快于GDP增速1倍形成强烈反差。因此,世界经济进入了低利率背景下的高债务和低需求、低贸易增长并存的悖论。过去几十年来,全球经济特别是发达经济体普遍高债务、高消费,全球贸易高增长的确是世界经济的引擎。但目前的世界经济似乎在背离这个常态,进入了高债务和低消费、低贸易的"非常态"。这同样是值得我们思考的一个问题。

　　三是科技、自动化创新与充分就业悖论。危机发生以后,全球经济增长期待科技创新和新产业革命。毫无疑问,科技创新和技术进步是新一轮世界经济增

表 20.1　世界主要经济体的广义货币/GDP 及 GDP 增长率

（%）

		2007 年	2008 年	2009 年	2010 年	2011 年	2012 年	2013 年	2014 年	2015 年
全　球	广义货币/GDP	98.81	102.77	114.10	110.89	112.37	115.14	115.98	118.74	124.70
	GDP 增长速度	4.31	1.84	-1.68	4.35	3.13	2.48	2.40	2.63	2.47
中　国	广义货币/GDP	150.53	150.01	176.55	177.51	175.90	182.38	188.18	193.17	205.74
	GDP 增长速度	14.19	9.62	9.23	10.63	9.48	7.75	7.68	7.27	6.90
英　国	广义货币/GDP	144.69	166.49	170.17	169.02	155.17	152.07	149.03	138.67	137.82
	GDP 增长速度	2.59	-0.47	-4.19	1.54	1.97	1.18	2.16	2.85	2.33
印　度	广义货币/GDP	71.00	75.78	77.72	76.19	78.84	76.86	77.91	77.77	79.19
	GDP 增长速度	8.61	3.89	8.48	10.26	6.64	5.62	6.64	7.24	7.57
日　本	广义货币/GDP	202.81	209.08	227.02	225.46	237.43	240.70	247.18	250.48	251.92
	GDP 增长速度	2.19	-1.04	-5.53	4.71	-0.45	1.74	1.36	-0.03	0.47
俄罗斯	广义货币/GDP	42.82	39.43	49.21	51.38	48.17	48.15	52.48	55.21	63.76
	GDP 增长速度	8.54	5.25	-7.82	4.50	4.26	3.52	1.28	0.71	-3.73
美　国	广义货币/GDP	79.46	84.55	91.06	85.33	87.78	88.45	89.50	90.33	90.32
	GDP 增长速度	1.78	-0.29	-2.78	2.53	1.60	2.22	1.49	2.43	2.43

资料来源：世界银行数据库（http：//data.worldbank.org.cn）。

长的内在动力,尤其在当前世界经济持续低迷的背景下,各国都希望创新世界经济增长方式,提升全球经济增长的全要素生产率,降低生产成本。但是,目前的技术创新似乎更加强调智能化、自动化的新趋势,如德国提出的"智能制造""自动化""工业机器人"等;尤其是互联网时代确实正在改造传统的工业化流程和服务经济模式,全球技术进步出现了快速的"劳动节约型"的技术创新和发展方向。在这样的背景下,全球实体经济发展与就业增长的关系便成为一个十分突出的问题,即如何缓解危机以来实体经济下降、失业率上升和就业增长的压力和困难。传统宏观经济学研究表明,各类宏观政策调控的主要目标之一就是实现充分就业,这被视为政府制定政策、发展经济的主要目标之一。但是,自动化、智能化的技术创新正在深刻影响产业结构、经济增长模式和就业方式。世界经济似乎走在了一个充分就业与技术创新发展的十字路口。因为无论如何,技术创新尤其是劳动节约型技术创新客观上正在成为一种趋势,我们必须在自动化、智能制造与充分就业之间形成一个新的平衡。实际上,美国新当选的总统特朗普就是抓住"如何解决美国高失业率"这个问题,通过提出所谓让"制造业回归美国"等一系列主张而获得大胜。实际上,美国的高失业率虽有金融危机冲击因素,但更多则是由于技术进步、互联网、自动化、智能化等结果造成的,并非完全是因为制造业转移所致。人们面对充分就业与技术创新的选择,能否找到一个具有"中性"的技术进步呢? 这同样是今天世界经济增长面对的一个新问题。

四是实体经济"冷"与虚拟经济"热"的悖论。危机以来,全球经济发展进一步出现虚拟经济与实体经济脱离的趋势和问题。2008 年以来危机发生的导火线就是虚拟经济过热,特别是金融创新脱离实体经济,金融领域发生危机并迅速扩大到全球,多年来世界经济增长中积累的最基本的问题就是实体经济与虚拟经济的关系没有处理好,最终因为高杠杆、高债务和高风险导致危机与衰退。危机发生以后,原本虚弱的实体经济更是雪上加霜,至今没有恢复到危机前的增长状态,实体经济投资成本上升,投资意愿进一步下降,全球性资本流动和跨国投资速度放慢,各国实体经济普遍不景气。与此同时,虚拟经济则进一步脱离实体经济,走向自我循环,各国杠杆化程度进一步加深,特别是旨在刺激实体经济增长的量化宽松的货币政策,不仅没有随着降准降息而刺激实体经济的投资,反而导致全球流动性过剩,使得虚拟经济更加过热,全球经济特别是发展中经济体一度出现短时期股市泡沫甚至股灾、房市过热和资产价格泡沫。经济学研究同样表明,金融是为实体经济服务的,宏观经济分析模型中的"IS-LM"模型总是相互交织、相互影响的,背后的逻辑则是通过利率—投资—需求—增长—就业—物价—收入等变量之间的相互作用机制。理论本身表明虚拟经济发展始终以实体经济发展为基础。但是目前的世界经济发展却出现了实体经济"过冷"与虚拟经济"过热"的悖论。人们不禁要思考,全球经济的金融化意味着什么? 金融化与全球化交织发展,无疑增加了我们对全球经济分析的难度。

五是全球化与逆全球化悖论。金融危机发生以来,人们确实也在反思许多问题,其中最大的反思和争议莫过于对全球化机制的思考。特别是局部国家发生金融危机后,许多国家因为全球化被卷入其中,遭受全球性金融危机的打击和影响。但是,人们也始终坚信,全球化作为全球范围内的市场化配置资源的机制,是发展大势所趋,是人心所向,是历史潮流,无论是全球化的倡导者,还是全球化的参与者,都分享了全球化发展带来的巨大红利。近两年来,由于全球经济长期衰退和缓慢复苏,贸易增速下降,各国纷纷竞相扩大出口,保护进口,贸易保护主义势力纷纷抬头。一般而言,危机时代,贸易保护主义抬头是"常态性"选择,况且自由贸易与贸易保护主义从来都存在。但是,问题在于最近一年来全球经济发生的一系列事件,其影响和意义远远超过了传统贸易保护主义。其一是英国脱欧对欧洲经济乃至世界经济的深刻影响。作为欧洲复杂地缘政治关系问题的产物,英国脱欧本身是对欧洲经济一体化和全球化发展的沉重打击,是一种典型的逆全球化现象和态势。其二是特朗普当选美国总统及其政策主张。人们热衷于美国新总统的当选,显然在于"特朗普新政"中流露的甚至包含的一股反全球化、逆全球化的思潮。这样的思潮背后隐含了一种令人忧虑的民粹主义、极端保护主义的倾向。显然这与全球化趋势、开放发展与自由贸易相背而行。由此所谓的"反全球化""全球化终结论"等似乎掷地有声。世界经济走到了全球化的十字路口,一方面是由市场化力量主导的全球市场机制配置资源,进而形成的全球资本流动、全球自由贸易、全球分工和比较优势深化及合作发展的全球化趋势,另一方面也确实出现了民粹主义倾向的反全球化、逆全球化的现象。无论如何,逆全球化现象既不符合世界经济发展的实践要求,也不符合经济学的逻辑。全球化从来都有积极和消极的两面性,全球化当前困局发生的原因,并不在于全球化发展的本身,而是由于世界经济复苏缓慢甚至长期衰退引发的一系列问题,且因为全球化机制使得这些问题进一步放大。显然,逆全球化思潮已经困扰了世界经济发展。这值得我们进一步反思。

20.1.3　悖论之谜:世界经济增长中的结构性困境

如何理解和思考目前世界经济发展的困境? 从现有的讨论来看,一种观点认为,2008 年金融危机的冲击,导致全球性产出下降,消费下降,进而全球大宗商品价格下跌,总体世界经济增长进入通缩和停滞状态。这种观点在危机刚刚发生后几乎占据主流认识。但是,问题在于从应对危机的反周期政策效果来说,本轮全球经济衰退甚至"长期停滞"背后可能有更深层次的原因和机理。另一种观点则认为世界经济在全球化推动下走向了一个新的阶段,全球化机制需要反思和完善,特别是需要从完善全球经济治理机制出发寻找世界经济解困之谜。第三种看法则是最近一两年人们逐渐形成的一个较为主流的看法和判断,即全球经济增长出现了结构性困境,所以加快推进结构性改革成为全球经济治理的初步共识之一。这一点也从 2016 年 G20 峰会达成的共识可以得到证明。但是,需要进一步思考的一个关键性问题是,何为全球性结构性困境? 最为根本性的制约全球经济平衡发展的结构性问题和矛盾是哪些? 为什么世界经济在这个阶段出现了结构性困境? 这些困境和世界经济发展的周期性规律有何关系? 思考和理解这些问题,对于理解世界经济中长期发展趋势、选择合适的全球经济治理政策具有现实意义。

笔者的判断是,进入全球化发展新阶段的世界经济,结构性困境的确成为影响和制约全球经济复苏增长的根本性问题。具体表现在:

一是全球产能过剩困境和总量失衡制约了复苏与增长。在上一轮科技革命、技术创新和全球化发展的推动下,全球技术效率驱动和全球资源配置极大地提高了世界经济的生产效率,尤其是快速工业化和制造业发展提高了全球性的产能水平;与此同时,随着产业结构升级转型以及服务经济发展的兴起,全球对制造业产能需求下降,全球范围内出现了严重的供求总量失衡和产能过剩的问题。这个问题实际上在金融危机发生以前就已经出现,只是危机冲击进一步造成需求收缩,产能过剩问题更加严重,大宗商品价格下跌和行业发展严重亏损。而在这之后,旨在刺激经济增长的量化宽松政策,其实施的结果则是导致了更加严重的产能过剩。尤其是在新兴市场国家内部,由于市场机制不完善,大量的货币宽松政策也导致了严重的资源错配和扭曲问题。而如何缓解目前的供需总量失衡,缓解全球性产能过剩,提高全球资源配置效率,则是亟待全球性合作与集体行动推动结构性改革。否则,仅仅依靠政策并把重点放在应对危机上,只能使总量失衡问题更加严重,长期内经济增长更加低迷。

二是新兴市场经济体供需结构不匹配加剧了世界经济结构性困境。在过去几十年发展中,世界经济除了发达国家强劲增长的引领以外,发展中国家高速增长也是世界经济维持高增长的重要动力。但是,发展中经济体在经历了近 20 多年的高速增长以后,也已经进入了结构性改革和调整的新阶段。特别是随着经济总量发展和居民生活水平的提高,消费结构正在发生深刻变化和转型,全球范围内"恩格尔系数"趋于下降,消费结构升级转型中,对服务型经济的需求不断提高,高品质、个性化、服务化的消费需求正在成为主流。但是在全球范围内,特别是新兴市场经济体的供给函数、生产模式与需求函数、需求结构不匹配。供需结构性不匹配严重制约世界经济新增长和新创新。所以,从全球经济供求关系来看,目前不仅在供求总量上出现困境,而且在供求结构上也出现了困境;并且供需总量失衡与结构性失衡相互影响,相互强化,总体性结构困境和矛盾更加突出。全球经济发展中的供给端出现了深层次的结构性困境和问题。

三是全球发展结构不平衡与收入不平等困境制约了增长和复苏。全球性消费增长低迷,不仅是金融危机冲击所致,更重要的是近几十年来全球经济发展中收入不平等问题日益加剧。根据皮凯蒂在其《21世纪资本论》中的论述,欧洲、美国等几乎所有发达经济体近几十年来资本的回报率一直大于经济增长率(即R>G的规律)。正是在他所谓的这个"规律"作用下,全球经济普遍出现了不平等上升,世界主要经济体以收入或消费计算的基尼系数出现持续上升。在金融危机发生以后,世界经济普遍出现低迷增长的态势下,收入差距更加分化,许多国家中产阶层比重减少,经济和社会结构由此发生深刻变化。不仅如此,财富分配和不平等更加分化。瑞信研究院(Credit Suisse Research Institute)2016年11月22日发布的《2016年全球财富报告》称,全球范围内底层广大群体(总人口的73%)总共拥有全球财富的2.4%,但最富有的十分位数(成人的前10%)拥有全球资产的86%。由此可见,财富差距愈演愈烈。即使在经济呈现快速增长的新兴市场国家,例如中国、印度等,经济高速增长中,同样也伴随着收入差距的不断扩大;俄罗斯、巴西、拉丁美洲等经济转型过程中,收入和差距也出现不断扩大。全球不平等加剧,直接的后果之一就是大多数中低收入群体的消费增长缓慢,进而制约经济增长,也必然影响全球化发展进程和全球贸易发展。全球性的收入和财富不平等上升,直接导致了世界经济需求端发生问题,消费对世界经济的拉动力正在减弱。

四是全球经济面临人口结构转变与老龄化困境。进入21世纪以来,世界经济发展中另一个最大的结构性改变就是全球人口结构的转型与变化。总的发展趋势就是老龄化人口比重不断上升,世界经济普遍进入了老龄化时代。按照国际惯例,65岁及以上就算是老年人,2012年全球老年人占比为8%,至2015年这一比例就上升为8.5%。而根据美国人口普查局公布的《老龄化世界:2015报告》,2015 年全球已经有 6.17 亿人口年龄在 65 岁以上,到 2050 年全球将有 16 亿老年人。届时将有 94 个国家的老龄化人口占比超过 21%,其中有 39 个国家的老龄化比例达 28% 以上。根据该报告分析,一方面,大量在二战后婴儿潮时期出生的人,现在正好步入老年;另一方面,欧洲保持历史传统,早早进入老龄化至今没有走出,而亚洲与拉美近年老龄人群在快速增长。根据发展经济学人口转折理论分析,后工业化时代人口增长会进入"低生育率、低死亡率"的"转折"阶段,许多发达国家人口增长的这一变化,会从根本上影响经济增长。首先,老龄化意味着经济增长中的劳动参与率下降,进而直接导致劳动生产率下降;其次,老龄化和人口增长下降导致储蓄水平降低,进而影响投资增长;同时,老龄化也会导致消费水平下降,进而影响经济增长。因此,世界经济人口的长期变化在近几年开始出现"转折",(即老龄化和少子化趋势)这种转折会从根本上改变全球劳动参与率、储蓄率和消费率,因此影响世界经济增长的生产函数,对全球经济长期发展带来深刻影响。在上一轮世界经济快速增长过程中,人口因素总体上还是积极的变量,甚至是影响经济增长的慢变量;但是在未来的世界经济增长中,人口结构的变化和转折,则是影响世界经济增长和供给侧的重大因素。

五是全球经济治理结构陷入困境。危机发生以来,除了全球经济增速持续低迷、复苏艰难的问题之外,全球化何去何从也成为人们普遍关注的焦点。从危机后普遍出现的贸易保护主义抬头,发展到英国脱欧导致欧洲一体化进程生变,再到令全球关注的美国总统选举过程中的"特朗普现象"直至特朗普当选,其中的很多现象和思潮,实际上已经触及了全球化与反全球化的问题。按照世界经济理论分析,由市场机制驱动和全球科技创新引领的全球化机制,是全球经济发展中重要的资源配置机制,是世界经济创新、开放和发展的内在动力。但是危机以来,世界经济发展中出现了从贸易保护主义到民粹主义、反全球化的思潮。从推动世界经济增长的动力和开放发展的规律来说,我们认为问题的实质不是全球化本身出了问题,而是在全球化发展到今天,在世界经济格局发生根本性变化的大背景下,全球化进程中的治理机制和体系发生了严重问题。一是全球经济治理的手段与治理的议题出现偏差。危机后的治理重在货币刺激和复苏增长,而没有把治理目标放在如何消除和解决结构性过剩这一导致世界经济失衡的根本原因上。二是全球经济治理的内在结构存在缺陷,并未真正把新兴市场经济国家的因素、作用、权利和诉求考虑进来,特别是忽视发展中国家在全球贸易、投资中的地位和作用,这就导致世界经济复苏更加分化和失衡。三是全球经济治理机制无法应对和解决许多新的共性问题,如全球化进程中的不平等与减贫、技术与网络空间问题、资本流动性监管、货币政策协调等。①也正因为这些问题,一方面造成逆全球化思潮兴起,另一方面也造成了全球经济发展的困境。

需要说明的是,上述五大结构性困境是在世界经济长期增长过程中逐渐出现的,也正是因为这些结构性困境,从根本上制约了世界经济复苏与增长,导致世界经济增长中出现了所谓的种种"悖论"。从长期增长来说,本轮经济复苏的实质本身不在于促进增长上,而是需要真正推动结构性改革,以新的结构性改革与创新发展促进世界经济走向新的增长周期。②

20.2　2017 年影响全球经济发展的重大风险和变量

回顾 2016 年,国际市场需求低迷,贸易保护主义、逆全球化思潮蔓延,恐怖袭击频发,难民问题和英国脱欧等地缘政治风险上升。2016 年全球贸易增速将连续多年低于全球经济增速。WTO 的数据显示,2016 年上半年全球货物贸易量同比下降 0.3%,其中第一季度同比下降 1.1%,第二季度仅微弱增长 0.3%,均低于预期。③我们认为,以下七个因素将对 2017 年以及未来的世界经济增长产生新的不确定性影响。④

20.2.1　全球政策分化影响世界经济稳定增长

全球各国宏观政策的充分协调是世界经济稳定增长的压舱石。习近平总书记在总结 G20 杭州峰会取得的五大成果时,将全球宏观政策协调共识摆在首要位置,呼吁"要继续加强宏观政策沟通和协调","促进世界经济强劲、可持续、平衡、包容增长"。这是 G20 峰会在全球政策协调上取得的又一次新突破。

但是,由于各国在 2008 年金融危机后的发展结构、发展态势和发展目标都各不相同,由图 20.1 与图 20.2 可知,发达国家和金砖国家在经济发展总趋势上存在一致性,但也存在明显的差异性。全球宏观政策协调的外延不断扩展,从货币政策、财政政策再到产业政策、就业政策、监管政策等,都需要世界各国共同协

---

① 参见权衡:《G20 峰会召开在即,"中国方案"为何受关注》,《解放日报》2016 年 8 月 16 日。
② 参见权衡:《世界经济的结构性困境与发展新周期及中国的新贡献》,《世界经济研究》2016 年第 12 期。
③ 数据来自 http://futures.hexun.com/2016-07-14/184934711.html。
④ 部分参考上海社会科学院世界经济所宏观经济分析小组:《不确定的世界经济期待新发展周期——2017 年世界经济分析报告》,2017 年 1 月。

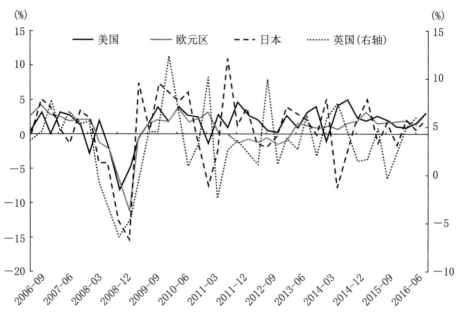

图 20.1 发达国家 GDP 环比增长

资料来源：Wind 数据库。

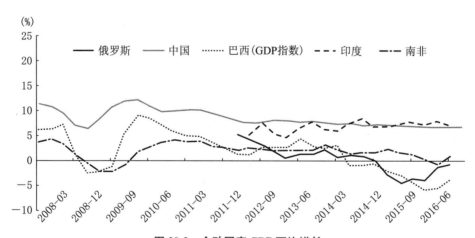

图 20.2 金砖国家 GDP 环比增长

资料来源：Wind 数据库。

商。全球宏观政策集体行动的重要性日益显现，这与 2008 年以来全球经济与金融一体化加深、全球经济面临的结构性问题、国际货币体系的深刻变迁等都有紧密联系。

2017 年可能是世界经济增长低于危机前 30 年均值的第六年。世界经济持续低迷令全球主要经济体宏观政策手段捉襟见肘,政策实施效果减弱。量化宽松等非传统货币政策的副作用及溢出效应不断显现,资产泡沫膨胀、金融体系脆弱性上升等风险在多个经济体蔓延。伴随着全球贸易持续低迷,各国经济逐渐分化,国际宏观经济政策协调已陷入困境:面对各种紧迫或长期的复杂问题,各国政府束手无策;各项已经确定的合作意向迟迟不能推进;成员国之间的矛盾和冲突不断加深。全球主要经济体的公共和企业债务水平处于高位,进一步加杠杆的空间受到限制。

因此,如何建立健全宏观经济政策协调机制,考虑国内政策的联动效应和传导影响,推动正面而非负面溢出效应,为实现世界和平、稳定、繁荣提供更多公共产品?如何以伙伴关系为依托,秉持共赢理念,加强各领域务实合作,不断扩大合作内涵和外延,推动取得符合各国利益的合作成果?总之,如何有效、积极、可靠地推动宏观经济政策协调,或是影响 2017 年以及今后世界经济稳定复苏的关键一环。

20.2.2 民粹主义兴起导致全球化进程受挫

2017 年,伴随着世界经济的低增长,全球范围内的民粹主义开始逐步抬头。英国脱欧、美国总统选举等世界重大事件中都或多或少地折射出了民粹主义的影子。全球部分国家的民粹主义存在着极端平民化倾向,即极端强调平民群众的价值和理想,把平民化和大众化作为所有政治运动和政治制度合法性的最终来源,以此来评判社会历史的发展。这些国家的民粹主义反对精英主义,忽视或极端否定政治精英在社会历史发展中的重要作用。美国总统奥巴马将特朗普当选和英国退出欧盟归咎于全球化、技术变革和受金融危机冲击影响的数以百万计的人对精英的怀疑。[1]

民粹主义的根源是全球收入分配问题。在过去 20 年内,发达国家国内收入分配问题恶化,中低收入阶层生活水平不断下降。在此背景下,发达国家内部开始将矛盾的焦点对准了全球化,反全球化的浪潮越来越高。其实,OECD 在 2013 年的研究就显示,美国是发达国家中向上社会流动性最差的国家之一,“美国梦”越来越远。[2]OECD 关于 2060 年展望的最新研究表明,过去几十年大多数成员国的最富裕阶层变得更加富有,导致国民收入差距不断扩大。经济政策研

---

[1] 参见:http://wallstreetcn.com/node/273823。

[2] 参见:http://wallstreetcn.com/node/251737。

究所(EPI)的一份最新报告显示,2013 年,美国收入最高的富人阶层(占全美人口 1%)的收入占美国全部收入的 20.1%。[1]美国政治学家佛朗西斯·福山认为,发达国家中的特殊利益集团高度强大且有组织性,使得任何违反他们利益的政策都无法通过。[2]

发达国家内部的结构性矛盾是发达国家收入分配问题的核心,是民粹主义抬头的根源,而不是全球化。在大多数发达经济体需要"大政府"以贯彻深远的结构性改革的时候,选民却更倾向于短期主义和更加简单的解决方案。政府需要通过提升实际工资、就业机会和社会福利以重建政治信任。而只有通过改革,增加就业市场的灵活性和改善商业环境,为经济增长注入活力,这种情况才能发生。民粹主义的上升或将使得经济全球化停滞,使得全球的投资、贸易受挫,全球经济复苏推迟。

20.2.3　美国新总统上任将带来新的不确定性

美国当选总统特朗普在竞选过程中提出了多项激进的政策主张,这些政策主张都带有新的不确定性,或将影响美国经济的复苏乃至影响世界经济的复苏。特朗普的政策主张主要集中在以下三个方面:一是美国制造业回流;二是美国的对外经贸关系;三是美国的货币政策。

首先,美国的制造业回流。特朗普在竞选演讲中多次提到希望通过减税的手段使得美国制造业回流。诚然,美国制造业回流有利于美国增加就业,提振美国的经济。但是减税意味着美国的财政收入会大幅下降,有估算认为,减税大致会带来 10 万亿美元的财政收入下降,这或将引发新一轮的财政危机,或将影响到美国经济的复苏。[3]另一方面,美国制造业的回流或将对流出国的经济带来不利影响。美国制造业的回流将对流出国的税收和就业带来新的冲击和不确定性,或将引起流出国经济的动荡。美国制造业的全球布局是全球价值链的需要,是美国企业顺应全球化的必然趋势。通过税收扭曲的政策安排来促使美国企业的回流或将影响全球贸易和投资的发展,影响全球经济的复苏。

其次,美国的对外经济政策。特朗普在总统竞选中曾公开反对 TPP,并在大选前的"葛底斯堡演说"中称要引领美国人民走"贸易保护主义和排外主义的大道",要求就北美自由贸易协定进行重新谈判。在对华政策方面,特朗普表现

---

①　参见:http://mt.sohu.com/20160829/n466447620.shtml。

②　参见:http://www.aisixiang.com/data/100498.html。

③　参见:http://news.ifeng.com/a/20161211/50397122_0.shtml。

出强势的一面,将美国失业上升的问题归结为中国的出口。中美经济的长期合作无疑是世界经济平稳复苏的压舱石,中美关系的稳定将极大地有利于世界经济平稳复苏,为世界各国的经济增长创造好的外部环境。但是,在经济全球化受阻的今天,美国新当选总统的这种对外经济政策或将为不确定的世界经济复苏带来新的不确定性。

最后,美国的货币政策。特朗普在竞选活动中对于货币政策的表态存在新的不确定性。特朗普曾多次抨击美联储的低利率政策,而他对低利率的批评更多的是针对该政策带来的负面影响,比如资产价格泡沫和股市的虚假繁荣等。但是从投资的角度分析,特朗普又表示低利率可以促进投资的发展,同时他表示低利率有利于长期融资,可以通过发行更便宜的新债偿还高息的旧债。进而,可以降低基建投资的融资成本。特朗普在货币政策上的举棋不定是美国经济平稳复苏新的不确定因素。特朗普在货币政策上的反复都给疲弱复苏的美国经济带来了新的不确定性,进而给世界经济复苏蒙上新的阴影。

20.2.4 美元加息可能加剧全球金融市场波动

2017 年美国的货币政策持续收紧或对全球金融市场产生冲击,引起美国乃至全世界金融市场的动荡。2016 年 12 月 15 日,美联储宣布加息意味着美国将收紧货币政策,全球金融市场波动加大,或不利于全球经济的平稳复苏。

发达经济体货币政策宽松的长周期可能暂停。美元加息或意味着美联储将收紧货币政策,全球金融市场波动加大,或不利于全球经济的平稳复苏。实际上,自 2016 年 8 月份以来,随着美国经济通胀的短期回升,核心 PCE 已达 1.7%,距 2% 的目标仅一步之遥。2016 年 8 月初时美国 10 年期国债利率还在 1.5% 左右,而目前已上升 90 bp 达到 2.4%,相当于已经提前加息了 3—4 次。欧洲和日本长期国债利率也在走高。

美联储加息意味着美联储结束七年近零利率后,全球将要进入 2004 年以来首个货币紧缩周期。微观层面,美联储收紧货币的工具(超额准备金利率、逆回购、减持债券等)大多未经考验。至于这些工具与限制金融中介的监管措施怎样相互作用,也多未得到验证。在宏观层面,市场暗示的"终端利率"受到很大抑制,期限溢价接近于零。在美元加息的影响下,美国软弱的复苏与欧洲显得更弱的经济回暖,将为金融市场带来更大的不确定性。

美联储加息对新兴市场的影响方面,传统观点认为,美联储加息会导致新兴市场货币贬值,因为美元计价资产有着更好的回报前景,从而吸引投资者转向美国。过去数年中施行的非常规货币政策,曾经为全球金融系统带来了短期的资金井喷。但这一政策与较低的市场流动性结合就已经为市场的波动定下了基调。美国加息预期的升温推动美元走强。而美元的升值也导致资金持续从新兴市场撤出,新兴市场汇率普遍贬值,资金外流加速,加剧新兴市场国家资本市场的波动。

20.2.5　投资贸易规则碎片化引发新的贸易保护主义

2017 年投资贸易规则重构的方向缺失或引起新的贸易保护主义,或将影响世界经济的疲弱复苏。自美国当选总统特朗普宣布在他任期内将停止 TPP 谈判以来,全球投资贸易规则重构的方向开始处于迷茫期;在此影响下,贸易保护主义开始不断加剧。

实际上,近年来,随着世界经济增长显著放缓,全球贸易保护主义倾向日益严重。正如 IMF 警告的那样,贸易保护主义升温导致全球贸易自 2012 年以来明显放缓,最终将拖累世界经济发展。[①]遏制贸易保护主义、降低贸易成本将是未来一个时期各国还需采取的措施。

当前,全球贸易治理结构正处于新的调整时期,现有国际贸易规则无法回应以全球价值链为代表的新贸易模式的要求,新兴经济体的崛起对传统以大国为主导的全球贸易治理结构提出挑战。美国等发达国家又无力推行跨太平洋伙伴关系协议(TPP)、跨大西洋贸易与投资伙伴关系协议(TTIP)、诸(多)边服务业协议等贸易投资协定谈判,中国或开始尝试推行符合各国共同利益的投资贸易新规则,让世界各国更好地融入全球价值链,分享世界经济发展的成果。

投资贸易新规则形式表现出的趋势特征是:(1)地理空间区域化愈发明显,以特定区域空间为主的相关谈判发展迅速;(2)投资贸易规则谈判主体同质化,投资贸易规则构建的主体更倾向于发展程度相近的国家主体;(3)投资贸易规则谈判所涉及的功能呈多元化趋势,不仅涉及货物贸易还涉及服务贸易,不仅涉及有形贸易还涉及无形贸易,不仅涉及线上贸易还涉及线下贸易,不仅涉及贸易领域还涉及与贸易相关的国内经济制度安排;(4)谈判主导国家呈多极化发展态势,不同的投资贸易谈判开始由不同的国家主导。

---

①　《全球贸易预警》报告显示,作为全球第一大经济体的美国,从 2008 年到 2016 年对其他国家采取了 600 多项贸易保护措施,仅 2015 年就采取了 90 项,位居各国之首,是德国、英国等国家的两倍多。据世界贸易组织统计,2015 年 10 月至 2016 年 5 月,G20 集团成员实施了 145 项新的贸易限制措施,月均新措施数量为 2009 年以来的最高水平。

在现有的国际投资贸易谈判推进举步维艰的情形下,推行新的、符合全球价值链特征、符合各国共同利益的投资贸易新规则或是推动 2017 年世界经济增长的新动力。而由某些西方国家倡导的投资贸易规则或成为引发贸易保护主义的新原因,或将阻碍 2017 年的全球经济复苏。

20.2.6　难民危机或将进一步挑战欧洲经济增长前景

难民潮给欧洲各国领导人提出了一个艰巨的挑战,如何公平和有效地解决难民问题是稳定地缘政治的关键,也是世界经济稳定复苏的关键。

签署申根协定的欧洲诸国共享一个对外边境,申根协定的原初意图是打破欧洲内部壁垒,促进人员和物资的有效流动以拉动经济合作和成长。但随着欧盟和申根国家的不断东扩,大量东南欧的劳动力涌入较为发达的西北欧以寻找更好的就业和生活机会,造成西欧国家内部一些民众的不满。最近几年,美国等西方国家推行的新干涉主义使包括西亚、北非在内的中东地区国家战乱加剧,伴随所谓“阿拉伯之春”遗留的北非问题(特别是利比亚)、叙利亚内战持续、伊斯兰国的崛起,邻近的中东北非局势极度动荡不安,大量不堪政治迫害和战争苦痛的民众开始铤而走险涌向欧洲。[1]

难民危机使得本已羸弱的欧洲经济雪上加霜,进而影响世界经济的复苏。大量难民涌入将加重欧洲国家财政负担。[2]人口激增伴随经济疲软不振,是非常危险的组合。持续发酵的欧洲难民危机还有可能压垮欧洲,欧洲经济只会越来越糟糕。数目庞大的难民也不可避免地给接收国带来沉重负担。德国有关当局估计,随着百万难民入境,德国的供应系统有可能面临崩溃风险。面对困境,欧盟“三驾马车”德国、法国、英国国内都有强烈声音拒绝更多难民入境。匈牙利、波兰等中东欧国家也纷纷要求欧盟更改难民政策,停止收容难民。一些申根国家采取措施,暂时恢复边界管控。

难民危机或对欧洲一体化进程和政治整合带来更大的挑战,各国国内政治中左派政党将面临更大的执政危机,同时右派极端政党可能进一步壮大。欧洲的保守派势力会进一步上升,欧洲内部结构和具体政策会发生较大调整,更加保

---

① 联合国驻日内瓦官员迈克尔·默勒强调,这并非“欧洲遇到的麻烦”,而是一个“全球议题”。统计显示,2015 年经由地中海抵达欧洲的难民和移民人数为 97.25 万人,还有 3.4 万人通过陆路从土耳其抵达希腊等地。据欧盟预测,难民潮仍将持续,到 2016 年底,涌入欧洲的难民将突破 300 万。

② 欧盟计划 2016—2017 年两年斥资 92 亿欧元用于应对难民危机,但仍难以应对欧洲大陆面临的困境。

守排外。这些影响将伴随着经济增长放缓而不断加深,也将会进一步影响世界经济的复苏。国际机构并不看好欧洲经济的增长前景。

20.2.7 石油价格上扬增添全球经济供给侧的不确定性

2017 年全球石油价格或将小幅上扬,全球供给成本将会上升。石油价格的上扬将对新兴经济体恢复性增长带来不确定性。不确定性表现为两个方面:一是油价上升将对一部分经济体的石油出口带来正面的积极影响;二是油价上升又会对一部分依靠石油进口的经济带来负面影响。

从原油的供给层面上看,2016 年 11 月 30 日欧佩克石油输出国组织部长级会议在维也纳举行,最终各方达成减产协议,当日国际原油价格上涨约 10%。这是过去八年来欧佩克产油国首次减产。欧佩克轮值主席卡塔尔能源部长萨达宣布,14 个产油国一致同意,产量将减少至每天 3250 万桶。之前供应过剩拖累油价下跌,目前原油的开采不断趋缓,特别是在美国,油市可能会出现修正过度的情况,这也为 2017 年油价的反弹创造了条件。

2015 年是由于市场持续供过于求,油价在第二季度急促上扬,紧接着在第三季度出现大幅度的下跌,而现在原油市场一直吃紧,使得此次油价上升更稳定。全球需求温和上涨,与此同时,原油行业投资的趋缓不仅在一定程度上降低了其供应的速度,也减少了几乎所有石油冶炼行业的供应总量。事实上,美国石油开采不断减少。根据 EIA 最新的数据,至 2016 年 7 月 1 日,开采量一周内每天下跌 193 万桶。在 2015 年触及 120 万桶的峰值之后,美国的石油开采量已经大幅减少,预期未来仍将不断减少。在供给不断下降的背景下,2017 年原油价格或将上扬。[①]

石油价格上升将带动石油出口国的经济增长。2008 年以来的石油价格下降使得石油出口国的经济普遍受到冲击。2017 年如果油价上涨,有助于产油国增加出口收入。据原油天然气公司数据库信息,美国生产一桶原油大约 36 美元,尼日利亚生产一桶原油 31.6 美元,墨西哥生产一桶石油 29.1 美元,委内瑞拉生产一桶石油 23.5 美元,俄罗斯生产一桶石油 17.2 美元,油价上涨无疑会有助于石油出口国的进口收入增长。[②]

另一方面,石油价格上升或加大石油进口国成本,推升其国内物价水平,特

---

① 参见:http://finance.sina.com.cn/money/forex/datafx/2016-07-14/doc-ifxuaiwa6823160.shtml?cre=sinapc&mod=g&loc=40&r=0&doct=0&rfunc=66&t=none.

② 参见:http://finance.sina.com.cn/money/forex/20151125/113823847855.shtml.

别是亚洲的新兴经济体。原油价格的上涨意味着新兴经济体进口需要付出更多的成本,从而带来更大的价格压力。油价上涨意味着价格上涨压力将迅速传导至零售通胀中去。在印度、马来西亚和泰国的消费者物价指数(CPI)中,燃料所占据的加权比重是最高的,分别为9.5%、9.2%和8.0%。西班牙石油净进口占GDP的比重为6.6%,意大利为2.1%,德国为2.4%。①

如果企业生产力的增长不能抵消石油价格的上升,石油进口国的经济就会出现问题。如果石油等能源价格持续上扬,将导致工人要求加薪以弥补物价上涨,石油进口国企业将要承受双重打击。加薪带来的通胀将威胁到美国经济的复苏。此外,日本也是石油的主要输入国,油价走高将使其公众消费水平显著降低,将会引起通货紧缩。石油价格大幅上升将会使日本经济复苏受到严重影响。

由石油价格上涨所带来的各国国内物价水平上升或将阻碍各经济体实施更为有效的货币政策和财政政策,进而失去恢复经济增长的动力。2017年石油价格的上扬或将成为影响世界经济孱弱复苏的一个重要变量。

20.3　2017 年世界经济发展新趋势②

展望2017年,全球经济增长仍将维持疲弱复苏状态。未来几年,全球经济复苏趋势依旧不明朗,不确定性剧增。短期来看,全球经济增长已陷入"由低增长导致低消费,进而带来低投资,又在宽松货币政策下加剧资本的低利率,由此进一步导致低增长"的恶性循环怪圈。但长期来看,全球经济增长实质上已进入长周期的衰退阶段,未来可能还有15—20年的衰退期。

20.3.1　世界经济不确定性上升,增长前景暗淡

回顾2016年,各国(或地区)经济增长乏善可陈,短期宏观经济政策对推动增长收效甚微,增长放缓已成定局。展望未来两年,各国经济增长呈现"低增长、轻分化、高未知"的不稳固状态。其中,美国经济复苏概率降低,多重风险叠加,呈现较高的不确定性;欧元区经济仍将摇摆不定,或将在英国启动脱欧程序的

① 参见:http://www.hibor.com.cn/ecodetail_2286451.html.
② 部分参考上海社会科学院世界经济所宏观经济分析小组:《不确定的世界经济期待新发展周期——2017年世界经济分析报告》,2017年1月。

"挑战"中保持适度增长;日本经济或维持 2015 年低迷增长态势,但亦可能转向恶化;新兴经济体增长仍旧放缓,但整体风险降低,部分国家或会好转。由图 20.3 可知,从 50 年"长周期"对比来看,1966—2015 年全球经济平均增长率为 3.33%,而 1966—1990 年全球经济平均增长率高达 3.88%,危机前期即 1991—2008 年全球平均增长率已出现轻微下降趋势,为 3.06%。危机爆发后,全球平均增长率更是直线下降,经济增长放缓趋势十分明显,如 2008—2015 年平均增长率已降至 2.19%。我们预计,2016—2022 年平均增长率虽有所回升,但也仅为 3.17%,略高于 2008—2015 年均值,较难恢复至 1966—2015 年 3.33% 的均值水平,凸显全球经济增长前景低迷。

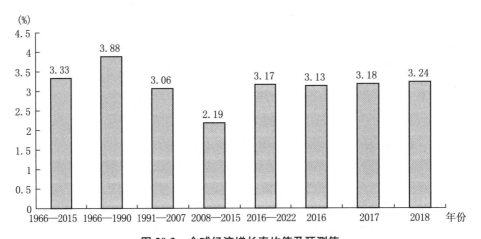

图 20.3　全球经济增长率均值及预测值

资料来源:2000—2015 年数据来源 Wind 数据库,2016—2022 年数据为本研究预测结果。

根据我们的预测结果,全球经济增长趋势已经处于持续下移阶段,未来相当长的时间里,全球经济增长难以企稳回升,将一直处于缓慢增长或陷入停滞状态。根据经济周期的四个阶段,即繁荣、危机、萧条、复苏,全球经济未来时期将一直处于上一轮长周期的萧条阶段,导致复苏阶段变得比以往更加漫长。

我们预计,2016—2018 年全球经济增长率将分别为 3.13%、3.18%%和 3.24%,增长速度仍将十分缓慢,尚未达到近 50 年全球平均增长率,且近三年可能仍旧不会出现大幅反弹的拐点,增长势头疲弱。短期内,全球经济增长陷入"低增长陷阱",找不到增长拐点,而长期来看,经济增长处于危机过后的萧条阶段。我们的观点与世界银行、IMF 和 OECD 等研究机构的预测结果基本一致(见图 20.4)。

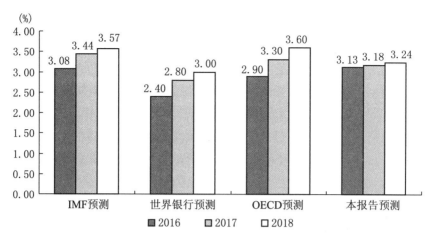

图 20.4　2016—2018 年世界经济增长率预测结果

资料来源：Wind 数据库。

20.3.2　发达经济体：复苏势头减弱，不确定性增多

具体来看，近几年，各国（或地区）增长趋势将略有差异。

1. 美国：强劲复苏势头减弱，未知因素将成挑战

展望 2017 年，美国经济增长面临诸多未知因素，如特朗普上台后施政方针的效果如何，美联储如何渐进加息，以及美国经济能否成为应对全球需求低迷和商业投资疲软的"逆风"等，都将给美国经济微弱复苏态势带来挑战。但在特朗普新政的刺激下，2017 年美国经济短期内可能迎来轻微向好的增长预期。而从中长期看，刺激政策的连续性以及外交政策方面的摩擦等，或将成为经济持续复苏的障碍。

首先，特朗普当选导致市场不确定性蔓延，将引发贸易纷争和国家间矛盾，在中长期内可能压制美国经济表现。特朗普旨在通过财政刺激，提振美国经济增长，如减税和改革贸易政策等，这可能在短期内对经济产生一定拉动作用，但政策的负面效果也会不断显现。其一，美国联邦政府财政状况将因特朗普的赤字财政而恶化；其二，特朗普的经济政策将大幅推升美国联邦债务水平；其三，美元汇率将因特朗普的赤字财政加速升值，打击美国企业海外出口；其四，减税等政策举措令美国国内较低的物价水平面临上涨压力；其五，美国与外国在汇率、贸易保护等问题上的纷争会进一步加剧，美国对外经贸关系或将恶化。这些政策的负面影响将严重影响美国经济的持续性，成为最不确定的未知因素。

　　其次,美联储如何渐进加息,将成为决定美国经济走势的关键因素和最大挑战。决定美联储加息与否的关键是通胀和失业率的情况,目前来看,就业率和通胀数据均接近美联储目标,美联储加息条件显著增强。2016 年 12 月 15 日,美联储宣布加息 25 基点,预计 2017 年美联储将进行 2—3 次加息。截至 2016 年 10 月美国核心通胀率①当月同比已上涨至 2.1%,失业率为 4.6%,已较为接近美联储预期的加息条件。加之,2017 年特朗普政府预计将增加基础设施支出以促进经济增长,可能会加速通胀预期,进一步增加加息压力。然而,利率上涨一方面将会伤及美国房地产、汽车等对利率水平非常敏感的行业的复苏势头。另一方面,美元将进一步升值,强势美元可能对美国出口类企业和海外经营的大型制造商带来巨大压力。这都会给美国经济增长带来“逆风”。

　　再次,企业投资放缓可能进一步加大美国经济面临的不确定性。全球经济增长乏力,经济复苏充满不确定性,企业对投资保持谨慎,投资降低或成常态。这也将继续导致美国劳动生产率降低。未来两年,美国经济复苏的主要障碍是美国企业的资本开支相对偏弱,企业不愿增加投资,甚至连生产的意愿也不强。同时,今后两年美国进入新总统任期,政策实施的不确定性将进一步压制企业投资意愿。这可能导致美国经济陷入中长期低速增长。另外,美国经济一直深受人口老龄化、劳动生产率增长放缓等因素影响,未来两年美国经济将很难突破金融危机以来的年均增速。

　　最后,仍将有部分因素支撑美国经济平稳增长。一是美国就业市场或将持续改善,成为驱动美国经济增长的根本。截至 2016 年 10 月,美国失业率已降至 4.6%,2017 年就业市场或将继续改善。二是居民消费增长将继续保持平稳,成为延续此前温和复苏态势的后盾。这主要得益于劳动力市场逐步改善且薪资的稳步上涨。三是特朗普将在 2017 年实施增加基础设施投资和减税等积极的财政政策,也将成为支撑 2017 年美国经济增长的短期因素。我们估计,2017 年美国经济相较 2016 年稍有上扬,但中长期内经济难有强劲复苏势头,许多新的政策和不确定性成为掣肘的关键。其中,2016 年经济相较 2015 年温和增长,增长率为 2.66%,2018 年经济增速可能低于 2017 年,即分别为 2.79% 和 2.89%。

　　2. 欧元区:增长动能削弱,政治不确定性加剧经济失速风险

　　受英国退欧的负面冲击和示范效应,欧元区凝聚力持续衰退,经济增长充

---

　　① “核心通胀”率指排除了食品与能源成本的通胀率。

满变数。英国启动退欧协商、欧洲多个国家举行重要选举等不确定性将给经济增长前景蒙上阴影。我们判断,未来两年,欧元区经济增长困难重重,并随着不断产生的新的政治矛盾而放大,各成员国之间区域合作和政策协调空间逐步减少。

其一,欧洲的贸易会深受英国脱欧的负面冲击,截至2016年8月,欧元区商品贸易进出口总额月均同比增速降至−1.7％,相较2015年下降5.7％。同时,欧元区是英国出口的第一大目的地,占据英国出口一半以上,脱欧也将给英国经济带来巨大打击。其与欧元区签订的各项协议、规定和法律依据等都将被打破,在中短期内,英国经济面临艰难挑战。

其二,短期内欧元危机仍在,欧洲一体化态势被打开缺口。2016年意大利银行业深陷危机,意大利修宪公投变得扑朔迷离。同时,法国和德国对未来发展方向仍有巨大分歧,2017年两国大选后,欧元这个单一货币很可能遭遇更大困境。因此,2017年和2018年,欧洲政经紧张局势将导致欧元区经济进入下行通道,难以维持目前相对稳定的增长势头。

其三,欧元区市场的相对优势和吸引力逐渐下降,欧元贬值空间逐步扩大。2017年英国脱欧程序启动之后,欧元相对美元将呈现贬值态势,甚至欧元对美元或将达到平价。另外,特朗普上台后,美元将继续保持强势,与之相伴的是英镑相对美元出现贬值预期,或将导致英国央行进一步放宽货币政策,下调利率。然而,由于欧元区相对较高的薪资水平和稳健的就业率,未来两年,私人消费或将成为欧元区经济增长的主要驱动力。截至2016年10月,欧元区消费者信心指数从此前的−8.0上升到−6.1,超过此前预期。2016年4—6月间,欧元区就业人数达1.53亿,较年初增长0.4％,创2008年以来最高。私人消费复苏和就业率的改善将部分对冲英国脱欧对欧元区经济增长造成的冲击。

具体来看,虽然各成员国经济增速将难以企稳回升,但各国增长趋势也略有不同。英国脱欧风险导致外部融资环境继续恶化,经济将失去增长势头;意大利银行业面临较高的不良贷款压力,经济复苏势头放缓;德国受特朗普新政的不确定性以及英国脱欧影响,增长预期缓中趋降;法国受到欧元区整体环境和形势的恶化,增长或将放缓。综合考虑,我们预计,欧元区2017年和2018年经济将分别增长1.75％和1.69％。

3.日本:低迷增长仍将延续,或可能转恶化

日本经济仍将深陷收缩困局,在世界经济不确定性增加和安倍经济学效果不明显并不断产生新问题的背景下,日本经济增长举步维艰,或将陷入持续低迷

的泥潭。日本在经历 20 多年的经济增长失速后,仍未见好转,原因是深层次、多方面的,涉及经济、制度、文化、国际影响等诸多因素。具体来看:

一是政策层面,刺激政策后劲不足,安倍经济学正在褪色,政府没能准确判断经济形势并及时实施正确的宏观调控政策措施。安倍经济学中的"三支箭"即货币宽松、增加政府支出、刺激私人投资,并未显著地推动经济增长,反而呈现出不少副作用。首先,超宽松货币政策加剧了市场波动。日元汇率明显深受西方国家央行政策和海外投资者心理的影响。同时,货币刺激政策促使日元贬值,短期内给出口商带来收益,但国内居民的消费支出并未跟上,通胀率也低位徘徊。加之 2016 年全球经济不确定性增强,日元被迫成为避险货币而走强,压缩了本已降到负利率的货币政策空间。其次,安倍经济学未能惠及中小企业和普通民众。在大企业信心高涨的同时,中小企业信心指数仍在负值徘徊。富裕阶层享受到股票、地产升值带来的财富效应,工薪阶层则尚难看到收入提高的可能。再次,进口物价上涨明显,加大了中小企业的经营成本和普通消费者的生活负担。更多的企业一直寻求在海外而不是在国内投资。最后,安倍经济学推动政府债务激增,2016 年日本政府债务已经达到本国 GDP 的 2.5 倍,全国总体债务水平更是 GDP 的 6 倍。高负债只能通过提高消费税来弥补,以充实财政收入。

二是体制层面,相互持股制、主银行制、终身雇佣制及年功序列制等日本式企业制度是一种典型的政府主导型经济体制,这种传统经济体制的弊端及其顽固性,使得制约日本的诸多长期性累积的结构性问题难以得到根本解决。一方面,企业相互交叉持股在一定程度上保护了低效率企业,投资者监督约束企业的功能丧失;主银行不仅是企业的大股东,而且与企业保持长期稳定的交易关系,这在一定程度上把企业与外部市场分隔开来,导致企业对主银行的过度依赖与经营效率的下降;而终身雇佣制和年功序列制等企业内部体制不仅催生了企业管理者的官僚化倾向以及企业家精神的衰减,也导致了日本劳动力市场缺乏灵活性,使优胜劣汰的市场竞争机制难以正常发挥作用。另一方面,政府通过产业政策、规制、行政指导等多种手段,对产业发展、企业活动和居民行为进行广泛而过度的干预,市场规则在很大程度上让位于官僚机构的意志,市场机制作用受到过多人为的破坏和扭曲,导致日本企业逐渐丧失开拓创新精神而过度依赖政府,企业竞争力不断下降。

我们的预测结果表明,2017 年和 2018 年日本经济增长率分别为 0.52% 和 0.48%(见表 20.2)。

表 20.2　全球主要发达经济体和新兴经济体经济增速　（%）

	2012	2013	2014	2015	2016	2017	2018
美　国	2.22	1.49	2.43	2.43	2.66	2.89	2.79
英　国	1.18	2.16	2.85	2.33	2.39	1.38	1.76
日　本	1.74	1.36	−0.03	0.47	0.63	0.52	0.48
欧元区	−0.88	−0.32	0.90	1.66	1.91	1.75	1.69
新兴经济体	4.74	4.55	4.55	4.51	4.55	4.72	5.01

注:本表数据中 2012—2015 年数据来自世行的 WEO 数据库和 IMF 数据库。2016—2018 年数据为作者预测值。其中新兴经济体选取阿根廷、巴西、保加利亚、中国、捷克、中国香港、埃及、爱沙尼亚、匈牙利、印度、印度尼西亚、韩国、拉脱维亚、立陶宛、马来西亚、墨西哥、菲律宾、波兰、俄罗斯、新加坡、南非、泰国等 22 个经济体。

20.3.3　新兴经济体:增长出现分化,整体风险降低

2017 年,新兴经济体经济发展将略有好转,2017—2018 年两年的经济增速好于 2016 年,但尚难实现强劲且可持续的增长。部分经济体经济抗压力开始增强,短期内的金融风险相较 2015 年降低。然而,仍有风险尚未释放,其中,美元持续走强、地缘政治的不确定性、新兴经济体自身尚处于结构性改革之中等都将成为威胁其经济平稳增长的风险因素。新兴经济体之间增长预期略有差异,大宗商品的回暖、石油减产后价格预期上升等使得部分新兴经济体增长预期出现好转迹象。而部分新兴经济体面临经济调整和转型难题,经济增长或将继续放缓。但总体而言,新兴经济体仍将是支撑 2017 年全球经济增长的中流砥柱。

我们预测,2017 年和 2018 年全球 22 个新兴经济体总体经济增长率将分别达到 4.72% 和 5.01%,具体如下:

(1)增速或下滑型:马来西亚、泰国、菲律宾、新加坡,东亚的韩国,以及土耳其、墨西哥、南非等。新兴经济体中经济体量较小、外债规模庞大、偿债能力降低且经济增长依赖外需的国家,2017 年会面临较为严重的增长问题。这些新兴经济体主要有东南亚的马来西亚、泰国、菲律宾、越南、新加坡,东亚的韩国,以及阿根廷、墨西哥、南非等。其中,因资金流向逆转、过度依赖原产品出口,以及受世界和外围因素影响的马来西亚和泰国,经济增长或将受到严重影响。另外,由于外部需求改善并不显著,新加坡将继续深受商业服务、批发和零售贸易表现疲弱等因素影响,经济出现下滑态势。自然灾害如厄尔尼诺现象导致农业产品低迷将会对菲律宾的经济增长造成影响,但在持续走强的国内需求的弥补下,菲律宾经济增长或将出现轻微下滑。受国内政局不确定性以及结构调整等影响,加之

全球经济乏力尚难带动企业投资扩大,且民生消费低迷,韩国经济增长率可能下降。同样,由于国内政治不稳定导致政策难以保持持续性、失业率高企和旱灾等的影响,南非经济存在很强不确定性,下滑概率增加。本研究预计,2017年马来西亚、泰国、菲律宾、新加坡、韩国、墨西哥、南非等,经济增长率分别为3.56%、3.45%、5.20%、0.39%、0.99%、3.10%、0.98%。

(2)增长或稳定型:中国、印度、印度尼西亚。在新兴经济体中,中国、印度和印度尼西亚的经济规模相对较大,内需空间充足,资本市场开放程度相对不高,且处于经济发展的追赶期,经济增长还将进一步释放潜力。虽然短时间内增长放缓,但尚能维持稳步增长趋势。

对中国而言,经济增长稳中有进,供给侧结构性改革的不断推进有助于中国应对多方面的风险,包括出口需求持续疲软、制造业投资减少和资产价格泡沫等风险,未来经济结构将更趋平衡。其中,制造业增速保持稳定、服务业和消费类产品增长有望加速,将继续支撑经济增长。但下行风险仍在,如美联储加息和美元走强周期中,人民币依然面临较大的贬值压力,国内货币政策面临边际收紧的约束,贬值预期下的资金流出也将对国内资金面带来更严峻考验。同时,在房地产调控和基建边际效应下降背景下,2017年中国经济增长也将面临一些挑战。

印度出口开始恢复,投资者信心得到提振,经常项目赤字有所下降,通胀率已被控制在较低水平,为经济平稳增长带来支撑,但印度本身的体制问题、发展不平衡、教育基础落后以及产业结构失衡严重等问题,都将限制印度经济快速复苏的前景。

在印度尼西亚,由于基建项目的陆续启动,政府或将扩大财政支出,印度尼西亚央行也可能出台降低基准利率等刺激经济的货币政策,经济有望保持稳步增长态势,但政府支出缩减和出口持续走弱、国内需求疲软、外部需求不振等因素也将继续成为不确定性因素。本研究预计,2017年中国、印度和印度尼西亚的经济增长率分别为6.55%、6.96%、5.01%。

(3)增长或向好型:巴西、俄罗斯等。以俄罗斯、巴西等为代表的资源型新兴经济体,受益于大宗商品价格的回暖,以及美俄关系改善、巴西国内局势稳定等影响,有望扭转衰退局势,经济呈现明显好转。2017年特朗普上台后,美国加大基建需求,将进一步支撑大宗商品的需求。由于美元进入加息周期后,这些国家的货币一直呈现贬值状态,在2017年大宗商品稍有回暖之际,俄罗斯和巴西等的货币贬值幅度将十分有限。俄罗斯制造业逐渐反弹,2016年10月制造业采购经理人指数PMI为53.7%,比上一个月提高1.3个百分点。同时,消费下

表 20.3　全球 22 个新兴经济体 GDP 增长率预测值　　　　　　　　（%）

	2016	2017	2018	地理位置
捷　克	3.22	2.00	1.17	中　欧
爱沙尼亚	0.52	0.41	0.40	北　欧
韩　国	1.65	0.99	0.61	东北亚
波　兰	2.78	1.97	1.45	中　欧
中国香港	1.41	0.67	0.23	东　亚
拉脱维亚	1.37	1.06	0.91	东北欧
立陶宛	0.93	0.71	0.68	东北欧
俄罗斯	−2.52	0.15	0.47	东欧和中亚
新加坡	1.01	0.39	0.03	东南亚
阿根廷	3.44	3.39	3.13	拉美与加勒比地区
巴　西	−2.19	0.12	1.25	拉美与加勒比地区
保加利亚	2.81	2.39	2.05	欧洲和中亚
中　国	6.74	6.52	6.46	东　亚
匈牙利	2.04	1.42	1.07	欧洲和中亚
马来西亚	4.10	3.56	3.25	东亚与太平洋地区
墨西哥	2.90	3.10	3.04	拉美与加勒比地区
南　非	1.02	0.98	0.92	撒哈拉以南非洲
泰　国	3.39	3.45	3.36	东亚与太平洋地区
埃　及	5.54	6.21	6.46	中东和北非
印　度	6.89	6.96	7.02	南　亚
印度尼西亚	4.92	5.01	5.02	东亚与太平洋地区
菲律宾	5.19	5.20	5.12	东亚与太平洋地区

滑速度持续放缓,进出口继续回暖以及通胀压力持续缓解等利好因素驱动俄罗斯经济增长势头。得益于大宗商品开始反弹、国内政局趋于稳定等,巴西经济有望走出过去两年的衰退局势,但巴西制造业短期内仍难恢复。截至 2016 年 10 月,其 PMI 仅 46.3%。长期看,巴西经济复苏将是一个缓慢过程。本研究预计,2017 年俄罗斯和巴西的经济增长率分别为 0.15%、0.12%。

20.4　中国新发展理念引领世界经济走向新发展周期

在当前世界经济面临结构性困境并处于新旧周期转型的关键阶段,世界各国都在积极努力,探索新周期发展的新动力;各主要国际机构也都纷纷通过全方位的合作与努力,探索集体行动的合力与政策,共同致力于世界经济的复苏与转型。我们认为,中国在新一轮发展中,提出创新发展、协调发展、绿色发展、开放发展和共享发展的新理念,既有助于引领中国经济发展全局,更有助于推动世界经济转型调整和复苏增长,有助于推动世界经济走向新的长周期的复苏和稳定增长的新阶段。[①]

第一,"创新发展"有助于为世界经济的新阶段和新发展提供新的动力。中国经济转型升级的关键问题是寻找到增长的新动力,这就是实施好创新驱动发展战略。同样,世界目前正处在新旧动能转换和新旧周期转型的关键时期,也需要通过新一轮科技革命、技术创新和制度创新,推动世界经济增长实现新旧动力转换。中国实施创新驱动发展,既是为中国经济转型发展提供新动力,也是对世界经济长周期下的新增长动力探路。中国通过实施理念创新、科技创新、制度创新和文化创新等一系列创新活动,为中国转型升级和世界经济结构调整提供发展新动能;进而也必然会对世界经济创新发展作出新的贡献和作用。

第二,"协调发展"有助于为世界经济全面协调和稳定发展提供中国范本。中国提出城乡协调发展、地区协调发展等,也是绝大多数发展中国家今天面临的共同问题,中国率先探索协调发展的实践方案,必将为发展中国家实现协调发展,提供先行先试的范本和经验;同时,中国这样一个发展中大国,实现协调发展,也是为全人类的文明发展作出的新贡献。中国倡导协调发展新理念,会为发达国家内部、发展中国家内部以及发展中与发达国家之间实现各方面的协调发展提供有益的启示和思考;也必然会为发达国家、发展中国家及其相互之间实现协调发展作出重要的贡献。

第三,"绿色发展"有助于为世界经济和全球可持续发展提供中国方案。中国作为最大的发展中国家,提出绿色、低碳发展和环境保护,本身就是对世界经济可持续发展做出自己的积极贡献,同时也为全球资源保护和世界经济长期发展提供新的方案。

第四,"开放发展"有助于为世界经济和全球化新阶段提供新选择。中国倡导开放发展,一方面是中国经济新常态下对外开放发展战略的全面升级,也是顺应后危机时期全球化发展的新趋势和新要求,更是对后危机时期贸易保护主义势力的有力回击,有助于推动和引领世界经济加速全球化进程,而不是一些国家采取的"逆全球化"做法。

---

① 参见权衡:《中国以新理念引领世界经济新发展》,《文汇报》2016 年 8 月 24 日。

第五,"共享发展"为全球包容性增长探索中国实践和道路。中国提出共享发展理念,旨在推动收入分配公平正义、发展成果人人共享,这正是世界经济实现包容性发展的重要体现。今天的世界经济比历史上任何时候,都需要加快解决全球性不平等问题,包括解决发展中国家和发达国家内部的财富分配不平等等。中国实施共享发展新理念,显然有助于为实现全球包容性增长探索中国道路。

当前,最为重要的是,中国首先需要践行好发展新理念。通过全面深入体制机制改革,实践好创新发展、协调发展、绿色发展、开放发展和共享发展理念,让五大发展新理念在中国经济社会转型和可持续发展中不断生根、开花和结果,让五大发展新理念以中国的方式,彰显中国方案的活力和动力,体现中国道路的魅力和吸引力。与此同时,我们也要放大和分享中国发展新理念的外溢效益和发展经验,让中国的创新发展也成为世界经济新发展周期和转型升级的内在动力,推动世界经济加快新旧周期转换,为世界经济新周期和新一轮新科技革命的到来,贡献中华民族的勤劳和智慧;让中国的协调发展和实践方案也助力转型调整过程中的世界经济获得更加全面和协调的发展、更加和平与稳定的发展;让中国的绿色发展理念引领和助推其他发展中国家的绿色和低碳发展,为世界经济新一轮发展周期内,实现可持续发展做出中国应有的贡献;让中国的开放发展理念成为后危机时期全球化发展的新助推器,使中国与世界的互联互通越走越宽广,推动、引领甚至主导新一轮世界经济发展更加开放,而不是相反;让中国的共享发展成为引领全球性不平等的消减器,实现中国与世界经济在新一轮发展中更加公平和体现正义,为人类文明和福祉继续作出新的贡献。

21 全球经贸格局变化对中国经济运行的影响 *

21.1 全球经济贸易格局变化趋势

21.1.1 中美贸易摩擦暴发

2018 年,由美国单边挑起的中美贸易摩擦暴发,对全球经济具有很大影响和冲击。这看似突然,实则必然。美国的"发难"蓄谋已久,打的是一套组合拳。近年来,美国通过税改(约 1.5 万亿美元)、大规模基建(投入 1.5 万亿美元)、页岩气开发、投资回流、制造回归等措施,对投资和消费形成强大支撑,导致美国经济强劲增长,包括劳动就业、消费、制造业、利率水平(将达 2.4%)、美元等一系列指标向好,第三季度同比增长 3.04%,预计 2018 年将实现 2.9% 的 GDP 同比增长,高于历史平均水平。在这种情况下,美国利用较好的时机,变本加厉挑起中美贸易摩擦。

但这个窗口期能有多长,是值得观察的。美国减税、大规模基建导致赤字增大,2018 财年(2017 年 10 月至 2018 年 9 月底)同比增长 17%(7790 亿美元),创 2012 年以来新高。赤字占 GDP 比重上升 0.4 个百分点,达 3.9%。官方预测 2019 年将提升至 4.7%。面对这种情况,主要有两种解决办法。第一条出路是通过调整财政预算结构来缓解压力,主要是减少教育、环境、科研、医疗保健等方面投入,但面对的阻力很大。过去在共和党两院占优情况下,主要是国会建制派阻挠,现在民主党占优的众议院与国会建制派阻挠二次税改和基建计划。另一条出路是发债。2018 年下半年,加快发债 7690 亿,创 2008 年以来新高。但美

---

* 本章原为笔者在 2018 年底上海经济学会与上海世界经济学会联合举办的"中国经济与世界经济"论坛上的演讲稿。

债供给增多叠加加息周期,使发债成本上涨。2018 财年,仅公债利息增长就高达 650 亿,增幅达 14%。

值得指出的是,特朗普的积极财政政策是顺周期的,将形成负反馈的循环:一旦产出缺口转正,劳动力市场接近饱和→经济增长下滑→冲击税基→加大赤字→扩张发债规模→推升美债利率→拖累经济增长。当然,关键要看减税对生产率有无提升效果。如果仅仅是凯恩斯主义式的短期利好刺激,这一逻辑必然生效。因此,特朗普的减税效应有待进一步验证。如果减税效应不明显,再叠加上 2019 年将显现的中美贸易摩擦导致其商品价格上涨压力,这个窗口期并不长,可能会减弱贸易摩擦力度。

21.1.2　全球经济贸易格局的重大变化

但中美贸易摩擦背后,实质上是全球经济贸易格局的重大变化。(1)原先"消费国、生产国、资源国"三足鼎立格局被打破后,寻求世界经济循环的"再平衡"。不仅发达国家实施再工业化战略,开发页岩气,制造回归,而且新兴经济体也纷纷扩大内需,资源国实施生产与消费战略。(2)跨国公司全球产业链从离岸布局转向近岸布局,形成以大陆(洲)为中心的产业供应链,增强地区总部功能,凸显了区域经济板块的重要性。(3)国际经济实力对比变化,新兴经济体成为世界经济重要增长极,特别是中国崛起与美国恐惧之间的博弈。

在这种背景下,中美贸易摩擦将表现为一系列特征:(1)持久性。这种贸易摩擦不是短暂的,而要持续较长时间。(2)多变性。这种贸易摩擦不是持续升温,也不是持续降温,而是冷热交替,视当时情况变化而定。(3)延伸性。这种贸易摩擦并不仅限于贸易领域,而是具有连锁反应,延伸至投资、货币、技术等领域。

21.2　对中国经济运行的重大影响

全球经济贸易格局变化对中国经济运行的影响,集中表现在经济转型"拐点"提前到来,面临较大的经济下行压力。

21.2.1　2018 年经济趋于走弱

"三驾马车"全面走弱。投资增长下降。2017 年,投资增长 7.2%;2018 年 1—10 月只增长 5.7%。其中,工业投资同比增长 6%。基础设施投资(不含电力、热力、燃气及水生产和供应业,其下降 9.6%)同比增长 3.7%。其中,水利管理业投资增长下降 4.1%;公共设施管理业投资增长 1.3%;道路运输业投资增长 10.1%;铁路运输业投资增长下降 7%。消费增长下降。2017 年,消费增长 10.2%;2018 年 1—10 月同比增长 9.2%。进出口增长下降。2017 年,进出口增长 14.2%;2018 年 1—10 月同比增长 11.3%;其中出口上年增长 10.8%,2018 年 1—10 月同比增长 7.9%;进口上年增长 18.7%,2018 年 1—10 月同比增长 15.5%。

生产与投资意向下降。2018 年 10 月份生产指数为 52,较 9 月份回落 1 个百分点,明显弱于历史同期。这与发电耗煤同比增速大幅回落表现一致,显示工业企业生产较弱。与此同时,库存增加,应收账款增加,就业压力增大。2018 年 10 月新增贷款仅 6970 亿元,不及预期。其中,居民短贷增长较强劲,同比多增 1135 亿元;企业贷款增长缓慢,同比仅多增 300 亿元,特别是中长贷款持续疲弱,同比少增 937 亿元。在银行间流动性宽裕的情况下,这更加反映了基建投资意向明显下降。除信贷外,社会融资口径内的表外融资仍持续收缩,同比少增 4716 亿元,存量同比增速再降至 10.2%。

财政收支减弱和赤字增大。2018 年 10 月公共财政收入同比下跌 3.1%,较 9 月回落 5 个百分点。其中,税收增速下行(5.1%),非税收增速大幅提升(10.8%)。10 月增值税收入下跌 2.78%,跌幅扩大 1.6 个百分点,反映企业生产经营活动仍较弱;企业所得税增速再度回落(−10%),这主要是企业盈利继续放缓。同时,2018 年 10 月公共财政支出增长 8.2%,较 9 月回落 3.5 个百分点。与此不同,10 月土地出让收入增速大幅回升(32.9%),政府性基金收入由 9 月的 7.8% 回升至 31.3%;政府性基金支出增长 67.6%,远高于 9 月的 51.3%。2018 年 1—10 月,公共财政预算赤字 1.38 万亿元,高于上年同期的 1.26 万亿元;政府性基金实现赤字 580 亿元,上年同期则盈余 2934 亿元。

我们预测,2018 年 GDP 将同比增长 6.6%,虽在合理区间,但稳中有变,下行压力增大。

21.2.2　2019 年经济下行压力增大

先行指标表明,这一经济下行压力将持续至下年度。

部门 PMI 大部分下降。2018 年 10 月制造业 PMI 下降至 50.2,较上月回落 0.6,接近警戒线。服务业 PMI 下降至 52.1,商务活动下降至 53.9,只有建筑业再度回升至 63.9,连续 3 个月超出历史同期均值。

大中小企业 PMI 不同程度走弱。2018 年 10 月大型企业 PMI 为 51.6,中型企业 PMI 为 47.7,小型企业 PMI 为 49.8,分别回落 0.5、1.0、0.6。其中,中小企业 PMI 位于临界点以下。

内外需 PMI 均有所走弱。2018 年 10 月新订单为 50.8,较 9 月大幅回落 1.2。其中,新出口订单大幅下滑 1.1,至 46.9;在手订单 44.3,较 9 月下行 0.9,延续趋弱态势。大企业出口订单受冲击更大,小企业受冲击较小,这与美国征税清单的结构性产能分布有关。前者主要是中间品和资本品,后者主要是消费品。

我们预测,2019 年中国 GDP 将跌破 6.5%,进入 6.5%—6.1% 区间。这种"拐点"的出现,表现出"投资无方向,消费少热点,市场缺信心"。

21.3 面临的新挑战和新机遇

从短期看,中美贸易摩擦给中国经济带来较大的影响,特别是影响市场预期,导致经济运行"拐点"提前到来。但从中长期看,中美摩擦将演化为对中国现有体制机制的较大冲击。各种迹象表明,美国并非"去全球化",而是谋求"新全球化",特别是多边体制的 WTO 规则改革,以及美国、加拿大、墨西哥投资贸易协定,正在谈且可能谈成的跨大西洋投资贸易协定,也有可能重返 TPP。其背后的实质,是排斥非市场经济国家,确立竞争中立等高标准,扩大服务领域开放。我们宜采取的基本态度是:面对中美贸易摩擦,针锋相对是必要的,但根本是做好自己的事情,转向高质量发展。面对新全球化,"一带一路"建设的引领是必要的,但也要学会适应新规则和高标准。

中国经济运行"拐点"的出现,其本质在于原有增长路径已走到尽头,到了深化改革开放的关键时刻。中国毕竟还有较大增长潜力,具有大市场红利、高储蓄红利、二次城市化红利、乡村振兴红利、"走出去"的全球化红利、人力资源红利、新技术红利等。这些潜能的释放,既刺激投资,也刺激消费,并促进科技发展。但关键在于,能否深化改革开放把这些潜能释放出来。

经济下行压力越大,越能减弱路径依赖,越可以转化为促进经济转型的动力,推动高质量发展。事实上,我们还有不少基于发展不平衡不充分的产能不足,例如新兴服务与高端服务、高水平学术与专利成果[如上海学术成果(生物医药等)与专利成果(工程电气及材料)之间的不匹配]、制造的"三关键"(技术、设备与材料)、大健康、大教育、生态环境等领域。经济下行将逼着我们转换大道,去寻找和弥补这些缺口,提升质量、能级和核心竞争力。

22

三重压力下的经济运行 *

2021年,中国经济运行面临"需求收缩、供给冲击、预期转弱"三重压力,从而呈现经济增长"走弱"态势。从三重压力的成因来看,其总体上在短期内可能难以消除,对今后几年中国经济运行将继续施加负面影响。因此宏观调控的应对之策,既要设法从根本上缓解三重压力,又要在既定三重压力下设法保持经济稳定增长。

22.1 三重压力分析

2021年,中国经济运行面临三重压力无疑是一个明显特征。问题在于,这三重压力是偶然、暂时的短期现象,还是必然、持续较长时间的阶段性常态?解开这一谜底的简便方法,就是分析三重压力形成的原因,并依据这些原因的"长短"属性作出相应判断。如果这些原因的存在是偶然、暂时的,三重压力便是短期现象;反之则反是。

22.1.1 三重压力的主要表现

统计数据表明,2021年中国经济运行中存在明显的需求收缩特征,不仅是投资需求收缩,消费需求也是如此。2021年1—11月,全国固定资产投资(不含农户)494082亿元,同比增长5.2%;两年平均增长3.9%;同期,社会消费品零售总额399554亿元,同比增长13.7%,两年平均增长4.0%。从纵向来看,这都处于历史的低位。

---

* 本章原为笔者2021年12月在上海总工会举办的学术讲座上的演讲稿。

2021 年,供给冲击的突出表现主要在两个方面:(1)全球大宗商品暴涨。例如,WTI 原油价格从 2020 年 4 月底开启持续上涨模式,连续创出新高,涨幅超过 460%,上涨至 73 美元/桶以上,一度突破 2018 年 10 月以来新高。中国作为大宗商品主要进口国之一,受其影响较大。(2)全球供应链的"断供",特别是"断芯",缺柜(集装箱)、缺煤、缺电等也超出预期。中国许多制造业部门在全球产业链中处于生产加工的环节,有大量的资本品和中间产品投入,全球供应链"断供"直接影响生产加工过程,企业被迫减产、停产。

近期,预期转弱的主要表现是:(1)消费预期不振。在收入没有较快增长的情况下,居民仍然选择更多储蓄。例如,从央行 2021 年第三季度城镇储户问卷调查来看,选择"更多储蓄"的比重较第二季度上升。(2)投资意向不足,特别是民间投资意向明显减弱。(3)不确定性和风险性感受增大,不可预期性增多。

22.1.2　三重压力从何而来?

回答这一问题,就要分析形成三重压力的主要原因。

1. 需求收缩的成因

为了便于分析,我们把需求转换一个角度,即外需与内需,由于两者呈现同时减弱的一致性,所以可以分别阐述其原因。

外需收缩的主要原因,大致有两方面:(1)尽管 2021 年全球经济呈现景气回升态势,但尚未恢复到新冠肺炎疫情前水平。2021 年,全球经济产出仍比疫情前的预测低 2% 左右。这意味着全球总需求仍然不强,从而使中国的外需减弱。(2)对于中国而言,还存在一个外需转移的问题。中国作为新兴经济体,虽然与大部分发展中国家之间很少存在外需替代的可能性,但与其他新兴经济体及个别发达国家之间在出口产品上存在直接竞争。例如,在国际贸易中,韩国与中国在 78% 的电子产品、77% 的塑料和橡胶产品、66% 的机械产品和 50% 的金属产品上进行直接竞争。过去,美国主要从中国进口大量中间产品;而近几年,美国从中国进口的中间产品中,有一半左右转移到韩国。这两方面因素叠加,导致外需减弱。

内需收缩的原因,相对比较多一些:(1)受疫情持续不断的影响,特别是在"封控"的情况下,大量投资项目处于"停止"或"延期"状态,新的投资明显减弱;消费也明显"受阻",甚至包括基本生活消费也难以正常化,消费需求处于抑制状态。(2)在"旧基建"(铁路、公路、机场等)趋于饱和情况下,"新基建"取而代之是必然的,并成为投资需求的"主力军"之一。但与"旧基建"主要满足现实需求不同,"新基建"大部分是面向未来的,从而显得并不那么紧迫。更主要的,"新基建"在技术方面存在较大的不确定性。有的是所涉及的主要技术本身尚不成熟,如新能源技术等;有的是所涉及的技术迭代更新较快,如现代信息技术等。在这种情况下,大量投入的"新基建"要么是"不好用",要么是很快被淘汰。在不是"一哄而上"的情况下,"新基建"的投入势必比较谨慎。(3)中国经济转向高质量发展中存在着"阵痛",除了发展理念、思想观念、行为方式等转变外,还有诸如沉没成本、技能转换、业务模式更新等一系列"摩擦",这在一定程度上对扩大内需也有影响。(4)现有体制机制对扩大内需仍有较大制约,特别是潜在需求得不到释放,新的高端需求得不到很好实现。例如,高质量的生活需求、高品质的康养需求、多层次的终身教育需求、智能化的社区服务需求、多样化的和谐社交需求、绿色美丽的生态环境需求等,既是巨大的又是强烈的,但没有得到充分释放和很好实现。(5)2021年对一些经济"乱象"的整治以及能耗"双控"等,出现操作性的偏差,在一定程度上影响内需扩大。

2. 供给冲击的成因

全球大宗商品暴涨的主要原因在于各国继续推行量化宽松政策和财政刺激政策,特别是美国大量发行货币。例如,美国规定 M2 与 GDP 的比值不超过70%,但2020年却达到了81%。货币大量发行势必导致通胀压力。例如,美国的通胀水平自 2021 年初的 1.4% 升至 11 月的 6.9%,创1982年以来新高,在不到一年时间里超过 5 个百分点。

全球供应链"断供"主要有两方面原因:(1)受全球新冠肺炎疫情影响,世界各地停工、停产以及交通运输断裂,导致全球供应链"断供";(2)发达国家对中国的战略性制约。在一般产业链上,减少对中国的依赖度。例如,美国通过"再工业化""制造回归"等,以及建立高标准"三零"(零关税、零壁垒、零补贴)的北美自由贸易区,在一般产业链上减少对中国的依赖度。在关键的产业链上,直接与中国"脱钩"。例如,美国禁止向中国出口高技术,特别是高端芯片和人工智能软件;并在 2021 年 3 月初采取新制裁措施,禁止三星和 SK 海力士向中国供应DUV 设备等。在生态环境领域实行高标准,将中国挤出全球产业链。例如,欧盟委员会准备推出新的碳边界调整机制(CBAM)①。这一机制相当于对进口商品的碳含量征税,使其在碳定价方面等同于欧盟生产的产品(碳定价超过 55 美

---

① 欧洲进口商被要求购买相关证书,证书的价格将参考欧盟碳排放交易系统下的价格,然后将证书提交给新成立的 CBAM 管理局。

元)。而中国碳排放的首个制定价格(每吨二氧化碳 8 美元)仍远低于欧盟水平。而且,中国占全球碳排放总量的 27%,占全球出口的 20%。

3. 预期转弱的成因

当前消费预期不振的主要原因是就业与收入的不稳定性增加,具体来讲:(1)越来越多的非正规就业,包括家庭保姆、清洁工、保安、维护维修、网点、快递、健身教练、家庭教师、各种外包工作、钟点工、临时工,甚至事业单位(高校、研究院所等)的编外劳务人员等。与正规就业相比,其工作不稳定,时有时无;收入没定数,时多时少;福利无保障,如休假、定期体检等。因而,这部分人不会有太大的消费预期。(2)随着经济不景气,外企和民企大量裁员以及降薪使一部分人处于失业或待业,寻找新的工作(特别是正规就业)又十分困难。尽管有一部分人重新就业,有了新的收入来源,但经历过的裁员与降薪之痛,给他们心灵留下难以磨灭的阴影,从而影响消费预期。(3)对未来就业与收入的担忧日益加重。科技快速发展,不仅改变了许多工作岗位,而且不断产生对劳动的替代,例如人工智能将替代许多就业岗位等,致使在职工作和有稳定收入的群体也产生对未来自身命运的担忧,从而影响即期消费水平。

从近期情况看,投资意向不足的主要原因是:(1)缺乏投资方向。在产能普遍饱和,甚至"去产能"的情况下,新的投资往哪里投,不论对于企业还是对于政府部门都是一个普遍面临的问题。尽管有所谓的产业发展导向与指南,还是难以找到合适的投资项目,有的是害怕难以胜任跨领域、跨行业的新投资,有的是担心新投资项目要冒太大风险。(2)产权的不安全感俱增。特别是民营企业害怕政策多变、产权受到侵犯、权益遭到损害等。(3)企业行为短期化。不仅国有企业长期存在的企业行为短期化问题没有彻底改变,连外资企业和民营企业也开始出现企业行为短期化倾向,而且大有越演越烈之势。

近期,人们不确定性和风险性感受日益增大的主要原因是:(1)经济社会发展本身具有的不确定性和风险性加剧。例如,在经济低迷的情况下,金融风险、债务风险、违约风险等加剧。又如,突如其来的新冠肺炎疫情打乱了经济社会日常运行秩序,增加了卫生安全的新风险。这些都加重人们对不确定性和风险性的切身感受。(2)行事逻辑和行为规则发生较大变动,且变动比较频繁,甚至出现"双重标准"或"自相矛盾"。特别是在应对新冠肺炎疫情过程中,新名词、新提法、新做法等层出不穷,政策措施不连贯,让人无所适从,从而增大了人们对不确定性和风险性的感受。(3)互联网上各种消息(包括官方的、专家权威的、街坊流传的;真实的、虚假的、甚至谣言等)满天飞,而且传播很快、很广,搞得人心惶惶,也助长了人们不确定性和风险性的感受。

22.1.3 三重压力不是短期现象

三重压力是短期现象还是中长期现象,主要看其引发因素的变动态势。

1. 需求收缩引发因素的变化态势

上述影响外需收缩的两个主要因素,在今后几年将会发生什么样变化? 我们的基本预判是:(1)全球经济复苏还有待时日。这几年,为应对全球新冠肺炎疫情导致的经济增长大幅下滑,各国都采取了强有力的刺激经济措施,例如美国、欧洲、韩国、印度、俄罗斯、墨西哥等多个国家和地区冻结或下调基准利率。美国自 2020 年以来推出了五轮财政救济法案,总刺激规模约 3.9 万亿美元。欧盟通过紧急抗疫购债计划持续购买债券。随着全球疫情的缓解,各国刺激经济力度将明显减弱,并转向加息和资产"缩表"等宏观调控,特别是发达国家,如美国已发出加息信号等。在此过程中,很有可能引发新的问题,如投资疲软、失业等,甚至进入"滞胀"。另外,今后几年,大约三分之二的新兴市场和发展中经济体的人均收入损失(因疫情)还无法完全得到弥补。因此,尽管可能呈现全球经济景气回升态势(相对于前几年疫情的情况下),但离全球经济复苏尚有较大差距,从而全球经济总需求仍将维持在微弱状态。(2)随着发达国家主导的全球产业链"近岸"或"友岸"布局的重大调整,以及减弱对中国中间产品的依赖,甚至"脱钩",转向其他新兴经济体乃至发展中国家,中国的外需转移不仅将继续存在,而且可能趋于扩大。即使在全球经济复苏的情况下,这种外需转移也将成为一种常态。

对于影响内需收缩的各种因素中,我们大致可以梳理出几种变化情况:(1)短期内可以改变的,例如影响内需收缩的第五点原因,其操作性问题可以及时得到纠偏;新冠肺炎疫情总有终结之日,对经济社会的影响趋于减弱。(2)短期内还存在,但逐渐趋于消失,例如经过一系列战略性调整,世界经济再平衡,全球经济得以复苏;随着新发展格局构建和新旧动能转换,渡过转向高质量发展的"阵痛"期;随着深化改革开放,缓解和消除体制机制对扩大内需的制约;随着主要技术的成熟与定型,消除"新基建"技术方面的不确定性等。(3)较长时间可能仍然存在,例如中国的外需转移,特别是现有水平基础上的外需将遭受越来越激烈的竞争,除非重塑在更高水平基础上的新外需。

总之,除了少数需求收缩引发因素在短期内变化外,大部分引发因素在一个相当长时间内可能继续存在。因此,需求收缩的压力不是短期现象。

2. 供给冲击引发因素的变化态势

我们认为,导致这一轮全球大宗商品暴涨的因素会逐步改变。例如,美国等发达国家已开始考虑加息和资产"缩表",再加上短期内不可能出现强烈的全球经济反弹等因素,大宗商品价格将趋于回落。但会出现新的引发因素,例如俄乌之战,已导致石油价格突破 100 美元。因此,全球大宗商品价格回落至通常水平需要多长时间,尚不能确定,估计不会少于半年时间。

在导致全球供应链"断供"的两个因素中,受全球新冠肺炎疫情影响程度将趋于减弱,但发达国家对中国战略性制约的基本态势保持不变,只会变本加厉,有增无减。因此,总的来说,供给冲击可能会有所减轻,不至于出现突然"断供",但其冲击将会不断持续,甚至越来越大。

3. 预期转弱引发因素的变化态势

我们对此的基本预判是:(1)越来越多的非正规就业是一个趋势性变化,经济不景气将持续 2—3 年,对未来就业与收入的担忧也难以改变,因而消费预期不振的状况不会有根本改变。(2)缺乏投资方向的问题,短期内难以改变。要等到经济全面复苏和新技术普遍产业化之际,才会形成较明确的新的投资方向。随着改革深化和新制度确立,产权的不安全感会逐步消失,但要有一个过程。企业行为短期化的成因相当复杂,解决这一问题要经过相当长的时间。因而,投资意向不足也不是一个短期现象。(3)经济社会发展本身具有的不确定性和风险性加剧是中国经济转型升级的必然产物,在这一过程尚未结束之时,始终有较大的不确定性和风险性。行事逻辑和行为规则的变动,总体上趋于收敛,并在短期内可加以部分改进和完善,但需要有一个相当长的过程。互联网上各种消息的扰乱,是可予以纠正的,但要做到"透明、有序、安全"也不容易。因而,不确定性和风险性感受增大的引发因素可以得到改善,但在短期内难以消除。

因此,总的来说,预期转弱会有所改善,但将在相当一段时间内持续存在。

22.2 三重压力对经济运行的影响

22.2.1 总体性影响

三重压力对整个宏观经济运行产生的总体性影响,突出表现在以下几方面。

1. 经济运行具有较大的增速下行压力和不稳定性

首先,在以往中国经济运行中,投资、消费、出口"三驾马车"要么是增速同时发力,促进经济高速增长;要么是增速此消彼长,保持经济稳定增长。而在三重压力下,投资、消费、出口"三驾马车"同时失速,导致经济面临较大的增速下行压力。

其次,中国经济已高度参与国际产业分工,并在全球产业链中主要处于生产加工环节,全球供应链"断供",特别是高端装备、高端芯片等"断供"对众多产业部门产生直接冲击,并通过产业关联及乘数效应对整个经济运行产生波及影响,导致经济运行的不稳定性。

最后,预期转弱,特别是对经济前景不看好,信心不足,不仅直接影响即期投资与消费行为,而且导致经济发展缺乏后劲,使经济面临持续性增速下行压力和不稳定性。

2. 全球大宗商品涨价输入性通胀对中国经济带来非均衡冲击

在需求收缩、预期转弱的情况下,输入型通胀虽然并不能完全传导到最终产品价格(除了汽车等用油外),但在短期中间需求较旺的情况下,可以传导到中间产品价格上。这将导致两个价格"剪刀差":(1)PPI 与 CPI 之间的"剪刀差"。通常,PPI 与 CPI 之间虽有差异,但差异不会很大,保持着一定的传导连贯性。2021 年 1—11 月全国居民消费价格(CPI)同比上涨只有 0.9%;而同期全国工业生产者出厂价格、工业生产者购进价格同比分别上涨 7.9% 和 10.7%,形成两者之间价格传导非连贯性的巨大"剪刀差"。(2)大宗商品进口价格与制成品出口价格之间的"剪刀差"。中国众多产业部门处于全球产业链生产加工环节决定了大量大宗商品进口与大量制成品出口的基本格局。在进口大宗商品价格暴涨的情况下,中国出口制成品价格并没能随之上涨,两者之间形成明显反差。而且,这是在 2021 年出口规模继续微弱扩大的情况下发生的。

这两个价格"剪刀差"导致三重结果:(1)由于大宗商品涨价不能转嫁到最终消费者,只能靠企业自行消化,大大压缩了企业的利润空间,进而影响到税收增长。(2)由于短期的中间需求较旺,大宗商品涨价可以传导到中间品价格环节,直接拉动了上游产业的投资与生产,但将造成整个产业链中的结构性产能过剩和库存积压。(3)导致大企业与中小企业之间的严重分化。由于大企业往往处在产业链上游,具有一定的价格传递能力,并能得到更多的融资,因此其投资与生产较旺,日子比较好过。2021 年 1—10 月,全国规模以上工业企业实现利润总额 71650 亿元,同比增长 42.2%,两年平均增长 19.7%;规模以上工业企业营业收入利润率为 7.01%,同比提高 1.04 个百分点。相反,中小企业大都处于产业链中下游,承受着转嫁过来的上游产品价格上涨,但因最终需求不旺,这一价格上涨难以传导给消费者,同时也难以得到更多的融资,因而大量中小企业经营困难,甚至倒闭与破产。

3. 经济运行中的风险增大

三重压力下,中国经济运行的风险增大,突出表现在两个方面。

首先,资产通胀及房地产泡沫。面对美欧发达国家的量化宽松,以及全球大宗商品涨价的输入性通胀,我们只能采取"对冲"办法,其中之一是增发货币。目前,中国 M2 与 GDP 的比值已达到 200％多。货币超发的结果,通常带来物价(PPI 和 CPI)上涨。但在最终需求收缩的情况下,货币超发带来的通胀并不仅仅反映在 PPI 和 CPI 上,也反映在资产通胀上。例如,2021 年美国 M2 增速为25.35％,GDP 增速为 -2.8％,资产通胀(实际通胀率)＝25.35％＋2.8％＝28.15％。美国房价在连续 39 个季度上涨的基础上,从 2020 年第一季度到 2021年第一季度上涨了 12.6％。因此在通胀压力不能传导到 CPI 的情况下,资产通胀压力势必增大,房地产往往成为超发货币的"蓄水池",从而形成房地产泡沫。

其次,在房地产调控的情况下,货币超发将更多地带来债务加重,债务风险增大。特别在转向经济紧缩的情况下,债务风险的脆弱性将更为凸显。目前,中央政府债务还在合理区间,主要是地方政府债务问题比较突出。但由于大量国有企业债务是由政府"背书"的,实际上也是一种变相的政府债务,如果加上这一部分债务,政府债务比重远远超出国际警戒线。企业部门债务在不断加重,且呈现相互拖欠的"三角债"。家庭部门债务增加迅速,且在整个债务结构中占有一定比例。在这些债务中存在不少坏账、死账,因此也增大了金融风险。

22.2.2　地方的差异性影响

在三重压力下,由于各地情况不同,所受到的影响有一定差异性。这里我们以上海为例分析这一差异性影响。

2021 年,上海经济运行同样受到三重压力的影响,特别是外部冲击对上海外向型经济的影响。2021 年前三季度,上海货物贸易进出口总值比上年同期增长 15.4％,低于全国 7.3 个百分点。进口增长(19.1％)远大于出口增长(9.9％)。另外,新冠肺炎疫情对上海服务经济的影响也比国内其他地方要大得多。在这种情况下,2021 年上海经济增长预计能与全国持平,实属不易,但两年平均增长还是比全国低 0.6 个百分点。而且,2021 年上海经济运行还表现出一些与全国不同的情况,既反映了多年来转型升级的成效,也反映出独特的结构性特征。

(1) 投资需求增长逆势而行。2021 年前三季度,上海固定资产投资增速为9.4％,高于全国 2.1 个百分点,两年平均增速为 9.8％,高于全国水平 6 个百分点。而且,从投资结构看,不仅三者相对平衡,而且主次发生重大变化。2021年,制造业投资同比增长 8.5%,两年平均增长 13.5%;基础设施投资同比增长 9.8%,两年增长 7.6%;房地产投资同比增长 9.4%,两年增长 9.7%。相比应对 2008 年全球金融危机时主要靠基础设施投资和房地产投资,这次主要是靠制造业投资增长。尽管这里有多年制造业投资增长低下的反弹,以及基数原因,但也反映了转型后已找到新的增长点。

(2)仍表现出强劲的吸引力。一是 2021 年外商直接投资实际到位资金比上年同期增长 15%,两年平均增长 10.5%。二是央企总部、民企总部纷纷进驻上海,意愿十分强烈。

(3)相比增速减缓,经济效益明显提高。2021 年 1—8 月,全市工业企业利润总额同比增长 14.3%。这在很大程度上与上海工业结构有关。上海工业企业大多为大企业,处于产业链上游,受三重压力的影响相对较小(其中,化学原料和化学制品制造业利润增长 67.9%,电气机械和器材制造业利润增长 26.4%,通用设备制造业利润增长 24.6%)。2021 年 1—8 月,全市服务业企业利润总额同比增长 61.4%。在三重压力下,特别是受新冠肺炎疫情影响,服务业出现明显分化,旅游、文化、会展、旅馆与餐饮等服务业不景气,但涉及物流、信息流的服务,与居民生活密切相关的刚性服务,以及高技术服务等逆势而上。上海在这些方面的服务业有较好的基础和发展势头。其中,交通运输、仓储和邮政业利润增长 4.9 倍,居民服务、修理和其他服务业利润增长 2.0 倍,科学研究和技术服务业利润增长 81.8%,信息传输、软件和信息技术服务业利润增长 30.7%。

(4)经济运行质量不断提高。2021 年前三季度,上海预算收入同比增长 15.4%,税收收入增长 18.5%。税收收入增长高于 GDP 增长 10 个百分点,表明经济增长含金量大幅度提高。税收收入增长高于预算收入增长 3 个百分点,表明越来越摆脱土地财政。

总之,上海的经济功能受供给冲击的影响相对较小,外部对上海发展的预期仍较看好。上海经济走向更大程度上取决于中长期因素。当然,短期内也会受到国内经济总体状况的影响。

22.3　2022 年经济走势预测

根据上述分析,三重压力引发因素难以在短期内有重大改变,因此 2022 年中国经济运行仍在三重压力之下。但值得关注的是,2022 年有三个新变量可能会加大三重压力。

22.3.1　发达国家宏观调控转向及经济状态

在新冠肺炎疫情趋于"平息"的情况下,面对通胀压力,美联储已发出了"加息"信号。但紧缩到什么程度,还有待于观察。一方面,美国通胀上行仍未到终点。尽管能源通胀将有所缓解,但在核心商品中,车辆通胀仍然较高(当前美国商品通胀更多开始反映供给端的瓶颈,无论来自前期过度补贴,还是疫情对制造业产能造成的永久性损失);在核心服务中,达 CPI 权重 30％的房租部分在 2022 年滞后于房价持续推升通胀。另一方面,美国职位空缺持续维持高位(两年平均增速上行至 22.6％,空缺率再度反弹),显示美国劳动力市场供给疲弱,居民就业意愿难以提振,叠加制造业应对疫情冲击所展现出的脆弱性,造成美国供给端收缩更多是永久性的,生产可能恢复更为缓慢。因此,美国这一非常典型的经济滞胀格局可能正在加剧。在滞胀格局下,美联储将不得不在"货币紧缩抑制通胀、稳定居民预期"和"货币进一步宽松试图小幅增加需求和产出"之间做互斥的选择题。从宏观经济成本收益权衡视角而言,大概率会选择货币紧缩,但顾忌到供给端收缩,其紧缩的力度也许不会很大。与此同时,欧盟及日本等发达国家基本上也将趋向于货币紧缩的宏观调控,但经济状态也不会很好,甚至比美国更差。

在这种情况下,全球经济难以复苏,全球总需求仍可能处于收缩之中。这将加大我们面临的三重压力,特别是外需收缩和全球产业链高端装备、高端芯片等"断供"。

22.3.2　俄乌冲突对世界格局变动的影响

现在看来,俄罗斯快速占领乌克兰,结束战争的可能性已基本排除,剩下的可能性态势有:(1)在现有僵局下进行和谈。但乌克兰提出的条件(归还克里米亚),看来俄罗斯是难以接受的。即使没有这一条件,退兵乌克兰,俄罗斯也是难以接受的,因为这意味着俄罗斯的衰败。(2)持久战。这是俄罗斯难以承受的。不仅现在伤亡人数已很大,以后还会不断增加;而且经济实力也难以支撑。这意味着俄罗斯和北约力量的削弱。(3)动用非常规武器,则世界大乱。不管是哪种可能性都将引起世界格局变动,使不确定性影响增大。中国经济发展需要和平与发展的外部环境。因此,这些不确定性影响对中国经济发展都是不利的。

22.3.3　全球疫情压力将向中国倾斜

新冠肺炎疫情不仅传播范围极其广泛、传播力强,而且病毒不断变异,一波接一波地延续,对全球经济形成的很大冲击和持续影响。由于各国采取的防疫政策不同,对经济运行的冲击与影响的方式和程度不同,形成对经济运行的短期与中期的不同效应。目前,国外大多数国家采取"躺平"政策,以期达到群体免疫,并开放了国门。在这种情况下,全球疫情的压力将向中国倾斜,给我们造成两难境地。如果采取国外的"躺平"政策,由于中国人口众多且密集分布,所支付的经济与社会成本巨大,难以承受。如果采取与国外不同的防疫政策,就不可能与世界经济复苏同步,也会遭受巨大经济损失。这将是影响2022年中国经济运行的一个重要变量。

总之,2022年我们面临的三重压力可能更大,对经济运行的影响也更复杂。因此,宏观调控的总基调还是稳中求进,既要设法从根本上缓解三重压力,又要在既定三重压力下设法保持经济稳定增长。但与美国的情况不一样,中国不是供给端收缩,而是需求端收缩。因此,在与世界经济协调的情况下,实行财政政策和货币政策的协调联动。财政政策上,采用扩大杠杆、提前支出、减税降费的扩张型财政政策;货币政策上,则通过加大社会融资投放力度和提升 M2 水平保证货币总量略有宽松,同时引导资金价格下行。另外,要坚持"发展是硬道理",以经济建设为中心。通过深化改革开放,构建发展新格局,着力解决国内存在的预期转弱、需求收缩等问题,充分发挥大国规模经济的战略优势,增强抵御外部冲击的能力。

下　编

基于新发展格局的中国经济运行

在开启中国式现代化新征程的背景下，中国经济处于新旧发展格局大转换过程之中，将构建以国内大循环为主体、国内国际双循环相互促进的新发展格局。因此，未来中国经济将在新发展格局下运行，并具有新的运行特征及运行轨迹。

23 原有发展格局的历史性分析[*]

为了说明新旧发展格局转换的必然性,新旧发展格局之间的本质性区别,以及深刻理解新发展格局的内涵及其意义,需要对原有发展格局作一个历史性分析,从而进一步明确新旧发展格局转换的主要内容。

23.1 原有发展格局形成的背景条件

原有发展格局作为一种历史产物,有其生成的深刻历史背景,是人们在当时背景条件下的一种集体选择。同样,原有发展格局向新发展格局的转换,在很大程度上也是因为背景条件发生了重大变化。因此,我们首先分析原有发展格局形成的背景条件。

23.1.1 跳出"发展陷阱"的必然选择

首先,作为后起发展国家,迫切需要实现经济起飞,解决经济短缺问题,建设小康社会。改革开放以前,中国经济发展缓慢,与同时期美国、英国、日本等国家差距日趋扩大。从 1960—1978 年各国 GDP 增长情况来看:美国从 5433.00 亿美元增长至 23515.99 亿美元,增长了 3.33 倍;英国从 732.34 亿美元增长至 3358.83 亿美元,增长了 3.59 倍;日本从 443.07 亿美元增长至 10136.12 亿美元,增长了 21.88 倍,而中国从 597.16 亿美元增长至 1495.41 亿美元,仅增长了 1.5 倍,1978 年中国 GDP 总量是美国的 6.36%(图 23.1)。

---

* 本章原载周振华主编《新时代:经济思想新飞跃》(格致出版社、上海人民出版社 2022 年版)第四章第二节(合作者李鲁),作了适当修改。

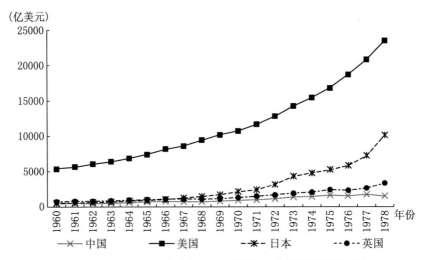

图 23.1　1960—1978 年中国 GDP 增长及与美国等国家的对比

资料来源：世界银行。

从 1960—1978 年各国人均 GDP 增长情况来看：美国从 3007.12 美元增长
至 10564.95 美元，增长了 2.51 倍；英国从 1397.59 美元增长至 5976.94 美元，增
长了 3.28 倍；日本从 479.00 美元增长至 8821.84 美元，增长了 17.42 倍，而中国
从 89.52 美元增长至 156.40 美元，仅增长了 0.75 倍，1978 年中国人均 GDP 是美
国的 1.48%（图 23.2）。

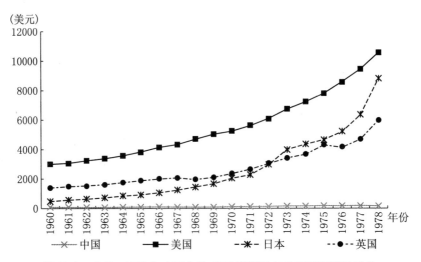

图 23.2　1960—1978 年中国人均 GDP 增长及与美国等国家的对比

资料来源：世界银行。

改革开放初期,中国的产业供给能力有限:日用消费品花色品种少,许多家电不能生产,工业产品和原材料供给不足,公共服务严重落后,无论是居民消费需求,还是企业和政府消费需求,都不能得到充分满足。[①]作为后起发展中国家,中国迫切需要推动改革开放,融入全球经济大循环中,以推动国内经济起飞、解决短缺经济问题。

其次,尽管是大国经济,但长期扭曲的经济结构无法实行国内大循环。在改革开放初期,中国经济发展水平低、居民消费水平低、生产供给能力弱,人均收入和要素成本(包括劳动力、资源、环境等在内)与发达国家相比都比较低,虽然具有吸收外资的比较优势,但是本国消费能力弱,生产与消费的平衡需要外需支持,否则国内生产的大量产品就无销路,产品生产无法实现循环,经济发展无法持续。通过推进改革开放,实施"大进大出、两头在外"方针,中国融入世界经济体系。[②]

23.1.2 实行改革开放的必由之路

首先,以开放促改革的基本逻辑。一是生产力逻辑。生产力与生产关系之间的矛盾运动规律要求生产关系必须适应生产力的发展,而改革正是变革生产关系中不适应生产力发展的方面和环节,从而解放生产力,为生产力提供更大的发展空间。改革是促进生产力发展的根本动力。然而,只改革还不够,改革必须与开放并举。以开放促改革、促发展,是中国现代化建设不断取得新成就的重要法宝。人类的历史是在开放中发展的。对外开放就是吸收借鉴人类创造的一切有益文明成果,加快生产力的发展。改革开放是生产力发展的必然要求,是遵循生产力与生产关系之间矛盾运动规律的必然选择。[③]

二是制度逻辑。恩格斯早就说过,"社会主义社会"不是一种一成不变的东西,而应当和任何其他社会制度一样,把它看成是经常变化和改革的社会。在历史已转变为"世界历史"的今天,改革开放是符合社会主义发展规律和历史潮流的必然选择。改革开放的目的就是不断推进中国特色社会主义制度的自我完善和发展,赋予社会主义新的生机活力。必须始终坚持改革的社会主义方向,这是改革开放不可超越的制度逻辑。[④]

其次,改革开放释放的后发优势和比较优势须在国际大循环中得以实现。参与经济全球化离不开要素投入和市场需求,但当时中国的资金、技术和劳动力

---

① ② 史丹:《构建新发展格局的时代背景与重点任务》,中国经济网,http://views.ce.cn/view/ent/202008/19/t20200819_35552400.shtml。

③ ④ 王雪冬:《改革开放的逻辑与界限》,《理论导报》2018 年第 8 期。

均存在严重的供给缺口,对海外市场的未知也造成了发展的瓶颈,打破供给和需求瓶颈是中国参与经济全球化的前提条件。改革开放始于农村改革,农村的经济体制改革解决了劳动力供给问题。农村实行联产承包责任制后,农民可自由支配劳动,由此解放了大量剩余劳动力。全球价值链的广泛参与既可以解决国内丰裕劳动力的就业问题,也助力企业生产出具有价格竞争力的产品。由此,潜在的人力资源禀赋转化为中国参与全球化的比较优势,以此换取资本,兑现了30余年的人口红利。[①]

23.1.3　抓住战略机遇期的积极回应

首先,面临大规模的国际产业转移。国际产业转移的一般规律表明,大凡传统产业均有按照国际产品生命周期向低工资、低成本的发展中国家作"候鸟式"转移的趋势。由于各国经济发展阶段和要素禀赋存在差异,全球价值链的发展和拓展通常存在一个传导过程。20世纪60年代,来自发达经济体的劳动密集型加工环节开始流入亚洲地区,中国香港、中国台湾、新加坡、韩国通过承接劳动密集型转移工序参与经济全球化,成功实现了开放式工业化道路,它们被称为亚洲"四小龙"。20世纪80年代下半期,国际货币关系的变动在亚洲环太平洋地区引起了各国比较优势的变迁,加之新的科技革命浪潮越发加快了产品和产业周期更新的节律,于是,80年代下半期出现了类似于60年代的产业结构全球性调整。发达国家主导的全球价值链逐步拓展,但彼时亚洲"四小龙"生产成本已高居不下,因此迫切需要一个新的市场承接劳动力密集型产业[②],这是历史赋予我们的一次难得机遇。国际产业结构转移主要循两条路线进行:一是夕阳工业和高科技产业中的某些劳动密集加工工序从发达国家中进一步转移出来;二是某些劳动密集型产业从货币汇价、工资成本优势受到削弱的新兴工业化国家和地区腾挪到其他发展中国家去。[③]

其次,赶上经济全球化快速发展的好时机。20世纪80年代至21世纪初是全球化席卷全球、世界贸易高速发展的时期。如果当时中国没有把握好时机大力引入外资、积极开展国际贸易、充分利用国际市场,中国就会失去这一全球经济高速发展的战略机遇期。中国的对外开放在时间点上正好契合了以全球价值链发展为主要推动力的第三次全球化浪潮。以渐进式为主要特点的对外开放和

---

①　蔡昉:《四十不惑:中国改革开放发展经验分享》,《国企管理》2018年第13期。

②　洪俊杰、商辉:《中国开放型经济发展四十年回顾与展望》,《管理世界》2018年第10期。

③　夏申:《论中国外向型经济发展的战略选择——兼评"国际大循环"战略构想》,《财贸经济》1988年第9期。

以市场化为主要特征的国内改革相辅相成,使得中国逐步融入全球经贸体系。①

23.2　原有发展格局的基本特征

23.2.1　出口导向发展战略

第一,充分利用两个市场、两种资源。利用好两个市场两种资源是中国社会主义市场经济建设顺利推进的关键。从需求角度看,国内市场和国际市场的协同互补式扩张是保证经济可持续发展的关键因素。一国经济要保持长期增长,就必须保证需求能够大致同步扩张,以保证相应增长的供给能够及时消化,而不至于造成生产过剩。需求主要包括国内市场需求和国际市场需求,在理想状态下,两者可以形成协同互补式关系,即在一方市场扩张动力不足时,另一方可以有效弥补,从而保证总需求适度扩张。②

从供给角度看,利用好国内和国际两种资源对中国经济发展来说不可或缺。改革开放 40 多年来,中国经济快速发展与其充分利用国内和国际两种资源息息相关。在改革开放初期,中国企业面临着资金、技术、管理经验等诸多要素短缺的挑战,外资企业(包括港澳台企业)的引进填补了相应要素的空缺,有力地促进中国经济发展。③

第二,采取“两头在外,大进大出”的思路。所谓“大进”,就是指引进国外的原材料、零部件、技术、资金等。所谓“大出”,就是指利用国内劳动力优势,进行产品加工,再出口到国外。统谓之“两头在外”。④中国从设立经济特区和沿海开放城市起步,逐步扩大开放范围。1988 年,中央提出实施沿海发展战略,利用低成本劳动力优势与国际资本和技术嫁接,市场和资源实行“大进大出,两头在外”,大力发展外向型劳动密集型产业,参与国际经济大循环。⑤1992 年邓小平南方谈话以后,中国加快了融入全球经济体系的步伐,对外开放度不断提高。到1993 年,中国对外贸易依存度由 1978 年的不足 10%提升到 32%左右。

第三,引进外资与加工贸易。利用外资是中国对外开放基本国策的重要内容,改革开放以来,中国紧抓国际产业转移宝贵机遇,积极吸引并利用外资,带动

---

①　洪俊杰、商辉:《中国开放型经济发展四十年回顾与展望》,《管理世界》2018 年第 10 期。

②③　曾宪奎:《新形势下的两个市场两种资源分析》,《中国劳动关系学院学报》2021 年第 1 期。

④　栾若曦:《以“双循环”促进经济社会协调发展——专访中国宏观经济研究院研究员肖金成》,《中国投资(中英文)》2020 年第 9 期。

⑤　王一鸣:《国内大循环与对外开放是统一的》,《环球时报》2020 年 8 月 7 日。

了对外贸易的快速发展。外资企业出口和进口金额在最高比例时期分别占中国
出口和进口总额的一半以上。但近年来,外资对贸易的带动作用逐步减弱。一
方面,外资企业在中国对外贸易进出口中的占比持续降低(图23.3)。另一方面,
外资企业进出口增速放缓。2014—2020年,外资企业出口金额增速已持续低于
中国出口总额增速(图23.4);而对进口带动作用更为明显的外资企业也自2016
年起出现了进口金额增速持续低于进口总额增速的情况。[①]

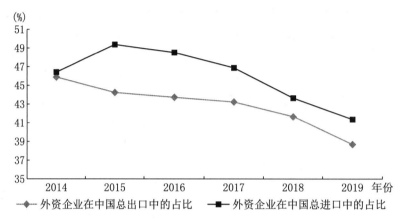

图23.3　2014—2019年外资企业在中国对外贸易进出口中的占比情况

资料来源:国家统计局、海关总署。

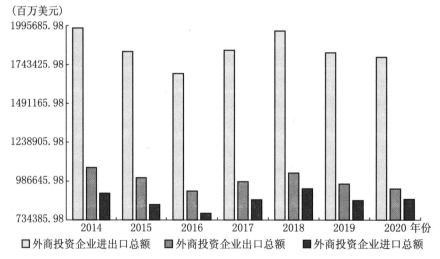

图23.4　2014—2020年外资企业进出口金额变化

资料来源:海关总署。

---

① 夏融冰:《引入外资对促进贸易是否还有效》,《中国投资(中英文)》2020年第4期。

　　1981 年之后,中国加工贸易进出口额在进出口总额中的占比逐步提升,从 1981 年的 5.99％逐步增加至 1998 年的 53.42％;1999 年之后,中国加工贸易进出口额在进出口总额中的占比逐步下降,到 2016 年下降至 30.19％(图 23.5)。

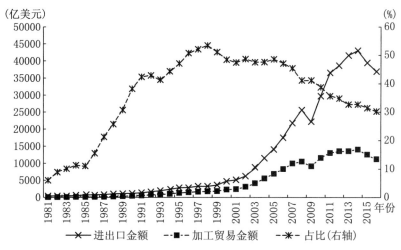

图 23.5　1981—2016 年加工贸易进出口金额及其占比变化

资料来源:国家统计局、海关总署。

23.2.2　发展模式

　　一是要素和投资驱动。改革开放初期,中国消费市场潜力大,土地低廉,劳动力资源丰富,吸引众多外国企业集聚。彼时,动力变革方程式的作用力主要表现为生产要素驱动,即依靠各种生产要素的投入(如土地、资本、劳动力等)获取发展动力。投资驱动型发展模式是促进中国经济高速增长的主要推动力,同时也是导致中国经济结构失衡的重要推手。改革开放以来,中国经济经历了持续多年的高速增长,创造了世界奇迹。中国经济的持续高增长依靠持续的高投资和高资本积累来推动。[①]

　　二是外延型、粗放型增长。外延型经济增长主要依靠增加资源(人、财、物)投入、扩大生产场地和生产规模、增加产品产量来实现的,强调的是数量增长、规模扩大、空间拓展,主要依靠廉价劳动力和资源要素投入,以及对环境资源掠夺式开发和粗放式利用,这是适应外部需求所表现出的无序扩张。改革开放以后,中国经济增长过度依赖投资的增加,具有较强的外延型、粗放式增长的特征。很

[①]　郭熙保、韩纪江:《改变投资驱动型发展模式》,《经济日报》2013 年 3 月 29 日。

多产业以粗放式经营为主,制约了中国经济的发展。据统计,2003 年,中国所消耗的能源、原材料占世界总产量的比例分别为:发电量占 13%,煤炭占 31%,钢材占 27%,铜占 19.7%,水泥占 45%,棉花占 32.7%,而当时中国 GDP 仅占世界总量的 4%。2001 年,中国从事制造业的劳动力总数为 8083 万人,分别是美国、日本和德国的 5.48 倍、9.45 倍和 13.4 倍;但制造业的增加值分别是上述三国的 31.6%、50.6%和 98.1%;中国钢铁工业吨钢的平均耗水量为 15 吨,相当于世界先进水平的 2.7 倍。[①]

23.2.3　发展路径

其一,低成本、低收入、高产量、高出口的加工贸易模式。发展加工贸易是中国承接产业转移、参与国际分工和实施对外开放的重要战略选择。改革开放之后,中国加工贸易从无到有、从小到大,先后经历了以来料加工为主(1978—1987 年)、进料加工稳步发展(1988—2000 年)、调整升级(2001 年以后)三个主要阶段,已成为对外贸易的主要方式和开放型经济的重要组成部分。以低成本、低收入、高产量、高出口为主要特征的加工贸易,从最初承接加工制造业开始,经过数十年的发展,已推动中国成为举足轻重的"世界加工厂",在全球经济分工中扮演着重要角色。[②]

其二,低消费、高储蓄、高积累的增长方式。改革开放以后,中国经济发展逐步朝低消费、高储蓄、高积累的增长方式转变。从纵向时间线来看,2001—2011 年资本形成总额增长率明显高于最终消费支出增长率(图 23.6),投资年均增长率为 16.7%,而消费年均增长率低一点,为 15.1%。投资和消费呈现出这样的增长态势,与中国从 2001 年开始加速发展以及当前所处的阶段关系密切。但进一步从驱动经济增长的"三驾马车"来看(图 23.7),总消费对 GDP 的贡献率持续走低:1978—2000 年,消费平均贡献率为 60.2%;2001—2011 年,消费平均贡献率为 43.7%。与之相对,投资对 GDP 的贡献率在 1978—2001 年为 42.1%,而 2001 年以后则逐步上升,至 2011 年达到 52.4%。如果说投资增长快于消费与发展阶段相关,那么从投资消费对产出的贡献变化可以看出,特别是进入 21 世纪以后,投资过快增长而消费疲软,构成愈演愈烈的内需结构失衡的基本特征。[③]

---

① 沈在宏:《加快推进新型工业化　实现又好又快发展》,《唯实》2007 年第 7 期。
② 邓娜、侯少夫:《中国加工贸易的发展历程与政策演变》,《开放导报》2012 年第 6 期。
③ 魏婕:《中国宏观经济结构失衡:理论与实证研究》,西北大学学位论文,2014 年。

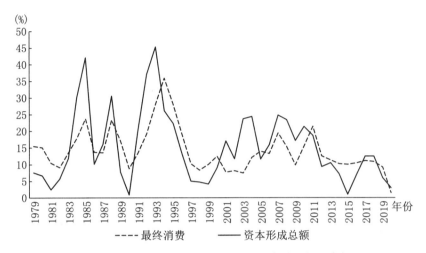

图 23.6　1978—2011 年中国消费与投资的增长率变化

资料来源：国家统计局。

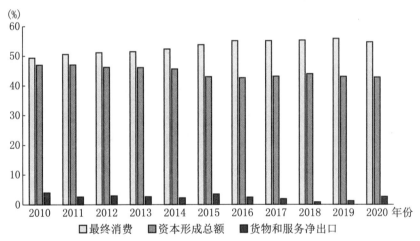

图 23.7　2010—2020 年三大需求对中国 GDP 的贡献率

资料来源：国家统计局。

23.3　原有发展格局的历史性作用

23.3.1　获得全球化红利

首先，充分利用了外部资源（市场、资金、技术、管理等）。对于资源匮乏，因而不能靠出口赚取外汇的发展中国家来说，克服外汇短缺和资本短缺这两大发展瓶颈的办法是借外债或引入外商直接投资(FDI)。在 20 世纪 70 年代末和 80 年代初,外汇短缺是中国发展对外经济的最突出瓶颈。20 世纪 70 年代末至 80 年代初,广东沿海地区出现大批"三来一补"(来料加工、来样加工、来件装配和补偿贸易)企业。"三来一补"企业主要的经营结构是:由外商提供设备(有的也包括新建厂房)、原材料、来样,并负责全部产品的外销,由中国企业提供土地、厂房、劳力。中外双方对各自的投入不作价,以提供条件方式组成一个"三来一补"企业;中外双方不以"三来一补"企业名义核算,而是各自记账,以工缴费结算,对"三来一补"企业各负连带责任。①"三来一补"后来进一步发展为"加工贸易"。加工贸易的形式包括:进料加工、来料加工、装配业务和协作生产。值得一提的是,进料加工的企业需要用外汇购入国外的原材料、辅料,然后利用本国的技术、设备和劳力,加工成成品后,销往国外市场。

在此后,尤其是 1992 年邓小平南方谈话之后,中国经济更快融入世界经济中,中国对外开放程度不断提高。同时,发达国家的资本、产能开始向发展中国家转移,全球化浪潮汹涌澎湃。1992—2011 年,中国累计实际利用外资金额达 1.14 万亿美元,成为全球外资最重要的投资目的地;同一时期,中国从全球第十二大出口国迅速成长为全球第一大出口国,从全球生产网络的边缘角色一跃成为世界制造业的中心。在此基础上,中国彻底解决了很多发展中国家普遍遇到的"双缺口"问题:外汇短缺、国民储蓄短缺。与此同时,中国也进一步在全球价值链、国际规则体系、全球金融市场等维度,深度融入全球经济体系之中。

其次,充分挖掘了内部资源(劳动力、土地、组织等)。在原经济发展格局中,中国充分挖掘了劳动力、土地、组织等内部资源,为经济腾飞奠定了良好基础。从人口情况来看,"人口红利"为中国经济高速增长提供了重要支撑。从土地资源来看,土地资源是中国经济社会发展规划中极为重要的自然资源,尤其是建设用地在城市化过程中起到了非常关键的作用。1990 年以来,中国城市建设用地总面积逐年增长,从 1990 年的 1.16 万平方公里逐步增长至 2018 年的 5.61 万平方公里,为中国城市和经济发展起到了良好的支撑作用。同时,随着中国城镇化进程的推进,城市建设用地增量空间受限,城市建设用地总面积增速将逐步趋缓。

23.3.2　实现经济高速增长

改革开放以来,中国越来越多地参与国际分工,工业化进程不断加快,取得

---

① 余永定:《改革开放历史进程下的中国经济循环》,《金融市场研究》2020 年第 9 期。

了令世界瞩目的经济发展成就,其中,对外贸易成为促进中国国民经济和社会发展的重要支撑。1979 年,尽管彼时中国是世界人口第一大国,但 GDP 在全球排第十一位,名列荷兰之后,在世界经济中的占比仅 1.79%,出口在世界出口中的占比更是微不足道。30 年后的 2009 年,中国成为世界第一大出口国。2010 年,中国超过日本成为世界第二大经济体;2013 年,中国成为世界第一大贸易国。到 2018 年,中国 GDP 总量达到 13.6 万亿美元,在世界 GDP 中的占比为 16%,是日本 GDP(4.97 万亿美元)的 2.7 倍。[1]2020 年中国 GDP 总量达 14.72 万亿美元。

相对于出口导向带动高速经济增长的外向型经济发展模式,进口替代的内向型经济发展模式往往无法有效推进发展中国家实现快速增长。[2]

23.3.3　促进产业结构优化

首先,产业结构调整。改革开放以来,中国经济规模和贸易规模快速扩张,产业发展有显著变化。从产业结构来看,1978 年,第一产业在国内生产总值中的占比为 27.7%,家庭联产承包责任制的改革之火迅速燎原,标志着农村微观经济组织基础开始改变,农业生产力得以迅速释放,人民的温饱问题在很短时间内得以解决。中国迎来了农业增长的黄金时代,第一产业在国民经济中占比增加,1983 年比例为 32.8%,达到改革开放后农业在国民经济占比的顶峰时期。1985 年,第一产业增加值占国内生产总值比例开始降至 30% 以下,1993 年这一比例降至 20% 以下,2009 年这一比例降至 10% 以下,2020 年第一产业增加值占比为 7.7%。第二产业增加值在国民经济中的比例基本在 40% 至 50% 之间波动。1978 年第二产业在国内生产总值中占 47.7%,之后伴随企业自主权方面的改革和部分商品价格管制的逐渐放开,第二产业开始蓬勃发展。伴随中国加入世界贸易组织(WTO),中国进入迈向全球化的新型工业化发展阶段,在多数年份经济以 10% 以上的速度在增长。直至近几年,伴随着国民经济的转型发展,第二产业在国内生产总值中的占比不断下降,2020 年第二产业占比下降至 37.8%。第三产业在国内生产总值中所占比例稳步上升的趋势是非常明显的。改革开放之初,第三产业发展较为缓慢,占国内生产总值比例在 22% 左右,1983 年后第三产业增长较为显著,并于 1985 年超过了第一产业增加值。随着国民经济的发展和

---

① 余永定:《改革开放历史进程下的中国经济循环》,《金融市场研究》2020 年第 9 期。
② 蒲清平、杨聪林:《构建"双循环"新发展格局的现实逻辑、实施路径与时代价值》,《重庆大学学报(社会科学版)》2020 年第 6 期。

居民收入水平的提高,"服务"产品的市场需求不断扩大,第三产业发展迅速,在国民经济中的份额稳步上升,2020年中国第三产业占比已达到54.5%(图23.8)。

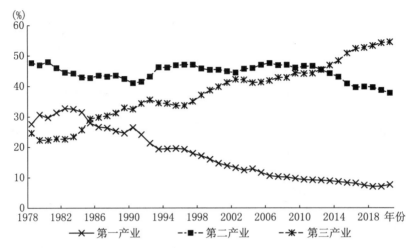

图23.8　1978年以来中国三次产业的占比变化

资料来源:国家统计局。

其次,产业结构高度化。产业结构高度化属于产业结构优化范畴,是指产业由低级向高级阶段发展的过程,表现为产业结构中高附加值产业所占比例越来越高,产业结构更趋合理。在结构演进视角下,对外贸易发展对产业结构的协调是有益的,对产业综合效率的提升有积极推动作用。

改革开放初期,中国经济发展水平较低,国内资本短缺且需求体系薄弱,因此利用劳动力成本较低、资源环境容量较大等比较优势引进外资、发展出口加工贸易。这不仅有利于填补国内资本和外汇短缺的"双缺口",而且有利于学习国外先进技术和管理经验、拓展国际市场。经过多年的发展,中国产业结构中由劳动密集型产业占优势比例逐级向资金密集型、技术知识密集型产业占优势比例演进,由制造初级产品的产业占优势比例逐级向制造中间产品、最终产品的产业占优势比例演进。

23.3.4　推进工业化进程

首先,形成大规模生产能力。改革开放40多年来,中国始终坚持以经济建设为中心,不断解放和发展生产力,GDP由1978年的3679亿元增长到2018年的超过90万亿元,年均实际增长达9.4%,远高于同期世界经济的年均增速

（2.9％左右）。中国 GDP 占世界 GDP 的比例由改革开放之初的 1.8％上升到 2018 年的约 16％，对世界经济增长贡献率连续多年超过 30％。与此同时，中国快速推进工业化、城镇化，建成世界最完整的产业体系，制造业规模居世界第一，主要工业品产量居世界前列。[1]

其次，形成强大产业配套能力。全球价值链分工不同于传统的产品间分工，需要上下游配套，才能形成国际竞争优势。虽然从劳动力成本、原材料价格等方面来看，中国部分产业已经不具备比较优势，但改革开放以来中国制造业迅速发展，目前已形成了强大的上下游配套能力，使得中国很多产业具有全产业链优势。

在市场化改革大潮下中国各种所有制企业不断涌现，工业各细分行业的分工不断深化，产业配套体系逐步完善。尤其 2001 年加入 WTO 以后，由于国际贸易条件的改善，中国工业的价格优势得到充分释放，国际市场对中国工业产品的需求不断增长；这反过来又带动中国工业企业生产规模的扩大，规模经济进一步得到发挥。中国成为世界主要的工业生产基地、工业产品的主要生产国和出口国之一，被称为新的"世界工厂"。[2]中国工业的优势行业从纺织、服装扩大到规模经济显著、产业分工细化的 IT 制造业装配环节行业以及部分资本密集型行业，中国工业形成了强大的产业配套能力。研究表明，1995—2011 年，中国的劳动密集型行业始终保持较强的国际竞争力，资本密集型行业和技术密集型行业的国际竞争力不断增强。[3]

由于抓住了全球产业转移的机遇并充分发挥自身的比较优势，中国工业较为成功地完成了从价格优势向规模优势的转变，建成全球唯一拥有 41 个大类、207 个中类、666 个小类的工业生产体系，从而保障了为国内外消费者提供品种多样、花色齐全的工业产品，中国的工业产品和投资分别遍布 230 多个国家（地区）和 190 个国家（地区），在全球产业链中占有重要地位。[4]

23.3.5　促进城市化与工业化互动

城市化既是工业化的重要内涵，也是工业化的直接外延，在原有的发展格局

---

[1]　王一鸣：《解析中国经济持续健康发展的密码》，《中国中小企业》2019 年第 9 期。

[2]　吕政：《中国能成为世界的工厂吗？》，《中国工业经济》2001 年第 11 期。

[3]　郑乐凯、王思语：《中国产业国际竞争力的动态变化分析——基于贸易增加值前向分解法》，《数量经济技术经济研究》2017 年第 12 期。

[4]　中国社会科学院工业经济研究所课题组、史丹：《"十四五"时期中国工业发展战略研究》，《中国工业经济》2020 年第 2 期。

下，大规模的工业生产能力和强大的产业配套能力共同推动城市化进程。城市化与工业化密切相关，改革开放以来，中国城市化进程摆脱了长期徘徊不前的局面，步入了一个较快发展的时期。近年来，中国的城市化率提升速度很快，在世界的城市化历史上都是很少见的。中国的城市化伴随着工业化的不断发展而出现，并随着经济、社会的发展而发展，是农村要素不断转化为城市要素和城市要素不断向农村扩散的双向互动过程。自新中国成立到改革开放初期，由于受传统体制的约束，中国的城市化与工业化相互分离，城市化滞后于工业化，阻碍了工业化发展。改革开放以后，新型工业化的道路有力地促进了城市化发展，城市化水平不断提高。从 20 世纪 90 年代下半期开始，中国城市化滞后的现象正在逐步消失，城市化与工业化相互适应的关系正在逐步得到确立。[①]

　　由表 23.1 可见，1982—1996 年中国的 IU 比（工业化率/城市化率）一直在 0.6 以上，城市化水平一直滞后于工业化。这一状况集中反映了两方面的影响：

　　一是历史背景的影响。在新中国成立后相当长的时期内，中国工业化实施的是一种"赶超战略"，而赶超的主要目标就是工业，尤其是以钢铁为代表的重工业。[②]在这一历史背景下，一方面，中国工业化进程超越了一定经济发展水平下需求结构转变的正常要求，而且在工业内部的产业选择上片面强调并实施了重工业的优先发展，使产业结构的转换未能带来城市化水平的正常提高；另一方面，中国在 20 世纪 60 年代以后，一直实施城乡分离的二元制度安排，阻碍了城市化水平的自然提高，而这种制度阻碍在 90 年代中期仍未消除。

　　二是改革开放后的一段时间内，特别是 90 年代中期以前，在农业剩余劳动力日趋庞大、城市就业容量有限且就业日趋紧张的巨大社会压力下，过分强调了农村剩余劳动力就地转移，从而导致农村"五小"工业遍地开花，这又进一步减弱了工业化对城市化的带动作用。1997 年以后，中国的 IU 比开始低于 0.6，IU 比呈递减趋势，城市化滞后于工业化的程度越来越小，2000 年以后甚至出现了 IU 比小于 0.5 的现象，其间 IU 比与标准值 0.5 的偏差都处在 10％的范围内，可以认为城市化与工业化的发展比较适度，两者基本呈协调发展状态。这是因为进入"九五"计划期间以后，一方面，中国已提出了进行经济结构战略性调整的战略方针，产业结构逐步趋向合理，农村"五小"工业受到了抑制，乡镇企业向城镇集中的趋势显著加强；另一方面，城乡分离的制度限制开始松动和消除，农业剩余

　　① 孙久文、彭薇：《我国城市化进程的特点及其与工业化的关系研究》，《江淮论坛》2009 年第 6 期。
　　② 郑长德、刘晓鹰：《中国城镇化与工业化关系的实证分析》，《西南民族大学学报（人文社科版）》2004 年第 4 期。

表 23.1 1982—2005 年中国城市化与工业化关系测度

年份	城市化率 U（%）	工业化率 I（%）	IU(I/U)	IU 与标准值偏差（IU—0.5）
1982	21.13	15.84	0.75	0.25
1983	21.62	15.86	0.73	0.23
1984	23.01	16.39	0.71	0.21
1985	23.71	16.74	0.71	0.21
1986	24.52	17.51	0.71	0.21
1987	25.32	17.70	0.70	0.20
1988	25.81	17.78	0.69	0.19
1989	26.21	17.29	0.66	0.16
1990	26.41	17.66	0.67	0.17
1991	26.94	17.61	0.65	0.15
1992	27.46	17.68	0.64	0.14
1993	27.99	17.83	0.64	0.14
1994	28.51	17.97	0.63	0.13
1995	29.04	18.12	0.62	0.12
1996	30.48	18.56	0.61	0.11
1997	31.91	18.76	0.59	0.09
1998	33.35	18.79	0.56	0.06
1999	34.78	18.22	0.52	0.02
2000	36.22	17.57	0.49	—0.01
2001	37.66	17.27	0.46	—0.04
2002	39.09	16.12	0.41	—0.09
2003	40.53	16.57	0.41	—0.09
2004	41.76	17.28	0.41	—0.09
2005	42.90	18.59	0.43	—0.07

资料来源：李林杰、王金玲（2007）。

劳动力向城镇转移的规模和程度逐步提高，城市化率明显加速。

23.3.6 有力支撑全面小康社会建设

首先，短时间内实现脱贫。就脱贫的历史进程来看，改革开放初期（即 1978 年到 20 世纪 80 年代中期），主要是以经济恢复和增长为驱动，推动制度变革和体制改革进而实现农村减贫和农民脱贫。1978 年以前中国的普遍性贫困是多方面因素导致的，其中最主要的是农业经营体制不适应生产力发展需要，造成农民生产积极性低下。为此，制度变革和体制改革就成为改革开放后缓解贫困的主要途径。1978 年开始的农村改革，首要进行的是土地经营制度变革，即以家庭承包经营制取代人民公社集体经营制度。这种土地制度的变革极大地激发了农民的劳动热情,解放了生产力,提高了土地产出率。与此同时,农产品价格逐步放开、发展乡镇企业等多项改革促进了国民经济快速发展,并通过农产品价格的提高、农业产业结构向附加值更高的产业转化以及农村劳动力在非农领域就业三个渠道,将利益传递到贫困人口,使贫困农民得以脱贫致富,农村贫困现象得到大幅度缓解。

从80年代中期到90年代后期,中国进入大规模开发式扶贫阶段。在改革开放政策的推动下,中国农村不少地区凭借自身的发展优势,使经济得到快速增长,但部分地区由于经济、社会、历史、自然、地理等方面的制约,发展相对滞后。农村发展不平衡问题凸显出来,低收入人口中有相当一部分人的经济收入不能维持其生存的基本需要。为进一步加大扶贫力度,自1986年起,国家采取了一系列重大举措,如成立专门扶贫工作机构、安排专项资金、制定专门优惠政策,并对传统的救济式扶贫进行彻底改革,确定了开发式扶贫方针。自此,中国政府在全国范围内开展有计划、有组织和大规模的开发式扶贫工作,中国扶贫工作进入了一个新的历史时期。

2001年以后扶贫开发工作进入解决和巩固温饱并重的综合性"大扶贫"阶段。这一时期减贫成果的取得很大程度上得益于专项扶贫、行业扶贫和社会扶贫的合力攻关,城乡二元结构的适度松动,农民的发展权利和机会得到重视,以及惠农政策全面实施并体系化,等等。党的十八大以来,党和政府进一步将扶贫和脱贫工作提升到"五位一体"总体布局和"四个全面"战略布局的高度,并作出新的部署和安排。2015年11月,中共中央、国务院联合下发《关于打赢脱贫攻坚战的决定》,正式把精准扶贫、精准脱贫作为扶贫开发的基本方略,全面打响了脱贫攻坚战。[1]

其次,部分先富起来。改革开放以来,中国实施先富带动后富的发展战略。允许一部分人、一部分地区先富起来,允许资本等生产要素参与产品分配,这未必是社会主义原则所要求的最理想的共同富裕途径,但却是最现实的途径。社会主义建设的实践证明,在生产力发展水平起点很低的条件下,是不可能实现全社会同步富裕的,国家只能让社会资源条件相对优越的地区和宏观经济发展急需的产业优先发展。这意味着不仅政府掌握的资源将实行倾斜,而且必然鼓励私人资本的形成和积累,以将更多的社会闲置资源动员起来投入经济建设,从而

---

①　李海金、贺青梅:《改革开放以来中国扶贫脱贫的历史进展与发展趋向》,《中共党史研究》2018年第8期。

解放和发展了社会生产力。"部分先富起来"可以从群体和地区层面进行考察。

从群体层面来看,农村家庭联产承包责任制的改革从试点逐步走向全面推广,在城市实行国企改革,并在诸多领域取得实质性进展,逐渐清除了阻碍劳动力流动的体制障碍,使二元经济条件下的剩余劳动力以循序渐进的方式获得了对原有配置格局的退出权、遵循生产率原则重新配置的流动权,以及在生产率及其增长速度更高部门的进入权。在物质资本和人力资本得到最大化积累的同时,劳动力重新配置明显改善了生产率,成为高速经济增长的重要贡献因素。部分群体在改革红利中获取较多财富,起到先富的带动作用。当然,在人民生活得到显著改善的同时,也出现了收入差距巨大的矛盾现象,这将是接下来需要重点关注和解决的问题。

从区域层面来看,"让一部分地区先富裕起来,然后带动其他地区共同富裕",这是中国在改革开放之初对全国区域经济发展所作出的重大战略安排。该战略的实施过程分为两个阶段。第一阶段,运用政策倾斜手段,支持一部分有条件的地区率先发展和富裕起来。第二阶段,依靠先富裕起来的地区带动其他地区共同富裕。改革开放以来,中国城市群建设取得了巨大成就,创造了世界城市群发展奇迹,中国城市群数量从长江三角洲城市群 1 个发展到 19 个,城市群建设体量不断增加,城市群已经成为参与全球竞争和国际地域分工的全新地域单元[1],正反映出时至今日,这个战略第一阶段的目标已经毫无争议地实现了。[2]

23.4 原有发展格局的局限性

20 世纪 80 年代后期以来形成的以"大进大出,两头在外"为核心特征的融入"国际大循环"的经济发展战略,对推动中国经济高速增长曾发挥过重要作用,但也在一定程度上带来了发展不平衡不充分问题,比如许多产业在国际分工中被锁定在低端层次,资源消耗和环境破坏严重,资金、资源和劳动力被虹吸到沿海的出口导向部门,因而加剧了部门、区域、城乡之间的发展失衡。[3]

---

① 方创琳:《改革开放 40 年来中国城镇化与城市群取得的重要进展与展望》,《经济地理》2018 年第9 期。

② 孙红玲:《论崛起三角向均衡三角的有机扩散——基于"两个大局"战略与大国崛起之路》,《中国工业经济》2009 年第 1 期。

③ 张慧君:《推动形成"双循环"新发展格局的马克思主义政治经济学解读》,《哈尔滨市委党校学报》2020 年第 6 期。

23.4.1　不可持续性

第一,以低成本、低附加值、牺牲环境等为代价。中国对外贸易进出口的增长以数量拉动为主,"高投入、高耗能、低收益"的数量型发展模式,使得贸易产品所负载的能源消费占比过高,给资源环境带来了较大压力。一方面,出于对出口创汇的需求,各种优惠政策使得外贸企业为了扩大出口,一味追求规模和速度,很少考虑资源消耗及环境保护问题,造成了资源浪费、环境生态承载压力大等问题,削弱了地方经济的发展后劲。另一方面,地方政府竞赛式招商引资政策,也使一些高污染、高耗能的外资企业进入当地盲目开发,对生态环境造成了不良影响,外贸及经济增长方式没有质的变革。中国在贸易发展结构优化方面还有相当长的路要走,近些年来,中国节能减排、节能降耗取得积极进展,单位 GDP 能耗有所下降,但与美、日等发达国家相比,差距仍然明显。中国单位 GDP 能耗是日本的 7 倍之多,与世界平均水平相比,也仍然偏高,而且在一次能源消耗中煤炭需求也较高,资源过量消耗与环境承载压力过大是中国产业升级的掣肘力量。①

第二,外延、粗放式发展带来的经济损失。粗放式经济发展的特征是高投入低产出,经济运行剩余价值率很低,而其在发展过程中,用大量资金投入以及其他实物资源投入弥补高投入低产出缺口,过度抽取有限资源支持粗放型增长,以至资源愈来愈稀缺,使内涵式发展得不到充分的资源支持,形成"劣币驱逐良币"的状态,从而错失经济发展的良好机会,带来巨大的潜在经济损失。

第三,经济发展极大依赖外部需求,一旦外部需求饱和或发生变动,便会遭受较大冲击和波动。2001 年中国加入 WTO,中国外向型经济发展格局全面形成,到 2006 年,中国进出口贸易依存度峰值一度达到 64% 以上,中国占全球出口额比例由第七位跃居第一位②,此时国际大循环处于主导地位。在外向型经济发展格局下,中国逐渐跃居全球最大的外商直接投资国,并成为全球最大的出口国,在全球产业分工中形成以中国为中心的双环流格局。③中国对石油、铁矿石等资源型大宗商品的进口依存度过高,国际政治经济的风险会加大资源价格波动,影响国内企业生产成本,压缩企业盈利空间,进一步增大产业升级的风险。中国通过出口商品积累了大量外汇,由原来的外汇短缺和国民储蓄短缺变为高

①　郑红玲:《中国对外贸易发展对产业升级影响的实证研究》,辽宁大学学位论文,2019 年。

②　肖翔、廉昌:《国际视域下新中国 70 年工业发展的历史考察》,《当代中国史研究》2019 年第 6 期。

③　洪俊杰:《中国开放型经济的双环流理论初探》,《国际贸易问题》2018 年第 1 期。

外储和高储蓄的国家,同时这也造成了对外依赖度过高、国内经济严重失衡等问题。截至 2019 年,中国外贸依存度下降到 31.9％,但依然远高于美国和欧盟等发达经济体。

23.4.2 结构性扭曲

第一,严重依赖投资,造成消费与投资结构的畸形,经济脱实向虚。由于中国工业制成品的贸易条件不断恶化且外国直接投资把中国民族企业压制在低端产业上,本土制造业缺乏有利可图的投资机会,不得不将积累起来的资金投入股市和房地产等投机活动中,从而成为制造严重经济泡沫的基本力量。作为世界经济的一个新现象,自 20 世纪 80 年代末以来,发展中国家的工业制成品贸易条件开始出现全面和持续的恶化趋势,这也就是说,发展中国家的工业制成品出口价格相对于发达国家制成品出口价格不断下跌。1988—2001 年,收入越低的群体,遭遇价格下跌的趋势越严重;但是中国制造的产品价格下降趋势甚至超过最低收入组国家,与此相似的是,技术含量越低,价格可能下跌得越厉害。出乎意料的是,资源依赖型产品的价格不如技术含量低的产品价格那样趋向于下降。但大约从 1998 年开始,发展中国家的总体国际贸易条件趋于改善,而中国的总体国际贸易条件却急剧恶化,导致这种变化的主要原因是自然资源和原材料的价格大幅度攀升,而工业制成品的价格却持续下降。由于加工贸易出口占中国总出口的 50％,所以自然资源和原材料价格上升与工业制成品价格下跌的交互作用严重地挤压了出口企业的利润空间。再加上 2005 年以后人民币的升值,原本利润率就很低的劳动密集型出口企业的生存就更加困难了,大量的资金不得不寻求新的投资机会。[①]

从劳动密集型出口产业中游离出来的大量资金,不得不投资于可以在短期内就能产生回报的产业,因而加剧了钢铁、水泥、煤炭和建材等产业的大量产能过剩;或者转向股市和房地产等投机活动中,特别是在前者的产能过剩日趋明显的情况下,这无形中又加剧了对房地产的投机活动。而国家又不得不错误地把房地产作为经济发展的支柱产业,地方政府则靠卖地增加财政收入,从而不断推高房价,更加助长了房地产的投机活动,因此成为社会不和谐的重要因素。此外,由于国内缺乏有利可图的投资机会,富人阶层把大量资金挥霍在奢侈品的消

---

① 贾根良:《国内大循环:经济发展新战略与政策选择》,中国人民大学出版社 2020 年版。

费上,以至于仍存在大量贫困人口的中国竟然在 2009 年成为世界第二大奢侈品消费国,奢侈品消费占到全球市场的 25％以上。[①]

第二,大量劳动力从事全球产业链中某一环节生产加工,造成国内产业链的断裂和碎片化,且劳动力滞留在劳动密集型产业层面。中国外向型经济发展战略实施的结果造成了重工业的低端产品产能过剩和高端技术仍被跨国公司所垄断,并且企业服务业严重落后的局面。中国加工贸易的加工环节大都还处在劳动密集型且技术含量不高的水平上,仅有的部分高技术、深加工产品的出口往往也存在加工过程短暂、增值不高的问题,真正体现技术水平和要素含量的高新技术设备和中间投入品等生产要素要从国外进口。

首先,内外需结构失衡,内需严重不足。1979—2014 年,中国 GDP 增长对出口增长的平均弹性系数为 1.8,而同期对内需增长的平均弹性系数仅为 1.1,这充分说明外需对中国经济增长的促进具有明显的乘数效应,而内需则相对较弱。[②]其次,消费和投资失衡,投资过度,消费持续低迷。依据经济学原理,投资是提高劳动生产率的根本手段,投资增加会促进劳动生产率的改善,从而提高劳动者的总体工资水平,进而提高消费水平。但当产能相对过剩时,如果不注重投资的效率,增加的投资不仅不会改善劳动生产率,反而会促使经济在短期内呈现虚假的高速发展且物价指数也高的双高现象,对真实的消费购买力产生明显的挤出效应。

23.4.3　自力自强能力弱化

第一,容易形成对外国技术、市场等的路径依赖,使得自主技术创新能力薄弱,关键技术被卡脖子。近年来中国出现比较严重过剩的钢铁、石化、氧化铝、水泥和煤炭等都属于以资源为基础的传统重化工业。由于国际大循环经济发展战略的实施,中国资本货物制造业变成了发达国家的高端组装和中低端加工基地,在技术绝对垄断的外资挤压下,中国装备制造业的发展呈现出"低端混战、高端失守"的状态,自主创新困难重重。资本货物制造业自身所需要的核心基础元器件、大型铸锻件和自动化控制装置发展滞后,大型、精密、高效装备仍依赖进口。[③]

第二,国内市场开发不足。中国制造产品"墙内开花墙外香",与部分产业的

---

①　贾根良:《国际大循环经济发展战略的致命弊端》,《马克思主义研究》2010 年第 12 期。

②　杨占锋、段小梅:《中国开放型经济发展的绩效评价与反思》,《改革与战略》2018 年第 9 期。

③　陈冀、贾远琨:《外资垄断"锁喉"中国装备业》,《瞭望》2009 年第 48 期。

结构布局密切相关。很多"墙内开花墙外香"的企业,往往是过去的出口加工型企业或者代工企业,市场长期在国外,缺乏自有品牌,且长期忽略国内市场。随着国内消费市场的兴起,国人的购买力增强,企业才开始逐渐重视国内市场发展。[①]

同时,从汽车到电子产品,从日用品、服装到食品、中医药,不断有名不见经传的国产品牌在走出国门后一跃成为国外市场上的爆款,但它在国内市场却无人问津。例如,许昌一直是高端假发的生产基地,瑞贝卡等假发品牌在国外市场享有很高的知名度,八成以上市场在国外,尤其是欧美市场。但是很多国内消费者却并不了解许昌的假发工艺,更不了解许昌的假发品牌。[②]

第三,国内企业大而不强。一方面,改革开放以来,中国积极推行出口创汇政策,出口偏重数量扩张,这种扩张是外延性的,主要凭借低廉的劳动力成本和资源,依靠要素的投入来增加产出,在质的方面重视程度不够。另一方面,由于产品价格较低,在国际市场上容易被其他国家视为反倾销,中国的贸易条件没有得到改善,缺乏产业升级的物质投入和技术投入。[③]几十年来,中国企业也积极引进发达国家的技术工艺等,积极承接产业转移,规模得到迅速扩张,中国制造规模已是全球第一,但质量、品牌、利润、技术等代表质的方面却滞后于规模发展,并且缺乏有世界影响力的拥有自主产权和知名品牌的企业。在 2010 年以前,入选世界 500 强的中国企业数量远低于美国和日本;2000 年,世界 500 强企业中美国有 179 家,日本有 107 家,中国有 9 家;2010 年,中国世界 500 强企业增加至 54 家;直到 2020 年,中国世界 500 强企业数量才首次超过美国。[④]

23.4.4 两极分化倾向

第一,沿海地区更多获得全球化红利,而内陆地区较少获得全球化红利,造成地区差距扩大。中国在对外开放的进程中实行非均衡的开放战略,由东部沿海逐渐向中西部推进,在推动中国经济总体转型与发展的同时,很大程度上导致了各地区对外贸易发展的不平衡。同时,各地区在基础设施、资源禀赋、技术力量、地理位置等方面的差异也会影响各自的发展。[⑤]因此,东部沿海地区能够深

①② 中工网:《开拓国内市场成中国制造新课题》,http://media.workercn.cn/sites/media/grrb/2019_03/04/GR0401.htm。

③ 郑红玲:《中国对外贸易发展对产业升级影响的实证研究》,辽宁大学学位论文,2019 年。

④ 《全球各国 500 强企业数量中国正式超美国:但实力还差很远》,https://baijiahao.baidu.com/s?id=1674837862403644103&wfr=spider&for=pc。

⑤ 姚丹、毛传新:《国际贸易对我国区域城乡收入差距的影响研究》,《国际商务(对外经济贸易大学学报)》2013 年第 2 期。

度参与国际分工从而获得全球化红利,而内陆地区则较少获得全球化红利。同时,在出口导向型经济发展格局下,东部地区对中西部地区人才、资金等经济发展要素的虹吸效应不断加强,这进一步拉大了东西部地区之间发展的差距。

第二,城市更多获得全球化红利,而农村较少获得全球化红利,造成城乡差距扩大。在对外开放进程中,城市较多地参与了全球产业分工体系、获得了良好的全球化红利,而农村地区较少获得全球化红利。同时,在外向型经济引领下,农村人口向城市大规模集聚,使得农村地区发展所需的人力资源逐步减小,城乡二元经济结构逐步扩大。1993年,中国城乡居民人均年收入分别为2583元和1334元,两者相差仅1249元。随着改革开放进程的加快,城乡居民人均年收入差距逐步扩大,尤其是2001年中国加入WTO后,差距扩大速度逐步加快,到2012年其值分别为26959元和10990元,两者相差达15968元,超过1993年的10倍。[1]

第三,部分社会阶层更多获得全球化红利,一些社会阶层较少获得全球化红利,造成收入分配差距扩大。在改革开放之初,中国进出口规模较小,基尼系数也基本保持在0.3的平均水平,城乡收入比相对较低;随着改革开放进程的不断加深,基尼系数与城乡收入比均有所提高;在2001年中国加入WTO之后,进出口贸易飞速发展,次年(2002年)中国的基尼系数为0.45,达到警戒状态,而城乡收入比也首次突破3.0,2007年达到3.33,创历史最高;2008年由于受到全球金融危机的影响,中国对外贸易增速减缓,而城乡收入比也呈现小幅回落,2011年中国城乡收入比为3.13。[2]

---

①　数据来源:国家统计局。

②　姚丹、毛传新:《国际贸易对我国区域城乡收入差距的影响研究》,《国际商务(对外经济贸易大学学报)》2013年第2期。

24 时代呼唤新的发展格局 *

关于对新发展格局的理解，当前社会上存在一种比较直觉的看法：由于目前贸易保护主义泛滥，"逆全球化"倾向明显，从而导致外需明显减弱，所以要扩大内需，以国内大循环为主体。构建新的发展格局，确实能够对这种短期冲击作出积极回应，但新发展格局本身绝不仅仅是应对外部挑战的权宜之计，而是基于中国经济内在发展逻辑、基于长期性趋势的战略谋划。

24.1 新阶段的新要求

中共十九届五中全会提出，全面建成小康社会、实现第一个百年奋斗目标之后，要乘势而上开启全面建设社会主义现代化国家新征程，向第二个百年奋斗目标进军。这标志着中国进入了一个新发展阶段。新发展阶段是中国社会主义发展进程中的一个重要阶段。新发展阶段是社会主义初级阶段中的一个阶段，同时是其中经过几十年积累、站到了新的起点上的一个阶段。新发展阶段是中国共产党带领人民迎来从站起来、富起来到强起来历史性跨越的新阶段。经过新中国成立以来特别是改革开放 40 多年的不懈奋斗，我们已经拥有开启新征程、实现新的更高目标的雄厚物质基础。新中国成立不久，中国共产党就提出了建设社会主义现代化国家的目标，未来 30 年将是中国完成这个历史宏愿的新发展阶段。

24.1.1 跨越中等收入陷阱

进入中等收入阶段，将面临"两头夹击"，前有领先者压迫，后有追赶者追赶，

* 本章原载周振华主编《新时代：经济思想新飞跃》（格致出版社、上海人民出版社 2022 年版）第四章第三节（合作者李鲁）。

原先的劳动力资源丰富、低成本等比较优势将丧失殆尽。如果不能形成新的比较优势和竞争优势,将跌入中等收入陷阱。具体来说,新兴市场国家突破人均GDP 1000 美元的"贫困陷阱"后,很快会奔向 1000—3000 美元的"起飞阶段",但到人均 GDP 3000 美元附近时,快速发展中积聚的矛盾会集中爆发,自身体制与机制的更新进入临界,很多发展中国家在这一阶段由于难以克服经济发展自身矛盾、发展战略失误或受到外部冲击,经济增长回落或长期停滞,陷入所谓的"中等收入陷阱"。

国际经验表明,出口导向战略及其发展模式仅适用于经济起飞阶段。在经济起飞后,必须实行新的发展格局。以日本为例,日本的经济发展展现了从低收入国家成长为中等收入经济体,又顺利位列高收入国家的一个典型发展过程。在二战后,日本损失了 45％的国家财产,而且国内经济也迅速下滑。在之后的30 年里,日本的经济以飞快的速度复苏,并获得了长达 20 年的稳定、加速发展。1945—1951 年,日本的年均经济增长率达到了 9.9％,1951—1955 年,这一数字变成了 8.7％,1955—1972 年达到了 9.7％。日本飞快的经济增长也带来了人均收入的快速增长。1947 年,日本的人均收入仅为 89 美元,到 1980 年涨到了10440 美元。1988 年,日本的人均国内生产总值已经超过 23570 美元,超过了当时美国的 21620 美元。日本在经济结构上之所以能够有如此顺利的过渡,并一跃成为发达国家中的一员,有两个原因是关键所在。首先,经济增长形式转变。日本的工业结构得到及时升级,使得其经济增长形式从广泛增长演变成集中增长。其次,需求结构也从投资率增长转型为消费率增长,日本中等阶层人口开始壮大,逐步占到总人口的七成以上。

跨越中等收入陷阱必须实行比较优势迭代升级,形成新的比较优势和竞争优势。例如市场是最稀缺的资源,而中国具有规模庞大的潜在市场。超大规模市场将成为中国经济发展中新的比较优势。过去的比较优势是低成本生产要素,现在则是在超大规模国家基础上形成的超大规模市场,它将是中国实现现代化发展战略目标的最重要手段和工具,可以与飞速发展的信息化、网络化结合,成为拉动或推动重大技术进步、结构变迁和社会演化的主要力量。基于国内大市场的规模经济、创新能力等也将成为面向未来的比较优势。

24.1.2 开启现代化国家建设的新征程

现代化国家建设必须重视国内大循环,重视扩大内需。历史经验表明,这种重视国内贸易的做法在历史上一直存在,如 19 世纪的美国、英国和欧洲大陆。

20世纪或者如今的美国也在做这样的事情。回顾美国经验,我们发现,在近一个世纪前的美国,其经济的双循环经历了一轮从服务国际经济循环为主到畅通国内大循环为主的演变,并构成从新兴大国迈向一流强国的关键一跃。具体而言,19世纪至今,美国经济双循环的演进大致可以分为三个阶段。第一阶段(1800—1870年):内循环独立支撑。这一阶段的美国经济以农业为主,对外出口廉价的原材料,进口昂贵的工业制品。由此,贸易赤字成为常态,外循环拖累经济增长,内循环被动成为唯一引擎。第二阶段(1870—1913年):外循环边际增强。伴随第二次工业革命浪潮,美国完成了工业化,工业制品在国际市场占据优势并形成贸易盈余,外循环对经济的拉动作用凸显,这一趋势在1913年左右达到历史顶峰。第三阶段(1913年至今):双循环互促共进。1913年以后,一战、大萧条、二战等历史拐点相继发生,彻底重塑了全球经济贸易格局。在新格局下,美国双循环的关系再度演进。从表面上看,内循环进一步占据主导地位,强劲的内需造成长期货物贸易赤字,使得外循环看似拖累了经济的纸面增长;但实际上,借助于稳健的内循环,美国经济在外循环中主动引领全球化进程、重塑全球体系、布局海外投资、发展服务贸易,大幅提升了外循环对美国居民收入的真实贡献。根据学术研究,2007年这一贡献值约为1913年水平的2.1倍。这一阶段,美国经济受益于外循环,而不受制于外循环,形成了美国版的"以国内循环为主、国际国内互促"格局。

　　中国式现代化是更高标准的现代化,原有发展格局已与新的现代化征程不相适应。改革开放的推进,极大解放和促进了社会生产力发展,在20世纪80年代末,已解决了人民温饱问题;20世纪末,人民生活总体上达到小康水平;到2021年,全面建成了小康社会。如今,中国开启了迈向现代化的新征程,到2035年,基本实现现代化;在本世纪中叶,建成富强民主文明和谐美丽的社会主义现代化强国。这个战略安排把基本实现现代化的时间提前了15年。这既体现历史发展延续性,又符合实践发展新要求。

　　现代化是世界大趋势,中国现代化是世界现代化的组成部分。按照世界一般标准,现代化意味着完成了工业化,进入后工业化社会;具有高度城市化水平;进入了知识社会;成为高收入水平国家。当然,这一标准是动态的,随着历史发展而变化。总之,一个国家现代化一般是指达到世界先进、前沿和发达水平的发展状态和发展过程。然而,最为核心的问题是现代化道路。由于一个国家现代化的发展起点不同、面临的背景条件不同、基本国情差异等,世界上并不存在唯一的现代化道路或者放之四海而皆准的成功模式。更主要的,一国所要实现的现代化是什么样的现代化，通过什么路径实现的现代化。与西方国家的现代化不同，中国式现代化是要创造人类文明新形态，拓展发展中国家走向现代化的新途径，其标准和要求远远超出西方国家。

一是14亿人口整体迈入现代化社会。2020年，中国GDP达到15万亿美元，美国从21万亿缩减到20万亿美元，中国GDP为美国的75%。这是一个重要标志。美国自成为第一大经济体以来，排在老二的国家（英国、德国、日本等）没有一个超过70%的。另外，中国GDP超过欧盟27国（不包括英国）GDP总量。中国现在才人均GDP约1万美元，等达到人均2万美元时，中国经济规模将超过现有发达国家的总和，将彻底改写现代化的世界版图。这在人类历史上将是一件有深远影响的大事。

二是全体人民共同富裕的现代化。共同富裕是中国特色社会主义的本质要求，中国现代化坚持以人民为中心的发展思想，自觉主动解决地区差距、城乡差距、收入分配差距，促进社会公平正义，逐步实现全体人民共同富裕，坚决防止两极分化。党中央明确提出，到2035年，全体人民共同富裕取得更为明显的实质性进展，要求把促进全体人民共同富裕摆在更加重要的位置，更加积极有为地进行努力。国际经验表明，现代化过程本身并不能解决共同富裕问题，在某种程度上还会促进两极分化，特别是收入分配差距。在工业化时代，贫富差距虽然存在，但还是形成了中产阶层（中位收入份额增大），某种程度上拉平了收入差距。在后工业化时代，中位收入份额相对缩小，高收入份额与低收入份额相对增大。特别在全球城市，这种两极分化更加明显。这表明，中国社会主义现代化有其特定内涵，是更高要求、更高标准的现代化。

三是物质文明和精神文明相协调的现代化。从国际经验看，在现代化过程中，往往出现物质文明和精神文明两者不同步、不协调的局面。中国现代化坚持社会主义核心价值观，加强理想信念教育，弘扬中华民族优秀文化，增强人民精神力量，促进物的全面丰富和人的全面发展。

四是人与自然和谐共生的现代化。中国现代化注重同步推进物质文明建设和生态文明建设，走生产发展、生活富裕、生态良好的文明发展道路。在现代化过程中，生态文明的重要性越来越突出，一些发达国家也都在加强生态文明建设。这对中国来说，显得更为重要。因为中国是14亿人的整体现代化，其中资源消耗是巨大的。

五是走和平发展道路的现代化。一些老牌资本主义国家走的是暴力掠夺殖民地的道路，是以其他国家落后为代价的现代化。中国现代化强调同世界各国互利共赢,推动构建人类命运共同体,努力为人类和平发展作出贡献。

完成现代化国家建设是为了实现中国崛起,承载中国梦,原有发展格局难以支撑中国崛起。中国梦的实现以经济发展为基础,没有经济发展,难以实现国家富强、民族振兴、人民幸福。工业化、信息化、城镇化、农业现代化,是实现中国现代化的基本途径,这一"新四化"相互联系、相互促进。工业化与信息化是发展到一定阶段的"孪生子",其深度融合是产业升级的方向与动力;城镇化蕴含着最大的内需潜力,是现代化建设的载体;而农业现代化则是整个经济社会发展的根本基础和重要支撑。当下,"四个现代化"已经步入了中后期阶段,任何一项现代化的推进都需要其他现代化的支撑,任何一项现代化进程稍微落后了,都会延缓干扰其他现代化事业。因此,更好地统筹"四个现代化"的发展成为当务之急。在此背景下,中央提出第五个现代化,即制度现代化。制度现代化是新发展格局的核心内涵。在新发展格局下,中国将构建一套更为稳固、管用的制度,去推动各个经济、社会领域的融合发展,统筹"四个现代化",迈向现代化的新形态。

24.2　战略机遇期的新内涵

战略机遇期的总体背景是百年未有之大变局的加速演化。当前和今后一个时期,虽然中国发展仍然处于重要战略机遇期,但机遇和挑战都有新的发展变化,机遇和挑战之大都前所未有,总体上机遇大于挑战。

24.2.1　新一轮世界科技革命的孕育期

1. 新的起跑线

新能源汽车、智慧出行和以 5G＋工业物联网、区块链、云计算与大数据等为代表的数字经济可能成为未来新的增长点与驱动力。数字经济发展速度之快、辐射范围之广、影响程度之深前所未有,正在成为重组全球要素资源、重塑全球经济结构、改变全球竞争格局的关键力量。中国需要"充分发挥海量数据和丰富应用场景优势,促进数字技术和实体经济深度融合,赋能传统产业转型升级,催生新产业新业态新模式,不断做强做优做大我国数字经济"。①

新能源汽车与智慧出行。新能源汽车被寄予厚望的原因在于国产品牌在核

---

① 习近平:《不断做强做优做大我国数字经济》,《求是》2022 年第 2 期。

心技术上存在"弯道超车"的可能性,在政策层面国家给予强有力的支持。近年来,以三元锂电池、磷酸铁锂电池为攻坚方向,国产品牌在包括动力电池、驱动电池、电控系统等在内的核心零部件领域处于国际先进水平。并且,在转型过程中,这些技术也加快推动能源绿色转型,助力实现碳达峰、碳中和。相较于传统燃油车,新能源汽车的车载智能设备的难度和成本更低。经电脑处理后的数据可以直接传给电机、电池、电控三大部件,可以在短时间内实现精准控制。随着智慧道路、通信网络、云端技术等科技融合发展,新能源汽车产业将传统汽车在零部件、整车研发生产及营销服务企业之间的工业链条逐步演变成汽车、能源、交通、信息通信等多领域多主体参与的网状生态,网联化趋势将加速全行业的信息化发展。

5G+工业物联网。5G 是新一代蜂窝移动通信技术,也是 4G(LET、WiMAX)、3G(UMTS)、2G(GSM)标准的延伸。5G 主要有三大优势:第一,数据传输速率远远高于以前的蜂窝网络,速度是 4G 的 100 倍;第二,超低的网络延迟,低于 1 毫秒;第三,海量设备连接能力,可以提供千亿级设备连接能力。物联网指的是通过射频识别、红外感应器等信息传感设备,按照约定的协议,把任何物品与互联网相连,进行信息交换和通信,从而实现对物品的智能化识别、定位、跟踪、监控和管理。5G 已成为全球各国数字化战略的先导领域,是国家数字化、信息化发展的基础设施,已经有越来越多的垂直行业深度参与并引导了各自领域的 5G 标准制定,使 5G 技术能够更好地服务于各垂直行业。5G 不仅是移动通信层面的升级换代,而且使万物互连更广泛、紧密、智能、安全。5G 通信网络的商用,为海量连接的物联网提供了可靠的网络基础。并且,我们可以畅想一下,"5G+物联网+人工智能"将产生一系列的"化学反应",为经济社会发展带来新动能。

区块链、云计算与大数据。区块链技术为云计算提供了安全保障。将区块链技术与计算技术相结合能够形成一个分布式去中心化的云计算服务体系,可为众多数据中心提供高效能的服务和保护。区块链技术在提高信息的信任度、验证真伪方面具有不可替代的作用。云计算与大数据相辅相成。随着互联网时代的不断发展,大数据呈爆发式增长,急剧增加的大数据为社会发展提供便利的同时也带来了挑战。大数据的存储、分析与深度挖掘直接影响到数据的利用价值,因此云计算应运而生。云计算具有较高的服务性,通过云计算技术可以对大数据进行分类并有效提取,过滤掉无用信息,并拥有巨大空间对数据进行储存。数字贸易是未来经济发展的重要推动力。世界各国都在布局具有本国特色的数字贸易,大力推动数字贸易的发展。而数字贸易离不开数字基础设施建设。世界各国都围绕着云计算等重点领域,着力搭建一个可持续发展的云计算技术设施平台,推动相关技术突破。

2. 抢占制高点的新竞争

新能源、5G 通信、人工智能、大数据、云计算等重点领域的突破性发展将加速重构全球创新版图,中国在新能源、5G 通信等一些前沿技术领域存在较大的竞争优势,有可能成为领跑者之一。

新能源汽车。2020 年是全球新能源汽车快速发展的一年。在各国的碳约束下,全球主要车企都在试图向新能源汽车方向转型。同时,各国政府持续加码政策投入以抢占产业高地,从终端补贴、使用环节便利化及鼓励产业创新三方面发力。电池、汽车电子和车规级芯片、软件和集成制造四大领域将成为产业核心竞争力。中国在电池环节具有较大的竞争力。中国企业不仅占据了全球一半的动力电池供给,而且拥有全产业链。但在汽车电子和车规级芯片领域,中国短板突出。中国在汽车芯片领域的对外依存度较高,这方面亟须突破。

5G 通信。5G 技术的发展对工业物联网和数字经济起着重要的支撑作用。全球各国纷纷布局 5G 市场。例如,美国在 2018 年将 5G 上升为国家战略。美国政府明确提出要促进下一代电信和信息通信基础设施在美国的加速发展与推广,同时,通过激励方式向更安全的供应链迈进。并且,美国政府将与私营部门合作,促进 5G 发展与安全。中国在 5G 领域有较大的竞争优势,5G 推广也较为成功。2020 年 6 月累计建成 5G 基站超 40 万个;2020 年 7 月中国 5G 终端连接数已达 8800 万。另有媒体报道,2020 年 8 月 17 日,深圳宣布提前完成建设 4.5 万个 5G 基站,实现了 5G 网络城市全覆盖,成为全球第一个正式进入 5G 的城市。

数字技术。人类正在经历的以互联网为基础的第三次技术革命,对效率和公平的影响巨大且深远。中国尤其得益于互联网革命,实现了数字经济和数字金融的快速发展。并且,人工智能、区块链等新技术助力优化贸易流程、解锁新的产品与服务交易、提升新型服务贸易以及数据流的占比。云计算、区块链等技术深刻地影响着跨境服务数字化趋势。区块链加快了跨境服务数字化进程,可以更好地与物联网跟踪技术相结合,有利于实现贸易全过程追踪,提高数字贸易的效率和质量。各国都在加速推动数字贸易的布局,制定符合自身利益的区域数字经贸协议。美国推出 USMCA,里面明确规定了禁止对数字产品进行征税,并制定了有利于数据自由跨境传输的"跨境数据自由流动"与"数据存储本地化限制"条款。新加坡则利用自由贸易港的定位,以个人隐私保护为突破口,积极参与国际协调,构建数据跨境流动管理的顶层框架。中国也不例外,中国虽然没有明确的顶层架构,但得益于互联网的快速发展,近年来,涌现出一大批服务领域的数字领军企业,包括阅文、B站、米哈游、银联、支付宝等等。

3. 创新型国家

迄今为止,较为具体地看,人类社会历经了五次科技革命。历史证明,以英国、美国、德国、日本为代表的创新型国家正是抓住了科技革命的契机,取得了竞争优势,实现了赶超跨越,成为世界科技强国。在这个新的科技革命和产业变革蓄势待发的时代,各国政府为了抢占先机,纷纷加大力度参与相关产业中。

在基础研究领域,2014年,欧盟启动"地平线2020计划",将基础研究确定为优先发展的战略项目。2015年,白宫发布《美国国家创新战略》,强调美国要巩固和扩大其在全球基础研究领域的领导地位。2018年,日本推出了"'登月型'研究开发计划",该计划是为了使日本进一步提升基础研究能力。在新兴产业领域,欧盟在财税政策方面持续加码:对于新能源汽车产业,提供购车补贴并免除部分税项;支持信息基础产业发展,提出《欧洲数据战略》,并于2020年加码对中小微企业数字化转型的支持力度。美国不仅利用其完善的金融体系鼓励新兴产业、中小企业的发展,而且美国政府对科创企业有保护性购买、税收优惠和抵免政策。日本早在2000年就推出相关法案,鼓励、支持中小企业进入国际市场参与竞争。为此,日本政府还专门派专家对企业进行公益性技术指导。

自从2006年提出"创新型国家"概念以来,中国对创新型国家建设的战略目标定位逐渐清晰,呈现出一个逐渐深入、不断升级的实践指向。形成了从低到高、由简到实的三个层次:第一层次战略目标为,到2020年进入创新型国家行列,成为创新型国家。第二层次战略目标为,到2035年跻身创新型国家前列,成为创新型大国。第三层次战略目标为,到2050年建成世界科技创新强国,成为创新型强国。

24.2.2　新全球化进程

1. 全球化部门和领域拓展

2008年全球金融危机后,特别是以2017年特朗普上任美国总统为标志,全球化脱钩、区域化与本土化、贸易保护主义、地缘摩擦与冲突等浪潮愈演愈烈。但随着科技的发展,全球化进程不会因为个别群体的行为而停滞。2021年,在新冠肺炎疫情和技术进步交织的时代里,我们将遇到"逆全球化"浪潮和维持现有全球化格局,以及新全球化之间相互撞击的过程。

文化全球化。21世纪是一个信息大爆炸的时代,随着信息科技的发展,人们在文化领域的交流沟通更加频繁。文化全球化的发展将不同领域的各个方面都不同程度地模糊化,使文化意识与价值观念相互交融,这种文化全球化的现象在每一方面都有所体现。民族与民族之间交往的不断深化,也是在这种交往过程中不断借鉴的过程,我们在吸取其他优秀文化的同时,也在主动输出我们的文化价值以及文化元素,这一过程都带有全球化烙印。例如,中国人可以在本国吃到麦当劳、肯德基,美国人也可以在当地吃到带着中国烙印的"满汉全席";外国人可以欣赏中国少林寺的"功夫",看中国的大熊猫,体验中国独特的茶文化,中国人也可以观看将中国元素融入其间的好莱坞大片,这就是一种文化全球化的交融,它可以突破地域与时间的限制,尽情地沟通与交流。文化全球化的大趋势是不可阻挡的,我们可以畅想一下,未来文化也像经济一样超越国家、民族的界限而形成"全球化文化"。

技术创新全球化。科技创新是经济发展的核心动力,其对经济的拉动力越发明显。近年来,全球依靠人力资本和技术革新推动发展的趋势愈加明显。2000年,《财富》杂志评选出的世界500强企业基本集中在制造业(尤其是汽车制造业)和能源产业,但到2018年,以苹果、亚马逊、谷歌、Facebook、阿里巴巴和腾讯为代表的科技企业纷纷进入排行榜,不少还位居前列。但是,科技创新大都具有公共品的特点,不同于物质产品规模报酬递减和私有的特性,想法是公共品,且具有边际成本极低和规模报酬递增的特点,这极易导致全球垄断性跨国科技公司的出现。因此,面向未来的全球化应直面科技创新的挑战,构建包容、开放、稳定的新型全球治理体系,真正推动全球与区域合作,尊重不同制度与文化的多样性,保障各国的平等发展权利。

全球碳排放市场。《京都议定书》在人类历史上首次以法规的形式限制温室气体排放,并围绕上述目标建立了旨在减排的三个灵活合作机制——国际排放贸易机制(IET)、联合履约机制(JI)和清洁发展机制(CDM),这些机制允许发达国家通过碳交易市场灵活完成减排任务,而发展中国家可以获得相关的技术和资金。这三种减排机制的提出使得环境资源(温室气体减排量)成为一种可交易的无形商品,碳排放交易市场应运而生,也迅速在世界上许多国家付诸实施。为碳排放权定价、构建碳交易市场,已成为国际社会促进低碳发展和技术创新的关键政策工具。自2005年欧盟启动全球首个碳交易市场以来,国际碳市场规模不断扩大。截至2019年,全球共有20个碳排放权交易体系已经投入运行,6个国家和地区正在建设碳排放权交易体系,12个国家和地区正在策划实施碳排放权交易机制。全球碳排放市场共覆盖了温室气体排放总量的8%左右,覆盖地区的GDP之和占全球GDP的37%左右,覆盖范围涉及电力、工业、民航、建筑、交通等多个行业,交易产品主要包括碳配额和自愿核证减排量。随着越来越多的国家或地区考虑将碳排放市场作为节能减排的政策工具,碳交易已逐渐成为全球应对气候变化政策的核心支柱。

2. 全球化覆盖范围扩展

全球化过程大概经历了两次发展浪潮:9世纪,以英国为首的西方市场经济国家,发动了第一次经济全球化浪潮。20世纪中叶,美国成为经济全球化的领头羊,推动了第二次经济全球化浪潮。但经济全球化并非百利而无一害,尤其对发展中国家而言,这是一条荆棘丛生的险途,它们难免付出代价并经历痛苦。经济全球化经过几十年的发展,尤其是自2001年中国积极融入全球化进程以来,逐渐发挥出积极作用,全球化的负面影响开始逐步被消解,全球化动能从美国逐步转移到以中国为代表的新兴国家。经济全球化开始转向更具包容性的全球化,覆盖范围开始逐步拓展到新兴市场国家、非洲等欠发达地区。2014年金砖国家开发银行在上海设立,启动资金达1000亿美元,主要资助金砖国家和其他发展中国家。2015年亚洲基础设施投资银行在北京设立,注册资金达1000亿美元,主要用于投资整个亚洲和世界的基础设施建设。如今,人们不仅关注七国集团,而且开始越来越重视二十国领导人峰会。包容性全球化不是简单地延续以往的经济全球化,而是全球化的一种新的表现形式,是全球化纵深发展的重要特征。

3. 国际投资贸易体系变革

全球投资贸易规则发生深刻变化,跨境投资规则制定出现新趋势,国际经贸合作格局将进入艰难重构期。一是全球投资贸易规则正在发生自"冷战"结束以来最深刻的变化。美国的单边主义对以WTO为核心的多边贸易体制造成巨大冲击,国际经贸规则的"意大利面条碗"效应将日益明显。美国正在抛开WTO框架下的反倾销、反补贴等措施,更多采取基于国内法的"301"调查、"232"调查等,对进口商品增加关税壁垒,并正在对高新技术出口施加更多管制。美国的保护主义加上其贸易伙伴的普遍反制,将显著提高各种关税和非关税壁垒,导致国际贸易自由化水平出现严重倒退。美国政府强调所谓的"公平贸易",要求贸易伙伴遵循与美国同等标准的贸易、投资、知识产权保护等规则。

二是世界投资贸易格局对投资贸易结构将产生深远影响。一方面,对全球投资而言,越来越趋向于区域性投资,特别是随着跨国公司产业链全球布局的调整,其境外布局以大洲大陆为核心,进一步放大了国际投资的区域化、区域性特点,特别是区域的投资贸易协定谈成以后,这个区域里就会集聚大量投资。而不像以前那样,在全球投资的流动都比较广泛、比较分散,特别是大量资本向发展中国家流入。这种状况在"十四五"期间可能也会继续。另一方面,对全球贸易而言,贸易结构产生重大变化,加工贸易的势头会减弱,一般贸易会比以前有所增强,技术贸易和数字贸易今后会越来越成为重点。

三是跨境投资规则面临重构,跨境投资规则重点将从边境外转向边境内。制定跨境投资规则将是未来20年全球经济治理的重要内容。跨境投资规则重点将从边境外转向边境内,以往的双边投资协定注重投资保护,未来将更多纳入投资自由化、便利化内容,投资规则体系复杂化。在跨境投资中,服务业占比上升,制造业占比下降;有形资产投资占比减少,无形资产投资占比上升。跨国公司将继续是全球跨境投资和价值链布局的主要力量,新兴经济体的跨国公司数量将持续上升,发展中经济体在跨境投资中的地位不断上升。

4. 全球价值链版图重塑

全球价值链正在经历深刻变革,生产要素的相对重要性发生变化,全球产业分工进入新的重塑期。一是产业链分工前端包容性提高,但终端生产与消费之间的环节将被压缩。一方面,产业链分工前端的包容性将会提高。在产品设计环节,全球24小时不间断接续式研发成为可能。在生产制造环节,跨国企业能够进一步充分利用各地的生产要素禀赋,这同时也给予更多新兴经济体融入全球产业分工体系的机会。另一方面,终端生产与消费之间的环节将被压缩。在传统模式下,消费者与终端生产之间的联系是割裂的。而在数字经济模式下,由于移动互联网、电子支付方式的普及等,传统商业模式正在发生重大变化,生产和服务领域亦是如此。

二是生产要素的相对重要性发生变化,"数字红利""机器换人""大规模定制"等概念都更多指向发达国家竞争力的巩固和提高,"制造业回流"将在一些领域实现。相比土地、资本、劳动等传统生产要素,数据这种新的生产要素的相对重要性正在快速提升,甚至逐渐成为最重要的生产要素。生产要素相对重要性的变化,毫无疑问会导致经济体之间要素禀赋优劣势发生变化,发达经济体的产业竞争优势将会有所提高。"数字红利""机器换人""大规模定制"等概念都指向了发达经济体既有优势的强化。因此,尽管当前还不存在"制造业回流"的压倒性证据,但这种趋势不容忽视。

　　三是平台型企业对产业链、价值链的掌控力前所未有,已成为各主要国家竞争的新焦点。数字化平台可能是数字经济时代最重要的商业模式创新,包括电商领域的阿里巴巴、亚马逊,房屋租赁领域的 Airbnb,出行领域的滴滴、Uber、Lyft,等等。平台型企业模糊了垄断与竞争之间的传统界限,具有明显"赢者通吃"的特征,通过与各主体之间建立紧密联系的生态而拥有了对产业链、价值链的高度掌控力。未来,随着更多工业互联网平台型企业的成长,这种影响将更加深刻,整个转型过程在未来 15—20 年将持续发酵。在新一轮价值链分工格局中,中国具有一定优势,而且目前处在相对中上的位置。

　　5."一带一路"建设

　　建立"一带一路"国际合作平台是全球治理再平衡的"中国方案"。"一带一路"建设以经济为重点的同时涵盖文化、生态等多领域的互联互通实践,注重与沿线国家形成优势互补,与其他国际合作机制相对接。"一带一路"国际合作平台是作为新兴大国的中国基于当前全球治理不足而提供的准公共品,它正在改变当前全球发展公共品供给不足的局面,深刻影响和变革当前全球发展局势,并在理念层面以"共商、共建、共享"的理念革新,探寻规则优先、权利对等、追求效率治理的路径。

　　无论是从时间维度和空间维度来看,"一带一路"建设既是世界百年以来发生的具有里程碑意义的事件,也是世界范围内具有广泛影响力的事件。一方面,"一带一路"倡议是 2008 年全球金融危机以后,以中国为核心的发展中国家本着构建人类命运共同体理念,谋求后发群体实现发展的行动方案。并且,"一带一路"国际合作平台在帮助后发国家改善其经济发展所依赖的基础设施、资金资本匮乏等方面有重要进展。同时,相关方案在解决当前"治理赤字""信任赤字""和平赤字""发展赤字"的实践中不断被拓展和细化,深化到诸如产业合作、能源合作、金融合作等具体层面,深刻地影响着当前全球经贸关系。另一方面,"一带一路"是世界的"一带一路"。单纯从"一带一路"覆盖的国家来看,包括东亚、西亚、中东欧、东南亚以及独联体国家等 65 个国家和地区,"一带一路"的变化完全可以构成世界之变。

　　以"一带一路"建设为引领,以亚投行、丝路基金、各类专项投资基金等为平台载体,密切同中亚、中欧、中非等地区合作,同联合国、东盟、非盟、欧盟、欧亚经济联盟等国际和地区组织的发展和合作规划对接,为沿线各方乃至世界经济发展做出更大贡献,预计将成为重要的发力方向。未来五到十年,"一带一路"建设预计将迎来集中发力期,引领中国加快构筑对外开放新格局。按照国家发改委发布的数据,仅"十四五"期间"一带一路"投资或超 20 万亿元人民币,在互联互通基础上,进一步带动中国现代服务业、制造业、农业的全方位对外开放。

24.2.3　世界格局大变革

1. 世界经济增长多级化

21 世纪初,新兴市场国家和发展中国家群体性崛起,使世界初步形成经济增长中心多元化格局,为世界多极化进程注入新动力,并极大地推动了世界多极化进程。一批经济增速快、发展潜力大的新兴市场国家和发展中国家引人关注。发展中国家的力量呈现整体抬升的态势,这使全球发展更加全面均衡,世界和平的基础更为坚实稳固。在 2008 年国际金融危机爆发之后,一批新兴市场国家实现了相对快速的复苏。这些国家不仅成为国际贸易和国际投资的重要力量,也成为世界经济增长的重要引擎。随着新兴经济体的崛起,发展中国家在全球经济中的地位更加重要。部分亚洲和非洲国家有可能成为全球经济增长的领跑者。

2. 世界经济重心加快东移

全球经济增长的重心持续从欧美转移到亚洲,亚洲经济占全球经济的份额不断上升。按照购买力平价衡量,亚洲经济的份额已从 20 世纪 80 年代初期不足 20% 上升到 2020 年的 47.3%。五年之内,亚洲经济总量将超过欧美,这意味着过去两百年间欧美经济主导全球经济份额的基本格局将彻底改变。除此之外,亚洲经济占全球出口的份额、外汇储备的份额也都呈现出类似的变化。从中长期看,新冠肺炎疫情也加速了世界经济重心向亚洲东移的进程。以中国为代表的亚洲国家和地区较为成功地应对疫情,为经济复苏奠定了坚实基础。数据显示,中国是 2020 年实现经济正增长的唯一世界主要经济体。2022 年《中国政府工作报告》指出,2022 年中国 GDP 预期目标为 5.5% 左右,这意味着中国还会是全世界经济增长最主要的动力源。

3. 国际力量对比深刻调整

一是中美关系发生深刻变革。中美可能从过去的互利共赢关系走向以规则为基础的竞争合作关系,中美关系面临较大不确定性。中美博弈过程是一个不断塑造的过程,美国可以将中国塑造为竞争对手,也可以将中国塑造为竞争伙伴。二是各国对中国发挥更大作用的期盼增强。全球经济治理正处于加速变革期,随着全球性议题和挑战的增多,中国将更深入承担大国责任,新兴经济体和发展中国家希望中国推动加快全球治理体系改革。国际社会对中国推动经济全球化寄予厚望,在维护多边贸易体系与完善全球经贸规则上,中国的政策选择为各方所瞩目。这为中国发挥负责任大国作用、深入参与全球治理提供了新的空间,有助于中国切实提升国际影响力和制度性话语权。

4. 全球治理结构重大变革

受全球化退潮和各国民粹主义回归的影响,国际政治经济格局向着不和谐、不稳定方向发展。有专家认为,就国际政治格局而言,原有的世界多极平衡合作格局逐渐退变为多极单边冲突格局。随着国际治理结构的衰退和冲突的加剧,未来国际政治走向可能从经贸竞争转向更深层次的主义之争、文明之争和全方位战略碰撞。

多极平衡合作被多极单边冲突取代。"冷战"结束以后,伴随着欧洲经济一体化和中国的发展,世界政治格局事实上形成了美国主导、多极参与合作和进行全球化治理的格局。当前,多极形态已由合作转向冲突。美国对盟国采取逼迫要挟的方式获取利益;对于中国,则直接视为竞争对手而与中国发生贸易摩擦。美国丧失参与国际事务热情,专注于本国利益,使得多极合作、和平局面因缺乏主导力量而不再有存在的基础。

经贸摩擦可能演变为全方位冲突。世界多极协商格局的瓦解和单边主义的兴起可能只是一个开始,随着冲突的加剧,经贸摩擦可能将演变为更深更广的全方位冲突。两个主要经济体——中国和美国——之间在科技、金融,甚至意识形态上的竞争将会愈发激烈。

24.2.4　世界经济深度调整

原有发展格局的外部条件已发生深刻变化,甚至不复存在。未来相当长一段时期内,世界经济将处于动能转换期,经济发展面临的深层次结构性矛盾短期内仍将难以得到根本解决,人口老龄化加快,全球化分工效应减弱,传统增长引擎对经济的拉动作用进一步降低。中国国家主席习近平在联合国发言中指出,"人类正处在大发展大变革大调整时期",世界和平与发展依然是主旋律,但同样不能忽视"人类也正处在一个挑战层出不穷、风险日益增多的时代",一个显著特征是经济长期乏力、金融危机挥之不去,并向非经济的社会文化领域继续蔓延。[①]

1. 处于长周期的低谷通道

(1) 世界经济呈现持续低迷、不确定性增加、复杂化的特征,进入上行通道

----

① 习近平:《共同构建人类命运共同体》,《求是》2021年第1期。

尚待时日。全球经济低速增长,贸易和投资增速持续放缓,世界经济不确定性显著增强,全球经济风险不容忽视,新技术不断涌现但短期内仍无法对经济增长提供足够支撑,全球经济将迎来新一轮的低速增长期。按照预测,2020—2030 年全球经济平均增速仅为 2.6% 左右,其中发达经济体经济增速将进一步放缓至 1.6% 左右,发展中国家在 4.9% 左右,均低于过去 30 年的平均水平。以中国为例,从历史视角来看中国的外贸状况,自 2001 年底加入 WTO 至 2006 年,中国对外贸易迎来了蓬勃发展的黄金时期,贸易额和贸易占 GDP 比例均稳步攀升,同时外商在华直接投资的贸易额和贸易占中国总贸易比例也在上升。2007—2009 年,美欧金融危机爆发导致中国对外出口、进口占 GDP 比例出现明显的下滑。2010 年以后,中国对外贸易在总量上仍有一定的增加,但是对外出口、进口占 GDP 比例都在不断下降。同期,外商在华直接投资的出口、进口占中国出口、进口比例也在不断下滑。这表明加入 WTO 后国际制度红利激发的贸易创造效应已趋近消失。2016 年以来,世界经济增长乏力,黑天鹅事件频发,全球范围内的贸易保护主义持续抬头,中国推动外贸拓展的国际空间缩窄。

面对世界经济增长困局,随着以美国为代表的全球贸易保护主义"乱流"重新出现,各类贸易和技术争端带来的不确定性,对全球企业投资的信心和预期造成了严重冲击,目前全球对外直接投资已经连续数年下降,并且预计在"十四五"期间仍将呈现趋势性下降态势。在这一背景下,世界经济增长的不确定性显著增强,全球经济风险将有可能进一步加剧,特别是随着全球主要经济体进入新一轮的财政和货币政策扩张通道,预计通胀抬头、货币贬值、债务高企、利率走高将成为大概率事件,叠加大国对抗博弈、贸易摩擦升级、国际格局动荡等给全球金融市场带来的冲击,需要警惕再次爆发较大规模全球性金融危机的风险。

2020 年,在世界经济处于长期低迷状态并竭力寻求增长动力之际,新冠肺炎疫情以惊人的速度在全球蔓延,给世界经济带来强烈的负面冲击,引发市场的剧烈波动。虽然此次新冠肺炎疫情反弹不会中断全球经济复苏的趋势,但也暴露了发达国家和新兴经济体之间的分化加剧,世界经济复苏之路更加曲折,不确定性增加。首先,本次疫情蔓延打断了已经备受质疑的全球价值链,可能引发全球价值链的逆向发展。其次,美国挑起的与诸多国家的贸易摩擦和地缘政治冲突不确定性将对全球投资信心造成影响。以美国和欧盟为首的发达经济体普遍加强了对外国直接投资的审查和监管,以窃取技术、盗取数据、威胁国内市场公平竞争等理由,对外国投资者实行准入限制和调查。

(2)需求不振、产能过剩的全球调整将持续较长时间。因为发达国家与发展中国家对新冠肺炎疫情的控制水平不同,后疫情时代很难出现全球需求共振,经济复苏可能是接替性的,即发达经济体先恢复正常,发展中国家滞后恢复。这就意味着本轮经济复苏将呈现两个特点:一是持续时间可能延长;二是基本面反弹高度有限。

从发达国家近期经济表现来看,居民实物消费已恢复至新冠肺炎疫情前水平,但就业、产能利用和服务消费恢复却仍在半途中。美国、日本等一些国家在上轮救助计划中,有相当一部分是直接针对家庭发放现金救助。美国包括向失业人员提供每周额外600美元救济金和一次性补助。因此,一些发达国家的需求面,特别是居民实物消费需求的恢复状况相对要好于供给面。但是我们也应该看到,一方面,这些救助政策是不可持续的,但疫情的反复"绑架"了政策空间,使这些刺激政策很难完全退出;另一方面,新冠肺炎疫情对劳动力就业市场产生持续性冲击,失业率居高不下,人均收入未回到疫情前水平,这也为未来埋下隐患。

新冠肺炎疫情反复,引发多国经济社会多次暂停和重启,经济复苏受制于疫情恶化态势。并且,经济前景充满不确定性,企业投资意愿不强,工业生产恢复需要更长周期。尚未确认经济复苏势头之时,企业往往不会为扩大再生产而立刻着手增加新雇员,因而就业市场恢复缓慢。综合来看,就业市场恢复缓慢直接制约了全球需求的复苏。新冠肺炎疫情的反复又加剧了发达国家和发展中国家的分化,全球调整将持续较长时间。

2. 世界经济重新平衡

(1)原先世界经济三级循环的平衡格局被打破。世界经济三级循环的表现形式是:资源国提供原材料,生产国扮演世界工厂,消费国源源不断产生需求。这一结构的核心是全球经济一体化,并且演变为负债推动的全球经济大循环。掌握"负债权力"的国家负责扩张债务,它的债务扩张转化成需求的源头,而全球一体化分工将这种消费需求转化成对全球供应链的需求,促进生产者生产转化为出口和贸易顺差,顺差的累积转化为生产国的储蓄和投资。而由于生产环节的利润可观,来自金融流动的资本也会涌入高收益国家来分享红利,资本和贸易的双顺差形成反馈机制,生产国的投资、出口、消费都处在正向反馈中。这些对那些向生产环节提供原材料的国家也提供了外围的需求。

每个国家拥有的资源禀赋不同,使得各个国家在这种三级架构中根据各自的人口、土地、资源、地理位置等核心资源形成了自然的定位。其中,中间生产国需要具备最大的生产要素就是人口和土地,这个环节国家的经济增长潜力非常大，一旦制度得以放开，往往可以释放巨大的经济增长潜力。变化不大的其实是资源国，包括中东、非洲、拉丁美洲等国家，也包括澳大利亚、加拿大、俄罗斯、蒙古共和国、哈萨克斯坦等国家。虽然这里面有发展中国家，也有发达经济体，但这并不影响定位分工。

全球经济失衡，第一步起因于全球贸易与互联网技术的应用。它造成了全球供给能力的提升，美国消费掉全球供给能力提升所带来的好处，主要源于其科技实力、货币地位和强大的金融市场。值得注意的是，自从科技泡沫破灭以后美国向全球输出产品的能力其实变弱了，于是货币和金融成为支撑其消费能力的关键，货币超发、金融产品创新造就了美国居民财富的上升。第二步源于石油价格的上涨。石油曾是美国最大的进口产品，美元的超发导致油价上涨，美国国内开始出现通货膨胀，然后，美国开始紧缩货币，加速金融去杠杆。金融去杠杆要么是减负债要么是加资产，而这个时候资产已经严重泡沫化，根本没有办法通过实体来做实，只能通过降低负债，主要方法是卖资产，于是引起资产价格的大幅下跌，最终引发次贷危机。在次贷危机之后，美国人的资产永远增值梦被打破，于是消费也起不来，最终出现了全球范围内有效需求不足的问题。

需求难以提振，从根本上说，是因为消费国消费、生产国生产的全球经济平衡模式已经遇到瓶颈，全球需要新的产业分工、价值分配、资源分配模式，从而形成新的平衡。世界主要国家参与全球经济运转的方式必须调整。以中国为例，中国若继续按照以前的增速提高产量，世界将无法消化。2008年金融危机中，为了应付全球的需求下滑并挽救金融资产，全球央行开始通过"大放水"政策，来提振需求。中国政府因此出台了"四万亿元"计划，稳住了经济，成为全球最先反弹的经济体，但这同时也给后续经济发展带来了负面影响。负面影响之一就是进一步刺激了信贷，四万亿元的资金基本上都投入了基础设施建设，且四万亿元加入了大量杠杆，加上一些地方政府进行了配资，绑定了许多银行债务。此外，在这些工程建设上处于行业上游的钢筋、水泥、工程机械等都是近年来产能过剩最严重的部门；而银行出于保增长等目标继续扩张需求，于是需求猛增，地贵了，原材料贵了，钱也贵了，进而产生了较大的资产泡沫和通货膨胀。负面影响之二是，由于基建很多都是国有部门的项目，信贷资源的偏向配置导致了国有部门对民营部门的挤出效应，客观上促进了"国进民退"。随着之后政策的几度调整，以及外需的持续降低，产能过剩业已形成，刺激政策的影响也只是短期而已。

（2）寻求新的世界经济循环和平衡。三级架构下世界秩序的核心矛盾毫无疑问就是我们前面讨论过的情况——分配关系失衡。教科书式的动态再平衡和各种再平衡机制在现实世界里并没有也不会发生,每次趋近饱和,全球分配失衡趋近于无法调和的时候,中间生产环节往往试图通过升级转型来提供更为广阔的空间,这个时候必然会触及其他环节的利益,因而面临一次全球利益重新分配的过程,只有再分配才能够让全球经济需要寻求新的增长动力。

事实上,自第二次世界大战后全球经历了三次全球一体化下的分工:第一轮以二战后恢复建设和发展的德国和日本为代表,在20世纪70年代,全球的失衡关系最终影响到了债务权力的核心,需求的扩张戛然而止,而日本和德国寻求挑战的阶段也触碰了利益分配的敏感点,全球第一次战后再平衡开始发生,从日本的广场协议一直到当年的美日贸易争端,最终于1987年引发了全球金融市场的巨大动荡,日本因此陷入“失去的十年”,最终亚洲“四小龙”在这一轮再分配过程中受益。第二轮以亚洲“四小龙”为代表,1997年亚洲“四小龙”带来的全球再平衡,最终使得中国在这一轮再分配过程中受益。第三轮以中国为主的新兴经济体为代表,而现在全球或许正在经历第三轮再分配和再平衡过程,而这第三轮却远比预期中要复杂和困难得多。

(3)全球资源和产能的重新分配过程。在次贷危机以前的经济周期中,美国、欧盟等发达经济体通过提高自身负债率,为全球需求提供来源,自身对外贸易赤字持续扩大。但如今发达国家内部也出现了分化。美国其实对欧盟存在贸易逆差,所以美国是全球贸易更为重要的需求来源,而德国是商品提供国。新兴经济体抓住全球化的机遇迅速崛起,通过出口带动了自身经济增长,其中以中国、韩国等新兴经济体最为受益,同时新兴市场通过出口获取的大量贸易盈余外汇,大部分以资本投资回流美国、欧元区等发达经济体中,为发达国家私人部门加杠杆提供了资金来源。然而,发达经济体私人部门杠杆率不可能持续上升,这决定了该增长模式不可持续。

在新一轮经济周期中,发达国家内部,其居民自身加杠杆的意愿下降,消费属性将有所下降。同时,美国企业部门完成了去杠杆以及其成本相对优势有所提高,美国制造业回归意味着此前对于发达国家和出口国家在消费和生产上的划分较上一轮经济周期将有所淡化。发达国家之间杠杆率调整的速度不同,使得美国经济将甩开包袱在新的周期中前进,而欧元区可能将继续经受调整的阵痛。

随着发达国家自身经济的调整,新兴市场内部经济的调整将不可避免。在上一轮经济周期中,中国制造业在新兴市场中独占鳌头。随着汇率、人口结构优势的下降,中国对资金以及全球产业转移的吸引力将出现阶段性下降。相对应地,东盟经济体的相对优势正在不断上升。中国将逐渐从传统生产加工制造的环节向上伸展,在技术研发、产品设计等方面寻求更为广阔的空间,这就需要更为广阔的增长空间和更多的利润来源来弥补。如果全球一体化不能够通过再平衡、再分工成功地进行扩展,那势必会破坏整个国际三级分工体系中每一环的利益空间。

25 新发展格局的内涵要义 *

25.1 新理念指导

25.1.1 以人民为中心的发展

"人的自由而全面发展"是马克思主义历史唯物论的价值核心和基本原则，它是马克思和恩格斯在人类社会发展道路的探索中所找到的通往人类解放之路。中国共产党的四代领导集体继承了这一价值观，并在社会主义建设的实践中对其进行了理论创新和实践转换，形成了系统的"以人民为中心"的发展思想。

1. 中国共产党以人民为中心发展思想的起源、传承与革新

全心全意为人民服务是中国共产党的根本宗旨，也是一切工作的根本出发点和归宿，中国共产党领导集体在不同的历史时期，从不同的角度阐释了"以人为本"的思想，既一脉相承，又与时俱进，最终形成了"以人民为中心"的发展思想。

毛泽东把马克思主义的群众观点系统地运用在党的全部活动中，形成了内容丰富的"为人民服务"的群众本位思想。首先，坚持人民利益至上，在 1944 年发表的《为人民服务》一文中，毛泽东鲜明的指出："我们这个队伍完全是为着解放人民的，是彻底地为人民的利益工作的"，1945 年在《论联合政府》一文中，毛泽东又完整地提出了"全心全意为人民服务"的宗旨，把是否和最广大人民取得最密切的联系，是否争取实现和维护最广大人民的根本利益，看成是共产党员和其他政党区分的显著标准之一，要求全心全意为人民服务，时刻把群众的利益放

---

* 本章原载周振华主编《新时代：经济思想新飞跃》（格致出版社、上海人民出版社 2022 年版）第四章第四节（与李鲁合作，第一作者），作了适当修改。

在第一位。①其次，坚持依靠人民。认为"人民，只有人民，才是创造世界历史的动力"，"只要我们坚定地相信群众，紧紧地依靠群众，始终与人民群众打成一片，最广泛地发动群众，组织群众，那任何困难都能克服，任何敌人都能战胜。"就发展路径而言，"要坚定地相信群众、依靠群众，充分调动广大人民群众的积极性、创造性，就一定能把中国建设成为一个强大的社会主义国家，使人民过上幸福美满的生活。"最后，坚持对人民负责。毛泽东经常强调："我们的责任，是向人民负责。每句话，每个行动，每项政策，都要适合人民的利益，如果有了错误，定要改正，这就叫向人民负责。"②

邓小平坚持和发展了毛泽东有关"群众本位"的思想，认真总结了社会主义革命和建设的经验与教训，在改革开放和建设中国特色社会主义的发展实践中，形成了比较科学而系统的"人民本位"思想。③"人民本位"在本质上就是人民历史主体的思想、人民群众创造历史的观点在现实生活中的具体展现，其内涵是指视人民为历史的主体、国家的主人，主张国家的发展靠人民，社会的进步为人民，政府的行为利于人民，党的领导服务于人民。邓小平提出了"解放生产力，发展生产力，消灭剥削，消除两极分化，最终达到共同富裕"的著名论断，充分体现出了社会主义本质的人本取向。④而"一切为了群众，一切依靠群众，从群众中来，到群众中去"的群众路线，更是顺应和适应中国人民和中国发展的实际要求，体现了中国共产党"以人为本"的信念。⑤

江泽民立足于中国社会主义现代化建设的实践和当代世界发展的趋势，进一步充实和发展了毛泽东与邓小平"群众本位"的思想，提出了"人的全面发展是社会主义的本质要求"，社会主义"既要着眼于人民现实的物质文化生活需要，同时，又要着眼于促进人民素质的提高"。在庆祝建党八十周年的重要讲话中，他又进一步指出，"推进人的全面发展，同推进经济文化的发展和改善人民物质文化生活是互为前提和基础的，人越全面发展，社会物质文化财富就会创造得越多，人们的生活就越能得到改善，而物质文化条件越充分，又越能促进人的全面发展，这两个历史过程应相互结合、相互促进地向前发展"。⑥

---

①　《毛泽东选集》（第 3 卷），人民出版社 1966 年版。

②　《毛泽东选集》（第 4 卷），人民出版社 1966 年版。

③　梁树清：《论邓小平"以人为本"的思想及其理论表现》，《青岛科技大学学报》2003 年第 3 期。

④　《邓小平文选》（第 3 卷），人民出版社 1993 年版，第 373 页。

⑤　武晟：《邓小平"以人为本"的社会发展观》，《湖湘论坛》1998 年第 1 期。

⑥　《江泽民文选》（1—3 卷），人民出版社 2006 年版。

　　胡锦涛继承和弘扬了马列主义、毛泽东思想和邓小平理论,深入贯彻"三个代表"重要思想中的"群众本位"发展理念,进而在提出"权为民所用、情为民所系、利为民所谋"的基础上,又创造性地提出了"以人为本"的科学发展观①和"人民群众是历史的创造者"这一基本原理。他明确指出,"人民群众是中国特色社会主义事业的依靠力量,要尊重人民的主体地位,最充分地调动人民群众的积极性、主动性和创造性,最大限度地集中全社会全民族的智慧和力量,最广泛地动员和组织亿万群众投身中国特色社会主义伟大事业"。就如何调动广大人民群众的积极性、主动性、创造性这一问题,他认为必须极大地改善民生,让人民群众共享发展成果。

　　中国特色社会主义发展进入新时代以后,习近平总书记创造性地提出了"以人民为中心"的发展思想,指出"必须坚持以人民为中心的发展思想,不断促进人的全面发展、全体人民共同富裕"。②习近平总书记明确肯定人民群众是社会历史发展的主体力量。关于人民群众对于社会历史发展的重要地位和作用,习近平总书记具有非常深刻的认识。他曾多次强调指出,"人民是历史的创造者,群众是真正的英雄"。他坚定地认为,人民群众是社会改革的主体。人民群众在推动社会历史发展进程中起着决定性作用;同时,人民群众也是社会革命和改革的主力军,在推动社会制度改革和完善的过程中发挥着巨大作用。就经济发展的目的和归宿而言,习近平总书记再三强调要"让一切劳动、知识、技术、管理、资本的活力竞相迸发,让一切创造社会财富的源泉充分涌流,让发展成果更多更公平惠及全体人民"。在总结中国未来发展的宏伟目标时,习近平总书记对人民群众的利益和福祉也给予了高度重视。例如,他在总结概括中国未来目标和"中国梦"的主要内涵时,强调实现"两个一百年"目标和中华民族伟大复兴中国梦,"就是要实现国家富强、民族振兴、人民幸福"。这种把人民幸福作为党和国家方针政策最终归宿和落脚点的思想,进一步凸显了"以人为中心"思想所蕴含的共享发展理念。中共十九届六中全会从问题导向强调"新时代我国社会主要矛盾是人民日益增长的美好生活需要和不平衡不充分的发展之间的矛盾",指出推动全体人民共同富裕的实质性进展必须"坚持以人民为中心的发展思想,发展全过程人民民主"。③

---

　　① 胡锦涛:《高举中国特色社会主义伟大旗帜,为夺取全面建设小康社会新胜利而奋斗——在中国共产党第十七次全国代表大会上的报告》,《人民日报》2007 年 10 月 25 日。

　　② 习近平:《习近平谈治国理政》,外文出版社 2014 年版。

　　③ 十九届六中全会《中共中央关于党的百年奋斗重大成就和历史经验的决议》。

　　总之,"以人民为中心"的发展思想是中国特色社会主义理论体系的重要组成部分,赋予了中国化的马克思历史唯物论发展观崭新的时代特色,契合马克思主义执政党"全心全意为人民服务"的价值立场,体现出中国特色社会主义发展的独特内涵和价值追求,达到了理论价值维度、实践价值维度与方法论价值维度的高度统一。①

　　2. 新发展理念体现了"以人民为中心"的发展内核

　　首先,新发展理念反映了"以人民为中心"的发展思想中坚持人民主体地位的内在要求。习近平总书记结合新时代中国改革和发展的现实状况,提出人民群众不仅是社会发展、社会改革的主体,而且是社会创新的主要力量。党的十九大报告中强调"人民是历史的创造者,是决定党和国家前途命运的根本力量",因此必须对"人民群众所表达的意愿、所创造的经验、所拥有的权利、所发挥的作用"充分尊重。②

　　其次,新发展理念拓展了"以人民为中心"发展理念的内核,尤其是确立了创新、协调、绿色、开放、共享的新发展理念,以及国内国际双循环的发展思路,要求提高发展的创新性、包容性、公平性、普惠性、整体性,把人民共创、共建、共享、共有、共同富裕作为根本出发点和归宿,增强人民的获得感、幸福感和安全感。同时,"以人民为中心"的发展思想注重坚持以经济建设为中心,聚精会神抓发展,力求实现以经济建设为中心与"以人民为中心"的辩证统一,在发展的基础上不断提高人民生活水平,满足人民群众日益增长的物质文化和生态产品需要,通过解决好人民群众普遍关心的突出问题,带动投资,增加供给,培育新的增长点,拉动经济增长。

　　最后,新发展理念也体现了中国特色社会主义始终坚守的"以人为本"理念的价值理性。中国特色社会主义的开辟,是从对"什么是社会主义,如何坚持和发展社会主义"这一重大时代课题的追问和探索开始的。经过40多年的探索,习近平新时代中国特色社会主义思想提出了坚持"以人民为中心"的发展理念,科学判断中国发展的历史方位,深刻把握人民群众的需要呈现多样化、多层次、多方面的特点,着眼于人的全面发展和社会全面进步,不断深化对共产党执政规律、社会主义建设规律、人类社会发展规律的认识,作出了"经过长期

---

　　①　李怡、肖昭彬:《"以人民为中心的发展思想"的理论创新与现实意蕴》,《马克思主义研究》2017年第7期;姜淑萍:《"以人民为中心的发展思想"的深刻内涵和重大意义》,《党的文献》2016年第6期。

　　②　《习近平在省部级主要领导干部"学习习近平总书记重要讲话精神,迎接党的十九大"专题研讨班开班式上发表重要讲话》,《人民日报》2017年7月28日。

努力,中国特色社会主义进入了新时代""我国社会主要矛盾已经转化为人民日益增长的美好生活需要和不平衡不充分的发展之间的矛盾"的科学论断[①],这是党根据新的时代条件和实践要求,着眼于人民群众日益增长的需要,对中国发展所处历史方位作出的新判断,也正是马克思唯物历史观和科学社会主义思想的传承与创新。

25.1.2　高质量发展

随着我国社会主要矛盾已经转化为人民日益增长的美好生活需要和不平衡不充分的发展之间的矛盾,发展中的矛盾和问题集中体现在发展质量上。这就要求我们必须把发展质量问题摆在更为突出的位置,着力提升发展质量和效益。而在面向未来发展的新征程,我们必须在更加开放的状态下,才能推动中国经济实现高质量发展,满足人民群众日益增长的美好生活需要。

进入新时代,"我国经济已由高速增长转向高质量发展阶段"成为中国经济发展的基本标志。根据国内学者研究的理论成果,可以将高质量发展整理为以下方面:第一,基于新常态视角,高质量发展是在"认识新常态、适应新常态、引领新常态"基础之上的更为深入的课题,是在保持经济平稳运行的同时,对经济结构、质量和效率等方面作出的更高要求。第二,体现新发展理念,高质量发展是坚持新发展理念要求的发展。其中,创新是高质量发展的动力,协调是高质量发展的途径,绿色是高质量发展的恪守,开放是高质量发展的要求,共享是高质量发展的目标。第三,针对社会主要矛盾的转变,新时代要解决的是人民对美好生活的愿望与不平衡不充分发展之间的矛盾,高质量发展要围绕新时代的人民在经济、政治、文化、社会、生态等方面的期盼,不断满足人民日益增长的美好生活需要。第四,立足宏、中、微观层面。高质量发展在宏观层面研究国民经济的整体质量和效率,"包括经济增长质量、国民经济运行质量、经济发展质量、公共服务质量、对外贸易质量、高等教育质量和经济政策质量"[②]宏观层面解决的是生产力质量不高的问题,可以从建立质量效益型宏观调控新机制、转变宏观调控目标、建立完善供给体系、用全要素生产率或国际竞争力来衡量等入手,实现生产力质的提升。中观层面围绕产业结构、产业低端锁定、投资消费结构和收入分配结构展开,解决的是经济结构不平衡问题,目标是实现经济结构的平衡以及产业

[①]　习近平:《决胜全面建成小康社会,夺取新时代中国特色社会主义伟大胜利》,《人民日报》2017 年10 月 28 日。

[②]　任保平:《新时代高质量发展的政治经济学理论逻辑及其现实性》,《人文杂志》2018 年第 2 期。

链的中高端锁定。微观层面围绕产品质量和服务质量展开,解决的是供给与需求不平衡问题,目标是产品和服务质量的普遍提升。第五,反映资源有效配置的要求,高质量发展是高效率的投入和高效益的产出。由上述可知,高质量发展的内涵包括以下几点:

一是要素投入产出比率高,意指在既定要素投入下产出增进,或既定产量条件下使用较少的生产要素投入及环境代价,通过要素最优组合和要素投入效率共同实现经济增长和发展。其内在逻辑是从要素投入数量转变为要素投入效率,从全要素生产率增长的分解与测算升级到对生产率增长动因的追溯与验证,突出经济增长的有效性。

二是国民经济系统内部结构不断优化,其内在逻辑是从以"增量扩能"为主转向"调整存量、做优增量"的结构性深度调整,是供给结构、需求结构、产业结构的优化升级,从而实现产品供给质量的升级,突出经济系统结构的协调性。

三是经济发展以创新驱动为主。从劳动、资本等要素型驱动转换为主要依靠劳动力素质提高、技术创新、管理创新投入、制度创新等知识要素拉动,从而为经济增长提供持久动力,突出经济发展动力的转变,为人民群众提供其所需的多样化、个性化、高端化产品和服务。

25.1.3 基于忧患意识的发展

历史经验和实践表明,新兴市场在经济发展和现代化道路上通常面临内生性危机和外源性冲击的双重压力,而且在特殊时期和条件下,两者可能形成自我强化的负反馈循环。新兴市场自身的脆弱性既是内生性危机的诱因,也是放大外源性冲击的介质。对前者而言,脆弱性暴露出了新兴市场自身结构和制度的缺陷,主要表现在生产结构单一、财政赤字严重、国际收支失衡、社会保障乏力、政府治理薄弱等方面。对后者而言,新兴市场通过贸易、投资、金融和大宗商品等渠道暴露并放大了相关风险。最终,内生性危机往往带来经济发展模式转型或对改革的再改革等发展战略的变革,外源性冲击往往带来对结构性改革和政策框架的微观调整。因此,为打破可能形成的负反馈循环,新兴市场国家必须从解决自身脆弱性入手。[①]

首先,化解国内增长压力与畅通国内大循环。基于国际秩序变革和世界经济深度调整,中国提出构建以国内大循环为主体、国内国际双循环相互促进的新

---

① 杨昕、张荣臣:《中国共产党忧患意识的传承发展与现实启示》,《治理现代化研究》2020 年第 2 期。

发展格局,这正是应对百年未有之大变局的重大举措。换句话说,结构性改革是
国内大循环的根本保障,也是畅通国际循环的原动力;更高质量的国际循环反过
来也将提升国内资源、要素市场化配置的效率,两者相辅相成。以国内大循环为
主体凸显中国超大市场规模和内需潜力优势,其着力点主要集中于促进消费、稳
定投资以及加快产业升级。就消费而言,既要通过收入分配改革提升居民可支
配收入,以扩大私人消费的增量空间,又要通过完善社会保障制度,以消除居民
消费的后顾之忧。就投资而言,加强新型基础设施建设、加强新型城镇化建设、
加强重大工程建设,是发挥投资关键作用的重要支点。就产业而言,既要通过实
施乡村振兴战略、制定制造强国目标以及提升服务业质量等举措,促进产业结构
升级,也要利用区域发展差异、产业技术梯度等,提前布局并保持产业链供应链
稳定。

其次,防范国际风险与双循环新发展格局。新发展格局不是封闭的国内循
环,而是开放的国内国际双循环。这种开放性主要体现在两个方面:一是自身建
设更高水平开放型经济新体制。例如,海南自由贸易港建设以及支持深圳实施
综合授权改革试点等,都是中国探索和推进更高水平开放的战略选择。二是以
"一带一路"建设为抓手加强多层次、多领域的国际经济务实合作。促进互联互
通、坚持开放包容,是应对全球性危机和实现长远发展的必由之路,共建"一带一
路"国际合作平台可以发挥重要作用。以国内大循环为主体、提升应对风险挑战
能力是苦练"内功",而促进更高水平国际循环是在复杂多变的外部环境中历练
自己的"试金石"。简言之,唯有坚持在推动双循环发展中防范化解重大风险,才
能在不稳定因素增多的世界中立于不败之地。[①]

25.2　基本内涵

25.2.1　新发展格局的逻辑

进入新发展阶段、贯彻新发展理念、构建新发展格局,是由中国经济社会发
展的理论逻辑、历史逻辑、现实逻辑决定的。[②]构建新发展格局是应对新发展阶段
机遇和挑战、贯彻新发展理念的战略选择,确立了中国经济现代化的路径选择。

---

①　金怡顺、陶厚勇:《中国共产党忧患意识的历史发展及其现实意蕴》,《社会科学家》2016 年第 6 期。

②　习近平:《把握新发展阶段,贯彻新发展理念,构建新发展格局》,《求是》2021 年第 9 期。

1. 新发展格局的理论逻辑

构建新发展格局的理论逻辑就是比较优势的演变,即基于国内大市场的规模经济比较优势将取代传统劳动力资源丰富的比较优势。中国进入一个新发展阶段,原先劳动力充裕及低成本价格的比较优势逐步消减,但随着经济发展与收入水平提高,潜在国内大市场的规模经济效应将日益显现。

根据克鲁格曼垄断竞争贸易理论提出的"本国市场效应",对于存在规模经济的产业,内需大的国家往往可以在出口贸易中具有优势,成为该产业的净出口国,庞大的国内市场可能成为国际贸易优势的来源。本地市场效应又称为母国市场效应,是指在一个存在报酬递增和贸易成本的世界中,那些拥有相对较大国内市场需求的国家将会有更大比例的产出,从而成为净出口国。相比之下,在不变规模收益的比较优势框架下,需求大的市场往往是此种产品的进口国。因此,本地市场效应可以将以递增规模收益为特征的经济地理和以不变规模收益为特征的比较优势两种范式区分开来。对于非对称的市场规模对产业空间结构的影响,克鲁格曼的垄断竞争模型给出了两个相关的结论。首先,克鲁格曼证明了,即使两国有相同的偏好、技术和禀赋,规模收益递增会导致两国贸易,对某种产品拥有更多消费者的国家将是此种产业的贸易剩余者。其次,赫尔普曼和克鲁格曼进一步发展了此模型,证明了在规模报酬递增产业,更大国家的厂商份额要超过其消费者比例。

普遍有一种看法,认为扩大内需或者依靠国内大循环对企业来说就必然意味着减少出口。然而,在本地市场效应存在的情况下,内需与外需并不一定是相互替代的关系,反而可能是相互促进的。中国日益增大的国内市场会促使规模经济的形成,会使得很多企业超比例地集聚在中国,如汽车、高铁、大飞机,从而形成这些具有规模经济的产品的净出口。如果我们把各产业分成两类,一类是规模经济明显的产业,一类是规模经济不明显的产业,那么今后中国有可能会在规模经济明显的产业部门形成比较优势,从而形成"规模经济明显"产品出口、"规模经济不明显"产品进口的贸易格局。

2. 新发展格局的历史逻辑

从历史逻辑来看,经过新中国成立70多年特别是改革开放40多年的快速发展,中国共产党带领人民经过不懈奋斗迎来了从站起来、富起来到强起来的历史性跨越,这个过程都是党带领人民致力于国家现代化目标的历史过程。当前,中国特色社会主义进入新时代,决战决胜脱贫攻坚目标如期完成,全面建成小康社会取得胜利。在实现第一个百年奋斗目标之后,乘势而上开启全面建设社会主义现代化国家新征程,向第二个百年奋斗目标进军,这标志着中国进入一个新发展阶段。[1]

面对新阶段、新特征、新要求,发展仍然是中国共产党执政兴国的第一要务,是解决中国一切问题的基础和关键。党领导人民治国理政,很重要的一个方面就是要回答好实现什么样的发展、怎样实现发展等重大问题。十八大以来,中国共产党对经济形势进行了科学判断,对经济社会发展提出了许多重大理论和理念,对发展理念和思路作出及时调整,其中新发展理念是最重要、最主要的,引导中国经济发展取得了历史性成就、发生了历史性变革。新发展理念回答了关于发展的目的、动力、方式、路径等一系列理论和实践问题,是开启全面建设社会主义现代化国家的思想引领。

历史经验证明,办好自己的事,把发展的立足点放在国内,是一个大国经济发展的必然要求。[2]经过改革开放 40 多年的坚实发展,中国已经形成广阔的国内市场、齐全的国民经济体系、雄厚的物质基础,以及人才储备和治理优势,需要在新发展阶段构建新发展格局,以国内大循环为主体,国内国际双循环相互促进,实行高水平对外开放,塑造中国参与国际合作和竞争的新优势。《中共中央关于党的百年奋斗重大成就和历史经验的决议》中在回溯历史、谋划未来蓝图时,亦指出"必须坚持和完善社会主义基本经济制度,使市场在资源配置中起决定性作用,更好发挥政府作用,把握新发展阶段,贯彻创新、协调、绿色、开放、共享的新发展理念,加快构建以国内大循环为主体、国内国际双循环相互促进的新发展格局,推动高质量发展,统筹发展和安全"。

3. 新发展格局的现实逻辑

习近平总书记指出"新发展格局是根据我国发展阶段、环境、条件变化提出来的,是重塑我国国际合作和竞争新优势的战略抉择"[3]。当今世界正经历百年未有之大变局,中华民族伟大复兴正处于关键阶段。尽管国际风云变幻,但时与势在我们一边。当前和今后一个时期,虽然中国发展仍然处于重要战略机遇期,但所面临的机遇和挑战都有新的发展变化,机遇和挑战之大都前所未有,总体上机遇大于挑战。我们必须准确研判形势,认清历史方位,抓住重要时间窗口期,着力解决社会主要矛盾,破解制约发展的各种体制机制弊端,调动一切可以调动

---

[1]　金碚:《关于"高质量发展"的经济学研究》,《中国工业经济》2018 年第 4 期。

[2]　黄群慧:《"双循环"新发展格局:深刻内涵、时代背景与形成建议》,《北京工业大学学报(社会科学版)》2021 年第 1 期。

[3]　习近平:《正确认识和把握中长期经济社会发展重大问题》,《求是》2021 年第 2 期。

的积极因素,团结一切可以团结的力量,充分激发全社会的活力和创造力。按照党的十九届五中全会擘画的宏伟蓝图,立足新发展阶段,贯彻新发展理念,构建新发展格局,立足自身发展,不断增强自身生存力、竞争力、发展力、持续力,全力办好自己的事,实现既定目标。因此,通过构建新发展格局,加快推动一系列重大战略贯彻实施。这是因时而动、顺势而为,是符合中国社会发展内在规律的逻辑必然。[①]

25.2.2　国内大循环为主体

过去中国实施的是"大进大出,两头在外"的以国际经济循环为主的发展模式,这种模式已经不适应目前国内经济发展形势的转变,无法实现经济的高质量发展。要逐渐实现经济循环模式由以国际循环为主向以国内大循环为主体、国内国际双循环相互促进新发展格局的转变。其中,首先要实现国内大循环。这意味着,要坚持扩大内需这个战略基点,加快培育完整内需体系,把实施扩大内需战略同深化供给侧结构性改革有机结合起来,以创新驱动、高质量供给引领和创造新需求,加快构建以国内大循环为主体、国内国际双循环相互促进的新发展格局。

1. 构建国内统一市场,挖掘内需潜力是国内大循环的前提

通过供给侧结构性改革打通生产、分配、交换、消费各个环节,使生产、分配、交换、消费各个环节更多依托国内市场,促进生产要素自由顺畅地流动。提高中国供给体系对于国内需求的适应能力,从而形成需求牵引供给、供给创造需求、供求平衡的更高质量发展新格局。在这种格局中,正确处理好传统消费升级与新兴消费培育、内需结构升级与空间优化的关系,激活中国超大规模市场的需求潜力,形成内需主导型增长体系。内需是中国经济发展的基础动力,新时代人民日益增长的美好生活的需要与不平衡不充分发展之间的矛盾已经成为中国的主要矛盾,要满足人们日益增长的美好生活的需要,扩大内需是必不可少的环节;所以"十四五"时期构建新的发展格局,要把握以扩大内需作为基点的战略抉择。激活中国的大规模市场,在提升自身供给体系对国内适应性的基础上,构建完整的内需体系。通过国内的大规模市场加强国内、国际两个市场之间的互联互通,这是构建基于双循环发展格局、推动高质量发展的优势所在。

[①] 董志勇、李成明:《国内国际双循环新发展格局:历史溯源、逻辑阐释与政策导向》,《中共中央党校(国家行政学院)学报》2020 年第 5 期。

第一，强化消费对经济增长的基础性作用。"十四五"时期在以需求牵引供给的发展格局的形成过程中，夯实消费在拉动经济增长过程中的基础地位，推动传统消费不断升级。随着新经济体系的不断完善，消费也在逐渐转型，线上消费模式不断发展壮大，要加强线上线下消费模式的融合发展，以增加消费对经济增长的贡献率。

第二，发挥投资对于经济发展的关键性作用。中国经济正在由传统的投资拉动向消费驱动发展模式转变，但投资对经济的拉动作用也不能忽视。中国仍然处于一个加速发展时期，各项基础设施建设都需要资金投入，"十四五"时期加大对基础设施等方面的投资可以释放中国内需潜力。同时要健全和完善投资的体制机制，更好地发挥政府的作用，同时强调市场的决定性作用。

第三，推进政府购买服务的改革。"十四五"时期要不断创新政府购买的服务方式，提升政府购买质量，确定政府购买的范围和目录，健全政府购买的体制机制和监督机制，以高效的政府购买来推进内需的不断增长。通过对消费、投资和政府购买的改革，不断扩大内需，实现"生产、分配、流通、消费"各个环节之间的相互促进，以此不断推进国民经济循环的畅通发展。

2. 坚持创新驱动是畅通国内大循环的必由之路

构建以科技创新提高自主创新能力的新发展格局。提高自主创新能力，突破核心技术是"十四五"时期形成国内大循环和构建新发展格局的关键。形成以科技创新提高自主创新能力的新发展格局需要从两个方面着手：

一是加强基础研究。基础研究领域虽然投入经费持续增长，但中国基础研究依然薄弱，要提高原始创新能力，促进原创理论的产生和原创发现的形成。只有不断提升自身创新能力，形成自己的原创理论，才能不断提升自身参与国际竞争的能力。中国是世界第一大制造大国，但长期以来对于关键核心技术的掌握度都不够，这阻碍了科技体制改革的步伐。"十四五"时期要以科技创新为引领，提升自主创新能力，不断提升企业的科技创新水平，推动从"中国制造"向"中国智造"的转变，为世界经济发展贡献"中国智慧"和"中国方案"。提升中国的国际竞争力，夺得发展先机，推动中国经济更稳、更快、更加可持续发展。

二是加强应用研究。促进基础研究、应用研究与产业化的有机衔接，加速科技成果向现实生产力转化，可以有效促进企业专利产出。加强企业的科技化转型，推进科技的产业化发展，立足于中国自主创新能力的建设，提升企业的科技创新水平，以科技创新引领产业向中高端水平发展。"十四五"时期要抓住新一轮科技革命这个战略机遇期，让科技革命的发展成果惠及国内各个部门。通过科技创新引领内需的不断扩大,畅通国内循环的各个环节,拉动经济增长向高质量目标发展,把内需潜力转换成实现高质量发展的动力。"十四五"时期还要充分发挥"集中力量办好自己的事情"的社会主义制度优势,不断释放内需潜力,激活国内大规模市场,提高自主研发能力,把关键核心技术掌握在自己手中。提高自主创新意识,重视企业在技术创新中的主体作用,同时更好地发挥政府的协调作用。[①]

3. 供给侧结构性改革是提高国内大循环质量的重要保障

在新发展格局构建中,着力推进供给侧结构性改革,提高供给体系的质量,提高生产和需求的适应性,适应国内需求的升级,促进供给体系升级,实现供给体系与需求体系在总量和结构上的均衡。同时在供给侧结构性改革的基础上发挥市场在资源配置中的决定性作用,完善产权制度,完善要素市场化配置,实现产权有效激励,增强微观主体活力。[②]

一是建立统一开放、竞争有序的现代市场体系。如表25.1所示,近年来,中国区域市场化进程提速明显。"十四五"时期进一步激发内需和国内市场的潜力,为畅通国民经济循环提供原动力,畅通国内市场和生产主体、经济增长和就业扩大、金融和实体经济的循环。构建基于双循环的新发展格局就要从市场化改革出发,实现畅通国民经济循环的发展要求,抓住扩大内需的战略基点,通过改革不断释放内需潜力,推动中国产业链与供应链的稳定发展。在保障供给体系安全的同时提高国内供给体系的生产质量,为畅通国民经济循环提供高质量供给体系,夯实经济高质量发展的基础。

表 25.1　2008—2016 年中国市场化指数总得分

地区	2008 年	2010 年	2012 年	2014 年	2016 年	2016 年比 2008 年 得分增减
全国	5.45	5.41	5.94	6.50	6.72	＋1.27
东部	6.87	7.14	7.95	8.49	8.67	＋1.80
中部	5.38	5.55	5.83	6.68	6.91	＋1.52
西部	4.25	3.88	4.26	4.78	5.05	＋0.80
东北	5.63	5.48	6.18	6.43	6.53	＋0.90

资料来源:王小鲁、樊纲、余静文(2018)。

[①]　马茹、罗晖、王宏伟、王铁成:《中国区域经济高质量发展评价指标体系及测度研究》,《中国软科学》2019 年第 7 期。

[②]　周文、李思思:《高质量发展的政治经济学阐释》,《政治经济学评论》2019 年第 4 期。

　　二是明确供给侧结构性改革的战略方向。"十四五"时期以供给侧结构性改革来推动国内国际双循环相互促进。双循环新发展格局是中国全面深化改革和全方面对外开放的主动选择。中国提出构建双循环新发展格局,目的是掌握中长期发展主动权,进一步推进改革开放,更深层次融入全球经济,并推动建立开放型世界经济,带动全球经济走向繁荣。近年来中国改革进入深水区,对外开放也进入了新阶段,中国需要转变开放方式,更好掌握对外开放主动权。一方面,基于内循环的畅通,未来将更具长期增长动力,这将直接推动中国各层次国际化水平,尤其为金融对外开放奠定良好基础。基于此,人民币资产也将具有高收益率、高独立性特征,人民币资产对国际资本的吸引力提高,有助于推进人民币国际化和以本币为主导的资本账户开放。另一方面,通过畅通国内大循环,可以降低对外依赖程度,具有更强的经济韧性以应对外部冲击,为国际大循环提供稳定"锚",掌握对外开放主动权,推动形成全球治理新格局。

　　三是促进资源要素顺畅流动,强化流通体系支撑。要素自由流动是国民经济循环的重点,必须突破制约要素合理流动的堵点,矫正资源要素失衡错配,从源头上畅通国民经济循环。提高金融服务实体经济的能力,健全实体经济中长期资金供给制度安排,创新直达实体经济的金融产品和服务,增强多层次资本市场融资功能。实施房地产市场平稳健康发展长效机制,促进房地产与实体经济均衡发展。有效提升劳动者技能,提高就业质量和收入水平,形成人力资本提升和产业转型升级良性循环。健全城乡要素自由流动机制,构建区域产业梯度转移格局,促进城乡区域良性互动。深化流通体制改革,畅通商品服务流通渠道,提升流通效率,降低全社会交易成本。与此同时,还需加快构建国内统一大市场,对标国际先进规则和最佳实践以优化市场环境,促进不同地区和行业标准、规则、政策协调统一,有效破除地方保护、行业垄断和市场分割。

25.2.3　国内国际双循环相互促进

　　在双循环新发展格局中,国内大循环和国际大循环之间是辩证统一的,既相互促进,又相互制约。一方面,国内大循环是主体,要求其具有相对独立性,但并不是"闭关锁国",而是为了更好融入并带动国际大循环。另一方面,国际大循环是支撑,通过国际大循环能够为国内大循环提供更大空间和更多动力。因而,畅通国内大循环是掌握主动实现国际大循环的前提,而畅通国际大循环是加快实现国内大循环的保障,最终形成国内国际双循环相互促进新发展格局。

1.　"十四五"期间构建"双循环"新发展格局的必要性

一方面，"十四五"时期是在全面建成小康社会基础上开启全面建设社会主义现代化国家新征程、向第二个百年奋斗目标进军的第一个五年，具有承上启下、继往开来的里程碑意义。我们也需要看到，当今世界正经历百年未有之大变局，随着中国综合国力、国际地位和影响力不断提升，继续发展的国际制约因素呈增加态势，"十四五"时期面临的外部环境可能更加复杂多变，特别是中美关系面临越来越强的不确定性，进出口贸易也可能受到严重影响。[①]2018 年美国政府单方面挑起中美经贸摩擦，旨在多维度打压中国经济、阻碍中国发展。尽管中美已正式签署第一阶段经贸协议，但中美经贸问题的长期性、复杂性与艰巨性不会改变。而境外新冠肺炎疫情蔓延扩散，全球主要国家经济的衰退程度普遍超预期，民粹主义势力抬头，以单边主义和贸易保护主义为代表的逆全球化倾向明显，进一步增加了外部环境的不稳定性、不确定性。要从持久战的角度把握中美关系本质，避免战略误判，放弃幻想，沉着应对。

另一方面，以国际大循环为主体的发展模式难以适应内外部环境演变。从需求端来看，自改革开放以来，中国充分利用低成本劳动力优势，积极参与国际大循环，大力发展外向型经济，经济增长主要依靠国际市场，对外依存度较高。由于海外新冠肺炎疫情持续蔓延，国际市场加快萎缩。国内需求的扩大有赖于城乡居民收入提升。2019 年中国人均 GDP 接近 1 万美元，但农村地区的收入偏低，城乡收入差距较大，严重阻碍了最终消费的提升和国内市场的壮大，内需扩张短期内难以弥补因外需收缩而出现的需求缺口。

从供给端来看，尽管国内生产高度嵌入全球供应链，但在供应链的关键领域、核心环节缺乏保障。受新冠肺炎疫情影响，各国加快了产业链、供应链布局的调整，全球产业链将进一步缩短，这将对中国产业链、供应链的稳定性造成直接冲击，中国产业链、供应链面临断裂风险。更为关键的是，核心技术是要不来、买不来、讨不来的。中国已进入高质量发展阶段，在追赶、逼近世界技术前沿的过程中，要从以引进和消化吸收为代表的模仿型技术进步转向自主创新，才能打破技术封锁，掌握关键核心技术。[②]

2.　国内国际双循环相互促进的路径

从长远看，经济全球化仍是大势所趋。以国内大循环为主体，绝不是关起门

---

①　任保平、豆渊博：《"十四五"时期构建新发展格局推动经济高质量发展的路径与政策》，《人文杂志》2021 年第 1 期。

②　李晴晴：《高质量发展的政治经济学阐述》，《现代工业经济和信息化》2021 年第 7 期。

来封闭运行,而是通过发挥内需潜力,使国内市场和国际市场更好连通,更好利用国际国内两个市场、两种资源,实现更加强劲可持续的发展。包括扩大开放,持续深化要素流动型开放,稳步拓展制度型开放,依托国内经济循环体系形成对全球要素资源的强大引力场。要主动参与和推动经济全球化进程,立足国内大循环,协同推进强大国内市场和贸易强国建设,形成全球资源要素强大引力场,促进内需和外需、进口和出口、引进外资和对外投资协调发展,加快培育参与国际合作和竞争新优势,推进全面开放新格局。

一是推动外贸企业出口转内销,促进内外贸易有效贯通,带动国内消费升级。

二是以"一带一路"建设为重点,坚持"引进来"和"走出去"并重。数据显示,2020年,中国与"一带一路"沿线国家和地区货物贸易额是1.4万亿美元,同比增长0.7%,"一带一路"沿线国家和地区贸易额在中国对外贸易总额中的占比为29.1%。2020年第一季度,中国与沿线国家货物贸易额达2.5万亿元,同比增长21.4%,占总体对外贸易额的29.5%,比上年上升了0.4个百分点。①

三是推动建设开放型世界经济,推动构建人类命运共同体,加强科技领域开放合作,加强宏观经济政策协调,为完善全球治理体系、促进全球共同发展繁荣、增进人类福祉贡献中国智慧和中国方案。虽然中美两国的贸易摩擦不断,但中国与世界其他地区的经济合作正在进一步加强,利用双循环是中国实现经济高质量发展的必由之路。②

---

① 数据来源:商务部副部长:《中国与"一带一路"沿线国家货物贸易累计达9.2万亿美元》,https://baijiahao.baidu.com/s?id=1697559462464587584&wfr=spider&for=pc。

② 高培勇、袁富华、胡怀国、刘霞辉:《高质量发展的动力、机制与治理》,《经济研究》2020年第4期。

26 构建新发展格局的行动策略 *

构建新发展格局是中国立足长远，迈向高质量发展的强国方略，是筹划以更深层次的改革、更高水平的开放加快形成内外良性循环的战略抉择，是基于国内发展形势、把握国际发展大势作出的重大判断和重要战略选择。因此，要在全局统筹的前提下，采取积极探索、稳步推进的行动策略，尽快构建起新发展格局的基本框架。

26.1 扩大国内市场规模

国内大市场是构建新发展格局的战略基点。只有扩大国内市场规模，才能构成新的比较优势和竞争优势。过去的比较优势是低成本生产要素，现在则是在超大规模国家基础上形成的超大规模市场，它将是中国实现现代化发展战略目标的最重要手段和工具。可以与飞速发展的信息化、网络化结合，成为拉动或推动重大技术进步、结构变迁和社会演化的主要力量。

进入后工业化时代，随着服务经济的发展，居民收入水平不断提高并拥有较高储蓄率，区域一体化、深度城市化、城乡一体化等不断推进，人民群众日益增长的对美好生活的追求（包括大健康、大养老、大环保、大教育、智能化、财富管理等）等导致潜在市场规模巨大，但潜能并没有充分释放，存在实际需求不足、需求结构不合理、需求体系不完整等问题。因此，通过深化改革、结构调整深入挖掘潜在需求；通过创新驱动、高质量供给创造新需求。

＊ 本章原载周振华主编《新时代：经济思想新飞跃》（格致出版社、上海人民出版社 2022 年版）第四章第五节（合作者李鲁），作了适当修改。

供给和需求是市场经济内在关系的两个基本方面,既相互作用又相互制约。进入新时代,中国经济发展中供需矛盾的主要方面,在于供给质量、服务难以有效满足人民群众日益增长、不断升级和个性化的物质文化和生态环境需要。培育完整内需体系,必须更加重视对接消费需求,通过不断发展新模式、新业态、新技术、新产品,优化供给结构,改善供给质量,把被抑制的市场需求释放出来,形成需求牵引供给、供给创造需求的更高水平动态平衡。

完善扩大内需的政策支撑体系,形成需求牵引供给、供给创造需求的更高水平动态平衡;协同推进并强大国内市场建设和贸易强国建设,以国内大循环吸引全球资源要素。

26.1.1 消费方面

从供给和需求两侧发力,推动以消费升级为导向的产业链升级,扩大高品质消费供给。提升传统消费,培育新型消费,适当增加公共消费;推动汽车等消费品由购买管理向使用管理转变,促进住房消费健康发展;促进线上线下消费融合发展;放宽服务消费领域市场准入;培育国际消费中心城市。

提升传统消费。汽车、住房等传统消费在居民消费结构中占比较大。截至2020年6月,全国机动车保有量达3.6亿辆。巨大的汽车保有量使汽车消费量的扩张空间缩小,质的提升需求扩大。新能源汽车、中高档汽车需求持续增加,汽车更新换代速度也在加快,为汽车产业发展拓展了新空间。中国深入推进以人为核心的新型城镇化建设,加快农业转移人口市民化步伐,解决新市民和年轻人的住房问题,每年还有一定的新增住房消费需求。加大城镇老旧小区、棚户区改造和农村危房改造力度,将释放更多的改善性更新需求。这些新增需求都是更高水平、更高质量的需求,对提升传统消费有很大促进作用。提升传统消费,关键是要以质量品牌为核心,朝着绿色、健康、安全的方向发展。

培育新型消费。新型消费增长是生活水平提高和科技进步的必然结果。应对新冠肺炎疫情以来,"云经济""云消费"、无接触交易服务发展较快,表明发展消费新模式新业态、促进服务业线上线下融合、拓展服务内容、扩大服务覆盖面具有广阔发展空间,是提升消费的新增长点。

发展服务消费。居民消费从商品消费向服务消费转变提升是客观规律。2019年,中国人均服务业消费支出接近1万元,在居民人均消费支出中的占比为45.9%。受体制机制和相关政策影响,中国健康、养老、育幼、文旅、体育等服务业准入门槛较高,开放程度不够,服务供给规模还不大、质量还不高,标准化、品牌化建设不足,一些服务消费需求潜力尚未被充分激发出来。这要求放宽服务消费领域市场准入,推动生活性服务业向高品质和多样化升级。

适当增加公共消费。公共消费是内需的重要组成部分,必须在财政可支持和可持续前提下,适度增加公共消费,发挥其杠杆作用。把公共消费作为全面促进消费的重要内容,适当增加公共消费,这有利于激发居民消费意愿、增强消费能力。

鼓励消费新模式新业态发展。大力发展在线新经济,推动"云购物"发展,加快人工智能、大数据、区块链等新技术应用,建设一批智慧购物示范场景,鼓励直播电商、社交电商、小程序电商等创新发展。促进"云服务"建设,提升"互联网＋"餐饮、旅游、家政、旅游和体育等生活服务数字化能级,提供覆盖"衣食住行娱"的个性化本地生活服务。加快"云终端"布局,鼓励数字化技术在零售终端、支付结算等方面应用,推广智能快件箱、取物柜、智能售货机、智能回收站等智慧终端发展。打造"云供应"品牌,鼓励电商平台为制造业企业提供全渠道、全品类、全体验销售模式,形成面向垂直领域、细分客户群的网络新品牌。推动首发经济发展。加快全球新品首发地建设,举办具有国际国内重大影响力的品牌首发活动,打造全球新品网络首发中心。

26.1.2　投资方面

加快补齐基础设施、市政工程、农业农村、公共安全、生态环保、公共卫生、物资储备、防灾减灾、民生保障等领域短板;扩大战略性新兴产业投资;推进新型基础设施、新型城镇化、交通水利等重大工程建设,支持有利于城乡区域协调发展的重大项目建设;推进一批强基础、增功能、利长远的重大项目建设,如西部陆海新通道、国家水网、星际探测、重大科技设施等。

补齐基础设施短板。科学把握交通运输业发展与未来经济发展的匹配度,通过规划带出一批铁路、公路、航空、水运等方面重大项目,更好发挥综合交通在区域协调发展中的先导引领作用。要聚焦项目交通抓建设,加快在建工程建设进度,确保拟开工项目如期开工,抓紧谋划一批项目前期工作,全力以赴破解资金、土地等要素制约,实现重大综合交通项目滚动推进、接续建设。要聚焦产业交通抓培育,紧盯交通建筑业、交通装备制造业、交通运输业和交通关联服务业等重点领域,发挥产业优势做大做强高端交通装备制造业,抓住物流降成本增效改革契机加快现代物流业发展。要聚焦民生交通抓服务,进一步深化城乡公交一体化,美化城乡路网生态,全力推进"四好农村路"建设,不断提高交通出行满意度。要聚焦智慧交通抓转型,加快建设智慧路网,大力提倡智慧出行,以智能化、数字化提升公众出行服务水平。

扩大战略性新兴产业投资。紧紧抓住提升自主创新能力这一核心环节，把精力更多地放在原始创新和集成创新能力的培养上。设立产业发展引导基金，统筹扶持战略性新兴产业关键技术、共性技术研发；增设新能源汽车、海洋工程装备、高性能复合材料、先进医疗装备等国家级科技产业化重大专项，系统推进相关领域技术攻关和产业化。加大高层次人才引进和培养力度，既要重视科技型人才，也要重视金融、管理和创业型人才的配套等。切实防止战略性新兴产业的地区趋同化，改变"中央出政策，地方各干各"的局面。要处理好高新产业和传统产业的关系，应当运用先进技术改造传统产业，推动传统产业的升级换代，不可厚此薄彼。

加强重大项目建设支持保障力度，谋划一批、建造一批重大项目。加快完善运输机场布局，提升枢纽机场综合保障能力，重点加快实施西安、兰州、西宁、深圳、福州、贵阳、海口、广州、重庆、长沙等枢纽机场改扩建工程，推进厦门新机场、大连新机场以及昆明新机场等枢纽机场改扩建工程前期工作，推进建设一批支线机场。加强资金支持，支持有关方面强化川藏铁路建设资金保障。充分利用中央预算内投资、地方政府专项债等资金，创新投融资模式，鼓励社会资本积极参与，为西部陆海新通道建设提供资金保障。对于符合有关规定的铁路项目，统筹研究安排中央预算内投资予以支持。继续给予中西部地区支线和西部干线机场的中央预算内资金支持，优先安排重大项目建设资金，确保项目顺利实施。加强协调调度，充分利用重大建设项目库等相关管理信息系统，对已安排中央预算内投资和正在开展前期工作的重大项目开展定期调度。支持有关部门、地方和企业加强沟通协作，加快推进西部陆海新通道、沿江高铁等重大项目建设。

26.2 完善全国统一市场

全国统一的大市场构建是新发展格局的重要基础。只有在完善的统一市场上，才能促进内需扩大，才能形成国内国际双循环相互促进。当前，一些制约全国统一要素市场建设、妨碍商品服务跨区域城乡流通的体制机制障碍仍然没有得到根本性消除。如图 26.1 所示，1998—2019 年全国劳动力市场和资本市场相对价格方差的波动幅度尚未出现显著的收敛趋势，近年来甚至出现"翘尾"现象。可见，劳动力市场和资本市场分割状况尚未出现明显改善。培育完整内需体系，必须进一步强化国内统一市场建设,破除妨碍生产要素市场化配置和商品服务流通的体制机制障碍,依托强大国内市场,使生产、分配、流通、消费各环节更加畅通,形成国民经济良性循环。

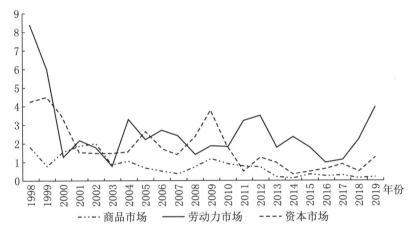

图 26.1　1998—2019 年中国商品、劳动力、资本市场相对价格方差演变

资料来源:刘志彪、孔令池(2020)。

26.2.1　促进要素市场化

　　尽管各类市场已陆续建立和健全,但要素市场化发展仍然不平衡、不充分,存在要素流动的有形障碍和无形障碍,要素配置的城乡分割、地区分割以及市场规范化等问题。因此,需要进一步推进要素市场化改革,完善全国统一大市场。凡是能由市场形成价格的都要交给市场,政府不进行不当干预,通过市场竞争形成价格,进而调节供求关系,优化资源配置。

　　建设统一开放、竞争有序的市场体系,是使市场在资源配置中起决定性作用的基础和条件。市场体系是由商品及服务市场和土地、劳动力、资本、技术、数据等要素市场构成的有机整体。哪一类市场发展滞后,都会直接或间接影响其他市场发挥功能,从而影响市场体系的整体效率和市场功能的有效发挥。改革开放 40 多年来,中国商品和服务市场发展迅速,目前 97% 的商品和服务已由市场定价,但要素市场发育明显滞后,要素市场化配置范围相对有限,要素流动存在体制机制障碍,要素价格形成机制不健全。加快完善社会主义市场经济体制,充分发挥市场配置资源的功能,提高资源配置效率和全要素生产率,推动经济高质量发展,必须深化要素市场化配置改革,推进要素市场制度建设,清除要素自由流动的体制机制障碍,实现要素价格市场决定、流动自主有序、配置高效公平。贯通生产、分配、流通、消费各环节,打破行业垄断和地方保护;破除妨碍生产要素市场化配置和商品服务流通的体制机制障碍。

26.2.2　微观层面的主要措施

在微观层面,推进土地、劳动力、资本、技术、数据等要素市场化改革,激活各类市场主体活力。

深化土地、劳动力、资本等市场化配置改革。自改革开放以来,中国土地、劳动力、资本等要素改革取得积极进展,但尚未实现市场化机制全覆盖,仍不同程度地存在双轨制,深化改革的任务依然艰巨。针对农村土地长期被排斥在土地市场之外,城市土地存在"招拍挂"和协议出让等不同价格的问题,应加快修改完善土地管理法实施条例,制定出台农村集体经营性建设用地入市指导意见,扩大国有土地有偿使用范围等改革举措。针对农业转移人口受到户籍制度和公共服务供给不均等的制约,难以实现市民化的问题,必须开放宽除个别超大城市外的城市落户限制,建立城镇教育、就业、创业、医疗卫生等基本公共服务与常住人口挂钩机制等。

加快培育技术和数据要素市场。由于产权制度不完善,特别是体制内职务科技成果的产权界定不清晰,以及数据的产权界定规则尚未建立,中国技术和数据要素市场发育迟缓。健全职务科技成果产权制度,深化科技成果使用权、处置权和收益权改革,开展赋予科研人员职务科技成果所有权或长期使用权试点,培育发展技术转移机构和技术经理人,以及根据数据性质完善产权性质,培育数字经济新产业、新业态和新模式。

26.2.3　宏观层面的主要措施

在宏观层面,完善宏观经济治理,以财政政策和货币政策为主要手段,并与就业、产业、投资、消费、环保、区域等政策紧密配合;建立现代财税金融体制;建设高标准市场体系,实施统一的市场准入负面清单制度。

发挥国家发展规划的战略导向作用。运用接续的中长期规划指导经济社会持续健康发展,确保国家战略目标、战略任务和战略意图的实现,体现中国特色社会主义制度的独特优势,是中国共产党治国理政的重要方式。一是健全目标鲜明、层次清晰、功能明确的国家发展规划体系,统筹中华民族伟大复兴战略全局和阶段性发展任务,统筹国内国际两个大局,统筹经济、政治、文化、社会、生态文明等建设,统筹发展与安全,强化专项规划、区域规划、空间规划、地方规划与国家总体发展规划的有机衔接,突出规划的战略性、系统性。二是充分体现新发展理念,突出高质量发展目标引领,科学设置目标任务,增强国家中长期规划对年度计划、公共预算、金融信贷、国土开发、公共服务、产业发展等的引导功能和统筹功能,实现宏观经济治理目标与手段有机结合,提高规划的引领性、指导性。三是创新规划实施机制,加强规划实施的推进能力、协调能力和执行能力,维护规划的严肃性和权威性,充分运用大数据等现代信息技术手段对规划实施情况开展监测评估,推动国家战略得到有效落实,确保一张蓝图干到底。

完善财政政策和货币政策手段。财政政策和货币政策是宏观调控的主要手段。一是更好发挥财政政策的再分配功能和激励作用。调整优化财政支出结构,更好发挥中央、地方和各方面积极性,加大对解决经济社会发展中不平衡、不充分问题的财政支持力度,增强基本公共服务保障能力,科学实施结构性减税降费,支持实体经济发展。二是健全货币政策和宏观审慎政策双支柱调控框架。健全基础货币投放机制,完善中央银行利率调控和传导机制,保持货币信贷和社会融资规模适度增长,强化有效防范系统性金融风险能力和逆周期调节功能,加强货币政策、宏观审慎政策和金融市场监管的协同性,增强金融政策普惠性,提升金融服务实体经济能力。

健全就业、产业、投资、消费、环保、区域等政策紧密配合机制。把握中国新发展阶段经济形态的深刻变化,促进就业、产业、投资、消费、环保、区域等政策协同发力,构建更加高效的宏观政策供给体系。坚持实施就业优先政策,把稳定和扩大就业作为经济社会发展的优先目标,加大对就业容量大的服务业、部分劳动密集型产业、灵活就业和新就业形态的支持,推动实现更加充分、更高质量的就业。突出产业政策的战略引导作用,适应市场需求变化,深化供给侧结构性改革,强化对技术创新和结构升级的支持,加强产业政策和竞争政策协同。发挥投资对优化供给结构的关键性作用,着力抓重点、补短板、强弱项,以有效投资稳定总需求、促进经济结构调整,多措并举激发社会资本投资活力。完善促进消费的政策体系,进一步深化收入分配制度改革,大力改善消费环境,激发消费潜力,解除后顾之忧,增强消费对经济发展的基础性作用。实施因地制宜、分类指导的区域政策,完善国家重大区域战略推进实施机制,统筹区域分类指导和统一市场建设,建设彰显优势、协调联动的区域发展体系。

构建高标准市场体系。确立全国统一的市场准入负面清单制度。大力清理妨碍统一市场和公平竞争的政策措施,加强反垄断和反不正当竞争司法执法,强化竞争政策基础地位。加强监管体系部门和区域协同,在监管中引入大数据、信用、社会共治等创新监管手段,进一步健全市场信用体系,完善失信行为认定、失信联合惩戒、信用修复等机制。

26.3 加快区域协调发展

26.3.1 区域经济布局新调整

面对百年未有之大变局,中国经济发展进入新常态,区域经济发展也面临新的问题。例如,南北差距日益成为新的关注点、区域创新能力差距较大等。这些问题目前已经得到学术界以及政府有关部门的普遍关注,在"十四五"规划中已予以高度重视,并针对新问题制定新对策。从当前全国经济发展趋势看,为适应经济发展新常态和加快建设现代化经济体系,中国经济需要由依靠要素驱动的高速增长阶段转向以科技创新为主要驱动力的高质量发展阶段,这种转变也对今后尤其是"十四五"时期的区域发展战略提出新的要求,区域经济布局也需要进行新的调整。①

"十四五"规划中单列出第九篇即"优化区域经济布局,促进区域协调发展",为区域协调政策的后继实施奠定基石并引领方向,从"优化国土空间开发保护格局""深入实施区域重大战略""深入实施区域协调发展战略""积极拓展海洋经济发展空间"等四个方面具体阐述区域战略内容。其一,"十四五"期间将立足资源环境承载能力,发挥各地区比较优势,促进各类要素合理流动和高效集聚,推动形成主体功能明显、优势互补、高质量发展的国土空间开发保护新格局。其二,聚焦实现战略目标和提升引领带动能力,推动区域重大战略取得新的突破性进展,促进区域间融合互动、融通补充。其三,深入推进西部大开发、东北全面振兴、中部地区崛起、东部率先发展,支持特殊类型地区加快发展,在发展中促进相对平衡。其四,坚持陆海统筹、人海和谐、合作共赢,协同推进海洋生态保护、海洋经济发展和海洋权益维护,加快建设海洋强国。

26.3.2 主要措施

构建以国内大循环为主体、国内国际双循环相互促进的新发展格局是中国

---

① 肖金成:《"十四五"时期区域经济高质量发展的若干建议》,《区域经济评论》2019 年第 6 期。

应对内外双重困局的必然选择,也是当前及未来一段时期中国区域协调发展战略的基本遵循。"十四五"时期,面对新的国际国内发展环境,各个地区既面临挑战也存在机遇。随着中国特色社会主义进入新时代,中国经济由高速增长转为中高速增长,经济发展更加注重质量。在百年未有之大变局和新一轮科技革命叠加的"十四五"时期,部分地区面临更大的经济转型发展压力。正确理解并处理好区域协调发展与双循环新发展格局的关系是深入设计、完善、发展区域协调发展战略架构和实施路径的重要前提。

1. 建立国际循环枢纽,发挥双循环先发优势

双循环战略是以国内大循环为主体的战略。自加入 WTO 以来,中国经济是国内和国际双循环驱动的,外循环在促进东部沿海地区经济发展过程中起着重要作用。[①]当前的国际贸易形势是中国与发达国家之间的经贸关系由以互补为主逐渐转向互补和竞争并存的格局。"十四五"时期,中国将继续扩大对外开放,但可能会有结构上的变化,比如对外贸易的依存度会继续下降。与此同时,还要尽量保持出口与进口的总体平衡。双循环战略是国家战略,不是区域战略。国内大循环不可能以某一个区域为单位进行循环,必然是全国统一市场的大循环。双循环的关键在于把握产业链条核心环节的技术,建立循环的枢纽或者节点,长三角、粤港澳大湾区、京津冀等区域,都具备形成这样的枢纽或者节点的条件。这些枢纽或者节点的主要任务是有效地聚集和配置国际资源。当前全国许多重要城市都在抢占双循环战略的先机,积极打造国内大循环的枢纽城市,这说明中国实施的双循环战略已经开始指导区域经济的发展了。[②]

2. 推动重大区域战略,畅通国内大循环多个环节

在双循环中以建立域际利益共享体为主题,同步深入实施京津冀协同发展、长江经济带发展、长三角区域一体化发展、粤港澳大湾区建设和黄河流域生态保护与高质量发展,以及西部大开发和东北振兴等国家区域发展大战略。要在国内国际双循环的能量交换中,牢固抓住扩大内需这个战略基点,对体制、机制、手段、方法等进行全方位、系统性变革,畅通国内大循环的生产、分配、流通、消费等诸多环节;要针对治理相对贫困的突出问题,持续扩大中等收入群体,把规模倍增作为区域发展的约束性指标,不断提高全民对共同富裕是中国特色社会主义

---

① 江小涓、孟丽君:《内循环为主、外循环赋能与更高水平双循环——国际经验与中国实践》,《管理世界》2021 年第 1 期。

② 孙久文、张翱:《"十四五"时期的国际国内环境与区域经济高质量发展》,《中州学刊》2021 年第 5 期。

根本原则的认知水平,不断提高人民群众的获得感、幸福感、安全感水平;要强力释放消费潜力,形成纵向更加紧凑、横向更加集聚的双循环新动力源和支撑面的新格局。新格局的要义决定了中国在打赢脱贫攻坚战、全面建成小康社会和城乡一体化生产力布局取得历史性巨大成就的进程中,坚定不移地自觉融入双循环发展的国家大战略里,不断开创研发在首位度城市、制造在新型圈群全域,孵化在首位度城市、转化在新型圈群全域的新局面,实现城市集群创新链、产业链一体化融合发展,不断提高资金链、政策链和监管链向全域扩散的水平。[①]

3. 聚焦制度建设,推动形成统一大市场

扫除阻碍国内大循环和国内国际双循环畅通的制度、观念和利益羁绊,破除妨碍生产要素市场化配置和商品服务流通的体制机制障碍,形成高效规范、公平竞争、充分开放的国内统一大市场,是新发展格局的核心要求。[②]在与户籍挂钩的系列制度约束下,中国大中小城市、小城镇之间存在明显断层,城乡、区域、收入差距持续扩大,区域协调发展与公共服务均等化进展缓慢,新市民获得感、体验感差。具体而言,存在如下问题:第一,以京津冀为例,北京、天津两个超大城市与河北省之间缺乏有经济活力的中小城市支撑,城市群等级结构不合理。第二,城市间特别是临近城市间经济联动仍有提升空间。2019 年有 11 个省会城市在本省份的经济首位度超过 30%,集聚效应显著而辐射联动不足,没有有效调动各个城市参与经济活动的积极性,城市比较优势发挥尚不充分。第三,城市内各群体收入和生活质量差距仍然存在。根据《2019 年农民工监测调查报告》,50.9%的受访农民工反映存在子女在城市上学难、看病难,市民权利缺失等问题。农村转移人口市民化仍然是新型城镇化和高质量城市发展需要解决的重大问题。未来城市发展需要转换空间视角,通过制度变革,以人口要素的自由流动带动城乡之间和地区之间在人均 GDP、人均实际收入和生活质量方面的均等化,推动城市公平发展。[③]

鉴于此,需建成并完善以国内大循环为主的区域产业链。一是快速推进城市产业链由以外循环、自循环为主转向以内循环、区域循环为主,加快相应制度

---

① 郭先登:《论"双循环"的区域经济发展新格局——兼论"十四五"及后两个规划期接续运行指向》,《经济与管理评论》2021 年第 1 期。

② 刘鹤:《加快构建以国内大循环为主体、国内国际双循环相互促进的新发展格局》,《人民日报》2020 年 11 月 25 日。

③ 刘秉镰、汪旭、边杨:《新发展格局下我国城市高质量发展的理论解析与路径选择》,《改革》2021 年第 4 期。

建设。一方面,面向国内市场和需求,加快自主创新、联通产学研用,加大基础科学和紧缺技术的投入力度,构建完善且自主可控的创新链、产业链和供应链;另一方面,以中心城市为支撑,合理规划产业布局,实现区域内及区域间产业优势互补和创新成果自由流动,进行多层次产需对接,打破区域间城市间分割,推动大尺度产业链整合,构建布局完善、门类齐全、结构合理的区域产业体系。二是加快推进城乡融合。健全城乡双向要素流动机制,加快推进农村土地流转交易、工商资本引流入乡、多渠道城乡财政金融服务等体制机制建立和完善;优化城乡教育资源配置,加强乡村医疗卫生服务体系建设,健全农村养老服务网络,构建城乡统一的社会保险和社会救助体系,推动城乡公共服务一体化;逐步建立城乡一体化的基础设施发展机制,推进城市轨道交通、市政供水供气向城郊村延伸,加快实现各区乡镇村道路联通。三是完善城市生态品质治理。通过制度治理城市空气、水体、土壤污染,改善城市建设用地结构,适度增加绿地建设面积。一手抓污染源头控制,调整能源结构,提高能源使用效率;一手抓生态修复,逐步还原城市绿色基底,提升生态系统功能。四是关注城市文化培育。通过制度引导城市居民参与渗透家国情怀、集体精神、地方文化的各类活动,在地方文化的基础上逐步建立一套居民理解、认同并喜爱的城市文化供给体系,以提升大众审美为出发点,强调先进文化的导向作用,强化城市文化符号,增强城市居民的文化自信。①

4. 推动新基建在区域中的广泛应用

一是牢固坚持久久为功谋长效的新理念。旨在将现状使用与长远发展紧密结合,为实现一网通办、一网统管提供完整的新型基础设施。区域在新基建不断转化为可持续发展新动能的大趋势下,要以越来越强大的网络和数据中心为根本标志,加快推进新基建科创新空间发展。浙江通过以数字经济壮大新动能、数据空间融合新应用和智慧产业发展新途径的"三部曲",把数字基因渗透到发展的每一寸肌理,加快发展新基建。广东以加快5G+nG技术新产品攻关、加快建设世界级5G+nG产业集聚区、加快5G+nG全产业链全域满覆盖的"三加快",从一个数字企业到一个产业集群,从一个数字应用到一个区域共识,发展新基建。江苏突出信息产业先导性和支柱性地位,不断汇聚散落在各角落、各系统的数据,构建数字经济生态圈,以书就产业数字化和数字产业化的"状元卷",引领

---

① 刘秉镰、汪旭、边杨:《新发展格局下我国城市高质量发展的理论解析与路径选择》,《改革》2021年第4期。

发展新基建。山东以"泛在连接、高效协同、全域感知、智能融合、安全可信"的理念，发展数字经济，探索数字治理，加快建设以 5G 网络、人工智能、工业互联网、物联网为标志的新型基础设施。吉林聚焦数字是数字经济的核心竞争力，开放数字资源，降低数字资费，加大数字应用，以 5G 设施布局带动现代新型汽车、特高压电网、制造业 5.0 版等重点领域发展，集中启动既定项目，集约部署先导项目，集成共享平台项目，推动实体经济和数字经济加速融合，创造发展新基建的新模式。

二是牢固坚持统筹发展新理念，把区域新基建与国家既定的新基建战略部署放置于一个大盘中，实现"全国一盘棋"的同一效应释放。实证研究显示，场景竞争是区域重塑竞争优势的战略高地。因此，场景已经成为以人的现代化为核心，坚持社会主义核心价值观和总体国家安全观，让精神文化文明充分彰显人本价值的新版典范和发展宗旨的新窗口；成为推动企业与产业新技术、新产品、新模式结合的直接应用平台；成为推动经济社会连续爆发强大活力的生态载体；成为网络时代确保自然人享有基本公共服务、强固权力边界，从根本上消除一"码"就灵的"枷锁"现象，再造城乡社区等社会领域治理单元的发展新优势。场景显现了市民追求高品质美好生活与发展的高效能单元型空间新形象，使城市成为践行"绿水青山就是金山银山"新理念的样板地、模范生，开创"完整社区"共建、共治、共享新局面的新路径。

三是牢固坚持畅通为先和协调与平衡的新理念，充分发挥集中力量办大事的制度优势，抓住以项目为主要内容的重大工程，全面构建数据驱动、智慧赋能、平台助力的创新体系。要科学统筹城市与农村、沿海与内地、增量与存量、重点与次序等，从源头上避免盲目、重复、无效建设问题的出现；科学处理好不同区域之间客观存在的新型基础设施建设不平衡问题，突出解决后发区域由于建设迟滞而难以实现本应能够实现的弯道超车问题。要促使区域尽快建立多主体参与积蓄能量、多领域联动聚集要素、多维度筛选夯实项目、多资源链接引爆消费的现代化生产生活大平台，形成畅通产业、市场、经济、社会的生态化大循环新格局。新格局决定了需要通过三个规划期接续运行，不断开创新基建、新基础、新场景、新引擎、新开放、新高地、新消费、新平台、新服务、新机制的"十新"协调发展新局面；需要基本完成收入结构与消费结构、需求结构、价格结构、生产结构在一个平面上重新进行结构比合理排列的改革；需要引领消费线上线下形成从市场供给、消费生态、消费能力、消费环境的扩容提质，用全民"化学反应"促使内需持续释放，促使畅通为先的新型消费成为主导现代消费的主流性新场景、新形态、新模式。[①]

26.4 建设现代产业体系

现代化产业体系是构建新发展格局的关键环节。通过建设现代产业体系，增强有效供给以满足潜在有效需求并创造新需求，并以更高水平参与国际产业分工和国际竞争。推动产业协调发展，更好发挥国内需求升级在加快发展现代产业体系中的牵引作用。实体经济是中国经济发展的根基，是财富创造的源泉。实体经济发展得越好，对其他产业的带动作用就越强。要把做实做强做优实体经济，推动金融、房地产同实体经济均衡发展，促进农业、制造业、服务业、能源资源等产业门类关系协调，作为扩大国内需求的主战场。

26.4.1 增强产业链、价值链韧性

坚持创新在中国现代化建设全局中的核心地位，把科技自立自强作为国家发展的战略支撑，增强对产业链、价值链的掌控力。

近年来出现的贸易保护主义上升、逆全球化动向，使全球分散布局的产业链的脆弱性凸显，由于不具备完整的国内产业链，一个国家会由于上游的断供而造成重要产业的生产难以为继。新冠肺炎疫情也一度使一些国家的生产和国际货运出现问题，造成全球产业链出现供应紧张甚至断供的局面。

在未来一段时期，世界经济形势仍然复杂严峻，面临较大的不稳定性不确定性。中国已经是世界第二大经济体和第一制造大国，但产业技术与世界领先水平仍存较大差距，产业整体处于全球价值链的中低端，缺少对全球产业链价值链的话语权和掌控力。一些高端装备、先进材料、核心零部件、重要科学仪器、工业软件等高技术产品严重依赖进口，很容易由于经贸摩擦、重大突发事件等造成重要投入品供应中断，给国民经济发展造成重大冲击。因此，中国在发挥比较优势、积极参与全球产业链分工的同时，需要更加重视产业链供应链的安全性，在发生外部供应中断时能够保持国内产业链的运转。

增强产业链的韧性、保持经济的平稳发展，在根本上需要提高对产业链价值

[①] 郭先登：《大国区域经济发展空间新格局理论与实践新发展的研究》，《环渤海经济瞭望》2017 年第 1 期。

链的掌控力,这就要求补短板与锻长板并举。补短板就是要缩小中国在重要产业链以及产业链关键环节与世界领先水平的差距,改变落后状况,减轻对国际供应链的依赖。锻长板就是形成若干在技术水平、产品性能上领先全球的领域,使中国成为该产品全球供应链中重要乃至不可替代的供应来源。短板的补齐可以使中国不再受制于人,长板的锻造可以使中国拥有"撒手锏",在面对外部断供时形成反制。建设制造强国、质量强国、网络强国、数字中国,推进产业基础高级化、产业链现代化。

26.4.2　推进产业基础高级化、产业链现代化

坚持自主可控、安全高效,分行业做好供应链战略设计和精准施策,推动全产业链优化升级;建设制造强国、质量强国、网络强国、数字中国。产业基础再造和产业链提升两者相辅相成、不可分割,必须系统谋划,统筹推进。要抓住全球产业链供应链调整的战略窗口期,加强顶层设计,夯实制造强国的根基和现代化经济体系的底盘,提升产业链供应链的稳定性、安全性和竞争力。

第一,突出分工协作,形成定位清晰、高效协同的产学研创新体系。当前,中国技术创新体系存在基础研究能力薄弱、关键共性技术缺位和系统集成能力减弱等问题,必须深化科技体制改革,重塑专业化分工基础上的产学研合作新体系。加大基础研究投入。要推动政府研发投入聚焦基础研究领域,引导社会资金加大基础研究投入,力争将基础研究占研发投入比例从目前的5.5%左右提升至2025年的10%。调整现有创新主体的定位。可考虑按照专业化原则对现有国家重点实验室、国家工程实验室等进行重组,强化基础研究和应用研究的分工,明确高校(基础研究)、科研机构(关键共性技术研发)和企业(应用技术开发)等各类创新主体在创新链不同环节的功能定位,建立定位清晰、分工明确、协同有力的现代创新体系。支持设立一批机制灵活的新型研发机构。支持龙头企业联合高校、研究院所、金融机构以及产业链上下游,在关键优势领域建设类似鹏城实验室、北京协同创新研究院等新型创新平台,重点解决跨行业、跨领域的关键共性技术问题,填补基础研究和产业化技术创新之间的鸿沟,从全产业链角度梳理产品和技术的痛点,促进全产业链协同创新和产业链创新链融通创新。

第二,突出融合共生,形成大中小企业上下游协同创新的产业生态。围绕"巩固、增强、提升、畅通"八字方针完善产业生态,强化科技、人才等要素支撑,支持上下游企业加强产业协同和技术合作攻关,构建融合共生、互动发展的协同机制,增强产业链韧性,提升产业链水平。支持大中小企业上下游协作。鼓励采取

研发众包、"互联网＋平台"、大企业内部创业和构建企业生态圈等模式,促进大中小企业之间的业务协作、资源共享和系统集成,充分发挥大企业的主导作用、小企业的专业化优势和发展活力,通过大中小企业协同、上下游协作联动,形成良好的产业链互动合作机制。促进自主创新产品的市场应用。制定鼓励自主创新产品应用的一揽子政策,依托新基建等重大工程,构建产品技术支撑体系及应用场景,培育和完善自主可控的产业生态。充分发挥行业协会、产业联盟等中介组织"织网人"作用。支持行业协会等加强自身能力建设,推进资源统筹和整合工作,建立完善信息交流、人才培训、共性技术研发合作、标准制定和行业秩序规范的平台,做好产业组织协调和宣传引导等方面的支撑服务,密切产业链上下游关系,更好支持产业基础能力提升。

第三,突出"专精特新",培育专注基础能力提升的企业群体。企业是提升产业基础能力和产业链现代化水平的重要载体。要围绕关键基础材料、基础装备和核心零部件、基础工业软件、基础技术和工艺等基础能力,铸造聚焦基础产品和技术研发生产的企业群体。大力发展专精特新中小企业。国际经验表明,产业基础能力大多掌握在专精特新中小企业手中。相比发达国家而言,中国这类企业数量并不多,应加大专精特新中小企业培育力度,以提升基础产品、关键基础材料、核心零部件研发制造能力和基础软件研发、先进基础工艺和尖端设计能力为目标,给予企业长周期持续稳定的支持,提升企业竞争力,争取打造一批"百年老店"。强化国企在产业基础能力提升中的责任。健全中央企业考核评价体系,建议把产业基础领域研发投入、产业基础能力提升和产业生态培育作为考核国企的重要指标,强化国企在承担国家重大和长远战略中的责任,在若干重大国家安全领域实施"备胎"计划,打造一批产业基础能力坚实的国家队。培育壮大产业链主导企业。抢抓机会窗口期,加快推进重点产业链和龙头企业复工达产,强化技术攻关,夯实基础能力,拓展市场空间,努力在新一代电子信息、生命健康、新能源、智能网联汽车等事关未来科技产业竞争制高点领域,培育壮大一批产业生态中具有重要影响力和主导作用的龙头企业。

第四,突出人才引领,培育勇于科学探索和精益求精的人力资源。要提升产业基础高级化、产业链现代化水平,人才是基础所在。要根据产业发展需要,改革高技能人才培养模式,在全社会营造精益求精的工业文化,大力培养具有科学探索精神的从事基础研究的创新型人才和掌握先进制造技术的工程师和技能型产业工人。一方面,培养潜心科研、热爱探索的科学家和创新人员。通过体制机制创新,充分赋予科研人员决策权,把人的创造性活动从不合理的经费管理、人才评价等体制中解放出来,支持科研人员更加心无旁骛地勇攀科学高峰。另一方面,改革高技能人才培养模式。在这一过程中,既要发展高端职业教育,在高校引入技工职业资格证培训制度,又要支持企业与高校、科研院所及职业院校加强密切合作,创新"订单式"人才培养方式,打造一批高层次人才和高技能人才团队。

第五,突出位势重构,打造具有更高附加值的全球化产业链。受新冠肺炎疫情冲击,全球产业链供应链面临重构,出现本地化、多元化、分散化趋势,这对中国产业链带来冲击。如何化危为机,需要更加精准的战略导向。稳住制造业基本盘。要加大力度有针对性地对中小企业进行扶持,落实好减税降费各项政策,加大企业稳岗补贴,帮助企业渡过难关。此外,还可考虑在中西部地区选择若干工业基础较好、承载空间较大的城市集中力量打造一批承接产业转移示范区,构建中国经济发展"新雁阵"。努力实现全球价值链分工地位跃升。以提高国际分工地位为核心,加大高附加值零部件环节的进口替代和本地化产业链配套,促进中国制造业向高级组装、核心零部件制造、研发设计、营销网络等分工阶梯攀升,提高产业链分工地位。鼓励优势企业利用创新、标准、专利等优势开展对外直接投资,在垂直分工中打造以我为主的国际化产业链。积极打造具有战略性和全局性的产业链。聚焦高端芯片、基础软件、生物医药、先进装备等影响产业竞争格局的重点领域,加快补齐相关领域的基础零部件、关键材料、先进工艺、产业技术等短板,培育壮大形成新兴优势产业集群。

第六,突出改革创新,打造有效激发各类主体活力的制度环境。提升产业基础能力,必须破除制约要素自由流动、优化配置的藩篱,打造让各类主体活力迸发的制度环境。进一步深化改革。对标国际一流营商环境,清理废除妨碍统一市场形成和公平竞争的规定,建设统一开放、竞争有序的市场体系。加快培育技术、人才、数据等各类要素市场,促进要素自由流动,提高配置效率。通过深化改革,进一步降低制造业融资、人工、物流等成本,为产业链稳定发展营造良好环境。促进市场化创新,对于绝大部分科技和产业创新项目,要充分发挥市场力量,支持企业主体按照市场化运作方式推动创新;突出先行示范、效率优先,依托深圳、长三角等发达地区和华为等龙头企业重点突破产业基础瓶颈制约;对于极少数事关产业发展全局的战略性领域,探索建立新型举国体制,集中力量予以突破。持续推进开放合作,坚持独立自主和开放合作相互促进,继续大力推进中国企业、机构、高校与一些国家在科技、金融、人才等领域的合作,营造有利于产业发展的良好国际环境。

26.4.3　锻造产业链供应链长板,补齐产业链供应链短板

　　锻造产业链供应链长板,打造新兴产业链;补齐产业链供应链短板,推动产业链供应链多元化。需要注意的是,补短板和锻长板并不是要脱离国际大循环而形成完全自给的产业链,而是要找准产业链的关键环节发力,解决产业链的稳定性和竞争力问题。产业链短板是既有产业差距的体现,这些产业往往发展历史长,产业竞争格局已经成型,要缩小差距既需要长期的科学技术、工程技术、管理能力积累,也需要打破领先企业已经形成的稳固生态格局,因此补短板需要较长时期的持续努力。锻长板不仅要在已有产业链的关键环节实现赶超和领跑,更要抓住新一轮科技革命和产业变革带来的历史性机遇。在新兴产业领域,世界各国大致处于相同的起跑线上,且颠覆性创新不断涌现,未来发展方向也具有很大的不确定性。通过发挥产业基础好、企业数量多、人才供给充裕、创新创业活跃、市场容量大等优势,中国有很大希望在新兴产业领域锻造若干产业链长板。

　　补短板和锻长板需要更多依靠科技创新,增强产业创新能力和科技水平,这就需要推动创新链、产业链、资金链、政策链的互动,形成推动产业创新升级发展的合力。加大政府对科技创新的支持,并鼓励企业增加研发投入,在稳步提高研发投入总额在 GDP 中的占比的同时,显著提高基础研究和企业研发投入占 GDP 的比例,抢抓新科技革命涌现出的增长点,加快形成中国产业链长板和经济增长新动能。完善公平的市场竞争环境,强化竞争政策的基础性地位,让市场机制更好地发挥决定性作用。通过放宽市场准入、加强知识产权保护、严厉打击垄断和不正当竞争行为、改善中小企业和民营企业金融支持、完善创新创业环境等举措,进一步激发企业和个人的创新创业活力,加大对短板和长板领域的持续投入。加强对产业发展的市场拉动。产业技术的进步和产品质量性能的提高需要在生产过程、用户使用中实现。针对中国产业链的关键短板和重点培育锻造的长板,通过实施首台套、首批次和首版次政策,以及加大政府采购力度和推动新型基础设施建设投资等,为新技术新产品的工程化产业化提供市场支持,使其在产业化的过程中快速迭代、不断完善。坚持扩大开放和经济全球化的大方向不动摇。每一个国家都有自己的产业优势,只有充分利用全球资源,才能够生产出性能最优的产品;只有充分利用全球市场,才能够发挥规模经济,使产业更具竞争力。要进一步扩大国内产业的对外开放,吸引国外高科技企业投资设厂、设立研发中心;加强国际协商合作,维护以规则为基础的多边贸易体制;推进与世界主要经济体及中国主要贸易伙伴的谈判,加快促进贸易和投资自由化便利化

的自贸区建设;继续推进"一带一路"建设,深化与沿线国家和地区的经贸合作。

26.4.4　优化区域产业链布局

当前中国区域发展形势是好的,同时经济发展的空间结构正在发生深刻变化,中心城市和城市群正在成为承载发展要素的主要空间形式。在新形势下促进区域协调发展,要按照客观经济规律调整完善区域政策体系,发挥各地区比较优势,促进各类要素合理流动和高效集聚,增强创新发展动力,加快构建高质量发展的动力系统;增强中心城市和城市群等经济发展优势区域的经济和人口承载能力,增强其他地区在保障粮食安全、生态安全、边疆安全等方面的功能。要保障民生底线,推进基本公共服务均等化,在发展中营造平衡。

26.5　参与更高水平国际产业分工

在新发展格局下,面对国际分工体系的大调整与大变革,中国要树立更加理性、更加宏大、更加包容的世界观,坚持和平发展,坚持互利共赢,推动构建人类命运共同体,着眼于新体系、新秩序构建的合作效应。从融入既有分工体系转向携手构建一个新型分工体系,努力建立一个更为多元、更有活力、更加公平的国际分工新秩序;从被世界包容到包容世界,继而通过双向包容实现更高水平的合作共赢。中国要立足国际分工演进规律,统筹思考参与国际分工的新目标、新优势、新角色,更好把握分工重构的主动权与合作发展的新机遇。

坚持多边主义,在国际和区域空间维度参与并推动全球经济治理变革。深度参与更高水平的大国分工竞合,不断优化国内经济发展的制度环境,借助自由贸易区、自由贸易港以及双边、区域和多边合作平台,推动开放合作中的制度创新,以达成更高水平的规则共识,在高质量发展中不断增强对全球发展的制度供给力和价值辐射力。凸显中国作为全球先进要素价值创造分享中心的独特地位。发挥大国产业体系特殊的安全保障效应,为全球产业链供应链安全提供保障,推动国际分工体系在国内区域及产业维度上的延伸,实现国内分工体系与国际分工体系的融合互动。

26.5.1　构建双向开放新格局

面对国际格局的深刻变化,中国要充分利用大国优势,积极参与全球经济治理体系变革,主动营造外部环境。同时,要适应中国比较优势转换,充分发挥本土市场优势、人力资本优势、基础设施和产业配套优势,加快体制机制的改革创新,大力吸引全球生产与创新资源、高端制造与现代服务产业,增强创新能力,培育参与国际竞争的新优势,进一步提升中国在全球价值链中的地位和国际影响力,确保 2035 年基本实现社会主义现代化。

牢牢把握住以信息技术为代表的新技术革命和绿色发展带来的机遇。中国在新技术领域具备良好的创新发展基础,加上政府重视和社会积极投入,未来15 年,数字技术、能源技术和绿色技术革命为中国实现"弯道超车"提供了难得的机遇。要发挥好市场规模巨大、人力资源丰富、产业基础完备等优势,弥补制度短板,克服面临的挑战,鼓励产业创新,力争走一条从应用创新到原始创新演进的新道路,实现跨越式发展,甚至赶超。

加强重点领域的技术创新。加强数字技术基础设施建设,加快推动云、网、端等数字基础设施建设,提高数字基础设施普及水平。加快推进工业互联网平台建设和推广。加强网络安全、数字标准、知识产权保护、数字主权等领域的全球合作。大力推进可再生能源、电动汽车和能源数字化技术创新、商业模式创新及政府管理体制改革,并为世界能源变革提供可靠产品、解决方案和治理方案,引领全球能源变革。加快环境保护和循环发展重大共性技术并突破瓶颈式技术装备研发,构建市场导向的绿色技术创新体系。

不断提高科技创新能力。推进科技供给侧结构性改革,使科技创新模式从需求驱动转向需求和供给交互驱动,提升原始创新能力,在部分领域实现前瞻性、原创性、引领性重大科技突破,逐步从科学技术的"跟随者""追赶者""并跑者"向"创新者""领跑者"转变。围绕新兴技术领域,实施国家重大科技项目,突出关键共性技术、前沿引领技术、现代工程技术、颠覆性技术创新,在应用基础领域实现跨越式发展。

打造良好的产业创新发展环境。发挥中国市场巨大的优势,坚持走从应用创新向原始创新演进的创新道路,破除传统制度障碍,积极构建与新技术革命相适应的产业发展制度,建立适应创新发展的良好市场监管制度,支持创新创业,促进科技成果应用,加快新一轮技术革命在中国"落地生根,开花结果"。

推动人力资源和教育市场的适应性改革。根据新一轮技术革命的人力资源需求,加快科技体制和教育改革,培育创新型人才,激励人才创新。针对人口年龄结构和数字化需求,设计过渡计划,构建终生学习体系,加强职业培训,适应新技术革命引发工种变动新需求。

积极构建高水平的开放创新体系,在全球范围内整合创新资源。为了迎接新技术革命下的高水平国际竞争、融入全球化科技创新,亟须建立良好的国际科技交流合作环境和与国际接轨的创新环境,吸引和集聚人才、技术和资本等国际高端创新要素。面向未来新技术革命和高质量发展对创新提出的更高要求,为全球科技创新中心建设营造良好的环境,包括建立和完善与吸引一流海外创新人才相配套的税收、医疗等制度。加强企业整合全球创新资源的能力,培育世界级创新型企业。

着眼提升产业国际竞争力,着力推进关键领域市场化改革。着力推进产业国际竞争力升级。充分利用新技术革命的成果,加快推进传统劳动密集型产业转型升级,正确处理转型与转移的关系,构造以我为主的国际分工体系;在资本、技术密集领域实施开放发展新战略,以扩大开放和深化改革为动力,加速提升资本和技术密集型制造业、服务业的国际竞争力。积极推进关键生产要素的市场化改革。深入开展电力管理体制、油气管理体制、户籍管理制度、财税管理体制、金融管理体制,破除体制机制障碍,挖掘要素成本下降的空间,培育产业国际竞争新优势。

加快重点领域的市场化改革。一是在基础设施领域引入市场竞争,加强对自然垄断性质基础设施的规制。二是通过培育绿色信贷、绿色保险、绿色债券、绿色股票、公募私募基金等多种绿色金融产品,形成成熟稳定的绿色金融市场,将环保成本内在化,并嵌入社会生产全过程。三是加快推动公共数据开放,建立良好的数据流通制度,使数字化进程中的企业竞争更加公平。

26.5.2　实行高标准开放

以国内大循环为主体,决不是搞封闭的国内循环,而是开放的国内国际双循环。有观点认为,内向型经济的特点是筑起贸易保护壁垒,促进进口替代,造成进口萎缩;外向型经济的特点是推动贸易自由化和便利化,实施出口导向战略;开放型经济的特点是贸易政策既不偏向出口,也不偏向进口,既不偏向外商投资企业,也不偏向国内生产者和投资者,而是由市场机制选择优胜者。实践证明,以国内大循环为主体是符合经济规律的,世界上凡是大国都是以内循环为主体的,大多更重视国内需求,依靠国内需求支撑其整体经济发展并带动进口需求。

世界上凡是开放大国都是国内国际双循环相互促进的。有能力高水平驾驭"两个市场、两种资源",有实力牢牢把握国际市场上的话语权、定价权和影响力,有责任发挥全球公共产品供给、国际宏观经济政策协调和多边规则体系形成作用的,才是开放大国。面向未来,中国在世界经济中的地位将持续上升,同世界经济的联系会更加紧密,为其他国家提供的市场机会将更加广阔,成为吸引国际商品和要素资源的巨大引力场。中国要全面提高对外开放水平,建设更高水平开放型经济新体制,形成国际合作和竞争新优势。

加快推进高水平对外开放。一是进一步提升对外开放层次和水平。进一步扩大服务业和高端制造业开放水平,完善外商投资环境。不断提高贸易投资便利化水平,主动降低关税。对标国际高标准经贸规则,进一步提升自贸试验区开放水平,充分发挥自贸试验区的压力测试和先行先试作用,并加快创新经验的复制推广,不断增强自贸试验区的辐射带动作用。二是加快构建开放型经济新体制。对外商直接投资实施准入前国民待遇加负面清单的管理体制,建立健全事中事后监管体制建设;完善安全审查制度和风险防范体系;提升地方更大的自主权和创新空间,充分发挥地方在体制机制改革创新中的积极性和创造性。三是加强法律法规与能力建设,为扩大开放提供支撑与保障。完善国际宏观经济政策协调的国内协调机制;加强对外谈判的组织协调机制,通过提升授权与沟通协调的层级,提高工作效率;完善涉外经济管理体制改革与重大涉外谈判的第三方评估机制;大力加强应对贸易摩擦的能力建设,积极应对经贸摩擦长期化、常态化趋势。

积极稳妥参与全球经济治理。参与全球经济治理,需保持战略定力,力争为国内发展赢得更长战略机遇期和有利的外部环境。可选择国际合作需求迫切、与中国实力能力和现实需求相匹配的领域等作为重点,推进全球经济治理体系的改革完善,提升中国制度性话语权。对于符合经济全球化深入发展需要的现存体系和规则,要维护其权威,通过改革完善并加以利用。例如,多边体制对维护国际经贸秩序良性发展不可或缺,需坚定维护基于规则的、开放公平、透明可预测、包容非歧视的多边贸易体制主导地位,维护开放性世界经济和自由贸易体系,提高其有效性和灵活性。积极参与国际合作新机制的建设,不断完善金砖合作机制,积极推进发展中国家关注的发展议题和 2030 年后发展议程的落实,在新经济、新模式、绿色发展等领域积极参与全球规则的制定。需注意,不另起炉灶,不挑战现有全球经济治理体系与经贸规则,不划分势力范围。

27 新常态与高质量发展 *

2008 年金融危机以后,中国经济发生了非常大的变化。在这个过程中,针对整个经济运行的状态经济及其走势,比以往产生了更多的疑问和截然不同的判断。特别是 2016 年,对于上半年经济形势的分析,就有很多不同的观点,甚至是比较分歧的看法,如 V 型、W 型、L 型经济走势等。针对这一问题,我想谈一下经济新常态与高质量发展。这在构建新发展格局中是十分重要的。

27.1 经济新常态

经济新常态怎么理解?现在人们往往只把新常态看成是经济增速下降,或者是增速换挡。例如,原来中国经济是两位数增长,现在开始下降,而且下降很快,从 9%、8%,变成 7%,甚至更低。由此就认为,这是经济新常态的重要表现。在我看来,增速下降只是一个表面现象,甚至可以说是一个各种力量产生均衡的最终结果表现,而不是经济新常态的实质性或本质性的问题。

27.1.1 新常态的涵义

我所理解的"新常态",有如下几重涵义。

(1)新阶段。经济新常态,其实质就是中国经济进入到一个新阶段:从原来低收入阶段,进入到中等收入阶段。这个中等收入阶段的进入,带有很多根本性的改变,通常所说会遇到所谓的中等收入陷阱。这个陷阱到底是否存在,有不同

---

* 本章由笔者的两篇演讲稿汇编而成:一篇是在望道讲读会 2016 上海书展学术论坛第二场暨"新改革年代的中国经济"上所作的学术报告《经济新常态下中国产业结构调整与政策》,另一篇是 2018 年在上海社会科学院国际研讨会上的发言稿。

的观点,还可以再研究,但至少跟以前低收入时经济起飞阶段有很大不同性质。最通俗地讲,就是进入中等收入阶段意味着已经从后端跑到了中端,面临"前有领跑者,后有追兵"的境地。跑在中端,一方面意味着原先的比较优势(如成本优势等)已逐步丧失,将承受来自后面追兵的压力;另一方面意味着竞争优势(如技术创新能力)还不够强大,将承受来自前有领跑者的压力。在这一新阶段,承受双重压力是一种常态。我认为,这可以作为"新常态"的一个实质性表现。

(2)新环境。我们现在讲的"新常态",虽然是指中国经济"新常态",但事实上,中国经济已与经济全球化高度融合在一起,所以外部环境本身也构成"新常态"的重要内容之一。现在我们的外部环境又是怎样的?我认为,是一个新的全球化环境。2008年之前,特别是在WTO框架下,经济全球化发展进程是比较快的,整个国际产业分工、各国之间产业合作、全球产业链发展都比较快。中国也正是在这样一个全球化的大背景下获取了很大的全球化红利。但现在全球化进程开始明显放缓,其中一个主要表现就是"国际贸易增长速度明显低于世界经济增速"。国际贸易增长速度比2008年之前的水平低了很多。对于这个问题,国际上也有争论:现在的全球化进程放缓,到底是结构性带来的趋势性变化,还是一个周期性的变化?如果按照周期性变化来讲,当然也可以理解,因为现在整个世界经济不景气,在这种情况下,全球价值链的进一步延伸不太可能,只会相对收缩。但从另一个角度讲,我们也看到,当前全球化进程中也有很多结构性变化。比如,原先跨国公司进行全球产业链布局是成本导向的,哪里成本低,在哪里设工厂。现在,它们做了重大调整,首先考虑潜在市场规模及其产业配套能力,并缩短产业链空间,实行近岸布局,形成一个大区域的产业链、供应链。这个变化是结构性的。又如,现在处在新技术革命的开端。新技术一定是首先在本国使用,成熟以后再扩散。所以很多发达国家,包括美国的制造业回归、再工业化战略等也是一种结构性的变化。还有一个结构性变化与中国有关。中国开始"走出去"了,不仅到非洲,还开始到欧洲、美洲等地进行投资,而且投资增长势头较大。这些结构性变化将导致经济全球化进入新的状态,包括双边或区域性的投资贸易协定兴起等。中国经济已与全球经济明显融合在一起,所以处在一种新的环境之中。

(3)新动能。改革开放极大释放了中国经济潜能,特别是在大规模的要素驱动与投资驱动下,支撑了中国经济30多年的高速增长,尽管过程中有较大波动。目前,在产能过剩的情况下,很明显,这种大规模的要素驱动与投资驱动已差不多走到尽头,到了新旧动能转换的阶段。也就是说,创新驱动的新动能将成为一种新常态。

（4）新模式。过去中国经济发展模式主要是出口导向型，通过大量引入国外投资，"两头"在外，来料加工，处于产业价值链的低端。现在整个经济逐步转为内需主导，并且中国开始"走出去"，特别是随着"一带一路"国际合作平台进一步发展，中国"走出去"的步子会更大。这种新发展模式也将成一种新常态。

27.1.2　新常态与经济增长

"新常态"的实质在于新阶段、新环境、新动能和新模式。这是经济新常态的本质所在，其将在中国经济中逐步发生作用。如果我们对新常态作这样一种认识与理解，那么与经济增长速度不断下降之间似乎不存在必然联系。

因为从中国的潜在增长率来看，应该比当前的实际（真实）增长率（6.7％）更高。根据收敛理论，尽管现在中国 GDP 总量是 4.5 万亿美元，但人均 GDP 与美国相比还只是它的 30％多一点，从国际经验来看，在 30％上升到 60％—70％的这个区间里，仍会有较高的增长速度。因此中国经济保持较高的增长速度，还有 20 年甚至到 30 年的时间。当前中国实际经济增长率从 10％急剧下降到 6.7％，似乎下降太快，这只能说明我们进入"新常态"有很多方面还不适应，新环境还没有很好适应，新动能还没有形成，新发展模式还不成熟。在这种情况下，实际增长率势必低于潜在增长率水平。

这也就暗示着与新常态相适应的，是一种高质量发展。只有高质量发展，才能使实际增长率接近于潜在增长率水平，才能继续保持较高的经济增长速度。

27.2　高质量发展

现在，中国经济从高速增长转向高质量发展。问题是提出来了，但什么是高质量发展？其基本内涵、特征是什么？好像还没有解题。我想，这既是一个理论问题，更是一个实践导向问题。因此，不妨先来看高质量发展是针对什么情况提出来的，然后来分析其实质内涵。

27.2.1　高质量发展的背景

在我看来，高质量发展是针对以下情况提出来的。

首先，随着国内社会主要矛盾的变化，为解决人民日益增长的美好生活需要和不平衡不充分发展之间的矛盾,必须坚持以人民为中心的发展思想,通过经济高质量发展来不断满足人民高品质生活,促进人的全面发展、全体人民共同富裕。

其次,随着中国经济发展阶段的转换,由要素、投资驱动的高速增长已呈现边际效应递减和不可持续性,要求转向创新驱动的高质量发展,保持国民经济较快、健康、可持续增长。

最后,随着中国参与全球化进程的深化,基于低成本、低品质、低附加值的产品数量及产能的全球化引领,已不能适应世界经济再平衡的要求,呈现产能过剩,迫切需要提升中国在国际产业分工中的地位,实现高质量产品及产能的全球化引领。

总之,高质量发展主要针对和需要解决的是不平衡不充分的发展、要素和投资驱动的高速增长边际效应递减和不可持续性、基于"三低"的产品及产能过剩等问题。这些问题的形成,首先在于增长优先理念导向,对越快、越多的经济增长给予越高的估值;其次是经济增长率的绩效评估,只看增长产出多少,不看其耗费了多少投入,消耗了多少资源;再则是社会再生产过程中的生产、流通、分配、消费诸环节处于分割和不协调状态,相互制约和影响,形成许多结构性矛盾。

27.2.2　高质量发展的定义

我们可以从所针对的问题中推导出高质量发展的定义,即在新的发展理念指导下,通过社会再生产过程中的创新型生产、高效性流通、公平公正分配、成熟消费之间高度协同,不断提高全要素生产率,实现经济内生性、生态系和可持续的有机发展(organic development)。

这一定义的基本内涵或关键点在于:(1)如何发展比增长多少更为重要。国民经济估值高低,不仅要看增长的速度,更要看增长的来源、质量和方式。不同类型的增长应给予不同的估值。体现新发展理念的增长具有较高的含金量,虽然其增长速度可能较慢,但增长的质量更好,增长的稳定性、确定性和持续性更强,能给社会带来更高的回报。(2)全要素生产率及其变化将比经济增长率及其变化更为重要。衡量经济绩效时,不仅要看其增长产出多少,更要看其耗费了多少投入,消耗了多少资源。全要素生产率识别经济是投入型增长还是效率型增长,确定经济增长的可持续性。如果经济增长很快,但全要素生产率一直不高,甚至低于要素投入增长率,那么这种经济增长与其说是在成长,不如说是在毁灭社会价值。而全要素生产率提高,则可以在减少投入和降低消耗的情况下实现较快经济增长。(3)基于社会再生产各环节高度协同的新型结构构建比经济总量规模增大更为重要。衡量经济发展成就时,不仅要看经济总量规模增大,更要看其建立在什么样的结构基础上。处于结构扭曲下的经济规模增大,通常是"转基因"和非有机增长,导致"虚胖"综合征。基于社会再生产各环节高度协同新型结构的经济增长,是具有内生性、生态系和可持续性的有机增长,才能促进经济强大。

中国经济从高速增长转向高质量发展,其经济学理论含义有三点:(1)不是基于路径依赖的线性提升,其主要通过充分挖掘原有增长动力、增长质量、增长效率的潜力;而是基于大道转换的能级跃升,其要求动力变革、质量变革、效率变革。(2)不是围绕原有增长均衡点的帕累托改善,其主要通过针对原有增长点不足或缺陷进行结构性调整;而是寻求新的增长均衡点的帕累托最优,其主要通过基于培育新增长点的结构性变革。(3)不是原有经济系统的修补和完善,其主要通过基于经济系统维护的补短板;而是经济系统的根本性改造,其主要通过经济系统重构的拉长板。

因此,中国经济从高速增长转向高质量发展,要求转型升级,形成新型结构,重塑现代经济体系。然而,我们现在尚有许多不适应之处、缺陷或瓶颈。

27.2.3　基于生产函数的高质量发展

经济高质量发展,从生产过程看,在于生产函数的质变。生产函数的质变,通常可以用两种(或以上)可变投入的长期生产函数来考察。生产函数表明了一定技术条件下投入与产出之间的关系。这不仅是表示投入与产出之间关系的对应,更是一种生产技术的制约。如果技术条件改变,每一产量水平上任何两种要素之间的替代比例将发生变化,每一个产量水平上任何一对要素投入量之间的比例将发生变化,从而劳动、土地、资本和企业家才能等生产要素在生产中所占的相对重要性发生改变,产生新的生产函数。从生产函数质变的角度看,经济高质量发展具有三重涵义。

其一,与一定高技术条件相适应的高质量要素投入。从资本品要素来讲,主要是关键装备、关键部件和关键材料的投入。二、三流生产线和低质材料的投入是生产不出一流品质产品的。目前尽管中国生产能力迅速增强,生产规模庞大,但先进装备(工作母机)、关键部件和关键材料始终处于严重不足状态,成为中国工业化发展的软肋。必须有新的突破,自主掌控这类关键资本品投入,不被卡脖子。从劳动要素来讲,主要是高质量的人力资源投入。低素质、低成本的劳动力难以适应高精尖的生产。中国人力资源虽然较充裕,但受教育程度及技能水平仍较低,缺乏大量工程技术人员、高级蓝领工人。从企业家要素来讲,主要是高水平的企业家才能投入。中国企业很多,也不乏企业管理者,但缺少真正的企业家,更缺乏充满创新创业的企业家才能。从土地要素来讲,主要是土地等自然资源的集约化高效使用。这需要根本改变经济增长中以土地资源浪费和生态环境恶化为代价的局面。

其二,高质量的要素配置。从要素配置层级来讲,主要是更多地发挥高级生产要素在配置中的主导作用,更多地依靠科技创新、现代金融、知识、信息和数据以及企业家才能等,依靠生产率提高,从自然资源和投资驱动型"汗水经济"转变为创新驱动型的"智慧经济""智能经济"。从要素配置结构来讲,主要是强调国民经济中的投入要素最终必须落实在强壮实体经济上,实现实体经济、科技创新、现代金融、人力资源协同发展。这就要改变金融资源较多流入虚拟经济领域以及滞留在僵尸企业的局面,注重实体经济与虚拟经济之间的均衡关系,想方设法把金融资源配置到富有活力的部门和企业中去。这就要改变科研与实体经济脱节,科技成果进不到实体经济的局面,促进科技创新成果产业化,按照市场规律服务于实体经济。这就要改变人力资源与实体经济之间的错配,解决结构性失业或结构性人才短缺问题。同时,要处理好科技创新、现代金融、人力资源之间的相互关系。

其三,高质量的产出供给。这意味着产出供给与高品质消费需求的高度契合。这就要改变我们过去低水平、低质量产品同质化竞争及其产能过剩,不能满足多层次性、多样化、个性化消费需求的局面,按照消费升级要求增加产品种类,不断推出新产品,提升产品品质,促进有效供给。

27.2.4 基于社会再生产过程的高质量发展

经济高质量发展,不只是一个单纯的生产过程,而是寓于整个社会再生产过程之中。除了生产函数质变外,还需要高质量流通、分配和消费的高度配套。其中,任何一个环节的缺失,都将影响和制约经济高质量发展。

第一,流通衔接着生产与消费,高质量的流通是实现高质量发展的重要环节。首先,高质量流通必须依赖全国统一市场。任何有形或无形的市场分割与阻隔,以及市场无序性和不透明等,都将增大流通中的制度性交易成本。这种交易成本往往不直接在流通成本中体现,而是以时间、效率损失为代价。这就要求我们改变各种形式的市场隐性门槛、不公平竞争和无序竞争,以及市场主体权益保护不力的局面,消除地方保护,加强市场行为规范,提高市场透明度,建立健全社会信用体系,加大市场主体合法正当权益的保护,大幅降低流通中的制度性交易成本。其次,高质量流通借助具备可靠性、快速性、低廉性的物流体系。尽管近年来国内的物流成本占 GDP 的比重趋于下降,但仍处于 14.9% 的高位,而发达国家这一比率通常在 8%—9%。例如,美国是 7%,英国是 9%。这在很大程度上与我们低效、不合理的物流体系有关。例如大量本应通过铁路和水路运输的中长距离运输由公路运输承担,抬高了综合运输成本。中国铁路集装箱运输所占的比重仅为 2.3%,而美国为 49%,欧洲大约是 20%。多种运输方式之间缺乏有效衔接,从而使短驳、搬倒、装卸、配送成本较高。中国城市共同配送只占 7%,而日本高达 73%。运输的来回满载率不平衡,中国的空驶率达 45%,而美国、欧洲的空驶率都在 20% 到 25% 左右,日本是 27%。另外,在运输标准化、安全、信息系统等方面也存在较大差距。因此,需要建设现代化的物流体系,降低物流成本,提高物流效率。

第二,分配激励着生产与消费,高质量分配是实现高质量发展的重要基础。实现高质量的分配,就是要推动合理的初次分配和公平的再分配。初次分配环节,要充分发挥市场机制在要素配置和价格形成中的决定性作用,创造机会公平的竞争环境,逐步解决土地、资金等要素定价不合理的问题,促进各种要素按照市场价值参与分配,维护劳动收入的主体地位,促进居民收入持续增长,提升居民可支配收入在国民可支配收入中的比重、劳动者报酬在初次分配中的比重。再分配环节,要发挥好税收、转移支付的调节作用,以及精准脱贫等措施的兜底作用,提高公共资源配置效率,促进公共资源分配的均等化,加快补齐公共服务短板,注意调节过大的存量财富差距,形成高收入有调节、中等收入有提升、低收入有保障的局面,提高社会流动性,避免形成阶层固化。

第三,消费拉动生产并成为经济增长的"稳定器"和"主引擎",高质量消费是催生经济增长新动能和高质量发展的重要力量。目前中国消费结构正在从生存型、价格驱动型消费向发展型和品质型消费不断升级,公共消费需求、服务型消费需求和新型消费需求全面快速增长。但在现实生活中,由于受到消费观念、甄别能力、消费认知以及缺乏激活消费手段和创新解决方案等限制,仍存在各种盲目消费、从众消费、贪便宜型消费、广告诱导型消费、过度包装消费、非环保型消费等低质量消费。因此,要正确引导消费,通过创新消费服务方式,整合线上线下资源,利用互联网、大数据实现 B2C 的深度融合,推出多种互联网消费金融模式,用新产品、新服务、新体验来引领新消费,为消费者提供多元化和精准化的解决方案,从而激活和释放消费潜能。要优化和净化消费环境,通过产品严格检验和优先机制,打造产品品牌,取缔虚假广告和过度包装,创新消费维权方式,降低消费维权成本,加强社会监督等,营造安全、放心、便捷的消费环境,不让消费者在鱼龙混杂的市场中迷失双眼。要培育成熟消费者,通过开展多种形式的高品质消费宣传和教育,提高消费者认知能力,帮助大众树立宁缺毋滥的"精品"意识、适合和突显个性化的选择意识、可持续发展的绿色意识等,形成高品质消费的理念。

在高质量发展中,全要素生产率是一个关键性衡量指标。近几年,中国全要素生产率增长率趋于下降,从根本原因来讲,是体制改革中深化不够、推进不力等问题,或者是新的动能出现了结构性的断裂,但它在表现形式上就是这四个环节出了问题。如果这四个环节都能够形成一个高质量状态,并且相互之间能够很好有机地衔接,那么一定可以提高全要素生产率。

28 供给侧结构性改革 *

"供给侧""结构性改革"等,是最近的高频热词。构建新发展格局,其中一项重要内容就是注重供给侧结构性改革。当前,为何要强调更加注重供给侧结构性改革? 推进供给侧结构性改革的发力点在哪里? 在当前经济下行压力下,推动这一改革如何减少对社会造成的冲击? 这一系列问题都需要在构建新发展格局的大框架下进行深入研究。

28.1 背景分析

28.1.1 当前经济下行的原因

2015 年中国经济增长数据显示,尽管上年第四季度基本面出现了增长亮色,但其强度不足以支撑经济明显反弹,2015 年 GDP 增速为 6.9%。这是 1990 年以来中国 GDP 增速首次跌破 7%。2015 年全年始终面临经济下行压力,这样的情况在过去一段时间是不常出现的。正因为如此,对当前中国经济形势的判断,学界、商界存在着分歧:有一种观点认为,中国经济已经进入通缩;还有一种观点认为,中国经济是在"增速换挡"。

我并不认同这两种观点。对于通缩,目前尚缺乏充足证据。虽然经济增速下行、物价水平下降、企业效益下降等指标都是通缩的特征;但消费需求增长仍然正常,并没有呈现明显萎缩,而且社会上的流动性也没有表现出通缩中的特征。对于增速换挡,这个提法也有问题。从长期看,中国经济进入新常态,必然

* 本章原为《解放日报》对笔者的专访《供给侧结构性改革"大棋"怎么下》(《解放日报》2016 年 01 月 21 日),并增加了笔者在望道讲读会 2016 上海书展学术论坛第二场暨"新改革年代的中国经济"上所作的学术报告《经济新常态下中国产业结构调整与政策》中的部分相关内容。

要经历经济增速的自然调整下降,但这是有个过程的。而中国经济增速近几年从两位数快速下滑到 2015 年的 6.9%,目前看来 2016 年经济增速还处在下行压力中,下降速度太快了,至少不是正常的增速换挡。此外,导致增速换挡的重点拐点,比如人口红利拐点、劳动参与率拐点,也不是现在就遭遇到的。因此,用增速换挡来解释当前经济形势也难以说得通。

我认为,当前经济增速下滑原因在于结构性矛盾问题。但要注意的是,过去我们也提结构性矛盾,主要指投资与消费结构、国民收入分配结构、产业部门结构、地区差异等问题。现在我们所说的结构性矛盾与过去有所不同。比如,一方面,实体经济特别是中小企业,明显感觉流动性不足,融资难,借贷成本较高;而另一方面,虚拟经济里流动性又过多,也很活跃。这就是"资金错配"的问题,资本没有流动到应该流动的实体经济去,而在实体经济之外打转。又如,一方面,出现产能过剩及大量库存;而另一方面,又存在明显的短缺。这个短缺也很复杂,是一种层次性短缺。现在很多人出境购物或者通过网络进行海淘,例如母婴产品,甚至大米豆油等,这些产品我们国内都能生产,但很多人还是要从国外购买,原因在于国内提供的这些产品在层次与品质上与国外不同,这就是一种"要素错配"的现象。还有,现在短线操作或叫追求短期收益的操作行为很多,但对于一些投资周期稍微长一点、收益周期稍微长一点,感兴趣的资本就很少。这反映的是"预期错配"的问题。按道理说,如果短期与中长期预期比较稳定,就会有短期与中长期资源的合理配置,但现在预期不稳定,就产生了追求短期投入或者效益的现象。

28.1.2 结构性矛盾的应对之策

要解决这些结构性矛盾,依靠总量的宏观调控(包括总量需求侧与总量供给侧)是行不通的。采取总量需求侧管理就是采用凯恩斯的总需求管理,目标是解决通缩问题,通过增加政府投资及其产生的投资乘数效应,增加就业、提高收入,以弥补总需求的不足。对于结构性矛盾,只有通过供给侧结构性改革来加以解决。

当前有一种观点,将供给侧结构性改革简单理解为美国总统里根在 20 世纪 70 年代末推行过的供给学派政策,并认为应该效仿里根当时的做法,大力推行减税与私有化。我认为,这是有严重偏差的。20 世纪 70 年代末,美国经历的是滞胀,里根的政策侧重在刺激总供给,通过减税与私有化等手段,一方面能刺激企业投资,激发出投资的活力;另一方面增加了总供给,也可起到平抑物价的作用。这实际上是一种供给侧的总量管理,目标是解决滞胀问题。但我们现在面临的不是滞胀问题,不是要解决总供给不足问题,而是要解决供给侧的结构性问题。因此,应对之策是供给侧的结构性改革。从这一意义上讲,提出供给侧结构性改革,正是对当前中国经济下行态势的一种判断。

28.2　供给侧结构性改革:战略性调整

对于供给侧结构性改革怎么理解?现在针对中国的产能过剩,大家往往把供给侧结构性改革视为"三去一降一补"。我认为,"三去一降一补"仅仅是一种战术性调整。供给侧结构性改革的本意,应该是战略性调整。

对这个问题,我为什么会提出这样的想法?最近,在讨论研究上海如何贯彻实施供给侧结构性改革时,不少人认为,对照"三去一降一补",上海好像没什么可做的。对于"去产能",由于上海 2008 年以后没有盲目增加投资,现在从产能上来讲,上海并不存在明显过剩。对于"去库存",上海也没有什么产品库存,要说有的话,主要是房地产,但上海房地产价格不仅没下去,反而还上去了。对于"去杠杆",上海的金融风险控制在全国是最好的,而且超过国际水准。那还有什么杠杆可以去?对于"降成本",上海的成本确实比较高,但作为现代化国际大都市,有些成本一定是高的,如人工成本、土地价格与租金等。在这方面,全球城市一定是成本高地,而不是成本洼地。事实上,这是一个市场自动调节门槛,能进入的,是附加值更高的企业和产业,而不是一般的企业和产业。当然,上海有没有成本过高的地方呢?一定是有的,如制度成本、交易成本等,这个方面要补短板。这样看来,上海现在好像只是"一降一补"。我对此持有不同的看法。我认为,供给侧结构性改革作为一种战略性的调整,对上海来说,还有许多事情要做。

第一,作为战略性调整,上海要促进服务经济发展。"新常态"下的基本矛盾是什么?我认为,是日益升级的消费需求与低端供给能力之间的矛盾,而且矛盾的主要方面在供给侧,是结构性的。过去 30 年,我们的消费需求是低端的。这种低端的大规模消费需求与低端的大规模供给能力相匹配,带来了 30 年的经济高增长。然而,现在进入了新阶段,面临着新环境,该问题就显现出来了。在消费需求升级中,有很大一部分是与此相适应的服务经济的供给。特别像上海,发展比较率先,诸如大健康、大养老、大生态这些服务的消费需求增长迅速,但供给并没有跟上。所以,供给侧结构性改革是一个很重要的战略性调整。前几年,我出版了《服务经济发展：中国经济大变局之趋势》一书，专门对服务经济未来发展做了阐述。

第二，作为战略性调整，要有技术创新的行动。在供给侧，最核心的是什么？无疑，是技术。因为在供给侧，资本、土地、劳动、要素投入以后，真正能够产生大产出和有效供给的就是技术。原先在我们大规模投资中，技术含量较低，或者不需要有很大的技术进步。但现在不行了，经济动能已转换到技术创新上来。这对上海来说，也是一个重大问题。上海提出建设有全球影响力的科创中心，实际上就是要解决新动能的问题。

第三，作为战略性调整，要有基于自主创新能力的新发展模式。原先的出口导向发展模式，大力推进外向型经济，大量引进外资，但它解决不了我们技术创新的新动能问题。上海有再多的外资企业，也解决不了掌握自主创新能力的问题。例如，跨国公司的全球研发中心，有1/3在上海（另外1/3在欧洲，1/3在美洲），但它没有更多的外溢效应，难以对上海自主创新能力的培育有更大的直接推动。这其实给我们提出了一个很严肃的、必须正视的问题，即自主创新能力不能靠外资，一定是靠本土企业。在本土企业中，如果国企体制不改革，它难以承担起自主创新能力培育的任务。那么，剩下的就是本土企业中的民企。但中小民企也难以承担自主创新能力的培育，只有靠有实力的民营高科技企业。这一点恰恰是我们国内所缺少的，也是上海所缺少的。如果说上海在这方面与深圳的差距在哪里，那就是深圳有本土的民营高科技企业，且在世界上已属于一流，而上海则没有。因此，能不能形成基于自主创新能力的新的发展模式，对上海来说是一个严峻的考验。

第四，作为战略性调整，意味着产业能级的升级问题。供给侧结构性改革不是单纯解决一个产业之间投入产出比例的问题，而是要更多发展服务业，促进产业结构高度化。不仅如此，还有一个更重要的任务是促进产业能级的升级。这几年，中国的服务业发展迅速，其占比提升很快。上海服务业占比的提升更快，服务业产值占GDP的比重已达到70％，而且看其发展势头，到2020年达到75％也没问题。但这说明不了问题。供给侧结构性改革要解决的是产业能级问题，这不仅仅表现在制造业能级上，也表现在服务业能级上。当然，也包括农业。上海尽管已有较大的服务业比重，但仔细去看，其中很多还是传统服务业，能级较低。同样是理财服务，我们现在至多是到银行里买个理财产品，但高端的财富管理，则是定制的，是组合式、一篮子的金融服务。在现实中，我们现在所享有的许多服务都是片断式、碎片化的。这就是能级问题。制造业的能级，问题就更大了。例如,上海的工业这两年连续下滑,工业的投资,甚至连续五六年是负增长。

第五,作为战略性调整,我们原先在价值链低端进行加工生产,现在则应该往两边高端走。但要记住,如果要往价值链的两端走,首先要掌控价值链。没有能力掌控全球价值链,要往两端走是不可能的。我们现在是参与别人的价值链,处于生产、加工的环节,如果要往研发、营销这两端走,必须能够掌控价值链。其实,中国企业到底能不能"走出去","走出去"后能否生存发展,也取决于能不能掌控全球价值链。然而,这种能力不是一般的能力。上海很多企业也都不具备这个能力,包括大型国企。这些都是供给侧结构性改革战略性调整的含义。

供给侧结构性改革是改革创新,而不是一般的政策调整。就"三去一降一补"来说,都可以搞一些政策,并通过政策加以调整。其实,现在"去产能",不少地方还是行政性手段在调控,如关停并转,限定过剩产能停工停产。要真正形成新的动能、新的发展模式,不是靠产业政策能够解决的,一定是通过创新改革,释放改革潜能,激发经济动能,提高产业势能。对上海来说,还有一点是促进城市功能。然而,这些最终取决于政府现代化治理能力和治理体系的提高,否则很多事情现在看来是政府在替代市场,而不是在弥补市场不足。

28.3　供给侧结构性改革:战术性调整

2015 年 12 月召开的中央经济工作会议提出,2016 年经济社会发展特别是结构性改革任务十分繁重,主要做好五大任务:去产能、去库存、去杠杆、降成本、补短板。这五大重点任务也被外界解读为供给侧结构性改革的五个重要方面。我认为,这是针对当前的战术性调整。而且,我们要对五大重点任务的具体含义与改革重点有一个清醒和深刻的认识。

(1) 去产能。产能过剩的载体主要是僵尸企业。所谓僵尸企业,一般存在于国企中,它们长期受到政府保护,缺少市场竞争,尽管已经无法产生效益,但在得到政府"背书"后仍能继续得到贷款,用贷款来发放工资、偿还利息。久而之,这些企业便形成僵尸状态。去产能,意味着市场出清。市场出清,就是解决僵尸企业。不解决僵尸企业,市场无法出清,也就无法真正去产能。解决僵尸企业,实际上是按照市场竞争规则,取消任何非市场的保护,真正体现出让市场发挥资源配置的作用。

僵尸企业已经被很多经济学家视为中国经济的拖累。不久前,诺贝尔经济学奖获得者、美国纽约大学教授罗伯特·恩格尔到访上海,他在接受记者专访时表示,中国的资本市场没有非常有效地分配资本,资本无法优先分配给最具生产力、发展最快的公司,而是被掌握在很多生产力不那么高,主要是"僵尸化"的企业手中,并由此可能对金融机构的稳定构成危险。他甚至预测,中国并不会像欧美那样突然爆发金融危机;如果中国发生金融危机,将会表现得非常缓慢,而背后的推手就是大量的僵尸企业。我认为,在去产能的过程中,解决僵尸企业,既不能手软,也要稳妥。因为其中有许多沉淀成本,会带来许多摩擦,最大问题可能是下岗失业。因此,要有稳妥的方案,保障员工下岗顺利与转岗到其他岗位。在这背后,政府应采取培训、提供工作岗位等一系列措施。

(2)去库存。一提到去库存,很多人认为,现在主要是水泥、钢材等原材料过剩,要去库存。固然,水泥、钢铁等原材料库存不少,但通过经济周期变动,是可以释放出需求的。此外,开拓其他新的用途、用替代方式也可以消化这些库存。比如,修路、造桥可能不需要那么多的钢铁、水泥,但我们建设海绵城市、地下管廊等,还是需要水泥、钢材的。总之,通过开辟新的、有真正社会需求的投资渠道,包括环保、教育、养老领域的投资,都可以带动原来库存的消化。

我认为,现在最大的库存是房地产。房地产去库存:一是通过促进住房消费加以消化。但一些二三线城市、很多四五线城市的房地产库存很大,通过消费拉动加以消化比较难。二是对部分库存加以转化。例如,原有商务楼改变用途,变成创业空间、养老院与护理院、文化创意中心等。但其中的难点是,很多房型是固定的,完全改作他用,难度较大。

(3)去杠杆。在结构性矛盾中,如虚拟经济、房地产的膨胀,都是杠杆化过度在起作用。甚至,一些杠杆起到扭曲结构的负效应。事实上,去杠杆与去产能是联系在一起的。但我们对去杠杆也要具体分析,对有些助推虚假繁荣、无序扩张的杠杆要取消、整治,而对有些杠杆则要加以调整或者要有新的杠杆替代。在经济运行中,杠杆的作用是必不可少的。问题在于,要有规范,要有监管,要把握好杠杆的"度"。比如,对地方融资平台要清理,但同时要开拓另外一些融资途径,如地方债券与企业债券等,替代原来不规范的融资杠杆。

(4)降成本。降成本是与提供有效供给相互联系的。一旦成本高企,企业利润空间就被压缩,所以要降低成本。从社会层面讲,主要是降低交易成本。这涉及市场准入、公平竞争、社会信用体系、权益保护等深层次问题。

(5)补短板。这个补短板,不是过去讲的因某一部门短缺而进行的补短板。现在经济结构中的短缺主要是层次性短缺,特别是高层次供给短缺。诸如"海淘"、境外购物等,就是当前层次性短缺的一个很好例子。在境外购买的日用品,其层次与品质高,不仅是工艺精湛,而且也与所用材料有关。因此我们要补这个短板,就不仅是生产这类日用品的部门,而是与提供原材的上游产业部门都有关系。因此补短板可能从上游就开始了,要提高上游部门生产产品的层次与质量,然后是生产部门改进生产工艺等,整个产业链有系统、有关联地进行科技创新,最终将整个产业链的品质提升上去。此外,除了高品质商品短缺外,当前服务短缺更为严重。尽管"互联网+"更多解决了消费者服务问题,扩大了消费者需求、增加了消费者服务供给,但涉及生产者的服务,其短缺程度还很大。

去产能、去库存、去杠杆、降成本、补短板等五大重点任务不是单独分开的,而是五位一体。这五个重点任务"有加有减"。去产能、去库存、去杠杆的要素流出,要有去向;补短板的部分就需要这些要素流入。在"去"的过程中,资金与劳动力等要素的转移与流动会产生比较大的摩擦。如劳动力的自由流动,就涉及一个技能的问题。劳动力流动到新部门,要适应新部门技能要求,就需要进行培训;设备在部门之间的转移就更难,有些通用设备可以转移到新部门,但有些是专用设备,直接转移过去新部门也无法使用,就要探索其他方式进行转移。

在我看来,五大重点任务的具体内容很多,但都是结构性地培养新增长点、增加有效供给。因此,这是一场结构性改革,而不是结构性调整。在市场起决定性作用下,通常会促使资源在不同部门与领域之间流动。尽管也会有市场失灵,但不会出现非常严重的结构性问题。结构性问题背后,实质上是体制机制的问题,阻碍了生产要素和资源在不同部门与领域之间的流动和配置,逐渐累积形成严重性的结构性问题。例如,为何会有大量过剩产能? 也许产能过剩是市场失灵造成的,像发达国家的经济危机就是市场失灵引发的过剩。但我们的产能过剩,在这么短时间内就这么严重,恐怕不是用市场失灵就能够解释的。其中原因是各地的投资冲动,包括对基础设施建设的投资冲动,一哄而上,出现大量重复建设。又如,上面一说要培育新兴战略性产业,各地不管有没有条件、有没有优势全都发展新兴战略性产业,短期内就造成了过剩现象。这背后也是体制机制问题。再如,现在都说成本高,主要是交易成本高,包括融资成本高、准入成本高、信息成本高、维权成本高。这背后是金融体制问题、市场准入体制问题、政府信息透明度问题、信用体系问题、产权保护问题。还如,在补短板方面,已经形成一些有购买力的市场需求,但有效供给却出不来。这既有技术问题,又有体制机制的问题。因为一些部门还处在垄断地位,缺乏有效竞争,便难以形成有效供给。另外,现在传统服务很多,但高端服务相对短缺,尤其是教育、医疗等高端服务短缺。其主要原因就是，服务领域开放度还不够，进入门槛太高，没有引入充分市场竞争。

上述问题表面看都是经济问题，但背后却是体制机制问题。如果要解决这些问题，不是给出一些一般性的政策，而是要通过体制机制的改革，在更大程度上发挥市场对资源配置的决定性作用。例如，去产能、去库存等，不应依靠过去那种"关、停、并、转"的行政性手段，而要依靠市场力量，通过改革发挥市场性作用，进行市场并购、资产重组，让更多民营企业参与其中。而且，去产能，不是简单消灭产能，也可以通过提高产能能级来实现，即提升技术含量，减少、去掉那些低效产能，变为高效产能。还有一部分产能，可以通过"走出去"、通过"一带一路"建设等输出转移。简而言之，去产能，一是转移，二是提升，但两种途径肯定都是通过市场导向、市场手段实现的。

28.4　上海的率先行动

上海如何在推进供给侧结构性改革上做得更好，继续作为全国改革开放排头兵、创新发展先行者？在 2008 年全球金融危机后，上海就已经意识到金融危机背后的产能过剩问题，因此在"十二五"期间就提出创新驱动、转型发展的主线，明确了减少"四个依赖"（即减少对重化工业增长的依赖、减少对房地产业发展的依赖、减少对加工型劳动密集型产业的依赖、减少对投资拉动的依赖），同时积极培养新的经济增长点。可以说，上海在"十二五"期间进行的努力，与现在供给侧结构性改革的大方向是一致的。

对于现在上海推进供给侧结构性改革，建议政府可以在这些方面进行梳理，抓落实，抓推进：更多要做的是补短板，更多地要考虑发展新兴服务贸易，特别在教育培训、医疗保险、大健康、文化创意、环保等方面，要大力发展，从上海作为国际大都市的角度看，这些都是短板。

在降成本方面，要理性地看到，上海作为国际大都市，成本上升是一种必然趋势。无论是商务还是人力成本的上升，都不应该人为去压制，而是要让市场本身来为其定价。但有一些成本是需要降低的，比如，各种非市场的、行政性手段造成的交易成本是应该降低的。可以通过更好地增加政府透明度、建立与完善信息体系、实行商事制度改革、实行"先照后证"等改革，同时结合自贸试验区制度创新与推广复制等改革，以降低准入门槛、规范市场秩序等。

　　此外,在去产能、去库存、去杠杆方面,上海还可以深入地做些工作。例如,建设用地减量化是去产能的重要方面,上海可以在已有土地上做文章。原来的工业园区有些产能低效,可以通过二次开发,提升园区品质;随着郊区新城的建设,镇一级无论是空间布局还是经济活力与实力都相对比较薄弱,可以通过城乡一体化建设进行调结构;中心城区的城市更新,也是调存量的一种方式,等等。

　　上海在供给侧结构性改革中还有一项很重要的任务,就是制造业的升级,特别是在材料工业、装备工业、智能制造方面的升级,因为这将是上海在实现中国工业化和制造业强国中承担的国家战略任务。如何在这方面实现新突破,需要深入研究和思考。

29 世界经济格局调整的应对之策[*]

在构建新发展格局中，对内主要是实行供给侧结构性改革，对外则要顺应世界经济格局调整采取应对之策。遭受全球金融危机重创之后，发达国家在艰难的经济复苏过程中，面对充满动荡、复杂和不确定性的局势，苦苦寻求解脱之策，并实行经济社会的转型。其中，美国提出"再工业化"战略将产生重大波及影响，尤其对中国经济及制造业发展将产生直接影响，需要我们对此进行深入分析与科学评估，采取应对措施。

29.1 基于深刻转型的重大举措

美国"制造回归"和"再工业化"战略的提出，是有深刻背景的，并非这次金融危机中临时性应对的相机抉择。美国"再工业化"战略的实施，具有许多实质性措施的支撑，并不是所谓"挂羊头卖狗肉"的伎俩。尽管这一战略能否取得最终的预期效果，现在评论还为时过早，但从这一战略的立论及其内容来看，确实反映了美国危机之后基于深刻转型的重大举措之一。

29.1.1 "再工业化"战略出台背景

美国"再工业化"战略是在遭受金融危机重创之后提出来的，显然具有应对危机和促进经济复苏的明显政策含义，但并非心血来潮之举。早在此次国际金融危机爆发前，美国基于制造业就业和产出比重持续降低、国际竞争力相对下

---

* 本章原载周振华等著《危机中的增长转型：新格局与新路径——中国经济分析 2011—2012》（格致出版社、上海人民出版社 2012 年版）第 3 章"美国'再工业化'战略：预期效应与波及影响"（与周国平合撰）。

降、大量投资转向海外而国内投资相对不足等问题,就已经提出过再工业化的主张。甚至有人提出,要改变"中国制造、美国消费"的经济格局。2003 年美国劳工联合会发布的《复兴美国制造业》报告指出,制造业是美国生产率提高、技术创新和经济增长的主要推动者,也是维持国防和国土安全不可缺少的基础。2007年美国又推出了"投资美国"计划,努力吸引更多的外资到美国投资,以增加就业。

在这次全球金融危机中,美国进一步加深了对重建经济基础的认识。在过去十年,40%的美国企业利润来自金融领域,这种虚拟经济是不可持续的,这也是美国陷入金融危机的根源。因此,美国经济必须深刻转型。2009 年 11 月,美国总统奥巴马在演说中提出美国经济要从过去维系在金融信贷之上的高消费模式,转向出口推动和制造业推动的成长模式,指出在危机过后要重新平衡制造业和服务业,并强调任何国家未来要在经济上领先世界,必须依赖于数学和科学,特别是能够将最新科学转化为生产力的能力。同年 12 月,美国总统执行办公室公布《重振美国制造业框架》,详细分析了重振制造业的理论基础及优势与挑战,并提出七个方面政策措施。2010 年 3 月,美国民主、共和两党 11 名国会议员联名致信奥巴马,以"美国需要一个制造业政策对抗全球竞争"为题,要求"通过发展一项全国性政策",恢复美国制造业竞争力。此后,美国国会众议院民主党人推出斥资 170 亿美元的"美国制造"一揽子计划,《制造业促进法案》是其中重要组成部分。这一法案在美国国会获得压倒性多数的支持而通过。2010 年 8 月11 日,美国总统奥巴马签署了《制造业促进法案》,标志着美国"再工业化"战略正式启动。

应当看到,尽管过去 30 年美国制造业增加值占 GDP 比重从 21.1%降低到12.6%,制造业就业人数占总就业人数比重从 21.6%降低到 9.1%,但由于经济总量巨大,美国制造业在全球的份额仍高达 20%左右,依然是世界第一制造业大国。美国力图通过"再工业化"重振本土工业,一方面是防止制造业萎缩失去世界创新领导者的地位,另一方面是要通过产业升级化解高成本压力,寻找能够支撑未来经济增长的高端产业。从这一点来看,美国"再工业化"战略的实质,就是在加快传统产业更新换代和科技进步的过程中,实现实体经济的转身与复苏。

29.1.2　支撑"再工业化"战略的实质性措施

为了促进提振制造业,回归实体经济,2009 年以来美国采取了一系列重大政策措施。这些政策措施有力地支撑了"再工业化"战略的具体实施。

一是出台了《美国复苏和再投资法案》，推出了总额为7870亿美元的经济刺激方案，其中800亿美元落户清洁能源，650亿美元投资在基础建设，133亿美元用于科技投入，7.3亿美元用来扶持小企业。

二是实施"出口倍增计划"，提出在未来五年内要将美国的出口额翻一番。为此，召集美国贸易代表处、商务部、财政部、劳工部、农业部等政府部门的负责人组成"促进出口内阁"，并成立了20世纪70年代才有的"总统出口委员会"。同时，加强贸易执法，确保美国商品在国内和国际市场上拥有销路和公平的竞争环境，专门成立一个"贸易执法单位"（Trade Enforcement Unit），负责调查他国的不公平贸易做法，加强检验，防止假冒或者不安全的商品跨境进入美国。同时，创造各种条件（包括施压人民币升值等）让美国工商企业更容易在世界各地销售产品，为美国产品打开新市场。

三是采取多种措施降低制造业发展成本。主要措施有：降低美国制造业的税收负担，并使暂时性减税措施永久化，以提高美国制造业吸引资本和投资的能力；简化政府审批外资繁琐的公务程序，改革医疗保险，降低医疗保险成本；减少管制和司法诉讼成本；实施节能计划，降低能源成本；鼓励创新投资，促进技术扩散，降低开发新技术的风险，确保美国企业致力于设计和生产技术含量高且为世界客户所需要的产品。

四是积极招商引资。2011年6月，奥巴马政府发布总统令，宣布打造一个横跨23个部委的招商引资工作组——"选择美国办公室"，并建设名为"选择美国"的门户网站。这是美国历史上首次将招商引资工作提到总统令的高度，也是首次建立具有行政约束力的跨部委吸引外资投资工作小组。

五是吸引海外资本回流投资本土。2011年7月，美国政府再次提出要对美国公司汇回国内的利润大幅度减征所得税，从35%减到5%，同时取消海外投资可延迟交税的政策，以鼓励美国跨国公司将超过1万亿美元的海外留存利润投资本土，刺激就业。奥巴马在2012年度国情咨文中进一步表示，要通过税法改革来留住国内企业和吸引"制造回归"。一方面，为避免美国公司通过把工作和利润转移到海外而逃避国内纳税，规定每个跨国公司支付基本的最低税金；另一方面，对本土的美国制造商实行更大幅度的减税，特别是对高科技制造商在本土制造产品而加倍减税。

除联邦政府外，美国各州政府也出台了一系列的优惠政策，包括培训、奖励、土地和减免税收，可按照各企业的特殊需要提供合适的优惠条件，并积极培育产业集群，帮助相关地区和工人实现转型。

29.1.3　实施"再工业化"战略已略显成效

从目前看,美国政府为推动制造业发展所作的努力取得了一定的效果。金融危机以来,美国经济波动频繁,但制造业始终平稳增长。在经济复苏中,美国制造业反弹的速度高于其他部门,在过去两年创造了 33.4 万个就业岗位。截至 2011 年 10 月,美国采购经理指数 PMI 连续 27 个月处于扩张区,其中就业指数连续 25 个月处于扩张区;出口增长率连续 21 个月高于 13%,工业总体产出指数连续 28 个月上升。

需要指出的是,近期美国制造业生产和出口的增长在很大程度上得益于"制造回归",而回归的制造业很多是传统产业中的高附加值产业和高附加值环节。在短期内,美国主要还是依靠传统产业优势来扩大其出口和就业,新兴产业培育尚需一段时间。因此,在未来一段时间内,美国"再工业化"的发展前景很大程度上将取决于招商引资和"制造回归"。

美国"再工业化"战略的效应,在中国也开始有所体现。从 2011 年的情况看,商务部统计显示,1—10 月美国对华投资新设立企业同比下降 4.52%,实际投入外资同比下降 18.13%。与此同时,在华投资的部分美资企业正在逐步从中国撤回美国,其中构筑装备、家具、纺织品服装等传统制造企业回归的迹象尤为显著。如美国耳机生产商 SleekAudio 近期将生产业务从中国广东回迁美国佛罗里达州;美国佳顿公司将 Milen 碳纤维棒球棒生产转移回美国;美国玩具生产商 Wham-0 决定将 50% 的飞盘和呼啦圈订单在美国国内生产;美国 Seesmart LED 正筹备将其整个海外业务回迁美国;美国 ATM 及供应巨头 NCR 已经把部分 ATM 的生产从中国转移到美国佐治亚州的哥伦布;卡特彼勒公司已经在美国得克萨斯州中南部的维多利亚市开设新工厂;福特公司宣布把 1.2 万个工作岗位从墨西哥和中国回迁美国,等等。

这些迹象表明,近年来奥巴马政府对制造业进行的一系列提振政策的效用开始慢慢显现,吸引了部分制造业企业的回流。另外,一些跨国公司回流美国,也是出于政治上的考虑。2011 年以来,由失业引起的"占领华尔街"运动正在美国卷起一阵游行龙卷风。为避免国内动荡进一步恶化,政治上需要让步于民众,跨国公司同样也需要考虑本土的稳定。回迁既是对白宫的"友好回应",又是对本国居民的正面交代。因此,从某种角度上看,回迁是对美国当前严峻的就业形势不得已的回应,既有企业运营的考虑,也是政治上的需要。

当然,促使部分美资企业回流的深刻动因还在于经济原因。企业利润最大

化的目标函数决定了其对成本与收益的权衡,从而决定了其企业空间区位选址。从目前来看,主要有以下几个方面原因:

一是中国所固有的成本优势正在不断流失。随着中国近年来劳动力成本上涨、土地成本上升和人民币持续升值,中美之间生产成本的落差正在缩小。从劳动力成本看,据估算,从 2005 年至 2010 年,工人的工资水平以每年 19% 的速度递增,而同期美国制造业工人的全复合成本只增加了 4%。在 2005 年,以美元计算,中国的生产力调整后生产时薪为 3.8 美元,相当于美国制造业平均薪资的约 23%;而到 2010 年,这两个数字分别为 7 美元和 31%。预计到 2015 年缺口将进一步缩小到 43%。从土地成本看,中国不少商业用地的价格也已高过美国。目前中国工业用地的平均价格是每平方英尺 10.22 美元。其中,宁波、南京、上海、深圳每平方英尺工业用地的价格,分别达到 11.15 美元、14.49 美元、17.29 美元和 21 美元,而美国阿尔巴马州工业用地每平方英尺的价格只有 1.86—7.43 美元,田纳西州和北加利福尼亚州工业用地每平方英尺的价格则在 1.3—4.65 美元。从资源价格看,近年来中国大宗商品价格处于高位,电、水等要素价格改革也推高了成本,再加上人民币升值使出口导向型企业在中国的获利空间不断收窄,使得制造业利润空间不断受到挤压。而相比之下,近年来美国工资微降或小幅上涨,美元疲软,劳动力的适应能力越来越强,生产效率不断提升,使得美国制造业的成本正变得越来越低廉。因此,越来越多的美国制造业公司感到把一部分高端产品放在美国制造可能更经济实惠。

二是运输成本持续上涨。近些年来,国际能源价格的上涨导致了跨太平洋运输成本的飙升。据估算,在过去四年中,由于油价上涨以及船只和集装箱运力削减,跨太平洋运输成本已经上涨了 71%。

三是供应链延长的风险。延长供应链,可能会导致库存支出、质量控制、不可预计的旅行需求以及供应中断等一系列难题。这一风险在 2011 年 3 月的日本大地震和海啸中暴露无遗。这场巨灾打乱了全球供应链,很多公司都陷入关键零部件供应断货的尴尬境地。因此,从跨国企业的角度看,需要调整战略,平衡市场风险,不宜把制造业的重心集中在一个地区。事实上,为了降低供应链过长的风险,很多美国企业已经把留在美国本土处理的订单比例从四年前的 20% 提高到 50% 以上。

由此可见,美国"再工业化"战略取得初步成效,不仅仅在于其采取的一系列吸引企业回流的优惠政策,有相当部分是适应了外部变化的需要,包括中国生产成本上升、运输成本上升、全球供应链风险增大等变化。

29.2　"再工业化"战略的预测性评估

美国"再工业化"战略的实施刚起步,虽已略显成效,但还不足作以对此作出全面评估。这一战略实施效果如何,取决于多方面因素,不仅取决于其国内因素,而且也取决于外部因素,甚至还取决于中国及其他国家对此战略的反应程度。因此,我们这里只能根据这一战略的主要内容及其措施作出预测性的评估。

29.2.1　美国制造业回流难以成为大规模现象

虽然美国海外制造企业出现回流现象,但截至目前,外资企业的撤离仍是个别行业,整体制造业回流美国的状况依然显得缓慢。事实上,美国仅仅通过税法改革等奖惩措施留住和吸引"制造回归",其作用和效果是有限的。美国加强贸易执法和开拓新市场,在实际操作中也会有一定难度,可能会引发更大的贸易冲突,甚至导致贸易战而宣告失效。从未来趋势看,这种回流也不太可能成为"大规模现象"。

首先,美国长期以来不断上升的劳动力成本,已使其丧失了一般制造业生产的竞争力。在没有出现新一轮世界技术革命的情况下,现有技术(包括信息技术)都已进入产业化的广泛运用,凸显以成本比较优势占优。目前中国的劳动力成本虽在不断提高,但中美劳动力成本差距仍然很大,按照汇率换算,美国的劳动力成本大约是中国的 6 倍。这在很大程度上决定了美国制造业中大量一般生产加工向外转移的必然趋势。除非美国大幅度降低劳动力成本,但工资收入具有刚性,几乎是不现实的。在不具备劳动成本比较优势的情况下,制造业回流美国难以跨越这个巨大"鸿沟",大规模的"制造回归"缺乏相应基础。

其次,目前全球制造业生产已跨越国界,被跨国公司所主导,而跨国公司的全球生产布局则为"低成本"所驱动。在经济全球化进程中,其他资源要素都可以在全球大规模流动,唯独劳动力这一要素难以跨境大规模流动,从而驱使跨国公司将其资金、技术、管理、信息等要素向劳动力、资源低成本的国家和地区进行配置。即便目前落户在美国的跨国公司也只提供了 18％的美国就业机会和44％的出口及 70％的研发,其他大量的是产业外包、数据外包、呼叫外包等。如果将这些外包转移回国,将会大大增加美国企业的生产成本。即便随着中国劳动力成本提高,属于中低端的制造企业为了追求更低成本,也是逐步向中国的周边国家转移,而不是回流美国。例如,中国多年来一直是耐克的头号生产基地,但现在已经让位于越南。在全球金融危机背景下,大多数跨国公司只是受到短暂较小的冲击,主要得益于这种全球生产布局模式。因此跨国公司出于逐利的本性,不会完全按照美国政府的意图行事,大多数对所谓"制造回归"和"再工业化"战略反应冷淡,认为是不可能的事情。显然,如果得不到跨国公司的普遍响应,其效果不会很明显。

第三,目前制造业全球布局已经形成相互之间分工配套体系。例如许多跨国公司掌控的行业已在中国形成完善的产业链或产业集群。要形成这样的产业格局不仅需要大量廉价、勤劳和拥有高技能的人力资源,还需要充分的产业配套和经过反复磨合的流程。而从美国看,由于长期产业空心化,国内相应的配套产业链缺乏,难以在短期内迅速建立起来。如果某些生产加工环节搬回美国,势必冲击现有全球生产布局体系和产业分工体系,迫使许多生产环节重新调整和全球供给链重新整合,迫使产业内贸易和企业内贸易的关系图和路线图重新勾勒,从而将引起许多生产配套、贸易等方面摩擦。即便跨国公司愿意做这样的调整,要想摆脱这种路径依赖,也须付出沉重代价。事实上,谁也不愿意这样做。从这次金融危机爆发后的情况看,跨国公司并未出现大规模调整生产布局的迹象。

第四,美资企业回归美国的目的,并不在于从美国再出口,而是为了在美国销售。如果美国内需市场不能有效扩张,美国企业回流本土就失去意义。而目前美国家庭债务增加,收入下降,消费者信心指数大幅滑落,市场消费持续低迷,没有太多的吸引力。更为重要的是,全球金融危机后,世界经济重心东移已成定局。据亚洲开发银行预测,在2050年之前,亚洲所占的全球GDP、贸易额和投资额的份额可能超过一半,并达到广泛的富裕水平。尽管美国仍将是服务于北美市场的制造企业投资首选地,但面对正在来临的"亚洲世纪",巨大规模的亚洲市场(包括中国)将吸引更多的制造企业进入。无疑,这将对美资企业回归形成巨大制约。

第五,更为重要的是,美国现有的资源分配机制不利于实体经济的发展。只要美国依然维持着货币霸权,其金融部门就永远能够比实体经济部门提供更高的薪酬和投资回报,在竞争人才和资本投入方面永远占据相对优势,在代议制民主政体和市场经济体制结合的环境中又永远能够获得政府更多的政策法规倾斜。在这种机制下,美国人很难指望本国"再工业化"取得可持续的重大成就。

29.2.2　美国策动制造业革命新动向

然而,美国"再工业化"战略不仅仅是通过一系列政策吸引"制造回归",更为重要的是在加快传统产业更新换代和科技进步的过程中,实现实体经济的转身与复苏。现有各种迹象表明,在艰难的经济复苏过程中,美国的高技术战略正在发生悄悄的变化与调整,更加注重制造领域的高技术发展及其运用,拟策动制造业革命。其中一个重大举措,是利用人工智能、机器人和数字制造技术来策动制造业革命,重新构筑世界制造业的竞争格局。

自二战以来,美国凭借强大的科技能力和雄厚的经济实力,在高技术发展上始终瞄准最前沿的新技术研发,抢占新技术领域的制高点。特别是 20 世纪 80—90 年代,美国在现代信息技术上取得重大突破,引领世界新技术革命潮流,并以技术发明的强大优势获取大量超额利润,维系了近十年的美国"新经济"。新世纪后,现代信息技术趋于成熟,在广泛运用中普遍产业化,进入以成本竞争为主导的发展阶段,美国逐步丧失其竞争优势,转而依靠金融杠杆及其房地产来支撑经济增长,最终导致次贷危机及全球金融危机。从长波理论看,要真正走出这次全球危机,有赖于新一轮世界技术革命的到来。因此奥巴马上台后,在其施政纲领中一如既往地瞄准世界新技术革命的战略目标,强调智能电网、现代生物医药、新能源、纳米技术、空间技术等高新技术研发,旨在占领新一轮世界技术革命的高地,并以此带动经济重新繁荣。

但时隔几年,美国政府的战略方针已有所转变。奥巴马在 2012 年度国情咨文中表示,要为美国建设长盛不衰的经济制定蓝图,这份蓝图则以美国制造业为开端。其中,一项重要措施是促进制造业高技术发展,让制造业更具创造性、更加本地化和个性化,并降低成本。与此同时,加强与此高技术要求相适应的职业培训,计划在各地培训 200 万美国人,让他们掌握能够直接解决就业的技能。

我们分析,美国这一战略调整的背景是,新一轮世界技术革命尚处在孕育期,一些重大技术创新虽初露端倪,但未取得根本性突破,新能源和低碳、信息技术、生物等新兴产业发展缓慢,新的增长点尚未明朗,估计在 5—10 年内难以成为经济增长的强大助推器。为缓解燃眉之急,尽快实现经济复苏,除了继续抢占新一轮世界技术革命的先机外,配合实施"制造回归"和"再工业化"战略,大力发展人工智能、机器人和数字制造等业已成熟的技术,拟先行策动制造业革命,既能填补新旧世界技术革命交替之间的"空白",又能促进其较强劲的经济复苏。

从世界范围看,目前有三种飞速发展的技术:人工智能、机器人、数字制造,将重新构筑制造业的竞争格局。这些技术并不是全新的,已有几十年的发展历史,目前正趋于加速成熟与运用。

人工智能是利用软件让计算机从事智能工作。这项技术已有 50 多年历史,IBM 公司的计算机"深蓝"和"沃森"都是人工智能领域里程碑式的研究成果。特别是 2011 年 2 月,"沃森"计算机与美国老牌益智节目"危险边缘"节目史上最强的两名答题高手一较高下,结果"沃森"打败了人类选手。这一事件比多年前 IBM"深蓝"战胜国际象棋大师的人机大战,意义更加重大。"深蓝"计算机只是体现了数学上的强大处理能力,而"沃森"计算机直接处理人类语言所表达的、往往模棱两可、需要上下文才能理解意思的知识和问题,并在这一过程中检验所获得答案的可靠度,从而具有了人类对于常识的处理能力。这一人工智能技术发展使计算机在"感知"能力上取得了重大突破,让 IT 产业从"人围绕计算机转"到"计算机围绕人转"迈出了一大步。目前这项技术正在发挥潜力,今后会进入制造业,并实现制造业的"个性化"生产。当前的技术问题是如何简化设计程序。欧特克公司等计算机辅助设计公司目前正在积极努力工作,以让普通人更容易操作他们所称的"构思、设计、创造"程序。一旦简化了程序,将让数以百万计的人融入创造型经济。届时,大规模生产将被个性化生产取代,人们也将有能力对新产品进行细化,而后进行设计、测试和制造。

机器人技术也有 40 多年的发展历史,特别是始于 20 世纪 70 年代的多机器人技术已在理论和实践方面取得很大进展,并建立了一些多机器人的仿真系统和实验系统,对多机器人协调控制中的协调合作、负载分配、运动分解、避碰轨迹规划、操作柔性等问题进行了大量的研究。如今,机器人正在向多用途发展,从监控与远程监控到外科手术和制造业可谓无所不包,而且随着多机器人技术发展,能实现机器人之间自主交流,完成协同作业,提高作业效率,实现了更低的经济成本和更广泛领域的运用。目前机器人技术在成本和易操作性方面正经历一场革命,那与大型电脑主机——个人电脑——智能手机的变革没有什么不同。富士康公司 2011 年 8 月宣布,计划在未来三年里引入 100 万个机器人,从事重复性的机械工作,生产电路板。可以预见,机器人成本最终会降至低于人类劳动力成本的水平。届时,美国的机器人将与中国的劳动力直接展开竞争,并由此可按照其本国的规范去生产许多种类的产品。

数字制造技术是指一系列的技术能力,其中包括对新产品进行构思的能力、利用设计测试器和模拟器进行测试的能力、利用计算机软件对三维对象进行具体设计的能力,以及利用三维快速打印成型系统(RP 快速原型)对设计进行制作的能力。根据设计的规模和复杂程度,应用三维数字扫描系统与快速打印成型系统的整合,配合尼龙粉末、金属粉末、蜡质、砂质、橡胶粉末甚至最新的生物树脂等材质,三维打印成型系统能逐层进行堆积,可在几分钟或几个小时内按照设计制作出塑料、合成或金属材质的制品。这不仅可重复设计与确认设计概念,亦可在设计之初就发现潜在的设计问题,节省开发模具的时间和成本,大大缩短产品研发周期,提高产品附加值。而今,简单的三维快速打印成型系统已可制造出相对粗糙的目标物了。这些机器发展得很快,不仅价格会不断下降,功能还会不断增加。数字制造系统作为对制造过程进行数字化的描述而建立起的数字空间中完成产品的制造过程,必将成为新一代制造系统的主流。

如果把人工智能、机器人和数字制造技术综合起来,那么产品研发设计、生产作业、控制管理等整个制造系统都将发生根本性改变,从而引发一场制造业革命。这已不再是耸人听闻的事,而是离我们越来越近了。

现在的全部问题是,谁能引领这场制造业革命?无疑,引领者将在世界制造业中获得绝对优势的地位。尽管美国在过去20年里制造业大量外流,在国民经济中的地位持续下降,甚至包括高技术制造业也趋于萎缩。美国国家科学委员会报告说,美国高技术制造业就业岗位从2000年的245万个减少到2010年的177万个,减少幅度为28%,即68.7万个。但不可否认,美国制造业仍有较好的技术基础,特别是在创业生态系统(EEs)上存在着明显的高技术竞争优势,主要表现在四个方面:(1)企业管理。在美国,少数投资人可以向关键人员提供股票期权,具有强大的激励作用。(2)金融市场。具有向初创企业提供资本和让投资人获利后全身而退的深度金融市场。(3)人力资本。良好的教育基础和水平造就和储备了大量富有创造力的人力资本,另外还有几十万才华横溢、勤奋好学的非美国公民的学生,美国准备着手制订全面的移民改革方案,让他们有机会通过奋斗取得公民身份。(4)知识产权制度。尽管美国企业经常互争获得专利的知识产权,但至少有一个经常通过交叉特许和现金补偿相结合的方式来解决专利争议的法院。正是得益于其优越的企业管理、金融市场、人力资本和知识产权保护,美国是世界上高技术创新的最佳场所。

因此美国一旦将重心转向实体经济,强调制造业振兴,其制造业发展还是具有相应基础的。如果美国在高技术战略上转向更加重视上述三大技术发展,策动制造业革命,注定会在制造业领域重新获得绝对优势,不仅将大大提高产品竞争力,增强产品出口能力和开拓新市场的能力,而且有助于大幅降低成本,从根本上消除制造业回流的障碍。这不失为最有效的实质性措施,应引起我们高度关注。

29.3 对中国影响及应对之策

在过去 20 多年里,美国始终高度关注世界前沿的高新技术发展,培育新的增长点,与新兴工业化国家形成错位发展。目前,美国在实施"再工业化"战略中已作了相应的调整,开始关注制造业发展和制造领域高技术运用,这在一定程度上就会与新兴工业化国家发展构成某些"交集",形成直接竞争。尤其是对于已成为"世界工厂"的制造业大国的中国,将产生重大影响。我们必须对此有清醒的认识,采取措施,积极应对。

29.3.1 对中国现有制造业总体影响有限

在大规模工业化进程中,通过高度对外开放,融入国际产业分工体系,中国制造业发展已形成相当规模。美国"制造回归"和"再工业化"战略的影响,首当其冲地波及中国制造业。美国知名顾问公司波士顿咨询集团近日发布了题为"美国制造回归"的研究报告,认为中国制造业相对美国的绝对成本优势将在未来十年迅速衰减,五年内将有 30％左右从中国进口的份额重新回到美国,到 2020 年将有 15％针对北美市场的美国企业从中国回流到美国。显然,这种对中国制造业的影响将是客观存在的,但影响的程度如何值得研究。根据我们的研判,美国"制造回归"对中国现有制造业的总体影响是有限的。

首先,在产业链的国际分工情况下,美国制造业总体上处于高端水平,掌控先进制造业的核心技术和关键环节,而中国制造业总体上处于中低端水平,以加工制造、整机组装为主,两者之间并不形成直接的竞争关系。如前面所述,基于较高的劳动成本,美国实施"再工业化"战略不太可能大规模回归中低端制造,美国生产回流的只是部分面向北美市场的高端和高附加值产品,大量的劳动、资本密集型企业仍然会留在中国,因此处于中低端水平的制造产品对美出口并不会加剧贸易摩擦。

其次,虽然面向北美市场的部分高端产品的生产会回流美国,但针对中国市场的高端产业的投资不仅不会减少,还有可能进一步增加。华南美国商会 2011年 3 月发布的《2011 华南地区经济情况特别报告》显示,75.1％的美国企业在中国的主要业务转为向中国市场提供产品和服务,而不再向国外出口,而这一比例在 2003 年还不到 24％。这意味着这些企业正在针对中国市场生产高附加值的产品。因此,中国日益增长的国内市场将成为美资企业在华投资的新兴奋点,大部分美资企业会继续留守。

　　第三,尽管美资企业出现部分撤离现象,但其他国家和地区的对华投资,包括高端产业投资仍将继续增长。例如,对欧洲国家来说,即使将生产效率考虑在内,2010年中国长三角地区的劳动力成本也还只是西欧国家的25%。随着人工成本的增加,预计到2015年,中国劳动力成本将达到西欧劳动力成本的38%。但这一增长还不足以形成拐点。因此,未来五年,中国依然是一个主要的低成本进口基地。虽然目前美国对华投资出现下降,但美国以外的其他国家在中国的投资未现颓势。2011年1—10月,亚洲十国/地区对华实际投资增长20.67%,其中日本增长65.5%,欧盟27国对华实际投资增长1.05%。因此,未来中国依然会是供应亚洲和欧洲市场的重要制造平台。

　　总的来看,发达国家高端制造业向外转移是全球化时代不可避免的趋势,中国无论是劳动力技能还是基础设施方面,在承接高端产业转移上都已形成了较好的基础。因此,虽然受生产成本较快上升的影响,高端产业向中国转移有可能减缓,但总体趋势不会改变,不大可能出现大规模逆转的情况,关键是看我们如何应对。

　　当然,随着人民币不断升值,国内劳动力、土地和原材料价格的上升,部分外资企业从中国转移和撤离还会继续,包括制造业在内的产业转移将成为常态的经济现象,特别是向周边低成本国家转移。但由于这些国家不具备中国劳动力的数量优势、生产效率优势、一流的基础设施、充足的人才储备、成熟的供应网络和沿海工业区的集群优势,因此还无法完全吸收来自中国的全部出口制造业。

　　今后更有可能出现的是,部分高端制造流向技术基础良好的美国本土,部分高端及中端制造仍保留在中国,部分低端制造流向成本更低的周边国家。

29.3.2　对中国制造业高端化带来压力与机遇

　　目前中国已成为世界制造业大国,但主要是建立在劳动低成本和环境高成本基础之上的,地位并不稳固。美国高技术战略调整,大力发展制造领域的高技术及其运用,策动制造业革命,将对中国制造业高端化升级形成强大冲击。正如美国过去所经历的被低成本挖空制造业那样,未来若干年里,新技术很可能同样会挖空中国的制造业。

　　首先,对中国制造业竞争优势的冲击。与美国在20世纪90年代对信息技术具有发明领先的竞争优势,而在新世纪头十年对信息技术产业化并不具备成本竞争优势的情况不同,由人工智能、机器人、数字制造技术引领的制造业革命,不仅将使美国重新获取制造业技术领先的竞争优势,更主要的是将大大降低生产成本,特别是劳动成本,从而将使其也具有成本竞争优势。这将对我制造业基于劳动低成本的竞争优势形成直接冲击。与此同时,为配合降低制造业生产成本,美国大力促进能源产业创新,开发能源的各项潜能。目前美国的石油产量达到八年来最高水平。2011 年美国对外国石油的依赖比以往 16 年中的任何一年都少。2012 年奥巴马政府准备进一步开发 75％以上的潜在近海石油和天然气,以减少对外部资源的依赖。而目前世界经济的一个最重要的新特点是,尽管高收入国家增长疲软,大宗商品却依然如此昂贵。对于大量依赖进口能源和原材料的中国制造业来讲,不能以可控的价格获取必要的资源,也许在竞争中是致命的弱点。中国制造业竞争优势下降,势必导致吸引外商直接投资的能力大幅下降,加速美国制造业的回归或流向成本更低的周边国家和地区。

其次,对中国制造业出口产品的冲击。美国"再工业化"的目标是增加出口、平衡贸易、恢复制造业竞争力,并将从制造业的现代化、高级化和清洁化中寻找出路,这意味着美国将利用其技术优势在竞争规则和国际贸易规则上做文章,使国际竞争规则和国际贸易规则更有利于高技术和高清洁的制造业,从而制造贸易壁垒,加剧贸易摩擦。在此过程中,美国会大大增强制造业产品出口能力。在过去两年中,美国出口以年均 16％的速度在增长。目前中国制造业很多行业已深度参与国际产业分工,其产能配置并非面对国内需求,而是面向全球需求,制造业产品出口已成为全球生产链的重要环节。在美国策动的制造业革命冲击下,如果中国制造业竞争优势丧失,势必会动摇中国在国际产业分工中的地位,会加大中国制造业产品出口压力,特别是对北美市场的出口可能受到较大影响。同时,美国订单回流后,承接这些订单的一些小企业将首当其冲受到冲击。一旦这些制造业产品出口因此而受阻,势必引发国内产能过剩,加剧生产结构不平衡的程度。

再次,对中国制造业技术升级的冲击。美国高附加值产业的回流与中国转型升级的方向会形成一种冲突,使中国获得核心技术的道路将更艰难。同时,在日后争夺高端领域中,中国也将遭遇强大的对手。因为技术领先具有"先发制人"的效果,可通过知识产权保护、标准确立、技术路径依赖等处于占先地位。后起者虽然可以实行模仿创新、改进型创新,但要完全超越和全面超越,就十分困难。如果美国策动的制造业革命率先取得成功,制造业新技术处于占先地位,对中国制造业技术升级将带来较多的负面效应,如增大技术升级的依附性、技术路径的依赖性,加大技术升级的成本(购买专利等),减少技术升级的可选择空间等。同时必须看到,美国"再工业化"进程加速,势必会对资本和技术输出作出相应限制,尤其加强技术封锁。随着部分高端制造企业回迁,与此配套的设计研发也有可能转移回美国,对中国吸引美国研发机构带来不利影响。

因此美国实施"再工业化"战略,主要将对中国制造业升级发展造成较大压力。从发展趋势看,中国制造业势必要往中高端水平发展,从而与美制造业形成直接竞争关系,加大中国中高端制造产品出口压力,导致中美贸易摩擦加剧。事实上,问题不在于美国是否实施"再工业化"战略,只要中国制造业朝着高端化升级,便会不可避免出现这种局面。美国"再工业化"战略的实施,只不过是加快、加大了对中国制造业升级发展的压力。

但从另一方面看,美国"制造回归"也为中国产业结构升级提供新的发展基础,不仅可以使中国产业结构升级中最关键的人才供求达到平衡,更重要的是,中国本土制造优势将逐渐发挥作用,自主创造将成为中国产业结构升级的主旋律。同时,这些制造业企业外移为本国企业打开了空间,中国制造企业可以顺势而上,占有更大的国内市场。因此,这会对中国产业结构升级起到一定的促进作用。

29.3.3　对我们的警示及应对策略

不管美国"制造回归"和"再工业化"战略最终效果如何,目前部分美国制造企业回流迹象,给我们是一个警示。怎样打破劳动力价格上升带来的瓶颈？怎样化解劳资双方的矛盾？怎样提高我们的劳动生产率？怎样让中国本土企业能健康发展,保持中国经济又好又快发展？如此等等,值得我们认真考虑。

第一,提高企业劳动生产率迫在眉睫。劳动力价格的快速上升是在经济发展中必然要经历的过程。中国的问题不在于劳动力价格的上升而是劳动效率过低。据估算,如果未来中国劳动生产率没有快速提高,按照目前的成本上升趋势,到2015年,在美国一些地区制造的商品,生产成本有可能只比中国沿海城市略高5%—10%,而美国的生产效率大大超过中国,届时将有可能真正面临外资企业大规模撤离的局面。因此,必须将提高企业劳动生产率摆上经济工作的重要议事日程。同时,在提高职工工资时,要保持工资收入与劳动生产率同步提高。

第二,部分美资企业转移到美国本土说明制造业中的人力成本不再是我们的绝对优势,各级政府吸引外资要从法律环境等守法成本和交易成本方面做文章,更加切实地改善投资环境,特别是法制的软环境。目前外资在中国面临的最大困境可能还是执法的不确定性,地方政府应当切实在外资保护方面推行依法守法,降低此类交易成本。

第三,中国制造业产业升级是必由之路。中国制造业只有向高端抢占,未来才有发展空间。过去一些地方一味发展所谓先进制造业(实际上是其中的低端生产加工),放弃传统产业特别是传统产业中的高端部分,这一做法值得反思。这样十分容易导致"高不成低不就"的局面出现。中国制造业的产业升级,不管是先进制造业还是传统制造业都要朝着高端水平发展。

第四,中国发展先进制造业,缩小与发达国家差距,不能寄希望于别人停滞不前,而是要自己加快追赶步伐。美国实施"再工业化"战略将进一步提高制造业技术水平,可能会进一步拉大与中国的差距,对中国形成较大压力,但这并不构成对中国发展先进制造业增加难度的理由。中国发展先进制造业的难度,主要在于自身的自主创新能力不强、通过并购等手段获取外部先进技术的市场能力不强、产业升级内在动力不足。

第五,不能过度迷信和寄希望于承接国外高端制造业转移,而要始终立足于增强自身的自主创新能力。所谓国外高端制造业转移,实际上更多的是高端制造业中低端生产加工的转移,发达国家从来就没有想把先进制造业的核心技术和关键环节向外转移,以后也不会。即使美国不搞"再工业化"战略,也不会将其向外转移。只有增强自身的自主创新能力,促进制造业向高端化发展,才能以不变应万变,走向制造业强国。

鉴于此,我们要密切关注美国策动制造业革命的新动向,及时调整,积极行动,抢占机遇。毕竟美国制造业丧失了近20年的发展,且不断往外流出,规模趋于萎缩,在经济中的地位下降,只是在这次危机之后才开始醒悟并采取行动。尽管其制造业的技术基础及创业生态系统较好,但重新振兴制造业仍需要有一个预热启动过程。而在这20年中,中国制造业得以迅速发展,技术基础进一步加强,创新能力明显提高,并存在强大的动力惯性。因此,在争夺制造业革命引领者地位上,我们还是有机会的,关键是看如何应对。

一是调整高技术发展战略,加强加大对人工智能、机器人和数字制造技术的研发及其综合运用。在新一轮世界技术革命孕育期,我们固然要抢占先机,争取在某些技术领域率先取得突破,缩小与发达国家技术水平差距,但不能忽视制造业高技术发展。在某种意义上,更要把人工智能、机器人和数字制造技术的发展放在首位。相对于新能源、新材料和现代生物等新技术，人工智能、机器人和数字制造技术已发展多年，并趋于成熟，产业化运用可能性较大，追加投入相对较少。在中国技术创新基础不够雄厚，创新资源相对有限，技术创新水准与发达国家尚有较大差距的情况下，与其在那些技术路线尚未明确、产业化尚遥遥无期的技术创新上同发达国家"比拼"，还不如将重点放在业已成熟且产业化运用可能性较大、追加投资较小的制造业高技术上，也许更适合中国目前的技术创新能力水平。更为主要的是，这些技术可以更加直接运用于制造业，与原有制造技术融合发展。中国目前尚处在工业化进程中，又已成为世界制造大国，重点发展人工智能、机器人和数字制造技术，不仅有广泛运用的实用价值，更能解决中国制造业目前普遍存在的产品创新设计能力不足、新产品制造周期过长、制造水平低等问题，直接提高中国制造业能级，促进中国经济发展。上海作为装备产业基地，更要主动承担起制造领域高技术研发及运用的重任，瞄准战略目标，集中创新资源，在人工智能、机器人、数字制造技术发展及其运用上取得重大突破。

二是全面规划和实施制造领域高技术发展的路线图和时间表，在研发投入、创新资源配置上更多向其倾斜。从战略高度把加快人工智能、机器人、数字制造技术研究和产业发展纳入全国科技和经济发展规划。研究和制定制造领域高技术发展专项规划，明确发展目标和主要任务，绘制技术路线图，明确产学研合作的重点和发展方向。上海在推进"两化"融合发展中，也已把机器人、智能制造等列为专项，但还需要把这些技术进一步加以整合，作为一个技术整体项目来推进，以引起整个制造过程的变革。因为要整合现有资源和力量，建设技术创新平台，组织关键技术的大型攻关。强化配套扶持政策，加大资金投入力度，支持人工智能、机器人、数字制造关键共性技术研发及产业化项目的实施，促进大规模示范应用。

三是完善创业生态系统，优化制度环境。尽管目前中国的研发开支可以与美国匹敌，中国工程专业博士人数增加了一倍，远远超过美国，在海外为美国跨国企业工作的研究人员人数增长了一倍以上，但我们在创业生态系统（EEs）上还不够完善，直接影响了制造业高技术发展。因此必须完善创业生态系统，推进技术人才的股票期权激励政策，提高制造业技术创新人员的收入，鼓励风险投资，促进技术成果产业化，完善知识产权制度。上海可以借助张江国家自主创新示范区建设，运用期权激励、科技金融等政策试点，在创业生态系统改善上取得成效，为制造领域高技术发展提供良好环境。

四是强化有针对性的教育培训,集聚和积累制造领域高技术运用的人力资本。伴随人工智能、机器人、数字制造技术的发展,整个制造系统将发生重大变化,迫切需要大量新型蓝领工人。因此有针对性的教育培训,就显得十分重要。在机器人产业发展迅速的韩国,60％以上的中小学设置了机器人课程。我们应在专业教育中设置相关课程,培养技术人才,在中职、高职中强化这方面专业教育,加强相关职业培训,提高员工劳动技能和素质。

30 建设现代化经济体系[*]

　　贯彻新发展理念,建设现代化经济体系,是中国特色社会主义进入新时代,面临社会主要矛盾历史性变化,跨越发展阶段转换历史关口的迫切要求;也是构建新发展格局,开启建设现代化强国新征程,实现"中国梦"战略目标的重要举措。因此,要深刻认识现代化经济体系的内涵及特征,全面完整理解现代化经济体系基本架构,在实际工作中认真贯彻新发展理念,加快建设现代化经济体系。

30.1　背景分析

　　在改革开放的强劲推动下,中国经济保持持续高速增长,经济总量迅速扩大,稳定解决了十几亿人的温饱问题,总体上实现小康,不久将全面建成小康社会。随着人们收入水平的不断提高,在满足基本生存和发展需要的基础上,人们更加追求生活质量提高和美好生活,从而需求层次越来越丰富且日益广泛,对物质文化生活提出了更高要求。

　　虽然,中国社会生产力水平总体上显著提高,并已形成强大的社会生产能力,在很多方面进入世界前列,但总体上仍处于较低水平层面。在全球产业价值链中主要处在生产加工环节,技术含量不高,产品开发较少,附加值较低,资源消耗较大。国内供给体系仍处在粗放型生产层面,工艺欠精,质量欠高,品质欠佳,品种选择性较小,优质品牌不多。因此,这就形成了一个新的矛盾,一方面有大量中低档产品的供给,甚至出现产能过剩;另一方面人民群众日益增长的美好生

　　[*]　本章原为由上海市社联、解放日报社、上海社会科学普及研究会联合制作的理论科普短视频"社科专家带你读懂十九大:大国经济走向强国经济的关键是什么"中笔者的一讲"贯彻新发展理念,建设现代化经济体系"(2018年1月23日)的文稿。

活需要却得不到充分满足。

过去,特别是在短缺经济情况下,国内主要是总量上的供求矛盾,包括在满足基本生存和发展需求上的供给不足。随着中国社会生产力水平的提高,一般产品的供给已相当充裕,这一总量上的供求矛盾基本消除了。现在,我们面临的是大量低层次供给与更高层次需求之间的结构性矛盾,更加突出的问题是发展不平衡不充分,这已经成为满足人民日益增长的美好生活需要的主要制约因素。因此,中国特色社会主义进入新时代,社会主要矛盾已经转化为人民日益增长的美好生活需要和不平衡不充分的发展之间的矛盾,矛盾的主要方面是在继续推动发展的基础上,着力解决好发展不平衡不充分问题。

与此同时,中国经济发展已由高速增长转入新常态。国际经验表明,当一国经济起飞时,通常会有一个高速增长时期。实现这一高速增长,是跳出低收入陷阱的必需条件。在这一高速增长中,通常是一种粗放型、外延式的发展方式,依赖于大规模的要素、投资的驱动,主要是靠增量扩张来舒缓结构性矛盾。尽管在初级发展阶段,这有一定的历史规定性,但长此以往,将是难以为继的。一方面,大量投入的资源要素受到越来越紧的制约,生态环境付出的代价日益增大,劳动力等经营成本不断上升,发展空间趋于萎缩;另一方面,技术进步趋于减缓,投资边际效应下降,生产效率增长趋缓,不断累积的结构性矛盾越来越严重。这将使经济增长趋于减缓,甚至停滞。当然,更大的问题是这种层次水平的供给越来越不适应人们更高层次的需求,造成严重的资源错配、结构性产能过剩。因此在中国经济进入新常态的情况下,必须转变发展方式、优化经济结构、转换增长动力,由高速增长阶段转向高质量发展阶段,大力提升发展质量和效益,更好满足人民在经济、政治、文化、社会、生态等方面日益增长的需要,更好推动人的全面发展、社会全面进步。

在中国特色社会主义进入新时代,中国由高速增长阶段转向高质量发展阶段的背景下,原有的经济体系已显得不相适应,必须加以彻底改造,否则,就难以解决好发展不平衡不充分问题,难以转向高质量发展。这就迫切要求我们贯彻创新、协调、绿色、开放、共享的新发展理念,建设现代化经济体系,以实现更高质量、更有效率、更加公平、更可持续的发展。

30.2 现代化经济体系的内涵及特点

体系是指若干有关事物或某些意识相互联系的系统而构成的一个有特定功

能的有机整体。经济体系是指由社会经济活动各个环节、各个层面、各个领域的相互关系和内在联系构成的一个有机整体。现代化经济体系是指基于成为发达社会的过程和目标导向的经济体系。这是一种充分体现新发展理念,顺应当代世界科技创新、社会进步、人类发展的新潮流,富有较强适应性,充满内在活力,具有较大弹性和张力,有利于促进高质量发展、包容性增长、人民对美好生活向往共容的经济体系。

我们所要建设的现代化经济体系,是新时代中国特色社会主义的现代化经济体系。它既着眼于世界潮流和全球发展大趋势,具有鲜明的时代特征,又立足于中国社会主义初级阶段及其社会主要矛盾历史性变化和发展阶段转换的实际情况,具有鲜明的中国特色。因此,这一现代化经济体系具有丰富的内涵及其特点。

30.2.1　充分体现新发展理念的经济体系

创新、协调、绿色、开放、共享是现代化的新发展理念。现代化经济体系必须贯穿新发展理念的基本要求。

建设充分体现新发展理念的经济体系,主要体现在:(1)创新发展方面,需要调动人的积极性和企业创新活力;推动生产性活动与非生产性活动报酬结构的再平衡;维持较高的企业纵向流动性,使新创企业有机会成长为大企业。(2)共享发展方面,需要防范化解资产泡沫;推动产业扶贫和完善托底性社会政策,打好精准脱贫攻坚战;以人为核心推动新型城镇化和公共服务均等化。(3)协调发展方面,需要构建更有效的区域协调发展新机制;推动新型工业化,通过多种方式让贫困地区、边远地区和革命老区的群众有更多机会参与工业化和现代化进程。(4)绿色发展方面,需要加强环境监管,推动环境成本内部化;构建市场导向绿色技术创新体系;推动和参与能源生产与消费革命。(5)开放发展方面,需要主动参与和推动经济全球化进程,发展更高层次的开放型经济;在提高国际竞争力的同时,推动全球包容性增长。

30.2.2　基于社会主义现代化导向的经济体系

现代化是不发达社会成为发达社会的过程和目标。现代化一词作为过程,其首要标志是用先进的技术发展生产力,生产和消费水平不断提高。与之相适应,社会结构和政治意识形态也随之出现变化如政治民主、理性主义和科学精神,社会活动和现代化人格;作为目标,它一般指以当代发达社会为参考系数的先进科学技术水平、先进生产力水平及消费水平。社会主义现代化是在坚持社会主义制度的前提下,推进国家发展、增进人民福祉的社会过程。

面向现代化的或现代化导向的经济体系,应是一种适应性强、充满活力、具有弹性的经济体系,具有较强体制可改革性,制度能不断适应变化了的发展环境和发展阶段,结构处于快速变化过程中,长期潜在增速仍然较快,企业纵向流动性强,富有创新创业活力等特征。

社会主义现代化导向的经济体系,既要能推动生产力可持续发展,也要有更和谐的生产关系,更好处理资本与劳动的关系,还应更加注重共享发展和协调发展,解决城乡差距、区域差距、贫富差距和阶层固化问题。所以,现代化目标导向的经济体系是有利于实现全体人民共同富裕的经济体系,是与全体人民对美好生活向往共容的经济体系。

30.2.3 生产力现代化的经济体系

经济发展就是技术和产业的不断升级。生产力视角下,现代化经济体系要以现代化生产力为支柱。

首先,表现为更高效益的经济水平和经济增速,更高质量的经济增长方式。一方面,建设现代化经济体系,核心载体是"四个协同"的产业体系,即实体经济、科技创新、现代金融和人力资源协同发展的产业体系。建设"四个协同"的产业体系,要将生产要素与经济增长或实体经济发展协同起来,通过每一种生产要素质量的提高、配置结构的优化,提高增长的质量和效益,使经济发展建立在真正依靠科技进步、资本配置优化和劳动者素质提高的轨道上。另一方面,建设现代化经济体系,根本依靠是激发人的活力。激发人的活力,要抓住企业家、科技人员和党政干部三个"关键少数",调动创业人员这个"绝大多数",充分释放其谋事创新创业的活力。此外,建设现代化经济体系,其时代舞台是新一轮工业革命。目前,全球新一轮技术革命和产业变革已经和正在对人类社会的生产方式和生活方式产生巨大而深远的影响。我们要实现中华民族伟大复兴的中国梦,建成社会主义现代化强国,就必须抓住这次机遇。

其次,表现为更完善的现代化产业体系、空间布局结构和协调程度。现代化产业体系,在中国作为发展中大国的语境下,是指要全面构建比较稳固的现代农业基础、比较发达的制造业,尤其是高级装备制造业以及门类齐全、迅速发展的现代服务业,总体要求是技术进步在发展中的贡献份额不断得到提高,产业国际竞争力不断得到增强。建立这样的现代化产业体系,是现代化经济体系的物质基础。进一步建设现代化空间布局结构和协调程度,打造国土资源利用效率较高、要素密集程度较大、生态容量适度、城市群落连绵、区域发展差距较小的生产力布局结构。

30.2.4　国家治理体系和治理能力现代化的经济体系

生产关系视角下,现代化的经济体系意味着国家治理体系和治理能力的现代化,这就要求构建市场机制有效、微观主体有活力、宏观调控有度的经济体制。一是构建市场机制有效的经济体制,关键是要有产权制度完善的市场主体和市场化的要素市场。二是构建微观主体有活力的经济体制,关键是要有激发三个"关键少数"和一个"绝大多数"积极性、创造性和活力的体制机制。三是构建宏观调控有度的经济体制,关键是要建立一个政府更好发挥作用而非更多发挥作用的体制。一方面,需要健全市场基础设施,使政府的调控和监管有抓手;另一方面,需要平衡好政府"强监管"和"包容式监管"能力。

30.2.5　生产力与生产关系良性互动的经济体系

生产关系与生产力互动方面,主要是要确保经济体制具有较强的体制可改革性。"改革只有进行时,没有完成时。"随着社会主义现代化建设的推进,需要坚决破除一切不合时宜的思想观念和体制机制弊端,突破利益固化的藩篱,推动经济体制不断适应现代化的生产力。

30.3　现代化经济体系的基本构架

以质量第一、效益优先为核心内容和基本指导原则。这里所讲的质量和效益,不是一般意义上的生产质量与效益、产品质量与效益,而是发展质量与效益。因此,质量第一就是要把提高供给体系质量作为主攻方向,效益优先就是要把提高全要素生产率作为重点,通过推动经济发展质量变革、效率变革、动力变革,显著增强中国经济质量优势。

以实体经济、科技创新、现代金融、人力资源协同发展的产业体系为基本骨架。这里所讲的产业体系,不是通常所说的产业部门间的结构体系,而是经济运行中的产业体系。因此,侧重于实体经济、科技创新、现代金融、人力资源之间的协同发展关系。坚持把发展经济的着力点放在实体经济上,坚持创新是引领发展的第一动力,不断增强中国经济创新力和竞争力,增强现代金融服务实体经济的能力,有一大批具有国际水平的战略科技人才、科技领军人才、青年科技人才和建设知识型、技能型、创新型劳动者大军。

以市场机制有效、微观主体有活力、宏观调控有度的经济体制为运行基础。通过完整的市场体系和统一市场、公平竞争的市场环境、规范的市场秩序、完善的市场监管体制,实现产权有效激励、要素自由流动、价格反应灵活、竞争公平有序、企业优胜劣汰,充分发挥市场机制配置资源的决定性作用。通过全面实施市场准入负面清单制度,清理废除妨碍统一市场和公平竞争的各种规定和做法,深化国有企业改革,发展混合所有制经济,支持民营企业发展,激发各类市场主体活力。通过创新和完善宏观调控,发挥国家发展规划的战略导向作用,健全财政、货币、产业、区域等经济政策协调机制,实现有度的宏观调控。

以协调为基调,促进融合发展。强调实体经济、科技创新、现代金融、人力资源协同发展,促进一二三产业融合发展。建设体现效率、促进公平的收入分配体系,实现收入分配合理、社会公平正义、全体人民共同富裕,推进基本公共服务均等化,逐步缩小收入分配差距。建立健全城乡融合发展体制机制和政策体系,建立更加有效的区域协调发展新机制,以城市群为主体构建大中小城市和小城镇协调发展经济,实现区域良性互动、城乡融合发展、陆海统筹整体优化,培育和发挥区域比较优势,加强区域优势互补,塑造区域协调发展新格局。

以开放为引领。以"一带一路"建设为重点,坚持引进来和走出去并重,遵循共商共建共享原则,加强创新能力开放合作,形成陆海内外联动、东西双向互济的开放格局,建设多元平衡、安全高效的全面开放体系,发展更高层次开放型经济,推动开放朝着优化结构、拓展深度、提高效益方向转变。

建设资源节约、环境友好的绿色发展体系,实现绿色循环低碳发展、人与自然和谐共生,牢固树立和践行"绿水青山就是金山银山"理念,形成人与自然和谐发展现代化建设新格局。

30.4　加快建设现代化经济体系

贯彻新发展理念,建设现代化经济体系,是一项迫切而重要的任务。上海作为改革开放排头兵、创新发展先行者,要率先加快建设现代化经济体系。以深化自贸试验区建设、加快建设有全球影响力的科创中心为重要抓手,加快完善社会主义市场经济体制,推动形成全面开放新格局,加快建设创新型城市。

深化以产权制度和要素市场化配置为重点的经济体制改革,完善现代化经济体系的制度保障,加快完善社会主义市场经济体制,坚决破除各方面体制机制弊端,激发全社会创新创业活力。上海自贸试验区的制度创新,要更加聚焦产权有效激励、要素自由流动、价格反应灵活、竞争公平有序、企业优胜劣汰的体制和机制改革。同时,要进一步完善促进消费的体制机制,增强消费对上海经济发展的基础性作用。深化投融资体制改革,发挥投资对优化上海供给结构的关键性作用。另外,上海还要加大国有经济和国有企业的改革力度,完善国有资产管理体制,改革国有资本授权经营体制,加快国有经济布局优化、结构调整、战略性重组,促进国有资产保值增值,推动国有资本做强做优做大,有效防止国有资产流失。深化国有企业改革,发展混合所有制经济,培育具有全球竞争力的世界一流企业。

加快实施创新驱动发展战略,强化现代化经济体系的战略支撑,加强国家创新体系建设,强化战略科技力量,推动科技创新和经济社会发展深度融合,塑造更多依靠创新驱动、更多发挥先发优势的引领型发展。上海要加快科创中心建设步伐,尽快建成科创中心基本框架。加快国家综合性科学中心建设,瞄准世界科技前沿,强化基础研究,实现前瞻性基础研究、引领性原创成果重大突破。加强应用基础研究,拓展实施国家重大科技项目,构建关键共性技术、前沿引领技术、现代工程技术、颠覆性技术创新的平台。深化科技体制改革,建立以企业为主体、市场为导向、产学研深度融合的技术创新体系,倡导创新文化,强化知识产权创造、保护、运用,创造良好的创新生态环境,培养和吸引一大批具有国际水平的战略科技人才、科技领军人才、青年科技人才和高水平创新团队,加强对中小企业创新的支持,促进科技成果转化。

着力发展开放型经济,提高现代化经济体系的国际竞争力,更好利用全球资源和市场,继续积极推进国际交流合作。上海要推进新一轮自贸试验区建设,加快构建开放型经济新体制。中央已赋予自贸试验区更大改革自主权,上海要积极作为,与国际投资和贸易通行规则相衔接,加快健全投资管理、贸易监管、金融服务、政府管理"四个体系",实行高水平的贸易和投资自由化便利化政策,全面实行准入前国民待遇加负面清单管理制度,大幅度放宽市场准入,扩大服务业对外开放,保护外商投资合法权益。按照新一轮上海自贸试验区建设的要求和目标,加快建设开放与创新融为一体的综合改革试验区,重点是完善负面清单管理模式,拓展自由贸易账户功能;建立开放型经济体系的风险压力测试区;打造提升政府治理能力的先行区;成为服务国家"一带一路"建设、推动市场主体走出去的桥头堡,探索建设自由贸易港,创新对外投资方式,促进国际产能合作,形成面向全球的贸易、投融资、生产、服务网络,加快培育国际经济合作和竞争新优势。

深化供给侧结构性改革,调整和完善经济结构,大力发展实体经济,筑牢现代化经济体系的坚实基础。上海要围绕"五个中心"建设,加快发展现代服务业,提升服务经济能级,瞄准国际标准提高服务业发展水平。按照国家加快建设制造强国的目标,上海要加快发展先进制造业和装备业,提升战略性新兴产业的能级水平,促进产业迈向全球价值链中高端。上海更要推动互联网、大数据、人工智能和实体经济深度融合,在中高端消费、创新引领、绿色低碳、共享经济、现代供应链、人力资本服务等领域培育新增长点、形成新动能。同时,优化存量资源配置,扩大优质增量供给,实现供需动态平衡。

积极推动城乡区域协调发展,优化现代化经济体系的空间布局,实施好区域协调发展战略。上海要在促进长三角更高质量一体化发展中发挥龙头作用,加快构建上海大都市圈,搞好长三角示范区建设,高质量建设五大新城,促进城乡一体化发展。

31 创新与协同的产业体系[*]

在经济体系中,产业体系是其重要构成部分及物质基础。产业体系通常表现为产业间有机关联的动态过程。随着中国经济发展进入新阶段,与现代化经济体系相适应的产业体系也将重新构建,建设创新引领、协同发展的产业体系,实现实体经济、科技创新、现代金融、人力资源协同发展。这不仅是一个重要且具有建设性的概念创新,更是针对当前产业发展中的现实问题,具有很强的目标导向性。

31.1 以创新引领、协同发展为标志

31.1.1 重新定义现代产业体系

从学理上讲,现代产业体系可以从不同观察视角、基于的不同理论加以定义与阐述。例如,从产业结构角度定义现代产业体系,即以服务业为主导的现代产业体系;从三次产业之间的关系定义现代产业体系,即基于三次产业高度发展的产业融合的现代产业体系;从各个产业自身的重要性和特性定义现代产业体系,即比较稳固的现代农业基础,比较发达的制造业尤其是高等级装备制造业,以及门类齐全、迅速发展的现代服务业的现代产业体系;从产业能力提升角度定义现代产业体系,即产业创新能力不断增强、产业国际竞争力不断增强的现代产业体系等。当然,这些基于不同角度的产业体系定义,都有不同的语境,并具有现实的针对性。

随着中国经济进入新发展阶段,由于面临的主要问题及矛盾发生了变化,经

---

[*] 本章为笔者 2018 年在上海财经大学所作学术报告的文稿。

济发展的导向及其模式的转换,势必要求对产业体系进行重新定义,即创新引领、协同发展的产业体系。我认为,这一产业体系更多是从要素投入及其配置角度予以定义的。从这一角度定义产业体系可谓独辟蹊径,并有较大理论创新性。

从学理上讲,产业是要素投入及其配置的重要载体,产业之间本身就是一种要素的投入—产出配置关系,因而从要素投入及其配置角度来定义现代产业体系是顺理成章的。我们知道,产业体系虽然表现为各产业部门间的有机关联系,但它是以主导产业通过前向、后向及旁侧关联效应带动其他产业部门发展的动态过程。尽管在不同经济发展阶段,主导产业部门是不同的、动态演进的,但主导产业的标志是发生重大创新及其带来的高增长,以及具有广泛的产业关联性,产生很大的创新溢出效应,促进其他产业部门发展。因此,在产业体系中,创新引领是核心问题。现代产业体系越来越呈现主导产业的创新引领和产业创新发展。另外,产业体系表现为一种复杂的产业间要素(特别是中间产品)投入—产出关系,任一部门或要素投入的短板都将制约整个产业体系的正常运转。随着分工细化,产业间的投入产出关系日益复杂化,带来越来越大的产业关联不稳定性风险。因此,在产业体系中,协同发展是本质要求。现代产业体系越来越强调协同发展,使产业关联更富有弹性与韧性,以保持产业发展的稳定性。总之,创新引领、协同发展是现代产业体系的核心问题和本质要素。

从现实意义讲,基于要素投入及其配置角度定义的创新引领、协同发展的产业体系有较强针对性,从而对改变目前产业发展格局、完善产业体系具有指导性。它吸收了现代经济增长理论精华,强调增长要靠创新驱动,有更多的高端要素投入,以及发挥其协同作用。过去,我们在全球价值链的底部进行国际代工,靠的是大量资源和低端要素投入,拼的是要素成本低廉,尤其是劳动力成本低廉优势。现在,中国的人口红利逐渐消失,各种要素成本迅速上升,因此产业发展要更多依靠技术、知识和人力资源等要素投入,通过创新引领与协同发展提高全要素生产率,把"汗水经济"转变为"智慧经济"。另外,它强调了国民经济中的投入要素及其配置最终必须落实在发展和壮大实体经济上,注重实体经济与虚拟经济之间的均衡关系。过去的发展,资源和要素投入较多地流入虚拟经济领域,影响和削弱了实体经济发展,偏离了虚拟经济服务实体经济的目标和原则,导致"干实业"不如"炒金融""炒房地产"的不良倾向,严重危害经济健康发展。现在,对此纠偏,就要想方设法把稀缺资源和要素重新引导和投入到实体经济中去。不仅要鼓励金融服务实体经济,而且要用现代金融机制支撑科技创新,用风险资本等直接融资机制支撑现代科技创新和经济增长。抢抓机遇,加大创新投入,培育新的经济增长点,主要靠现代金融尤其是资本市场的发展。

31.1.2 "四位一体"协同发展

创新引领、协同发展的产业体系要求实现实体经济、科技创新、现代金融、人力资源的协同发展。只有准确辨析它们之间的相互关系,才能完整理解和把握创新引领、协同发展产业体系的内涵、特征和要求。

实体经济是构筑现代化经济体系的坚实基础。实体经济是一国经济的立身之本,是财富创造的根本源泉,是国家强盛的重要支柱。实体经济虚弱,或发展不利,竞争力不强,都将影响经济长期发展。夯实和壮大实体经济,是创新引领、协同发展产业体系的基本导向和首要目标。科技创新、现代金融、人力资源都要服务于夯实和壮大实体经济的这一首要目标。因此,要继续深化供给侧结构性改革,推动更多、更好的资源要素在实体经济投入及其合理配置,政策措施向实体经济倾斜,工作力量向实体经济加强,营造脚踏实地、勤劳创业、实业致富的发展环境和社会氛围。

科技创新是现代化经济体系发展的第一要素驱动力。产业能级提升,实体经济壮大以及现代金融发展都要依靠科技创新。自主创新能力不强,科技成果难以产业化,就难以向产业价值链高端攀升,并使实体经济发展受到"卡脖子"的严重制约。因此,加大科技创新方面的投入,促进更多的科技成果转化,不断提高科技创新在实体经济发展中的贡献份额,不断促进现代金融发展,是创新引领、协同发展产业体系的灵魂和核心。

现代金融是现代化经济体系运转的重要润滑剂和助推器。现代金融不仅是产业发展,特别是资本密集型产业成长的血液系统,也是知识经济时代支撑科技创新的风险资本来源。现代金融发展滞后,或金融秩序混乱,以及脱离服务实体经济发展和科技创新的轨道,使虚拟经济保持自我循环的资源配置状态,都会影响国民经济的良性循环和健康发展。因此,大力发展现代金融,保持良好的金融秩序,不断增强现代金融服务实体经济,促进科技创新的能力,是创新引领、协同发展产业体系的基本要求。

人力资源是现代化经济体系中的第一生产力。各行各业的发展都需要高质量、高素质的人力资源。特别在知识经济时代,已形成人力资源驱动的"智慧经济"。人力资源的贫乏,人力资源的错配等都将严重影响和制约经济可持续发展。因此,加大人力资源培育,提高人力资源质量,实现人力资源合理配置,不断优化人力资源支撑实体经济发展,促进科技创新与现代金融发展的作用,是创新引领、协同发展产业体系的基石。

31.2　产业体系的目标导向性

创新引领、协同发展的产业体系具有明确的目标导向性。实现实体经济、科技创新、现代金融、人力资源的协同发展，主要是解决它们之间的矛盾，处理好相互之间的关系。

31.2.1　实体经济与科技创新的关系

目前，这一关系的矛盾主要是科研指向与实体经济脱节。这也是科研体制的老问题，主要表现为科研陷入自我循环，论文写完了、成果出来了、专利申请了，就万事大吉了，科研成果难以产业化，进不到实体经济之中。产生这一矛盾的主要原因，可能是我们的科研导向有问题，如以论文、著作为主的科研考核及职称晋升等；也可能是我们鼓励科研成果转化的制度还不够完善，如对知识产权保护不力，对科学家从事科研成果产业化缺少支持等。

解决这一矛盾，需要系统的制度设计与安排。其中一个重要方面是促进科研成果产业化，从而使科研成果按照市场规律服务于实体经济。在这方面，我们已经出台了一系列政策，采取了相应措施，并取得一定成效，但在一些具体环节上仍有机制性"梗阻"，激励不足。另外，现在出台的许多政策都是"单向"激励，即鼓励高校、科研机构的科研成果产业化，进入实体经济，而实体经济如何导向和帮助高校、科研机构的科研及促进科研成果产业化，尚缺乏有力的措施。

与此同时，要注意另一种倾向，即把科研成果产业化视为是科研人员的事情，是高校、科研机构的主要工作。科研活动分为两个阶段：第一个阶段是"把钱变成知识"，即通过科研投入，生产出科学、知识等科研成果。在此过程中，强调的是科研的原创性和独特性。这是科学家、科研人员的事情。第二个阶段是"把知识变成钱"，即科研成果产业化。在此过程中，强调的是科研成果的运用与转化。这主要是企业家的事情。这两个阶段是一个完整过程，但不能混为一谈。科研人员与企业家有各自职能，不能混淆在一起，企业家做不了"把钱变成知识"，科研人员也难以胜任"把知识变成钱"。因此，在科技激励政策的设计和制定上，要分类分层，有明确的针对性。

在当前情况下，科技创新促进实体经济发展，主要是加快发展先进制造业，推动互联网、大数据、人工智能同实体经济的深度融合,增强实体经济科技含量,提高实体经济质量。

31.2.2 实体经济与现代金融的关系

过去,我们的产业结构以"重资本"的制造业为主,但现代金融发展却长期处于抑制状态,融资难、融资贵成为制约实体经济发展的老大难问题。随着金融改革推进,直接融资以及资本市场发展,这一问题有所缓解。目前,这一关系失衡在实践中往往表现为实体经济不实,虚拟经济太虚,资金在金融体系内部运转,进不到实体经济,同时实体经济本身产能过剩、杠杆太高、生产率低,不能创造出投资者满意的回报率,因而吸收不到足够的金融资源。供给侧结构性改革的"去产能""去库存""去杠杆"等,实际上主要针对的就是有泡沫的实体经济。

实体经济企业的产能过剩以及沉重的负债水平,是可能引发金融风险的重要因素。中央在实体经济领域坚决地去产能、去杠杆,使很多企业甩掉了沉重的债务包袱,经济正恢复生机和活力。虚拟经济领域出现不为实体经济服务、自我循环的现象,与中国经济运行中的"资产荒"问题有直接关系。"资产荒"表现为居民巨大的投资理财需求对应着有限的资产供应,由此不断拉高资产价格,恶化实体经济的发展环境。追求财富的保值增值是生活水平提高后人民群众的基本需求。不能满足居民不断增长的投资理财需求,是中国房地产领域货币流入过多、泡沫不断积累的重要原因之一。因此,均衡实体经济与现代金融的关系,一个重要的选择是不能打压金融,而是要积极发展现代金融,使其可以为社会提供更多可供投资理财的优质资产。

31.2.3 实体经济与人力资源的关系

目前,这一关系的矛盾在于,一方面我们要振兴与壮大实体经济,另一方面实体经济又难以获得足够多的优秀人才。很长一段时间以来,大学毕业生,尤其是名牌高校毕业生都不太愿意去实体经济(制造)企业,往往更愿意去证券、基金、银行、房地产等部门,或者去政府机构。从个人职业选择来说,这是无可厚非的。但从国家战略层面上看,一个年轻人不愿就业于或不看好的行业,是没有光明前途的。人力资源与实体经济之间的错配,是中国振兴壮大实体经济遇到的最大难题之一。

解决这个问题,要从根本上提高实体经济的盈利能力,为吸引年轻人就业创造更好的物质条件。年轻的技术工人是中国制造业的顶梁柱,是中国制造的未来,必须大幅度提高制造业中技术工人的待遇,实施首席技工制度,并鼓励其持有企业股份,与企业共命运、同成长。要真正提高职业技术教育的社会地位和经济地位。如果能让"工匠"过上有社会尊严、体面的生活,年轻人就自然会争学技术、争当"工匠",实体经济就一定能振兴壮大。

31.2.4　科技创新与现代金融的关系

目前,这一关系的矛盾在于没有区分科技创新的不同阶段以及不同金融类别的属性导致资源错配。一般来说,在科技创新早期阶段,比较适合用直接金融方式,如风险基金等来加以支持,而在科技创新大规模产出阶段,则比较适合用间接金融方式,即银行融资来加以支持。然而,现在一些地方搞科技创新,不区分科技创新的不同阶段,也不区分哪种性质的金融适用于什么阶段的科技创新,都让银行信贷去支持,名曰"科技金融"。其实,这是违反科技创新与现代金融相结合规律的。

商业银行的资金有安全性要求,不能把它放到风险很大的科技创新的早期阶段,而只能放在其成熟之后的批量生产上。科技创新早期阶段的风险很大,一定要以直接融资的方式,由资本市场来解决。科技是决定一个国家强大的基础因素,但科技创新特别依赖于直接金融的发展。实际上,没有直接金融的支持,世界上很少有哪个国家在科技领域可以很顺利地发展,也难以成为科技强国。

31.2.5　科技创新与人力资源的关系

目前,这一关系的矛盾主要体现在科技创新的要求非常高,但人力资源供给不足。在过去的技术引进、模仿创新中,对人力资源的要求还不是很高。现在,要增强自主创新能力,攻克核心技术难关,抢占高新技术制高点,从而对科技创新的要求明显提高。在这种情况下,人力资源供给不足的问题就凸显出来了。在科学发现上,缺乏国际一流科学家;在技术发明上,缺乏顶级的科研人员;在科技运用上,缺乏大量高级工程师;在科技成果转化上,缺乏高素质专业服务人才;在技术改进上,缺乏大量高级技工。

解决这一问题,除了加大人力资本投资,加紧培养各种急需人才,普遍提高人力资源素质外,就是进一步吸引和有效利用建设现代化经济体系所需的各种人才。过去,我们主要采取各种人才优惠政策,吸引人力落地、落户。这在今后仍然是需要的,但仅此举,还不够。现代人才流动的规律是立足于机会,往前沿平台集聚,不固定在某地,带有很大流动性。与一般劳动力更多考虑收入、生活条件等迁移动机不同,各种人才,特别是高端人才更注重创新创业机会,往机会多的地方流动。不仅如此,出于科技创新的需要,如思想碰撞、学术与技能交流、竞争合作等,各种人才,特别是高端人才倾向于往前沿平台集聚。在此过程中,他们往往不会长时间固定在某地工作与生活,而是有很大流动性,或者同时在几处进行科研工作,进行科技创新的合作。因此,要创造更多创新创业的机会,拓展更多的前沿平台,形成强大的虹吸全球科技创新人才的机制。

31.2.6 现代金融与人力资源的关系

在这个问题上,中国面临的主要矛盾就是发展现代金融的迫切要求,却遭遇金融人才,尤其是高级金融人才短缺的瓶颈。不论是扩大内需、服务于实体经济,还是促进科技创新,增强自主创新能力,都对发展现代金融提出了迫切要求,因此要深化金融体制改革,增强金融服务实体经济能力,提高直接融资比重,促进多层次资本市场健康发展。与传统银行的信贷业务及前台服务、证券市场的股票和债券发行与交易等不同,现代金融发展将有更多的金融产品设计、不同金融业务与产品组合、更复杂与透明度的交易规则等,因而需要有一大批金融业务策划师与工程师、金融产品设计师、精算师、理财专家等。

解决这一矛盾的主要办法是动态过程中的相互促进,一方面大力发展现代金融,为全球顶尖金融人才创造施展身手的高地和平台;另一方面,在发展现代金融过程中"干中学",拓展新知识与新技术,提高原有金融专业人员的素质与水平。

32 全社会创新体系的构建 *

构建新发展格局,首要的是经济动能转换,即从大规模投资驱动转向创新驱动。创新在发展全局中处于核心位置,是高质量发展的第一动力,要形成创新发展的新局面。这一创新不仅仅是技术创新,更是全面创新。因此,要构建全社会创新体系。

32.1　创新摆在发展全局的核心位置

党的十八届五中全会提出:"坚持创新发展,必须把创新摆在国家发展全局的核心位置",并让创新"贯穿党和国家一切工作"。为何创新会被放在这么高的位置上? 我认为,这是未来五年中国发展方式转变的必然。

32.1.1　创新促进发展方式转变

从全球范围看,几乎所有的发达经济体与新兴经济体,自从 2008 年全球经济危机后都面临着重大的转变,主要体现在专注于创新发展上,如美国在推进"再工业化"、德国在推进"工业 4.0"等。对于中国来说,创新发展显得更为重要和迫切。因为中国经济正进入一个新发展阶段,经济发展进入新常态。在新常态下,中国发展的环境、条件、任务、要求等都发生了许多新的重大变化。特别是当前情况下,在增长速度换挡期、结构调整阵痛期、前期刺激政策消化期的"三期叠加"中,正经历着新旧动能转化。原先的经济增长路径难以持续,经济增长方

---

　　* 本章由笔者 2015 年接受的专访"创新是发展全局的核心和基点"、1998 年学术报告"构建全社会创新体系"和 2006 年创新理论辅导报告等汇编而成。

式与经济发展格局将发生巨大变化。面对复杂的国内外经济环境,中国只有依靠创新发展,才能有效破解结构性扭曲、资源错配、产能过剩、资源环境约束等制约经济社会发展的系列难题。

首先,在当前中国经济下行压力中,其中很大一个问题是结构性产能过剩与消费不足。中国工业部门170多个行业的产量居世界第一,是世界头号纺织品生产大国。全世界90％的网球拍、66％的自行车、50％的相机、40％的电脑等均由中国生产。中国钢铁产能已达4.7亿吨,产量3.4亿吨,如在建和拟建全部建成,产能将达到6亿吨以上,而2004年全球钢产量才10亿吨。2004年全国发电装机容量已达到5亿千瓦以上,如加上在建和拟建,将超过8亿千瓦,超过英、法、德三国发电量总和的2倍以上,而这三个国家的GDP总量为中国的2倍左右。与此同时,中国经济高增长已近30年,但工资收入只有美国的1/20,日本的1/24。相比之下,日本高速经济增长时期,用了30年时间,到20世纪80年代工资收入就已经与美国持平。在制造业,中国劳动力价格甚至比印度还要低10％。印度平均工资增长,2003年为11.45％,2004年为11.6％,2005年为14％,远远高于当年GDP的增长。中国2004年平均工资增长为6.4％—8.4％。因此,单纯依靠增加资金、土地和劳动力等投入,已经无法解决结构性产能过剩与消费不足问题,需要创新来达到经济的协调性发展。

其次,中国经济依靠大量资源要素投入,甚至牺牲环境生态的增长模式已不可持续。最近三年,中国GDP每增加1元,需要追加投资5元。资源、环境的约束也日益趋紧。要解决可持续性发展的问题,必须进行体制与机制的创新。

再则,改革开放30多年,中国从融入经济全球化到获取全球化红利,充分发挥了后发优势与比较优势。但发展到今天,后发优势与比较优势越来越小,急需要靠知识、人力资本和技术进步的竞争优势。而我们在这方面明显落后。2004年,美国通用汽车公司销售收入为1935亿美元,超过中国交通运输设备制造业13272亿元的销售收入。英国石油公司销售收入为2851亿美元,超过中国石化行业的12930亿元。中国制造业增加值率仅为26％,与美国、日本和德国相比分别低23和12个百分点。信息产业及其相关设备制造业增加值率仅为22％,与美日等发达国家的差距超过35％。2005年,中国制造业500强的平均研发投入占其主营业务收入的1.88％,而发达国家通常达到8％—10％。中国的技术依存度超过50％,通常是引进一流设备、生产二流产品、销售三流价格。因此,要通过创新来推进国际竞争力培育与增强。

最后,中国经济发展到今天,虽然经济总量上升了,生活水平普遍提高了,但地区发展差距、城乡发展差距、收入分配差距问题并没有得到根本解决。要使得经济发展成果能让更多人分享,达到包容性发展,单靠资金投入、转移支付等是无法实现的,一定要通过创新发展进行结构性调整。

32.1.2 创新发展

为了破解制约经济社会发展的系列难题,适应新常态、把握新常态、引领新常态,必须坚持创新发展。以创新发展引领发展方式转变,以发展方式转变推动发展质量和效益提升。

一是基于国家发展全局的全方位系统创新。在中国发展的新常态下,发展方式转变是一个系统工程,涉及发展理念、发展机制、发展基础、发展路径、发展环境、发展目标等诸多方面,因此必须推进理论创新、制度创新、科技创新、文化创新等各方面的全方位创新。同样,这种创新也不是各自独立、封闭循环的碎片化创新,而是围绕促进发展方式转变的系统性创新,使其贯穿党和国家一切工作。其中,理念创新是先导,制度创新是前提,科技创新是关键,文化等创新是基础。

二是创新要有明显的指向性和目的性。创新发展是要把发展置于创新的基石上,这并不是为创新而创新,而是为了解放和促进生产力发展,提高生产率和效益,促进协调性发展、包容性发展、可持续发展、发挥先发优势的引领性发展。这种指向性应该成为创新活动的基本准则和创新成效的衡量标准。同样,倡导创新发展理念,让创新在全社会蔚然成风,也要谨防形式主义、贴标签以及"假大空"的所谓创新,而是遵循问题导向、需求导向的原则,结合中国国情和各地实际情况进行创新,针对迫切需要解决的具体问题进行创新,力求创新实效,真正让创新成为发展方式转变、社会经济健康发展的驱动力。

三是追求有效率的创新。成功的创新无疑有巨大的收益,但创新也是有成本的,特别是"毁灭性"创新需要投入更大成本。更何况,并不是所有创新活动都能成功的。因此,勇于创新的精神和胆量是可嘉的,但不计成本、低效率的创新并不可取。有效率的创新,就要遵循规律和尊重科学,形成和培育创新的基础条件和能力,掌握创新的技能和专业知识。有效率的创新,就是要注重系统性创新方式,形成有机连接的创新作用机制,促进不同创新之间的相互依赖、相互促进,充分发挥创新集群效应。有效率的创新,就是要充分发挥创新的溢出性,构建创新有效传播渠道,积极推进创新扩散,促进创新成果收益最大化。

四是讲究创新策略的有机组合。创新是一个过程,其中既有革命性的变革、结构性框架的改变,也有渐进式的改进、原有框架下的边际改善。在创新发展中,我们不能顾此失彼,特别是不能一味追求重大变革的创新,而忽视广泛存在边际性创新。一般来讲,重大变革的创新往往要在具备了一系列新条件的情况下才会发生。但由于现实中存在着路径依赖,所以大量存在的是渐进式改进、原有框架下边际改善的创新活动。这些创新活动不仅有助于连续不断地促进发展方式转变,而且也为革命性变革的创新积累基础和创造条件。因此我们在创新策略上要把两者有机结合起来,既要积极培育新条件促进革命性变革的创新,又要大力鼓励渐进式、边际改善的创新,并形成两者的联动机制。

32.2　全社会创新体系

当前,人们对创新的重要性已逐步形成共识,但在对创新的认识上尚存在一些偏差,把创新仅仅视为科技创新,甚至局限于 R&D、发明创造、高新技术产业发展等范围。确实,科技创新十分重要,是其中的关键环节。社会生产力的发展离不开技术进步。只有科技创新,才能提高劳动生产率,提高发展质量和效益,进而破解产能过剩、资源环境制约等经济社会发展难题。然而,作为基于国家发展全局核心地位的创新,显然不是指单个领域、某些方面的创新(其不足以支撑国家发展的全局),而是一种全方位系统创新的新内涵。

32.2.1　创新的本质内涵在于社会性

较早提出创新概念的经济学家熊彼特认为,创新是引入一种新的生产函数,从而提高社会潜在产出能力。其中包括新产品或产品新质量、新生产方法、新的市场、新供给来源、新组织形式等。因此,熊彼特所说的创新,并不仅仅指某项单纯的技术或工艺发明,而是将一种从来没有过的生产要素和生产条件的"新组合"引入生产体系之中,以提高社会潜在产出能力。这种引起生产要素有机组合变化,改变各种生产要素,尤其是劳动和资本的相对边际生产率,改变其收益率之间平衡的创新,可能来源于新发明和技术进步,也可能是由于结构调整、规模经济、组织变革、管理方式改变、劳动力素质提高等因素的作用。它实际涉及以广义技术创新(包括技术扩散)为核心的体制创新、机制创新、组织创新和观念(理念)创新等广泛内容。

在熊彼特提出创新概念以后,一些学者从不同角度对创新进行了理论研究,形成了技术学派与制度学派(见图 32.1)。其实,即使是技术学派所讲的技术创

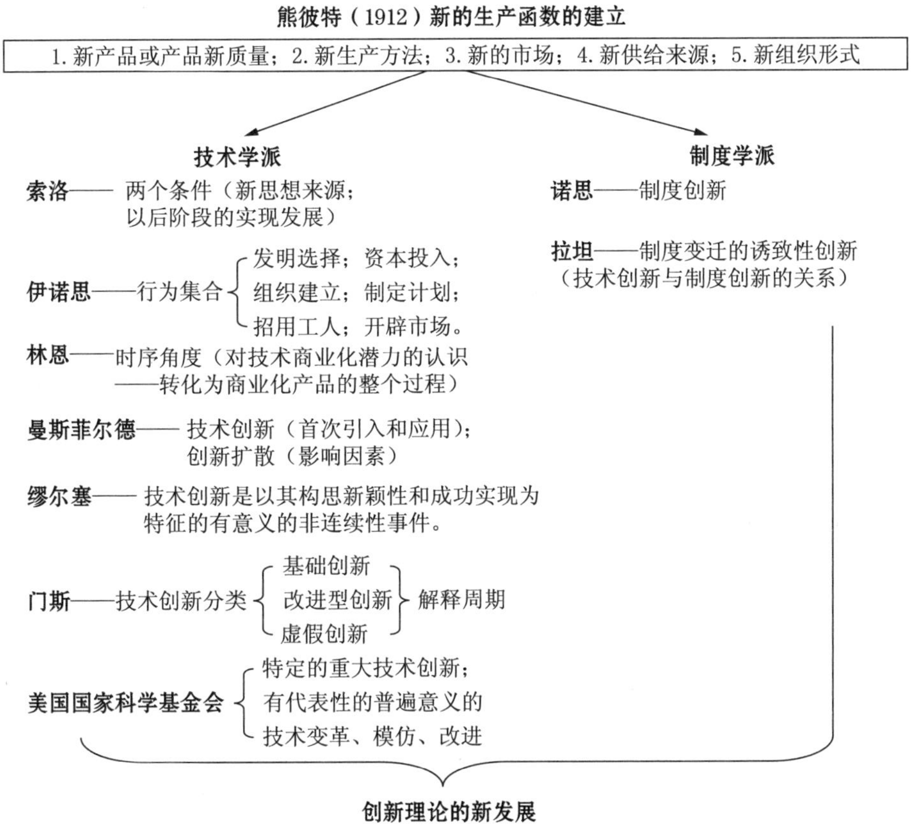

熊彼特（1912）新的生产函数的建立

1.新产品或产品新质量；2.新生产方法；3.新的市场；4.新供给来源；5.新组织形式

技术学派

索洛——两个条件（新思想来源；
以后阶段的实现发展）

伊诺思——行为集合 { 发明选择；资本投入；
组织建立；制定计划；
招用工人；开辟市场。

林恩——时序角度（对技术商业化潜力的认识
——转化为商业化产品的整个过程）

曼斯菲尔德——技术创新（首次引入和应用）；
创新扩散（影响因素）

缪尔塞——技术创新是以其构思新颖性和成功实现为
特征的有意义的非连续性事件。

门斯——技术创新分类 { 基础创新
改进型创新 } 解释周期
虚假创新

美国国家科学基金会 { 特定的重大技术创新；
有代表性的普遍意义的
技术变革、模仿、改进

制度学派

诺思——制度创新

拉坦——制度变迁的诱致性创新
（技术创新与制度创新的关系）

创新理论的新发展

图 32.1　创新理论发展与不同学派

资料来源：作者整理编制。

新中，也涉及新思想来源、组织、市场、外部环境等理论创新、机制创新、组织创新等广泛内容。在后来形成与发展起来的国家创新系统理论中，更是强调了创新的社会性。其中，宏观学派的代表人物弗里曼将技术创新与国家职能结合起来，纳尔逊强调了技术变革的必要性和制度结构的适应性；微观学派的代表人物伦德瓦强调了用户与厂商之间的关系；综合学派代表人物波特将微观机制与宏观绩效联系起来。

因此，在生产函数变化从而提高社会潜在产出能力的过程中，尽管技术创新是比较活跃的因素，并在创新活动中始终居于重要地位。特别是一项重大的技术创新，可能会带来制度与机制、组织体系、管理方式等一系列的创新活动。但从创新的本质内涵来讲，它并不仅仅是指技术创新，而包含着更为丰富的内容。大量的统计资料表明，即使在没有发生重大技术创新的情况下，制度障碍的消除、运作机制的完善、结构合理调整、组织方式的改变等创新活动也将改变生产函数关系,从而大大提高社会潜在产出能力,并能促进技术创新。

从时间轨迹及空间分布来讲,创新作为引入一种新的生产函数的活动,总是首先在个别企业或部门发生,然后通过某种渠道和方式向其他企业或部门扩散,最终才引起整个社会潜在产出能力的提高的。因此,创新的本质涵义是社会性的,既包括个别企业或部门的创新本身,也包括创新的社会扩散。国外学者对生产力方面的技术因素研究表明:一个企业或整个行业的生产率常常更多地依赖于外部技术,而不是立足于自我创新。大多数研究表明,技术扩散(即他人而不是创新者本人广泛使用某项技术)在总体上对提高工业生产率是有积极意义的。在许多场合下,技术传播也被表明与创新活动中的 R&D 的投资活动同样重要。因此,技术扩散已被公认为 OECD 地区实现经济增长、提高国民收入的一个必要因素。

在实际过程中,创新及其扩散的发生,是供求关系的作用结果,与人们的利益密切相关。从供给方面讲,当创新利润率越高时,创新引入市场以及创新后改进会更快。从需求方面讲,当创新相对来说更赚钱或少花钱时,采用起来就较快。因此,创新及其扩散的首要前提,是强化创新供给者与采用者的利益机制,并协调两者的利益关系。显然,在利益机制弱化或扭曲的情况下,创新及其扩散的速度都将是缓慢的。

此外,创新及其扩散的速度还将受到部门或企业的规模程度、技术基础、管理水平以及生产的技术性质等因素的影响。企业是否接受某项创新,有一个刺激的临界点。同一个创新,对于有差别性的不同企业来讲,有的能获得新增收益(超过了刺激的临界点),自然会加以采用;有的则可能没有新增收益,也就不会采用。因此,当进一步考虑到企业间差别性这一变量后,创新扩散的时间轨迹将取决于企业规模的分布,取决于单个企业的增长率以及资本与劳动成本的变动。更何况,创新在其扩散过程中还有一个极有明显效果的创新后改进问题。这实际上就是创新与采用者环境的相互作用使技术不断趋于成熟的变化过程。它更是取决于采用者的吸收、消化能力及其环境条件。而这种创新后改进所创造的收入、派生需求和对其他经济活动的刺激,能使整个系统的总量经济增长产生净增加。

除单项创新及其扩散外,对提高社会潜在产出能力更具有重大作用的是创新群集。也就是一项初始创新,在其扩散过程中将进一步生成相关的创新。因为"一大批仿造者"将试图改进最初的创新,并在有关的产品、工艺、技术和组织机构方面作出其他的创新。这种创新群集有几种类型:一是部门关联型创新群集,这是以产业关联为纽带形成的创新群集。二是技术联系创新群集,即通过某些技术创新在很多部门的许多产品与工艺上的广泛运用,从而生成一系列相关创新的集合。这种创新群集的发生,除了要具备单项创新活动的各种条件外,还需要有其他一些条件配合。对于部门关联型创新群集来说,还必须具备创新在相关部门传导的机制,以及相关部门创新能力的配套条件。对于技术联系型创新群集来说,还必须具备技术转让机制,以及使用同一技术的产品之间互相学习的条件等。

因此,创新的本质涵义是社会性的,不仅包含着技术创新、体制创新、机制创新、组织创新、管理创新、理念创新、知识创新等多重内容,而且还需要一系列经济、社会、政治等方面的条件配合。其中,制度创新是前提与基础。例如,科技发展本身会受到体制机制的约束。只有制度创新,才能促进科技发展。同样,只有制度创新,才能从体制机制上解决资源错配、结构扭曲、收入分配差距扩大、生态环境恶化等问题。理论创新是先导。只有理念发生转变,才能进一步看清中国经济发展形势、全球经济发展趋势,对现存问题作出新的、准确的分析与判断,进而用正确理论指导实践行动。文化创新体现的是软实力的创新。今后,软实力在中国经济发展中的地位与作用将越来越凸显。文化创新既要传承传统文化,还要创造出时代特征、中国特色的新文化,特别在当今互联网飞速发展的条件下,文化内涵、文化创意、文化艺术等都需要进行创新。

32.2.2　创新模式动态演化

在创新的诸多方面中,我认为,关键是如何系统集成,形成共同推进中国发展方式转变的合力。这是中国经济长远发展的核心要素。创新要素的系统集成,通常表现为某种创新模式,即创新过程及其方式。这种创新模式不是一成不变的。事实上,它随着经济与社会的发展也在发生重大转变。

(1) 技术推动的创新模式。在 20 世纪 60 年代之前,由于当时处于战后经济复苏,工业快速扩张,并创造了大量就业机会,市场消费也较旺盛;产品往往供不应求;而新产业出现主要基于技术机遇,并以技术导向对已有工业门类进行重建,政府也采取支持扩大生产的政策,因此当时大多为技术推动的创新模式,即把创新归于由研究而揭示的技术机会的产物,创新过程视是线性的,市场只是被动地接受技术变革的一个承载工具。

(2) 市场拉动的创新模式。20 世纪 60 年代至 70 年代初,经济总体繁荣,但市场供求逐渐达到平衡,经济规模扩张趋缓,新增工业就业机会减少,新产业主要基于已有技术,技术变革合理化,政府也强调需求的重要性,通过政府采购刺激创新,市场成为促进创新的主要来源,即考虑了在应用R&D时市场作为创新思维来源的重要作用。

(3) 交互作用的创新模式。20世纪70年代至80年代,经过两次石油危机及能源短缺,经济趋于滞胀,市场需求饱和,供大于求,结构性失业不断增加,政府也强调提高生产力,采取供给学派的政策,从而开始形成技术推动与市场拉动交互作用的创新模式,高度重视企业的营销与科研活动之间、企业运作与科研机构之间的反馈作用,强调在企业和国家层次上创新的R&D与市场营销的集成与互动。

(4) 一体化及并行发展的创新模式。20世纪80年代初至90年代初,由于经济复苏,企业开始关注核心业务及核心技术,市场要求高效、质量导向的生产与服务,技术进步的重点也转向新型加工设备及新型产品开发系统,再加上政府支持和鼓励企业间的战略联盟等,从而形成一体化及并行发展的创新模式。

(5) 基于网络化的系统集成创新模式。20世纪90年代以来,由于出现以信息技术为核心的新经济,经济全球化进程加快,产业生命周期越来越短,市场反应能力的要求越来越高,技术发展也转入以信息技术、生物技术、新材料技术等为主,政府也加大推动创新的力度,从而形成基于网络化的系统集成创新模式。

可见,创新模式具有明显的背景特征,是随着环境条件(经济、技术、市场、政策等)的变化而演进的。但不管哪种类型的创新模式,都是一种创新生态系统,涵盖了从创新构思产生到市场价值实现的全过程;对技术理解的泛化,除生产技术,也包括经营、管理、组织技术;创新内容的多元化,涉及产品、工艺创新,组织制度创新以及各类创新的组合;以及宏观与微观不同层面的创新及其互动关系(见图32.2)。

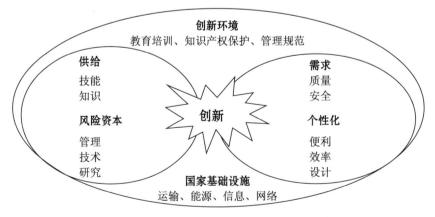

图32.2　创新生态系统

资料来源:作者整理编制。

32.2.3 基于网络化的集成系统创新模式

在现代经济日益变成网络体系,并由变化速率和学习速率的加速度所推动的情况下,创新已不再是单个企业或部门封闭性、自主性的创造活动,技术变化也不以纯线性序列发生,而是在一个企业和其他机构既合作又竞争的复杂网络里运作,在一个系统中经过反馈循环发生的。事实上,创新的观念会有许多来源,它可以来自研究、开发、市场化和扩散的任何阶段。一个企业的创新活动,涉及各类企业以及与供应商和客户的密切联系。因此,在经济网络化的新形势下,企业将采用集成系统的方式从联盟的企业及自身的资源来获取信息,并创造一种创新产品的连续流动。

特别是在经济网络化条件下,创新已越来越趋向于集成系统的新模式。适应这种创新模式的变化,我们更需要从全社会角度来构建创新体系。

这种集成系统的创新模式通常表现为:单个的企业通过集成工作组的方式把 R&D 和商业化的各方面都联系起来。与此同时,企业也寻求与其他组织的合作性联系。这种创新方式在日本、美国和欧洲的大企业中,表现尤为突出。它们的研究工作小组,不仅包括专业研究人员、生产工程师、销售人员,同时还依靠遍布全球的与客户、供应商、技术型企业的各种联盟关系。

可见,在经济网络化的条件下,创新和技术进步是人们在各种知识生产、分配和应用中通过相互关系协调而产生的复杂结果。创新的成果在很大程度上取决于这些行为主体如何处理好他们之间作为一个共同体系的相互关系。因此,集成系统的创新模式势必要求全社会创新体系与之相匹配。一个全社会创新体系的构建,也将有助于促进与协调创新中的行为主体之间的广泛相互联系,进而推动创新过程和提高创新绩效。

32.2.4 全社会创新体系的基本框架及其特点

全社会创新体系是一个复杂的系统工程,涉及研究、开发、运用、扩散等一系列相关环节,涉及创新活动所必需的知识、人力、资金、物力等要素的合理配置,更涉及创新动力、行为主体、相互联系、传导方式等深层问题。

从其运作过程来讲,全社会创新体系的基本框架是由网络、能力与制度组成的。首先全社会创新体系是一种由行为主体及组织机构(包括企业、研究机构、政府及居民等部门)组成的网络化体系,强调的是行为主体间的相互作用和组织机构间的相互影响。这种网络化关系,既表现为企业之间及与研究机构开展联合 R&D 活动,以及研究、开发、生产、销售联合体等的正式联系,也表现为使知识和技能得以转移的企业之间的非正式联系,同时包括使用者和生产者之间的相互关系,以及作为资源和刺激创新的竞争者的作用。正是在这种网络化关系中,企业获得新技术的知识与创新信息,并形成 R&D、设计研制、制造工艺、生产销售的并行开发。在网络化关系的基础上,全社会创新体系的运作依赖于其行为主体的活动能力,包括技术创新能力和组织方面能力,以及两者的互相协调及对环境变化的应变能力,具体表现在对技术的获取、融合和利用,以及再设计与再创新等方面。而制度(包括政府采取的一系列促进创新活动的措施)规范了行为主体及组织机构之间的关系及相互作用方式,保证其创新活动的有序化、有效性。

从其具体内容来讲,全社会创新体系是由技术创新、体制创新、机制创新、组织创新、管理创新、观念(理念)创新、知识创新等方面内容构成的。这些方面的创新活动是互相联系、相互作用的,具有互动性。从系统角度讲,它们之间不存在孰重孰轻的问题,只有瓶颈制约问题,即当某一方面创新成为薄弱环节并影响和制约其他方面创新时,其重要性程度就提升了,成为要重点解决的问题。由于这些方面的创新强弱程度是动态变化的,因此在不同的时段,其重要程度也是交替变化的。例如,当体制与机制不适应经济发展和技术进步要求时,制度创新就将成为推动整体创新活动的关键;而当经济发展因其知识积累及技术发展不足而停滞不前时,技术创新就将成为重要环节。如果从生产函数变动及其决定变量的属性来考虑,一般来讲,技术创新是相对活跃的,对提高社会潜在产出能力有直接的影响,并往往引发其他方面的创新。因此,技术创新在全社会创新体系中通常居于核心地位,与其他方面的创新形成互动关系。

这种全社会创新体系的特点,有以下几方面:

一是运用知识的系统集成体系。在这个体系中,技术被发明和运用的创新过程已越来越成为一种集体努力,并形成一个有机整体和知识分享体系。有关技术的知识也许来自消费者、供应商以及同行竞争者和公共研究部门。当然,企业还是研究、开发和创新来源的主要完成者,所以企业之间的技术合作以及非正规的相互作用产生的知识流在这个创新体系中是最有意义的。实践证明,广泛的技术合作将有助于企业创新成果的实现。例如在挪威和芬兰,加入共同投资的企业中,新产品在全部销售额中所占比重较高,当然这里还有其他因素在起作用。德国的类似研究也发现,在大多数部门中,研究协作与改进创新成果是相关联的。因此,在这一全社会创新体系中,最具有创新精神的企业应该具备接收外部知识和连接进入知识网络的能力,包括非正式合约、使用者与提供者的关系及技术合作;同时也需要具备使知识和技术适合自己需要的能力。

二是技术创新与体制等方面创新活动的互动。技术创新作为人们一种自觉的行动,具有明确的目标趋向性;同时技术创新又是在一定的时间与空间内进行的,受到各种既定条件的约束,如原有技术水平、知识积累程度、资金投入力度等基础性条件和配套条件的制约。因此,在全社会创新体系中强调技术创新与体制等方面的创新活动互动。特别是体制创新(包括机制创新)将为技术创新提供有效的组织结构、激励动因、市场体系,以及法律的、行政的和社会的制度框架,使技术创新保持一种主动创新和可持续创新的冲动。

三是R&D、高新技术发展与技术扩散融于一体。在全社会创新体系中,R&D和高新技术发展本身就包含了技术转移的主要过程,从而为要解决的技术问题提供了一个更广泛的知识基础。实践证明,现代经济中R&D高回报率很大程度上体现了它在技术转移中所起的主要作用。R&D投资不仅是发展高新技术的必要条件,而且也会带来技术扩散效应并加强社会知识基础的效应。因此,在全社会创新体系中,技术扩散与技术创新居于相同的地位,两者是相兼容并相互促进的。

32.3 构建全社会创新体系

构建全社会创新体系,需要有相应的政策导向。但这种政策导向要符合创新过程的内在规律性,适应当前创新模式转变的要求,以弥补市场失败为主导,着眼于系统性运作的完善。

第一,引导全社会创新,培育新的创新机制。我们要改变过去那种把创新仅仅看作是科研机构和大学、高新技术企业等部门的事情的观念,培育多元化的创新主体,促进政府、企业与研究部门以及个人部门都进入这一特定体系。为使各行为主体在这一特定体系中发挥各自的作用,就需要形成一种激励多元化主体创新行为、不断提高其创新能力的新机制,建立更好的分配体系以在平等基础上进行创新资源的结构性分布调整,在企业内、企业间、企业与其他机构间形成新的组织形式,使所有部门、企业和个人都能参与创新活动。与此相适应,科技政策的立足点不能只放在大学与科研机构、高新技术产业化以及具有技术基础的企业上,而且还要把眼光投向那些缺乏技术能力的企业,投向传统成熟的行业部门和服务部门;其政策目标不能集中在提高个别企业能力上,也应集中于促进企业或行业的网络化和创新行为上;政策措施不应把注意力仅放在刺激或提供研究与开发费用上,单纯追求向企业提供设备与技术及资金,而且还应提高它们自己发展及采用新技术的能力。这就要求有一个完整的创新政策体系,包括激励创新投入的政策、提高创新效率的政策和选择导向的政策(见图32.3)。

● 激励创新投入的政策 { 提高创新回报率的机制——知识产权和许可权制度
降低创新活动成本的政策——研发基金、补贴、税收优惠
增加商业机会和提高创新利用率——政府采购 }

● 提高创新效率的政策 { 转变阶段——完善技术环境和提高企业创新能力
(推进合作研究计划)
演化阶段——支持新技术的利用和扩散
(促进经济主体之间链接的建立) }

● 选择导向的政策 { 已在较高等级上,则影响技术采纳过程,通过管制、技术标准、补贴和政府采购来促进其技术扩散
(尽可能将技术锁定到一个较高等级上)
在较低等级上,则支持寻找新的技术或补贴一些可供选择的技术来改变投资和扩散的方向 }

图32.3 创新政策体系

资料来源:作者整理编制。

第二,注重网络化建设,扩大创新的系统合作。在实际过程中,不管其创新活动的总体水平如何,创新通常并不能在整个部门范围内取得成功。但围绕关键技术、共享知识或技能,可以通过垂直或水平式的连接方式把产业部门组织起来,形成企业间与行业间的相互作用关系。这种网络化关系建设是构建全社会创新体系的基础性工作。

显然,这种网络化关系得以运作的硬件方面的基础设施(如电子网络等)建设是重要的,但更为艰巨的是促进网络化关系形成与发展的软环境建设。即使在成熟市场经济条件下,创新行为主体之间网络化关系形成与发展仍可能存在市场失败或系统失灵的情况。这种失败可能有碍于企业的创新行为,需要政府通过有关政策加以弥补,以促进联合 R&D 活动和企业间及与研究机构的技术合作。在大多数 OECD 国家,这种企业以及策略性的技术同盟之间的 R&D 合作正在快速发展。特别在生物技术和信息技术的新型领域表现非常明显。因为这些领域的技术开发成本相当高,而通过企业合作来聚集技术资源、实现规模经济以及从人力资本与技术资产的互补中获得综合效益。

对于我们来说,为了改变长期以来存在的经济系统内各行为主体之间缺乏

联系,研究机构的基础研究与产业部门更多的应用研究之间配合不当等现象,更要认识到知识流动网络化以及技术系统化的重要性。为此,我们要通过建立一个竞争—合作的政策框架来鼓励创新团体的发展和密切相关企业间的关系,努力扩大创新的系统合作,并以最有效的方式保持这种动态的联系与伙伴关系,从而使高水平的专利合作、技术合作、个人流动性、知识产权保护,以及便利于这种合作的交易方式更为卓越。

第三,创新活动的合理分工,各有其发展重点。在创新活动中,通常会遇到两难困境。从技术角度讲,追求技术领先的公司由于专注于内部活动而往往会降低对引导产品开发的外界技术和市场的敏感度和反应能力,导致其市场份额下降。从组织角度讲,重大创新需要一个小而富有活力的组织结构,而渐进式连续创新和大规模生产则要求大而稳定的组织结构。解决这种两难困境的重要方法,就是在全社会创新过程中实行合理分工、协同创新。这是有效利用创新资源的重要环节。否则,将造成创新资源配置、创新体系瓶颈制约等问题,严重影响创新系统功能。因此,我们在促进社会各方面创新行为的同时,也要引导其各自发展的重点,并从全社会创新的角度予以适当的功能定位。

公共研究机构直接从事一些科研成果转化是必要的,但在全社会创新体系中,其更大的作用在于成为向全社会提供间接知识的源泉。虽然对于那些以科学为基础的行业,存在着从科学发现到技术发展的直接流量,但对于大多数行业来讲由于基础研究与创新的时间差,这种直接联系受到限制。这些行业部门需要作出相当大的调整,以适应技术创新的多重资源。相对而言,对于许多部门来讲,通过知识基地和技术网络的一般通道从公共研究机构到企业的知识间接流出量是相当大的。因此,公共研究部门作为直接的科学技术来源的作用,还不如作为间接知识源泉更为重要。

注重中小企业的创新活动,构建大企业与小企业之间的协作创新网络。技术创新是一个过程,在不同阶段,各类企业所起的作用不同(见表32.1)。对于中小企业而言,信息收集与传递、技术研发、资金筹措与周转及抗风险能力等是其弱项,但组织机构安排灵活而富有弹性,专业化程度高,易接受创新,在创新效率和时间上明显优于大企业。在引入风险投资基金后,大量高新技术项目更是以中小企业的形式出现。在全球范围内,中小企业的专利数量是大企业的 10 倍,将创新引入市场的速度比大企业快 27%。但进入技术创新第二阶段,由于需要较大投入,大企业资金实力雄厚、抗风险能力强的优势便显现出来,从而发挥着更大的作用。因此,在不同规模和类型企业之间,也要有一个合理的创新分工,

表 32.1 技术创新的不同阶段及各类企业作用

第一阶段	第二阶段	第三阶段
技术是流动的、不稳定的；以产品创新为代表	技术开始定型；以工艺创新为代表	技术是再流动、再组织的；产品技术和工艺技术的系统化
中小企业作用较大	投入较大，大企业作用较大	大企业和小企业都起作用

资料来源：作者整理编制。

各自发挥其优势，进行协同创新。

第四，促进创新扩散，提高企业的技术吸收能力。为了推动全社会创新，就要把一些重大技术创新迅速扩散到各部门，以引发更大规模的创新群集。企业层面的创新活动正逐步依赖于接受创新扩散的技术运用。特别对于那些自身也许没有 R&D 活动和技术创新活动的传统制造业部门和服务业来说，这种创新扩散有着特别重大的意义。为此，政府要通过各种计划和项目将技术扩散到这些部门中去。

然而，在促进创新扩散的过程中，我们要改变过去那种只是把一些公共研究机构的科研成果输送给企业的传统做法，应把重点放在提高企业的技术吸收能力上。企业要成功采用和使用技术还有很多障碍，如缺乏信息、资金和技术人才以及一般组织管理人员，管理水平欠缺，组织变迁较慢等。因此，要设法帮助企业增加其内部 R&D、职工培训和信息技术方面的更多投入，促进企业技术、管理和组织能力等方面的总体升级，以提高企业吸收来自国内外的信息和技术，以及在持续不断的基础上加以吸纳和利用的能力。

第五，紧贴需求进行创新，实现技术创新与需求创新相结合。创新的生命力，在于满足需求（包括短期与长期需求）。因此，要紧贴需求进行创新。然而，满足需求是分层次的：（1）已经被满足的需求。在这种情况下，不可能有任何真正的创新，只是模仿。（2）没有得到很好满足的需求。对此，领先半步的创新是最佳选择，既可享受领先的好处，又避免较大风险。（3）没有被满足的需求。首先表现为细分需求，然后表现为主流需求，最后成为大众需求。对此，要在不断创新的基础上，形成"新产品——明星产品——金牛产品"。与此同时，要重视需求创新，促进技术创新与需求创新互动。一方面，通过技术创新，创造与引领新的需求；另一方面，通过扩大市场的边界来创造新的增长，更关注于提供好的产品服务，赋予产品新的价值。

第六，空间集聚，优化创新网络。目前，这种空间集聚的主要形式有两种。

一种形式是高技术走廊。例如,纽约州的高技术走廊,沿线分布七大卓越中心(纳米电子、生物信息与生命科学、环境系统、光电子与微系统、无线与信息技术、儿童医学研究、生物技术等)。这些卓越中心的明显特征是:以顶级学术机构为牵引力,以政府政策和资金为驱动力,以吸引优秀企业带动尖端技术快速商业化为推动力。其目的是构建高技术产业网络,为下一代创造高质量、高收入的就业机会。另一种形式是纳米、生物、信息技术交互融合的产业集群。例如,硅谷有100多家技术融合型公司。根据麦肯锡公司目前估算和分析,信息、生物、纳米技术交互融合产业的累计市场在十年内可能达到1万亿美元之高。

第七,提高全民素质,促进人才流动。创新是要由人来做的。人员的创新能力与网络关系能力是实施全社会创新的关键。先进技术上的投资必须与这种人员"运用能力"相匹配,而这种能力在很大程度上取决于经验、资历、拥有的知识以及劳动力流动。因此,我们必须通过各种形式的教育、培训、轮岗等渠道提高全民素质。此外,无论是正式的还是非正式的个人间相互作用,在产业内部及研究机构与企业之间都是一种重要的创新扩散渠道。因此,要鼓励全民参与创新。例如,IBM的在线"即兴创新大讨论",5万人在线,包括内部员工和家属,合作伙伴、客户提出的最佳创意方案将获得1亿美元的基金用以具体实施。设计具有挑战性的创新目标,并有一个适当的系统控制创新人员,设立合理的激励机制;创造一个敢于冒险的氛围,鼓励员工用挑战精神迎接困难,同时赋予创新者的充分信任;追求卓越,设立一系列创新标杆。

在全社会创新体系中,拥有知识的人才的流动是一个关键性的流动。为此,我们要打破人才使用的凝固化与封闭化,除了建立从业岗位变动的人才流动机制外,还要进一步完善社会兼职的人才流动机制。

33 新发展格局的前景展望[*]

构建新发展格局,将对中国经济发展产生重大影响,促进经济发展,带来高质量发展、产业能级提升、自主创新能力提高、国内差距缩小与促进共同富裕的崭新局面。

33.1 促进经济发展

33.1.1 保持相当时间稳定的增长

首先,GDP 和人均 GDP 趋于稳定上升状态。从发展成果来看,中国成为世界上最有经济影响力的经济体之一,但仍属于发展中国家。目前,高收入发达国家的人均 GDP 大约在 40000 美元,中国的人均 GDP 则仍为上中等收入国家的水准,2016 年为 8260 美元。世界银行高收入国家的下限目前是 12235 美元,中国目前存在着一定的差距,尤其是与美国相比,还存在较大的差距。这种发展上的差距正是中国的比较优势,在供给方面,中国可以利用具有竞争力的生产要素和其他优越条件来更好地发展生产;在需求方面,由于中国整体生活水平尤其是物质水平与发达国家比仍存在差距,这就意味着还有更大的潜在市场需求,而不断满足这种需求的过程正是中国实现进一步经济增长和推进全面现代化建设的过程。

对于现代化进程而言,中国也面临着经济发展的创新瓶颈,科技创新能力薄弱已经成为中国经济高质量发展的"阿喀琉斯之踵"。虽然中国科技创新能力不

---

　　* 本章原载周振华主编《新时代:经济思想新飞跃》(格致出版社、上海人民出版社 2022 年版)第四章第六节(合作者李鲁)。

断提升,已经成为研发人员投入第一大国、经费投入第二大国,但是以"工业四基"为代表的产业基础能力高级化和产业链现代化水平亟待提升,存在大量的"卡脖子"技术,技术体系中相当多的关键核心技术依赖国外。这种关键核心技术的依存性不能有效突破,直接制约着中国新发展阶段的经济高质量发展和中国现代化进程的推进。在 2018 年中美贸易摩擦、2020 年新冠肺炎疫情冲击以及经济全球化强势逆流背景下,这种关键核心技术依附性突破的必要性和急迫性更加凸显。习近平总书记指出,新发展格局的本质特征是高水平的自立自强,必须更强调自主创新,这意味着构建新发展格局是一种立足于以畅通国内经济大循环为主、寻求突破关键核心技术"依附性"的经济现代化模式,在一定程度上是对低成本出口导向型工业化发展模式的扬弃。当然,构建新发展格局,要实行高水平对外开放,重视以国际循环提升国内大循环效率和水平,塑造中国参与国际合作和竞争新优势,改善中国生产要素质量和配置水平,推动中国创新能力提升和产业转型升级。也就是说,构建新发展格局,是要在经济全球化下实现关键核心技术"依附性"突破、具有中国特色的经济现代化模式。

其次,地方政府经济增长目标趋于理性化。双循环新发展格局的思想已经在学界、经济界和政界广泛传播,但大家对双循环的概念仍有不同理解。有人认为这是一种增长范式的调整或者根本性转变。有人认为以国内大循环为主体,只是强调今后的经济发展更加注重内需,包括提高国内消费在 GDP 中的占比。有人强调双循环的重点在于循环,就是要打通国内国际各种梗阻。还有人强调国际国内双循环是要强化供给侧结构性改革,完善国内统一大市场等。但说到底,国内国际双循环、以国内大循环为主体的思想,是中国发展战略的调整,其中最重要的就是有利于构建以高质量发展为目标的政绩考核指标体系。以 GDP为核心的考核机制激励地方政府为了追求政绩而制定较高的增长目标并对经济过度干预,过分追求经济增长速度而忽略了经济发展质量。图 33.1 所示为2005—2018 年中国部分省份(自治区/直辖市)的经济增长目标,可以看出,相当一部分省份的经济增长目标经历了从快速提高到逐渐下降,再到趋于平稳的过程。构建以高质量发展为目标的政绩考核指标体系,使地方政府在追求地方经济增长的同时兼顾生态环境以及民生福利,则有望"推动经济发展质量变革、效率变革、动力变革,提高全要素生产率",实现高质量发展,满足人民日益增长的美好生活需要。党的十九届四中全会为经济高质量发展提供了制度支撑,明确指出,"坚持党管干部原则,落实好干部标准,树立正确用人导向,把制度执行力和治理能力作为干部选拔任用、考核评价的重要依据"。

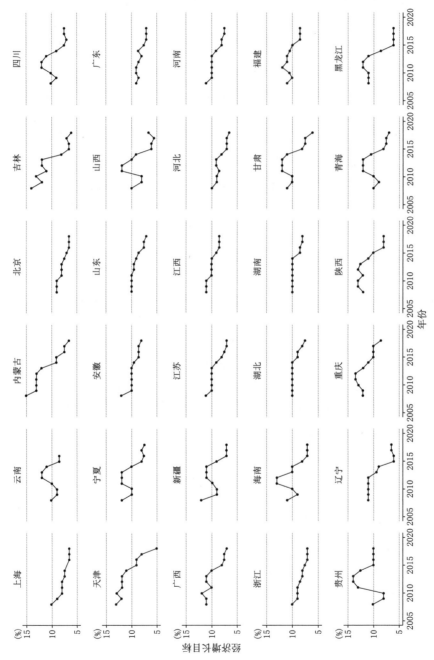

图 33.1　2008—2018 年中国部分省份(自治区/直辖市)经济增长目标

资料来源:作者测算。

33.1.2　促进高质量发展

首先,有利于从高速度增长向高质量发展方向转型。党的十九大提出中国特色社会主义进入了新时代,强调经济从高速增长向高质量发展转变,并提出"我国社会主要矛盾已经转化为人民日益增长的美好生活需要和不平衡不充分的发展之间的矛盾"。一方面,改革开放以来高增长的背后一定程度上存在着高消耗、高污染和高杠杆。而且,居民收入差距不断扩大,基尼系数已经长期处于0.4以上,高于世界银行的警戒线。另一方面,关键技术缺乏、地区发展失衡、城乡二元结构等不平衡不充分问题凸显。近年来,供给侧结构性改革取得了阶段性成果,"去产能、去库存、去杠杆"有了重大进展,但成本问题和短板问题依然是摆在眼前的长期问题,推进结构性改革,发挥市场机制作用,形成可持续发展格局重要性日益凸显,也将成为供给侧结构性改革的重点。同时,中国对外开放也进入了瓶颈期。在全球化过程中,国与国之间的竞争与合作并存,中国只有做好自己的事,提升本国价值,才能在全球化中获得更大的合作空间,而这正需要畅通国内大循环,进而形成国内国际双循环相互促进的新发展格局。

其次,有利于从要素驱动增长转向全要素生产率驱动型增长。进入新时代,中国经济高速增长已结束,面对新变局,破题的关键是回归到全要素生产率(TFP)这个经济学最核心的概念上。首先,现在中国的工业化进程基本已经结束,到了2035年,服务业的占比会达到65%,在服务业主导的后工业化时代,全要素生产率保持较高的增速不太符合过去产业发展的规律。因此,依靠服务业、农业为全要素生产提供较高增速的难度非常大。从投资角度来看,在过去40多年的发展中,中国依靠投资拉动增长的方法屡试不爽,未来中国也有很大的投资空间,但面临着如何融资的问题。而随着新发展格局的形成,全要素生产率的提升将会进一步加快,因为在此过程中,受益于全球一体化背景下数字转型和产业互联网的驱动,新一轮产业变革将会实现,这是一个再工业化过程,而这可以给全要素生产率带来提升空间。此外,在畅通国内大循环中,新型基础设施建设对中国企业赋能作用将充分显现,目前中国的基础设置建设主要是高速公路、铁路等,而国内大循环背景下围绕产业互联网的变革所需要配套的基础设施,比如说5G基站、云计算设备等,将成为中国全要素生产率提升的重要支撑。[1]

---

[1]　沈坤荣、赵倩:《以双循环新发展格局推动"十四五"时期经济高质量发展》,《经济纵横》2020年第10期。

此外,无论是国内大循环还是国内国际双循环,随着贸易壁垒降低和开放型经济建设,中国区域间全要素生产率也将迅速提升,因为竞争的市场结构和完善的市场体系能使生产要素自由流动,而贸易的开展又使得生产要素得以在更大的空间内流动,提高要素的使用效率和边际产出水平。健全的市场体系能使信息在各类经济主体之间顺畅流动。出口企业能较为容易地获得出口市场信息,又将该信息通过生产、交换和投资上的联系逐步传导给非出口部门。根据比较优势理论,一国在国际交换中确立其比较优势的前提条件是要素能自由流动,只有在这种情况下,资源才能集中到效益较高的出口部门,从而提高整体生产率。如图 32.2 所示,2005—2020 年中国省级全要素生产率处于波动状态,但近年来随着高质量发展理念和双循环发展格局的初步建立,大部分省份的全要素生产率趋于稳定上升状态。

33.2　提升产业能级

以国内大循环为主体并非应急之策,而是适应经济发展阶段变化的长期战略。过去,中国主要依靠外延式增长打造完整产业体系,使经济规模迅速扩大;发展到今天,必须依靠内涵式增长,通过全要素生产率的提升来实现经济高质量发展。从长期来看,以国内大循环为主体、贯彻新发展理念,是实现经济高质量发展的重要手段。通过持续健康发展实体经济,优化生产要素配置,打造现代产业体系,来实现产业结构的调整和升级,提升产业集聚的广度和深度,推动产业能级的稳步提升。

33.2.1　巩固壮大实体经济根基

实体经济直接创造物质财富,是社会生产力的直接体现,也是一个国家综合国力的基础。近年来,受经济发展方式转型等多重因素影响,中国实体经济发展遭遇瓶颈。党中央、国务院一再强调要促进实体经济转型升级和提质增效,提出要加快新旧动能平稳接续、协同发力,促进覆盖一二三产业的实体经济蓬勃发展。

当前实体经济发展困难主要表现在企业数量增长放缓、规模以上工业增加值增长速度下降、企业效益下滑等方面。此外,一些领域的实体经济产能过剩。在经济运行中,存在所谓"实体经济不实,虚拟经济太虚"的失衡现象。实体经济

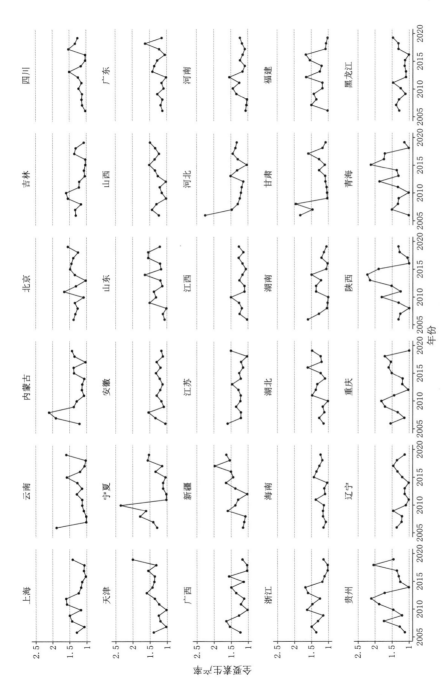

图 33.2　2005—2020 年中国部分省份(自治区/直辖市)全要素生产率

资料来源:作者自行测算。

"脱实向虚"的根本原因,是实体经济投资回报率偏低,致使企业资金流入房地产、金融等领域,企业对实体投资意愿不强。

建设现代化经济体系的当务之急是通过供给侧结构性改革提高实体经济供给质量,形成实体经济与科技创新、现代金融、人力资源协同发展的产业体系。

一是加强实体经济与科技创新协同发展。积极运用新技术改造提升传统产业,加强新经济与传统经济的深度融合,加快突破制约实体经济转型升级的研发设计、供应链管理、品牌培育、营销等关键环节,加快实体经济价值链升级、禀赋升级、载体升级。积极培育壮大战略性新兴产业,重点发展前景好、容量大、效益高的新产业,新技术,新业态,新模式,着力推动产业价值链由低端环节向高端环节深化延伸。要运用互联网、大数据、人工智能等现代技术,推动生产、管理和营销模式变革,加快促进新技术和新兴产业交叉渗透融合,推动基于网络化、智慧化的多元产业跨界融合,积极培育由于新兴信息技术与传统优势产业融合、新兴信息技术与其他高技术产业交叉融合而衍生的新兴产业和新兴业态,形成多元化、多层次、多形式、多渠道产业融合发展的新模式。

二是鼓励企业产融结合。通过产融结合,可以降低商业信用使用,推动降低企业债务成本,提高毛利率,进而推动企业提质增效。政策在鼓励产融结合的同时,也应防范可能的风险。具体而言,部分企业持股金融机构之目的不是单纯提高自身经营水平,而是获得更多资金支持,便于促进对外投资或资本运作。在鼓励以促进经营为目的的产融结合的同时,也应该防范脱离主业、资本运作型产融结合;并且应加强金融机构的治理机制建设,提高关联交易的披露要求,加大对金融机构与股东之间信贷、往来款的监督。

三是补齐人力资源短板。必须站在实现"两个一百年"奋斗目标和中华民族伟大复兴的高起点上,站在建设现代化经济体系的着力点上,全面重视人力资源在建设协同发展产业体系中的作用,采取一切措施补齐人力资源短板,为经济转型升级提供人才保障。深化人力资源供给侧结构性改革,在人力资源领域去产能、补短板、提质量。推进人才培养由规模增长向质量增长的转化,坚持人才培养质量第一的原则,保障人力资源实现有效供给。建立引导人力资源向实体经济集聚的体制机制。抑制利润失衡、薪酬失衡、福利待遇失衡等乱象,扭转人才流动"脱实向虚"的倾向。加强对实体经济人力资本投资的监管,保证职工教育经费足额用在职工培训上,促进人力资本投资持续增长和人力资源素质持续提高。

33.2.2　优化产业链水平

优化产业链供应链现代化水平是形成以国内大循环为主体、国内国际双循环相互促进的新发展格局的必然要求。创新能力不足、产业链供应链现代化水平不高造成中国现阶段国内大市场循环供给质量不高,不能有效满足消费者对消费品转型升级的要求,使得生产和消费之间、供给和需求之间不能很好地实现动态匹配。在新发展格局下,提升产业基础高级化水平和产业链现代化水平,是提升供给质量、打通国民经济循环堵点的关键。

一般而言,现代化产业链一般具有以下特征:强大的创新能力、高端的引领能力、坚实的基础能力、良好的协同能力、较强的全球产业链控制力和治理能力、较高的盈利能力、完善的要素支撑能力,以及可持续的绿色发展能力。从产业技术来看,产业链关键环节的核心技术能自主可控;从供应体系来看,产业供应链灵活高效,具有较强的韧性和抗冲击能力;从控制力来看,本国头部厂商具有较强的垂直整合能力,能够在全球范围内配置资源和市场网络;从盈利能力来看,企业具有较强的价值创造能力,整体处于产业价值链的中高端;从发展的可持续性看,能够实现资源节约集约、环境友好发展;从要素支撑来看,产业链、技术链、资金链、人才链深度链接,能够为产业链现代化提供关键支撑。

经过70多年的努力,中国从一个"一穷二白"的农业国跃升为全球第一工业制造大国,建立了世界上最完整的工业体系,多种产品产量位居世界首位,部分领域实现重大创新突破,绿色发展方式加快形成,体制机制改革取得显著成效,产业国际化水平大幅提升,取得了举世瞩目的成就。但就产业基础能力、关键环节控制能力、产业链现代化等方面而言,中国产业发展水平较美国和西欧发达国家还有一定差距。推进产业链现代化是一项任务艰巨的系统工程,要深刻认识加快产业基础能力提升、促进产业链升级、提高全球产业分工地位的紧迫性,深化对产业链现代化规律的认识,理清思路,夯实产业基础能力,加快培育产业生态主导企业和具有"撒手锏"的零部件供应企业,提升产业链控制力和主导能力,促进产业链联动发展,打好产业基础高级化、产业链现代化攻坚战。推进中国产业链现代化,应抓好四方面的重点任务。

第一,夯实产业基础能力,补齐产业链的短板环节。当前,中国产业链水平和欧美发达国家的差距主要集中在产业基础能力方面,具体包括底层工业数据和设计软件、研发设备、测试仪器、关键零部件和材料等。为此,应重点加大对基础零部件、关键材料、工业软件、检验检测平台和新型基础设施等领域的投入力度,积极探索新型举国体制,进一步调动国内产业力量,强化协同,组织实施产业基础能力攻关工程,推动重大示范工程实施,加快补齐产业基础短板。适应5G、人工智能、智能网联汽车、量子通信、数字经济、基因检测、电子商务、在线医疗、远程教育等产业发展需求,加快建设信息网络基础设施、智能应用场景、工业互联网平台、大数据中心、新能源汽车充电桩、智慧化交通基础设施、生物种植资源库等基础设施,加快构建以新一代信息技术和以数字化为核心的新型基础设施,支撑制造业数字化、网络化、智能化、绿色化发展。

第二,提升产业链控制力和主导能力。产业链控制的基本形态有三种:全产业链控制、关键环节控制、标准和核心技术控制。全产业链控制的企业一般为产业链主导企业,主要通过契约方式组建产业链合作联盟,通过优化联盟内协作机制提升产业链绩效,或者通过核心能力培育,增强对产业链上下游其他产业的影响力,构建动态的产业链合作关系。关键环节控制更多地植根于自身核心能力的培育,需要利用自身更好的成本控制能力和竞争优势掌握话语权。标准和核心技术控制则通过技术创新和产业发展之间的互补互促效应进行,拥有标准和核心技术的企业则在提升产业发展层次过程中进行市场控制和利润获取。由此可见,产业生态主导企业和具有"撒手锏"的零部件供应企业是决定产业链控制能力的关键。提升产业链控制力的核心是以企业和企业家为主体,培育产业生态主导企业和核心零部件企业,增强全产业链、关键环节、标准和核心技术的控制力,实现自主可控、安全高效的目标。要着力弘扬敢于进取、创新创业的企业家精神,积极营造有利于企业家创新创业的良好环境,调动企业家干事创业的积极性,增强企业家投身实体经济的信心,支持实体经济企业做大做强。要激发国有企业、现代科研院所和新型研发机构创新活力,建立适应重大技术攻关和产业链主导企业培育的考核评价体系,加快提升核心竞争力。同时,加大对"专精特新"中小企业的支持力度,鼓励中小企业参与产业关键共性技术研究开发,持续提升企业创新能力,加快培育若干"单项冠军"企业。强化创新企业培育,把发展培育壮大创新型企业放在更加突出的位置,打造数量多、质量优、潜力大、成长快的创新型企业集群。

第三,促进产业链联动发展。一是促进产业链上下游联动发展,支持上下游企业加强产业协同和技术合作攻关,促进服务业和制造业深度融合发展,增强产业链韧性,提升产业链水平。二是促进供需联动发展,围绕"巩固、增强、提升、畅通"八字方针,提高供给质量和效率,打造具有战略性和全局性的产业链,注重发挥人口和超大规模市场规模优势,以庞大的国内需求倒逼产业转型升级。三是促进内外联动发展,坚持独立自主和开放合作相互促进,促进国内标准和国际标准衔接,推动全球创新成果在中国的孵化转化和应用,在开放合作中形成更强创新力、更高附加值的产业链。四是促进产业链、价值链、创新链联动发展,加强产业化、市场化联动,建立共性技术平台,促进成果转化应用,打造"政产学研资"紧密合作的创新生态,解决跨行业、跨领域的关键共性技术问题。五是促进要素协同联动发展,坚持政府引导和市场机制相结合,强化实体经济发展导向,以产业政策、财政政策、金融政策、人才政策、贸易政策等协同为保障,促进科技创新、现代金融、人力资源等要素资源顺畅流动,加快构建以信息、技术、知识、人才等新要素为支撑的新优势。六是促进中央与地方的联动,充分调动地方积极性,聚焦5G、人工智能、高端装备、汽车、家电、纺织服装等重点领域,建设一批有影响力的世界级产业集群,将产业链现代化攻坚战的决策部署落到实处。

第四,提升产业链整体效率。当前,中国产业特别是制造业体量规模已经领先全球,下一步产业发展的重点是提升质量和效率。进一步完善产业链生态体系,重点是促进产业链上下游和基础材料、核心零部件、关键设备、研发设计、生产制造和市场应用的协同。积极利用信息技术改造传统产业,推广应用智慧供应链管理和工业互联网平台,推动工业全产业链、全价值链的信息交叉和智能协作,促进上下游供应链灵活高效配置和低成本资源协同。鼓励企业应用大数据技术提升研发制造、供应链管理、营销服务等环节的智能决策水平和经营效率,实现产业转型升级,促进形成具有更高生产率的现代产业体系。

33.2.3 促进先进制造业和现代服务业深度融合

打造有利于先进制造业与现代服务业深度融合的市场环境。良好市场环境是推动先进制造业和现代服务业深度融合的重要支撑。一是加快建设统一完善的市场体系,破除行业之间、区域之间的市场壁垒,降低产业融合所需要的要素流动成本,提高资源配置效率。二是通过深化"放管服"改革加强法治政府、诚信政府建设,切实保护知识产权,营造有利于激发企业家精神、保障企业家守法创新的法治环境。三是加大对先进制造业与现代服务业融合的政策支持,从财政、税收、人才、金融等多方面发力,努力实现精准支持,解决产业融合发展中的各种困难。

鼓励制造业企业向服务型制造转型。服务型制造具有先进制造业与现代服务业深度融合的特征,是制造业发展方向。当前和今后一段时期,应进一步加大政策的支持力度,为先进制造业企业向服务型制造转型创造有利条件。

一是完善工业互联网网络体系顶层设计,尽快制定工业互联网的相关技术标准和服务规范。二是建设以先进制造业企业为中心的网络化协同制造服务体系,鼓励先进制造业企业提升信息化水平,推动制造业企业与软件信息企业、互联网企业跨界融合。三是给予一定的政策支持,鼓励先进制造业企业加大创新力度,对运营流程和环节进行重构,加大技术研发、市场服务等方面的创新力度,整合资源优势,提供专业化、系统化、集成化的系统解决方案,开展在检验检测、供应链管理、专业维修维护等领域的总集成总承包工作。四是尽快破除相关制度障碍,从产业融合的角度出发促进先进制造业与现代服务业的政策协调和资源整合。

搭建先进制造业与现代服务业融合发展的载体和平台。一是建设先进制造业与现代服务业融合发展的技术服务平台,为产业融合提供研发设计、协同技术创新等公共技术服务,推动产业融合相关技术创新。二是建设先进制造业与现代服务业融合发展的产业协作平台。建设先进制造业相关上下游企业和现代服务业企业的产业联盟,推动数据信息共享和网络协同制造,提供各类配套服务,为产业融合提供信息数据支持、应用支持和标准支持。三是建设先进制造业与现代服务业融合发展的综合服务平台。扶持地方政府建设综合服务平台,为产业融合发展提供金融、法律、会计、咨询等综合服务,整合各类资源,提高服务水平,创新服务手段,降低企业融合发展成本。四是建设先进制造业与现代服务业融合发展的国际交流平台。鼓励有实力的先进制造业企业面向全球布局产业融合网络,利用国际资源,借鉴吸收国际先进经验和先进技术,推动中国产品、服务和标准"走出去"。

33.3　促进自主创新能力提升

从中国创新指数来看,中国创新能力有了较大提升(如图 33.3),但从国际大环境来看,中国在关键领域和核心技术上依然受制于欧美发达国家。世界经验和中国实践都深刻表明,自主创新已经成为关乎国家命运和核心竞争力的决定性力量。下好创新"先手棋"既是顺应全球竞争博弈大势的要求,也是中国所处发展阶段的必然选择。唯有坚定不移走中国特色自主创新道路,把科技创新摆在国家发展全局的核心位置,才能有效增强国家核心竞争力,把创新的主动权和发展的主动权牢牢掌握在自己手中。

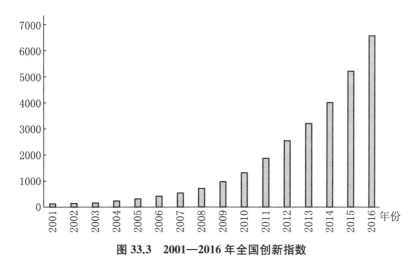

图 33.3 2001—2016 年全国创新指数

注：全国创新指数以 2001 年为 100 计算得出。

资料来源：《中国城市和产业创新能力报告 2017》。

33.3.1 形成自主创新的新动能

新动能是推动新经济发展的核心驱动力，也是中国经济实现高质量发展的重要路径。随着科技创新的不断发展，以创新为引领和主要支撑的经济体系和发展模式加快形成，一大批新模式、新业态、新经济快速发展。新动能保持高速增长，对经济发展的引领支撑作用进一步凸显，开辟了中国经济增长的新空间，成为推动经济转型升级、提质增效、行稳致远的重要力量。

加快培育"三新"经济。大力培育新产业、新业态、新商业模式的"三新"经济，提高"三新"经济增加值在 GDP 中的占比。壮大新业态，继续鼓励数字经济、人工智能、5G 新基建、机器人、量子技术、新能源汽车、工业互联网、互联网金融、无人驾驶、在线教育、云办公等新业态的推广与发展，为"三新"经济提供产业发展空间。在推进"三新经济"的同时，不断将互联网、人工智能、数字技术与传统产业相融合，进行产业智能化改造，利用新技术和技术创新提升传统产业，让旧动能焕发新的生机。

持续优化营商环境。按照"无事不扰，有求必应"的原则，对标国际一流营商环境，深化商事制度和投资贸易便利化改革，强化知识产权保护，完善社会信用体系，改革完善公平竞争审查制度和公正监管制度，营造对各类主体一视同仁的公平公正市场环境。适应新兴产业发展需要，及时调整智能网联汽车、基因免疫治疗、人工智能等领域相关政策法规及行业标准，建立适应技术更迭和产业变革要求的标准动态调整机制和快速响应机制,营造更加适宜的创新生态,用高效率的服务为企业创新赢得更多机遇。

加强新兴产业集群建设。优先培育和大力发展一批国家级战略性新兴产业集群,形成高价值专利集聚区。一是营造良好的产业生态。通过加强规划引导,加强集群内部协同创新,形成企业、院所、高校战略联盟,构建产学研合作长效机制,建设若干资源共享、优势互补的区域共性技术服务平台,强化金融扶持等,增强集群创新能力。二是构建多元服务支撑平台。加强标准、计量、检验检测、认证认可等质量基础设施建设。推动高校和科研院所联合地方政府、企业、协会、金融机构等实施产业链合作伙伴计划,建设产业创新公共服务综合体。三是优化管理服务。建立产业集群地图、关键核心技术路线图、金融支撑机构名录表、重点项目储备库、领军企业库、优质中小企业库、产学研金人才库等"两图一表四库",做好发展动态监测。

探索国际合作新模式。通过全球资源利用、业务流程再造、产业链整合等方式,提升中国产业发展全球位势和分工地位,以高水平开放释放新旧动能转换潜力。借助"一带一路"国际合作高峰论坛,宣传推介中国促进新旧动能转换的理念,推动中国新技术、新业态在国际上获得更多认同。以"一带一路"沿线国家和地区为重点,发挥中国高铁、共享经济、电子商务等领域新动能发展优势,借助人工智能、电子商务对传统产业的整合作用,推动中国农业、工业、能源等产能"走出去",建设一批境外合作区、科技园区,构建以中国为主的全球产业链和价值链。

33.3.2 夯实自主创新的基础

自主创新能力需要夯实研发、人力、组织、社会等基础。通过建立近中远期相结合、多层次自主创新战略体系,深入推进科技体制改革,构建高技术产业自主创新体系;加强人才培养,建设创新型人才队伍;完善自主创新激励机制,加强对知识产权的管理和保护;营造良好的自主创新氛围,从而有助于促进科技创新与实体经济深度融合,更好发挥创新驱动发展作用。

夯实高技术产业自主创新制度基础。夯实以企业为主体、市场为导向、产学研相结合的技术创新制度基础。要按照国家科技体制改革的总体部署,充分运用市场机制解决科技与经济脱节的深层次问题,优化配置高技术产业资源。第一要确立高技术企业的自主创新主体地位,全面提高企业自主创新能力。第二要以市场为导向,确定自主创新的战略目标,制定自主创新规划与计划,加强自主创新的组织与管理。第三要积极推进高技术企业与高等院校、科研机构的联合与协作,建立有效的产学研联合机制,促进科技成果向现实生产力转化。要继续深化国有企业改革,把建立健全技术创新机制作为建立现代企业制度的重要内容,制定相应的财税政策和金融政策,鼓励企业增加科技投入。要支持民营科技型企业增强技术创新能力,通过科技型中小企业创新基金等方式扶持它们参与竞争。对关系国家安全和难以引进的核心技术,要采取国家大力支持和企业自主开发相结合的方式,加快研究开发进程,以及工程化、产业化步伐。

夯实自主创新人力基础。自主创新,人才为本。自主创新的决定因素是人才,尤其是具备创新能力的人才。大力培育富有创新能力的各类人才,紧紧抓住培养、吸引和用好人才这三个重要环节,充分发挥人才在科技创新中的关键作用。建设一支适应高技术产业自主创新要求的人才队伍,必须在人才的培养、吸引和使用上下工夫,建立有利于自主创新的人才机制。要根据自主创新的特点和要求,以拓宽人才培训渠道、优化人才成长环境、加强人才实践锻炼、激发人才创造活力为目标,建立健全人才培训、使用、评价、激励、流动机制,为自主创新提供机制保证,要着眼于未来自主创新的需要。

营造良好自主创新氛围。要强化创新意识教育,大力提倡敢于创新、敢为人先、敢冒风险的创新精神,鼓励各种自主创新活动。要大张旗鼓开展自主创新宣传工作,广泛宣传自主创新的典型人物和事迹,深入开展多种形式的自主创新活动。进一步形成崇尚科学、尊重知识、尊重人才、尊重创造的浓厚氛围。同时,要为广大科技工作者提供施展才能的舞台,提供自主创新的环境和条件,充分展示他们的创造才能。[1]

33.3.3 形成自立自强的科技能力

发挥新型举国体制优势。首要的就是打好关键核心技术攻坚战,充分发挥中国社会主义制度能够集中力量办大事的显著优势,抓重大、抓尖端、抓基本,尽快在关键核心技术领域取得突破。要把科技创新的质量摆在更重要的位置,解决好科技创新资源分散、重复、低效问题,消除"项目多、帽子多、牌子多"等现象,既要用好钱更要用好人,尤其要调动科研人员的积极性,发挥企业在技术创新中的主体作用,提高科技产出效率。要立足现实需要,瞄准痛点难点,朝着科技成果向现实生产力转化不力、不顺、不畅的顽瘴痼疾"开刀",不能使科技成果仅仅

---

[1] 胡海波:《产业自主创新能力及其评价研究》,江西财经大学学位论文,2010年。

落在经费上、填在表格里、发表在杂志上,必须千方百计让科技力量在经济社会发展主战场上冲锋陷阵。

持之以恒加强基础研究。基础研究是整个科学体系的源头。中国进入新发展阶段,创新在现代化建设全局中居于核心地位,基础研究的战略意义更加凸显。中国面临很多"卡脖子"技术问题,其深层次原因正是基础理论研究跟不上,源头和底层研究亟待加强。经济高质量发展亟需高水平基础研究的供给和支撑,只有持之以恒加强基础研究,才能大力提升自主创新能力,打好关键核心技术攻坚战,提高创新链整体效能。持之以恒加强基础研究,要多渠道增加基础研究投入。中国的基础研究投入近年来大幅增长,但绝大多数是中央财政投入,企业投入和其他社会力量投入都比较少。反观一些发达国家,企业投入基础研究的比例接近总投入的20%。当前,中国部分企业已进入行业技术前沿,开展前沿技术创新迫切需要基础研究支撑。因此,全面加强基础科学研究,在继续增加中央财政对基础研究支持力度的同时,也要鼓励和引导地方政府、有能力的企业和社会力量增加投入。例如,对企业投入基础研究实行税收优惠;支持企业参与国家重大科研计划,加强产学研合作;鼓励社会以捐赠和建立基金等方式多渠道投入。此外,做基础研究的科学家格外需要心无旁骛进行长期稳定的研究,这是由基础研究的特点和规律所决定的。这就需要我们尊重科学发展规律,从顶层设计上突出目标导向,支持自由探索,优化总体布局,深化体制机制改革,为科学家营造一个宽松的创新环境。要建立完善符合基础研究特点和规律的管理和评价机制。

充分发挥企业的主体作用。拥有一批具有强大创新能力的企业,是一个国家保持创新活力的重要因素。近年来,中国一些企业面向国家重大需求加强高新技术研究,推动中国在载人航天、探月工程、深海工程、高速列车、特高压输变电、大飞机制造等领域取得了一批重大科技成果。以科技创新实现高水平自立自强,需要着力培育一批创新型国有骨干领军企业,支持其成为创新决策、研发投入、科研组织、成果转化的主体。鼓励领军企业牵头承担或与其他科研院所联合承担国家重点研发计划项目、国家重大科技专项、技术创新引导专项(基金)、国家自然科学基金重大项目等科研项目,支持其牵头组建重大创新联合体,集成高校、科研院所的科技成果,参与建设国家技术创新中心,支撑国家重大工程建设。同时,支持创新型中小微企业成长为产业创新的重要发源地,大力推动科技成果商品化、产业化进程,推动数字经济与实体经济深度融合。加强共性技术平台建设,推动产业链上中下游、大中小企业融通创新,为企业创新搭建技术平台。

大力推动科技创新创业,完善众创空间、孵化器、加速器等创业孵化体系,培育一大批"隐形冠军"企业。

33.4 缓解和缩小国内差距

以国内大循环为主体、国内国际双循环的新发展格局的提出为未来缩小国内差距指明了方向。区域和城乡差距能否进一步缩小与新发展格局下的区域协同发展战略的实施有着紧密联系:国内差距缩小是实现新格局的基本保障,决定着新发展格局建设能否顺利圆满完成,更决定着国民经济发展是否切实满足新时代中国发展的实际需求,从而促进中国实现共同富裕。相比全球化红利,国内大循环红利具有更大普惠性。通过国内大循环,一方面有助于挖掘中国超大市场规模效应,另一方面对区域协调发展、发挥地区比较优势有强大推动作用。

33.4.1 有助于缩小地区差距

自改革开放以来,随着人均收入水平的不断提高,中国区域发展差距从整体上经历了"减、增、减"三个阶段(图33.4),新时代区域发展差距变化趋于稳态甚至处在差距缩小的平缓期,反映出此时期在政府引导和市场主导环境下促使区域发展差距向最优方向开始转变。以国内大循环为主体、国内国际双循环的新发展格局的提出也为未来缩小区域发展差距指明了方向。在国内大循环为主体的情况下,东部沿海地区通过产业内迁与产业链延伸,主动构建以本土企业为主体的国内价值链,有效缩小中国地区发展差距,改善落后地区发展状况。尤其是推进产业升级和转移,有助于中国东部沿海地区与中西部地区之间形成有效的产业功能划分,塑造互补和协调关系的产业分工格局。从收入分配角度来看,要素的自由流动可以使得地区间要素报酬趋同,从而缩小地区收入差距。围绕"以国内大循环为主体"落实区域协调发展战略可以体现在以下三个方面。

第一,有助于解决中西部发展落后问题。在以国内大循环为主体的情况下,中央与地方政府在促进区域协调发展时,应该聚焦中西部等发展落后区域,一方面可以解决区域发展不平衡问题,另一方面还可以挖掘巨大的消费与投资潜力,增大有效需求,从而促进国民经济良性增长。以国内大循环为主体,必须重视中西部区域的作用。从战略区域的角度来看,中西部地区的潜力最大,是中国最大的回旋余地。2020年上半年,在中西部地区18个省(区、市)中,河南、湖北、

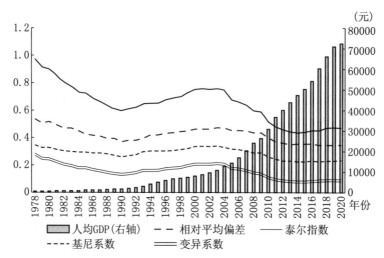

图 33.4　1978—2020 年中国区域发展差距演变趋势与人均 GDP 变化

资料来源:国家统计局。

陕西、山西与内蒙古 5 个省(区、市)的经济增长速度为负;在除港澳台外的 31 个省(区、市)中,16 个省(区、市)是正增长,其中 13 个省(区、市)分布在中西部地区。数据表明,在面对重大冲击时,中西部地区抵御冲击的能力要强于其他地区。总体而言,中西部地区的发展潜力较大,新型基础设施建设应该重点布局于中西部地区。

第二,有助于促进国内区域一体化。在"西部开发、东北振兴、中部崛起、东部率先"的区域发展总体战略指引下,在"区域""省域"和"市域""县域",以及"城乡"等不同空间尺度上强化分工、联系与合作,促进要素在国内区域间充分流动,打破区域间原料大战与市场封锁或分割,畅通不同尺度空间单元间的大循环。进一步提高中央与地方各级政府的区域治理体系与治理能力。使国内不同地域单元成为一个利益共同体是国内区域一体化的最终目标。

第三,有助于发挥城市群与都市圈的带动作用。由珠江三角洲城市群、长江三角洲城市群、京津冀城市群与成渝城市群组成的菱形地区是中国目前的经济重心,这四大城市群以及这个菱形的几何中心——长江中游城市群,是中国扩大内需与自主创新的领头羊。这类核心城市群与都市圈不仅要通过高质量发展创造新内需,而且负有带动整个国家发展的重任。京津冀协同发展、长江经济带发展、粤港澳大湾区建设、长三角一体化发展,以及黄河流域生态保护和高质量发展等战略的实施,将优化已有增长极并催生新的增长极。城市群与都市圈是整个国家一体化发展的脊梁,除了发挥已经形成的经济核心地区城市群与都市圈的作用外,有目的地培育中西部欠发达地区的新城市群与都市圈,使之与已经形成的城市群与都市圈相互呼应,在集聚中走向平衡,在国内大循环中缩小地区差距。

33.4.2 有助于缩小城乡差距

构建新发展格局,形成国民经济良性循环至关重要,关键是打通经济循环堵点。当前,中国城乡发展差距大、要素双向流动不畅等问题依然突出,进一步推进城乡双向开放,有利于提高资源配置效率,有利于促进经济增长率向潜在增长率靠拢,是畅通国内大循环的一个主攻方向。在构建新发展格局的进程中,城乡发展不平衡、循环不畅问题得到高度重视。中央正以推进城乡双向开放为切入点,促进城乡人口双向流动,进而将带动各类要素双向顺畅流动;与此同时,采取有力措施缩小城乡发展差距、疏通城乡循环堵点。

扩大城市对农村居民的开放。一方面,转变观念,把外来人口视作发展资源。在扩大城市对农村居民开放的过程中,不只看到需要提供更多公共服务的压力,更看到农村居民市民化带来的综合效益。随着人口老龄化程度加深、劳动年龄人口减少,吸引到外来人口将对城市发展产生重要影响。促进进城农民市民化,将在扩大消费、活跃市场、提高产业竞争力等方面带来长期收益。另一方面,提高公共服务覆盖的广度和深度。当前,以放宽落户限制为核心的城镇户籍制度改革,已取得长足进展,下一阶段的重点是通过提高公共服务覆盖的广度和深度,增强进城农民的获得感。可以展望的是,未来出台的公共服务措施不再与户籍性质挂钩,对目前仍然挂钩的公共服务事项进行全面清理、逐步脱钩,特别是做好城乡之间社会保障制度的衔接。同时,将建立有效的激励机制,加大现有激励机制的实施力度,扩大中央财政对农业转移人口市民化奖励资金的规模;建立新的激励机制,中央财政用于支持义务教育等公共服务的转移支付应按各地实际人口安排;持续深化财税体制改革,使其适应城市对农村居民扩大开放的趋势。

扩大农村对城镇居民的开放。从城市向乡村的人口流动也是畅通国民经济循环的重要环节,而且随着发展水平的提高,这种流动的经济社会意义将越来越明显。这也是振兴乡村的现实要求。推进乡村振兴,关键是调整乡村的功能定位,挖掘农业的多种功能,释放乡村的多元价值。在这个过程中,特别需要发挥人才的重要作用,主要是农村居民的主体作用,并将其作为主导力量和主要受益群体。但也要清醒地看到,进入工业化城镇化快速发展阶段以来,农村地区转移人口在年龄、受教育年限、思想观念等方面明显优于农村留守人口,单纯依靠留守人口的人力资源和资金积累难以有效激活新的乡村功能,需要各类人才下乡返乡创业就业。随着收入水平的提高,城镇居民对乡村的需求已经由农产品逐步拓展到自然风光、风土人情、休闲旅游、健康养老等方面。随着农村人居环境的改善、交通便捷性的提高、线上办公的普及,特别是城市群的加快发展,城镇居民对周边乡村居住等功能的需求意愿逐步提升,在城市工作、在乡村生活,甚至在乡村工作和生活,已越来越具有可行性。满足城镇居民对农产品的传统需求,需要物进城;满足城镇居民对休闲、居住、办公等方面的新需求,则需要人入乡。在这方面,农村地区将在优化人口结构、保障外来人口需求上下工夫。有效满足外来人口的居住需求,促进城乡公共服务对接。加快建立鼓励各类人才入乡的政策体系,支持各地因地制宜建设各类创业平台,为下乡创业者提供综合配套服务。同时,鼓励专业人才为农村服务,完善职称评定制度,让到农村基层工作的专业人才获得更多机会。与此同时,以提高配置效率、发展乡村产业为目标,持续深化改革,做好村庄建设规划,优化生产、生活、生态空间布局。

33.4.3　有助于缩小收入分配差距

短期内,中国在收入分配方面存在三个难以改变的基本事实:一是收入差距较大并且有可能固化。加入 WTO 后,中国"城乡二元"等多重经济社会结构并未得到有效调整或改革,中国在世界贸易顺差中赚取的巨大利益未能充分惠及普通百姓,廉价劳动力在参与生产过程中,缺乏足够的报酬和闲暇时间,劳动报酬占比偏低。贫富差距大,民间活力被挤压,导致国内市场的有效需求难以被充分挖掘。二是社会支出结构不合理,储蓄投资背离。居民支出占比不合理,即房地产支出占比过高,多数居民的房屋月供消耗掉了自身大量收入,而用于其他消费的资金占比非常低。三是人口红利式微,收入分配的结构性梗阻导致居民增收可持续动力不足,在一定程度上也导致了部分行业的生产过剩,加大了消解过剩产能的困难,使得生产—消费—再生产的内循环链条受到梗阻,制约了社会再生产的良性循环。

在以国内大循环为主体的情况下,不仅将创造更丰富的就业机会,将蛋糕继续做好做大,而且有助于共同富裕,将惠及全体国民的蛋糕分好,在收入分配方面具体表现如下:

第一,有助于推动收入分配制度改革。一是有助于提高劳动报酬占比,着重保护劳动所得,增加劳动者特别是一线劳动者报酬,从而提高劳动报酬在初次分配中的占比,缩小分配差距。完善反映市场供求关系和企业生产经营效益的工资决定机制,包括劳动报酬增长机制和薪酬支付保障机制。在社会主义市场经济条件下,劳动力需求方和劳动力供给方的工资集体协商机制将进一步完善,同时参照市场工资水平,机关事业单位职工的劳动报酬将合理调整。二是有助于构建发挥各类生产要素活力的分配体制,强化以增加知识价值为导向的收入分配激励机制。让资本、管理、技术以及数据等要素在生产经营中更加活跃,使企业家、职业经理人、科研技术人员和职业技能人员的各种创新潜能得以充分发挥,并进一步扩大中等收入群体。三是有助于在全面脱贫的基础上适当提高各地最低生活保障水平,并确保低收入者家庭子女的义务教育和职业技能培训权益,畅通低收入群体的社会上升通道,最大限度避免低收入群体阶层固化。

第二,有助于深化基本社会保障制度。在以国内大循环为主体的新发展格局下,功能清晰的多层次社会保障体系将逐步完善,支撑投资和消费的持续稳定增长,让老百姓敢花钱、敢投资。职工基本养老保险全国统筹将加快实施,平衡各地畸轻畸重的养老保险负担和待遇水平,促进全国人力资源的合理流动。城乡之间以及不同人群之间基本社会保障待遇差别将逐步调整并缩小。基本社会保障最重大的项目——职工基本养老保险——改革的方向将坚持基本公共服务均等化方向,提高其公平性和共济性。划转国有资本补充职工基本养老保险基金的工作,将在职工基本养老保险全国统筹的基础上开展。由此实现"居民收入增长—消费扩大—经济增长—居民收入增长"的良性循环。

第三,有助于发挥税收平抑贫富差距的作用。一是进一步完善个人所得税制度。扩大综合征收范围,实行家庭申报制度,并适当降低劳务所得最高边际税率,加大对短期资本利得、财产交易所得的调节力度。二是稳妥开征房地产税。"十四五"时期将利用互联网大数据科技,尽快摸清居民住房实际情况,稳妥启动开征房地产税。房地产税的主要征收对象不是广大中低收入普通劳动者,而是高收入多套住房家庭,通过较高的累进税调节机制达到平抑贫富分化的目的。三是研究开征遗产税和赠与税。

总之,对加快实现以国内大循环为主,国内国际双循环相互促进的新格局而言,深化收入分配制度改革极其重要,它不仅是经济结构调整的主要举措,还是维护社会稳定的重要环节,更是坚定政治信仰的群众基础。

主要参考文献

[1] 布坎南:《自由、市场与国家》,上海三联书店 1998 年版。

[2] 蔡昉、王美艳:《如何解除人口老龄化对消费需求的束缚》,《财贸经济》2021 年第 5 期。

[3] 蔡昉:《生产率、新动能与制造业——中国经济如何提高资源重新配置效率》,《中国工业经济》2021 年第 5 期。

[4] 蔡昉:《四十不惑:中国改革开放发展经验分享》,《国企管理》2018 年第 13 期。

[5] 蔡昉:《中国老龄化挑战的供给侧和需求侧视角》,《经济学动态》2021 年第 1 期。

[6] 蔡立辉:《政府法制论——转轨时期中国政府法制建设研究》,中国社会科学出版社 2002 年版。

[7] 曾宪奎:《新形势下的两个市场两种资源分析》,《中国劳动关系学院学报》2021 年第 1 期。

[8] 查尔斯·沃尔夫:《市场或政府——权衡两种不完善的选择》,中国发展出版社 1994 年版。

[9] 陈淮:《政企分开不能保证政府行为合理化》,《中国经济时报》1998 年 11 月 6 日。

[10] 陈冀、贾远琨:《外资垄断“锁喉”中国装备业》,《瞭望》2009 年第 48 期。

[11] 程志强:《以科技创新实现高水平自立自强》,《人民日报》2021 年 3 月 24 日。

[12] 丛松日:《劳动价值一元论还是生产要素价值多元化》,《宁夏大学学报》2000 年第 1 期。

[13] 丹尼斯·C.缪勒:《公共选择理论》,中国社会科学出版社 1999 年版。

[14] 邓娜、侯少夫:《中国加工贸易的发展历程与政策演变》,《开放导报》2012 年第 6 期。

[15] 董雪兵、池若楠:《中国区域经济差异与收敛的时空演进特征》,《经济地理》2020 年第 10 期。

[16] 董志勇、李成明:《国内国际双循环新发展格局:历史溯源、逻辑阐释与政策导向》,《中共中央党校(国家行政学院)学报》2020 年第 5 期。

[17] 段庆林:《中国农村需求格局:1978—1997》,《经济学家》1996 年第 9 期。

[18] 樊纲、李扬、周振华主编:《走向市场(1978—1993)——中国经济分析 1993》,上海人民出版社 1994 年版。

[19] 方创琳:《改革开放 40 年来中国城镇化与城市群取得的重要进展与展望》,《经济地理》2018 年第 9 期。

[20] 高培勇、袁富华、胡怀国、刘霞辉:《高质量发展的动力、机制与治理》,《经济研究》2020 年第 4 期。

[21] 郭熙保、韩纪江:《改变投资驱动型发展模式》,《经济日报》2013 年 3 月 29 日。

[22] 郭先登:《大国区域经济发展空间新格局理论与实践新发展的研究》,《环渤海经济瞭望》2017 年第 1 期。

[23] 郭先登:《论"双循环"的区域经济发展新格局——兼论"十四五"及后两个规划期接续运行指向》,《经济与管理评论》2021 年第 1 期。

[24] 郭先登:《新时代大国区域经济发展空间新格局下多维度配置生产力研究》,《山东财经大学学报》2018 年第 4 期。

[25] 郭先登:《新时代完善大国区域经济发展空间新格局的路径选择》,《山东财经大学学报》2020 年第 1 期。

[26] 国家发展改革委宏观经济研究院课题组、费洪平、王云平、盛朝迅、徐建伟:《实体经济发展困境解析及对策》,《经济日报》2017 年 2 月 27 日。

[27] 国家计委宏观经济研究院课题组:《中国城镇居民收入差距的影响及适度性分析》,《管理世界》2001 年第 5 期。

[28] 汉密尔顿·杰、伊·麦迪逊:《联邦党人文集》,商务印书馆 1980 年版。

[29] 何德旭、史丹、张晓晶、杨开忠、刘元春、杨志勇:《学习党的十九届六中全会精神笔谈》,《财贸经济》2022 年 1 月 23 日。

[30] 洪俊杰、商辉:《中国开放型经济发展四十年回顾与展望》,《管理世界》2018 年第 10 期。

[31] 洪俊杰:《中国开放型经济的双环流理论初探》,《国际贸易问题》2018 年第 1 期。

[32] 胡海波:《产业自主创新能力及其评价研究》,江西财经大学学位论文,2010 年。

[33] 黄群慧:《"双循环"新发展格局:深刻内涵、时代背景与形成建议》,《北京工业大学学报(社会科学版)》2021 年第 1 期。

[34] 黄群慧:《新发展格局的理论逻辑、战略内涵与政策体系——基于经济现代化的视角》,《经济研究》2021 年第 4 期。

[35] 黄群慧:《以产业链供应链现代化水平提升推动经济体系优化升级》,《马克思主义与现实》2020 年第 6 期。

[36] 贾根良:《国际大循环经济发展战略的致命弊端》,《马克思主义研究》2010 年第 12 期。

[37] 贾根良:《国内大循环:经济发展新战略与政策选择》,中国人民大学出版社 2020 年版。

[38] 江小涓、孟丽君:《内循环为主、外循环赋能与更高水平双循环——国际经验与中国实践》,《管理世界》2021 年第 1 期。

[39] 姜淑萍:《"以人民为中心的发展思想"的深刻内涵和重大意义》,《党的文献》2016 年第 6 期。

[40] 金碚:《关于"高质量发展"的经济学研究》,《中国工业经济》2018 年第 4 期。

[41] 金怡顺、陶厚勇:《中国共产党忧患意识的历史发展及其现实意蕴》,《社会科学家》2016 年第 6 期。

[42] 寇宗来、刘学悦:《中国企业的专利行为:特征事实以及来自创新政策的影响》,《经济研究》2020 年第 3 期。

[43] 李海金、贺青梅:《改革开放以来中国扶贫脱贫的历史进展与发展趋向》,《中共党史研究》2018 年第 8 期。

[44] 李京文:《科技富国论》,社会科学文献出版社 1995 年版。

[45] 李敬、陈旎、万广华、陈澍:《"一带一路"沿线国家货物贸易的竞争互补关系及动态变

化——基于网络分析方法》,《管理世界》2017 年第 4 期。

[46] 李林杰、王金玲:《对工业化和城市化关系量化测度的思考——兼评我国的工业化与城市化进程》,《人口学刊》2007 年第 4 期。

[47] 李晴晴:《高质量发展的政治经济学阐述》,《现代工业经济和信息化》2021 年第 7 期。

[48] 李苏秀、刘颖琦、王静宇、张雷:《基于市场表现的中国新能源汽车产业发展政策剖析》,《中国人口·资源与环境》2016 年第 9 期。

[49] 李燕:《夯实产业基础能力打好产业链现代化攻坚战》,《中国工业报》2019 年 9 月 12 日。

[50] 李怡、肖昭彬:《"以人民为中心的发展思想"的理论创新与现实意蕴》,《马克思主义研究》2017 年第 7 期。

[51] 李泽锦、刘强、陆小莉:《结构性减速背景下中国经济增长潜力探究》,《统计与信息论坛》2021 年第 36 期。

[52] 梁树清:《论邓小平"以人为本"的思想及其理论表现》,《青岛科技大学学报》2003 年第 3 期。

[53] 林子力编:《联产承包讲话》,经济科学出版社 1983 年版。

[54] 刘秉镰、孙鹏博:《新发展格局下中国城市高质量发展的重大问题展望》,《西安交通大学学报(社会科学版)》2021 年第 3 期。

[55] 刘秉镰、汪旭、边杨:《新发展格局下我国城市高质量发展的理论解析与路径选择》,《改革》2021 年第 4 期。

[56] 刘鹤:《加快构建以国内大循环为主体、国内国际双循环相互促进的新发展格局》,《人民日报》2020 年 11 月 25 日。

[57] 刘书云、韩振军:《收入分配:增长中的差距》,《瞭望》2001 年第 41 期。

[58] 刘志彪、孔令池:《从分割走向整合:推进国内统一大市场建设的阻力与对策》,《中国工业经济》2021 年第 8 期。

[59] 栾若曦:《以"双循环"促进经济社会协调发展——专访中国宏观经济研究院研究员肖金成》,《中国投资(中英文)》2020 年第 9 期。

[60] 罗纳德·I.麦金农:《经济市场化的次序——向市场经济过渡时期的金融控制》,上海三联书店、上海人民出版社 1997 年版。

[61] 罗文英:《我国及上海居民收入分配与弱势群体》,《上海改革》2001 年第 11 期。

[62] 吕冰洋、王雨坤、贺颖:《我国地区间资本要素市场分割状况:测算与分析》,《统计研究》2021 年第 11 期。

[63] 吕政:《中国能成为世界的工厂吗?》,《中国工业经济》2001 年第 11 期。

[64] 马强、李延德:《社会保障支出对全要素生产率影响的实证分析》,《重庆理工大学学报(社会科学)》2020 年第 12 期。

[65] 马茹、罗晖、王宏伟、王铁成:《中国区域经济高质量发展评价指标体系及测度研究》,《中国软科学》2019 年第 7 期。

[66] 马述忠、任婉婉、吴国杰:《一国农产品贸易网络特征及其对全球价值链分工的影响——基于社会网络分析视角》,《管理世界》2016 年第 3 期。

[67] 马蔚然:《补齐协同发展产业体系人力资源短板》,《辽宁日报》2018 年 7 月 26 日。

[68] 彭学明:《地方政府行政效绩评估原理》,《吉林大学学报(社会科学版)》2002 年第 3 期。

[69] 蒲清平、杨聪林:《构建"双循环"新发展格局的现实逻辑、实施路径与时代价值》,《重庆

大学学报(社会科学版)》2020 年第 6 期。

[70] 曲格平:《中国的环境与发展》,中国环境科学出版社 1992 年版。

[71] 权衡:《G20 峰会召开在即,"中国方案"为何受关注》,《解放日报》2016 年 8 月 16 日。

[72] 权衡:《从"强刺激"到"深改革":宏观调控模式亟待创新》,《文汇报》2014 年 5 月 13 日。

[73] 权衡:《开放的中国与世界经济——迈向一体化互动发展》,《国际展望》2014 年第 5 期。

[74] 权衡:《世界经济的结构性困境与发展新周期及中国的新贡献》,《世界经济研究》2016 年第 12 期。

[75] 权衡:《中国以新理念引领世界经济新发展》,《文汇报》2016 年 8 月 24 日。

[76] 任保平、豆渊博:《"十四五"时期构建新发展格局推动经济高质量发展的路径与政策》,《人文杂志》2021 年第 1 期。

[77] 任保平:《新时代高质量发展的政治经济学理论逻辑及其现实性》,《人文杂志》2018 年第 2 期。

[78] 荣晨、盛朝迅、易宇、靳晨鑫:《国内大循环的突出堵点和应对举措研究》,《宏观经济研究》2021 年第 1 期。

[79] 上海社会科学院世界经济所宏观经济分析小组:《不确定的世界经济期待新发展周期——2017 年世界经济分析报告》,2017 年 1 月。

[80] 沈国兵、徐源晗:《疫情全球蔓延对我国进出口和全球产业链的冲击及应对举措》,《四川大学学报(哲学社会科学版)》2020 年第 4 期。

[81] 沈坤荣、赵倩:《以双循环新发展格局推动"十四五"时期经济高质量发展》,《经济纵横》2020 年第 10 期。

[82] 沈在宏:《加快推进新型工业化　实现又好又快发展》,《唯实》2007 年第 7 期。

[83] 盛朝迅:《"十四五"时期推进新旧动能转换的思路与策略》,《改革》2020 年第 2 期。

[84] 盛朝迅:《打好产业链现代化攻坚战》,《经济日报》2019 年 9 月 10 日。

[85] 盛朝迅:《制造立国》,中国社会科学出版社 2019 年版。

[86] 斯蒂格利茨:《经济学》(上册),中国人民大学出版社 1997 年版。

[87] 宋晓梧:《深化收入分配改革促进国内经济循环》,《中国经贸导刊》2020 年第 24 期。

[88] 孙红玲:《论崛起三角向均衡三角的有机扩散——基于"两个大局"战略与大国崛起之路》,《中国工业经济》2009 年第 1 期。

[89] 孙久文、彭薇:《我国城市化进程的特点及其与工业化的关系研究》,《江淮论坛》2009 年第 6 期。

[90] 孙久文、张翱:《"十四五"时期的国际国内环境与区域经济高质量发展》,《中州学刊》2021 年第 5 期。

[91] 孙久文、张皓:《新发展格局下中国区域差距演变与协调发展研究》,《经济学家》2021 年第 7 期。

[92] 汤玉刚:《政府供给偏好转变的经济效率分析》,《上海经济研究》2003 年第 8 期。

[93] 涂晓芳:《政府利益对政府行为的影响》,《中国行政管理》2002 年第 10 期。

[94] 驮田井正:《经济学说史的模型分析》,当代中国出版社 1994 年版。

[95] 汪丁丁:《经济发展与制度创新》,上海人民出版社 1995 年版。

[96] 王朝明、贾善和:《提高低收入者收入水平的探讨》,《财经科学》2001 年第 3 期。

[97] 王积业、王建:《我国二元结构矛盾与工业化战略选择》,中国计划出版社 1996 年版。

[98] 王军、朱杰、罗茜：《中国数字经济发展水平及演变测度》，《数量经济技术经济研究》2021年第 7 期。

[99] 王灵桂、洪银兴、史丹、洪永淼、刘俏、周文：《阐释党的十九届六中全会精神笔谈》，《中国工业经济》2021 年第 12 期。

[100] 王小鲁、樊纲、余静文：《中国分省份市场化指数报告（2018）》，社会科学文献出版社 2017 年版。

[101] 王雪冬：《改革开放的逻辑与界限》，《理论导报》2018 年第 8 期。

[102] 王一鸣：《国内大循环与对外开放是统一的》，《环球时报》2020 年 8 月 7 日。

[103] 王一鸣：《解析中国经济持续健康发展的密码》，《中国中小企业》2019 年第 9 期。

[104] 王一鸣：《适应变革趋势提升产业链水平》，《北京日报》2019 年 7 月 8 日。

[105] 王振海：《论政府的代理身份与代理行为》，《江苏行政学院学报》2003 年第 2 期。

[106] 魏后凯、年猛、李玓：《"十四五"时期中国区域发展战略与政策》，《中国工业经济》2020年第 5 期。

[107] 魏后凯：《从全面小康迈向共同富裕的战略选择》，《经济社会体制比较》2020 年第 6 期。

[108] 魏婕：《中国宏观经济结构失衡：理论与实证研究》，西北大学学位论文，2014 年。

[109] 吴殿廷、安虎森、孙久文：《以习近平新时代中国特色社会主义思想为指导创建中国特色区域经济学》，《区域经济评论》2019 年第 2 期。

[110] 武晟：《邓小平"以人为本"的社会发展观》，《湖湘论坛》1998 年第 1 期。

[111] 习近平：《把握新发展阶段，贯彻新发展理念，构建新发展格局》，《求是》2021 年第 9 期。

[112] 习近平：《不断开拓当代中国马克思主义政治经济学新境界》，《求知》2020 年第 9 期。

[113] 习近平：《不断做强做优做大我国数字经济》，《求是》2022 年第 2 期。

[114] 习近平：《共同构建人类命运共同体》，《求是》2021 年第 1 期。

[115] 习近平：《论把握新发展阶段 贯彻新发展理念 构建新发展格局》，中央文献出版社 2021 年版。

[116] 习近平：《努力成为世界主要科学中心和创新高地》，《求是》2021 年第 6 期。

[117] 习近平：《全面加强知识产权保护工作激发创新活力推动构建新发展格局》，《求是》2021 年第 3 期。

[118] 习近平：《习近平谈治国理政》，外文出版社 2014 年版。

[119] 习近平：《正确认识和把握中长期经济社会发展重大问题》，《求是》2021 年第 2 期。

[120] 夏融冰：《引入外资对促进贸易是否还有效》，《中国投资（中英文）》2020 年第 4 期。

[121] 夏申：《论中国外向型经济发展的战略选择——兼评"国际大循环"战略构想》，《财贸经济》1988 年第 9 期。

[122] 肖金成：《"十四五"时期区域经济高质量发展的若干建议》，《区域经济评论》2019 年第 6 期。

[123] 肖翔、廉昌：《国际视域下新中国 70 年工业发展的历史考察》，《当代中国史研究》2019 年第 6 期。

[124] 谢巧生：《如何推动先进制造业与现代服务业深度融合》，《经济日报》2019 年 10 月 14 日。

[125] 亚当·斯密：《国民财富的性质和原因的研究》（下册），商务印书馆 1997 年版。

[126] 杨冠琼：《政府治理体系创新》，经济管理出版社 2000 年版。

[127] 杨昕、张荣臣:《中国共产党忧患意识的传承发展与现实启示》,《治理现代化研究》2020年第2期。

[128] 杨耀武、张平:《中国经济高质量发展的逻辑、测度与治理》,《经济研究》2021年第1期。

[129] 杨占锋、段小梅:《中国开放型经济发展的绩效评价与反思》,《改革与战略》2018年第9期。

[130] 姚丹、毛传新:《国际贸易对我国区域城乡收入差距的影响研究》,《国际商务(对外经济贸易大学学报)》2013年第2期。

[131] 叶兴庆:《以城乡双向开放畅通国内大循环》,《中国青年报》2021年10月4日。

[132] 伊特韦尔:《新帕尔格雷夫经济学大词典》第三卷,经济科学出版社1996年版。

[133] 于敬华:《市场经济与政府规范——略论法治之下的"有限政府"》,《兰州学刊》2002年第1期。

[134] 余永定:《改革开放历史进程下的中国经济循环》,《金融市场研究》2020年第9期。

[135] 余永定:《双循环和中国经济增长模式的调整》,《新金融》2021年第1期。

[136] 张慧君:《推动形成"双循环"新发展格局的马克思主义政治经济学解读》,《哈尔滨市委党校学报》2020年第6期。

[137] 张可云、肖金成、高国力、杨继瑞、张占仓、戴翔:《双循环新发展格局与区域经济发展》,《区域经济评论》2021年第1期。

[138] 张宇燕:《国家放松管制的博弈》,上海人民出版社1997年版。

[139] 郑红玲:《中国对外贸易发展对产业升级影响的实证研究》,辽宁大学学位论文,2019年。

[140] 郑乐凯、王思语:《中国产业国际竞争力的动态变化分析——基于贸易增加值前向分解法》,《数量经济技术经济研究》2017年第12期。

[141] 郑世林、熊丽:《中国培育经济发展新动能的成效研究》,《技术经济》2021年第1期。

[142] 郑长德、刘晓鹰:《中国城镇化与工业化关系的实证分析》,《西南民族大学学报(人文社科版)》2004年第4期。

[143] 郑宗仁等:《市场经济条件下的有限政府和政府行为的法律边界》,《江西社会科学》2003年第12期。

[144] 中国社会科学院工业经济研究所课题组、史丹:《"十四五"时期中国工业发展战略研究》,《中国工业经济》2020年第2期。

[145] 周文、李思思:《高质量发展的政治经济学阐释》,《政治经济学评论》2019年第4期。

[146] 周振华、李鲁:《缔造中国经济奇迹:探索与实践》,上海人民出版社2021年版。

[147] 周振华、张广生:《全球城市发展报告2020:全球化战略空间》,格致出版社2021年版。

[148] 周振华:《供给侧结构性改革"大棋"怎么下》,《解放日报》2016年1月21日。

[149] 周振华:《经济高质量发展的新型结构》,《上海经济研究》2018年第4期。

[150] 周振华:《全球城市的理论涵义及实践性》,《上海经济研究》2020年第4期。

[151] 周振华等:《风险防范与经济转型——中国经济分析2016—2017》,格致出版社、上海人民出版社2017年版。

[152] 周振华等:《供给侧结构性改革与宏观调控创新:中国经济分析2015—2016》,格致出版社、上海人民出版社2016年版。

[153] 周振华等:《走向新常态的战略布局:新增长·新结构·新动力——中国经济分析

2014—2015》,格致出版社、上海人民出版社 2015 年版。

[154] 周振华等:《新改革·新开放·新红利——中国经济分析 2013—2014》,格致出版社、上海人民出版社 2014 年版。

[155] 周振华等:《新机遇·新风险·新选择——中国经济分析 2012—2013》,格致出版社、上海人民出版社 2013 年版。

[156] 周振华等:《危机中的增长转型:新格局与新路径——中国经济分析 2011—2012》,格致出版社、上海人民出版社 2012 年版。

[157] 周振华等:《复苏调整中的双重压力:预防滞胀——中国经济分析 2010—2011》,格致出版社、上海人民出版社 2011 年版。

[158] 周振华等:《经济复苏与战略调整——中国经济分析 2009—2010》,格致出版社、上海人民出版社 2010 年版。

[159] 周振华等:《外部冲击与经济波动——中国经济分析 2008—2009》,格致出版社、上海人民出版社 2009 年版。

[160] 周振华主编:《政府选择——中国经济分析 2003—2004》,上海人民出版社 2005 年版。

[161] 周振华主编:《收入分配——中国经济分析 2001—2002》,上海人民出版社 2003 年版。

[162] 周振华主编:《挑战过剩——中国经济分析 2000》,上海人民出版社 2000 年版。

[163] 周振华主编:《金融改造——中国经济分析 1999》,上海人民出版社 2000 年版。

[164] 周振华主编:《结构调整——中国经济分析 1997—1998》,上海人民出版社 1999 年版。

[165] 周振华主编:《增长转型——中国经济分析 1996》,上海人民出版社 1997 年版。

[166] 周振华主编:《地区发展——中国经济分析 1995》,上海人民出版社 1996 年版。

[167] 周振华主编:《企业改制——中国经济分析 1994》,上海人民出版社 1995 年版。

[168] Richard, Nelson, 1982, "The role of knowledge in R&D efficiency", *The Quarterly Journal of Economics*, 97:453—470.

[169] Mansfield, E., 1977, "Social and Private Rates of Return from Industrial Innovations", Quarterly Journal of Economics, 77:221—240.

[170] Mansfield, E., 1986, "Patents and Innovation: an empirical study", *Management Science*, 32:173—181.

[171] Von Hippeal, 1988, *The Source of Innovation*, Oxford University Press.

附　录

周振华教授学术贡献梳理

周振华教授长期从事产业经济、宏观经济、城市经济理论与政策研究,出版个人专著、译著及主编著作百多部,在《经济研究》等期刊发表学术论文百余篇。本文梳理周振华教授自上世纪 80 年代研究生阶段直至今天的主要学术经历与学术著述,概述周振华教授横跨 40 年的重要学术成就与学术贡献。

学术生涯开端:确立产业经济学研究方向

周振华教授在攻读硕士学位期间,师从我国《资本论》研究的权威人物陈征教授。硕士论文研究的是运用《资本论》原理分析社会主义流通问题,论文成果先后在《福建师范大学学报》和《南京大学学报》刊发。

硕士毕业后,在南京大学经济系任教期间,周振华将《资本论》的逻辑演绎与西方经济学分析工具相结合,用于研究中国改革开放及经济发展问题,撰写和发表了相关学术论文;并与金碚、刘志彪等几位青年学者合作开展关于市场经济的研究,以超前的学术眼光和思维探究"市场经济是什么样的,是怎样一种市场体系结构"。在这一研究的基础上,周振华领衔完成《社会主义市场体系分析》一书的撰写。该书于 1987 年底由南京大学出版社出版,这是国内较早一部全面系统研究社会主义市场经济的专著,我国杰出的经济学家、教育家,新中国国民经济学学科开拓者胡迺武曾为该书撰写书评并发表在《经济研究》上。

其后,周振华进入中国人民大学深造,师从胡迺武教授攻读博士学位,并参与胡迺武、吴树青承接的"中国改革大思路"国家重大课题。该课题成果因研究扎实,并提出独到的改革思路,获首届孙冶方经济科学奖论文奖。

周振华选择产业问题作为其博士论文研究内容,并挑战了从经济学角度研究产业政策这一世界性前沿课题。因为在当时,国际上针对产业政策的相关研究主要是从政治学角度或是从历史发展过程入手,而真正从经济学角度展开的研究几乎是空白。周振华提早一年完成并提交了这一高难度课题的论文,提前进行答辩,获得校内外 20 余位专家一致的高度评价。博士论文最终以《产业政策的经济理论分析》为书名于 1991 年由中国人民大学出版社出版。

胡逎武评价这部著作"把产业政策提到经济理论的高度进行深入系统的研究,从而能为产业政策提供理论依据",认为其在研究方法上的创新在于"根据影响产业政策的基本变量,构造了一个产业政策分析的基本框架,强调了经济发展战略和经济体制模式对产业政策的制定和实施所具有的决定性影响作用;建立了产业政策总体模型和产业政策结构模型,并据此展开分析"。这部著作还提出了许多新见解,例如,把创新和协调看作是产业政策的根本指导思想,提出产业政策选择基准的新假说,即"增长后劲基准、短缺替代弹性基准、瓶颈效应基准"。胡逎武评价这一新假说"比之日本经济学家筱原三代平的'收入弹性基准'和'生产率上升基准'更加切合中国的实际"。

学术精进:完成产业经济学研究"三部曲"

1990 年,周振华进入上海社会科学院经济所工作,开始进行产业经济学的深化研究,从产业结构演化规律、经济增长与产业结构关系两个方面展开深度理论挖掘。不仅在《经济研究》等刊物上发表论文,而且接连出版了《现代经济增长中的结构效应》(上海三联书店 1991 年版)和《产业结构优化论》(上海人民出版社 1992 年版)两部专著。二书延续了《产业政策的经济理论分析》的研究轨迹。

其中,《现代经济增长中的结构效应》是国内最早系统研究产业结构作用机理,揭示全要素生产率索洛"残值"中结构因素的专著。该书从产业结构的内部关联、外部联系及其发展成长和开放等方面,考察它们对经济增长的影响,分析结构效应的主要表现及其对经济增长的作用机理,深入探讨发挥结构效应所必须具备的条件和实现机制。该书在研究方法上,侧重于产业结构的机理分析。这种机理分析以动态结构的非均衡变动为基础,把总量增长描述为一种由结构变动和配置的回波效应促使经济增长不断加速的过程,重点研究的是产业结构变动及调整的资源再配置对经济增长的作用及其机制。这一机理分析的重要立论是,在更具专业化和一体化倾向的现代经济增长中,产业部门之间联系和交易及依赖度不断增大,结构效应上升到重要地位,成为现代经济增长的一个基本支撑点。这种来自结构聚合的巨大经济效益,是推动经济增长的重要因素。

如果说《现代经济增长中的结构效应》揭示了产业结构变动在经济增长中

的效应释放机制,那么《产业结构优化论》则更踏前一步,探讨如何使产业结构的变动与调整朝着更优的方向行进,以更好地发挥结构效应、推动经济增长。该书从现代经济增长的特征与本质着手,建立产业结构优化分析理论模型,描述产业结构变动的一般趋势,分析产业结构高度化问题,并针对中国发展规律深层分析中国产业结构变动模式,进一步阐释如何以宏观经济非均衡运作的战略导向,建立起以人民需要为中心的发展模式,形成良性经济发展模式。中国社会主义政治经济学主要开拓者之一的雍文远教授评价该书的学术价值与贡献主要在于:

一是研究的角度和立意新颖。有别于国内外学术界对产业结构理论的研究通常集中于产业结构变动趋势方面,侧重于从国民收入变动的角度研究产业结构变动与之相关性以揭示产业结构变动的规律性,周振华的《产业结构优化论》的研究着眼点则在于如何使产业结构变动符合其规律性的要求,即如何实现产业结构优化。这一研究角度不仅独辟蹊径,而且使得对产业结构问题的研究更加深化,有助于推动产业结构理论的发展。

二是针对中国产业结构现实问题,在充分论证的基础上对一系列有争议的理论问题发表了独创之见。例如,周振华认为中国产业结构超常规变动与中国特定经济环境条件有关,问题并不在于这种超常规变动本身,而在于产业结构超常规变动中缺乏协调和创新。根据这一判断,周振华提出了实现中国产业结构优化的关键是加强协调和促进创新,而要做到这一点,不仅需要采取相应的政策措施,更主要的是实行新的经济发展战略和建立有效率的新体制和经济运行机制。这些新见解的提出,对中国社会主义现代化建设具有现实意义。

三是在体系结构上有所创新且合理。产业结构理论研究在国内刚刚起步,尚未形成一个较完整的理论体系。《产业结构优化论》则呈现了一个总体的分析框架,以及在此框架下的很强的逻辑性,具有相当的理论力度。

四是综合运用各种研究方法,对现实经济问题进行研究。周振华在研究产业结构优化问题上,采用了理论实证分析、经验实证分析、规范分析以及对策研究等方法,并根据其研究内容和对象的要求,把这些研究方法有机地统一起来。

改革开放以来,尽管中国经济持续高速增长,但产业结构偏差与扭曲一直存在,产业结构调整升级及解决产能过剩问题始终是先务之急。《现代经济增长中的结构效应》与《产业结构优化论》的研究也因此始终具有理论前瞻性,二书中关于产业结构的机理分析和现象分析至今仍有适用性,对于解释中国新时期经济转型升级的深刻内涵及指导实际工作具有长久的积极意义。

博观约取：在产业经济及相关研究领域理论建树卓著

在 1991 年破格晋升为研究员之后，周振华继续专精于产业经济学研究。而随着他对现实问题的思考层层深入，其涉猎的研究范围也越来越广，包括经济增长与制度变革、经济结构调整以及企业改制等问题。并在《经济研究》《工业经济研究》等期刊发表了多篇学术论文，研究进路不断拓展。1994—1999 年间，先后出版了《步履艰难的转换：中国迈向现代企业制度的思索》(1994)、《体制变革与经济增长——中国经验与范式分析》(1999)、《积极推进经济结构的调整和优化》(合著)(1998)、《市场经济模式选择——国际比较及其借鉴》(主编)(1995)等多部专著。

其中，《步履艰难的转换：中国迈向现代企业制度的思索》切入微观视角，研究企业改革的问题。这看似突破了产业经济研究边界，但如周振华自己所言，其出发点在于理论研究关联性和系统性的需要，特别是中国宏观经济方面的现实问题大多要从微观基础予以解释。周振华在书中重点分析了中国现代企业制度的目标模式，尖锐地指出了转换机制尤其是国有企业制度创新的难点与关键所在，并对如何迈向现代企业制度提出了基本的对策思路和方案设想。这一研究是基于周振华对中国实行现代企业制度前景的总体把握和历史瞻视，体现了他敏锐的学术直觉与深刻的理论洞见。书中所提炼的财产所有权构成特征、所有权与控制相分离的特征、监督权结构特征、剩余索取权转让的特征等现代企业制度的"中国特色"，以及由这几方面特征有机组合而成的中国现代企业制度的目标模式假说等，不但为 90 年代中国现代企业制度建设之路的开启提供了基本理论架构，而且在该书出版后的近 30 年来，不断被中国企业改革与发展的实践所一一证实。

《体制变革与经济增长》则进一步研究产业结构背后的体制机制问题。该著作对改革开放前 20 年的体制变革与经济增长的交互关系进行了全面、深入的实证分析，从不同角度总结了中国改革开放与经济发展一系列富有成效和具有特色的经验，并将其提升到理论高度，进行了中国范式分析，通过国际比较归纳出中国范式的一系列基本特征。在该书中，周振华创造性地提出了"制度—增长"的分析框架及各种理论假设，并予以了初步检验。对政府政策制定者"改革程序"设定的论述是全书的灵魂；而该书最大的理论建树则是提出了一个以利益关系为主线，以行为主体间的博弈方式为联结的体制变革与经济增长互动模式。该书的学术贡献在于，不仅书中关于中国改革 40 年中前 20 年的经济发展过程的研究性描述成为重要史料,而且其构建的理论分析框架更成为得到时间检验、对中国经济至今仍然富有解释力的理论成果,书中所建立的"制度—增长"理论分析框架仍可继续用来解释后 20 年乃至今天及未来中国的改革开放与经济发展。

在改革开放早期,周振华就已前瞻地提出,在社会主义市场经济条件下,特别在买方市场条件下,经济结构调整必须以市场为导向,充分发挥市场机制配置资源的基础性作用。同时,也要注重政府的经济调控在结构调整中的作用,政府主要运用经济手段和法律手段,引导和规范各类经济主体的行为,通过政策支持,促进结构优化。概言之,要保持政策支持与市场导向之间的平衡,在结构优化上发挥政府和市场的双重优势。这些观点在他的《积极推进经济结构的调整和优化》《市场经济模式选择——国际比较及其借鉴》等早期论著中,都有所体现。这些论著分别探究了如何以市场为导向,使社会生产适应国内外市场需求的变化;如何依靠科技进步,促进产业结构优化;如何发挥各地优势,推动区域经济协调发展;如何转变经济增长方式,改变高投入、低产出,高消耗、低效益的状况;等等。这些观点与研究结论,在今天看来,仍具有重大的现实意义和深远的历史意义。

超前的研究意识和学术自觉还体现在周振华主编的《中国经济分析》年度系列研究报告上。尽管核心研究领域仍然是产业经济学,而且 1990 年回到上海后关注更多的是上海经济发展,但他始终意识到无论是中观层面的产业发展,还是地区和城市的经济发展,都离不开宏观层面的、国家层面的经济运行大背景及其相关条件制约。所以周振华也一直把中国经济运行分析放在一个重要的研究地位。1993 年开始,周振华开始主编《中国经济分析》年度系列报告。这一研究报告既涉及年度性的中国经济形势分析与预测,又涉及对当时中国经济运行中突出问题的深入研究。

周振华认为,与一个较成熟且稳定的经济体系下的经济运行不同,改革开放下的中国经济运行呈现出更深刻的内涵、更复杂的机理、更丰富的内容、更迅速的变化等特征。因此,中国经济运行分析不是西方经济学的一般周期性分析,也不能仅停留在经济形势分析与预测层面上,而是要做基于制度变革的经济运行及其态势的深度分析。这要求理论工作者既进行中国经济运行动态跟踪分析,又进行中国经济运行中热点、难点和重点的专题研究。在此目标下,《中国经济分析》每一年度性研究报告都有一个明确主题,由周振华根据当时中国经济运行中的热点、难点及重大问题来确定,如"走向市场""地区发展"

"企业改制""增长转型""结构调整""金融改造""收入分配""挑战过剩""政府选择""外部冲击与经济波动""经济复苏与战略调整""复苏调整中的双重压力""危机中的增长转型""供给侧结构性改革与宏观调控创新"等。围绕特定主题,周振华设计全书主要内容及体系架构,撰写导论,并选择与组织不同专业领域的学者、专家共同参与各章撰写。《中国经济分析》系列的研究自 90 年代初开始,一直持续近 25 年,形成了关于中国经济运行的长达四分之一个世纪的跟踪分析与学术研究成果。

着手"范式转变":开拓产业经济学研究新境界

90 年代,信息化浪潮逐渐席卷全球,周振华敏锐地捕捉到信息化之于产业发展的又一学术前沿课题。1998 年,以承接上海市政府决策咨询重大课题"上海信息化与信息产业发展研究"为契机,周振华在产业经济学领域的深化研究进入了新的境界,即跳出传统产业经济理论范式,而使用溯因推理、外展推理的方法来寻求信息化进程中产业融合现象的一般性解释。

在 2003 年出版的《信息化与产业融合》一书中,周振华选择电信、广电、出版三大行业为典型案例,从个案分析到系统研究,建立起产业融合的基本理论模型,并依据产业融合新范式的内在机理提出了新的产业分类方法。在此基础上,对传统意义上的结构瓶颈制约、产业协调发展和结构动态平衡、产业结构高度化的线性部门替代及其基本表现特征等概念进行根本性的改造,赋予其新的内容或用新概念予以替代。进一步地,该书分析了产业融合在新型工业化道路中得以孕育与发展的内生性,探讨了新型工业化必须具备的基础性条件及相应的实现机制,从而揭示了走新型工业化道路是我国促进产业融合的唯一选择。该书中关于产业融合、产业边界、产业分类等维度的新颖讨论,至今仍被各种相关研究所引用,尤其是书中所探讨的电信、广电、出版的"三网融合",于今还是理论热点。

在对产业经济理论研究进行"范式转变"的过程中,周振华不仅先见性地把信息技术的变量引入产业经济理论研究,而且还开创性地把空间概念运用于产业经济尤其是服务经济的理论研究中。《信息化与产业融合》已经关注到网络型组织结构的特定属性、产业空间模式、产业集群方式等。在其后出版的《崛起中的全球城市:理论框架及中国模式研究》《服务经济发展:中国经济大变局之趋势》等论著中,周振华进一步发展了产业空间载体、空间价值的研究,以及网络分析等产业经济学的崭新研究方法。

　　例如,在《崛起中的全球城市》中,周振华针对发展中国家崛起中全球城市的背景条件、发展基础、路径依赖等约束条件,引入全球生产链、产业集群、全球城市区域等新的理论元素,进行理论分析框架的新综合,并提出借助于全球生产链促进城市功能转换的逻辑过程、依赖于大规模贸易流量的流动空间构造方式等创新观点。在《服务经济发展》中,周振华提出相对于制造业生产的分散化,服务产业具有明显的空间高度集聚特性,特别是生产者服务业以大城市为主要载体的产业集群,不仅促使知识外溢与信息共享,有利于专业服务人员的流动与合理配置,而且带来了专业性服务的互补,增强了服务的综合配套能力,促进了产业融合;因此对于服务经济发展来说,城市化规模比区位条件更为重要。

　　鉴于产业发展尤其是高端(先进)服务经济必须有其空间载体的依托,周振华把产业经济学研究的新的聚焦点放在了"全球城市"上。"全球城市"概念肇始于欧美发达国家,全球城市理论阐述了当代全球化的空间表达,研究核心是其独特的产业综合体及全球功能性机构集聚,集中表现为总部经济、平台经济、流量经济等。周振华认为,全球城市研究的很大一部分内容是产业综合体及其空间分布规律,由此便可打通产业经济理论与全球城市理论之间的研究通路。

　　2007 年,周振华撰写出版的《崛起中的全球城市》成为国内最早系统研究全球城市理论的专著。该书立足于经济全球化和信息化两大潮流交互作用导致世界城市体系根本性变革的大背景,从全球网络结构的独特角度重新审视了全球城市的形成与发展,对传统的主流全球城市理论提出了批判性的意见,并通过吸收新政治经济学和新空间经济理论等研究成果,结合发展中国家的全球城市崛起的路径依赖等实际情况,原创性地提出了新综合的理论分析框架,从而进一步完善了当时既有的全球城市理论,使其具有更大的理论包容性。在这一新综合的分析框架下,该书对中国全球城市崛起的前提条件及约束条件作了详尽的实证分析,富有创造性地揭示了中国全球城市崛起不同于纽约、伦敦等发达国家城市的发展模式及路径选择。

　　《崛起中的全球城市》出版后获得了国家"三个一百"原创图书奖和上海市哲学社会科学优秀成果奖一等奖,其英文版亦在全球发行,得到"全球城市"概念提出者萨斯基亚·沙森教授等国际学者的首肯。这一研究当时在国内是相当超前的,直到 2010 年之后,随着全球化流经线路改变和世界经济重心转移,上海、北京等城市日益成为世界城市网络中的重要节点,国内的全球城市研究才逐渐兴起,《崛起中的全球城市》则成为不可多得的重要文献。

关照中国现实:以理论研究反哺改革实践

一如当年选择产业问题作为博士论文题目的初心,周振华教授的学术研究从不隐于"象牙塔",而是始终观照中国现实。周振华不仅致力于以产业经济学为主的本土经济学研究的发展进步,而且致力于社会经济本身的发展进步,90年代中后期开始,他的研究更是紧接上海发展的"地气"。在当时开展的"迈向21世纪的上海"大讨论中,周振华的研究贡献主要在于分析了世界经济重心东移和新国际分工下的产业转移,为上海确立"四个中心"建设战略目标提供背景支撑。在洋山深水港建设前期论证研究中,周振华通过分析亚洲各国争夺亚太营运中心的核心内容及基本态势,论证了加快洋山深水港建设的必要性和紧迫性,并评估了优势与劣势条件。在此期间,周振华还先后承接和完成了一批国家及市级的重大研究课题,凭借深厚的理论功底、广阔的学术视野,在完成这些问题导向的课题的同时,也在核心期刊上发表了相关课题的系统化和学理化研究成果,如"城市综合竞争力的本质特征:增强综合服务功能""流量经济及其理论体系""论城市综合创新能力""论城市能级水平与现代服务业"等。

2006年,周振华调任上海市人民政府发展研究中心主任,其工作重心转向政策研究和决策咨询,但他的学术研究也一直在同步延伸。前述已提及的《服务经济发展:中国经济大变局之趋势》一书,即是周振华在发展研究中心时期写成的又一部学术力作。

该书的研究对象主要是服务经济之发展,涵盖工业经济与服务经济两个不同社会经济形态中的"孕育脱胎"发展和成熟化发展。在书中,周振华首先从理论上回答了"何为服务经济"的一般性问题;其次,通过对服务经济发展动因及其作用机制的分析,揭示了服务经济演进轨迹及发展趋势性特征,回答了"服务经济从何处来"的问题,从而构建了服务经济发展的一般理论分析框架。在这一理论框架下,通过中国案例分析了影响服务经济发展的若干重要变量,尤其是结合中国实际情况剖析了发展战略及其模式、市场基础、制度政策环境等对服务经济发展的影响,以及服务经济发展中固有的非均衡增长问题。进一步地,从未来发展的角度,探讨发展转型与改革深化、信息化创新和国际化等重大问题,从而回答了"如何促进服务经济发展"的现实问题。

要而言之,《服务经济发展》的理论建树与学术价值在于从社会经济形态的层面来研究服务经济发展,从世界(一般)与中国(特殊)两个维度进行服务经济发展的交互分析,并立足中国发展阶段来认识与理解服务经济,扩展与充实了服务经济一般理论框架,使其具有更好的适用性和解释力,而且也为进一步探索如何促进中国服务经济发展提供了重要线索和思路。当前,中国仍处在工业化中期向后期过渡阶段,工业发展及其比重在国民经济中仍居主导地位。作为在2010年代上半期完成的关于中国服务经济发展的理论研究成果,该书再次体现了周振华出色的学术前瞻力与洞见力。该书2014年出版之后,获国际著名学术出版机构施普林格(Springer)青睐,于翌年出版发行了英文版。

在改革开放30年和40年的两个节点,周振华教授先后牵头,组织上海大批专家学者开展相关研究,分别形成《上海:城市嬗变及展望》(三卷本)和《上海改革开放40年大事研究》(12卷本)重大理论成果。2010年出版的《上海:城市嬗变及展望》对上海建埠以来的历史、现状、未来开展系统研究,以翔实的史料、清晰的脉络和开阔的视野,全面记录了改革开放前后两个30年上海这座城市所发生的深刻变化,整体勾勒了未来30年上海发展的远景。该三卷本获上海市第十一届哲学社会科学优秀成果奖著作类一等奖。2018年出版的《上海改革开放40年大事研究》以时间为经线、事例为纬线,抓住敢为天下先的大事,体现勇于探索实践的创新,反映上海改革开放的历程,凸显中国特色、上海特点和时代特征。该丛书是改革开放40年之际的首套大规模、成系统的地方性改革开放研究丛书,获得新华社、人民日报等主流媒体多方位报道。2019年1月30日,《中国新闻出版广电报》刊发关于该研究成果的头版文章《〈上海改革开放40年大事研究〉:讲理论说案例,展现排头兵先行者足迹》。周振华还执笔其中的第一卷,即丛书总论性质的《排头兵与先行者》一书。

这两套关于上海改革开放实践的代表性理论专著,不仅具有重要的历史价值,而且具有承前启后、继往开来的重大现实意义,为上海和全国不断全面深化改革,推动经济与社会发展,提供了坚实的学术支撑和理论支持。

填补理论空白:奠定全球城市研究领域学术地位

在2007年《崛起中的全球城市》完成之后,2017年,周振华教授立足中国发展模式及上海发展路径的研究成果《全球城市:演化原理与上海2050》出版。这部"十年磨一剑"的著作对全球城市内涵进行了系统化、范式化的研究,建构了全球城市演化的理论框架。

全球城市领域的既有文献几乎都聚焦于既定(已经形成)的全球城市上,探讨其在经济全球化中的地位与作用、所具备的主要功能及其通过什么样的运作方式发挥等内容,而对"一个城市是怎样成为全球城市的",即全球城市的动态演化这一问题则几无探讨。《全球城市：演化原理与上海2050》突破静态研究范式，充分考虑全球化进程仍在持续、上海等中国大城市正在快速发展的事实，以半部篇幅，从生成、崛起、发展、趋向的动态演化视角，运用演化本体论、演化生态环境、演化物种论、演化动力学、演化模式与形态及空间等理论和方法，来阐释全球城市，揭示全球城市动态过程中的复杂、不确定和非均衡意义。由此，周振华填补了用动态演化框架和演化理论支撑全球城市研究的空白。

在《全球城市：演化原理与上海2050》的下半部分中，周振华把上海作为案例，全面分析了上海全球城市演化的宏观与微观变量，推演了演化可能性，勾勒了上海真正演化为全球城市之后的目标定位、核心功能、空间表现、战略资源等面向。

关于目标定位，周振华提出，就连通性覆盖范围和连接种类范围而言，上海应该成为全球主义取向的综合性全球城市；从位置战略性和网络流动性角度看，应成为高流动的战略性城市；从基于枢纽型的递归中心性与基于门户型的递归权力性位置组合角度看，应成为门户型的枢纽城市。

关于核心功能，周振华认为主要体现为四大功能，即全球价值链管控功能、全球财富管理功能、全球科技创新策源功能、全球文化融汇引领功能。这些功能并非凭空产生，而是基于上海现有城市功能的转换和演进，其具体内涵则会随时间变迁而动态调整。

关于空间扩展，周振华分别从全球城市过程、全球城市区域过程、巨型城市区域过程三个层面展开论述。他提出，在全球城市过程阶段，上海中心城区功能会向郊区延伸，形成具有足够持续性和非常大的内部互联的多中心、多核城市空间结构，新城和新市镇的培育将是关键。在全球城市区域过程阶段，网络关系跨越市域边界向周围邻近地区拓展，很可能演化为形态单中心（上海）与功能多中心相结合的区域空间结构。在巨型城市区域过程阶段，上海全球城市空间向长三角地区更大范围扩展，即向长江三角洲巨型城市区域演化，空间结构仍将是形态单中心和功能多中心，其中存在若干核心城市（南京、杭州、合肥、苏州、宁波等）将共同成为全球资源配置的亚太门户。

在书中，周振华还强调城市演化本质上是基于主体参与者的城市心智进化，因而人力资本是重要的战略性资源。他鲜明地指出了人力资本的"二元结构"，即由"职位极化"带来的"劳动力极化"。除高端专业化人才外，全球城市的知识型全球功能性机构也离不开大量配套性服务人员，包括信息收集处理、办公文档管理等，以及餐饮、交通、快递、家政之类的社会服务人员。此外，周振华也预见了一些值得关注的影响演化全局的问题,比如,土地使用约束趋紧导致的空间拥挤将形成强烈的"挤出效应",房地产过度依赖,社会极化与城市治理难题,以及生态环境压力等。

《全球城市:演化原理与上海 2050》出版的同时,《崛起中的全球城市:理论框架及中国模式研究》再版。2018 年 4 月,以两部著作发布为契机的"迈向卓越的全球城市:全球城市理论前沿与上海实践"高端研讨会在上海中心成功举办,"全球城市理论之母"萨斯基娅·萨森教授也应邀出席。这次研讨会影响深远,由周振华教授倡导和发展的"全球城市"前沿理论也得到更进一步的传播。

2019 年,周振华教授写就的简明读本《卓越的全球城市:国家使命与上海雄心》及《全球城市:国家战略与上海行动》出版。这两本书化抽象的概念范畴为具象化的内容,化繁杂的理论验证为简明扼要的推论,化学术语境的规范表述为浅显易懂的表达,以通俗的话语解读了上海建设卓越全球城市的历史必然性、所承载的国家战略使命、面临的时代新命题,以及如何破题书写历史新篇章等等。由此,"全球城市"理论、理念的传播,面向了更广泛的群体,为非专业领域的受众提供了全球城市理论的基本常识。正是在周振华不遗余力地引介、发展、推广下,"全球城市"理论在国内从学术前沿层面逐步走向理论普及层面。

与此同时,在完成引进理论的"本土化"之后,中国学者的"全球城市"研究成果成功"走出去"。继《崛起中的全球城市》出版英文版之后,《全球城市:演化原理与上海 2050》英文版也由世界知名学术出版商世哲(Sage)出版发行。周振华教授跨越数十年学术努力,为国内学界、政界创造国际化语境,构建中国学术界与国际同行或政府间交流话语权的学术初心初步实现。

在潜心完成"全球城市"理论的本土化工作和基本理论体系的构建之后,周振华教授着力开展多维度的深化研究,继续推动"全球城市"理论的发展和"全球城市"实践的进程。2018 年正式退休后,周振华即出任新成立的上海全球城市研究院院长,创办并主编《全球城市研究》季刊。在周振华的带领下,研究院坚持面向全球、面向未来,对标国际最高标准、最好水平,整合和运用多方面研究力量,开展对全球城市发展的跟踪研究,为以上海为代表的超大特大城市的发展和更新,在学术理论层面、实践经验层面、政策建议层面,提供了诸多新理念、新方法、新思路。代表性的成果包括三大标志性年度报告即《全球城市发展报告》《全球城市案例研究》和《全球城市发展指数》,《上海都市圈发展报告》系列,《全球城市经典译丛》系列,等等。

其中,三大年度标志性报告围绕"增强全球资源配置功能""全球化战略空间""全球化城市资产""城市数字化转型""全球网络的合作与竞争"等各年度主题,基于国内外相关理论成果、丰富的案例和扎实的数据资料,以图文并茂的呈现形式,发展全球城市前沿理论,总结全球城市实践经验,提出全球城市建设策略。由周振华教授设定的各年度主题,都紧扣"全球城市"概念所强调的特质,也就是"全球城市"不同于"国际大都市""世界城市"等传统说法而具有的特质。多年来,周振华教授始终致力于"全球城市"这一概念在国内生根发芽,主张使用"全球城市"的提法和观点,强调以上海为代表的国内特大型城市在建设发展中,其核心功能并不在于财富、资本、跨国公司总部的单纯积累,而是在于资金、人才等要素的进出的流量、连通性与平台功能,在于生产者服务业的发展,在于萨斯基亚·沙森教授所提出的"中介化"功能。

2022年,由周振华教授领衔的"以全球城市为核心的巨型城市群引领双循环路径研究"获国家哲社重大课题立项。至此,周振华教授在产业经济学、全球城市理论等领域的研究成果愈加丰富立体,学术贡献不断突破,学术境界再上新高度。

以上概要评述了周振华教授40年来的主要学术贡献,这些学术贡献既为中国经济发展提供了坚实的学术支撑,也为中国发展自己的哲学社会科学理论提供了丰厚的积淀。与此同时,我们从中既可以窥见周振华教授的超前学术思维、极度开阔的学术视野、对现实问题的超强敏锐度,以及广纳厚积的学术功力,也能真切感受到周振华教授所坚守的学术关怀与学术精神。

(忻雁翔整理)

后　记

近大半年时间,断断续续在做这套学术文集的整理和编纂工作,似乎并没有太多兴奋与激情,反而有一种"年在桑榆间,影响不能追"的落寞,叹人生一世,去若朝露晞。但不管怎样,这套学术文集凝结了自己毕生心血,又即将面世,不免感慨万端。借此后记,有感而发,略表心声。

一个突如其来的惊喜。也许,当初并没有在意,或已习惯"挥手过去",没有完整存留数十年来的研究成果,更未想过有朝一日汇编为一整套的学术文集。当格致出版社忻雁翔副总编辑提出要汇编出版这套学术文集时,我一时愣然,惊喜之余,又有点不知所措。首先想到一个问题,这能行吗?这并不是担心成果数量能否形成文集规模,而是顾虑成果质量是否有汇编为文集的价值。毕竟这些作品,早的都已过去三十多年,近十年的也在快速"折旧",赶不上时代迅速变化啊!忻总解释道,我们翻阅过,一些早期作品的主要观点在当时是比较超前的,为此还曾多次再版,不仅有历史价值,也有现实意义。随之,我又有点畏难,数十年的成果收集和整理势必琐碎,要花费太多时间与精力。忻总说,在我们这里出版的大部分著作,存有电子版,那些早期或在别处出版的著作,可以由专业排版人员做先期录入;你只要负责归类与编排,以及内容补充与修改完善即可。接着,我开玩笑地问道,现在汇编出版这套学术文集是否早了点,说不定以后还会有新的作品呢。忻总答,没关系,有了新的作品,以后再加进文集中去。至此,我才开始着手成果整理和编纂。应该讲,格致出版社和上海人民出版社是此事的始作俑者,是他们的大胆设想和务实精神促成了这套学术文集的诞生。

一种发自内心的感激。对于学者来说,出版社及编辑是"伯乐"之一。他们见多识广,博洽多闻,通晓理论前沿,谙熟学术规范。十分幸运,我的大部分专著是在上海三联书店、格致出版社和上海人民出版社,并经少数较固定的责任编辑之手出版的。在与出版社的长期合作中,他们成为我学术生涯中的良师益友。

上海世纪出版集团原总裁陈昕将我一些主要著作,如《现代经济增长中的结构效应》《体制变革与经济增长——中国经验与范式分析》《服务经济发展:中国经济大变局及趋势》等列入他主编的"当代经济学系列丛书·当代经济学文库",其对中国经济学界的发展产生了重大影响。当时,陈昕社长还经常召集"当代经济学文库"的主要作者,举行理论研讨会,激发学者创作热情,促进理论创新,并多次邀请我去世纪出版集团给社领导及编辑讲述最新研究成果,进行学术交流。后来,忻雁翔女士负责编辑出版我的许多专著以及我主编的著作,并多次举办新书发布会,向社会大力宣传和推荐我的新作品。基于对学者研究的长期跟踪和了解,她这次还专门为这套文集撰写了"周振华教授学术贡献梳理"。这种学界与出版界的长期紧密合作与互动,在我身上得到淋漓尽致的体现,对我的学术研究有很大的帮助,成为我学术生涯中不可或缺的重要组成部分。借这套学术文集出版之机,向这些出版社和出版人表示由衷的感谢。

一股由来已久的感动。在我的学术生涯中,虽然长期坐"冷板凳",但我并不感到孤独与寂寞。这一路上,不乏"贵人"和"高人"指点迷津和遮风挡雨,得到陈征、胡洒武恩师以及张仲礼、袁恩桢、张继光等学术前辈的惜护与栽培,得到中学老师王佩玉、香兰农场党委书记刘荣栻等长期关心和教导。这一路上,最不缺的,是一大批风雨同舟、枝干相持的朋友。大学时期和读硕、读博时期的同窗好友,他们"书生意气,挥斥方遒"的风华,时时感召和激励着我。南京大学、上海社科院的同仁,以及一大批在学术领域一起合作过的专家学者,他们"才华横溢,竿头日进"的风采,极大促动和鞭策着我。上海市政府发展研究中心、上海发展战略研究所和上海全球城市研究院的同事挚友,他们"将伯之助,相携于道"的风尚,深深感动和温暖着我。我真切地看到,在这套学术文集中处处闪现他们留下的身影,有对我的鼓励、启发,有对我的批评、促进,也有对我的支持和帮助。当然,在这当中,也少不了父母大人、爱人秦慧宝、女儿周凌岑等家人的理解和支持,少不了他们所作出的无私奉献。借此机会,一并向他们表示深深的敬意和感谢。

一份意想不到的收获。原以为文集编纂比较简单,主要是根据不同内容构建一个框架。然而,实际做起来,便发现了问题,即已出版的著作并不能反映全部研究成果,致使呈现的学术研究不连贯,从而有必要把一些重大课题研究成果补充进去,作为学术研究的重要组成部分。为此,在这方面我下了较大功夫,进行系统收集、整理、归类乃至个别修改,有的补充到原有著作中去,有的经过系统化独立成册。"产业卷"的三本中,除《现代经济增长中的结构效应》外,《产业结构与产业政策》由原先出版的《产业结构优化论》和《产业政策的经济理论系统分析》汇编而成;

《产业融合与服务经济》由原先出版的《信息化与产业融合》和《服务经济发展：中国经济大变局及趋势》汇编而成。"中国经济卷"的三本中，除《体制变革与经济增长》外，《市场经济与结构调整》由新编的"市场经济及运作模式"和"结构调整与微观再造"两部分内容构成；《经济运行与发展新格局》由历年《中国经济分析》中我个人撰写章节的汇编内容和"经济发展新格局"新编内容共同构成。"上海发展卷"的三本中，《增长方式与竞争优势》由原先出版的《增长方式转变》一书和基于重大课题研究成果新编的"竞争优势、现代服务与科技创新"两部分内容构成；《改革开放的经验总结与理论探索》在原先出版的《排头兵与先行者》一书基础上，增加了一部分新内容；《创新驱动与转型发展：内在逻辑分析》是基于重大课题研究成果和有关论文及访谈的新编内容。"全球城市卷"的三本中，除了《全球城市：演化原理和上海2050》外，《全球城市崛起与城市发展》由原先出版的《崛起中的全球城市：理论框架及中国模式研究》和《城市发展：愿景与实践——基于上海世博会城市最佳实践区案例的分析》汇编而成；《迈向卓越的全球城市》由原先出版的《全球城市：国家战略与上海行动》和《卓越的全球城市：国家使命与上海雄心》，以及新编的"全球城市新议题"板块汇编而成。这样一种整理和补充，虽然又花费了不少功夫，但完善了整个学术研究过程及其成果，梳理出了一以贯之的主线及融会贯通的学术思想，四卷内容得以有机串联起来。在此过程中，通过全面回顾个人学术生涯的风雨与坎坷，系统总结学术研究的经验与教训，认真反思研究成果的缺陷与不足，使自己的学术情怀得以释放，学术精神得以光大，学术思想得以升华。

一丝踟蹰不安的期待。按理说，学术文集也应当包括学术论文的内容。无奈时间较久，数量较多，且散落于众多刊物中，平时也没有存留，收集起来难度很大，故放弃了。这套学术文集主要汇编了一系列个人专著及合著中的个人撰写部分，如上已提及的，分为"产业卷""中国经济卷""上海发展卷""全球城市卷"，每卷之下安排三本书，总共12本。这套学术文集纵然是历经艰辛、竭尽全力的心血结晶，也希望出版后能得到广大读者认可并从中有所收获。但贵在自知之明，我深知这套学术文集存在的不足，如有些观点陈旧过时，有些分析比较肤浅，有些论证还欠充分，有些逻辑不够严密，有些判断过于主观，有些结论呈现偏差。在学术规范与文字表述上，也存在不少瑕疵。因此，将其奉献给读者，不免忐忑，敬请包涵，欢迎批评指正。

周振华

2023 年 7 月

图书在版编目(CIP)数据

经济运行与发展新格局/周振华著.—上海:格
致出版社:上海人民出版社,2023.8
(周振华学术文集)
ISBN 978-7-5432-3468-0

Ⅰ.①经… Ⅱ.①周… Ⅲ.①中国经济-经济发展-
研究 Ⅳ.①F124

中国国家版本馆 CIP 数据核字(2023)第 090007 号

责任编辑 忻雁翔
装帧设计 路 静

周振华学术文集

经济运行与发展新格局
周振华 著

出 版 格致出版社
上海人民出版社
(201101 上海市闵行区号景路 159 弄 C 座)
发 行 上海人民出版社发行中心
印 刷 上海盛通时代印刷有限公司
开 本 787×1092 1/16
印 张 40.5
插 页 8
字 数 702,000
版 次 2023 年 8 月第 1 版
印 次 2023 年 8 月第 1 次印刷
ISBN 978-7-5432-3468-0/F·1511
定 价 198.00 元

周振华学术文集

产业卷

1. 产业结构与产业政策

2. 现代经济增长中的结构效应

3. 产业融合与服务经济

中国经济卷

4. 市场经济与结构调整

5. 体制变革与经济增长

6. 经济运行与发展新格局

上海发展卷

7. 增长方式与竞争优势

8. 改革开放的经验总结与理论探索

9. 创新驱动与转型发展:内在逻辑分析

全球城市卷

10. 全球城市崛起与城市发展

11. 全球城市:演化原理与上海 2050

12. 迈向卓越的全球城市